미래를 향한

새로운 음악교육

교수법, 이슈 및 관점

Carlos R. Abril · Brent M. Gault 편저
임미경 · 박은실 · 최은아 · 김성지 · 조은숙 · 윤종영 공역

Teaching General Music

Approaches, Issues, and Viewpoints

학지사

역자 서문

오늘날 학교 음악교육 현장에는 다양하고 많은 교수 방법이 적용되고 있다. '전통적인' 교수법이라 할 만한 코다이, 달크로즈, 오르프 접근법부터 사회 문화적 변화와 교육학적 흐름을 반영한 세계음악, 테크놀로지, 융합적 접근법 등에 이르기까지 우리는 알게 모르게 많은 방법을 음악교육에 활용하고 있다. 그러나 이러한 접근법을 대할 때 이미 있던 것은 익숙하고 당연하게, 새롭고 신선한 것은 신중한 검토와 반성적 사고를 거치지 않고 주어지는 대로 받아들이지 않았는지 되돌아볼 필요가 있다.

그런 의미에서 Carlos R. Abril과 Brent M. Gault의 『미래를 향한 새로운 음악교육: 교수법, 이슈 및 관점(Teaching General Music-Approaches, Issues, and Viewpoints-)』은 음악교육에 관심이 있는 모든 학자와 교사, 학생에게 좋은 시사점을 주고 있다. 지금까지 음악교육에 적용되고 있는 다양한 접근법에 대한 균형 잡힌 설명과 특징, 해석을 제공하고, 각각의 이점과 한계, 도전 과제 및 잠재력을 명확히 보여 주면서 학교 음악교육에 대한 사고와 방향을 제시하는 것이다.

이 책은 현재 학교 음악교육에서 활발하게 적용되어 온, 그리고 점점 그 관심이 증가하고 있는 다양한 교수 방법을 다루고 있다. 이미 우리에게 친숙한 코다이, 달크로즈, 오르프, 구성주의, 세계음악뿐 아니라 점점 그 의미가 부각되고 있는 디지털 미디어와 테크놀로지, 간학문적 접근법, 비형식적 학습, 유니버설 디자인 등의 다양한 관점을 통한 음악교육 접근 방법을 각 분야의 선도적인 학자와 실천가가 소개하고 있다.

그러나 이 책은 단순히 여러 가지 음악 교수 방법을 소개하는 데 그치지 않는다. 코다이, 달크로즈, 오르프 음악 학습 이론 등과 같이 과거 전통적인 접근법에 대해서는 지금까지 이루어져 왔던 관행과 익숙하게 적용해 온 형식적 틀에 대해 비판적으로 검토할 수 있는 렌즈를 제공한다. 이에 대해 편저자들은 우리에게 주어진 다양한 접근법을 맹목적으로 활용하거나 적용하지 않도록 주의해야 함을 경고하고 있다. 익숙하고 당연한 것을 다시 새롭게 보고 단순한 공식의 적용이 아닌 자신만의 교수 방법이 될 수 있게 현재의 학생과 교실에 맞도록 창의적인 적용이 이루어져야 한다는 점을 강조한다.

책의 후반부에 나오는 미래지향적 · 다문화적 · 반성적 이슈에서는 보다 넓은 시각과 주제로 학교에서 이루어지는 음악교육의 문제점과 앞으로의 방향에 대한 안내를 제시해 주고 있다. 저자들은 앞으로 학교에서 이루어질 음악교육이 현재 학생들의 성향과 흥미, 관심 등을 바르게 이해하고, 세계적인 시각으로 접근하며, 본질적인 음악적 표현이 이루어지도록 해야 한다고 지속적으로 주장하고 있다.

『미래를 향한 새로운 음악교육: 교수법, 이슈 및 관점』은 여러 명의 저자가 집필했지만 책 전체에 흐르는 공통된 생각이 있다. 그것은 '주어진 교수 방법들을 반성적인 관점으로 바라보기' '현재의 문화적 · 사회적 흐름과 학생에 대한 이해를 반영하기'이다. 이 두 가지는 비단 몇 가지 교수 방법에만 국한되지는 않을 것이다. 음악을 가르치면서, 새로운 이론과 교수 방법을 접할 때마다 항상 염두에 두어야 할 기준이 될 수 있을 것이라 생각한다.

우리나라 음악교육이 학문적으로 다양성을 향해 가고 있는 이 시점에 『미래를 향한 새로운 음악교육: 교수법, 이슈 및 관점』은 음악수업에 적용하는 다양한 방법에 대한 깊이 있는 이해와 비판적인 검토를 통해 반성적이고 창의적인 음악교육을 하고자 하는 교사, 대학원생, 음악교육자에게 이에 대한 도전과 방향을 제시해 줄 수 있으리라 기대한다.

마지막으로 학문적인 가치가 있다면 힘든 환경에서도 출판을 애써 도와주시는 학지사 김진환 대표님께 감사의 마음을 전한다.

2020년 2월
역자 일동

동반 웹 사이트 안내

http://global.oup.com/us/companion.websites/9780199328109/

동반 웹 사이트가 이 책에 수반되어 있다. 여러분은 사이트에서 특정 접근법과 관련된 비디오와 다른 자원을 찾아볼 수 있을 것이다. 비디오는 책에 나온 접근법들을 실제에 옮기기 위한 하나의 창구를 제공해 주기 위해 설계되었다. 주어진 장 또는 접근법에 대해 더 많은 정보나 자료가 필요한 사람을 위한 다른 웹 사이트 링크도 포함되어 있다.

차례

여는 글
미래를 향한 새로운 음악교육

Carlos R. Abril· Brent M. Gault 공저 / 임미경 역

일반음악을 가르치는 뛰어난 접근법들은 교사의 음악 교수 · 학습에 대한 이해를 형성하고 실행을 위한 정보를 제공해 왔다. 여러 접근법이 서로 다른 접근법에 기반을 둔 음악교사들에게 반향을 일으켜 왔으며, 이들 중 많은 교사가 음악 교수 · 학습에 대한 이해를 높이고 실행을 개선하기 위해 대학원이나 전문과정에 등록하고, 연례 학회에 참석하며, 전문성 개발 워크숍에 참여하고 있다. 책, 음반, 음악과 같은 교과 자료는 수많은 접근법의 독특한 목적을 달성하기 위해 개발되었다. 이러한 접근법은 전문가 그룹과 개인 정체성의 일부가 된다. 또한 음악 교수 · 학습의 지침, 목적, 아이디어, 틀을 제공해 준다.

그러나 교과과정에서 교수법의 역할과 학생이 음악 학습에 의미 있게 참여하게 되는 교수법의 잠재력을 신중하게 고려하지 않고 교사가 접근법을 맹목적으로 활용하기로 결정할 때 문제가 발생한다. 이것을 Regelski(2002)는 '방법의 우상화(methodolatry)'라고 부르고 있다. 즉, 주어진 음악교육 방법에 대한 의심 없는 헌신이다. John Dewey는 교육자들에게 "자신의 기본 원리에 대한 비판적인 검토에 기초하지 않은 이론과 실천은 독단적인 것이다."라고 경고했다(1938, p. 22). 이 원칙들은 교사가 교실에서 자기의 사고와 행동을 이끌고 있음을 인지하고 있는지와 관계없이 실행의 근거가 된다. Kohn은 "우리가 당연하게 여기는 것에 대해 스스로 도전해 보는 것이 필요하며, 이러한 것이 습관이 될수록 탐구의 길이 더 가치 있게 된다."라고

말했다(1993, p. 14).

우리는 교수법에 생명을 불어넣는 독창적인 이론이나 아이디어가 단순한 공식이 되거나 원래의 목적과 멀어진 채 하나의 레시피로 전환되는 과정을 경계함으로써 스스로에게 도전할 수 있다. Janet Mills(2005)는 교과 과정 및 수업 아이디어가 특정한 7단계의 진화 주기를 거친다고 제안한다. 그녀는 이 주기가 ① 아주 잘 만들어진 아이디어에서 시작한다고 설명한다. 예를 들어, 20세기 전반기에 Gunild Keetman과 Carl Orff가 바이에른 학생들을 음악적으로 교육시키는 혁신적인 방법으로 오르프 슐베르크(Orff Schulwerk)를 개발했다. 그 다음은 제자들이 최초 개발자를 관찰하고 협력하며 배우는 시기로 ② 아이디어가 성장하고, 뿌리를 내리고, 확산된다. 개발자들로부터 배운 제자들은 ③ 2세대 제자들에게 아이디어를 전달한다. 이들은 개발자와 협력해 왔을 수도 있고, 간접적으로만 배울 수도 있다. 그렇게 할 때 그들은 뭔가를 해야 하는 이유를 묻는 것보다 뭔가를 어떻게 해야 하는지에 더 집중한다.

아주 좋은 아이디어는 ④ 희미해지다가 교리가 될 수 있다. Mills(2005)는 "교육과정의 내용이 아주 좋은 생각에서 분리되면서, 창안자에게는 저주가 되는 관행이 만들어지지만, 이들은 여전히 아주 좋은 아이디어라고 인정받는다(p. 96)."라고 서술한다. 예를 들어, Kodály의 철학 및 교육과정 아이디어를 헝가리와 다른 시간과 장소로 이식하는 것은 깊은 이해, 비판적 사고 및 신중한 적용을 요구하는 데 교리(예: 개념적 순서)가 아이디어(음악적 유창성)를 이미 무색하게 했다면 쉽게 잃어 버릴 수 있다. ⑤ 교리가 초점이 되면 전문가(guru)가 제자를 대신한다. 전문가는 교사를 훈련시키고, 레시피를 제공하고, 제품을 판매하며, 훌륭한 아이디어를 중심으로 가내 공업(Cottage industry)을 형성한다. 이 시점에서 교사는 실패할 수 있거나 자신이 하는 것에 대해 왜 하는지를 신경 쓸 수 없다. 왜냐하면 교사는 단지 '일'하거나 '즐기는 것'처럼 보이기 때문이다. 이러한 아이디어들이 개발된 바로 그 학생에게 실천은 그 좋은 아이디어를 발전시키려 한 대상, 즉 학생들에 대한 적합성과 의미를 잃어버리게 될 것이다. Mills는 이것이 시간이 지남에 따라 ⑥ 실패와 교리의 폐기로 이어질 수 있고, ⑦ 또 다른 좋은 아이디어가 개발될 때까지라고 믿는다.

교수법 실천과 접근법에 관한 지식은 생각, 의도, 마음의 반성적 틀과 함께 연구되는 한, 교사에게 매우 가치 있다. 학교 및 지역사회 음악교육 프로그램에서의 잠재력을 위해 전통과 현대 음악 모두를 가르치는 중요한 접근법을 이해하고, 비판적으로 검토하며, 재고해야 한다. 이것은 학생들의 학습에 효과적으로 영향을 미치고 학생들의 삶에 의미와 가치를 부여할 수 있도록 모든 분야의 교육자가 교육과정과 방법을 다시 검토해야 한다는 현재의 교육 환경에서 특히 그렇다.

이 책 『미래를 향한 새로운 음악교육: 교수법, 이슈 및 관점(Teaching General Music-Approaches, Issues, and Viewpoints-)』은 일반음악교육 분야의 선도적인 학자와 실천가를 모아 일반음악교육학의 전체 보기를 만들어서 이러한 프레임 워크와 관행을 볼 수 있는 비판적 렌즈를 제공한다. 이 책의 제1부에는 일반음악 교수 · 학습의 여러 가지 뛰어난 접근법에 대한 설명이 포함되어 있다. 전통적인 접근법 중 일부(오르프, 코다이, 달크로즈, 음악 학습 이론)는 독자들에게 친숙한 반면, 다른 방법은 익숙하지 않은 아이디어를 포함할 수도 있고, 접근방식으로서는 일반적으로 사용하지 않거나 전통적인 접근법(세계음악, 학제 간, 비공식적, 하이브리드, 구성주의자)이 아니기도 하다. 제1부의 장(章) 구성은 이례적이다. 다른 사람이 해 왔던 것처럼, 역사적으로 또는 개념적 그룹화에 의해 장을 조직하는 대신에, 우리는 겉보기에 다른 접근법을 아주 근접하게 배치하는 것이 더 도발적일 것이라고 생각했다. 언뜻 다른 것처럼 보일 수 있지만, 우리는 서로 가깝게 배치할 수 있는 몇 가지 유사점 또는 교차점에 주목했다. 예를 들어, 코다이와 세계음악의 접근방식과 초점이 서로 다르긴 하지만 둘 다 분명히 문화, 국민성(nationhood), 민족성(ethnicity)을 다루기 때문에 이 둘을 나란히 배치했다. 우리는 오르프를 사회 구성주의 옆에 배치했는데, 그 이유는 이들 모두가 '어린이 중심'의 학습과 창조성을 다루기 때문이다. 우리는 이것이 독자들을 전통 대 진보, 오래된 것 대 새로운 것이라는 관점의 사고에서 벗어나게 되길 바란다. 우리는 또한 대화가 깊게 뿌리박힌 견해와 입장에서 멀어지기를 바란다. 이 주제에 관한 기존의 서적은 일반적으로 오르프, 코다이, 달크로즈 등 일반음악을 가르치기 위한 전통적인 접근방식으로 제한되어 있었다. 이 책에서 다루는 접근법은 일반음악교육에 대한 모든 관점을 포괄하지는 않지만, 세계 여러 나라와 북미의 음악교육에서 널리 받아들여지고 사용되었거나 주목을 받고 있는 유망한 접근법들이기 때문에 선정되었다.

우리는 배제될 것에 대해 결정해야 했다. 일반음악 기본 텍스트는 접근방식으로 볼 수 있지만, 우리의 판단에서 두 개의 최신 교과서 시리즈를 검토한 결과 두 책은 이 책의 제1부에 실린 다양한 접근방식에서 나온 절충적 접근방식을 반영했다고 느겼다. 따라서 우리는 교과서 시리즈를 특유의 접근방식으로 포함하지 않았다. 우리는 스즈키 또는 전문적 악기 지도에 중점을 둔 음악 지도 방법도 포함하지 않았다. 이는 밴드, 현악기, 키보드 등 전문적인 접근방법을 연구하는 책에 더 적합할 수 있다고 생각했다.

제1부에서 이러한 접근법들이 논의·해석된 후, 제2부에서는 음악 교수·학습에 대한 새로운 방법과 자신의 삶에서 음악을 접하고 경험하는 세계 여러 나라 어린이들의 관점에서, 일반음악에 대한 비판적 분석과 뚜렷한 관점을 제공해 줄 것이다. 이 장들은 폭넓은 주제에 초점을 맞춘다. 이는 문화, 비평적 사고, 디지털 시대, 적응력 및 유연성, 보편적인 디자인 및 '읽기' 등이다.

전체적으로 이 책은 하나의 음악교수 접근법을 옹호하거나 촉진하기 위해 설계된 것이 아니다. 또한 어느 한 접근법에 대해 심층적이거나 '어떻게'를 다루는 것이 아니다. 대신 다양한 접근법에 대한 균형 잡힌 설명, 특징, 해석을 제공하고, 각각의 이점, 한계, 도전 과제 및 잠재력을 부각시키면서, 일반음악에 대한 사고와 방향을 제공하기 위한 것이다.

참고문헌

Dewey, J. (1938). *Experience and education*. New York, NY: Macmillan.

Kohn, A. (1993). *Punished by rewards: The trouble with gold stars, incentive plans, A's praise, and other bribes*. Boston, MA: Houghton Mifflin.

Mills, J. (2005). *Music in the school*. New York, NY: Oxford University Press.

Regelski T. (2002). On "methodolatry" and music teaching as critical and reflective praxis. *Philosophy of Music Education Review, 10*(2), 102-103.

제1장

일반음악교육의 의미 풀어내기

개념, 목표, 실제

Carlos R. Abril 저 / 박은실 역

일반적인. 형. 포함하는. ~에 의해 참여된. 연루된. 또는 영향을 미치는. 모두. 또는 거의 모두. 특정한 전체의 일부… 부분적 또는 특정한의 반대

옥스퍼드 영어사전. 제3판.

음악교육은 매우 중요하네. 왜냐하면 리듬과 화성은 다른 무엇보다도 내면의 영혼에 이르는 길을 발견하고 또 강하게 붙잡아 주기 때문에. 만일 개인이 옳게 훈련 받는다면 우아한 사람으로 만들어 주고. 그렇지 않을 경우 그 반대로 만들어 주기 때문일세.

Plato. 국가 Ⅲ. 401 d-e

일반음악교육(general music education) 혹은 일반음악(general music)은 가창, 연주, 창작, 음악과의 연계 및 반응 등과 같은 다양한 영역에서의 음악 학습 목적에 부합하도록 설계된 학교 교육과정의 특정한 일면을 뜻한다. 오늘날 알고 있는 일반음악교육 용어는 1920년대 문헌에서부터 나타나기 시작하였고 미국에서는 학교의 연주-중심 과정과 구별하기 위한 음악교육의 특별한 형태의 의미로 사용되어 왔다(Gray, 1923; Rodgers, 1926). 보편적으로 사용되기 이전 그 출발점부터, 일반음악은 모든 학생의 기초적인 음악 기술, 지식, 이해 등을 발전시키기 위해 설계된 음악교육의 한 유형이었고, 오늘날 전 세계 초중등학교 교실에서 음악전문가와 교육자가 가르치는 학교 교과목의 하나이다.

일반음악의 범위는 어떻게 될까? 학교에서 학생에게 음악을 가르치는 다른 형태

의 교육과는 어떻게 다른가? 미국 음악교육자들에게 친숙한 용어이자, 전 세계음악교육자들에게 익숙한 개념이지만, 이론과 실제 양 측면에서 다소 불확실하고 모호한(무형이고 의심스러운) 점들이 존재한다. 일반음악은 특정한 교수 철학을 생각하지 않고 응집력 있는 철학적 토대도 결여되어 있다. 1990년, McDonald는 "(중등과정에서) 모든 학생을 대상으로 하는 일반음악 과정의 가치에 대해 학교 행정가들과 음악교육자들 간 철학적 합의가 거의 없다."라고 말한 바 있다(p. 17). Reimer(2003)는 이를 '방향성이 없으며' '프로그램이 무엇으로 구성되어야 하는지 명확하지 않은, 매우 불확실한' 것으로 채워져 있다고 묘사한 바 있다(p. 246). 이것은 복합적이며 학생들의 학습에 대한 최소한의 감독과 책무뿐만 아니라 음악 교수 및 학습에 대한 다양한 원칙과 신념을 가진 광범위한 접근법으로 설명될 수 있다. 이와 같이 이 장은 일반음악 개념의 엉켜 있는 것들을 풀고, 다양한 문화맥락과 시간에 걸쳐 이루어진 일반음악의 기능과 목적, 적용을 설명하는 데 목적이 있다. 부차적 목적은 이 책의 다음 장들에 대한 생각의 틀을 마련해 주는 것이다. 이 장의 역사적 시공간은 최근 백 년으로 명백히 미국에 맞추어져 있지만, 가능하다면 언제든 국제적인 관점이 포함될 것이다.

일반음악교육

호칭과 용어

일반음악에 대한 설명들은 혼란스러움과 모호함을 더욱 가중시켜 왔다. 심지어 '다른' 음악 과목, 즉 대규모 연주 앙상블이 아닌 다른 과목들은 이 **일반음악**이라는 용어 아래에서 엉망이 되는 경우도 있다. 일반음악은 '미숙한' '취미의' '대안적' 등과 같이 배제, 기능, 성격에 대한 다양한 서술어를 통해 다른 유형의 음악교육과 구별되어 왔다. 어떤 서술어의 경우, 일반음악이 무엇을 하는지에 대한 것보다 무엇을 하지 않는지에 더 초점을 맞추고 있다. 게다가 그런 설명들은 개념을 명확히 해 주지도 않을 뿐더러 '교육과정 범위 밖에 놓인 다른 많은 음악 경험을 제외시키는'의 의미로 한정시키고 있다(12장 참조). 그렇지만 한편으로는 다른 유형의 음악교육과 구별 지어 일반음악을 규정짓는 것은 이론적인 면에서 비판적인 반성과 철학적인 담론에 유용하며, 동시에 실제적으로는 정책, 교육과정 설계, 교수법 면에서 유용한 측면이 있다.

'일반적인(general)'이란 수식어는 음악 연구에서 세부적이고 깊이 있는 특이성 이상의 보편성을 제안한다는 것 때문에 문제시되어 왔다. 그러나 누군가 제안했듯이 과연 그것이 문제시될 만한 것인가? 어떤 것을 '일반적'이라 하는 것은 다른 직업에서도 사용되고 있다. 예를 들어, 일반 개업의는 전공에 제한되지 않으면서 의학적 조언이나 정기적인 건강검진을 원할 때 우선적으로 돌보는 의사이다. 이런 의사들이 하는 일은 환자에게 있어 다른 형태의 의료보다 가치가 떨어지지 않는다. 일반언어학자는 특정한 한 언어에 초점을 맞추기보다 일반적인 언어의 요소들을 연구하는 전문가이다. 그들은 특정 언어를 깊이 있게 탐구하지는 않지만 인간의 의사소통 체계로서의 언어를 폭넓게 연구하는 데 가치를 둔다. 이런 일반주의자들은 그 각각의 분야에서 독특하고 중요한 기능을 하며, 그것은 일반음악교사의 경우도 마찬가지이다.

정의에 따르면, 일반음악교사는 연주부터 깊이 있는 감상, 작곡, 역사적 연구 등의 폭넓은 경험을 통해 학생들이 음악적 지식, 기술, 이해가 발달하도록 학습 환경을 제공해 주는 음악교육자라 할 수 있다. 이는 전문화되었거나 정격의 음악훈련을 필요로 하지 않는, 모든 과목을 가르치는(때때로 음악을 포함하여) 일반교사(담임교사)와는 다르다. 일반음악교사에게는 음악 만들기와 같은 학습의 한 가지 형태나 음악의 특정 양식 및 장르에 한정되지 않고 교육과정을 구성할 수 있는 권한이 주어진다. 이러한 자유와 포용성이 특히 경험이 없는 일반음악교사에게는 견디기 어려운 것일 수 있다(Conway, 2013). 그러나 또한 학생들이 다양한 음악지능을 발전시킬 수 있도록 잠재가능성을 열어 줄 수 있으며(Reimer, 2003 참조), 학생의 필요에 의해 보다 전문적인 형태의 음악수업으로 이끌어 줄 수도 있다. 이와 같은 총체적인 접근은 다른 음악교사들(예를 들어, 연주 앙상블 교사 혹은 기타 교사 등)의 전문적인 접근법 못지않게 도전적이고 의미 있으며 중요하다 할 수 있다.

'일반적인'은 **일반 대중**, **공중** 등과 같이 사람과도 연관 지을 수 있다. 역사적으로 **일반음악**은 음악연주 배경이나 오디션을 요구하는 닫힌 음악교육 체계보다는 모든 학생에게 제공되는 열린 과정으로 언급되어 왔다. 미국에 일반음악협회가 설립된 해인 1981년에, Mary Hoffman은 일반음악이 “모든 사람을 위한 것이라는 점에서 음악교육 중 가장 민주적인 부분이다.”라고 주장하였다(Kenney, 2010, p. 6에서 재인용). 그 접근성과 질이 불공평한 현실에도 불구하고, 음악교육은 “모든 어린이를 위한 음악, 모든 어린이에게 음악을(Music for Every Child; Every Child for Music)”(Heidingsfelder, 2014)이란 1923년 Karl Gehrken의 주장이자 20세기 음악교사로서의 모토를 실현하기 위해 끊임없이 노력해 온 음악교육의 한 유형이다. 소수 또는 특정 집단보다는 모든 사람에 대한 이런 지침은 일반음악에 가장 적합한 것이다. 왜냐하면 일반음악은 재능, 배경, 사회경제적 위치와 상관없이 모든 학생에게 제공되기 위해 설계된 교육과정이기 때문이다. 이것은 부분적으로, 즉 이것만은 아니지만 일반음악의 정의(定義)적 특성 중 하나이다.

대부분의 학생은 학교에서의 형식적 음악교육으로는 최초로 그리고 마지막으로 일반음악에 참여한다. 많은 나라에서 일반음악은 초등학교 교실에서 가장 널리 행해지고 유일하게 행해지는 음악교육 형태이다(Kertz-Welzel, 2013; Lamont, 2002; Lorenzino, 2011). 미국에서는 대부분의 초등학교에서 주로 음악전문가에 의해 지도된다(Abril & Gault, 2006; National Center for Education Statistics, 2012). 세계 여러 나라뿐 아니라, 영국, 독일, 오스트리아에서는 우선적으로 일반교사(담임교사)가 가르치는데, 이런 상황은 이 장과 책의 범위를 넘어서는 문제점들을 내포하고 있다(Aicher, 2014; Hennessy, 2012; Lamont 2002). 종종 초등학교 음악이 일반음악과 동의어로 사용된다. 초등학교만큼은 아니지만, 일반음악이 미국의 중등학교에서 필수 혹은 선택 과목으로 제공되기도 한다(Abril & Gault, 2008). 학교에서 일반음악이 제공될 때, 일반음악은 전문적인 형태의 학교 음악교육을 희망하는 것과 상관없이 모든 학생에게 개방되어 있는 것이다.

보다 넓은 교육공동체에서 이러한 유형의 음악교육을 '일반음악'이라 할 필요는 없어 보이지만, '음악'이 춤, 시각 예술 및 체육과 동등하고 그 자체로 충분하다는 점에서 이 용어는 음악교육자, 교육과정 설계자, 정책입안자를 위해 이러한 유형의 음악교육을 명확히 하는 데 적합하고 유용한 용어이다. 모든 학생을 음악적으로 교육하는 특징적인 방법으로의 '일반성(generalness)'은 일반음악의 큰 장점이자 결정적 특징이다. 그러므로 **'일반음악'**이라는 용어는 이 책과 각 장들에 유용하고 적절하다. 1

목적과 목표들

목적과 목표는 교육에 대해 물을 수 있는 가장 깊고 광범위한 질문 중 핵심이며(Noddings, 2003), 교육과정과 교수학습에 커다란 함의를 제공해 준다. 일반음악의 분명한 목적과 목표는 다른 형태의 음악교육 및 일반교육과 그 특성을 공유하는 부분이 있지만, 동시에 구별되는 점들도 가지고 있다.

학교 음악수업, 특히 초등학교에서의 음악은 일반음악으로 출발한다. 초등학교에서 두드러진다는 점으로 인해, 일반음악은 종종 전문적인 형태의 음악수업을 위한 예비단계로 여겨지기도 하고, 이는 일반음악의 존재 이유로 여겨져 왔다. 일반음악에 대한 논의가 일어나기 시작한 1960년대, Moses(1961)는 일반음악이 "전문 분야에서 발견되는 더 크고 광범위한 음악 경험으로 학생들을 이끌 수 있고 …… 재능 있는 학생을 찾고, 지도하며, 이를 계발할 수 있는 이상적인 기회를 (줄 수) 있는 교사를 제공해야 한다."라고 제안했다(p. 51). 보다 최근에 Reimer(2012)는 일반음악이 학생들에게 '음악을 구성하고 있는 많은 표현형식을 폭넓게 이해할 수 있도록 해 주어야 하며…… 개인적으로 강력한 음악 역할을 발견'하게 하여 '음악에 대한 제한된 이해를 하는 것보다 넓은 관점에 기초한 특별한 참여로 이동할 수 있게' 해야 한다고 주장하였다(p. 27). 물론 일반음악은 학생들을 유인하거나 전문적인 음악 연구의 기초를 제공하는 토대 그 이상을 마련해 주어야 한다.

일반음악은 또한 학생들이 다양한 방식으로 음악에 대한 일반적 지식과 이해를 적용할 수 있도록 해 준다는 점에서 그 자체로 가치 있는 목적이라 볼 수 있다. 초기 일반음악에 대한 전문가들의 논의를 살펴보면, 교양 있는 음악적 취미와 분별력 있는 여가시간의 선택 등이 가능하도록 음악 소비자이자 교육받은 시민을 양성하는 하나의 방법으로 일반음악을 강조했었다(Rodgers, 1926). 수십 년 후, 일반음악의 목적은 학생들의 음악에 대한 흥미를 '불러일으키고 발전시키는 것'이며 '교양 있는 사람이 가져야 하는 음악적 지식들을 제공해 주는 것'이라 보았다(National Association of Secondary School Principals, 1952, p. 21). John(1962)은 이에 대해 음악적 문해력이 있는 대중을 키우는 대신 취향만을 육성하려는 논리의 위험성을 경고하며, '참여할 필요가 없이 예술에 대한 이해력만을 계발하는' 형식이라 특징지었다. Moses(1961)

는 교육과정의 계열보다는 범위에 더 큰 관심을 가졌다. 그는 "우리가 노래 부르기에서 시작하여 기악 학습으로 마칠지 아닐지는 별로 중요하지 않다…… 그러나 그 경험들이 다양하고 많아서 학생들에게 음악 만들기와 감상의 흥분을 통해 그 속에 내재된 새로운 통찰력을 열어 주고 있는지 아닌지는 매우 중요하다."라고 했다(p. 52).

음악교육의 특정 접근법과 관련하여 많은 사람이 마음속에 그리고 있는 목적은 약간씩 다르다. 대부분의 목적은 개인적 차원에 초점이 맞추어져 있다. 스위스의 Émile Jaques-Dalcroze는 음악교육이 학생의 듣기 능력과 음악적 재능, '특히 음악에 종사하는 사람들의 청각적 · 시각적 · 전술적 그리고 음악적 감각'을 계발하도록 해야 한다고 주장하였다(7장 참조). 미국의 Edwin Gordon의 작업과 관련된 음악 학습 이론에서는 우선적인 목적이 '음악적 참여를 촉진시키고 풍성하게 해 주는 하나의 수단으로, 학생들이 자신의 오디에이션 기능을 발전시킬 수 있도록 돕는 것'이라 보았다(9장 참조). 독일의 Carl Orff와 Gunild Keetman은 음악교육이 무엇보다 학생들의 음악적 상상력과 창의성을 발전시켜야 한다고 믿었다(2장 참조). 이 세 가지 접근법들은 모두 개인, 특히 전반적인 음악성 발전에 초점이 맞추어져 있다는 공통점이 있다. 하지만 그 목적과 그것을 성취하기 위한 수단(혹은 교수방법)은 저마다 다르다.

일반음악교육을 위한 세계 여러나라의 다른 접근법 및 이론은 응집력 있는 사회를 만드는 데 초점을 맞추고 있다. 19세기 산업혁명 동안 유럽과 북미에 대중 교육 운동이 생기면서, 음악은 학교에서 사회화와 단결의 수단으로 사용되었다(Walker, 2007). 19세기 후반 아르헨티나에서는 스페인어를 강화하고 노래를 통해 국가주의를 발전시키기 위한 목적으로 일반음악이 학교에서 필수교과로 채택되었다(Frega, 2013). Zoltán Kodaly는 사회적 · 국가적 견지에서 일반음악의 목적을 보았으며, 음악의 일반 교육이 "음악적으로 문해력 있는 사회를 만들고 헝가리 국민들이 풍부한 문화적 전통을 보전하도록 하는 데 기여해야 한다."라고 주장하였다(4장 참조). 1950년대에서 1970년대까지 대한민국에서 음악교육은 '국가적 독립심을 강화, 발전시킬 수 있는 애국적이고 충성스런 시민을 육성하기 위한 도구'로 사용되었다(Choi, 2007).

『Music Educators Journal』의 글 중 역사연구들을 살펴보며, McCarthy(2014)는 사회적이고 정치적인 상황에 따른 민족주의적 주제들의 흥망성쇠에 주목했다. 그녀가 언급한 내용은 다음과 같다.

> 위기의 시대를 둘러싼 수사학은 애국적이고 국가적인 음악을 가르침으로써 음악교육이 나라에 봉사하는 것에 초점을 맞추어 왔다. 음악교육의 기능은 미국의 국가적 복지, 시민의식 고양, 그리고 전반적인 국가의 운명을 위해 필연적인 듯하다. 국가적 위기의 시대에 음악교육 지도자들은 음악교육의 기능을 재평가하고 그 반응에 강하게 맞서 왔다(p. 36).

음악교육의 목표에 대한 오늘날의 담론들은 학령기를 넘어 음악 자체를 바라보고 있다. Regelski(2004)는 일반음악교육과정이 일생 동안 음악에 참여하는 데 필요한 음악적 기술들을 계발시키는 것이어야 함을 강조한다. 음악교육에 대해 보다 폭넓은 저술에서, Elliott과 Silverman(2014)은 음악교육이 '음악하기와 감상하기를 통해 인간성을 향상시킬 수 있는 방법'임을 강조한다(p. 52). 국가, 개인, 시간, 장소 등 다소간의 강조점을 가지고 있는, 이런 서로 다른 교육 목표의 지향점들은 고대 그리스 철학자들의 저서로까지 거슬러 올라갈 수 있다(Noddings, 2003). 음악교육이 속한 사회정치적 · 사회문화적 맥락이 관련된 담론, 이론, 정책, 실제에 영향을 미침은 의심할 여지가 없는 것이다.

교육과정

일반음악은 그것이 단일한 음악 활동, 역할, 혹은 유형에만 초점을 맞추지 않는다는 점에서 다른 종류의 음악교육과 다르다. 그렇지만 항상 그랬던 것은 아니다. 가창과 독보는 미국 일반음악교육과정 초기를 특징 짓는다. 음악교육 초창기에는 가창에 집중했었다(Mark & Gary, 2007). 수십 년 후, 20세기에 들어서면서 목적은 가창을 통해 학생들에게 악보 읽는 법을 가르치는 것으로 옮겨졌다(Heller, 2011; Nelson, 2004). 당시 교과서에 수록된 곡들은 미국, 아일랜드, 스코틀랜드 민요도 있었지만, 우선적으로 독일 민요와 서양 고전음악이었다(Volk, 1998). Heller(2011)는 "그 이전부터 지금껏 가창 영역은 음악교육의 주요 목적을 세우는 데 매우 단합되어 왔다."라고 주장했다(p. 65).

교육과정에서 방향 전환은 20세기 들어 전반 30년 동안 일어나기 시작했다. 아동연구운동(child-study movement)의 영향으로, 1901년의 교과서 『Modern Music Series』는 일반음악에서 보다 포괄적인 접근으로의 전환을 보여 주었다(Growman, 1985). Satis Coleman, Mabelle Glenn, James Mursell과 같은 선구자들은 가창, 기악, 창작, 움직임, 악기 만들기, 감상 등을 포함하는 보다 총체적인 음악교육과정을 주장했다(Colemann, 1922; Freer & Dansereau, 2007; Nelson, 2004). 이들의 교과서, 논문, 발표 등은 보다 포괄적인 일반음악교육과정 발달에 지속적인 영향을 끼치고 있다(Mark & Gary, 2007; Nelson, 2004).

『음악교육의 기초와 원리(Foundations and Principles)』(Leonard & House, 1959)의 출판으로 명확해진 심미적 음악교육과 『초등학교 음악 연구—개념적 접근법(The Study of Music in the Elementary School-A Conceptual Approaches)』(Gary, 1967)의 출판으로 두드러진 개념 중심 교육과정의 수렴은 일반음악교육과정의 또 다른 중요한 변화를 보여 주었다. 상업적 교과서 시리즈인 『Silver Burdett Music』은 학생들의 심미적 감수성 계발을 목적으로 일반음악수업에 개념 중심 접근법을 사용하였다(Reimer, Crook, & Walker, 1974). 최근의 교과서들은 더 절충적인 모습을 보이지만, 개념 중심 방법과 심미적 음악교육은 여전히 생생하다(Bond et al., 2006 참조). 예를 들어, 미국 음악교육협회(National Association for Music Education)의 교육과정 관련 문서를 보면 일반음악을 지도할 때의 개념 중심 접근법이 명확히 보인다. 이 문서에서 일반음악교육과정은 "다른 모든 음악요소와 관련된 선율, 화성, 리듬, 형식 요소들로 구성되어 있다."라고 말한다. 이런 요소들은, 학생들이 배워야 하는 핵심 개념으로 설명되며, "가창, 움직임, 감상, 연주, 창작/즉흥연주, 그리고 읽기/쓰기(문해력)를 통해 각 학급에서" 최선을 다해 지도해야 한다고 말한다(Gordon, 2001, n. p.).

미국의 1964년 「시민법」과 1967년 「탱글우드 선언문」을 통해 일반음악교육과정에서 문화적 다양성에도 관심을 갖게 되었다. 이러한 관심을 통해 교과서에는 다양한 음악문화가 증가되었을 뿐 아니라 음악 양식과 장르 또한 확장되었다. 이후 수십 년동안 음악교육 지도자들은 교사들이 음악을 통합적으로 선택하고, 주어진 음악 전통의 본질을 고려하며, 음악을 역사적 · 사회적 · 문화적으로 맥락화하도록 안내해 왔다. 이런 '다문화적' 접근법과 레퍼토리들은 기존의 그리고 앞으로 출현할 교육과정과 지도법, 접근법 및 방법 등에 지속적인 영향을 미칠 것이다(5장과 11장 참조).

1994년 제정된 음악의 국가 기준에서는 교육과정에 구성되어야 할 각각의 명확한 음악적 행동들이 안내되고 있다. 여기에는 다양한 음악 레퍼토리로 노래 부르기 및 연주하기, 즉흥연주하기, 창작 및 편곡하기, 독보와 기보하기, 감상과 분석하기, 평가하기, 음악과 다른 문화, 역사, 학문과의 관련성 이해하기 등이 포함되었다. 이러한 행동들은 나중에 Reimer(2003)에 의해 작곡가, 연주가, 편곡자와 같은 음악 역할로 명확하게 재정리 되었다. 가장 최근에 핵심예술기준 국가연합(National Coalition for Core Arts Standards)이 여러 예술 교과 영역에 적용하도록 만든 핵심예술기준(core arts standards)은 이를 네 가지 예술 과정, 즉 연주하기, 창작하기, 반응하기, 연계하기로 압축하였다(Shuler, Norgaard, & Blakeslee, 2014). 이것들은 교육과정과 교수학습에 속하여 각각의 과정을 보다 깊이 있게 다루는 뼈대가 될 것이다.

연주하기

앞서 언급했듯이, 미국학교 일반음악의 가장 초기의 형태는 가창을 통한 일반적인 음악성에 초점을 맞추었다. 19세기와 20세기 초 교사와 학교의 요구에 부응하여, 많은 저자와 사업가는 교실에서 학생들에게 음악을 가르치기에 적합하도록, 가창, 독보에 초점을 맞춘 상업적인 교과서를 만들어 냈다(Mark & Gary, 2007; Volk, 2007). 가창연주기술을 발달시키는 것이 일반음악의 대표적 특징이 되어 왔다. 또한 악기(무율타악기에서 리코더, 오르프 건반악기까지) 연주기술을 발달시키는 것은 백 년 이상 어떤 방식으로건 일반음악교육과정의 한 요소가 되어 왔다(Mark & Gary, 2007).

연주가 일반음악교육과정에서 우위에 있어야 하는 것인가? 시간과 자원의 한계를 언급하며, Jellison(2004)은 일반음악교육과정에 음악연주가 중심에 위치해야 한다고 주장하면서 "요점은 능숙하고 자신 있게 연주하도록 배우는 것이 음악적 삶의 중심이란 점이다. 표현적이고 기술적으로 정확하게 연주하는 것은 다른 많은 기준에서의 기능 및 지식과도 통합될 수 있다."라고 강조하였다(p. 200). 이것은 이미 학교에서 실제로 이루어지고 있듯이 초등 일반음악의 현실일 수 있다. 초등 일반음악교실의 실제를 다룬 오늘날의 연구들은 교사들이 교육과정의 다른 활동보다 더 많이 학생들이 노래 부르기와 악기 연주에 참여하도록 한다고 보고하였다(Orman, 2002; Wang & Sogin, 1997). 연주력 개발은 어떤 접근법에서는 보다 더 핵심적이지만

이 책의 몇몇 접근법에서도 중요한 한 면이다. 예를 들어, 노래 부르기를 통해 학생의 음악성을 계발하는 것은 코다이 접근법에서 중추가 된다(4장 참조).

연주는 다른 접근법에서 중심은 아닐지라도 한 부분을 이룬다. 예를 들어, 일반음악의 비형식적 학습에서(10장 참조), Ruth Wright는 연주가 일반음악 맥락에서 창작, 즉흥연주, 감상과 얼마나 의미 있게 통합되는지, 공연이 학생들에게 얼마나 동기 부여를 해 주는지를 잘 설명해 주고 있다. 따라서 한 악기나 목소리로 연주하는 것에만 초점이 맞추어져 있지 않을 때에도 일반음악은 음악연주를 확실히 포함하고 있다. 일반음악교육과정 혹은 프로그램을 '비연주(nonperformance)'라 하는 것은 잘못된 호칭이다.

창작하기

일반음악에서 창작하기의 중심 생각은 독일의 Gunlid Keetman과 Carl Orff(2장 참조)와 미국의 Satis Coleman의 선구적인 저서에서 찾아볼 수 있다. 그녀의 저서 『어린이를 위한 창의적인 음악(Creative Music for Children)』에서, Coleman(1922)은 일반음악교실에서 음악과 시의 즉흥활동에 참여하는 것뿐 아니라 새로운 춤과 음악 작품을 만들어 내는 것의 중요성을 역설한 바 있다. 그 후 Paynter와 Aston(1970), Schafer(1967)의 음악 창작에 대한 저서들은 특히 영국의 일반음악교육과정에 매우 많은 영향을 주었다. 1994년의 국가 기준은 미국의 학교 음악과 특히 음악교육에서 음악 만들기의 창의적인 면에 더 많은 관심을 불러일으키는 데 도움을 주었다. 가장 최근 핵심예술 국가 기준은 창작하기가 '새로운 예술적 아이디어와 작품을 착상하고 발전시키는 것'이라고 되풀이하며 정의하고 있다(http://nccas.wikispaces.com/Overarching+Anchor+Standards).

그러나 21세기 음악교육과정에서 창의성에 대한 지속적인 관심과 지원에도 불구하고(Abril & Gault, 2007), 창작과 즉흥연주 활동은 미국 초등, 중등 음악 프로그램 모두에서 아직도 매우 적은 비중(어떤 경우 가장 적은 비중)을 차지하고 있다(Orman, 2002; Strand, 2006; Wang & Sogin, 1997). 창작의 비중이 눈에 띄게 늘어난 2014년의 새로운 음악교육 국가 기준의 영향은 아직 미치지 못하고 있다.

반응하기

음악에 내적으로나 외적으로 반응하기는 학습 경험의 본질이 시대의 흐름에 따라 계속 바뀌긴 했지만, 일반음악교육과정의 주요부분이 되어 왔다. 20세기 초 Jaques-Dalcroze(7장 참조), Satis Coleman와 Mabelle Glenn 등과 같은 음악교육자들은 음악을 배우는 기본적인 방법의 하나로, 몸으로 음악에 반응하는 것의 중요성을 강조했다. Glenn은 아이들이 음악에 대한 자신의 개념화를 표현하는 방법으로 율동의 중요성을 말하였다(Freer & Dansereau, 2007에서 재인용). 컬럼비아 대학 실험학교에서 일반음악교육과정을 탐색한 Coleman(1922)은 매일의 음악수업에 율동 혹은 춤을 포함시켜야 한다고 주장했다. 왜냐하면 그녀는 "리듬감은 몸을 통해 가장 먼저 발견되어야 한다."라고 믿었기 때문이다(p. 82). 움직임은 이 책에 제시된 많은 접근법에서 통합적인 역할을 담당한다(2, 7, 9장 참조). 또한 지난 40년간의 연구들은 음악 학습의 한 수단으로 율동이 통합되었을 때 얻을 수 있는 이점들을 잘 보여 주고 있다(Abrill, 2011).

1910년대와 1920년대 축음기와 라디오가 교실에 처음 들어오기 시작하면서 음악 감상은 일반음악교육과정의 한 부분이 되었다. 많은 책과 관련 매체가 학생들과 교사들의 감상 능력을 향상시키고 음악적 이해의 깊이를 더해 주기 위해 출판되었다(Mark & Gary, 2007). 음악에 대한 외면적이고 구체화된 반응과 달리, 일반음악의 음악감상 운동 및 교육과정 대부분은 음악에 대한 내면적이며 지적인 반응에 초점을 맞추었다. 1926년에 클리블랜드 오케스트라의 청소년 음악회와 함께 나온 책인 『Listening In on the Masters』는 학생들에게 패턴과 주제를 인식하고, 형식을 분석하고, 음악을 분류하며 감상하도록 안내했다(Keene, 2009에서 재인용). 『The Music Hour』(1927~1941)는 가창과 감상의 통합을 추구한 교과서 시리즈였다(Heller, 2011). 음악감상(appreciation)의 듣는 활동은 교실에서 학생들이 수동적으로 듣는 것으로 규정하였고 대부분 서양 고전 음악에 대한 감식력 계발을 목적으로 계획되었다(Green, 2008).

그 후 감상 레퍼토리가 확장되었고, 학생들의 감상 능력에 초점을 맞춘 새롭고 혁신적인 방법이 많이 개발되었다. 「탱글우드 선언」(Choate, 1968)에서는 민요와 대중음악까지로 감상 목록의 확대를 요청한 바 있다. 수십 년 후 음악교과서와 자료집이 보여 주듯이 세계음악이 감상 목록의 주요부분이 되었다(Volk, 1998). 음악 레퍼토리의 확장에 더해, 오늘날의 책과 교육과정 자료들은 음악에 대한 인지적 반응과 구체적 반응의 밀접한 연계를 인식하고 있다. Kerchner(2014)는 일반음악교사들에게 창의적인 듣기를 통해 음악에 반응할 수 있는 여러 가지 방법을 설명하고 있다. 반응 가능성에는 신체 움직임, 감상맵 제작, 말하기/쓰기 표현이 포함된다. 세계음악 교수법(5장 참조)에서 Campbell은 행동적 감상(예를 들어, 감상하는 동안 리듬 오스티나토 연주하기)에서 창의적 감상(예를 들어, 작곡을 위한 발판으로 감상하기)까지 하는 감상 활동을 통해 학생들이 세계음악에 반응하도록 하는 다양한 생각을 제공하고 있다. 일반음악의 수업시간 할당에 대한 기술연구에 의하면, Wang과 Sogin(1997)은 일반음악교사들이 학생들에게 율동(수업시간의 26. 24%), 설명(11. 17%), 감상(2. 63%)으로 음악에 반응하는 경험을 제공하고 있음을 발견하였다. 음악에 대한 지속적인 감상과 반응에의 참여는 새로운 국가 기준에도 명확히 나와 있다(Shuler et al., 2014).

연계하기

제8장에서 Barrett는 "일반음악이 음악교육과정에 대한 가장 포괄적인 시각으로 구성되어 있으며, 따라서 연계에 관심이 있는 사람들과 잘 맞는다." "일반음악은 간학문적 관점을 위한 보완이 된다."라고 주장한다. 음악을 예술, 다른 과목, 역사, 문화 등과 연결 짓는 것은 한 세기 이상 일반음악교육과정의 한 부분을 차지해 왔었다. 이러한 노력의 증거는 『Music Education Series』(1923), 『The Music Hour』(1929)를 포함하는 20세기 초 교과서 시리즈에서 찾아볼 수 있다(Branscome, 2005에서 재인용). 그리고 현대의 일반음악 교과서 시리즈에도 주도적인 역할을 계속 이어 가고 있으며(Bond et al., 2006 참조), 1994년 음악교육 국가 기준의 한 구성요소이기도 하다. 어떤 연구는 일반음악교육과정을 종종 책임지게 되는 일반교사(비음악 전공자)가 음악을 문화, 역사, 관련 예술과 연계하여 가르칠 때 가장 편안함을 느낀다고 보고한다(Byo, 1999).

공연음악문화와의 연계는 일반음악교육과정, 지도법, 재료에서 중요한 한 부분을 차지한다. 20세기 미국의 수많은 도시에서 이루어진 젊은이를 위한 콘서트, 음악감상 운동은 학생들과 교실 밖 교향악단을 연결지어 주었다(Mark & Gary, 2007). 1950년대와 1960년대 현대음악 프로젝트는 학교음악교육과정과 학생들을 현대 작곡가와 현대 음악에 연결 짓기 위한 노력이었다(Choksy, Abramson, Gillespie, Woods, & York, 2001). 현대적인 방식으로 음악교육과정을 창작, 연주, 음악 참여와 연계하는 것은 지금도 관심을 받고 있는 주제이다(예: Tobias, 2013). Campbell(5장 참조)은 세계음악교수법이 학생들과 자신이 속한 지역사회의 음악 및 음악가들을 이어 주도록 해 줄 뿐 아니라 '문화를 아우르며 범인간적인 노력의 산물로서의 음악'에 참여하는 경험을 제공해 줄 수 있다는 점에서 일반음악 특유의 접근법이라 할 만하다고 기술하고 있다.

포괄적이면서 연계된 것

포괄적이면서 연계된 교육과정은 학생들에게 다양한 음악 학습 목표와 만날 수 있는 학습공간을 마련해 줄 수 있다. 또한 음악 경험(예: 창작, 노래, 녹음), 역할(예: 작곡가, 연주가, 기술자), 장르(예: 대중음악, 서양고전음악, 재즈) 간의 경계를 모호하게 해 주기도 한다. 만일 학교에서의 음악 경험이 경직된 단일의 것이라면, 일반음악이라 할 수 없으며, Evan Tobias(6장 참조)가 지적했듯이, '음악을 배우고 음악적이 되게 하는 특정 방법에만 초점을 맞출 경우 음악을 알고 행하는 풍성하고, 다면적이며, 역동적인 방법'을 잠재적으로 배제하게 되는 것이다.

오늘날 일반음악은 모든 학생을 위해 포괄적이면서 연계된 교육과정으로 설계되어 있다. 여기서 의문점이 하나 생긴다. '일반적인' 음악을 가르치는 모든 접근법이 일반음악 안에 포함될 수 있는 것들인가? 명백히 각각의 접근법은 가장 일반적인/포괄적인 스펙트럼에서부터 음악-예술 과정의 보다 전문적/특별한 스펙트럼까지의 어느 한 위치에 놓여 있다. 이 책의 첫 장을 통해 각 접근법이 스펙트럼의 어디에 놓여 있는지 스스로 질문해 보고 그보다 더 중요하게는, 그 접근법의 토대가 되는 철학이 교육과정과 지도법에 어떤 영향을 줄 수 있을지를 생각해 볼 수 있을 것이다.

학습자

지난 수십 년간, 일반음악에 대한 담론의 흐름은 무엇을 가르쳐야 할지에 대한 세부항목으로부터 가르침의 대상이 되는 학생들은 어떤 존재이며, 그들은 어떻게 배우는지에 대한 것으로 바뀌어 왔다. 아동연구운동, 음악인류학, 학습의 구성주의 이론, Campbell(2010), Flowers(2002), Marsh(2008), Moorhead와 Pond(1978), Sims(2004), Wiggins(2015) 등의 음악교육연구는 아이들이 배우고, 놀고, 듣고, 이야기하고, 음악을 만드는 방식에 대해 보다 잘 이해할 수 있도록 해 주었고, 일반음악교실에 많은 함의를 주었다. 학자들은 학생들이 삶에서 음악에 어떻게 참여하고 배우는지에 대한 이해를 통해 음악교사들의 실행을 재고해 보도록 안내해 왔다(예: Harwood & Marsh, 2012). 이 책에서 Wiggins(3장 참조)는 학생이 학습의 주체가 되고 자율성이 주어지는 학습 환경을 교사들이 어떻게 만들어 가는지 보여 주기 위해 장면과 묘사를 사용한다. Abril과 Kelly-McHale(11장 참조)은 일반음악 실제에서 문화의 다양한 개념을 검토하고 교육과정과 교수법이 교실에 있는 학생들의 문화적 다양성을 반영해야 한다고 주장한다. Darrow(14장 참조)는 모든 학생의 다양한 학습 요구를 충족시키도록 일반음악교실에 적용될 수 있는 보편적 설계에 대해 설명한다. 마지막으로, Clements(15장 참조)는 디지털 세대에 태어난 학생들의 생활에 맞도록 교육과정에 테크놀로지를 주의 깊게 도입한 사례들을 제시한다. 앞서 말한 대부분의 저자는 교사가 학생들의 배경과 학습 양식을 주의 깊게 살피고 때로는 학생들과 함께 배우기도 하는 등의 경험을 통해 교실을 넘어 삶에 의미 있는 경험이 되도록 해 주기를 권고한다.

그러나 음악교육 교사와 그 가르침은 학생들의 삶에 연계되어 있지 않고 그들의 필요에 응하지 못하는 것이 현실이다. Campbell, Connell과 Beegle(2007)은 미국 학생들이 자신들이 흥미로워하고 배우기 원하는 양식의 음악과는 관련이 없는 학교 음악프로그램에 대해 환멸을 느끼고 있음을 발견하였다. 여러 문헌을 종합하면서 Kertz-Welzel(2013)은 독일의 중등학교 일반교육에서 음악이 가장 인기 없는 교과인 이유를 다음과 같이 보고한다. ① 학생들은 생활 속에서의 음악과 관련 없는 음악수업의 목적을 이해하지 못한다, ② 학생들은 이론 관련 음악 내용과 예술 음악 중심의 음악을 싫어한다, ③ 교사-중심 지도방법이다, ④ 학생들이 직접 음악 만들기에 참여하거나 능동적으로 참여하기보다 교사의 말이 더 많다. 연구자는 현재의 음악 프로그램이 전반적으로 음악적 삶, 정체성, 젊은 학생들의 흥미, 즉 자신들의 관심을 보다 자발적으로 소그룹으로, 능동적 음악 만들기로 표현하고자 하는 경향 등과 상관없이 이루어진다고 결론짓고, 교사들은 “음악교육이 보다 성취감 있고 의미 있는 것이 되기 위해 그들이 알고 있는 음악의 경계를 넘어 학생들의 음악문화를 고려해야 한다."라고 제안한다(p. 384). 세계 여러 나라의 아동 및 청소년에 대한 다른 연구들도 학생과 교육과정, 학생과 교사 간의 단절을 보여 준다(Kelly-McHale, 2013; Lamont, 2002). 이런 연구들은 일반음악이 다양한 학습자와 공동체의 관심과 요구를 깊이 있게 그리고 의미 있게 연계할 필요가 있음을 보여 준다.

실제

아무리 이론이 정교하고 논리적이어도, 실제에 적용되지 않으면 가치가 없다. 교사가 학생들과 지속적으로 함께하고 상호작용함으로써 이론을 실제에 적용하게 되는 음악교육과 같은 응용 학문에서는 특히 더욱 그러하다. 접근법, 방법론, 기법과 재료들은 이러한 실천을 위해 밀접한 관련이 있는 것들이다. 여기에는 가장 폭넓고 보다 철학적인 생각들(접근법)부터 가장 세부적인 행동들(기법들)과 재료를 모두 아우른다.

접근법

접근법(Approach)은 이 책의 앞부분에서 여러 교수법(pedagogy)을 특징짓기 위해 의도적으로 선택한 용어이다. 접근법은 이론적으로나 실제적으로 넓은 구조로 되어 있으며, 실행을 목적으로 한 지식, 신념, 가치, 경험들로 구성되어 있다. 방법론(Method)과는 달리, 접근법은 1차원적 설명이나 안내, 어떤 것을 언제, 얼마 동안 해야 할지를 단계적으로 안내하는 것만으로는 정의되지 않는다. 대신, 교실에서 계획하고 의사결정을 내리는 데 필요한 마음의 틀을 제공하고 안내해 줄 수 있는 철학적 기반 또는 일종의 이론이 되는 것이다. Benedict(16장 참조)는 "…… 접근법은 우리가 가르침을 어떻게 구성하는가에 대한 언어와 문법을 확립하기 위해 사용된다."라고 주장한다. 접근법은 세밀하고 순차적이며 신중한 일련의 단계가 특정한 학습 목표에 도달하기 위해 계획되고 체계화되며 권장되거나 사용될 때 방법론으로 되는 것이다.

방법론

방법론은 교실 상황에서 무엇을, 어떻게, 언제 가르쳐야 할지에 초점을 맞추고 있다. 어떤 수준(소문자 'm' 방법론)에서 방법론은 일정 기간 동안 학생들을 한 지점에서 다른 지점으로 안내하는 지식과 경험을 바탕으로 교사가 행동하는 신중한 패턴이다. 이러한 신중함은 가장 효과적인 방법론을 결정하기 위해 교사가 사용하는 학습 목적과 목표에서 온다.

대문자 'M' 방법론은 많은 사람이 지도원리, 신념, 또는 음악이론, 학습 또는 지도를 기반으로 실행하고 아주 상세히 설명한 교수 · 학습을 집대성한 시스템이다. 일반음악교육에서 이와 같은 방법론은 종종 음악교육자들(Kodaly, Gordon, Orff 등)과 연관되어 있다. 방법론은 하나의 접근법(보다 복합적인 접근법들)에서 도출되는 때로는 원래의 아이디어와 모순되기도 하는 실제적 구성의 틀, 계열, 기법 등을 취할 수 있다(13, 16장 참조). Choksy 등(2001)은 '방법론'을 다른 것들 중에서 '일체화된 독특한 교수법 모음(잘 정의된 실제들)'으로 정의하였다(p. 2). 방법론은 가르치는 1차적 구조를 제공해 주며, 성공을 예측할 수 있는 길로 하나씩 하나씩 안내해 준다. 방법론이 처방처럼 엄격하지 않을 수 있지만, 즉 교사들이 방법론 책 중에 담긴 글 혹은 수업 아이디어를 그대로 따를 필요는 없지만 (물론 그렇게 할 수도 있지만) 접근법보다 작은 범위의 엄격한 틀을 제공해 준다.

예를 들어, 어떤 방법론은 논리적으로 단순한 것에서 복잡한 것으로 진행되는 리듬 혹은 음고의 특정한 순서를 포함할 수 있다. 또 다른 예는 주어진 리듬패턴에 특정한 말을 붙이는 것에서 시작하여 말리듬을 신체악기로, 무율타악기로 바꾸고, 그리고 마침내 건반 타악기로 바꾸는 과정으로 된 기악 반주 지도의 권장 순서일 수 있다. 이것들은 특정한 교수학습 목표들에 도달하기 위해 매우 유용하다. 하지만 동시에 교사가 이런 단계들을 왜 적용해야 하는지 혹은 학습자를 어디로 이끌어 가야 하는지에 대한 확신이 없을 경우에는 잘못 이끌어질 수도 있다.

Benedict(16장 참조)는 어떤 것이 방법론인지 접근법인지는 "맥락과 활용에 달려 있다."라고 말하며, 그 사용이 너무 습관적으로 당연히 여기게 되어 우리가 무엇을, 어떻게 하며, 어떻게 끝나는지에 대해 의문을 품지 않게 될 때까지는 본질적으로 잘못된 방법론은 없다고 주장한다. Bennett(13장 참조)는 교사들이 이런 방법론이 의도한 목적과 아이들이 실제로 음악을 만들고 배우는 방법에 맞는지 아닌지 자문해 볼 것을 제안한다. 이 책의 제1부에 설명된 보다 역사적인 접근법들은 몇 가지 점에서 체계화된 방법론의 형태가 되었다. 이 책의 제2부에서 저자들은 우리의 이해와 사고를 명확히 하기 위해 접근법과 방법론 모두를 신랄하게 검토한다.

기법과 재료들

기법과 재료들은 더 나은 학습에 사용되는 특정한 행동과 물건들로 일명 '장사 밑천(tools of the trade)'이라 할 수 있다. 그 자체로는 목표도, 목적도, 이론도 결여되어 있다. 만일 보다 크고 의미 있는 것에 적용되지 않는다면, 그것은 단지 '재주 꾸러미'에 불과할 수 있다. 어떤 이들은 기법과 재료들을 접근법 혹은 방법론과 혼동하기도 한다. 예를 들어, 누군가는 교사가 Curwen의 손기호 사용 때문에 코다이를 '하는 것'이라 생각할 수도 있고 혹은 달크로즈의 유리드믹스가 리듬에 맞춰 몸을 움직이는 것이라 생각할 수 있다. 이 책의 몇몇 저자는 교사가 주어진 접근법 안에서 사용할 만한 기법과 재료에 대한 여러 예시를 제공할 것이다. 하지만 이것들은 단지 한 가지 예시일 뿐이다. 이들 기법과 재료들이 주어진 접근법의 보다 큰 목적과 목표에 기여하는 방법과 이유를 따져 볼 필요가 있다.

절충주의

절충주의 일반음악교사는 다양한 접근법에서 기법, 재료, 방법론, 아이디어 등을 가져오는 사람으로 정의되어 왔다. 『미국 음악교육의 절충적 교육과정(The Eclectic Curriculum in American Music Education)』이란 책에서 Carder(1990)는 절충주의가 자연스러우면서 동시에 당연한 것이라 제안하며 "성공적인 지도법의 기본적 아이디어가 완전히 새롭게 만들어지는 경우는 드물며, 일반적으로 단지 한 사람의 좋은 생각으로 이루어지는 것도 아니다."라고 말한다(p. 2). 한 가지 방법에서 기법을 빌려 다른 것과 결합해 왔고 꽤 효과적일 수 있다(Kodály는 Curwen의 손기호를 차용하였다)라는 문장은 진실이다. 문제는 다양한 기법을 빌려 오는 것에 있지 않다. 왜냐하면 그 자체로는 매우 유용하기 때문이다. 문제는 왜 그 기법, 활동, 수업, 혹은 아이디어를 빌려 왔는지를 모르는 데 있다. 이런 이해 없이 교육과정은 다양한 접근법에서 이런 경험들이 어디로 가며, 학생들을 어디로 이끌어 갈지 모른 채 목적 없는 활동들을 모아 놓은 결과일 뿐이다. 이것이 음악 지도에서 절충주의에 대한 비판 이면에 놓여 있는 생각일 것이다(Choksy et al., 2001).

기법과 재료들은 교실에서 할 과제들에 대한 즉각적인 아이디어들을 제공해 준다. 방법론은 교육과정과 수업을 위한 체계화된 과정과 절차를 제공해 주고, 접근법은 교육과정과 수업을 위한 틀을 제공해 준다. 이때 가치, 신념, 교수 · 학습이론에 대한 이해가 없다면 교사는 나침반 없이 항해하는 것과 같다.

결론

1837년 Lowell Mason은 최선의 교사는 "이미 놓여 있는 특정한 계획에 갇혀 있지 않고, 서로 다른 방법론에서 자신만의 것을 만들려고 하는, 전형적이고 불변하는 것이 아니라 자신의 서로 다른 학급 환경에서 다양한 요구에 부응하여 수정, 개선할 수 있는 사람이다."라고 말한 바 있다(Carder, 1990, pp. 2-3에서 재인용). 거의 백 년 후, 1930년 음악교육의 선구자인 Mabelle Glenn은 음악교육자가 과거의 성취 혹은 '10년 전에나 타당했던 방법론과 조직을 사용하는 것'에 만족해서는 안 된다고 역설하였다(Freer & Dansereau, 2007에서 재인용). Patricia Campbell(2010)은 현재의 교수법을 인정하고 새로운 이해를 향해 나아가야 하다고 다음과 같이 말하였다.

> 아이들의 일상생활의 도전과 분리된, 교과의 의미하는 바를 단순화하고 축소하는, 그래서 학생이 자신들이 익힌 것들을 다음 맥락에 적용할 기회가 거의 주어지지 않는 학교(혹은 음악 프로그램)는 고귀한 목표를 달성할 수 없다(p. 232).

교수법은 우리가 가르치는 학생들의 끊임없이 변화하는 문화뿐만 아니라 사회의 변화에도 반응해야 한다.

'무엇이었고, 무엇인지'에 대한 이해는 하나의 직업이자 개인적인 실제로서, '무엇이 될 수 있을지'에 대한 길을 닦는 데 도움을 줄 수 있다. 우리는 연구, 학문, 반성적 실행에서 얻은 새로운 지식을 활용하여 일반음악교실에서의 교육과정 및 수업을 설계하는 입장과 접근법을 다시 알게 해 주는 대화를 계속해야 한다. 이 대화에 우리와 함께 하도록 당신을 초대한다.

감사의 글

필자는 이 장의 초고를 읽어 주고 이 주제에 대해 가치 있는 역사적 통찰력과 제안 및 관점들을 제시해 준 Marie McCarthy 박사에게 감사를 표하고 싶다.

미주

1 이 장은 대부분의 장과 마찬가지로, 음악에 대한 일반교육(혹은 줄여서 일반음악)에 초점이 맞추어져 있다. 일반음악에 초점을 두지만 다른 장들은 일반교육에서의 음악을 함축하고 있다(Barrett, Campbell, Darrow의 장 참조). 즉, 음악교육자, 일반교육자, 다른 교과의 교육자 등에 의해 교육의 모든 면에서 음악을 다채롭게 사용하는 것이다.

참고문헌

Abril, C. R. (2011). Music, movement, and learning. In R. Colwell & P. Webster (Eds.), *MENC handbook of research in music learning* (pp. 92-129). New York, NY: Oxford University Press.

Abril, C. R., & Gault, B. M. (2006). The state of music in the elementary schools: The principal's perspective. *Journal of Research in Music Education, 54*(1), 6-20.

Abril, C. R., & Gault, B. M. (2007). Perspectives on the music program: Opening doors to the school community. *Music Educators Journal, 93*(5), 32-37.

Abril, C. R., & Gault, B. M. (2008). The state of music in secondary schools: The principal's perspective. *Journal of Research in Music Education, 56*(1), 68-81.

Aicher, L. (2014). *The state of music education in Austrian elementary schools as perceived by elementary classroom teachers* (Order No. 3638108). Retrieved from ProQuest

Dissertations & Theses Full Text (1615372432).

Bond, J., Boyer, R., Campbelle-Holman, M., Crocker, E., Custodero, L., Davidson, M., Soto, G. D. (2006). *Spotlight on music* (Vols. K-5). New York, NY: Macmillan/McGraw-Hill.

Branscome, E. (2005). A historical analysis of textbook development in American music: Education and the impetus for the National Standards for Music Education. *Arts Education Policy Review, 107*(2), 13-19.

Byo, S. J. (1999). Classroom teachers' and music specialists' perceived ability to implement the National Standards for Music Education. *Journal of Research in Music Education, 47*(2), 111-123.

Campbell, P. S. (2010). *Songs in their heads: Music and its meaning in children's lives* (2nd ed.). New York, NY: Oxford University Press.

Campbell, P. S., Connell, C., & Beegle, A. (2007). Adolescents' expressed meanings of music in and out of school. *Journal of Research in Music Education, 55*(3), 220.

Carder, P. (Ed.). (1990). *The eclectic curriculum in American music education.* Reston, VA: MENC.

Choate, R. (1968). *Documentary report of the Tanglewood symposium.* Washington, DC: Museums Educators National Conference.

Choi, M. (2007). The history of Korean school music education. *International Journal of Music Education, 25*(2), 137-149.

Choksy, L., Abramson, R. M., Gillespie, A. E., Woods, D., & York, F. (2001). *Teaching music in the twenty-first century* (2nd ed.). Upper Saddle River, NJ: Prentice Hall.

Coleman, S. (1922). *Creative music for children.* New York, NY: G. P. Putman's Sons.

Conway, C. (2013). Beginning music teacher mentor practices: Reflections on the past and suggestions for the future. *Journal of Music Teacher Education, 24*(2), 88-102.

Elliot, D. J., & Silverman, M. (2015). *Music matters: A philosophy of music education.* New York, NY: Oxford University Press.

Flowers, P. J. (2002). What was that?—Talking about what we hear in music. *Update: Applications of Research in Music Education, 21*(2), 42-51.

Freer, P. K., & Dansereau, D. R. (2007). Extending the vision: Three women who saw the future of music education. *Music Educators Journal, 93*(4), 54-61.

Frega, A. L. (2013). Orff Schulwerk in Latin America: Diverse experiences. In C. C. Wang

(Ed.), *Orff Schulwerk: Reflections and directions* (pp. 59-64). Chicago, IL: GIA Press.

Gary, C. L. (Ed.). (1967). *The study of music in the elementary school: A conceptual approach.* Washington, DC: Music Educators National Conference.

Gordon, D. G. (2001). *Elementary general music curricular framework.* Web site curriculum developed for the Society for General Music.

Gray, W. S. (1923). Investigations by members of Phi Delta Kappa: During 1922-33. *Phi Delta Kappan, 6*(1), 1-32.

Green, L. (2008). *Music, informal learning and the school: A new classroom pedagogy.* London, United Kingdom: Ashgate Press.

Growman, F. (1985). *The emergence of the concept of general music as reflected in basal textbooks: 1900-1980* (Order No. 8515035). Retrieved from ProQuest Dissertations & Theses Full Text (303379160).

Harwood, E., & Marsh, K. (2012). Children's ways of learning inside and outside the classroom. In G. McPherson & G. Welch (Eds.), *Oxford handbook of music education* (Vol. 1, pp. 322-340). New York, NY: Oxford University Press.

Heidingsfelder, L. (2014). The slogan of the century: "Music for Every Child; Every Child for Music." *Music Educators Journal, 100*(4), 47-51.

Heller, G. N. (2011). From the melting pot to cultural pluralism: General music in a technological age, 1892-1992. *Journal of Historical Research in Music Education, 33*(1), 59-84.

Hennessy, S. (2012). Improving primary teaching: Minding the gap. In McPherson & Graham (Eds.), *The Oxford handbook of music education* (pp. 625-628). New York, NY: Oxford University Press.

Jellison, J. A. (2004). It's about time. *Journal of Research in Music Education, 52*(3), 191-205.

John, R. W. (1962). The general music dilemma. *Music Educators Journal, 48*(4), 65-68.

Keene, J. A. (2009). *A history of music education in the United States* (2nd ed.). Centennial, CO: Glenbridge Publishing.

Kelly-McHale, J. L. (2013). The influence of music teacher beliefs and practices on the expression of musical identity in an elementary general music classroom. *Journal of Research in Music Education, 61*(2), 195-216.

Kenney, S. (2010). A history of the Society for General Music. *General Music Today, 24*(4),

4-14.

Kerchner, J. L. (2014). *Music across the senses: Listening, learning, and making meaning.* New York, NY: Oxford University Press.

Kertz-Welzel, A. (2013). Children's and adolescents' musical needs and music education in Germany. In P. S. Campbell & T. Wiggins (Eds.), *The Oxford handbook of children's musical cultures* (pp. 371-386). New York, NY: Oxford University Press.

Lamont, A. (2002). Musical identities and school environment. In R. A. R. MacDonald, D. J. Hargreaves, & D. Miell (Eds.), *Musical identities* (pp. 41-59). New York, NY: Oxford University Press.

Leonhard, C., & House, R. W. (1959). *Foundations and principles of music education.* New York, NY: McGraw-Hill.

Lorenzino, L. (2011). Music education in Cuban schools. *Research Studies in Music Education, 33,* 197-210.

Mark, M. L., & Gary, C. L. (2007). *A history of American music* (3rd ed.). Lanham, MD: Rowman & Littlefield.

Marsh, K. (2008). *The musical playground: Global tradition and change in children's songs and games.* Oxford, United Kingdom: Oxford University Press.

McCarthy, M. (2014). "We who have the destiny of musical America in our hands": History speaks to us through 100 years of "MEJ." *Music Educators Journal, 100*(4), 29-38.

McDonald, D. (1990). General music in education. *Design for Arts in Education, 91*(5), 15-22.

Moorhead, G. E., & Pond, D. (1978). *Music of young children.* Santa Barbara, CA: Pillsbury Foundation for Advancement of Music Education.

Moses, H. E. (1961). General music in general education. *Music Educators Journal, 47*(4), 51-54.

National Association of Secondary School Principals. (1952). The function of music in the secondary-school curriculum. *NASSP Bulletin, 36*(189), 5-57.

National Center for Education Statistics. (2012). *Arts education in public elementary and secondary schools: 1999-2000 and 2009-10.* Washington, DC: US Department of Education.

Nelson, S. L. (2004). Creativity in U.S. music textbook series: 1912-1953. *Journal of Historical Research in Music Education, 25*(2), 128-141.

Noddings, N. (2003). *Happiness and education.* Cambridge, United Kingdom: Cambridge University Press.

Orman, E. K. (2002). Comparison of the National Standards for Music Education and elementary music specialists' use of class time. *Journal of Research in Music Education, 50*(2), 155-164.

Paynter, J., & Aston, P. (1970). *Sound and silence: Classroom projects in creative music.* Cambridge, United Kingdom: Cambridge University Press.

Regelski, T. A. (2004). *Teaching general music in grades 4-8.* New York, NY: Oxford University Press.

Reimer, B. (2003). *A philosophy of music education* (3rd ed.). Upper Saddle River, NJ: Prentice Hall.

Reimer, B. (2012). Another perspective: Struggling toward wholeness in music education. *Music Educators Journal, 99*(2), 25-29.

Reimer, B., Crook, E., & Walker, D. S. (1974). *Silver Burdett music.* Morristown, NJ: Silver Burdett.

Rodgers, A. (1926). The junior high school music program and some of its problems. *Music Supervisors' Journal, 13*(1), 21-27.

Schafer, M. (1967). *Ear cleaning: Notes for an experimental music course.* New York, NY: Associated Music Publishers.

Shuler, S. C., Norgaard, M., & Blakeslee, M. J. (2014). The new National Standards for Music Education. *Music Educators Journal, 101*(1), 41-49.

Sims, W. (2004): What I've learned about research from young children. *Update: Applications of Research in Music Education, 23*(1), 4-13.

Strand, K. (2006). Survey of Indiana music teachers on using composition in the classroom. *Journal of Research in Music Education, 54*(2), 154.

Tobias, E. S. (2013). Toward convergence: Adapting music education to contemporary society and participatory culture. *Music Educators Journal, 99*(4), 29-36.

Volk, T. (1998). *Music, education, and multiculturalism: Foundations and principles.* New York, NY: Oxford University Press.

Volk, T. (2007). "Charts and other paraphernalia": Charles H. Congdon (1956-1928) and his music teaching materials. *Journal of Research in Music Education, 55*(4), 302-312.

Walker, R. (2007). *Music education: Cultural values, social change and innovation.*

Springfield, IL: Charles C. Thomas.

Wang, C. C., & Sogin, D. W. (1997). Self-reported versus observed classroom activities in elementary general music. *Journal of Research in Music Education, 45*(3), 444-456.

Wiggins, J. (2015). *Teaching for musical understanding* (3rd ed.). New York, NY: Oxford University Press.

Teaching General Music

제1부 교수법

제2장

오르프 슐베르크
음악적 상상력 발휘하고 계발하기

Amy Beegle · Judith Bond 공저 / 최은아 역

오르프 슐베르크란 무엇인가

오르프 슐베르크[1]란 1920년대 초에 개발되기 시작한 교육 접근 방식이다. 이는 '전적으로 교육적이라기보다는 예술적인'(Orff, 1978, p. 13), '새로운 음악교육 방법'에 대한 실험으로 시작되었다. 오르프 슐베르크의 중심에는 모든 사람에게 잠재되어 있는 음악적 상상력과 창의력이 노래하기, 말하기, 움직이기, 놀이하기 등을 통해 개발될 수 있다는 믿음이 자리하고 있다. 또한 이 접근법은 여전히 많은 사람에게 시작되었을 때만큼이나 신선하고 유의미하게 여겨지고 있다. 이 방법이 세계 도처에서 그토록 많은 교사와 학생의 관심과 상상력을 사로잡아 온 이유는 무엇인가? 교사들의 연구와 실행을 이끌어 온 오르프 슐베르크 접근법과 교육철학의 특징은 무엇인가? 시간과 공간을 가로질러 이 접근법을 발전시키는 데 기여한 도전과제와 새로운 방향은 무엇인가?

우선 오르프 슐베르크의 한 측면을 잘 보여 주는 2학년 수업 계획과 함께 시작해 보도록 하겠다. 이 수업에 참여한 학생들은 이전의 경험을 통해 이미 다음과 같은

능력을 함양해 왔다. 그것은 ① 이동 동작과 비이동 동작을 포함해서 간단한 신체 움직임을 사용하여 표현하는 능력, ② 신체 타악기와 오르프 악기라고 알려져 있는 음판악기(pitched barred percussion)를 사용하여 박과 간단한 리듬 패턴을 연주하는 능력, ③ 가사를 적절하게 표현하면서 아름다운 선율로 노래 부르는 능력, ④ 음판악기로 간단한 가락 패턴을 연주하는 능력, ⑤ 수업 관련 과제를 짝 그리고 모둠과 함께 작업할 수 있는 능력이다.

오르프 수업의 예시

A. 간단한 시로 수업을 소개한다. '집보다 높은-나무보다 높은-오, 무엇이 될 수 있는가(higher than a house-higher than a tree-o, whatever could it be?)' 학생들에게 하늘에서 볼 수 있는 것을 생각해 보고, 생각한 것을 작은 소리로 짝에게 말하도록 한다. 4명이 한 그룹을 만들고, 학생들은 각자 생각한 것을 나누고, 움직임이나 목소리를 사용하여 즉흥적으로 표현한다. 다른 친구들은 어떠한 '하늘 이미지'를 표현한 것인지 추측한다.

B. 하나의 하늘 이미지에 초점을 맞추어 "Starlight, starbright" 노래를 소개한다. 학생들은 모델링과 모방을 통해서 노래를 배운다. 다음에 학생들에게 star, wish 또는 light와 같이 특징적인 라임이 있는 단어를 찾고, 이것을 강조하기 위해 바디 퍼커션을 해 보도록 한다. 예를 들어, 라임이 있는 단어에서 손가락 튕기기, star에서 손뼉치기, wish에서 무릎 두드리기 등을 실시해 보도록 한다. 그들은 이와 같은 바디 퍼커션과 함께 노래를 부를 것이며, 적절한 무율타악기를 선택하고 바디 퍼커션을 악기로 바꾸어 연주할 것이다. 그리고 노래와 함께 연주할 것이다.

C. 모델링에 의해 리듬 패턴(♩♫)을 가르치고, 학생들은 모방한다. 학생들은 이것을 무릎 두드리기로 표현하고, 노래하는 동안 오스티나토로 반복 연주한다. 이 패턴은 자일로폰으로 V(F-C)도 연주하는 것으로 바꾸어지면서, 노래를 위한 기본 조성을 세팅할 수 있다. 더 수준이 높은 학생들은 모든 음을 연주할 수 있다. 그들은 또한 안내된 탐색을 통해 부분연습을 하면서, 3음 노래 가락 연주하는 것을 배울 것이다.

D. 수업의 이와 같은 요소들이 'star'를 흥미롭게 제시하기 위해 어떻게 결합될 수 있는지 결정하기 위한 토론을 하도록 한다. 이것은 (그룹 또는 개인적으로 낭송된) 시, 학생들에 의해 창작된 움직임, 노래 그 자체 또는 바디 퍼커션, 리듬악기, 음판악기 등과 합주되는 노래

와 연관될 것이다. 이 계획이 진행됨에 따라 'twinkle'을 표현하기 위해 작은 손전등 불빛을 사용하거나 반짝이는 종이별 만들기, 솔로 댄스인 'star' 역할을 위한 옷 만들기 등 학생들은 자신의 아이디어를 추가해 갈 것이다. 교사는 발표가 길이와 복합적인 면에서 성공적일 수 있도록 안내자의 역할을 한다. 모든 학생은 다양한 역할을 결정하면서 최종적으로 통합한 후 순서대로 연주하고, 분석과 평가를 위하여 어느 부분이 가장 잘 연주되었는지, 누가 가장 잘 했는지, 다시 발표를 한다면 어느 부분을 왜 삭제해야 하는지 등에 대해 간단한 토론을 한다. 학생들의 아이디어를 통합하면서 작품은 다시 수정될 것이다.

Starlight, Starbright

*any two notes in F pentatonic

[그림 2-1] "Starlight, Starbright" 악보

이와 유사한 수업들은 교사들이 소위 '오르프 과정'이라고 부르는 순차적 구조(sequential structure)의 시행을 배운 학교에서 많이 찾아볼 수 있다. 교사는 적절한 학습자료를 선택해야 할 뿐 아니라 열린 질문과 공정한 피드백을 통해 학생들의 창의적 사고와 상상력을 끌어내면서 필수적인 음악 기능과 지식을 통합시킬 수 있어야 한다. 가능성은 무한하기 때문에, 오르프 수업의 틀 안에서는 매시간 다른 것이 발생할 것이다. 학생들의 창의적 생각의 양과 수준은 교사의 예술가적 기교와 융통성에 달려 있다.

오르프 슐베르크의 기초적인 특징들

슐베르크(Schulwerk)는 Orff가 그의 교육적 작품들을 다른 작품들과 구별하기 위해 사용한 용어이다.[2] 오늘날 **슐베르크**라는 용어는 오르프 접근법에 기반을 두고 음악을 가르치는 교사, 실천가에 의해 자주 사용된다.

이 접근법을 상세하게 규정하기는 어렵지만, 실제에 있어 일반적으로 규정되는 몇 가지 공통된 특징이 있다. 중심개념은 음악, 움직임, 언어의 통합(unity)에 기초하는 교수법이다. 슐베르크 교사들은 언어, 노래, 움직임, 악기(신체 타악기, 오르프 악기로 알려져 있는 유율음판악기, 리코더, 북, 무율타악기)와 같은 매체를 사용하여, 상상, 탐색, 즉흥연주를 통해 학생들의 예술적 표현을 촉진한다. 오르프 접근법은 학생들이 결과보다는 과정을 더 중요하게 여기는 발달적 과정 속에서, 탐색, 상상, 즉흥연주, 창작을 통해(순서는 바뀔 수 있다) 발견학습이 이루어지도록 돕는다.

오르프 음판악기(주로 온음계 자일로폰, 메탈로폰, 글로켄슈필)는 아직 소근육 기능이 피아노를 칠 만큼 발달되지 않은 어린 아이들을 위해 시각적·운동감각적인 악기 경험을 촉진시킨다. 각 음판(pitched bar)은 학생들이 앙상블 내에서 화음의 불일치에 대해 걱정하지 않고 가락적으로 탐구하고 즉흥연주할 수 있도록 반음계의 종류에 따라 쉽게 분리시킬 수 있다. 오르프 음판악기는 오르프 접근법에 고유한 것이지만, 오르프의 통합적인 과정은 이러한 악기 없이 가르칠 수 있다. 악기가 없다면 교사들은 신체 타악기, 일상에서 발견된 소리들, 교수법을 수행할 수 있는 다른 악기들을 사용할 수 있으며, 오르프 악기 또한 오르프 교수법이 아닌 다른 방법에서도 유용하게 사용될 수 있다. 따라서 그와 같은 악기의 존재가 반드시 오르프 교수법을 의미한다고 가정할 수는 없는 것이다.

슐베르크의 초기 개념에서 비롯된 가장 중요한 특징은 모든 인간에게 고유한 음악적 상상력의 발달에 초점을 맞추는 것이다. 오르프는 "이것이 가장 단순한 리듬과 가락, 지속저음(drones)과 오스티나토의 구성을 통해 성취될 수 있는 상상력의 놀이이며 …… 이러한 수단들에 의해 일깨워지고 훈련되어야 하는 것은 바로 상상력."이라고 하였다(Orff, 1978, p. 131). 『오르프 에코(Orff Echo)』의 창립 편집자인 Isabel은 슐베르크가 시작된 지 50년이 지난 후 다음과 같이 썼다.

> 즉흥연주는 빠르게 변하는 시대에서 교육의 기초가 된다. …… 오르프 접근법의 핵심은 바로 즉흥연주의 강조이며 이것은 말하기, 노래하기, 움직이기, 연주하기, 교수기술(the art of teaching)에서의 즉흥연주를 의미한다(Carley, 1977, p. 81).

Brigtte Warner는 이것을 "음악적 능력은 그 자체로 음악적 언어로 말하는 능력을 나타낸다. 이것은 부분적으로 즉흥연주를 통해 성취되며, 즉흥연주는 이미 익숙한 자료들과 새로운 개념들이 통합되면서 모든 발달단계에서 연습되어야 한다."라고 표현했다(Warner, 1991, p. 69).

이는 즉흥연주가 슐베르크의 핵심이기 때문에 교사는 학생들이 음악, 움직임, 언어 등을 통해 즉흥적인 표현에 참여하도록 이끄는 것을 배워야 한다. 무엇보다 그와 같은 즉흥연주의 출발점은 리듬이다. 즉흥연주는 종종 자연스럽게 음악적 아이디어의 분석, 수정, 기억 또는 기보 등으로 이어지며 이를 바탕으로 작품을 만들어 낼 수 있다.

상상력을 적용하는 것은 3음 가락에서 단순한 변화를 만들거나 일련의 단어가 리듬 프레이즈가 되도록 하는 것 등과 같이 단순하고 단기적일 수 있다. 이것은 또한 음악, 움직임, 언어를 포함하는 총체적인 드라마와 같이 범위가 보다 넓어질 수 있다.

오르프 접근법의 또 다른 특징은 아이들의 음악적 · 정서적 발달을 위해 필요한 것으로서 즐거운 음악적 탐구에 강하게 초점을 맞추는 것이다. Frazee(2012)는 오르프 교실에서의 놀이를 아이들이 공동체의 노력에 자신의 것을 더하는, 활동적인 공동체 놀이로 묘사하였다. 오르프 교실에서 '놀이'는 임의의 무질서 상태를 의미하는 것이 아니라 주의 깊게 계획된 활동과 학생들의 자발적이고 창의적인 사고를 위한 질문들과 관련된다. Goodkin(2001)은 "아이들의 자유는 교사에게는 꼼꼼함을 의미한다."라고 하였다. Erikson(1950), Parten(1932), Piaget(1962), Swanwick(1988)은 아이들이 놀이를 통해 배우는 방법의 이론적 모델을 설계하였고, Brophy(1988)는 이 모델들을 오르프에 기초한 음악 학습과 연관하여 기술해 왔다. 오르프 접근법을 사용하는 교사는 권위자라기보다는 즐거운 '모험심'을 가진 촉진자 또는 안내자이다. 슐베르크는 아이들이 개별 또는 모둠별로 창의적 표현을 할 수 있는 공간을 마련하고 이를 북돋우기 위한 아동중심 접근법이다([그림 2-2 참조]).

[그림 2-2]의 원을 바깥에서 안쪽으로 바라보면서, 이와 같은 교실에 있는 학생들을 상상해 보라. 그들은 노래 부르기, 말하기, 움직이기, 놀이하기 등 여러 매체를 활용하여 음악을 만든다. 그들은 네 개 중 어느 것이든 사용하여 모방, 탐색, 즉흥연주, 분석할 것이며, 앙상블의 일원으로서 서로 관계를 맺으면서도 개인적으로 음악을 표현할 것이다. 원의 중앙에는 각 학생들 내면의 상상력과 창의력이 있다. 상상력이 풍부하고 창의적인 교사와 함께, 학생들은 자신의 새로운 음악적 아이디어를 충분히 탐색하도록 길러지고 격려될 것이다. 그리하여 이 모형에 대한 해석에서 설

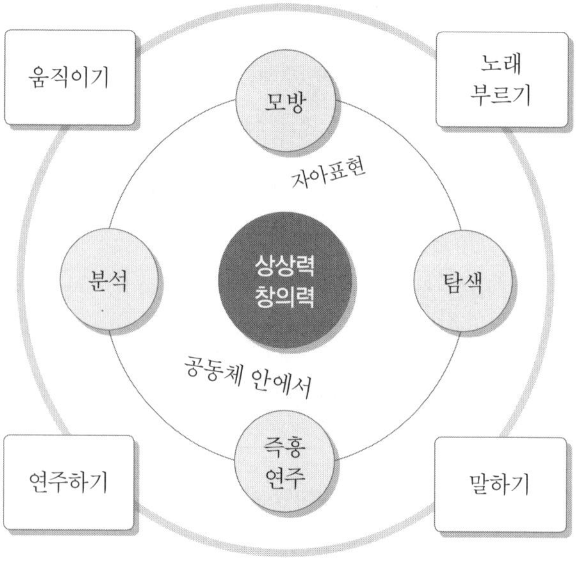

[그림 2-2] 오르프 기반 접근법의 이론적 모형

명한 바와 같이, 오르프 슐베르크에 있는 교수 · 학습의 요소들은 이리저리로 움직일 것이다.

우리는 교사로서 창의력과 즉흥연주에서의 성장을 위해 테크닉과 기술이 가르쳐지고 길러져야 한다는 것을 알고 있다. 교사에게 도전이 되는 것은 바로 학생들의 능력, 관심, 필요들을 지속적으로 반영하면서 이 둘의 균형을 유지하는 것이라 하겠다. 창의력의 순환과정은 교사가 주의 깊게 계획된 구조 내에서 즉흥연주에 자발적으로 반응할 수 있는 능력을 요구하는 것이다.

Orff는 이와 같은 접근법으로 가르치는 것이 어렵다는 것을 자각하고 있었으며, 이에 대해 "즉흥성에서 오는 자발적 가르침은 탁월한 출발점이다. 그럼에도 불구하고 모든 사람이 이러한 방법으로 가르칠 수 있는 것은 아니기에 모든 사람에게 기대할 수는 없다."라고 언급했다(Orff, 1978, p. 131).

이와 같은 교수 방식이 어려울지라도, 매우 전통적인 음악적 배경에서 훈련을 받아 온 교사들도 자발성, 자유, 융통성을 위한 기회를 제공해 주는 오르프 접근법이 참신하다는 것을 알고 있다. 이와 같은 특질은 오르프 교수법의 중요한 부분인 한편 슐베르크 교사들의 창의력이 확고한 음악성에 기초해야 한다는 것을 함축한다.

오르프 슐베르크의 기원

독일에서의 시작

슐베르크는 1924년 독일 뮌헨의 귄터학교(Güntherschule)에서 Orff와 Günther의 협업으로 시작되었다. 그들이 탐구한 '춤, 음악, 언어의 통합된 힘'(Orff, 1978, p. 17)의 초점은 리듬에 맞추어져 있었다. Orff는 무용가 Wigman의 움직임이 '기초적(elemental)'이라고 느꼈으며, 이로부터 영감을 받아 '기초적인 것, 기초음악을 탐구하기'(p. 9) 시작하였다.

학교의 음악 감독으로서 Orff는 움직임에 영감을 불어넣기 위해 특별하게 설계된 악기를 사용하면서 성인 학생들과 작업을 하기 시작하였다. 악기는 드럼, 막대, 공(gongs) 등과 같이 단순한 타악기로 시작하여, 나중에는 음판악기, 리코더, 현악기 등 유율악기를 포함하였다. 음악적 훈련이 거의 없어도 연주될 수 있는 단순한 타악기의 조합은 소리, 움직임으로 독특한 즉흥연주 경험을 가능하게 하였다. 이것은 "Orff가 민주적인 음악교육이 모든 사람에게 가능하다는 이론을 실현하기 위해 필요한 해결책(breakthrough)이었으며, 이렇게 슐베르크가 탄생하게 되었다."(Frazee, 2013, p. 31)

권터학교에서의 음악과 움직임 탐구는 보다 많은 대중에게 음악을 소개하고 싶다는 Orff의 열망에 영감을 불어넣어 주었다. 그 결과, 1930년대 초기에 출판이 시작되었으며, 이로부터 Schott Music Company와의 오랜 인연이 시작되었다. 이와 같은 협업은 『오르프 슐베르크: 기초적인 음악 만들기(Orff-Schulwerk: Elementare Musikübung)』라는 제목 아래 일련의 책들을 만들어 냈다. 처음부터 Orff는 권터학교에서의 음악과 움직임의 탐구에서 비롯된 즉흥연주를 통해 창조된 음악을 출판하는 것이 위험하다는 것을 깨닫고 있었다. 그러나 작품이 더 널리 알려지도록 하기 위해 출판이 필요하다는 것은 분명했다. Orff는 잘못 해석될 위험을 감수하며, "나는 출판과 기보에 수반되는 고정화가 즉흥연주의 본성에 상응하지 않는다는 것을 잘 알고 있다. 그러나 출판은 작업의 발달과 확장을 위해 피할 수 없다."라고 진술했다(Orff, 1978, p. 115).

그가 우려한 대로, 샘플 자료들은 "다방면에서 잘못 인식되었다."(Orff, 1978, p. 131) 출판된 예시들은 쓰여진 대로 연습되고 연주되기보다는 '정보와 자극'(Orff, 1978, p. 131)을 주고자 한 것으로, Orff의 목적은 즉흥연주에 있었다. 그러나 예시들은 기보된 것 그대로 읽어야 하는 악보로 인식될 수 있고 그렇게 인식되기도 했다. 이와 같은 딜레마는 오늘날도 여전히 존재한다. 슐베르크 철학에 의해 영감을 받은 교사들은 기보법을 배우는 것과 기능을 연습하는 것이 새로운 아이디어의 창작과 모순될 때, 이들의 균형을 위해 노력한다. 적절하게 이루어진 균형은 상상, 탐색, 즉흥 연주를 통해 새로운 아이디어로 창작하게 할 것이며, 나아가 지속적으로 창의력이 순환되도록 할 것이다.

제2차 세계 대전 말엽에 권터학교와 악기들은 파괴되었고, 그 학교에서 만들어진 창의적 작업물은 거의 다 사라졌다. 그러나 슐베르크의 씨앗은 Orff와 Keetman, 음악과 움직임의 창의적 통합을 경험한 사람들의 마음과 상상력 속에 남아 있었다.

그리하여 1948년 아이들을 위한 라디오 방송 준비에 대한 제안을 통해, 슐베르크 아이디어를 다시 시작하고(replant) 양성할 기회가 왔다. Orff는 이것이 슐베르크의 전혀 다른 방식의 확장이며, '새로운 재료와 새로운 목적을 가진 새로운 출발'이라고 느꼈다. 이에 대해 그는 "이것은 완전히 아이들에 의해 놀이되고, 노래되고, 춤추어질 뿐 아니라 그들 자신의 세계에 의해 창안될 수 있는 음악이다."라고 했다(Orff, 1978, p. 212).

Orff는 Keetman과 함께 자료를 개발하였으며, 라디오 방송을 위해 8~12세의 아이들 그룹을 모았다. 프로그램을 들은 아이들과 교사들은 음악을 모방하고 그들 자신의 음악을 창조하고, "주어진 라임에 가락과 반주를 만들면서 더 발전시킬 수 있었다. …… 최상의 것은 다음 방송에서 연주되었다."(Orff, 1978, p. 218) 방송에 대한 열화와 같은 반응은 아이들을 위한 오르프 슐베르크 자료를 만드는 동력이 되었다. 결국 총 5권으로 된『오르프 슐베르크: 아이들을 위한 음악(Orff-Schulwerk: Musik für Kinder)』의 출판은 1950년에 시작되었으며, 이어서 다양한 버전의 책들이 출판되었다.

영어권 세계에의 적용

1956년에 Schott은 토론토 대학의 Arnold Walter와 Doreen Hall의 작업을 통해 5권의 원본을『Music for Children』의 첫 번째 영어버전으로 출판하였다. 1956년과 1957년 사이에, 처음 두 권의 자료는 원본에 있는 라임에 필적할 만한 영어 라임을 찾은 Magret Murray의 감독하에 녹음되었다. 영어 라임은 1958년에 출판된『Music for Children』의 영국판에서 사용되었으며, Murray 에디션은 오늘날까지 미국 전 지역의 오르프 교사 교육에서 널리 사용되고 있다. 오르프 슐베르크의 확산에 따라 유럽과 미국, 아시아 등 많은 나라에 이르기까지 번역과 녹음이 이루어졌으며(Shamrock, 1995, 1997), 교사를 위한 여름 연수과정이 만들어졌고, 슐베르크 접근법을 지지하는 조직이 형성되었다.

오르프 협회(Orff Institute)는 1961년 Orff와 Eberhard Preussner의 발의로 오스트리아 잘츠부르크의 음악과 드라마를 위한 모차르테움 아카데미에 설립되었다. 이것은 전 세계에 걸쳐 슐베르크 정보와 연구를 위한 중심적인 포럼으로 남아 있으며, "인간주의 철학 및 말하기, 움직임, 음악을 통해 표현하고 소통하는 능력을 드러내는 인류학적 조건에 기초한 교육적 관념에 의해 지지되고 있다."(The guidelines of the Orff Institute, 2011, p. 91) 1962년 여름에 토론토 대학은 Orff와 Keetman을 비롯한 객원교수와 함께 최초의 교사 연수 과정을 개설하였다. 미국에서 온 교사들은 이후 그들의 지역으로 돌아가 슐베르크를 설립하고 촉진시켰다. 미국 오르프 슐베르크협회(American Orff-Schulwerk Association: AOSA)는 1968년에 설립된 이후 미국 전역에 걸쳐 매년 서로 다른 주에서 컨퍼런스를 개최하며, 다양한 자료를 제공해 왔다. 또한 지역 지부들은 일년 내내 전문성 개발 프로그램을 조직하고 있으며, 2011년 현재 37개 국가에서 리소스 센터와 교사 교육을 위한 지원 체계로서 활동하는 오르프 슐베르크 협회가 있다(The International Orff-Schulwerk Association, 2011).

교사

『오르프 슐베르크: 아이들을 위한 음악』의 초판을 위한 안내서에는 다음과 같은 Preussner의 언급이 담겨 있다.

> 음악교육 분야에서 이러한 근본적 개혁을 제시한 사람이 한 작곡자라는 사실에 높은 가치를 부여하지 않을 수 없다. 이 책은 오늘날의 음악 및 음악교육 전체를 위한 참고 자료로, 교육적인 연습과 즉흥연주 양식 사이의 독특한 통일성을 제공한다. 또한 교육에서 예술로의 과정이 끊임없이 이루어지도록 하거나, 처음부터 예술과 교육이 하나의 단일체로 묶이도록 한다. 이것은 까다로운 과제로서 교사들의 협업뿐 아니라 이러한 토대에 기초한 지속적인 작업을 전제한다.

Preussner의 언급은 교사에게 특별한 책임을 부과한다. 오르프 슐베르크는 성공을 위한 레시피라기보다 협업 및 지속적인 작업과 관련된 '핵심적인 과정'으로 제시되는 것이다. 이 접근법의 확산을 연구할 때 이것을 염두에 두는 것이 필요하다. 학생의 창의성에 대한 예술적 · 즉흥적인 교수 반응의 기술은 오르프 과정에서 매우 중요한 측면이다.

학생이 유치원생이거나 교사교육과정에 있는 성인이거나 학습자의 사회적 발달을 안내하는 것은 교사의 과제 중 매우 중요한 부분이다. 많은 음악교실에서 이 측면은 우연에 맡겨지지만, 슐베르크 접근법의 인간주의적 목적을 성취하기 위해서는 구체적으로 다루어질 필요가 있다. 협동적인 학습 환경 조성을 위해 필요한 것은 오르프 협회의 부감독인 Shirley Salmon의 진술에 잘 나타나 있다.

> 작은 그룹에서 작업하는 것은 협동하고 규율을 받아들이는 능력, 다른 사람의 표현성에 대해 관심을 기울이고, 듣고, 관찰할 수 있는 능력을 요구한다. …… 이것은 다른 사람과 관련되어 적응하고 따라가는 것뿐 아니라 의사를 결정하고, 책임을 받아들이고, 이끄는 것을 필요로 한다. 창의적인 작업에서, 그룹의 멤버들은 받아들여지고, 수정되고, 거절될 수 있는 것을 선택하기 위해 놀이하고, 노래하고, 춤추고, 경쟁 없이 시도하고, 토론하고, 평가될 그들 자신의 아이디어를 생각해 낼 것이다. 교사가 동기를 부여하고 지지를 보내며 그 배경 안으로 한 걸음을 내딛는다면 학생들은 그들 자신, 짝, 그룹을 위한 책임감을 배울 수 있을 것이다(Salmon, 2012, p. 16).

오르프 슐베르크 교수법: 이론과 실제

오르프 슐베르크의 교수법은 오늘날과 매우 다른 시간과 공간에 뿌리를 두고 있기 때문에, 이와 같은 접근법의 기초가 되는 이론과 교수법의 실제가 항상 일치하는 것은 아니다. 따라서 오늘날의 실제적인 접근을 기술하기 전에 오르프 슐베르크의 기초가 되는 이론을 우선 살펴보도록 하겠다.

Orff가 기초음악을 원시적 · 초보적이며, 다듬어지지 않은 것으로 표현하는 것에는 그의 아동관이 담겨 있다. 그는 "경험상 전적으로 비음악적인 아이들은 매우 드물고, 거의 모든 아이가 일정한 지점에서 접근과 교육이 가능하다."라고 주장하였다(Orff, 1963, p. 6). 오르프 슐베르크 접근의 기초가 되는 아동관은 Rousseau(1712~1778)와 Pestalozzi(1746~1827) 이론에 닿아 있다. Rousseau는 어린 시절을 때묻지 않은 자연의 상태로 묘사하였으며, 개별 아동에게 성인의 간섭 없이 성장할 자유를 주는 것이 매우 중요하다고 기록하였다(Walker & Soltis, 2009). Rousseau의 작품에 영향을 받은 Pestalozzi의 교육 이론은 개인의 자연스러운 발달단계에 따른 교수방법, 이를 통한 아동 개성의 적극적 함양, 감각을 통한 새로운 것의 경험, 구체적인 것에서 추상적인 것, 쉬운 것에서 복잡한 것, 친숙한 것에서 낯선 것으로의 전이 등을 강조하였다(Mark & Gary, 1999). 책 암기 학습과 엄격한 규율에서 벗어나 아이들에게 보다 자연스럽게 배울 수 있는 공간을 제공해 주고자 한 Pestalozzi의 노력은 Orff의 다음과 같은 언급에서 되풀이되었다. "독일의 젊은이들이 열심히 배우고 있는 음악과 움직임의 통합은 아이들에게 매우 자연스러운 것이다. 이는 나의 새로운 교육적 작업을 위한 열쇠가 되었다."(Orff, 1963, p. 6)

오르프 슐베르크에 담겨 있는 학습 이론은 맥락적 경험을 통해 의미를 구성하는 능동적 학습자가 강조되는 구성주의 철학(Johnson, 2006)과 자아실현과 창의성을 향한 개개인의 고유한 충동이 강조되는 인간주의 심리학(Sangiorgio, 2010)이다. Orff는 기초음악에 대하여 "이것은 영혼의 힘을 일깨우고 증진시키는 모든 것으로, 영혼의 부엽토(humus)와 같은 것이다. 인간의 기본적인 본질에서 벗어나 균형을 잃으면 영혼이 잠식된다."라고 말했다(Orff, 1963, p. 8-9).

Orff는 교육과정의 가이드라인이나 구체적인 교수 과정(sequences)을 출판하지 않았지만 음악적 지식이 단순한 것에서 보다 복잡한 것으로 진행되고, 말하기, 노래부르기, 움직이기, 연주하기 등을 통해 능동적 배움이 일어나야 한다는 원칙을 갖고 있었다. Orff는 아이들이 음악/움직임 능력들과 함께 음악적 문해력을 얻어야 한다고 지적하였으나, 방법론을 구체화시키는 대신에 각 음악교사의 지식과 통찰을 중요시하였다.

오르프 슐베르크의 교수법적 실제에 기여한 것에 대한 연구는 몇몇 전문적인 교사-저자가 이 접근법을 어떻게 해석하는지를 드러낸다. 슐베르크가 작곡가의 정신에서 나왔다면, 이어지는 교수법적 실제는 아이들과의 교수·학습을 위해 구조를 제공하고 실제적인 개념을 형성한 실천적 교사들에 의해 발전되었다.

Orff의 동료이자 협력자인 Gunild Keetman은 슐베르크의 기본적인 교수·학습 구조를 기술한 첫 번째 교사였다. 『Elementia: First Acquaintance with orff Schulwerk』의 서문에서, Keetman(1974)은 이와 같은 오르프 슐베르크의 실제적인 핸드북이 교수의 기초를 제시할 뿐 아니라 교사들이 자신의 상상력을 증진시키고 '스스로 오르프 슐베르크의 교육적 가치를 발견하도록' 도와 '자신의 방법으로 자료를 발전시키도록' 한다고 언급하였다. 이런 종류의 가르침이 모든 사람을 위한 것은 아니라는 Orff 초기 발언을 지지하면서, 상상력과 발견을 강조한 것에 주목하라. Elementia는 논리적 · 순차적(sequential) 순서로 리듬과 가락이 "차근차근 습득되는 것"(Keetman, 1974, p. 17)을 보여 준다. 이것은 오르프 접근법을 받아들인 교사에게 필수적인 핸드북이며, 아마도 오르프 입문 코스나 워크숍에서 음악과 움직임을 직접 경험한 교사들에 의해 가장 많이 탐구되었을 것이다.

잘 알려진 교사-저자들이 슐베르크 철학에 기초하여 교수법의 실제에 관한 서로 다른 버전의 책을 내놓았다. 여기에는 Jos Wuytack (1994), Jane Frazee(1987), Brigitte Warner(1991), Arvida Steen(1992), Doug Goodkin(2002) 등이 포함된다. 각 교사의 접근방식에 다소 차이가 있을지라도, 이들은 모두 학생들의 발견, 즉흥연주, 작곡, 분석들을 통해 음악적 개념과 기능을 가르칠 것을 제안하고 있다. 음악 기보(notation)를 배우는 과정은 아이들이 언어 문해력을 습득하는 것, 즉 읽거나 쓰기 전에 소리를 경험하는 것과 비슷하게 전개된다: 또한 교사-저자들이 리듬, 찬트, 노래(민속적인 것이나 아이들에 의해 만들어진 음악)와 『어린이를 위한 음악(Music for Children)』(독어, 영어, 기타 다른 버전)에 게재된 것을 포함하여 적절한 제재를 선택하는 것에 관하여 일치된 견해를 나타낸다.

출판물뿐 아니라 교수법의 실제는 미국, 오스트리아, 브라질, 캐나다, 오스트레일리아, 가나, 헝가리, 중국(Orff-Schulwerk Forum Salzburg, 2014), 남아프리카(Mason, 2013), 몇몇 라틴 아메리카(Frega, 2013)를 포함하여 세계 여러 나라의 지역에서 제공된 교사교육과정과 워크숍을 통해 교사에서 교사로 전해진다. 교사교육과정과 워크숍을 통해 교사는 노래 부르기, 즉흥연주, 움직임, 기악 앙상블(리코더와 타악기)을 위한 연주/편곡에 대한 기능과 슐베르크 교수법의 원리와 실제에서의 역량을 함양한다.

교사교육프로그램에서 음악과 움직임의 실제에 할애되는 시간은 시대적 흐름과 지역 교사교육의 프로그램에 따라 다양하게 변화되어 왔을지라도(Frazee, 2013), 목적이 창의적인 움직임/춤의 개념과 기능을 배우고 가르치는 것임에는 변함이 없다. 그들은 교사의 안내를 받은 탐색, 문제해결 과제, 노래, 기악곡, 말하기에서 파생된 개인 · 그룹의 즉흥연주와 작곡 등을 통해 표현적 움직임에 영감을 불어넣을 수 있는 수업을 설계한다. 이 모든 것은 어떻게 성취되는가? 오르프 교사들은 워크숍과 연수를 받으면서 즉흥연주하기, 창작하기, 노래하기, 말하기, 춤추기, 놀이하기 등의 과정을 통해 함께 배우고 성장한다.

미국에서 오르프 슐베르크 교수법에 관한 연구

오늘날 다양한 지역에서 수행되는 오르프 슐베르크의 실제가 항상 Orff와 Keetman의 원래 버전과 일치하는 것은 아니지만, 많은 연구는 슐베르크를 배운 교사들의 교실에 공통점이 있다는 것을 밝혀 왔다. 전 세계의 오르프 교수법에 대한 기술은 이 장의 범위를 넘어서는 것이기 때문에, 여기에서는 오늘날 미국 학교에서 수행되는 오르프 슐베르크의 실제에 관한 연구에 초점을 맞출 것이다. 학자들은 오르프 접근법을 사용하는 교사들이 자유로운 즉흥연주에서부터, 『어린이를 위한 음악(Music for Children)』의 타악기 악곡 리허설에 이르기까지 다양하고 폭넓은 경험을 제공하고 있다는 것을 보여 주었다.

Wang과 Sogin(2004)은 오르프 슐베르크 대표 교사들로 구성된 심사단(심사위원, 협의회)에 의해 검증된 28명의 음악교사가 교실에서 유율타악기 연주, 무율타악기 연주, 신체 타악기, 말리듬, 노래하기, 움직임과 춤, 즉흥연주, 기보 관련 연습, 감상, 창작 등과 같은 활동을 포함한다는 것을 발견했다. 또 다른 연구에서 Wang과 Sogin(2008)은 보다 상급의 오르프 연수를 받은 교사들은 초급 연수를 받은 교사들보다 놀이, 창작, 움직임을 더 많이 한다고 밝혔다. 그들은 또한 상급의 오르프 연수를 받은 교사의 교실에서 학생들이 보다 빈번하게 결정과정에 참여하며, 연수의 정도가 다를지라도 오르프 연수를 받은 모든 교사는 노래, 읽기, 듣기 활동에 같은 시간을 할애하고 있다는 것을 발견했다.

Beegle(2001)은 오르프 슐베르크의 3가지 단계(level)를 수강한 초등학교 일반음악교사 교실에서 이루어지는 즉흥연주를 조사한 연구에서, 모든 교사가 오르프 음판 악기에서 가락 즉흥연주 하는 것의 기초로서 말리듬을 사용하고 있으며, 그들 모두 론도와 같이 간단한 음악적 형식의 맥락에서 즉흥연주를 하고, 즉흥연주를 위해 다양한 방법으로 그룹을 나누고 있음을 발견했다(개별적으로 즉흥연주를 하기 전에 큰 그룹, 보다 작은 그룹, 짝 활동 등). 이들은 또한 모든 학생이 가락을 동시에 즉흥연주할 때 협화적 어울림을 제공하는 5음 음계로 제한하고 있었으며, 학생들이 짝과 함께 리듬 또는 가락 패턴을 즉흥연주할 때 문답형식을 사용하도록 하였다.

Scott(2010)은 오르프 참여자들이 노래 부르기를 이 접근법의 중요한 매체의 하나로 여기고 있지만, 학생들의 능력 수준에 따라 교실에서 노래를 통합하고 우선순위를 매기는 다양한 방법이 결정된다는 것을 발견했다. 또한 Brophy(1988)는 특히 노래 게임(singing game)이 청각 훈련 활동, 혼자 노래 부르기, 목소리 즉흥연주의 시작에 유용하며, 주기적으로 오르프 교사들에 의해 사용되었음에 주목하였다. 『어린이를 위한 음악(Music for Children)』이 좋은 보컬 테크닉을 요구하는 곡들을 포함하고 있는 것을 보면 Orff와 Keetman이 노래 부르기에 대해 높은 목표를 가지고 있었던 것이 분명하다.

Wolff(1984)는 오르프 슐베르크와 전통적인 음악교수 접근법이 160명의 2학년과 5학년 학생들의 태도에 끼치는 영향을 비교하였다. 음악수업, 노래 부르기, 움직임, 악기 연주하기, 노래 만들기 등에서 오르프 접근법의 효과에 대한 유의미한 결과가 발견되었다.

이러한 연구들은 미국에서의 오르프 실행이 이 접근법의 특징적인 활동들을 포함하고 있으며, 이와 같은 활동들을 향한 아이들의 태도가 긍정적이라는 것을 보여준다. 오르프 슐베르크와 관련된 추가적인 연구는 Wang과 Sogin(2013)에 의해 요약되고 범주화되었다.

한계와 도전

초기 오르프 슐베르크가 다른 나라에 급속도로 확산되고, 세계 여러 나라에서 지속적으로 성장한 것은 슐베르크의 개념과 철학에 대한 보편적인 필요와 관심을 나타낸다. 이 접근법이 일반음악교육에서 안정되고 중요한 위치를 차지하고 있는 것처럼 보일지라도 문제점과 한계는 지속적인 성장을 위한 가능성의 일부로서 지적되어야 한다. 다음에서 이와 관련된 몇 가지 논점을 다룰 것이다.

모든 문화 전통에서 오르프 악기의 적응성과 적합성

오르프 슐베르크의 시행과 관련하여 어려운 점 중 하나는 다른 문화에의 적용가능성이다. 여기에는 오르프 악기가 다른 문화에 성공적으로 전이될 수 있는가라는 질문이 포함된다(11장 참조). 오르프 악기들은 아프리카의 자일로폰과 인도네시아의 가믈란에 기초하여 교수법적 모델로서 고안되었다. 그러나 Frega(2013)가 지적한 바와 같이 오르프 악기의 음색은 보편적인 특질을 갖고 있지는 않다. 예를 들어, 아르헨티나에서는 그 나라에 고유한 전통악기가 선호되고, 오르프 악기는 쉽게 사용되거나 받아들여질 준비가 되어 있지 않으며, 이것은 이 접근법을 쉽게 받아들이지 못하게 하였다. 다른 문화권의 악기와 함께 문화를 초월하여 오르프 악기를 받아들이는 것, 이 악기들을 교수법적 목적을 위해 사용하는 것 등이 이러한 문제에 대한 논리적 해결책이 될 수 있을 것이다.

언어, 음계와 화음, 움직임에 있는 문화적 차이

오르프 접근법의 보편성과 다른 문화에의 적용가능성에 대한 추가적인 논의는 언어의 리듬과 억양, 음계와 화음 구조의 차이, 움직임에 있는 특별한 관습 등에 대한 문제를 포함한다. Shamrock(1995)은 3개의 서로 다른 아시아 문화에 대한 연구에서 다음과 같이 기록하였다.

> 서로 다른 조성적 · 리듬적 · 형식적 원리에 기초한 전통에서 슐베르크 모델을 사용한다면, 그 결정은 의식적이고 숙고적이어야 한다. 교수법적 원리는 어떤 음악적 요소와도 결합하여 적용될 수 있다. 이것을 실행할 것인지의 문제는 모델의 구조보다 추구하는 문화적 · 교육적 방향과 관련되어야 한다(p. 34).

초보적인 음악 경험 넘어서기

몇몇 비평가는 교사들이 슐베르크를 문자 그대로 해석하여, 너무 오랫동안 초보적인 음악 만들기 수준에 머문다고 우려를 표명했다(예: 5음 음계, 단순형식, 제한된 화성 등). 슐베르크는 완전한 음악교육을 위해 요구되는 모든 것을 포함하는 것으로 배타적인 접근법이 아니다. Orff는 아이들을 5음 음계에 제한하는 것은 그의 의도가 아니라고 하면서, "…… 아이들을 다른 모든 음악적 영향으로부터 차단시키는 것은 불가능하며 바라는 바가 아니다."라고 언급하였다(Orff, 1962, p. 7; in Dolloff, 1993, p. 17에서 재인용). 그러나 아마도 '많은 교사는 이 시기를 지나 아이들을 끌어들이는 훈련이나 경험이 부족하기 때문에'(Dolloff, 1993, p. 15), 여전히 우려되는 바가 있다. 전문성과 경험에 따라 몇몇 교사는 학생들에게 현대의 음악적 양식과 테크닉을 소개하기 위해 오르프 과정을 채택해 왔다. Goodkin은 샌프란시스코에서 초등학생들을 위해 재즈와 오르프 프로그램을 결합한 것으로 유명하다. Goodkin은 또한 자신이 학생들과 함께 작업하기 위한 자료들과 테크닉을 나누면서 교사들을 위한 워크숍을 제공하였다.

작곡가 Phillip Rhodes는 교사들이 학생들의 상상력과 창의적인 작업을 확장할 수 있도록 우리 시대 진지한 작곡가들의 음악을 소개할 필요가 있다고 하였다. 그는 교사들에게 20세기 음악의 음정과 리듬을 실험하고 가르칠 것을 강조하고(Rhodes, 1986, p. 14), 오르프 교사들에게 새로운 리듬, 가락, 화음의 영역에서 모험할 것을 도전과제로 제시하였다. 목소리와 오르프 악기를 위한 Rhodes의 노래 시리즈인 『wind Songs』(1985), 『Dancing songs』(1991)는 3온음(tritone), 증화음, 반음계적 색채(chromatic inflections), 5음 음계가 아닌 반주(accompaniments far from pentatonic)를 포함한다. 그의 목표는 학생의 즉흥연주와 작곡에 새로운 아이디어와 가능성을 불어넣는 것이었다. 3

공통적인 음악 유산의 결여

현대적이고 다원적인 미국 사회에서 모두가 공유할 수 있는 하나의 공통적인 음악유산을 요구하는 것은 어려운 일이다. 오르프 접근법의 과정과 원리는 학생들을 그들의 문화유산과 친숙해지도록 할 뿐 아니라(슐베르크 교수법의 원래 의도와 같이), 세계음악전통을 탐색하기 위해 사용될 수 있다. 많은 슐베르크 전문가는 다양한 음악적 장르와 실제를 교육과정에 포함시키면서도 슐베르크 접근법의 핵심이 즉흥연주에 있음을 발견해 왔다. 몇몇 교사-학자는 다문화주의와 오르프 슐베르크라는 주제에 대해 폭넓게 집필해 왔다(Goodkin, 1994, Lopez-Ibor, 2011; Shamrock, 1995, 2013).

많은 음악적 실제는 슐베르크의 모방과정을 통해 가르쳐질 수 있는 지속저음(drone), 오스티나토 패턴 또는 간단한 형식에 의해 반주되는 반음계와 온음계를 포함한다. 학생들에게 세계음악연주 기회를 제공해 주고 싶은 오르프 실행자들은 발리와 자바의 가믈란, 아프리카의 자일로폰 악기그룹, 멕시코의 마림바 밴드, 아메리카의 재즈 앙상블과 같은 기악 앙상블을 체험하도록 하는 오르프 악기를 성공적으로 사용해 왔다. 앞서 지적한 바와 같이 몇몇은 정통성에 기초하여 이와 같은 노력을 비판할 것이다. 그러나 또 다른 사람들은 학생들과 함께 새로운 가능성을 탐색할 수 있는 기회로 볼 것이다.

슐베르크 교수법의 아름다운 측면의 하나는 서로 다른 능력과 배경을 가진 아이들과 성인들이 함께 성공적으로 연주하고 창작하도록 격려한다는 것에 있다. "오르프 슐베르크는 특별히 다양한 능력이 결합된 그룹에서 음악, 움직임/춤, 언어와 시각 예술이 통합된 활동의 기초를 제공한다."(Salmon, 2010, p. 30) 오르프 접근법은 학습 장애를 가진 아이들의 자아개념을 강화하고(Baker, 1981), 청각 장애가 있는 학생들과 함께 작업하고(Birkenshaw, 1997; Nichols, 1969), 자폐아를 다루는 데(Hollander & Juhrs, 1974) 활용되어 왔다.

오르프 슐베르크에 대한 비판적 관점은 또 다른 한계와 도전들을 지적할 것이다(Abril, 2013). 그러나 누군가 슐베르크의 철학을 받아들일 때 중요한 것은 접근법 자체가 아니라 어떻게 그리고 왜 그 이념과 개념을 받아들이고 해석할 것인가에 놓여 있다.

보다 넓은 교육적 맥락을 위한 슐베르크 시사점

빠르게 변화하는 21세기 교육 생태계의 한가운데에서, 오르프 슐베르크는 오늘날과 미래의 기초 음악교육 프로그램을 위한 가치와 생존력을 지니고 있다. 이는 이 접근법이 창의성, 상상력과 혁신, 평가와 윤리, 비판적 사고력과 문제해결력이라는 21세기 역량을 증진시키기 때문이다.[4]

슐베르크는 또한 교사의 창의력을 북돋우고, 새로운 기술과 통합하는 것을 가능하게 했다. 개개인의 표현력과 많은 문화로부터 음악적 재료를 포함하기 위한 융통성(flexibility)을 강조하는 이 접근법은 다양한 학생 집단의 요구를 만족시키기에 적합하다. 기초음악과 움직임을 사용하는 교수 기술에서의 즉흥연주는 새로운 시대나 다른 장소로 이식되었을 때 번성한다는 것을 증명해 왔다. 그리고 오르프 슐베르크 협회와 조직들은 교사와 교사, 교사와 학생들 사이에서 창의성과 연결성의 길이 더 많이 열리도록 노력해 왔다.

21세기 미국의 교육적 상황은 슐베르크가 시작된 1930년대 독일의 것과 매우 다르다. 초등학교 음악교육자들은 매일같이 변화하는 기술진보, 교육집단 안에서 또는 교육집단 사이에서 발생하는 인종적 · 사회경제적 불평등, 교사의 효능성과 학교 기금이 학생의 표준화된 수학과 읽기 테스트 점수에 따라 결정되는 상명하달식(top-down) 책무성 정책과 함께 살아간다. 세계적인 금융 위기와 결합된 NCLB(No Child Left Behind) 책무시스템은 음악 교사의 위상과 프로그램의 손실 등과 같이 음악교사 집단이 원하지 않았던 결과를 초래하였다.

협업적 창작을 위해 학생들이 즉흥연주를 하고 그들의 상상력을 사용하도록 가르치는 교수법적 과정은 현대 세계에서 성공하기 위해 필요한 역량 발달에 기여하며, 21세기 음악교육자들을 위한 당위성을 제공해 준다. Barnett Berry와 Teacher Solution 2030팀은 이와 관련하여 다음과 같이 주장하였다.

> 새롭게 생겨나는 직장에서 몇몇의 엘리트 학생뿐 아니라 대부분의 학생은 많은 주제와 자원으로부터 정보를 찾고, 통합하고, 평가할 수 있어야 한다. ……학생들은 마음의 습관(habits of mind), 학습 역량, 관련된 정보를 전개할 디지털 도구가 있는 시설 등을 얻고, 유용하고 타당한 것을 결정할 수 있다(Berry, 2010, p. 4).

Siemens(2004)는 '연결주의(connectivism)'라고 불리는 학습 모델을 제시해 왔다. 이는 '학습이 더 이상 내적이고 개인적인 활동이 아니게 된 사회에서의 지각변동적(tectonic) 변화를 인정'하는 것이다. 오르프 교실에서 음악과 움직임의 형식을 창작하는 학생들의 상호의존성은 그와 같은 연결주의의 탁월한 예를 제공한다. 슐베르크는 즉흥연주를 요구하기 때문에 여기에 몰입하여 배우는 학생들은 사고와 행동의 즉각성을 배운다. 현대 세계에서 학생들을 둘러싼 장치들과 미디어들에 있는 광대하고 혼돈스러운 자료의 홍수로부터 정보의 탐색 · 평가 · 활용을 강조하는 것은 슐베르크의 인간주의적 목표와 어긋나지 않는다. 연결주의는 개개인들 사이, 자원들 사이에 있는 이념과 정보를 공유할 것을 권장하며, 이것은 학생들이 음악과 움직임의 형식을 만들고 평가할 때 작은 그룹에서 작업하며 함양될 수 있는 협동심, 집단 문제해결력, 의사결정력을 요구한다.

21세기에 슐베르크는 학교 안팎에서 증가하는 테크놀로지의 중요성에 대한 자각을 반영하며 발전되어 왔다. 오르프 슐베르크에서 훈련받은 몇몇 교사는 음악교실에서의 테크놀로지 사용을 경계해 왔다. 이것이 음악재료와의 물리적 상호작용이나 공동체에서 음악 만들기를 통한 인간적 접촉을 저하시킬 수 있다고 여겼기 때문이다. 예를 들어, 학생들과 구글, 유튜브, iPods, 디지털카메라의 사용과 그에 대한 생각에 관하여 토론한 후, Goodkin(2009)은 다음과 같이 적었다.

> 이 모든 것은 오르프 음악 프로그램을 얼마나 증진시켜 왔는가? 기대하지 않았던 몇 방법을 제외하고는 거의 아니다. 나는 지금 그 어느 때보다 나의 교실에서 이와 같은 테크놀로지를 가능한 한 적게 사용하고, 신체, 목소리, 단순한 재료, 직접적인 상상력, 아이들이 맨발로 마루 위에 원으로 앉아 있는 것들을 더 많이 해야겠다고 느낀다(p. 20).

그러나 보조적인 테크놀로지에서 기술적인 진보는 특별한 도움이 필요한 앙상블에서 악기 연주하는 것을 가능하게 하였다(McCord & Watts, 2010). 학생들은 이제 교실에서 컴퓨터와 다른 전자 악기들을 활용하여 현대 세계의 디지털 사운드를 사용하며 탐색하고 작곡할 수 있다. 어떤 교사들은 테크놀로지가 음악적 모델의 창작과 오르프에 기초한 교실에서 기악 앙상블 반주를 용이하게 한다는 것을 알게 되었다. 스마트 보드 애플리케이션, 파워포인트, 유튜브와 같은 도구는 학생들에게는 작곡한 것을 기록하기 위해 음악 기호들을 조작할 수 있는 능력을, 교사들에게는 탐색, 즉흥연주, 작곡 활동에 도움이 되는 청각적 · 시각적 동기부여 자료를 효과적으로 제시할 수 있는 길을 제공해 주었다.

인터넷, 온라인 채팅방, 웹캠 등의 사용 증가는 문화 간 음악 제작 이니셔티브인

'Orff-Tswana'에 의해 만들어진 것과 같이(Klopper, 2010), 세계의 국경에 다리를 놓으며 슐베르크 공동체 형성을 강화시킨다. 이와 같은 시도는 오스트레일리아 대학에서 음악교육을 공부하는 학생들에게 남아프리카에서 음악교육을 공부하는 학생들과 음악적 · 사회적으로 상호작용할 기회를 제공해 주었다. 오스트레일리아 학생들은 오르프 슐베르크 접근과 아프리카 음악교육의 청각적 · 구전심수적 접근법의 유사성에 대해 연구하는 한편, 남아프리카 학생들은 자신들의 문화(Tswana)[1]에서 수집과 음악과 춤의 '유물'을 디지털 레코딩과 시벨리우스 기보 프로그램을 사용한 기록을 통해 오스트레일리아 파트너에게 '보냈다(export).' 오스트레일리아 학생들은 아프리카 동료들과의 반복적이고 신중한 만남을 통해 음악적 유물들을 '받아들일(import)' 수 있었고, 디지털로 캡처하여 아프리카에 다시 보낼 수 있도록 오르프 악기를 사용하여 음악적 유물을 편곡할 과제가 주어졌다. 학생들과 교육자들은 음악적 기보를 통해 표현할 수 없는 음악적 정보가 많았지만, 웹캠에 기반을 둔 말하기/듣기 전송(transmission)을 통해 보다 효과적으로 많은 것을 소통할 수 있다는 것을 알 수 있었다. 그와 같은 테크놀로지는 음악과 춤을 기록하지 않고 포착할 수 있는 방법을 제공하였으며, 보다 중요하게는 국경을 넘어 음악을 함께 만들 수 있도록 하였다.

기준 기반(Standard-based) 평가는 현대 음악교사들의 마음에 무겁게 자리한 또 다른 주제이다. 오르프 슐베르크 접근법의 주창자들은 미국의 기준 기반 교육개혁에 여러 가지 방법으로 반응해 왔다. 1990년대 동안 'Goals 2000'이 예술교육을 위한 국가기준의 발전을 추진할 때(Consortium of National Arts Education Association, 1994), Orff Echo는 오르프 교사들이 기준들을 포괄하면서도 오르프 프로그램을 사용할 수 있도록 돕는 「The Standards-What you can do」(1995)와 같은 논문을 출판하기 시작하였다. 많은 오르프 실행자는 음악교육을 위한 국가 기준에 즉흥연주와 창작이 포함된 것에 만족하였다(Consortium of National Arts Education Association, 1994).

그럼에도 불구하고, 기준 기반(standards-based) 교육실제에서 행동주의와 측정의 강조는 구성주의 및 오르프 기반 철학의 인간주의 목표와의 긴장을 유발시켰다. Locke(2009)는 행동주의적 접근에서의 의미 만들기가 오르프 슐베르크 철학에 의

---

1) 역자 주: Tswana(츠와나)는 보츠와나와 남아공에 사는 민족이다.

해 도전받고 있음을 지적하였다.

> …… (형식 같은) 의미의 생성은 교육의 공장 모델에 따라 마음에 새겨지는 어떤 것이 아니라, 정신이 조화롭고 적절한 상태일 때 가까이 있는 것들(재료, 문제)에 주의 깊게 참여하는 순간에 예기치 않게 떠오르는 어떤 것이다(p. 322).

잘츠부르크에서 열린 오르프 포럼 동안 오르프 슐베르크의 인간주의적 초점에 대해 성찰하면서, 당시 AOSA의 회장이었던 Karen Benson은 "오직 기능과 내용지식에 기초한 기준과 결과물들은 개인적 표현과 미학적 이해에 거의 도움이 되지 않는다. 리듬과 가락에 대한 연구에서 인간주의적이고 미학적인 경험을 함께 엮어 나가는 것은 삶을 위해 아이들을 형성·준비시키는 데 본질적인 것이다."라고 진술하였다(Benson, 2013, p. 6). 어떤 오르프 교사들은 'relays, passing games, 비경쟁적인 팀게임, 동전 던지기(coin tosses), 주사위 던지기, 혼자 연주할 때 요구되는 긴장을 완화시키기 위한 소품 등"(Frazee, 2012, p. 21)을 사용하여 즐거운 방법으로 그룹 활동의 맥락에서 개인적 배움에 대한 평가를 조직함으로써, 또한 학생 작업을 평가하기 위한 루브릭을 만들기 위해 협동작업함으로써(Brown, Milligan, Mollica, & Schreiber, 2013), 그와 같은 긴장을 성공적으로 해결해 왔다. 그리고 Tim Brophy의 책 『Assessing the developing Child Musician』(2000)은 창조적인 음악 작업의 과정과 결과를 모두 평가하는 루브릭과 학생의 비디오 녹화, 기보된 음악 작품을 포함하는 포트폴리오와 같이, 오르프 기반 교육과정의 틀 안에서 학생 배움을 평가하기 위한 추가적인 도구와 방법을 제공하였다. 또한 학생들의 창조적인 과정과 결과에 대한 평가는 Stephens(2003), Wiggins(2003), Hickey(2012)를 포함하는 교사-학자들에 의해 제시되어 왔다.

Brian Burnett(2014)은 그의 워크숍 강연에 참여한 교사들에 의해 시행되어 온 평가 테크닉을 발전시켰다. Burnett의 목적은 다른 학생들이나 작곡가들의 작품들과 같이, 그들 자신의 작품을 비판적으로 듣고 분석하도록 하는 것이다. 학생들이 지각하고 반응한 것을 나타내는 핸드사인을 보여 주는 것과 같이(4-3-2-1), 그들에게 비언어적(non-verbal) 반응을 요구함으로써 Burnett은 학생들에게 자신의 작품 또는 친구의 작품을 평가하기 위해 예술적 기준을 사용할 수 있는 방법을 가르쳤다. 이와 같은 과정을 통해 듣는 기능이 보다 내재화되고 명확해지며, 이는 다시 창의성에 영향을 준다.

표준화된 평가에 대한 강조는 21세기 교육자들로 하여금 또 다른 문제에 주의를 기울이게 한다. 이는 학교와 가정에서 비슷한 문화적 실체(소통 패턴, 사회적 기대, 말하는 규칙 등)를 공유하지 않는 다양한 학생집단의 요구를 만족시키는 것이다. 오르프에서 자주 인용되는 "아이들이 스스로 작곡가가 되게 하라."라는 것은 학생들의 학업 성취를 북돋아 주는 한편, 문화적 정체성 유지에 초점을 맞추는 문화 관련 교수법에 조응한다(Ladson-Billings, 1995). 21세기 오르프 실행자들은 아프라카나 아시아 민요에 대한 오르프 악기 반주의 적합성을 결정하는 것과 같은 내용적 고려에 더하여 종종 문화적 맥락, 문화 간 소통에 관심을 갖는다. 지역공동체와 세계 도처에서 유래한 아이들의 singing game과 음악을 포함하는 것에 더하여 오늘날의 음악 교사들은 아이들이 언어, 노래, 움직임, 연극 등을 통해 그들의 공동체, 사회적 세계의 실체를 표현하도록 도움으로써, 사회적 정의를 위해 일할 기회를 갖는다(5장과 11장 참조).

미래사회에서 기초적인 음악교육의 성장을 위한 가능성은 다음과 같은 것들을 포함한다. 신체, 마음, 정신을 계발하기 위해 물리적이고 직접적인 악기 연주와 몸 전체 움직임의 사용을 유지하는 한편 교수·학습적 도구로서 테크놀로지 사용의 증가, 미래 작업 환경에서 학생들이 성장하도록 돕는 연결주의와 같은 학습 모형의 고려, 다양한 가정환경, 능력, 믿음, 소통양식을 가진 각 학생의 필요를 만족시키는 것에 대한 지속적인 관심 등이다. 현대의 교사와 학생들은 빠르게 변화하는 환경 속에서 살고 있으며, 여기에서 공동체는 분명히 학생들이 창조적으로 문제를 해결하고, 아름다움에 가치를 두며, 협동적으로 일하도록 교육할 수 있다. 이와 같은 접근은 지난 50여 년에 걸쳐 음악교육에 의미 있는 영향을 주어 왔으며, 오르프 슐베르크의 주창자들은 계속해서 움직이기, 말하기, 노래하기, 연주하기 등을 통해 기초적인 리듬, 가락, 지속저음, 오스티나토를 즐겁게 만들도록 북돋울 것이며, 다가올 미래를 위해 아이들과 교사들이 음악적 상상력을 마음껏 발휘하고 계발하도록 도울 것이다.

슐베르크: 지속적인 진화

오르프 슐베르크의 정신–오르프의 '야생화'에서 우리들은 보다 많은 질문을 하게 된다. 우리가 기술해 온 슐베르크 아이디어에 관해 가장 매력적인 것은 무엇인가? 이와 같은 교수·학습 과정에의 참여는 학생들과 교사들이 보다 깊은 음악 창작의 경험으로 나아가는 데 있어 어떻게 동기를 부여하는가? 즉흥연주와 음악 창작 능력보다 음악에 관한 지식 평가에 관심이 더 많은 음악 환경에서, 오르프 슐베르크의 자유롭고 인본주의적인 가치들은 상상력에 지속적으로 영감을 불어넣고 이를 발휘하도록 도울 수 있는가?

슐베르크는 공동체의 음악적 상상력을 자극하는 구성주의 과정을 좋아하는 예술적 기질을 가진 교사들을 매혹시킨다. '책과 비디오, 다른 매체들은 오르프 워크숍 경험에 중요한 보조자료가 될 수 있지만, 진정으로 교사의 기능과 과정을 통합하고 이해하기 위해서는 오르프 워크숍에 참여하는 것'(Goodkin, 2013, p. 44)이 필요하다. 다음의 짧은 장면은 그와 같은 워크숍 활동을 예시해 준다.[5]

[장면 1]

다른 음악 교사가 진행하는 워크숍 참여에 기대와 열정을 갖고 있는 선생님들의 토요일 아침 모임을 상상해 보라. 발표자는『Music for Children』의 한 모형에 기초한 짧은 음판 악기 악곡을 소개한다.[6] 참여자들은 모방에 의해 목소리로 가락을 익히고, 프레이즈에 따라 악기에 적용하며, 교사가 시연하고 노래한 움직임 패턴을 재현하는 몇 가지 반주 패턴을 배운다. 전체 성부가 완성될 때까지 부분들이 각 성부별로 모아진다. 음악은 아름답고, 모두에게 미학적 즐거움의 순간을 선사한다. 교사는 악곡의 특징에 대한 간단한 토론을 이끌고, "이 음악을 연주할 때 어떤 단어가 떠올랐나요?"와 같은 질문을 한다.

작은 그룹이 형성된다. 각 그룹은 음악 작품의 특징과 관련하여 몇 가지 프린트된(방에 전시된) 그림 중 하나를 선택한다. 각 그룹은 24박 길이의 움직임 패턴을 발전시키기 위해, 예술 작품과 관련된 움직임 언어를 선택한다(단어를 말할 수도 있고 말하지 않을 수도 있다). 그들은 이와 같은 시퀀스를 개발하고 연습하기 위해 필요한 시간을 보낸다. 다음으로, 다른 사람들 앞에서 발표하고, 예술작품과 움직임을 어떻게 연결시켰는지에 대해 말한다.

그룹들은 어떠한 움직임 시퀀스가 그들이 배운 음악 작품과 가장 잘 맞았는지에 대해 토론한다. 이것이 결정되면, 모든 그룹은 선택된 시퀀스를 연습한다. 일부는 악기를 연주하고 일부는 춤을 추면서, 움직임과 작품이 결합된다. 모두가 음악과 춤을 경험할 때까지 여러 번 반복된다. 가능한 변수, 즉 움직임 시퀀스는 짧은 악곡의 연주 사이에서 론도 형식으로 발표될 수 있다.

[장면 1]에서 기술된 것과 같은 경험을 통해, 참가자들은 직접 그들의 작품에 대해 창조적으로 생각해 볼 수 있는 기회를 갖는다. 많은 사람은 자신이 경험한 창조적이고 예술적인 만족을 학생들도 경험하게 해 주고 싶다는 동기를 부여받으며, 어떻게 이러한 경험이 일어나게 할 것인지에 대해 지속적으로 탐색하게 된다. 위의 장면은 미국에 있는 워크숍을 기술하고 있지만, 슐베르크 교수 과정이 간문화적(cross-cultural) 교수・학습에서 나타났을 때, 세계 도처에서 온 교사들은 같은 기쁨과 미학적 만족을 경험한다. 언어 장벽이나 문화적 차이에도 불구하고, 슐베르크 철학과 기본적 원리들은 '노래 부르기, 말하기, 춤추기, 놀이하기'를 통해 음악을 가르치고 배우는 데서 성취감을 느끼는 사람들 사이에서 확산되어 왔다.

Orff는 오르프 슐베르크를 자연 속의 야생화나 부엽토와 같이 성장하는 조직으로 보았다. 이와 같은 정신에서 슐베르크는 엄격하게 제한되고 고정된 방법론이 아니라 음악과 움직임을 가르치는 데 있어 열려 있고, 창의적이며, 진화해 가는 접근법으로 남았다. 그들 작업의 기초로서 슐베르크를 선택한 교사들은 때때로 평생에 걸친 연구와 교수 방법에 대한 지속적인 탐색에 헌신한다. 이것은 개인적 창의성과 성장을 위해 끝없는 가능성을 제공하기 때문이다. 오르프는 그의 마지막 연설에서, "나는 나의 부분을 다했다. 이제는 당신의 차례이다."라고 말하였다. 7

오늘날, 교사와 학생들은 여전히 그 작업을 하고 있으며, Orff와 Keetman에 의해 제시된 창의적인 기회에 의해 도전을 받고 있다. 슐베르크는 교사들이 호기심을 갖고 탐색하며, 기꺼이 새로운 길을 가고자 한다면 계속해서 진화할 것이다. 그리고 이러한 과정의 수혜자는 학교에서 음악적 상상력을 발휘하고 계발하면서, 노래하고, 말하고, 움직이고, 연주하는 시간을 선물 받는 수백만 명의 어린이가 될 것이다.

미주

1 문자 그대로 번역하면 Schulwerk란 '학교에서의 작업(schoolwork)'을 뜻한다.

2 오르프는 출판사와의 첫 만남에서, "우리는 교육 작업이 'Orff-Schulwerk-Elementare Musikübung'이라는 제목을 가지고 있어야 계약을 체결한다."(Orff, 1978, p. 175)라고 말했다고 기술했다.

3 20세기 작곡 방식과 오르츠 과정의 기법을 통합하기 위한 Rhodes의 노력에 대한 실제적인 정보는 Bond(2000)를 참조하라.

4 21세기 역량을 위한 파트너십은 모든 학생의 21세기 준비를 위한 국제적인 조직이다. 이 조직은 3Rs(Reading, Writing, Arithmetic)과 4Cs(Critical thinking and problem solving, Communication, Collaboration, and Creativity and innovation)의 균형을 강조하였는데, 각각은 슐베르크에서 다루어질 수 있다.

5 이 Vignette은 AOSA 지역 지부의 오르프 교사 Rachel Aupperle이 진행한 워크숍 경험을 적용한 것이다.

6 선택된 음악은 노르웨이 춤곡인 「Gjeite-Lok」이고, 『Music for Children: Orff-Schulwerk』 4권에 수록되어 있다.

7 Orff는 1963년 잘츠부르크의 오르프 협회 개회사를 Schiller의 『Don Carlos』를 인용하며 끝냈다. "나는 나의 부분을 다했다. 이제는 당신이 차례이다."(Orff, 1963)

참고문헌

Abril, C. (2013). Critical issues in Orff Schulwerk. In C. Wang (Ed.), *Orff Schulwerk Reflections and directions* (pp. 11-25). Chicago, IL: GIA Publications.

Barker, C. (1981). *Using Orff-Schulwerk as a method to enhance self concept in children with learning disabilities* (Unpublished doctoral dissertation). Brigham Young University, Provo, UT.

Beegle, A. (2001). *An examination of Orff-trained general music teachers' use of improvisation with elementary school children* (Unpublished master's thesis).

University of St. Thomas, St. Paul, MN.

Benson, K. (2013). President's message: We teach people! *Orff Echo, 45*(2), 6.

Berry, B. (2010). The teachers of 2030: Creating a student-centered profession for the 21st century. *Center for Teaching Quality*. Retrieved from http://files.eric.ed.gov/fulltext/ED509721.pdf

Birkenshaw, L. (Winter, 1997). The Orff approach and the hearing impaired. *Orff Echo, 29*(2), 15.

Bond, J. (2000). Sound alert: Diversity for ears and minds. In A. deQuadros (Ed.), *Many seeds, different flowers: The music education legacy of Carl Orff* (pp. 19-27). Perth, Australia: Callaway International Resource Centre for Music Education.

Brophy, T. (1988). *Play and the young child: Musical implications.* ERIC Accession Number: ED358934.

Brophy, T. S. (2000). *Assessing the developing child musician: A guide for general music teachers.* Chicago, IL: GIA Publications.

Brown, K,, Milligan, S., Mollica, S.0 & Schreiber, M. (2013). Looking at student work: Collaborating as a team. *Orff Echo, 46*(1), 16-21.

Burnett, B. (2014). *Assessment strategies.* Retrieved from http://teachingwithorff.org

Carley, I. M. (1977). The Central Role of Music in Education. In Carley, I. M. (Ed.), *Orff Re-Echoes: Selections from the Orff Echo and the supplements.* Chagrin Falls, OH: American Orff-Schulwerk Association (pp. 79-81).

Dolloff, L-A. (1993). Das Schulwerk: A foundation for the cognitive, musical, and artistic development of children. In L. R. Bartel (Ed.), *Research perspectives in music education* (pp. 1-51). Toronto, Canada: Canadian Music Education Research Centre.

Erikson, E. H. (1950). *Childhood and society.* New York, NY: Norton.

Frazee, J., with Kreuter, K. (1987). *Discovering Off: A curriculum for music teachers.* New York, NY: Schott Music.

Frazee, J. (2006). *Orff Schulwerk today: Nurturing musical expression and. understanding.* New York, NY: Schott Music.

Frazee, J. (2012): *Artful-playful-mindful: A new Orff-Schulwerk Curriculum for music and music thinking.* New York, NY: Schott Music.

Frazee, J. (2013). From the old world to the new: Cultivating Orff's wildflower from Europe to the USA. In C. C. Wang & D. G. Springer (Eds.), *Orff Schulwerk reflections and directions: Proceedings of the symposium: Global connections in Orff Schulwerk: Reflections from Kentucky* (pp. 29-58). Chicago, IL: GIA Publications.

Frega, A. L. (2013). Orff Schulwerk in Latin America: Diverse experiences: In C. C. Wang & D. G. Springer (Eds.), *Orff Schulwerk: Reflections and directions* (pp. 59-64). Chicago, IL: GIA Publications.

Goodkin, D. (1994). Diverse approaches to multicultural music. *Music Educators Journal, 81*(1), 39-43.

Goodkin, D. (2001). Orff Schulwerk in the new millennuim. *Music Educators Journal, 88*(3), 17-23.

Goodkin, D. (2002). *Play, sing, & dance: An introduction to Orff Schulwerk.* New York, NY: Schott.

Goodkin, D. (2009). Pause and consider: Electronic technology and Orff Schulwerk. *Orff Echo, 42*(1), 20-23.

Goodkin, D. (2013). You just have to be there: The workshop as the heart of Orff training. *Orff Echo, 46*(1), 44-46.

The Guidelines of the Orff Institute. (2011). *Orff Schulwerk Informationen: Special Edition: 50 Jahre Orff-Institut 1961-2011, No. 85,* 273-276.

Hickey, M. (2012). *Music outside the lines: Ideas for composing in K-12 music classrooms.* New York: Oxford University Press.

Hollander, F. M., & Juhrs, P. D. (1974). Orff-Schulwerk: An effective treatment tool with autistic children. *Journal of Music Therapy, 11*(1), 1-12.

The International Orff-Schulwerk Associations. (2011). *Orff Schulwerk Informationen: Special Edition: 50 Jahre Orff-Institut 1961-2011, No. 85,* 273-276.

Johnson, D. C. (2006). Carl Orff: Musical humanist. *International Journal of the Humanities, 3*(8), 1-6.

Keetman, G. (1974). *Elementaria: First acquaintance with Orff Schulwerk.* London: Schott & Co. (Translated from *Elementaria: Erster Umgang mit dem Orff-Schuwerk,* by M. Murray, 1970, Stuttgart: Ernst Klett Verlag.)

Klopper, C. (2010). Intercultural musicianship: A collective and participatory form of music exchange across the globe. *Australian Journal of Music Education, 1,* 48-57.

Ladson-Billings, G. (1995). But that's just good teaching! The case for culturally relevant pedagogy. *Theory Into Practice, 34*(3), 159-165.

Locke, T. (2009). Orff and the "ivory tower": Fostering critique as a mode of legitimation. *International Journal of Music Education, 27*(4), 314-325.

Lopez-Ibor, S. (2011). Orff-Schulwerk: A model for researching music around the world. *Orff Schulwerk Informationen: Special Edition: 50 Jahre Orff-Institut 1961-2011, No. 85*, 279-281.

Mark, M. L., & Gary, C. L. (1999). *A history of American music education* (2nd ed.). Reston, VA: MENC, The National Association for Music Education.

Mason, N. (2013). South Africa: Developing identity in a pluralistic community. In C. Wang (Ed.), *Orff Schulwerk: Reflections and directions* (pp. 69-75). Chicago, IL: GIA Publications.

McCord, K. A., & Watts, E. H. (2010). Music educators' involvement in the individual education program process and their knowledge of assistive technology. *Update: Applications of Research in Music Education, 28*(2), 79-85.

Consortium of National Arts Education Associations. (1994). *National standards for arts education.* Reston, VA: MENC: The National Association for Music Education.

Nichols, E. (June, 1969). Music for the deaf. *Orff Echo, 1*(3), 4.

Orff, C. (1977). Orff Schulwerk: Past and future. In I. M. Carley (Ed.), *Orff Re-Echoes: Selections from the Orff Echo and the supplements* (pp. 3-9). Chagrin Falls, OH: American Orff-Schulwerk Association. Speech originally given by Orff in 1963.

Orff, C. (1978). *The Schulwerk, Carl Orff/documentation, his life and works* (Vol. 3, M. Murray, Trans.), New York, NY: Schott Music. (Original work published 1976)

Orff-Schulwerk Forum Salzburg. (2014). Retrieved from http://www.orff-schulwerk-forum-salzburg.org/english/orff-schulwerk-associations.html

Parten, M. (1932). Social participation among preschool children. *Journal of Abnormal and Social Psychology, 27*, 243-369.

Piaget, J. (1962). *Play, dreams, and imitation in childhood.* New York, NY: W. W. Norton.

Regner, H. (1977-1982). *Orff-Schulwerk: Music for children* (American ed. 3). New York, NY: Schott Music.

Rhodes, P. (1985). *Wind songs: For unison children's choir and Orff instruments.* New York, NY: Schott Music.

Rhodes, P. (1986). Keynote address. *Orff Echo, 18*(2), 14.

Rhodes, P. (1991). *Dancing songs: For children's voices and Orff instrumentarium.* New

York, NY: Schott Music.

Salmon, S. (2010). Inclusion and Orff Schulwerk. *Musicworks: Journal of the Australian Council of Orff Schulwerk, 15*(1), 27-32.

Salmon, S. (2012). Musica humana: Thoughts on humanistic aspects of Orff-Schulwerk. *Orff Schulwerk Informationen, 87,* 13-19.

Sangiorgio, A. (2010). *Orffinfo 16* (pp. 6-21). Orff-Schulwerk Egitim ve Danismanlik Merkezi Türkiye. Istanbul: Turkish Orff-Schulwerk Association.

Scott, J. K. (2010). *Orff Schulwerk teacher educators' beliefs about singing.* (Unpublished doctoral dissertation), Eastman School of Music, Rochester, NY.

Shamrock, M. (1995). *Orff Schulwerk: Brief history, description, and issues in global dispersal.* Chagrin Falls, OH: American Orff-Schulwerk Association.

Shamrock, M. (1997). Orff-Schulwerk: An integrated foundation. *Music Educators Journal, 83*(6), 41-44.

Shamrock, M. (2013). Thoughts about Orff-Schulwerk and "culture" in today's classrooms. In C. Wang (Ed.), *Orff Schulwerk: Reflections and directions* (pp. 89-101). Chicago, IL: GIA Publications.

Siemens, G. (2004, December 12). *Connectivism: A learning theory for the digital age.* Retrieved from http://www.elearnspace.org/Articles/connectivism.htm

Sogin, D. W., & Wang, C. C. (2008). Music activity reports by music teachers with varying training in Orff Schulwerk. *International Journal of Music Education, 26*(3), 269-278.

The standards—What you can do. (1995). *Orff Echo, 27*(3).

Steen, A. (1992). *Exploring Orff: A teacher's guide.* New York, NY: Schott Music.

Stephens, J. (2003). Imagination in education: Strategies and models in the teaching and assessment of composition. In M. Hickey (Ed.), *Why and how to teach music composition: A new horizon for music education* (pp. 113-138). Reston, VA: Music Educators National Conference.

Swanwick, K. (1988). *Music, mind, and education.* New York, NY: Routledge.

Walker, D., & Soltis, J. (2009). *Curriculum and aims* (5th ed.). New York, NY: Teachers College Press.

Wang, C. C., & Sogin, D. W. (2004). An examination of the teacher-student interaction in the Orff-Schulwerk process. *Research Perspectives in Music Education, 8,* 6-14.

Wang, C. C., & Sogin, D. W. (2013). Orff-Schulwerk research: Where are we? In C. Wang

(Eds.), *Orff Schulwerk: Reflections and directions* (pp. 105-136). Chicago, IL: GIA Publications.

Warner, B. (1991). *Orff-Schulwerk: Applications for the classroom.* Englewood Cliffs, NJ: Prentice Hall.

Warner, B. (1995). Unless we look for Orff's deeper message we cannot truly understand Schulwerk in all its depth. *Orff Echo, 27*(3).

Wiggins, J. H. (2003). A frame for understanding children's compositional processes. In M. Hickey (Ed.). *Why and how to teach music composition: A new horizon for music education* (pp. 141-165). Reston, VA: Music Educators National Conference.

Wolff, P. E. (1984). *The attitudinal effect of the Orff-Schulwerk approach in music education in the elementary school.* Unpublished master's thesis, University of Kansas.

Woody, R. H., & Fredrickson, J. M. (2000). A partnership project: Integrating computer technology and Orff-Schulwerk. *General Music Today, 13*(2), 8-11.

Wuytack, J. (1994). *Musica activa—Rhythmic expression: An approach to music education.* New York, NY: Schott Music. (First published in French in 1982 by Alphonse Leduc. English adaptation and commentary by Judy Sills.)

제3장

사회 구성주의 학습이론에 기초한 음악 지도

Jackie Wiggins 저 / 김성지 역

사회 구성주의 학습이론에 기초한 음악 지도란 사람들이 배우는 방식에 적절하게 음악을 가르치는 것을 의미한다. 사회 구성주의적 관점에서의 교수(teaching)는 특정 교수 전략이나 방법의 활용보다는 학습 과정에서 교사와 학습자들의 존재 방식에 대한 것이다. 사회 구성주의 학습이론에 기초한 음악 교수법은 다양하게 나타날 수 있지만, 인간이 배우는 방식을 반영한다는 공통점을 갖는다. 본론에 들어가기에 앞서, 인간의 학습 과정에서 보이는 사회 구성주의적 특징을 반영하여 조직된 실제 음악수업을 살펴보기로 하자.

[장면 1]

5학년 음악수업에서 학생들은 "아람삼삼(A Ram Sam Sam)"이라는 민요에서 으뜸화음과 딸림화음이 어디 부분인지 찾고 있었다. 4명씩 구성된 각 그룹은 오토하프[1] 둘레에 모여 있었다. 그룹의 한 학생이 일정박으로 으뜸화음을 연주했고 그룹의 학생들은 모두 선율을 불렀다. 으뜸화음이 어울리지 않는 부분에서는 딸림화음이나 다른 화음으로 바꾸어 보면서 노래 반주에 필요한 화음 패턴을 찾아내었다. 그룹 학생들 중 린제이가 처음으로 연주하게 되었다. 그러나 린제이는 교사의 지시를 듣고도 어떻게 시작해야 할지 망설이며 친구들에게 "무얼 해야 하지?"라고 물었다. 친구 린이 칠판을 가리키며 "칠판을 봐. D와 A7야."라고 대답했다. 쉴라는 "D는 여기야. D 장조 말이야."라고 말하자, 린도 "거기가 맞아."라고 동의했다. 린제이가 "오! 으뜸음이 어느 것이지?"라고 물어보았다. 린이 "D야."라고 말해 주자 린제이는 "알았어."라고 대답하고, 친구들이 노래를 부르는 동안 일정박으로 D 화음을 튕기기 시작했다. 친구들의 도움으로 린제이는 리더십을 발휘할 수 있었고 이 음악적 문제를 해결하는 데 성공적으로 참여할 수 있었다(Wiggins, 2015, pp. 52-53).

다음 수업에서, 5학년 학생들은 "강 같은 평화(Peace Like a River)" 노래의 화음 반주를 짝과 함께 또는 혼자서 연주하는 활동을 하였다. 전체 수업에서 학생들은 다 같이 악보 없이 화음 진행을 파악해 나갔다. 그런 후에 학생들은 키보드, 오토하프, 기타로 화음 진행 연주를 연습했고, 모두가 그럭저럭할 수 있게 되었을 때는 키보드나 교실 자일로폰 등으로 베이스라인 역할인 화음의 근음 연주를 연습했다. 화음이나 베이스라인을 연주하는 데 익숙해졌다면, 학생들은 함께 노래 부르기와 반주하기를 교대로 활동했을 것이다.

키보드로 화음 연주를 연습하고 있던 미카엘은 옆에 있던 친구 스캇이 연주하고 있는 베이스라인의 조성과 다르게 선율을 부르고 있음을 알아챘다. 미카엘은 스캇의 노래를 자연스럽게 같이 부르며 스캇이 올바른 조성으로 움직이도록 도움을 주었다. 스캇이 원래의 조성을 되찾아 가자, 미카엘은 별말 없이 자신의 연습을 계속했다(Wiggins, 2015, p. 52).

이 내용은 『음악적 이해를 위한 교수법(Teaching for Musical Understanding)』(Wiggins, 2001, 2009, 2015)에서 발췌된 것으로, 필자는 이 책에서 학습이 사회 구성주의적 과정임을 보여 주는 수업 상황에서의 전략과 실제들을 제시하였다. 이러한 전략과 실제들이 구성주의적 관점에 기초한 유일한 교수 방법은 아니다. 이 전략들

1) 역자 주: 현 위에 설치된 화음 버튼을 누르며 현을 튕겨 연주하는 상자형 현악기이다.

은 교사들이 사회 구성주의적 학습 상황이 어떤 것인지 이해하고 음악 학습의 방법 개발을 할 수 있도록 안내하기 위해 제시되었다.[1] 이 글에서는 사회 구성주의 학습 이론의 기초적인 설명을 제공하고, 그것이 일반음악수업에서 어떤 의미를 가질 수 있는지 설명하고자 한다.

사람들이 어떻게 배우는가를 이해하는 것은 우리가 어떻게 가르쳐야 하는지를 제시해 준다. 사람들이 음악을 어떻게 배우는지 이해하는 것은 우리가 어떻게 음악을 가르쳐야 하는지를 제시해 준다.

사람들은 어떻게 학습하는가

우리는 삶을 살아가면서 여러 종류의 경험을 하고, 끊임없는 과정 안에서 그 경험들의 의미를 알아내려고 애쓴다. 의식적이고 의도적인 과정들이 있는 반면 무의식적으로 생겨나 우리의 앎과 존재의 암묵적 방식에 영향을 끼치는 과정들도 있다(Lincoln & Guba, 2013; Polanyi, 1966). 구성주의자들은 우리가 경험을 해 나가고 그 경험에 대한 이해를 구성하면서 일생을 보낸다고 말한다(Fosnot, 2015; Goodman, 1978; Lakoff & Johnson, 2003; Lincoln & Guba, 2013). 인간의 학습은 경험의 의미를 만들거나 경험에 대한 이해를 구성하는 적극적이고 개인적인 과정인 것이다.

어떻게 사람들은 경험에 대한 이해를 구성하게 되는가? 인간의 구성주의적 학습 과정을 최대로 조성하는 학습 상황과 환경의 특징들은 무엇인가? 다음은 그 특징들에 대한 설명이다.

구성주의 과정으로서의 학습

사람들이 어떻게 학습하는지에 대한 지난 30년간의 다양한 연구는 인간의 학습이 개인의 구성주의적 과정이라는 것을 보여 주었다(예: Anderson & Peason, 1984; Brown, Collins, &Duguid, 1989; Damasio, 1994; Freeman, 2000; Gardner, 1991; Goodman, 1978; Greene, 1995; Lakoff & Johnson, 2003; Zull, 2002). 우리는 광범위한 맥락에서 발생하는 광범위한 경험을 겪으며 일생을 보낸다. 그리고 살아가면서 자

동적으로 익숙함과 관련성을 찾는다. 즉, 새로운 경험을 할 때 이전 경험에서 이미 배워서 알고 있는 것과의 관련성을 찾는다. 새로운 경험들을 친근한 지식, 느낌과 연결시키려고 노력하는 것이다. 새로운 것에 쉽게 접근할 수 있게끔 하는 맥락을 가지게 될 때, 새로운 경험을 받아들이고 그 안에 몰입하여 활동하며 그로부터 의미를 만들어 내려고 한다. 그러나 맥락이 없거나 이전 것과 관련지어 알아낼 수 없는 상황에 처하게 되면, 쓸데없는 노력을 계속하거나 (새로운 정보를 잘못된 선행 지식과 연결시키면서) 오류를 구성하게 될 것이고 아니면 이런 상황에 처하지 않으려고 보다 친근하고 편안한 다른 일에 열중하기도 할 것이다. (강의실에서 강의에 참여하길 포기하고 이메일 확인이나 하는 학생들처럼 말이다.)

사회적 과정으로서의 학습

대부분의 시간에 사람들은 다른 사람들 혹은 그들의 생각과 직접 상호작용하면서 학습(이해를 쌓아 나가기)을 해 나간다. 유아들은 다른 사람들과의 직접적인 상호작용으로부터 배운다. 읽기, 음악 듣기, 예술작품 감상을 통한 학습에서 볼 수 있는 것처럼, 교양 있는 이해와 기술을 사용하는 만큼 성숙하게 자란 우리 역시 다른 사람들의 생각과 상호작용하며 배운다. 우리는 우리 자신에게서 독립적으로 배우기도 하는데, 그럴 때도 다른 사람과의 이전 상호작용을 통해 발전시켜 왔던 기술과 이해에 의지한다.

학습이 다른 사람, 다른 생각, 이전에 다른 사람들부터 배워 왔던 것들과의 상호작용과 관련이 있다는 사실은 교육 이론가들로 하여금 학습을 사회적 과정으로 바라보도록 만들었다(예: Brooks & Brooks, 2001; Bruner, 1996; Dewey, 1998; Fosnot, 2005; Rogoff, 2003; Rogoff & Lave, 1984; Vygotsky, 1978; Wenger, 1998; Wertsch, 1985). 인간의 학습은 사회적 맥락에서 일어나는 개인의 구성적인 과정, 즉 사회 구성주의적 과정이다(Rogoff, 1990; Vygotsky, 1978; Wenger, 1998; Wertsch, 1985). 학습을 이렇게 이해하고 있는 교사들은 사회 구성주의적 학습이론의 관점으로 가르친다고 할 수 있다(Brooks & Brooks, 2001; Fosnot, 2005). 그러한 교사들은 인간의 학습 과정에 대해 인지하고 이를 유념하고 있으며, 사람들이 실제 배우는 방법에 도움이 되는 학습 상황과 환경을 계획한다.

'실제 삶(Real Life)'의 경험으로서의 학습

사람들이 사회적 맥락 안에서 경험을 하게 될 때는 의도적으로 가르치거나 배우는 경험이 아니라 삶의 경험과 관련된 시간을 보낸다. 삶의 경험 안에서 사람들은 함께 겪어 나가며 서로에게서 배우게 된다. 적극적으로 다른 사람에게 질문을 하는 사람도 있겠지만, 그보다는 다른 사람의 행동과 결정을 가만히 지켜보고 그것이 일상적 결과에 어떻게 영향을 끼치는지 생각하면서 그 과정에 '적응'하려는 사람들이 더 많을 것이다. 사람들은 다른 사람들과의 경험에 참여하여 필요한 것을 알아낸다. 아기들이 도구를 사용하여 먹는 것을 배우는 과정을 생각해 보자. 부모들이 끼어들어 도와주기도 하지만, 대부분 아이들은 다른 사람들이 그 과정을 해 내는 것을 여러 번 관찰한 후 숟가락을 달라고 하여 그것을 사용해 본다. 이것은 계획되고 형식적으로 이루어지는 교수·학습 경험이 아니다.

학습은 개인들이 행하는 것으로, 이는 곧 교수(teaching)가 개인들이 학습할 수 있도록 무언가를 행해야 함을 의미한다. 교수는 다른 사람에게 무언가를 행하는 것이 아니다. 개인들이 학습할 수 있도록 돕고 개인들이 하려고 할 때 그들을 지원하는 것이다. 살아가는 동안 교수는 형식적으로도 비형식적으로도 일어난다.

비형식적인 학습은 형식적인 교육기관 밖에 있는 삶의 경험에서 발생하는 학습으로, 숟가락으로 먹기, 공 잡기, 신발끈 묶기, 손톱 깎기 등의 학습을 예로 들 수 있다. 형식적인 학습은 학교나 피아노 레슨, 테니스 레슨 등에서 발생하며, 이때 사람들은 새로운 것을 가르치거나 배우려는 명백한 의도를 갖고 참여한다. 형식적인 학습 상황은 삶의 경험에서 자연스럽게 발생하는 비형식적인 상황보다 계획적이고 구조적인 경향이 있다. 이런 학습은 인위적인 분위기로 여겨지기도 하지만, 우리 사회에서 형식적인 학습 역시 필요한 부분이다. 학습 전문가들은 형식적 학습 상황 안에 비형식적 학습의 특성들을 포함시킬 때 학습자들이 형식적 학습을 보다 자연스럽게 받아들이며 이에 참여한다고 보고 있다(예: Bruner, 1996; Fosnot, 2005; Gardner, 1991; Marsh, 2009; Rogoff, 1990; Vygotsky, 1978; Wertsch, 1985). 전문가들은 학교에서 이루어지는 학습이 친근한 비형식적 삶에서의 학습과 비슷하다고 여겨질 수 있도록, 형식적 교육 환경의 교사들이 이러한 특성을 포함시켜 가능한 한 '실제의 삶'처럼 학습 상황을 만들도록 노력해야 한다고 제안하고 있다.

학습은 전체적이고 맥락적이며, 반드시 순차적인 것이 아니다

학습 상황을 '실제 삶'의 학습처럼 보이도록 하는 이런 특성들은 무엇일까? 비형식적 삶에서의 학습은 전체적이고 맥락적인 경향이 있으며, 반드시 순차적이지는 않다. 아기들은 식사 시간이 아닐 때 숟가락을 사용하는 것을 배우려고 하지 않는다. 보통 그런 과정은 먹는 활동이라는 진짜 맥락 안에서 발생한다. 같은 이유로, 아기들은 어떤 기술의 한 부분을 그냥 연습하지 않는다. 음식을 먹으려는 목적 없이 반복적으로 숟가락 위에 음식을 놓는 것을 연습하지 않는다. 아기들은 실제 식사 시간 동안(맥락적 학습) 그 모든 부분을 포함하고 있는 전체 과정(전체적 학습)에 참여한다. 그리고 한 아이가 새로운 무언가를 시도하려는 것을 본 적이 있다면 학습이 반드시 순차적인 것이 아니라는 말을 이해할 것이다. 어린이들은 종종 전체 과정 중 복잡한 부분에서 시작하고 보다 단순하게 그 일을 해낸다. 어린이들은 가장 흥미로운 부분에 열중하거나 우선 마스터할 수 있을 것 같아 보이는 것에 열중하기도 하며, 나머지 부분들은 반복된 시도로 채워 나간다.

내 딸은 걸음마 하던 시기에 읽기를 스스로 배웠다. 두 살 때 우유갑을 보며 '우유'를 읽곤 했고, 네 살 쯤에는 그림책을 읽었다. 딸은 형식적으로 그 글자를 배워 본 적이 없었고 문장 구조나 구두점에 대해 알지 못했다. 딸의 과정은 매우 전체적이었고, 그 활자가 말하고자 하는 이야기를 알아내려는 참을 수 없는 욕구에서 기인한 것이었다. 누구도 딸에게 세부적인 것을 가르쳐 준 적이 없었다. 그런 일은 나중에야 이루어질 것이다. 많은 어른이 그렇듯이, 우리는 딸에게 매일 책을 읽어 줬고 딸이 조르면 종종 같은 책을 반복해서 읽어 주었다. 두 살 때 딸은 많은 책을 기억하여 페이지가 넘어갈 때를 알고 있었다. 나는 세 살짜리 외손자가 비슷한 과정을 겪고 있는 것을 보고 있다. 손자는 책을 매우 좋아하는 부모나 형제들을 흉내 낸다. 이 아이들에게 읽기 학습은 평생에 걸쳐 그들이 이런저런 방식으로 참여해 왔던, 전체적이고 맥락적인 실제 삶의 과정의 한 부분이었다. 이들 자신이 마스터하는 방법을 발견해 온 그러한 과정을 통해 서서히 학습이 이루어졌다. 이 학습자들보다 많은 지식을 쌓아 온 사람들이 필요로 하거나 요청이 있을 때 지원해 주었지만, 숟가락을 사용하여 먹는 것을 배우는 것이 그렇지 않듯이 그 또한 형식적인 교수 · 학습 상황은 아니었다.

> 어린아이들이 사회 안에서 숙련된 참여자로 빠르게 발전해 가는 것은 그들이 일상적이면서도 암묵적으로 문화 활동에 참여하도록 유도되면서, 즉 온갖 종류의 문제 해결 방법을 배울 때 주변에서 그들의 조력자를 찾고 구성하고 요구하는 등 문화적으로 조직된 실제 활동들을 통해 사람들을 관찰하거나 그들과 함께 참여하면서 성취된다(Rogoff, 1990, p. 16).

학습은 추진력이 있고 마음을 담은 적극적 참여를 요구한다

학습은 개인의 행위이기 때문에, 학습자는 추진력(initiative)을 가지고 학습 상황에 들어가야 한다. 학습자들은 학습에 적극적으로 참여하려는 의지를 가지고 상황에 들어가야 하는 것이다. (내 딸은 책과 이야기에 대한 추진력과 열정으로 읽기를 배웠다.)

참여는 적극적이고 마음을 다해야 한다(Dewey, 1998). 활동을 하는 것만으로는 충분치 않다. 활동의 의미를 만들기 위해서는, 즉 의미 있게 참여하기 위해서는 학습자가 활동에 기초가 되는 개념들을 이해해야 한다.

학습은 개념적인 과정이다

학습자는 자신이 추진력을 갖고 참여하는 활동과 과정, 그리고 여러 생각을 이해하고 실행해 가는 활동과 과정 기저에 깔린 개념들을 이해할 필요가 있다. 개념적 이해를 구성하는 것은 학습자들이 의미 있고 생산적인 방식으로, 즉 후속 학습 조성에 도움이 되는 방식으로 행동할 수 있도록 한다. 개념적 이해 역시 학습 과정에서 자신만의 과정을 이해하는 학습자들의 능력, 그리고 독립적으로 움직이는 학습자들의 능력에 기반을 두고 있다.

어린이들은 내 딸이 읽기를 배울 때와 유사하게, 평생에 걸친 전체적이고 맥락적이며 실제 삶의 과정으로서 이런저런 방식을 통해 음악을 배운다. 이것은 학교에 들어가기 전과 후 모든 과정에 해당한다. 어린이들이 형식적 음악 학습 환경으로 들어가게 되면 이를 지원하는 세부적인 것들을 배우기 시작한다. 그러나 이전에 경험했던 엄청난 양의 음악 경험을 형식적 경험에 가지고 온다. 이전의 음악 경험은 절차적인 지식보다는 암묵적 지식으로 생긴 경험이다(Lincoln & Guba, 2013; Polanyi,

1966). 우리는 우리 삶의 모든 경험을 통해 배우지만, 배워서 알고 있는 대부분의 것을 명료화할 수는 없다. 그러나 우리가 알고 있는 것은 우리의 모든 행동과 후속 학습에 정보를 준다.

Shuy(1981)는 인간의 앎의 이러한 특성을 설명하기 위해 빙산의 은유를 사용한다.[2] 수면 아래 있는 빙산의 거대한 부분은 우리가 삶에서 알고 있는 모든 것을 나타낸다. 그것은 우리가 경험해 왔던 모든 것을 통해 학습한 것(구조화한 것)으로, 우리의 모든 정서적인 이해, 모든 존재의 방법을 나타낸다. 중요한 것은 수면 아래 놓인 것이 우리가 존재하고 행하는 모든 것에 기초가 되는 개념적 이해, 즉 우리가 포착하고 이해하고 있는 의미들이라는 점이다. 수면 위로 우리에게 보이는 빙산의 훨씬 작은 부분은 우리의 절차적 지식을 나타내며, 이는 우리가 이해한 것을 기초로 행동하는 능력과 이해한 것을 학습된 문화 도구(언어, 음악, 시각적인 표현, 숫자 등)를 통해 명료화하는 능력을 말한다. 행동하고 명료화하는 인간의 능력이 우리가 내부적으로 포착하고 있는 개념과 의미들에 의해서 만들어지며, 기초적이고 암묵적인 이해들에 의지하고 있다는 점을 유념할 필요가 있다.

그러므로 (음악 만들기처럼) 특정한 과정이나 행동에 참여하고 학습하는 우리의 능력은 우리가 이전의 전체적인 실제 삶의 경험들을 거치며 발전시켜 온 기초적인 이해들에 접근하고 관련짓는 능력에 달려 있다. 형식적인 학습 상황에서 전체 경험 중 특정한 세부적인 면에 초점을 맞추는 것은 중요할 수 있으나, 학습자들이 세부와 전체 사이의 관련성을 이해하여 전체를 파악하고 이어 나갈 수 있도록 하는 것이 필요하다.

예를 들어, 어린 학생들은 "디스 올드 맨(This Old Man)" 노래 반주를 위해 짧고-짧고-긴 패턴(8분-8분-4분 음표)으로 연주하기를 학습할 수 있다. '티-티-타' 또는 '1&2(원-앤-투)'를 반복하거나, 이를 악기로 바꾸어 노래 반주를 할 수도 있다. 그러나 동일한 과정을 보다 의미 있게 가르치는 방법을 생각할 수 있는데, 'roll-ing home('this old man came rolling home'으로 끝나는 부분)' 모티브가 두 개의 짧은 소리와 하나의 긴 소리로 구성되었다는 것을 깨닫도록 할 수 있다. 학생들은 처음에는 여러 번 그 노래를 경험하고, 노래 부르는 것을 배우고, 노래의 짧고-짧고-긴 리듬을 끌어내서 노래 반주로 사용할 수 있다. 이것은 큰 차이가 없는 것처럼 보이지만 활동을 수행하는 학습자가 효과적으로 이해할 수 있도록 하여 수행 능력의 차이를 만든다. 그리고 두 가지 경우 음악적 산출물은 같았다 하더라도 학생들은 단지 따라 한 것이 아니라 그 과정의 일부분으로 참여한 것이었기 때문에, 다음 경험으로 나아가게 하는 지식에 있어 차이를 만든다.

학습은 학습자의 위험 감수를 요구한다

새로운 것을 배우기 위해서 학습자는 능숙하고 안전한 단계를 넘어서 참여하려는 의지가 있어야 한다. 위험 감수는 학습 과정의 필수적인 요소이다(Rogoff, 1990). 이것은 학습자가 취약한 상태에 있도록 만든다(Wiggins, 2011b). 형식적 학습 상황에서 일하는 교사들은 수업 자료의 선택, 학습자가 참여할 활동의 성질, 활동이 일어나는 사회적 환경의 성질, 활동 중 교사의 존재 방식 등, 수업을 계획하고 실행할 때 고려되는 모든 면에서 이 점을 참작해야 한다.

학습은 학습자의 행위력을 요구한다

추진력을 갖고, 적극적으로 참여하고, 위험을 감수하기 위해서, 학습자는 개인적인 행위력(agency)을 가져야 한다(Bruner, 1996; Rogoff, 1990). 음악을 배우기 위해서 학습자는 개인적 행위력과 음악적 행위력 모두를 필요로 한다(Wiggins, 2016). 행위력은 자기 자율권의 느낌, 즉 우리 자신의 의도에 따라 작동하는 느낌이다. 그것은 특정한 위치나 특정한 시간의 상황에 발휘할 수 있다고 여겨지는 의도성과 통제력이다. 학습자가 자신의 학습에서 적극적인 역할을 수행하기 위해서는 개인적 행위력에 대한 감각을 느낄 필요가 있다. Bruner(1996)는 개인적 행위력에 대해 '자신의 활동을 착수하고 수행할 수 있는 감각', 즉 영감, 자신감, 낙관론, 기술, 비결 같은 감각이라고 설명하였다(pp. 35-36). 학습자가 자신의 음악 학습에서 적극적인 역할을 취하기 위해서는 자신의 음악적 지식과 기술들을 인식해야 하며, 이러한 기술과 지식을 사용하여 음악적으로 추진력을 갖춰 적극적으로 운영할 수 있어야 한다. 즉, 음악적인 행위력을 발휘해야 한다(Wiggins, 2016; Wiggins & Espeland, 2012).

학습은 목표 알기를 요구한다

학습은 개인의 의도적인 행위이기 때문에 학습자가 의도적으로 과정에 참여할 수 있도록 목표를 알아야 한다. 또한 학습자들은 목표에 도달하는 데 얼마나 근접했는지 알고 있어야 한다. 교사 홀로 이러한 지식을 소유하는 것으로는 충분치 않다. 학습자들이 자신의 학습을 위해 무엇이 지원되는지를 완전하게 인지하지 못한다면 그 과정에서 자신의 역할에 대한 책임감을 가질 수 없다. 학습자들은 학습 경험의 목표를 이해해야 하며 그들이 알고 있는 다른 것들과 관련지어 무엇을 어떻게 배우고 있는지를 이해해야 한다. 상황에 대한 학습자들의 이해의 정도가 커질수록 학습자로서의 자율권이 보다 많이 주어질 것이다.

학습은 사려 깊고 지원적인 환경을 요구한다

학습이 일어나도록 하고 이를 지원하기 위해서 학습 환경은 사려 깊고 지원적이어야 한다. 학습 환경은 학습자가 추진력을 갖고 적극적인 참여를 할 수 있도록 해야 한다(Freire, 2002; Greene, 1995; Noddings, 2003; van Manen, 1991). 그리고 학습자들이 스스로 그 환경들을 파악할 시간과 공간이 필요하다. 이러한 작업은 수업 계획에서 이루어지기도 하지만, 대부분 수업 중 학습자와 함께 작업할 때 교사의 사고방식이나 존재 방식을 통해 이루어진다. 학습 환경은 학습자의 호기심, 추진력, 생각을 촉진시킬 수 있도록 양육적이며 생성적인 환경이어야 한다.

학습을 조성하고 지원하기

비형식적 학습 환경에서 학습자는 보다 경험이 있는 사회 구성원과 함께 과정과 활동에 참여한다. 더 많은 지식이 있는 사람들이 학습자에게는 아직 어려운 부분의 과제를 계속 수행해 나가는 동안, 학습자들은 점차 스스로 할 수 있는 부분을 늘려가게 된다. 더 많은 경험이 있고 지식이 있는 사람들은 학습자에게 비계를 제공하며, 점차 뒤로 물러서면서 학습자가 스스로 일어설 수 있도록 한다.

학습 비계

Bruner와 그의 동료들(Bruner, 1966; Wood, Bruner, & Ross, 1976)은 학습자들이 이전 경험을 넘어서는 개념과 과정에 참여할 때 그들을 지원하는 교사의 작업에 대한 은유적 표현으로 비계(scaffolding)라는 개념을 만들었다. 비계는 교수 과정에 대한 유용하면서도 매우 중요한 용어라 할 수 있다(Wiggins, 2015). 효율적인 교사들은 가르쳐야 할 개념과 과정들을 학습자들이 파악할 수 있도록 무엇을 해야 할지 생각하는 것에서 시작하고, 알고 있는 재료들이 학습자들에게 쉽게 받아들여질지를 선택하는 것으로 출발한다. 학습자들이 생활 속에서나 교실에서 이전에 경험했던 다른 재료들과 겹쳐지는 부분이 있으면 쉽게 받아들여질 수 있다. 효율적인 교사들은 재료와 아이디어로 경험을 계획할 때, 학습자들이 이미 알고 있고 어떻게 해야 할지도 알고 있는 것은 무엇인지, 그리고 이 경험에서 그들에게 새로운 것은 무엇인지를 인지하고 있다. 이런 입장에서 보면, 계획하는 과정 자체가 비계의 부분이 될 수 있다. 효율적인 교사들은 학습에 참여하는 학습자의 성공과 어려움이 순간에 일어날 수 있기 때문에 그에 대해 민감하다. 그리고 학습자를 위한 지원이 필요한 곳에서는 계속적으로 비계를 설정하고 그렇지 않은 곳에서는 한발 물러선다. 효과적인 학습 상황을 계획하고 학습 과정을 통해 학생들을 위한 비계를 설정하는 것이 교육의 핵심이다.

또래 상호작용의 기회

학습 경험과 환경을 계획하는 데 있어, 효율적인 교사들은 학습자와 교사뿐 아니라 학습자들 간의 사회적 상호작용의 기회가 주어져야 함을 잘 알고 있다. 학습자들은 삶의 경험을 그러한 상황으로 가져와 자신의 학습에 도움이 되도록 하며, 또래 학습에도 기여하여 학습에 도움이 되도록 한다. 서두에서 제시했던 [장면 1]에서 확인할 수 있듯이, 학습자들은 서로에게 개념과 과정들을 높은 수준으로 설명할 수 있으며 학습을 성공으로 이끌도록 서로에게 비계를 설정할 수 있다. 학습자 그룹들 간의 일상적인 선행 경험(동일한 게임이나 친구, 구어적 표현, TV쇼, 대중가요, 이웃을 아는 것 등)의 밀도는 학습자들이 교사가 설명한 아이디어를 최상으로 전달하도록 만들 수 있다. 또한 자신의 삶의 경험에 대한 방대한 지식은 학습자들을 학습 과정 내내 아이디어가 풍부한 창안자로 만든다. 효율적인 교사들은 학습자들이 수업 과정 동안 자신의 아이디어를 제안하고 전달하고 평가하는 등의 다양한 기회를 할 수 있도록 계획한다. 뿐만 아니라, 또래들은 수업 내내 서로 비계를 설정하는 데 꽤 전문적이 되기 때문에 학습자들이 학습 과정에서 상호 간의 지지를 위해 서로 상호작용할 수 있도록(작은 그룹에서 파트너 간 상호작용이나 큰 그룹에서 개인 간 상호작용) 다양한 기회를 제공하는 것은 필수적이다. 조용한 교실이 반드시 건강하고 생산적인 학습 환경은 아니다.

공유된 이해

서두에 제시했던 수업의 예를 보면, 집단적이고 상호적인 학습자들의 이해는 앞으로 전진할 수 있도록 하였고 성공을 가능하게 한다. 다른 사람과의 상호작용을 통한 학습 과정의 핵심 요소는 이런 종류의 공유된 이해에 있다(Bruner, 1996; Rogoff, 1990; Wiggins 1999/2000). 협동하여 생각하고 작업할 수 있는 사람의 능력은 작업에 대한 이해를 공유할 수 있는 능력에 달려 있다. Bakhtin(1981)은 인간의 이해가 서로 간의 마음의 경계 없이 사람들 사이에서 발생하는 상호성(mutuality)에 있다고 보았다. '방 안의 지식'이 모든 사람의 머릿속에 내재되듯이, 상호작용을 통해 인간은 그룹 안 개인들의 다양한 관점에 영향을 받고 강화되면서 생각과 이해를 공유한다. 함께 작업하는 사람들은 '집단 사고(group think)'에 참여하기도 하고 다른 사람의 관점들로부터 도움을 얻기도 한다. 사람들이 오랜 기간에 걸쳐 함께 생각하고 작업할 때, 전체 그룹에 의해 공유되고 소유된 아이디어들은 활기를 띠며 발전할 수 있다. 함께 작업하는 그룹 구성원들 사이에 내재하는 분산된 인지(distributed cognition; Mehan, 1984)는 전체 그룹을 강화시킨다. 수업 환경에서 학습자 그룹이 새로운 것을 배우기 위해 함께 참여하면 공유된 이해는 그 과정을 거치며 발전된다. 그룹 안에서 개별 학습자들은 나머지 학습자들과 협력하고 상호작용하면서 개념과 과정에 대한 이해를 구성한다. 자신의 생각을 공유할 기회를 가질 때 개인들이 배우고 자라나듯이, 그룹 전체에 공유된 이해가 꽃피게 되면 그들은 보다 어려운 개념이나 과정들에 대처할 준비를 하게 된다.

학습자의 사고를 이해하기

이러한 과정에서 교사의 중요한 역할 중 하나는 학습자의 사고를 이해하는 것이다. 학습자들이 생각하고 이해하는 (혹은 하지 못하는) 방법을 파악하기 위해 '학습자의 머릿속으로 들어가는 것'은 상호주관성(intersubjectivity)으로 설명되어 왔으며(Bruner, 1996; Rogoff, 1990), 수년간 교사용 출판물에서는 '사고과정의 가시화(making thinking visible)'(Ritchart, Church, & Morrison, 2011) 등 여러 방식으로 이를 설명하고 있다. 이러한 설명들 모두 다음의 동일한 주제에 초점을 맞추고 있다. 즉, 학습자들을 멘토하기 위해 그리고 교수 재료를 가장 영양가 있고 풍요로운 개념으로 구성하기 위해, 교사는 학습자와 더불어 생각하고 그들이 어떻게 생각하는지를 이해해야 한다는 것이다. 또한 또래 선생님들(Peer Teachers)이 이러한 능력을 가지고 있다는 것을 인지하는 것도 중요하다. 수업 환경은 학습자가 이해하는 내용과 방식을 끊임없이 공유할 기회를 제공해야 한다. 즉, 또래들끼리 비계를 설정할 수 있도록 그리고 효과적인 교수와 포괄적인 학습을 위해 언제 무엇이 필요한지를 교사가 알 수 있도록 해야 한다.

상호작용적 학습 공동체

사회 구성주의적 시각의 학습과 교수는 앞에서 설명한 모든 특성이 구현되는 상호작용적인 학습 공동체의 구성을 의미한다. 이러한 공동체는 구성원들의 학습 활동들을 장려하고 촉진시키며 지원하는 공동체로, 학습자들의 이해와 그러한 이해에 기초한 능력이 성장할 수 있도록 한다. 공동체에서 학습은 다음과 같은 면에서 상호작용적이다. ① 학습자들은 학습 과정 동안 서로 간에 그리고 교사와 직접적으로 상호작용한다. ② 학습자들은 주제(음악)와 직접적으로 상호작용한다. ③ 학습자들은 그 분야의 진정한 과정들과 직접적으로 상호작용한다. (연주하기, 듣기, 창작하기)

사회 구성주의 학습이론에 기초한 교수

사회 구성주의 학습이론에 기초한 교수(teaching)란 수업을 계획하고 수행하는 데 있어 학습자의 자연적 학습 과정을 존중하는 것을 의미한다. 이는 교수가 적극적이고 마음을 다할 수 있는 학습을 조성하고 지원하는 것으로 이해되어야 함을 뜻한다.

그 의미를 정리하자면 다음과 같다.

- 학습자들이 가능한 한 '실제 삶'에서의 학습 상황과 유사한 전체적이고 맥락적인 경험에 참여하는 것
- 학습자들이 스스로 아이디어와 과정을 알아낼 수 있는 기회를 계획하는 것
- 학습자들이 참여하고 있는 활동과 과정들의 기초가 되는 개념들을 이해하도록 돕는 관점들을 가르치는 것
- 학습은 개인의 주체적 행위의(agentive) 과정이라는 것을 인식하는 것
- 학습은 위험을 감수하며 학습자들을 취약한 위치에 놓이게 한다는 것을 인식하는 것
- 학습자는 목표가 무엇이며 목표에 얼마나 근접했는지 알고 있어야 한다는 것을 인식하는 것
- 학습자들의 상호작용과 협력적인 사고 및 과정에 대해 충분한 기회를 제공하는 것
- 학습자들이 참여하며 배울 때 그들을 교육하고 지원할 수 있는 사려 깊고 지원적인 환경을 설정하는 것
- 아이디어와 과정을 사용하는 것을 이해하고 배우려는, 즉 그 환경 안에서 자신의 이해를 구성하려는 학습자들의 노력을 위한 비계 설정 방법에 대해 신중히 생각하는 것
- 학습자들이 배울 때 당신이 그들에 맞춰 생각할 수 있도록, 학습자의 사고와 이해가 명확히 보이게 만드는 방법을 계획하는 것. 이를 통해서 당신은 필요한 순간에 비계를 설정할 수 있고 언제, 어떻게 그들이 성공했었는지를 인식할 수 있다.

사회 구성주의적 음악 학습과 교수는 구성원들의 음악 학습 활동들을 장려하고 촉진시키며 지원하는 상호적 음악 학습 공동체를 구축하는 것을 의미하며, 이러한 이해에 기초하여 학습자들의 음악적 이해와 능력을 키워 음악가로서 참여할 수 있게 하는 것을 의미한다.

사회 구성주의적 음악 학습 공동체에서의 학습

사회 구성주의적 음악 학습 공동체를 만나 보자. 읽었던 것들에 대해 생각해 보고 서두의 [장면 1]에서 제시했던 실제 수업의 학습과 교수[3]에 대한 아이디어들을 여기서도 찾을 수 있는지 살펴보자.

[장면 2]

1989년 11월 9일, 동 · 서 베를린의 시민들은 베를린 장벽을 무너뜨리기 시작했다. 1989년 11월 10일에 번스타인 선생님 학급의 4학년 아이들이 내가 가르쳤던 음악실로 뛰어 들어왔다. "위긴즈 선생님, 어제 정말 중요한 일이 일어났어요! 그 소식 들으셨어요?" "베를린 장벽을 무너뜨리고 있어요!" "우리는 노래를 써야 해요!" "선생님이 오늘 수업에 계획한 다른 활동이 있겠지만, 이건 정말 중요해요!" "노래를 써도 되나요?" "우리가 쓴 노래를 그들에게 보내 줄 수 있어요!"

나는 그 일에 대해 알고 있으니 그렇게 하자고 대답했다. 그 사건은 정말 중요했고 정말 멋있는 일이었기 때문이다. 우리는 그 사건에 대해 음악을 쓰게 되었다. 학생들은 기타가 필요하다고 생각했고, 그래서 나는 내 기타를 잡고 칠판 옆에 있는 학생 의자에 앉았다. 학생들이 내 의자 둘레에 모여들었다. 내가 메모지와 펜을 잡고 있었다는 것이 다행스러운 일이었다. 학생들이 너무 가까이 모여 있어서 종이와 펜을 가지러 책상으로 돌아갈 수 없었기 때문이다. 학생들은 내가 그들의 음악을 잘못 기억할 때면 알아채곤 했기 때문에 나의 기억만을 신뢰해서는 안 된다는 걸 배워 왔다. 음악이 학생들의 것일 때 학생들은 그것이 어떻게 진행되는지 알고 있다.

이 초등학교는 언어 · 예술 쓰기 특별 프로그램을 운영하고 있었기 때문에, 학생들은 항상 자신들의 아이디어를 브레인스토밍해서 그것을 가사로 노래를 시작하곤 했다. 우리가 앉자마자 누군가가 '자유'라고 소리쳤다. 그다음에 '정의' '해방' 등이 나왔다. 나는 분필을 잡고 이 세 개의 단어를 뒤에 있는 칠판에 썼다.

단어를 쓰고 있을 때, 교실 다른 쪽에서 불쑥 끼어드는 목소리가 있었다. "잠깐만요! 사람들이 우리가 무엇을 얘기하는지 알지 못할 거예요. '장벽이 무너지고 있다.' 같은 것으로 시작해야 해요."

"맞아!" 누군가가 동의했다. "그렇게 하자! '장벽은 무너지고 있다, 세계는 변하고 있다.'"

동시다발적으로 다른 누군가가 제안했다. "그때 '벽이 무너지고 있다.'처럼 음악이 내려가도록 만들어야 해요. **4** (프레이즈를 제스처로 보이면서) 이렇게요."

옆에 있던 누군가가 동의했고 다음 멜로디를 부르면서 그 생각을 확장시켰다.

의자에 앉아 있던 나는 재빨리 바닥으로 옮겨 앉아 단단한 바닥에 기대어 빠르게 가사를 종이에 옮겨 썼다. "그렇게 하자! 좋구나!" 나는 아이들이 C 장조로 노래하고 있다고 추측하여 조용히 C 화음을 쳤으나 실제로는 D 장조였다는 것을 알아차렸다. 그래서 재빨리 D 화음으로 변화시켜 조용하게 손가락으로 퉁겨 연주하는 포크 스타일 패턴으로 첫 번째 선율을 연주했다. 학생들은 매우 집중했다.

누군가 "동과 서에 대한 부분이 필요해."라고 제안했다. 그리고 다음 대화에서 두 개의 선율이 만들어졌고 가사와 멜로디가 자연스럽게 만들어졌다. 한 학생이 세 번째 선율을 노래했고 근처에 앉았던 몇 명이 그 부분을 마무리 짓는 네 번째 선율을 불렀다.

전율이 교실을 가득 채웠다. 우리는 이 부분을 모두가 편안하게 부를 수 있을 때까지 여러 번 노래했다. 학생들은 서로 눈을 맞추었고, 노래하면서 자신감을 얻으며 서로 웃었다. 그 교실 안에 통일된 목적이 감지되었다.

나는 칠판에 적힌 세 개의 단어를 가리키며 그 단어들을 포함할 것인지 물었다. 큰 어려움 없이 가사가 만들어졌다. 이때에 멜로디는 없었다. "정의는 장벽 뒤에 살고 있는 모두에게 온다." "자유는 여기에 머무를 것이다." "해방이 찾아오고 있다."

나는 칠판에 그 가사들을 운문 형식으로 쓰고 다시 앉아서 기타를 들었고, 우리들은 처음부터 부르기 시작했다. A 부분 끝에 나는 IV도 화음으로 이동했는데, 이는 새로운 가사의 선율로 움직이고자 하는 시도였다.

IV도 화음을 듣자마자, 몇몇 학생이 선율에 변화를 주었다.

몇 번 반복하면서 그들은 멜로디를 결정했고 재빨리 같은 멜로디로 다음 부분을 부르기로 결정했다. 이 두 개의 부분을 몇 번 반복해서 불러 보았는데, B 부분을 완성시키는 세 번째와 네 번째 선율을 만들기 위해서였다. 그러한 아이디어들이 거의 청각적인 시행착오 없이 이루어졌다.5 아이들이 음악실에 들어온 지 10분 안에 전체 곡이 만들어졌다. 우리는 그 곡을 ABA로 하기로 결정했고(아직 명확하게 이름 붙인 것은 아니지만) 그러한 구성으로 노래를 들으면서 학생들 대부분은 찬성했다. 그러나 몇몇은 그 노래가 좀 더 길 필요가 있다고 생각했다. 그들은 A 부분은 그대로 유지하고 B 부분에서 2절 가사를 만들기로 결정했다. 2절 가사는 이전보다 생각하고 의논하는 시간을 많이 가졌고, 완성된 후 B 부분의 원래 가사들이 새롭게 만든 2절 가사보다 뒤에 나오는 것이 좋겠다고 결정했다. 20분 안에 완성된 곡은 다음과 같다.

The Wall Is Coming Down

4th Graders Sunquam
Elementary School, NY

우리는 교실 문이 열려 담임 선생님이 돌아오기를 기다리면서 여러 번 노래를 불렀다. 나는 담임 선생님인 번스타인이 돌아오면 폭발적으로 반응할 것이라 예상했다. 학생들은 담임 선생님을 위해 정말 아름답게 노래했고 선생님은 감탄했다. 그들은 들어왔을 때처럼 흥분한 채로 줄을 서서 음악실을 떠났다. 베를린 사람들에게 자신들의 노래를 보낼 수 있을지를 담임 선생님과 의논하면서 말이다.

이 학생들은 이전 수업에서 세 곡의 노래를 함께 작곡했었다. 3학년 음악교육과정의 일부분으로 두 곡, 그리고 몇 주 전 핼러윈 행사 때 한 곡을 썼던 경험이 있었다. 의심할 여지없이 그들은 학교 밖에 있는 그들의 삶을 통해 어린 시절 놀이 같은 것으로서 선율을 구성했던 것이다. 그들은 그들 삶의 경험에서 끌어온 음악을 가졌던 것이다. 학교에서 교사와 함께 모두 같이 이러한 과정에 참여한 것은 그들에게 상대적으로 새로운 것이었다. 그러나 그들은 그 과정을 성공적으로 수행했다. 마치 그들의 삶 전체에서 그것을 행해 왔던 것처럼 말이다.

이 예시에 대하여 어떻게 생각하는가? 어린 학생들이 이러한 독창적인 노래를 창작할 수 있다는 것에 놀랐는가? 그들이 세계적 사건에 반응하여 독창적인 노래를 창작하길 원했다는 것에 놀랐는가? 이 이야기를 읽을 때 당신은 무엇을 생각하고 있었는가? 자신의 음악수업 경험에 대하여 생각하였는가, 혹은 당신의 일반적인 학교 경험에 대하여 생각하였는가? 당신이 읽은 내용을 이미 알고 있는 교수·학습 상황과 음악 교수·학습 상황에 기초하여 생각하였는가? 이 이야기에서 당신은 사회 구성주의 음악수업의 특성을 볼 수 있었는가?

이 특별한 날에 번스타인 선생님 학급의 어린이들은 실제로 자신의 음악수업을 계획했고 수행했다. 이 수업에서, 그들은 교사가 계획한 학습 경험이었다면 우리가 공부하게 되었을 그 모든 음악적 개념들에 관여하여 그들만의 방식으로 활용했다. 교사로서 나는 학습자가 자신의 음악적 아이디어를 이해하고 수행하고자 할 때 조력자의 입장에서 도움을 주었다. 나는 학생들의 생각을 기타로 반주해 주면서 조성을 정하고 전체적인 스타일을 설정하는 데 도움을 주었는데, 이것도 학생들이 처음에 제안했던 선율과 노래했던 방식에서 단서를 얻은 것이다. 이 커다란 그룹 안에서 그들이 보인 집중과 대화들은 그 그룹의 승인된 리더이자 교사인 나에게 방향을 제시해 주었다. 거기에 기여했던 아주 조그만 아이디어만이 나의 것이었다. 나는 지원 시스템이자 필사자로 활동했다. 나는 그 그룹의 음악 리더였고, 특별한 언어적 코멘트 없이 기타와 얼굴 표정을 통해 리드했다. 나는 학생들로부터 뿜어져 나온 열정의 일부분이었다. 나는 이 공동체의 구성원이었다. 재능이 있고 공동체에 가치 있는 유용한 기술을 가진 구성원이었던 것이다. 그러나 이 수업에서의 내 모습은 형식적인 환경에서 교사가 해 왔던 '무대 위의 현자'와는 거리가 멀었다. 나의 위치는 보잘것없었고, 필요할 때만 말을 하고 필요하지 않을 때는 방해가 되지 않게 있었다. 필요할 때는 칠판에 가까이 위치해 있기도 했지만 수업 시간의 대부분을 아이들 사이에 끼어서 마루에 앉아 있었다. 내 기타 덕분에 교실에 들어오는 누군가에게 내가 그룹의 리더로 보였을 뿐이다.

음악이 학습자의 것일 때 학습자는 그들의 과정 안에서 열정적이고 추진력 있는 힘이 되도록 하는 자율권과 결정의 단계를 보인다. 교사는 옆에서, 가끔은 말 그대로 배경에서(떠오르는 선율을 반주하면서) 조용히 안내할 수 있다. 그러나 그 과정은 분명하게 어린이들의 것이다. 사실 이날의 일이 아니더라도 종종 학생들과 이런 종류의 과정에 참여할 때, 학생들의 선율적 아이디어는 내가 제시하려는 코드 진행에서 벗어나 오히려 내가 따라가도록 만든다. 이것은 명확하게 논의된 것이 아닌 미묘하고 은밀한 결정이다. 노래 작곡에 능숙한 학습자들은 선율 대신에 코드 진행이나 드럼 패턴으로 시작하기도 하며 혹은 동시에 층을 쌓아 가며 곡을 만들기도 한다. 그러나 40년 넘게 초등학교 학생들과 이런 과정에 참여하면서, 큰 그룹 안에서의 작곡에 능숙하지 못한 학습자들에게는 조용하게 화음을 배경으로 들려주면서 그들의 선율 창작을 따라가고 지원하는 것이 도움이 된다는 것을 알게 되었다. 그것이 그들이 생각하고 집중하도록 돕는 것이며, 협동하여 음악 재료를 생각하고 창작하는 능력을 지원하는 것이라고 여겨진다.

일반음악교육의 환경에서, 나는 어린이들이 보다 큰 교육과정의 맥락 안에서 학급에서 함께 노래를 작곡하는 경험을 여러 번 갖게 되면, 친구들과 함께 혹은 혼자서 '자신의 노래 만들기'를 꽤 잘 할 수 있게 된다는 것을 경험해 왔다. 초등학교 고학년 학생들은 비의존적 활동의 수준을 달리하거나 가끔은 혼자 작곡하도록 하면서 작은 그룹 안에서 꽤 세련된 곡을 작곡할 수 있다. 내 수업에서, 학습자들은 교사가 비계 설정한 큰 그룹 안에서의 노래 작곡에 참여하면서 점진적으로 이러한 기술을 개발시켰다. 선율 만들기는 어린 시절 놀이의 자연스런 부분으로, 어린아이들이 놀 때 그들이 구성하는 선율들은 많고도 많은 서양 음악 관습을 구현하고 있다. 내가 설명하고 있는 과정은 학습자들이 이전의 구조화된 이해와 기술을 사용하고 기반으로 삼을 수 있도록 교육과정 안에 시간과 공간을 제공하는데, 이를 통해 실제 음악 과정에 참여하고 작곡된 노래를 형식적으로 구성할 수 있다.

사회 구성주의적 음악 학습 경험의 특성

앞의 작곡 활동에 관한 예시는 모든 것은 아니더라도 사회 구성주의적 시각에 기초한 음악 학습과 교수의 많은 특징을 구현하고 있다. 이번 내용에서는 음악 학습 환경에서 특히 중요한 핵심적인 특성과 주제를 보다 깊이 탐구할 것이다.

음악적 진정성(authenticity)

핵심 특성 중 하나는 진정성이다. '실제 삶'이 되는 음악 학습 상황을 위해 학습자는 학교 밖에 있는 '실제 세계에서' 음악가들이 참여하는 과정에 참여해야 한다. 수업 환경에서 학습자들은 가능한 한 진정한 맥락에서의 적절한 연주, 창작, 음악 듣기에 참여해야 한다. 음악 학습 경험들은 음악 학습의 목적에 억지로 짜 맞추어져서는 안 된다. 특정한 음악 과정이나 개념으로 이루어진 입문단계의 경험들은 전문 음악인들의 과정보다는 덜 복잡할 것이다. 그러나 덜 복잡한 음악작품을 선택하거나 혹은 학습자를 안내하는 명확한 입문의 포인트를 가지고 있는 음악작품을 선택함으로써 그 곡을 이해하고 여러 방식으로 활동하도록 할 수 있다. 가르치기 위한 음악적 재료들을 선택하는 것은 매우 중요하다. 음악은 진정성이 있어야 하며, 즉 교실 내부뿐만 아니라 교실 바깥에도 살고 있는 실제의 음악이어야 하며, 가능한 한 진정성 있게 연주되고 창조되고 감상되어야 한다. 실제 학교 바깥의 음악 세계에 살고 있지 않은 활동들은 진정성 있는 음악교육과정에 존재하지 않는다. '실제 음악' 같은 '학교 음악'을 위해, 음악은 그 본질과 매우 유사하며 실제 세계에서 기능하고 있는 방식으로 가르쳐져야 한다.

앞의 작곡 활동에 대한 예시에서 어린이들은 진정한 음악 창작 과정에 참여하였다. 그들은 음악과 적절하게 상호작용하며 노래를 작곡해 나갔다. 교사로서의 나는 이러한 전체적이고 맥락적인 '실제 삶'의 과정에서 그들의 성공을 가능하게 만든 비계를 제공했다. 그것은 간소화된 과정이 아니었다. 학습자들은 진정한 음악 작곡 과정에 참여했던 것이다. 나의 음악 전문지식은 아직 그들 스스로 할 수 없는 부분들을 채워 주기 위해 사용되었다. 이것은 나의 적극적 상호주관적 의식을 요구했다. 나는 이 수업이 있기 전까지 일 년 반 동안 그들을 가르쳤기 때문에 이 학생들을 잘 알고 있었다. 그렇지만 나는 그 과정 동안에도 학생들에게 '주파수를 맞추고' 있으면서 내 지식이 필요하다고 여겨지는 장소와 시간에 감각적으로 지원하였고, 학생들이 스스로 다룰 수 있기를 기대할 때는 뒤로 물러서서 그들이 생각하고 작업할 시간과 공간을 제공하였다.

솜씨 좋은(artful) 교사의 비계

Magne Espeland와 필자(2012)는 음악 학습 비계에 대한 음악교사의 과정을 연구하고 나서, 그중 효율적인 음악교사들의 작업을 설명하기 위해 솜씨 좋은 교사의 비계라는 용어를 제안했다. 우리는 솜씨 좋은 교사들의 비계가 '예술 교육 환경에서 가르칠 예술 형식과 예술 활동에 대한 높은 수준의 이해뿐만 아니라 학습과 교수에 대한 높은 수준의 이해'(Wiggins & Espeland, 2012, p. 343)를 요구하는 것이라고 보았다. 성공적인 음악교육은 음악 과정과 학습 과정 모두에 대한 넓고 통찰력 있는 이해를 요구한다는 것을 전제로 하고 있다. 솜씨 좋은 교사의 비계는 개인의 음악 학습을 발전시키고 가능하게 할 수 있다.

학습자의 소리에 자율권 주기(empower)

학습 과정에 학습자의 행위력(agency)이 요구된다면, 교수 과정은 학습자의 행위력을 조성하고 가능하게 하여 학습자에게 권한을 주도록 계획되어야 한다(예: Belenky, Clinchy, Goldberger, & Tarule, 1997; Freire, 2002; Greene, 1995; Ladson-Billings, 1994). 행위력은 주어진 상황에서 자신의 소리를 갖는다는 느낌이다. 음악 수업에서 이러한 소리는 언어적으로 그리고 음악적으로 둘 다에 요구된다. 교사는 학습자의 생각과 추진력이 존중받고 소중히 여겨지며 인정받을 수 있도록 수업 안에 학습자의 소리를 위한 공간을 만들어야 한다. 이것은 학습자가 수업 안으로 가져오는 것을 존중해야 한다는 것이며 그들이 존재하는 곳에서 그들을 만나야 한다는 것을 의미한다.[6]

학습자의 소리를 존중하는 것은 학습자가 수업에 가져오는 다양한 관점을 존중하는 것이다. 다양한 관점은 우리의 이전 경험들의 총합이라 할 수 있는 우리의 이해에 기초하고 있는 구성주의적 개념이다. 만일 삶을 살아가는 동안 우리가 경험에 참여하며 이러한 경험들에 대한 이해를 체계적으로 정리한다면, 우리들 각각은 조금씩 다르게 삶의 경험을 이해할 것이라는 결과를 얻을 것이다. 왜냐하면 (쌍둥이라 하더라도) 두 사람은 삶에서 동일한 경험을 갖지 않기 때문이다. 우리의 모든 경험의 산물이지만 우리 각각은 다른 경험을 가지고 있으며 그래서 임의의 상황마다 다른 관점을 가진다. 스무 명으로 구성된 수업은 스무 개의 관점으로 구성되어 있다. 이러한 풍부한 경험을 존중하는 것은 학급을 구성하는 스무 명의 개인을 가르치는 본질적인 부분이다.

학습자의 행위력(agency)과 교사의 힘

학습자의 관점과 소리를 위한 공간을 만드는 것 그리고 존중하는 것은 교사의 힘이라는 주제를 다시 생각하게끔 한다. 교사는 피할 수 없는 힘의 존재가 학습자/교사 관계 안에 내재되어 있음을 깨달을 필요가 있다.[7] 형식적인 교육 환경에서 교사라는 역할의 특성 때문에, 우리 사회에서 교육 시스템의 제도화 때문에, 교사들은 이러한 관계에 어느 정도의 힘을 가지고 있다. 그러나 우리는 성공적인 학습을 위해서 학습자가 어느 정도의 자율성(autonomy)과 통제, 즉 개인적인 행위력을 가질 필요가 있음을 알고 있다. 학생의 자율성은 우리가 알고 있듯이 학교 문화의 필수적인 부분이 아니었다. 구성주의적 교수(teaching)는 학생 개인들을 생각하며 함께 작업함으로써 (교사로서의) 당신 자신을 진정으로 보는 것이다. 개인들의 아이디어는 중요하게 다루어져야 하는데, 그것은 당신이 참여하게 되는 학습 · 교수 과정의 핵심이다. 교사들은 학생들 옆에 서서 가르치는 자신들의 존재 방식을 찾고 발전시켜야 하며, 생각과 행동에 있어 학습자가 독립적이 되도록 도와야 한다. 그리고 학습 · 교수 과정의 핵심인 학습자의 아이디어를 존중하고 인정하는 태도를 유지해야 한다.

사회 구성주의적 음악 학습 공동체

사회 구성주의적 음악 학습 공동체에서 모든 구성원은 공동체의 집단적 음악 지식의 상호 간 향상을 위해 협력한다. 이러한 지식은 개별 구성원에도 내재하여 있지만, 보다 크게는 그 그룹의 공유된 이해에도 머물러 있다. 이러한 이해를 바탕으로 활동하는 것은 음악 학습자가 음악인들처럼 참여하는 방법이며 또한 그들이 더 배우고 계속 성장하는 방법이기도 하다.

공동체는 그 구성원들의 집단적 이해만큼 강하고 기능적이다. 음악 학습 공동체의 구성원들은 모든 구성원의 학습을 지원하기 위해 그리고 하나의 전체로서 공동체의 풍요로움과 과정을 촉진시키기 위해 상호작용하고 협력한다. 음악 학습 공동체에서 모든 구성원은 일어나는 학습에 대한 책임감을 가져야 한다. 자신의 학습에 대한 책임감을 가져야 하며 또한 동료의 학습에 대한 책임감을 가져야 한다. 교사 역시 중요한 역할을 하지만, 공동체 구성원으로서의 책임이지 '책임을 지는 한 사람'은 아니다. 교사는 보다 많은 경험과 전문적 지식을 가지고 있고 이로 인해 자원, 가이드, 멘토, 후원자, 매니저로서 역할을 한다. 그러나 교사는 또한 학습자이기도 하다. 학습자의 관점에 대하여 학습자의 관점으로부터 배우는 학습자이며, 학습자들이 음악에 대해 알고 있는 것으로부터 배우는 학습자이고, 학습자들이 자신의 학습을 지원해야 함을 배우는 학습자이다.

사회 구성주의적 학습 과정 그리고 다른 음악 교수법들

이 글에 설명된 아이디어들이 형식적 학습과 비형식적 학습(10장 참조), 문화 반응적인 교수법(11장 참조), 민주적인 교수법(6장 참조), 학습자 중심의 교수법 등 이 책의 다른 글에서 만나게 될 아이디어와 관련이 있음을 알 수 있을 것이다. 이런 아이디어들은 학습과 교수의 사회 구성주의적 관점과 깊이 관련되어 있다.

이런 관련성은 일반음악 접근법에 사회 구성주의적 시각을 적용할 수 있다는 믿음을 갖도록 만든다. 일반음악교육의 장은 오랫동안 절충주의라 불리는 정신으로 둘러싸여 왔다. 절충주의적 입장의 교사들은 각 접근법에서 최상의 것이라고 생각되는 것을 취하고 그것들을 함께 사용하여 교수 방법과 내용을 결정한다. 당신은 인간들의 학습 방식에 가장 도움이 되는 과정들로 가르치기 위해 이 책의 여러 글에서 최상의 아이디어라 생각되는 것을 택하고 그것들을 한꺼번에 가지고 와서 사용하는 것이 좋은 생각이라고 여길 것이다. 기계적으로 배우는 대신 노래의 리듬 반주를 끌어오는 앞의 예시에서처럼, 어느 정도는 이런 사용이 가능하기도 하다. 그러나 어떤 경우에는 제시된 몇몇 전략이나 실행이 사회 구성주의적 입장과 갈등을 빚는다는 것을 발견할 것이다. 그래서 이 글을 마무리하며, 필자는 절충적 접근의 채택에 대하여 특별한 주의를 주려고 한다.

우선, 교수법 실행에 필수적인 특정 전략의 맥락 안에서 음악 교수법을 만든 창시자의 철학적 관점을 생각하는 것이 중요하다. 때때로 방법의 배후에 놓인 철학의 설명은 그 방법이 실제로 실행되는 것 이상으로 학습자 중심의 소리가 되도록 한다. 실제(practice)를 뒷받침하는 철학과 실제 그 자체 사이에 좋은 조화가 있어야 한다. 특정한 접근법을 채택하기 전에, 이러한 정렬이 잘 이루어졌는지 그렇지 않은지 신중하게 살펴보고, 실제가 철학이 주장하는 목적으로 이끌고 있다고 느끼는지를 생각해 보라.

어떤 일반음악 교수법들은 교사 주도적인 전략을 통해 수행되는데, 이 경우 학습자들은 참여하기 시작할 때부터 목표에 대한 완전한 그림을 가질 필요가 없다. 학습자들은 음악적 경험에 참여하도록 유도하는 익숙한 단계들을 거치며 교사를 따라가도록 요구된다. 이러한 접근법의 초기 단계들은 전체론적이기보다 원자론적이다.[8] 교사들은 리듬 혹은 음정들만 제시하거나 선율을 한 단씩 가르침으로써 새로운 노래를 가르친다. 이것은 어린이들이 학교 밖에서 새로운 노래를 배우는 방식과는 대조적이다. 학교 밖의 과정은 전체적인 과정으로 원자적이지 않다. 학교 밖에서 어린이들은 전체 노래를 여러 번 들으며 경험하고, 그 노래에 익숙해지기 전까지 가장 접근하기 좋은 부분을 배우기 시작한다. 그래서 이러한 가창 교수법은 사회 구성주의적 시각과는 융화되지 않는다. 이러한 가창 지도방식들은 몇몇 접근법의 경우에 그 핵심 내용이기도 한데, 학습과 교수에 대한 사회 구성적 시각과 연합하여 그 접근법들을 절충적으로 사용하는 것이 본질적으로 불가능하게 만든다.

학습자들이 교사를 모방하는 과정을 통해 음악을 가르치는 것은 사회 구성적 시각에서는 문제가 될 수 있다. 음악가로서 우리는 음악적인 무언가를 증명하는 가장 쉬운 방법이 그것을 상연하는 것이라 생각하고 있으며, 그것이 이러한 종류의 교수 전략을 생성하게끔 한다. 음악에 대한 많은 것은 언어적으로 설명할 수 없는 것이 사실인데도 목적과 목표에 대한 학습자의 이해에 기초를 둔 제시와 모방을 사용하는 방법들, 그리고 말하기 교수법의 성향에 기초한 제시와 모방을 혼합시킨 방법들이 사용된다. 모방 그 자체가 비구성적인 것은 아니다. 그러나 어떤 접근법들은 학습자가 음악적인 전체 맥락 바깥에서 음악적 '원자들'을 모방하도록 요구하며, 어떤 교사들은 학습자들이 이해하며 음악 만들기보다는 '지식 없이 행함(uninformed doing)'의 방식으로 이런 모방 활동을 하도록 끌어들인다(Blair, 2009). 9

일반음악 접근법에서 어린이들이 참여하는 어떤 음악적 작업들은 진정성이 결여되어 있다. 세계에 있는 모든 음악이 5음 음계는 아니다. 세계의 모든 음악이 5도권 음정으로 확실하게 반주할 수 있는 것은 아니다. 서양음악문화권에서 어린이들이 경험하는 음악은 '도'로 해결되는 '시', 또는 '미'로 해결되는 '파'로 채워져 있으며, 그들 세계 안의 일부 음악은 완전히 불협화음적이다. 학교에서 학습자의 음악 경험은 실제 세계의 진정한 음악적 경험과 가깝게 구성되어야 한다. 노래의 화성 구조를 바꾸거나 모호하게 하는 것은 그 노래를 제시하거나 배우는 진정한 방식이 아니다. 음악을 단순화시켜서 음악을 왜곡시키는 접근법들은 진정성을 찾고 이를 가치 있게 여기는 입장에서는 문제가 있다.

필자는 당신이 이 책에 설명된 모든 접근법을 탐구하고, 여기서 얻게 된 렌즈를 통해 학습과 음악 학습의 본질에 대하여 생각하기를 권한다. 만일 절충적인 접근법을 취하려고 한다면 신중하게 결정해야 할 것이며, 당신의 학생들이 참여하는 모든 경험이 음악가로서 음악을 학습하고 자신을 독립적으로 성장시키는 최상의 기회가 될 수 있도록 만들어야 하며, 그것이 결국 목적이라는 확신을 가져야 할 것이다.

음악교사로서 당신의 미래

당신은 당신의 음악수업을 어떻게 마음에 그리고 있는가? 학습자들은 독창적인 음악적 아이디어를 창안하고 수행할 기회를 가질 수 있는가? 그들은 자신의 목적을 위해 음악을 창조하고 해석할 기회를 갖는가, 그들 자신의 관점과 목소리로 표현할 기회를 갖는가? 그들은 자기 삶의 음악에 대해 좀 더 배울 기회를 갖는가? 개인적 표현의 방법으로서 음악을 사용하는 것을 배울 기회를 갖는가?

학습자의 자연적 학습 과정에 도움이 되는 방법으로 음악을 가르치는 것은 수업 안에 음악성과 긍정적인 에너지를 가져온다. 학습자 자신만의 음악적 방식에서 그를 지원하고, 음악적 아이디어를 창안하고 공유할 기회를 제공하며, 사람으로서 그리고 음악가로서 그들을 소중히 여기고 인정해야 한다. 그로 인해 학습자가 예측하지도 못한 음악적 높이와 깊이를 성취하도록 할 수 있다. 학습자에게 행위력을 부여하는 방식으로 음악을 가르치는 것은 음악 학습자가 생각지도 못한 방식으로 날아오르도록 할 수 있다. 필자는 당신이 이러한 아이디어에 대해 더 읽어 보기를 권하며, 당신의 음악 교수(teaching)와 학생들의 음악 학습 안에 그 아이디어들이 포함되기를 바란다.

미주

1 필자가 『음악적 이해를 위한 교수법』에서 공유했던 생각들은, 초등학교 교재 실버 버데트(Silver Burdett) '자신의 음악 만들기(Making Music Your Own)'(Landeck, Crook, Youngberg, & Leuning, 1968)에서 Lawrence Eisman과 David Walker의 작업, Eunice Boardman이 제시한 '생성적 접근법(generative approach)'(Bergethon, Boardman, & Montgomery, 1997; Boardman, 1988a, 1988b), '현대 음악 프로젝트'(Contemporary Music Project, 1971), '맨해튼빌 음악교육과정 프로젝트(Manhattanville Music Curriculum Project)'(Thomas, 1970), Magne Espeland의 '사용되고 있는 음악(Music in Use)' 교육과정(1991) 등 필자의 멘토가 된 사람들의 작업에 뿌리를 두고 있다.

2 이 내용을 필자에게 공유해 준 Shinko Kondo에게 감사를 전한다.

3 '교수와 학습(teaching and learning)' 대신 '학습과 교수(learning and teaching)'라는 표현을 사용하여, 교수의 모든 행위들이 인간들이 학습하는 방식에 맞춰져야 한다는 관점을 반영하고자 하였다.

4 우리는 음악으로 가사 그리기(word painting)에 대하여 의논하지 않았다. 다른 날에, 우리는 이런 의견에 대해 생각하며 그에 대해 잠시 이야기를 나누었고 몇 가지 예시를 들어 보기도 했다. 작곡 과정의 흐름에 따라 나는 혼자서 그것을 기록했었지만, 어린이들의 힘

(momentum)을 방해하길 원치 않았기 때문에 그 내용을 꺼내어 보여 주진 않았다.

5 어린이들의 노래 작곡 과정에 대한 필자의 연구를 통해, 이와 같은 작업 시간 동안 많은 학생들이 전체에게 들리도록 큰 소리로 해 보라고 말하기 전까지는 아이디어들을 시험적으로 사용해 보기 위해 숨을 죽여 노래하고 있다는 것을, 즉 혼잣말로 노래하고 있다는 것을 알게 되었다(Wiggins, 1999/2000, 2002, 2011a; Wiggins & Espeland, 2012; Wiggins & Medvinsky, 2012 참조). 교실은 이런 과정 동안 조용하지 않다. 음악적 사고와 발명으로 떠들썩하다.

6 Bjørkvold(1989), Campbell(2010), Davies(1992), Davis(2010, 2013), Marsh(2009), Moorhead & Pond(1978), Young(2002) 등의 연구자들은 다양한 맥락에서 학습자들이 그들 삶의 음악 경험에서 음악수업 안으로 가져오는 음악적 지식과 이해에 대해 설명해 왔다.

7 이 주제를 음악교육적 맥락에서 확장시킨 연구는 Wiggins(2011a)를 참고할 것.

8 1970년, 1980년 대에 음악교육학자들(Bamberger, 1977; Bergethon & Boardman, 1970; Boardman, 1988a, 1988b; Sloboda, 1985; Swanwick, 1988)은 음악적 이해와 과정의 전체론적인 성질에 대하여 글을 써 나갔다. 이들은 음악적 이해와 과정이 이전의 지각 연구와 그에 기반한 교수 실제들이 시사했던 것보다 훨씬 더 전체론적이라는 점에 주목했다.

9 Dewey(1998)를 인용하여 Blair(2009)는 모방을 통한 교수(teaching)는 '지식 없는 행함'을 하게 한다고 주장했다. 학습자들은 교사가 말하고 노래하고 연주했던 것을 성공적으로 재생하겠지만 그들이 무엇을 하는지, 왜 하는지에 대한 이해 없이 그렇게 할 뿐이다.

참고문헌

(* 표시된 문헌은 사회 구성주의 관점에서의 학습과 그것이 음악 지도에 어떻게 영향을 끼치는지 더 알고자 하는 사람들을 위한 추천문헌이다.)

Anderson, R. C., & Pearson, P. D. (1984). A schema-theoretic view of basic processes in reading comprehension. In P. D. Pearson (Ed.), *Handbook of research on reading* (pp. 255-291). New York, NY: Longman.

Bakhtin, M. M. (1981). *The dialogic imagination: Four essays* (M. Holquist, Ed., & C. Emerson, Trans.). Austin, TX: University of Texas Press.

Bamberger, J. (1977). In search of a tune. In D. Perkins & B. Leondar (Eds.), *The arts and cognition* (pp. 184–219). Baltimore, MD: Johns Hopkins University Press.

Belenky, M. F., Clinchy, B. M., Goldberger, N. R., & Tarule, M. (1997). *Women's ways of knowing: The development of self, voice, and mind.* New York, NY: Basic Books. (Original work published 1986)

Bergethon, B., & Boardman, E. (1970). *Musical growth in the elementary school* (2nd ed.). New York, NY: Holt, Rinehart & Winston.

*Bergethon, B., Boardman, E., & Montgomery, J. (1997). *Musical growth in the elementary school* (6th ed.). Fort Worth, TX: Harcourt Brace College Publishers.

Bjørkvold, J. (1989). *The muse within* (W.H. Halverson, Trans.). New York, NY: Harper Collins.

*Blair, D. (2009). Learner agency: To understand and to be understood. *British Journal of Music Education, 26*(2), 173–187. doi:10.1017/S0265051709008420

*Boardman, E. (1988a). The generative theory of musical learning (Part1). *General Music Today, 2*(1), 4–5, 26–30.

*Boardman, E. (1988b). The generative theory of musical learning (Part II). *General Music Today, 2*(2), 3–6, 28–31.

*Brooks, J. G., & Brooks, M. G. (2001). *In search of understanding: The case for constructivist classrooms.* Alexandria, VA: ASCD. (Original work published 1993/1999)

Brown, A. L., Collins, A., & Duguid, P. (1989). Situated cognition and the culture of learning. *Educational Researcher, 18*, 32–42. doi:10.3102/0013189X018001032

Bruner, J. (1966). *Toward a theory of instruction.* Cambridge, MA: Harvard University Press.

*Bruner, J. S. (1996). *The culture of education.* Cambridge, MA: Harvard University Press.

Campbell, P. S. (2010). *Songs in their heads: Music and its meaning in children's lives* (2nd ed.). Oxford, United Kingdom: Oxford University Press.

Contemporary Music Project. (1971). *Comprehensive musicianship: An anthology of evolving thought.* Washington, DC: Music Educators National Conference.

Damasio, A. R. (1994). *Descartes' error: Emotion, reason, and the human brain.* New York, NY: G. P. Putnam.

Davies, C. (1992). Listen to my song: A study of songs invented by children aged 5 to 7 years, *British Journal of Music Education, 9*(1), 19–48. doi:10.1017/S0265051700000796

Davis, G. (2010). Metaphorical process arid the birth of meaningful musical rationality in beginning instrumentalists. *Research Studies in Music Education, 32*(3), 1-21. doi:10.1177/1321103X373055.

*Davis, S. G. (2013). Informal learning process in an elementary general music classroom. *Bulletin of the Center for Research in Music Education, 198,* 23-50.

Dewey, J. (1998). *Experience and education.* West Lafayette, IN: Kappa Delta Pi. (Originally published 1938)

Espeland, M. (1991). *Musikk i bruk [Music in Use].* Stord, Norway: Stord H ø gskolen

*Fosnot, C. T. (Ed.). (2005). *Constructivism: Theory, perspectives, and practice* (2nd ed.). New York, NY: Teachers College Press.

Freeman, W. J. (2000). *How brains make up their minds.* New York, NY: Columbia University Press.

Freire, P. (2002). *Pedagogy of the oppressed.* New York, NY: Continuum. (Original work published 1970)

Gardner, H. (1991). *The unschooled mind.* New York, NY: Basic Books.

Goodman, N. (1978). *Ways of worldmaking.* Indianapolis, IN: Hackett.

Greene, M. (1995). *Releasing the imagination: Essays on education, the arts, and social change.* San Francisco, CA: Jossey-Bass.

Ladson-Billings, G. (1994). *The dreamkeepers: Successful teachers of African American children.* San Francisco, CA: Jossey-Bass.

Lakoff, G., & Johnson, M. (2003). *Metaphors we live by*. Chicago, IL: University of Chicago Press. (Original work published 1980)

Landeck, B., Crook, E., Youngberg, H. C., & Leuning, O. (1968). *Making music your own* (grades 5-6). Morristown, NJ: Silver Burdett.

Lincoln, Y. S., & Guba, E. G. (2013). *The constructivist credo.* Walnut Creek, CA: Left Coast Press.

Marsh, K. (2009). *The musical playground: Global tradition and change in children's songs and games.* New York, NY: Oxford University Press.

Mehan, H. (1984). Institutional decision-making, In B. Rogoff & J. Lave (Eds.), *Everyday cognition* (pp. 41-66). Cambridge, MA: Harvard University Press.

Moorhead, G. E., & Pond, D. (1978). *Music of young children.* Santa Barbara, CA: Pillsbury Foundation for Advancement of Music Education. (Original work published 1941/1942/1944/1951)

Noddings, N. (2003). *Caring: A feminine approach to ethics and moral education* (2nd ed.). Los Angeles, CA: University of California Press.

Polanyi, M. (1966). *The tacit dimension*. New York, NY: Anchor Books.

Ritchart, R., Church, M., & Morrison, K. (2011). *Making thinking visible: How to promote engagement, understanding, and independence for all learners.* Hoboken, NJ: John Wiley & Sons.

*Rogoff, B. (1990). *Apprenticeship in thinking: Cognitive development in social context.* New York, NY: Oxford University Press.

Rogoff, B. (2003). *The cultural nature of human development.* New York, NY: Oxford University Press,

Rogoff, B., & Lave, J. (Eds.). (1984). *Everyday cognition: Its development in social context.* Cambridge, MA: Harvard University Press.

Shuy, R. W. (1981). Conditions affecting language learning and maintenance among Hispanics in the United States. *NABE Journal, 6,* 1-18.

Sloboda, J. A. (1985). *The musical mind: The cognitive psychology of music.* Oxford, United Kingdom: Clarendon Press.

Swanwick, K. (1988). *Music, mind and education.* London, UK: Routledge.

Thomas, R. (1970). *M.M.C.P. synthesis: A structure for music education.* Bardonia, NY: Media Materials.

Van Manen, M. (1991). *The tact of teaching: The meaning of pedagogical thoughtfulness.* New York, NY: SUNY Press.

Vygotsky, L. S. (1978). *Mind in society: The development of higher psychological processes* (M. Cole, V. John-Steiner, S. Scribner, & E. Souberman, Eds.). Cambridge, MA: Harvard University Press.

Wenger, E. (1998). *Communities of practice: Learning, meaning, and identity.* New York, NY: Cambridge University Press.

Wertsch, J. V. (Ed.). (1985). *Culture, communication and cognition: Vygotskian perspectives.* New York, NY: Cambridge University Press.

Wiggins, J. H. (1999/2000). The nature of shared musical understanding and its role in empowering independent musical thinking. *Bulletin of the Council for Research in Music Education, 143,* 65-90.

Wiggins, J. (2001). *Teaching for musical understanding.* New York, NY: McGraw-Hill.

Wiggins, J. (2002). Creative process as meaningful musical thinking. In T. Sullivan & L. Willingham (Eds.), *Creativity and music education* (pp. 78-88). Toronto, Canada: CMEA.

Wiggins, J. (2009). *Teaching for musical understanding* (2nd ed.). Rochester, MI: Center for Applied Research in Musical Understanding, Oakland University.

*Wiggins, J. (2011a). When the music is theirs: Scaffolding young songwriters. In M. Barrett (Ed.), *A cultural psychology for music education* (pp. 83-113). London, United Kingdom: Oxford University Press.

Wiggins, J. (2011b). Vulnerability and agency in being and becoming a musician. RIME Keynote published in *Music Education Research, 13*(4), 355-367. doi:10.1080/14613808.2011.632153

*Wiggins, J. (2015). *Teaching for musical understanding* (3rd ed.). New York, NY: Oxford University Press.

*Wiggins, J. (2016). Musical agency. In G. McPherson (Ed.), *The child as musician: A handbook of musical development* (2nd ed.). New York, NY: Oxford University Press.

Wiggins, J., & Espeland, M. (2012). Creating in music learning contexts. In G. McPherson & G. Welch (Eds.), *Oxford handbook of music education* (pp. 341-360). New York, NY: Oxford University Press.

Wiggins, J., & Medvinsky, M. (2012). Scaffolding student composers. In M. Kaschub & J. Smith (Eds.), *Composing our future: Preparing music educators to teach composition* (pp. 109-125). New York, NY: Oxford University Press.

Wood, D., Bruner, J., & Ross, G. (1976). The role of tutoring in problem solving. *Journal of Child Psychology and Psychiatry, 17,* 89-100. doi:10.1111/(ISSN)1469-7610

Young, S. (2002). Young children's spontaneously vocalizations in free play. *CRME Bulletin, 152,* 43-53.

Zull, J. E. (2002). *The art of changing the brain: Enriching the practice of teaching by exploring the biology of learning.* Sterling, VA: Stylus Publishing.

제4장

코다이의 영감을 받은 교수법
음악 유창성을 향한 가교

Brent M. Gault 저 / 임미경 역

Zoltán Kodály(1882-1967)는 작곡가, 민속음악자, 음악교육가, 세계음악교육 옹호자로서 다방면의 삶을 살았다. 음악적으로 교양 있는 사회를 만들고 헝가리 사람들의 풍부한 문화 전통을 보존하려는 그의 바람은 그의 이름을 딴 음악교육 접근법을 개발하게 했다. 음악 참여의 기본 매개체로 가창 사용, 초기 악곡으로 민속음악, 모든 아동의 목표인 음악성을 특징으로 하는 이 접근법은 세계 제2차 세계 대전 이후 헝가리에 뿌리를 두고 있다(Choksy, 1999; Zemke, 1977). 이러한 뿌리로 시작하여 접근법은 점차 명성을 얻으며 세계적으로 적용되었다.

코다이 기반(Kodály-based)의 지도법이 여러 나라에 적용됨에 따라, 좀 더 다양한 문화 상황에서 접근법을 적용해야 하는 문제와 더 세계화된 사회는 새롭고 독특한 맥락에 있는 학생들의 요구를 충족시키기 위해 이것이 수정될 수 있는 접근 방법에 대해 갈등이 생기게 되었다. 이 장에서는 이러한 갈등을 알아보고 음악수업에서 코다이의 영감을 받은 교수법을 활용하는 현대의 음악교육자들이 무엇을 말하고 있는지 탐구한다. 이러한 갈등에 관한 논의는 다음과 같은 쟁점으로 모아진다.

1. 음악적 문해력은 코다이의 영감을 받은 교수법에서 사용되는 최상의 용어인가?
2. 현대의 다원주의 사회에서 '음악적 모국어'란 무엇이며, 이에 따라 악곡이 어떻게 적용되어야 하는가?
3. 레퍼토리 변경은 양질의 음악을 선정하려는 교육 설정에 어떤 영향을 주는가?
4. 코다이 기반 교육과정의 맥락에서 교수 위계는 어떻게 개발되는가?

나는 코다이 원리로 가르치는 여러 교육자와 함께 일하는 특권을 가진 사람으로서 이러한 논의를 하게 되었다. 그들은 내가 표현할 수 있는 것보다 더 소중한 방법으로 나의 실행에 영향을 끼쳤다. 이 지도법의 철학과 접근법은 필자가 아동들과 교류하는 방식에 스며들어 있고, 가르치는 모든 양상을 특징지어 준다. 이 장의 시작에서 이렇게 말하여서 나는 코다이 기반의 지도법을 소개한 개척자들과 이런 아이디어들을 실제로 통합하여 가르치는 많은 뛰어난 교육자들을 존경하는 차원에서 이들과 소통할 수 있다. 이 장에서 표현된 아이디어들이 음악이 모든 사람의 것이라는 Kodály의 사상을 학교 안팎에서 구현하려는 여정을 가진 사람의 렌즈를 통해 보여지길 바란다.

코다이의 영감을 받은 교수법: 간략한 개요

음악교육에서 이 접근법의 개발에 대한 자세한 역사를 제공하는 것은 이 장의 범위를 벗어나는 것이지만 일반적으로 '코다이 교수법' '코다이 접근법' '코다이 개념'이 무엇인가에 대한 간략한 개요는 다음에 이어질 토론의 배경을 증명하기 위해 필요하다. 이 세 개의 명칭과 다른 것('코다이 문맥'을 포함해서)들은 모두 헝가리에서 Kodály와 그의 동료들의 지침 아래 개발된 접근법으로 묘사되면서 사용되어 왔다. 이 장의 목적을 위해 이 서술어 어느 것도 사용하지 않았다. 왜냐하면 이 서술어들은 Kodály의 신념을 음악교육환경에서 어떻게 적용할 것인가에 관한 특이점을 암시하기 때문이다. Kodály의 이상을 더 큰 가능성으로 보고 싶기 때문에, 가르치는 방법과 이것이 시행되는 방법을 설명하기 위해 나는 코다이에 기초한 또는 코다이의 영감을 받은 이라는 용어를 쓰기로 정했다. 이 장의 목적을 위해 이 두 용어는 동시에 사용될 것이다.

Kodály는 친구인 헝가리 작곡가 Béla Bartók과 함께 잊혀져 가고 있는 헝가리 음악문화를 보전하려는 강한 욕구를 느꼈다(Choksy, 1999; Zemke, 1977). 20세기 초에 두 사람은 헝가리 전역을 몇 차례 돌면서 수많은 민요를 수집하였다. 이 여행과 수집된 민요들은 두 작곡가의 작품과 Kodály의 교육 철학 및 저작에 큰 영향을 주었다.

교육에 대한 Kodály의 관심은 그 시대에 그다지 중요하지 않았던 교육체계와의 상호작용 결과로 나타났다. Eösze(1962, p. 69)가 설명한 바와 같이, Kodály는 처음에 교육체계가 적합하다고 여겨서 교육체계에 별다른 관심이 없었다. 그러나 Kodály가 여학생들의 합창소리를 얼핏 듣게 된 일화 이후, 모든 어린이를 위한 음악에 대한 관심이 그 일생의 주제가 되었다. 이런 경험에서 파생된 Kodály의 우려는 노래 부르기와 악곡의 저급한 수준과 연관되었고, Eösze는 'Kodály가 여학생들이 교육대학생'(p. 70)이라는 것을 알고 실망한 것에 대해 계속해서 기록하고 있다. 학교 음악교육과정을 살펴보면서 그는 어린이들에게 음악을 가르치려고 활용하는 악곡과 방법에 관심을 갖게 되었다. 그는 "그들이 부르는 것은 예술에 근접하지도 않는다. 그들이 노래 부르는 방법은 자연스럽게 노래 부르는 것에도 한참 못 미친다."라고 언급한 바 있다(Kodály, 1929, p. 119).

이러한 경험은 그가 일생 동안 음악교육의 실제에 대해 연구하고 저술하도록 이끌었다. 그는 음악이 인간 발달의 핵심이고 음악교육은 가능한 한 일찍부터 시작해야 한다고 믿었다. 그 시대의 헝가리 음악교육 체계에 관한 그의 비판은 어렸을 때부터 양질의 음악교육이 필요함을 강조하는 것이었다.

> 우리 문화의 가장 큰 결함은 그것이 위로부터 만들어졌다는 것이다. 수세기에 걸친 국민 생활의 제약 이후 자유가 그와 같이 성취되었을 때, 우리는 잃어버린 것들을 너무 성급하게 메꾸기 원했다. 자연에는 도약이 없다. 문화는 느린 성장의 결과이다. 그것을 가속화시키기 위해 진화의 순서를 바꾸는 것은 불가능하다.
>
> 우리는 먼저 멋진 첨탑을 올려놓았다. 건물 전체가 흔들리는 것을 보았을 때 우리는 벽을 짓기로 했다. 우리는 그래도 지하실을 만들어야 한다. 특히 우리의 음악 문화에서 이런 상황이다(Kodály, 1941/1957, p. 127).

Zemke(1977)는 음악교육과 관련된 Kodály의 신념을 다음과 같이 3가지 견해로 밝혔다.

1. 음악은 인간발달의 핵심이다.
2. 음악교육은 음악적 모국어로부터 시작해야 한다.
3. 음악교육은 노래 부르기부터 시작해야 한다.

Kodály의 영향은 음악적 모국어(예: 헝가리 민요)를 사용하는 헝가리 음악교육 접근법을 개발하는 것과 음악적으로 문해력을 갖춘 사회를 만들기 위해 노래 부르는 것에 대한 관심을 불러일으켰다. 이 체계는 이러한 목표들을 달성하기 위한 지원으로 여러 가지 도구를 사용하였다. 이런 도구들은 종종 Kodály와 연관되지만, 실제로는 다른 곳에서 비롯된 것이며, 헝가리 체계에서 사용하기 위해 차용되었다. 이런 도구들에는 상대적 계명창(종종 이동도법이라고도 부름), Chevé가 처음 개발한 프랑스 체계의 리듬 음절, 영국에서 최초로 개발되었고 Sarah Glover와 John Curwen에 일반적으로 기인하였으며, 계이름(Solfège Syllable)을 시각적으로 보여 주는 손기호들이 포함된다(Choksy, 1999; Zemke, 1977). 이 도구들은 단계적 음악교수 접근법에 잘 정리되어 있고, 헝가리 음악체계가 '코다이 교수법'이라고 알려졌지만, 실제로 이 방법은 Kodály의 영향, 그리고 제자들과 Jenö Ádám 같은 동료들과의 협업으로 개발된 것이다.

헝가리 접근법은 수십 년간 시행되면서, 전 세계음악교육자들의 눈을 사로잡는 인상적인 결과를 만들어 냈다(Zemke, 1977). 여기에는 음악수업을 참관하기 위해 헝가리로 온 Mary Helen Richards, Lois Choksy, Denis Bacon, Mary Alice Hein, Lorna Zemke 등이 포함된다. 이들 중 몇몇은 Katinka Daniel을 포함하여 미국서 살고 있는 헝가리 음악교육자들과 함께 작업하였다. 이러한 사람들이 이 접근법을 북아메리카 학교에 적용하는 데 도움을 주었고, 접근법은 그 이후부터 계속 발전되어 왔다.

앞서 기술한 특징에 더하여, 코다이 기반의 접근법은 수업에서 사용하는 악곡에 나타나는 음악개념의 분명한 위계를 활용한다. 이 책에서 서술한(2장, 7장, 9장 참조) 다른 접근법들처럼 코다이 접근법은 학생들이 음악 경험에 참여하고 개념적 이해를 위해 이 경험을 사용한다는 의미에서 경험적이다. 이를 종종 셋 또는 네 단계 과정으로 설명한다. 처음에 교사는 개념을 포함하는 음악자료들을 사용하여 학생들이 음악을 만들도록 하면서 주어진 개념을 '준비'시킨다. 이 경험 이후에 학생들은 일반적으로 '제시'라고 불리는 단계에서 개념을 인지한다. 개념이 제시된 후에 학생들은 개념을 읽거나 쓰거나 작곡하거나 즉흥연주하는 등의 여러 방법으로 '연습'하면서 개념에 대한 이해를 강화한다.

이러한 경험적 과정이 코다이에 기초한 지도법에서 공통적인 것이지만, 근래의 코다이 관련 문헌에서는 이러한 과정을 명명하는 방법이 다양하게 나타난다. Eisen과 Robertson(2002)은 준비, 제시, 실행의 3단계로 기술하였고, Choksy(1999)는 준비, 의식하기(개념을 말하고 제시하는 단계), 강화, 평가의 4단계로 구분하였으며, Houlahan과 Tacka(2008)는 인지적 측면(준비), 연합적 측면(제시), 동화적 측면(실행과 평가)의 3가지 측면을 포함하는 모델을 제공하였다. Houlahan과 Tacka는 각각의 측면마다 분명한 위계가 나타나는 활동들을 제시하였다.

다음의 예는 코다이 기반의 접근법을 활용하여 개념적으로 가르치기 위해 쓸 수 있는 하나의 모델을 보여 준다. 이 모델이 코다이 철학을 바탕으로 교사가 가르치는 다양한 방법을 보여 줄 수는 없지만, 이 접근법이 실제에서 어떻게 보이는지에 대한 예로는 제공될 수 있다.

예시: 코다이 기반 지도법의 실제

맥락: 다음은 코다이 기반의 시퀀스를 활용하여 리듬 개념(♬)을 가르치는 접근법의 한 예이다.

1단계: 준비

–교사는 학생들이 이미 알고 있는 리듬꼴 복습을 시작으로 수업에서 ♩ ♪ ♪ 𝄽 ♬을 사용할 것이다. 학생들은 교사를 따라 4박 리듬꼴을 모방하여 말한 다음 교사가 4박의 리듬꼴을 말하면 학생들은 4박의 다른 리듬꼴로 응답하는 문답활동을 수행한다.

–교사가 "여기 내가 앉아서 너를 기다려"([그림 4–1]) 노래를 허밍한다. 이 노래는 학생들이 이미 지난 시간에 외워서 불렀다. 학생들은 이 노래를 인식하고 (악구마다 율동하면서) 가사로 제창한다.

여기 내가 앉아서

[그림 4–1] 핀란드의 전통적 돌림노래 "여기 내가 앉아서 너를 기다려"
저자가 어렸을 때 배운 영어 번역과 변형된 선율.

–교사는 노래의 리듬을 보여 주는 시각자료를 제공하는데, 모르는 리듬꼴은 [그림 4–2]처럼 가려져 있다. 학생들은 노래 부르며 리듬을 치고, 첫째와 둘째 악구는 리듬 음절을 말하고, 셋째와 넷째 악구는 가사를 말한다.

[그림 4–2] "여기 내가 앉아서 너를 기다려"의 리듬꼴

–학생들은 9째 마디와 13째 마디의 2번째 박을 떼어 놓는다. 학생들이 노래를 부르고 리듬을 칠 때 교사는 그들에게 이 박에서 나타나는 소리(음절)의 개수를 들어 보라고 한다.

2단계: 제시

–학생들은 하나의 박에서 3개의 소리가 나는 것을 알아내고 어떤 소리(처음 2개 또는 나중 2개)가 좀 더 빨랐는지 확인한다.

–학생들은 긴 소리 다음에 빠른 소리 2개가 나왔다는 것을 알아내고, 그들이 이미 알고 있는 리듬꼴(♫)의 부분을 사용하여 리듬꼴을 만든다.

3단계: 실행/강화

–학생들은 새로운 리듬꼴이 포함된 노래의 리듬 악보([그림 4–3])를 본다. 학생들은 교사를 따라 리듬꼴을 모방하여 말한 후 노래 악보를 (말하고 노래하며) 읽는다.

[그림 4–3] "여기 내가 앉아서 너를 기다려"의 리듬꼴

–학생들은 처음의 활동으로 돌아와서 교사의 4박 리듬꼴을 따라 모방하여 말한 다음, 교사가 4박의 리듬꼴을 말하면 학생들은 4박의 다른 리듬꼴로 응답하는 문답활동을 수행한다. 학생들은 응답할 때 새로운 리듬꼴을 포함해야 한다.

–학생들이 율동과 함께 다시 가사로 노래 부르며 마무리한다.

–학생들이 제창으로 부른 후 2부 돌림노래로 부른다.

이 예는 코다이의 영감을 받은 환경에서 흔히 보는 3단계 과정이지만 '전형적인' 코다이 교수위계에서 반드시 공통적이라고 볼 수 없는 몇 가지 요소도 담고 있다. 이러한 점은 새롭고 다양한 교육환경에서 Kodály 관점을 적용할 때 나타날 수 있는 갈등과 함께 이 장의 뒤에서 논의될 것이다.

갈등 탐구

음악 문해력 대 음악 유창성

Kodály에게 음악교육의 주요 목적 중 하나는 음악적으로 문해력을 갖춘 사회를 만드는 것이었다. 이 방법이 전개됨에 따라, 음악교육의 주된 목적이 '국가의 음악문화를 세우고 음악적으로 문해력을 갖춘 대중을 만드는 것'이 되었다(Choksy, 1969, p. 57). 이러한 교수 접근법이 전 세계로 퍼져 나가면서, 이런 생각은 기보적 문해력, 또는 서유럽 음악전통에서 공통된 음악기보체계를 읽고, 해석하며, 활용할 수 있는 것과 연계되어 왔다. 사회가 다양해지고 테크놀로지가 개인으로 하여금 세계의 문화와 음악 전통들을 탐구할 수 있는 기회를 제공하게 되면서, 문해력이 코다이에 영감받은 교수법의 목표를 기술할 때 사용될 수 있는 최상의 용어인가라는 것에 대한 문제가 제기되었다.

메리엄-웹스터 사전에 나타난 문해력의 정의는 '읽고 쓸 수 있는'이다('Literacy', n.d.). 이것은 학생이 특정한 음악 양식에서 의미 있는 경험을 하고자 할 때 꼭 필요하고 가치 있는 기술이지만, 용어 자체는 세계의 다양한 음악 현실에 비추어 볼 때 너무 협소할 수 있다. Kelly-McHale(2013)은 음악교사의 신념과 Kodály 신념에 기초한 수업이 멕시코에서 이민 온 2세대 학생 4명의 정체성에 어떤 영향을 주는가에 대한 연구에서 이것을 논하였다. 여기에서 교사는 Kelly-McHale이 명명한 '인종차별 없는 접근법(Color-blind approach)', 즉 기보에 초점을 둔 방법을 사용하였다. 기보 문해력이란 목적은 달성했지만, "학생이 다른 맥락에 있는 음악과 연관할 수 있는 기회를 제공하지는 못했다."(p. 210) 이러한 상황에서 일반음악교사는 Kelly-McHale이 말하는 "교실 밖에 연결되어 있지 않아 독립적인 개체가 되는 고립된 관행"(p.

210)을 만드는 위험을 무릅써야 한다.

음악교육 원리에 대해 기술하면서, Swanwick(1999)은 기보에만 초점을 맞추는 것에 잠재되어 있는 몇 가지 도전에 대해 논의했다. Swanwick에 의하면, "음악기보의 형식은 분석의 형식이며 …… 분석은 필연적으로 부분적이고 불완전하다."라고 이야기한다(p. 46). 그는 문해력을 '단순히 음악이라는 목적을 달성하기 위한 수단'(p. 56)이라고 설명하고, 주요한 목적으로 문해력에 중점을 두기보다는 음악교육자가 유창성에 집중해야 한다고 제안했다. 유창하다는 '언어를 쉽고 정확하게 사용하는 능력'('Fluency', n.d.)이라는 뜻이다. Swanwick은 유창성이 음악 문해력에 선행해야 하고 유창성에 집중하는 것이 코다이의 영감을 받은 교사들이 음악 장르나 문화의 구체적 맥락에서 음악을 자신 있게 다룰 수 있는 기술을 개발하도록 도울 수 있다고 믿었다.

음악적 모국어 검토

> 우리 지구의 경관은 숲과 사막, 산과 평원, 해안과 빙하로 구성되어 있으며, 다양한 인종, 각기 다른 문화, 신념, 역사, 미래의 궤적들로 구성되어 있다. 이러한 다채로운 배경과 대조적으로 현대의 많은 음악교육 교실은 비교적 균일하다. 표준화된 도서 및 악곡 목록, 지방, 지역 및 전국 대회, 거의 동일한 대학 음악교육 프로그램의 등장으로 음악교육자들이 같은 내용을 매우 유사한 교수 기법으로 가르치면서 방향을 잃게 되었다(Richerme, 2013, p. 41).

코다이에 영감을 받은 교수법에서 공통적인 또 다른 핵심 요소는 음악지도가 특정 지역이나 문화의 음악적 모국어로 시작되어야 한다는 믿음이다. Kodály와 Bartók은 전통적인 헝가리 민속자료 모음집과 민속음악을 통합시켰거나 민속자료에 공통적인 음악관용구를 사용한 작곡을 통해 민속 전통의 중요성을 홍보하였다. Kodály의 초점이 음악교육으로 전환되면서, 그는 헝가리 민속자료로 시작하는 것의 중요성을 주장했다. 왜냐하면 자신의 문화와 가장 친숙한 것이 음악이고, 이것이 친숙하고 접근하기 쉬운 언어 패턴, 음악 요소, 문화 정보를 전달하기 때문이다.

> 따라서 우리는 헝가리의 관점과 국제적인 관점에서 헝가리 음악교육이 필요하다. 우리가 더 헝가리적일수록 더 많은 국제적 관심을 기대할 수 있다. 그리고 이것이 헝가리 음악문화를 만들 수 있는 유일한 길이다. 이것이 없다면 우리의 모든 음악교육은 다른 나라 예술의 숙소를 찾는 것일 뿐이다(Kodály, 1945, p. 154).

Kokas(1969)는 헝가리 음악교육 체계에서 민속음악 사용과 그 음악이 고전 음악과 어떻게 관련되는지를 설명했다.

> 우리는 운 좋게도 수세기 동안 닦아 놓은 엄청난 양의 민속음악을 소장하고 있다. 그것은 헝가리 과학 아카데미의 민속음악 부서에 의해 체계화되고 지속적으로 기록되어 왔다. 우리는 음악교육의 모든 단계에서 풍부한 자원을 찾을 수 있다. 우리는 민요에서 대부분의 음악 요소, 리듬과 선율 동기를 가르친다. 과거와 현대의 클래식 작품에 대한 지식은 이 과정과 밀접하게 연관되어 있다. 우리의 경험에 따르면 민요에서 영감을 얻은 20세기 헝가리 음악이 현대 예술을 수용하기 위한 적절한 기반을 제공한다(p. 125).

민속음악을 기본 악곡으로 사용한 것은 헝가리 접근법에서 아주 성공적이었다. 다른 나라에서 이 접근법을 사용하려고 적용할 때, 교사들은 우선 이 교육과정의 기초를 구성할 수 있는 문화적으로 특별한 민속음악과 자료를 찾았다. 그러나 세계 여러 나라의 코다이 기반 수업에서 사용할 민속자료를 개발하는 것은 쉽지 않은 일이다. 헝가리 인구는 상대적으로 적고 꽤 동질적이다. 따라서 Kodály, Bartók, 동료들이 수집한 민속자료들은 대부분의 헝가리 개개인에게 친숙하다. 반면에 미국 인구는 많고 다양하다. 그러므로 모든 민족의 문화유산을 대표하는 민요들을 수집하는 것은 매우 도전적인 일이다. 이 섹션 처음의 Richerme 인용문은 음악교사가 모든 수업에 사용할 한 가지 민속자료만 만들려고 할 때 발생할 수 있는 잠재적 위험을 보여 준다. 책, 교사교육 프로그램, 전문성 개발 기회들은 음악 개념을 효과적으로 가르치게 하는 근사한 노래모음집을 제공할 수 있다. 그러나 학교 상황의 학생들에 대한 배려 없이 이런 악곡들을 사용하는 것은 그 노래들이 학생들의 음악적 모국어를 대변하지 않기 때문에 부적절하게 보일 위험을 초래한다(11장 참조).

적절한 민속자료 사용에 대해 논의할 때 발생하는 두 번째 논점은 소셜 미디어와 여러 테크놀로지의 사용 확대가 학생에게 친숙한 음악 형태에 어떤 영향을 주는가이다. 오늘날의 학생들은 문화적 신념, 아이디어, 작품, 지역사회의 한 부분인 행사들뿐만 아니라 미디어와 테크놀로지를 통해 세상에서 벌어지는 사건들과 교류하는 것에 의해서도 영향을 받는다. 이와 같이 지역적인 것과 세계적인 것과의 상호작용을 글로컬라이제이션(glocalization)라고 한다.

> 글로컬라이제이션 개념은 인간이 머무르는 복잡한 웹(complex web)의 영향과 상호작용에 관한 미묘한 이해를 수용하며, 독립적이라기보다 서로 연결된 세계화와 지역화에 대한 이해를 강조한다. 글로컬라이제이션은 새로운 음악의 창조, 기존 음악연주와 재해석, 세계 여러 나라의 사람들이 음악적 노력에서 도출한 발산적 의미와 수렴적 의미에 영향을 주고 종종 범위를 정하기도 한다. 현대 사회에서, 음악 경험은 글로컬라이제이션을 벗어나거나 이에 영향받지 않고서 존재하지는 않는다 (Richerme, 2013, p. 53).

코다이 이론에 기초한 음악교육에 관련하여, 지역과 세계 사회의 공생관계는 오늘날의 북아메리카 아이들에게 음악적 모국어란 무엇인가?와 같은 문제를 제기한다. 이 목록에는 지역사회에서 발견되는 음악, 지역사회와 관련된 다른 문화 음악(2세대 학생들이 아버지 나라의 음악을 듣는 것 같은), 또는 친숙한 음악이 지역사회에서 활용되면서 만들어진 것이나 지역사회만의 독특한 연주 특성들이 포함될 수 있다. 이 모든 것이 주어진 학생들의 음악적 모국어가 될 수 있다.

Kodály와 Bartók을 돌아보는 것은 이 문제를 처리할 하나의 방법을 제공한다. Kodály와 Bartók은 처음에 지역 수준에서 벌어지는 음악을 연결시키려는 바람으로 민요를 수집하였다. 같은 방식으로, 음악교사는 지역사회와의 교류와 음악자원 조사를 통해 학생에게 가장 친숙한 음악을 많이 발견할 수 있다. 오늘날의 다양한 사회에서, 개인들에게 공통된 한 개의 음악적 모국어가 있지는 않을 것이고, 오히려 지역적 · 세계적 그리고 글로컬 자원에서 파생된 무수한 음악장르가 있을 것이다. 이러한 것이 교사가 학생들의 학교 공동체를 대변하는 음악을 찾을 때, 학생들의 비형식적 음악 습관에 대한 조사를 필요하게 한다. 비형식적 환경에서 아이들이 사용하는 음악을 관찰하고 주목하는 것은 활용되는 음악 유형과 이러한 음악이 아이들의 삶과 어떻게 연결되는지에 관한 통찰을 얻게 해 줄 수 있다. Lum과 Campbell(2007)은 초등학교 저학년 학생들(1학년에서 3학년)의 비형식적 음악 행위들을 조사할 때 쓸 수 있는 모델을 제공한다. 그들의 비형식적 관찰은 음악이 학교와 놀이 환경에서 어떻게 사용되는지, 아이들에게 흔했던 노래, 이 노래 자료가 사용되고 적용되는 방법들을 발견하게 했다. 학생들을 '그들이 있는 곳에서' 만나고자 하는 음악교사들을 위해, 이것은 그런 아이들 집단에서 공통적인 음악을 찾아내는 한 가지 방법이다.

특질에 관한 질문

희석된 예술 대용품만이 지도 목적에 적합하다는 교사들의 미신을 끊자. 아이는 순수 예술에 가장 민감하고 열정적인 청중이다. 왜냐하면 모든 위대한 예술가 안에 아이가 살아 있기 때문이다. 이것이 젊음의 선천적인 정신에서 느껴지는 어떤 것이다.

반대로, 내재적 가치의 예술만이 아이들에게 적합하다! 이외의 다른 것들은 해롭다. 결국, 어른보다 유아의 음식은 좀 더 주의해서 골라야 한다. '비타민이 풍부한' 음악적 영양이 아이들에게 필수적이다. 이것이 없다면 헝가리 사회 전체의 만성적이고 지금까지 거의 치료되지 않은 음악적 '비타민 결핍증'은 결코 끝나지 않을 것이다(Kodály, 1929, p. 122).

Kodály는 헝가리에서 음악교육 체계의 작업을 통해 음악교육 환경에서 다루는 악곡이 최상의 질이어야 한다고 주장하였다. "이 시기에 손상되거나 누락된 것을 나중에 바르게 놓을 수 없다."(Kodaly, 1941/1957, p. 129)라고 믿었기 때문에, 아동기보다 더 적정한 시기는 없다고 하였다. Kodály는 예술작품으로서 민요의 단순하고 진정한 본질을 믿었으며, 음악자료가 헝가리 민요에서 주변국 문화의 민요, 서양 클래식 전통음악, 헝가리 작곡가의 현대 음악으로 나아가야 한다고 주장하였다. Kodály에게 이런 음악 양식들은 학생들에게 최상의 예술 형식을 보여 주는 것이다.

> 시골 아이들이 예술과 가장 가깝다. 그들이 학교 밖에서 듣는 것은 대부분 오래되고 훌륭한 민속음악자료에서 비롯된다. 나쁜 것은 도시의 전축과 라디오에서 그들을 향해 나오는 것이다(Kodály, 1929, p. 120).

음악 애호심을 발달시키는 방법으로, '질적으로 우수한' 음악의 초기 경험에 관한 Kodály의 주장을 지지하는 증거들이 확실히 있다. LeBlanc(1980)과 여러 사람들(LeBlanc, Sims, Silvola, & Obert, 1996)의 작업은 음악 애호심이 어릴 때 더 넓으며 이 시기 아이들은 다양한 음악을 기꺼이 들으며 즐기려 한다는 사실을 지지한다. 그 말에 따르면 이 질문이 오늘날의 다원주의 사회에서 양질의 음악에 관한 정의를 구성하는 것 중 하나가 된다.

21세기 음악교육자들은 역사 속 그 어떤 시기보다 더 많은 양식과 장르의 음악을 접하게 된다. 다양한 양식의 음악을 접하기는 아주 쉽지만, 주어진 학급에서 음악을 위한 기준을 정하는 것은 도전이 될 수 있다. Woodford(2005)는 수업에서 사용할 음악을 비평하고 선정하는 것의 어려움을 기술한다. 한편, 예술적 방법으로 연주되는 독특한 음악의 광범위한 배열은 교사들이 교실에서 민요와 서양 클래식 음악만을 포함하는 것에서 벗어날 것을 요구한다. 그러나 Woodford는 '자제력을 발휘하면서 음악 세계를 지적으로 탐험하도록 도와야 할 때 호화로운 구경거리와 허세에 의지하여'(p. 26) 다른 방향으로 너무 멀리 이동하는 교사들의 위험을 설명한다.

그럼 어떻게 교사들은 수업에서 쓸 양질의 음악을 배치할까? 음악의 모든 형식과 이런 형식들을 만드는 개인을 존경하는 것이 필수적일지라도, Woodford는 음악교사와 학생들이 비평적 눈으로 주어진 음악 요소를 검토하는 것을 배제하지 않아야 함을 제안한다.

> 음악은 사실 비판적이고 일반적인 분석을 받아들일 수 있는 객관적이거나 식별 가능한 특질을 갖고 있다. 내가 제안하고 싶은 다른 것은 음악 비평이 우선적으로 그것이 발생하는 특정한 문화 맥락 또는 구조적 조직이나 공연에 나타나는 가치와 연관하여 특질을 판단하는 데 관심을 가져야 한다는 것이다. 특정한 문화나 그룹의 신념, 가치를 표상하는 방법이 무엇이며, 범위가 어느 정도이든 개인의 문화와 음악 사회는 오랜 기간 경험과 실천을 통해 진화된 그들만의 음악적 신념, 가치, 관행, 즉 음악 수월성에 관한 그들만의 기준을 갖고 있다(Woodford, 2005, p. 20).

코다이의 영감을 받은 교수법에 적용된 Woodford의 제안은 교사들이 그 기원의 맥락에서 특정한 음악 예를 비평적으로 검토하는 데 사용하는 특별한 기준을 찾도록 요구한다. 이런 방식으로 기준을 사용하는 것은 음악교육자들이 주어진 공동체의 구성원이 학생들과 같이 작업할 때 사용할 수 있는 가치 있는 음악을 찾게 해 줄 수 있다. Mozart가 클래식 전통에서 탁월한 모델인 것처럼 Beatles도 그들의 특정 장르 기준에 기초하여 탁월한 모델로 간주된다. 특정-장르 음악 목록을 선정하기 위한 적절한 기준을 찾아내고 실시하는 것은 음악교사가 다양한 학생에게 여전히 예술적이고 의미 있는 방법으로 다가가게 할 것이다.

교수법적 위계와 지도 도구 검토

특정 음악 교수법의 음악교육 옹호자와 지지자들은 논리나 충분한 증거 없이 그들의 유효성과 우월성에 대하여 모든 종류의 유사철학적이고 실제적인 주장들을 만든다. 그들은 단지 그들의 독단적 주장과 진술이 진실처럼 받아들여지길 기대한다. 내 경험에 의하면, 옹호자, 교육자, 또는 그 추종자들 사이에는 교육 윤리나 철학적이고 교육적인 주장, 목적, 목표의 타당도에 관한 공적인 대화에 대해 흥미가 거의 없고, 목표 달성을 위한 방법의 효율성만이 남겨져 있다 (Woodford, 2005, p. 29).

Woodford의 말은 의심할 여지없이 특정 교수법이나 교수 위계를 수용하는 것에 관한 격한 감정을 수반한다. 이 구절을 고른 나의 목적은 비난보다는 경고에 있다. 나는 진심으로 코다이의 영감을 받은 교수법의 가장 큰 장점 중 하나가 음악성과 예술성을 개발하는 명백한 과정이라고 믿는다. 비록 나는 이것을 장점이라고 보지만, 코다이 지도법의 위계적 성격은 도전적인 쟁점을 이끌 수도 있다. 이것은 학생의 요구와 악곡을 넘어선 교수 위계, 특정한 음악 기술이나 개념을 가르치는 하나의 '올바른' 방법이 있다는 믿음, 음악 유창성보다 교수법적 도구의 강조 등이 포함한다.

헝가리의 음악교육 체계는 Kodály와 Bartók을 포함한 개인들이 다량의 민속음악을 수집하느라 시간을 보낸 후에 개발되었다. 수집되고 조직화된 이 음악은 지도 위계가 개발됨으로써 자료가 되었다(Zemke, 1977). 본질적으로, 음악개념의 위계는 다양한 연령대의 학생들에게 의미 있고, 예술적이며, 쉽게 다가갈 수 있는 것으로 판명된 음악에 기초한다. 학생과 연관된 악곡에 관한 숙고가 헝가리의 교수 위계의 원동력이 되었지만, 순서 자체가 악곡 선정과 학생 요구를 대체한다는 것은 논의의 여지가 있다(13장 참조). 확실히 코다이 지도를 시행하는 모든 교사는 양질의 음악 자료에 가치를 두지만, 악곡이 선정되기 전에 음악개념의 순서가 만들어지는 것에 위험이 도사리고 있다. 나는 종종 의미 있는 음악을 선택하고 이 음악이 어떻게 지도의 순서를 알려 주는지에 대해 결정하기보다 "나는 이 개념을 가르치는 노래를 찾을 필요가 있다."라고 말하는 함정에 스스로 빠지곤 한다. 만약 음악교육자가 주어진 학생 그룹과 그들의 특별한 요구를 말하는 최상의 음악 작품의 중요성을 믿는다면, 일반음악수업에서 가르치게 되는 개념과 기술의 위계 또한 다양해야 한다. 순서에서의 유사성들이 존재하려고 하지만 다양한 교실에서 사용되는 음악 또한 다양성의 사례로 이끌어져야 할 것이다.

특정집단의 학생들 마음에 있는 악곡을 고르기보다 교수의 위계대로 시작하는 것을 고르는 것은 갈등의 두 번째 영역으로 이끌게 된다. 주어진 하나의 개념이나 특정한 도구를 위한 하나의 특정한 위계가 '옳다'라는 생각이다. 많은 코다이 교사 교육 프로그램에서 보이는 사례들에 기초하면, 그와 같은 생각이 교사의 마음에서 어떻게 만들어지는가를 보는 것은 쉽다. 이 프로그램에서 음악교육자들은 마스터 교사가 논리적이고 예술적인 방법으로 코다이 접근법을 시행하는 것을 본다. 이러한 모델은 아주 명백하고 구조적이기 때문에 이것을 그대로 받아들여 주어진 학습 환경에서 바로 시행하기가 쉽다.

그러나 교수 모델, 악곡, 교수 도구의 전 세계적 적용을 촉진시키는 데 발생하는 문제는 이러한 모델을 보여 주는 개인이 개인적으로든 교수법 글을 통해서든 각 교사가 소유한 맥락적 배경을 갖고 있지 않다는 사실에 놓여 있다. 결과적으로 하나의 모델이 모든 지역에서 모든 학생에게 적용될 수 있는 방법은 없다. Jorgensen(2011)은 생산-기반 교육 모델에 관한 논의에서 한 가지의 표준화된 지도방법을 적용할 때의 위험에 대해 다음과 같이 설명하였다.

> 수렴적 학습 결과를 위해 표준화된 방법으로 가르치는 것은 상상력을 발휘하지 못하며, 음악을 만들거나 받아들이는 데 있어서 다양하고 좀 더 나은 방법을 배양하지 못할 수 있다. …… 기술자로서 교사를 대우하며 낮은 급료를 지불하는 것 또한 그들의 작업과 사회적 위치를 비하하고 음악교육에서 중심인 그들의 노력을 착취

> 하는 것이다. 가르침과 지도를 위해 힘 있는 사람들을 지속적으로 바라본다면, 교사들은 수동적이고 자율성이 부족한 추종자가 될 수 있다(p. 105).

Benedict(2009)와 Bennett(1986)도 교사들이 주어진 방법을 하나의 참되고 옳은 방법으로 받아들이는 것에 대해 경고했다. Benedict는 주어진 교수법이 어떤 때는 '교사가 위안을 찾을 수 있는 종교'(p. 221)처럼 다루어진다고 표현했다. 같은 맥락에서 Bennett은 특정한 교수법이 절대적 진리로 보이게 되면 음악교육자가 상황적 지식을 적용하고 쇄신해 보려는 것을 막을 수 있으니 주의하라고 하였다. 이에 대해 그는 "어느 교사도 자기의 지식과 지능을 희생하면서까지 교수법을 따르도록 요구되지 않아야 한다."라고 언급한 바 있다(p. 39).

음악교육자가 코다이의 영감을 받은 교수법을 바탕으로 한 교사교육 경험에 참여하면 안 된다라고 말하는 것이 아니다. 분명히, 코다이 신념이 어떻게 음악교육에 적용되는가를 교육자가 이해할 수 있는 가장 가치 있는 방법 중의 하나는 활동하는 것을 관찰하는 것이다. 교사들이 이 모델을 실제로 볼 기회를 얻었었다면 사용된 악곡과 보여 준 교수 모델이 자기들의 교육 상황에 적용될 수 있는 방법을 생각하는 것이 적절하다. 교사교육 프로그램이나 글을 통해 제시된 교수 모델을 모방하려는 수단으로 바라보는 것보다 교사들은 이것을 노래 자료가 왜 주어진 상황에 적합한가, 왜 이 위계는 효과적인가, 유사한 아이디어를 그들만의 환경에 사용하려면 어떤 악곡 또는 위계와 관련된 수정이 필요한가와 관련된 질문에 답하고자 분석하는 모델로도 볼 수 있다(Gault, 2013).

코다이의 영감을 받은 교수법의 다양성(variance)은 이미 현재의 교수법 책들에서 명백하게 드러난다. 코다이 기반 교재로 가장 잘 알려진 세 권을 검토해 보면, 교수법 위계가 비록 비슷하지만 조금씩 다르다는 것을 알 수 있다(Choksy, 1999; Eisen & Roberton, 2002; Houlahan & Tacka, 2008). 추가로, Houlahan & Tacka는 헝가리 접근법에서 발견되는 전통적인 Chevé의 음절보다 박의 기능-기반 음절 체계(타카디미)를 고용했다. Mary Helen Richards의 『음악을 통한 교육(Education Through Music)』(Bennett, 1987)과 John Feierabend의 『담화적 시창(Conversational Solfége)』(Feieraband, 2001)을 포함하여 Kodály의 영감을 더 확산한 교육과정은 음악 이해를 증진시키기 위해 지도 위계와 교수법 도구들을 더욱 대담하게 변형하였다(13장 참조).

이전 단락에서 설명했듯이, 이장의 앞부분에서 제시한 예시는 코다이 기반 교육과 관련된 정의들과 일치하는 많은 요소를 포함하고 있다. 과정은 경험적인 것으로서, 가창과 개념이 표현된 민요 사용에 의존하여 확인되고 강화되는 것이다. 표면적으로는 전반적인 위계가 '표준'과 다르지 않은 것처럼 보이지만, 일부는 전형적인 코다이의 영감을 받은 교수법과 일치하지 않는다고 생각되는 요소들이 있다. 예를 들면, 학생들이 배웠던 이전의 리듬 유형을 상기시키고 새로운 유형을 연습시키기 위한 리듬 패턴의 선택은 전형적인 코다이 수업에서 필수적으로 보이는 것이 아니다. 덧붙여서, 내가 이 수업을 할 때 학생들은 박 기능 중심의 리듬 음절 체계를 사용하였다. 이런 선택은 주어진 지도 상황과 그 맥락에서 최상으로 여겨지는 것에 기초하여 만들어졌다.

지도 장면(vignette)에서 발견되는 다른 측면은 코다이 기반 위계의 시행에 나타나는 세 번째 관심의 영역을 부각시킨다. 이 장면은 노래의 맥락에 있는 특정한 리듬 유형을 소개하도록 설계되었다. 이런 생각은 확인되고, 제시되며, 문맥에서 읽혀지고, 강화되었다. 그러나 가르침의 예시는 제시된 기보에 초점을 맞추는 데 끝나지 않고 학생들이 다시 한 번 제창, 돌림노래, 율동과 함께 노래할 기회를 준다. 이런 이면의 의도는 음악을 함께 만드는 경험과 그와 같은 경험이 육성할 수 있는 심미적 반응에 초점을 둔 활동으로 끝나는 데 있다.

Kodály는 개인의 이런 미적 반응 계발의 중요성을 논의했다. 그는 "영혼적 풍요로움의 강력한 자원들은 음악에서부터 나온다. 우리들은 가능한 한 많은 사람을 위해 음악을 열어 놓는 노력을 아끼지 말아야 한다."라고 했다(Kodály, 1929, p. 120). 이와 같이 음악과 심미적 연관이 궁극적 목표이지만, 때때로 문해력의 결과물과 목표들의 한복판에서 이것을 보는 것은 어렵다. 나는 종종 학생들이 리듬 악보를 음절로 읽거나 계명창으로 가락을 노래하는 것으로 끝나는 코다이 기반 수업을 보았다. 이것들이 가치 있는 기술이지만 음악 프로그램의 최종 목표는 아니며, 코다이 접근법을 사용하는 교사들이 이런 특정한 나무에 집중하여 숲을 놓칠 수 있다. 코다이의 영감을 받은 교수법을 따르는 교사들은 학생들이 음악과의 연결 수준을 심화시킬 수 있는 미적 경험의 관문(gateway)으로서, 주어진 교수법 도구와 지도 위계를 사용하도록 노력해야 한다. 예를 들어, 악보를 읽은 후 주어진 노래를 부르는 경험으로 끝나기보다 노래 연주의 반주로 학생들이 가락이나 리듬 오스티나토를 만들 수 있다. 음악 작품의 형식을 명명하고 적는 활동의 연장으로, 학생들이 형식에 알맞은 율동을 만들고, 배운 음악 작품을 노래 부르거나 들을 때 그것들을 시연할 수 있다. 이와 같은 각각의 경우에서, 학생들은 문제의 개념적 아이디어를 뛰어넘어 음악자료로 미학적 경험을 창출할 기회를 갖게 되는 것이다.

앞으로 나아가기

무엇이 이루어져야 하는가? 학생에게 고통이 아니라 기쁨이 되는 방법으로 음악과 노래 부르기를 가르치라. 더 나은 음악에 대한 갈증, 평생 계속될 갈증을 불어넣어라. 음악은 지적이고 이성적인 측면에서 접근해서는 안 되며, 수학적 기호의 체계로, 또는 그와 연결되어 있지 않은 언어의 비밀스런 작문으로 아이에게 전달되어서는 안 된다. 그 길은 직관을 위해 포장되어야 한다. …… 종종 한 번의 경험이 어린 영혼에게 평생 동안 음악의 길을 열어 줄 것이다. 이 경험을 우연으로 남게 할 수 없으며, 이것을 제공하는 것이 학교의 의무이다(Kodály, 1929, p. 120).

이 장에서는 음악교육에 관한 Kodály의 아이디어와 저술에 대해 탐구하면서 그것들이 음악 지도에 어떻게 적용되었는지 살펴보았다. 나는 코다이 기반 교육을 활용하려고 시도할 때 일어나는 긴장을 조사하면서, 이 접근법의 시간을 초월한 특성들과 교사가 새로운 상황에 코다이 원리를 적용할 때 고려해야 할 방법들을 모두 검토하려고 노력했다.

코다이 작업의 어떤 측면과 그것의 결과로 개발된 접근법은 오늘날의 교육자들에게 여전히 진실로 와닿는다. 이것들은 모든 개인의 삶에서 본질적인 음악의 특성, 교육의 한 토대로서 가창의 중요성, 친숙하고 예술적인 악곡 사용, 음악 유창성과 이해력 개발을 위한 관문으로 제공되는 음악 경험의 필요 등을 포함한다. 이러한 기본 이념을 유지하는 것이 코다이 기반 교육에 필수적이지만, 교육자는 21세기 학생들의 요구를 충족시키기 위해 이 접근법을 적용할 수 있는 방법을 검토해야 한다. 이렇게 함으로써 악곡 선택, 유창성 기반 대 문해력 기반의 목표, 고품질 음악자료, 교수 위계의 역할, 레퍼토리 선택과 학생 특성과 관련하여 주어진 위계를 전개하는 방법 등에 관한 질문들이 이 논의에서 두드러진 위치를 가져야 한다. 또한 이 책에 많이 설명된, 다른 관점에서 음악을 탐구하는 접근법들을 살펴보는 것은 코다이의 영감을 받은 교사들이 모든 학생의 요구를 충족시킬 수 있다고 보장하는 것을 도와줄 수 있을 뿐이다. 이와 같은 논의는 코다이의 모두를 위한 음악이라는 Kodály의 비전을 실현하는 데 도움이 될 수 있다.

참고문헌

Benedict, C. (2009). Processes of alienation: Marx, Orff, and Kodaly. *British Journal of Music Education, 26*(2), 213-224.

Bennett, P. (1986). When "method" becomes authority. *Music Educators Journal, 72*(9), 38-40.

Bennett, P. (1987). From Hungary to America: The evolution of education through music. *Music Educators Journal, 74*(1), 36-60.

Choksy, L. (1969). Kodály in and out of context. *Music Educators Journal, 55*(8), 57-59.

Choksy, L. (1999). *The Kodály method I: Comprehensive music education.* Upper Saddle River, NJ: Prentice Hall.

Eisen, A., & Robertson, L. (2002). *An American methodology: An inclusive approach to musical literacy* (Rev. ed.), Lake Charles, LA: Sneaky Snake Publications.

Eösze, L. (1962). *Zoltán Kodály: His life and work.* Boston, MA: Crescendo Press.

Feierabend, J. M. (2001). *Conversational solfége: Teacher's manual.* Chicago, IL: GIA Publications.

Fluency. (n.d.). In *Merriam-Webster's online dictionary.* Retrieved from http://www.merriam-webster.com/dictionary/fluency

Gault, B. (2013). Expanding the vision: Pedagogy and teacher education. *Kodály Envoy, 39*(2), 10.

Houlahan, M., & Tacka, P. (2008). *Kodály today: A cognitive approach to elementary music education.* New York, NY: Oxford University Press.

Jorgensen, E.R. (2011). *Pictures of music education.* Bloomington, IN: Indiana University Press.

Kelly-McHale, J. (2013). The influence of music teacher beliefs and practices in the expression of musical identity in an elementary general music classroom. *Journal of Research in Music Education, 61*(2), 195-216.

Kodály, Z. (1974). Children's choirs. In Z. Kodály (Ed.), *The selected writings of Zoltán Kodály* (L. Halápy & F. Macnicol, Trans., pp. 119-126). London, United Kingdom: Boosey and Hawkes. (Original work written 1929.)

Kodály, Z. (1974). Music in kindergarten. In Z. Kodály (Ed.), *The selected writings of Zoltán Kodály* (L. Halápy & F. Macnicol, Trans., pp 127-151). London, United Kingdom: Boosey and Hawkes. (Original work written 1941.)

Kodály, Z. (1974). Hungarian music education. In Z. Kodály (Ed.), *The selected writings of Zoltán Kodály* (L. Halápy & F. Macnicol, Trans., pp. 152-155). London, United Kingdom: Boosey and Hawkes. (Original work written 1945.)

Kokas, K. (1969). Psychological testing in Hungarian music education. *Journal of Research in Music Education, 17*(1), 125-134.

LeBlanc, A. (1980). Outline of a proposed model of sources of variations in musical taste. *Bulletin of the Council for Research in Music Education, 61* (Winter), 29-34.

LeBlanc, A., Sims, W. L., Siivola, C., & Obert, M. (1996). Music style preferences of different age listeners. *Journal of Research in Music Education, 44*(1), 49-59.

Literacy. (n.d.). In *Merriam-Webster's online dictionary*. Retrieved from http://www.merriam-webster.com/dictionary/literacy

Lum, C. H., & Campbell, P. S. (2007). The sonic surrounds of an elementary school. *Journal of Research in Music Education, 55*(1), 31-47.

Richerme, L. K. (2013). Nomads with maps: Musical connections in a glocalized world. *Action, Criticism, & Theory for Music Education, 12*(2), 41-59.

Swanwick, K. (1999). *Teaching music musically*. New York, NY: Routledge.

Woodford, P. G. (2005). *Democracy and music education: Liberalism, ethics, and the politics of practice*. Bloomington, IN: Indiana University Press.

Zemke, L. (1977). *The Kodály concept: Its history, philosophy, and development*. Nashville, TN: Shawnee Press.

제5장

세계음악교수법

교실 수업에서 음악이 문화와 어디에서 만나는가

Patricia Shehan Campbell 저 / 조은숙 역

오늘날 북미 사회의 어린이들뿐만 아니라 지구상에 있는 모든 아이는 이전보다 훨씬 더 문화적으로 다양한 공동체 안에서 생활하면서 배우고 있다. 아이들은 자신이 의식하지 못하는 사이에 전 세계적으로 성장하고 있다. 많은 아이는 TV, 라디오, 인터넷 등의 매개체를 통하여 거대한 문화적 스케일의 다양성에 문을 두드리고 있다. 아이들은 가족, 학교 단체들과 함께 문화적 목적지로 해외여행을 하고 있다. 이민 방식과 의사소통, 교통수단의 발달 등이 종합적으로 아이들을 위한 학교 콘텐츠와 교육과정 및 내용 전달을 변화시켰다. 세계적인 인식 및 이해와 관련된 다문화적인 요구와 목적들은 아이들이 자신의 현실과 동떨어진 다양한 지역 사회를 알고 가치 있게 여기도록 유도하는 데 있다. 이러한 요구들은 음악을 포함하여 학교에서의 모든 교과목에 대한 변화를 촉진시켜 왔다. 사실상, 음악은 아이들이 보다 넓은 인간의 표현방식과 그들이 도출한 문화를 보다 깊게 이해하는 데 필요한 학교에서의 모든 경험 중에서 가장 강력한 것으로 증명되었다(Hallam, 2010; Keil & Campbell, 2006; Small, 1998).

이번 장에서는 아이들을 위한 교육 환경 안에서의 음악교육자들의 음악교육 내

용과 교육과정에서의 보다 폭넓은 다문화적 계획과 실행을 주목한다. 이는 교실 환경에서 세계음악을 가르칠 때 다양한 배경을 가진 교사들의 책임이 음악적 민주주의[1]를 보장하는 것을 전제로 한다. 이는 음악이 학교 교실, 그들을 둘러싸고 있는 지역사회, 그리고 수업과 다양한 학습 경험 등을 통해 특징지어질 수 있는 사람들의 문화를 고려한다. 이 장의 중심은 세계음악교수법(World Music Pedagogy: WMP)의 현상이며, 민족음악학의 학문 분야에서 발전한 역사적인 맥락들의 설명 그리고 교차 문화와 범인간적인 노력으로서의 음악을 교육시키는 실제를 포함한다. 이 장은 음악적 기술, 음악, 문화적 지식, 그리고 지역 이웃의 음악, 음악가, 그리고 지구상 먼 곳들에 대한 민감성을 구축하기 위한 길을 포함하는 교수·학습의 원리를 엮는다. 세계적이고 다문화적인 방법으로 음악을 가르치는 것에 대한 도전이 논의될 것이고, 다른 접근법과 세계음악교수법의 통합은 서로를 보완하고 균형을 이루는 통로로서 다루어질 것이다. 결론에서는 음악을 알고 음악을 소리, 행동, 기능, 사회적 의미로 이해하는 수단으로서의 음악 연구의 본질에 대해 강조한다.

음악교육에 대한 폭넓은 관점의 근원

미국의 아이들을 위한 음악교육과정에서 세계적이고 다문화적인 의식이 점차적으로 출현한 것은 20세기 초반으로 거슬러 올라간다(Volk, 1998).[2] 유럽에서 이주한 이민자들의 흐름과 라틴 아메리카 이민자들의 증가는 20세기 초반 미국 학교에서 아이들과 청소년의 인구를 다양화하기 시작했다. 제2차 세계대전(1939~1945) 이후 사회, 음악, 교과 내용에서 보다 넓은 국제적인 의식이 더욱 강하게 나타났으며, 이는 UN 설립을 통해 초월적 수준에서 강화되었다(McCarthy, 2004). 1950년대 초 표면 아래에서 끓고 있던 미국 시민권 운동은 유색인종들이 정부기관들과 공공부분, 그리고 그들 자녀들의 교육 등 사회의 모든 분야에서 평등한 대우를 요구하는 것으로써 1950년대와 1960년대의 도시와 학교에서 쏟아져 나왔다. 오랫동안 옭아매고 배타적인 것으로 여겨진 1965년의 「이민법」은 아프리카, 아시아, 중동 지역의 수많은 이민자(그리고 난민)에게 문호를 개방했다. 음악, 무용, 드라마, 시각 예술 및 영화를 포함한 예술은 변화과정에서 사회의 현실을 표현했고, 미국의 인구통계 변화를 반영했다(Campbell, 2012).

초등학교와 중학교의 다양한 과목의 교사들은 점차적으로 그들의 학생 구성원의 다양성에 대한 인식을 발전시켰고, 지역 및 지역사회의 관심과 가치에 대응할 수 있는 선구적인 방법을 개발하고 있었다. 20세기 중반에 그들은 특히 사회적 부당성, 차별적 관행, 그리고 다른 사람들보다 특권이 있는 계급체제의 지속성에 민감해졌고, 대부분 백인과 노동자 계급인 이들은 그들의 개인적인 경험에 대한 다른 유럽과 유럽계 미국인 공동체들의 '다른' 문화에 대해 배우고 있었다. 1960년대 교사들은 아프리카, 라틴 아메리카, 아시아, 태평양에 대해 좀 더 많이 알게 되었고, 수많은 국가, 문화, 언어 공동체가 그들의 한가운데 살고 있다(또는 적어도 소통과 교통수단의 발달로 인해 접근할 수 있다.)는 것을 인식하게 되었다. 교사들은 지역사회 관습과 가치관에 묶여 있는 차별화된 학습 방식의 범주를 인식하고 있었으며, 학교에서 다양한 인종의 아이들과 청소년들의 요구를 충족시킬 수 있는 방법들을 생각하고 있었다. 때때로 그들은 학생들이 인종, 민족성, 성별에 관계없이 배울 기회를 균등하게 하기 위해 교육과정을 재구성하는 방법에 앞장선 반면, 한편으로는 그들이 배웠던 방법으로 가르치는 것을 계속했다. 교과서와 교육 자원은 획일적인 교육과정을 장려하는 것이 훨씬 더 간단해 보였기 때문에 콘텐츠와 방법에 대한 다문화 접근 방식을 채택하는 데 느렸다(Banks, 2003; Banks & Banks, 2009).

몇몇 의식 있는 음악교육자의 노력에도 불구하고, 문화적 다양성에 대한 민감성은 초등학교와 중등학교 음악교육의 실제에 곧바로 반영되지 않았다. 1967년 매사추세츠 주 탱글우드의 음악가, 교육자, 기업 지도자들 회의에서 다양한 범위의 예술, 민속/전통, 대중적인 표현들을 존중하는 학교 음악교육과정의 변화를 선언하는 결과를 낳았다. 그리고 그 회의에 뒤이어 보고서가 나왔고(Choate, 1968), 1969년 미국 워싱턴 D.C.에서 음악교육 회의(현재는 국립 음악교육 진흥원)에서 변화하는 교육과정의 목적과 정책을 마련했다. 그러나 철학적인 선언의 실현은 완전히 전개되는 데 시간이 걸렸으며, 특히 서양식 레퍼토리와 교수법을 가르치기 위해 준비된 교사들에 의해 더욱 그러했다. 1970년대까지 대부분 학생의 음악수업은 유럽 중심의 예술적이고 전통적인 음악으로 구성되었고, 때때로 '여러 나라의 노래'와 함께 소프라노와 피아노 반주가 연주되었다(Schippers & Campbell, 2012). 초기 노력들은 과정보다 레퍼토리에 더 기반을 두었고, 따라서 아프리카계 미국인의 영가 또는 일본식 봄 노래의 추가는 공연 전통의 음악적 뉘앙스, 그것을 중시하는 사람들의 삶 속에서 음악적 의미 또는 음악이 문화 속에서 가르쳐지고 배우게 되는 방식 등을 별로 고려하지 않았다.

인도나 인도네시아, 또는 다른 '이국적인' 국제 문화의 포함에 대한 철학적 논쟁(Anderson, 1975; Gilman, 1909; Taylor, 2007)[3]은 초기에 좀 더 다문화적인 음악교육과정을 개발하는 데 거의 영향을 미치지 않았다. 1970년대 초까지, 레퍼토리를 다양화하려는 초기 시도의 원동력이 된 것은 학교나 학군의 인구통계였다. 도시 지역의 교사들은 듣기, 노래하기, 연주하기(기타나 키보드에서 12bar의 블루스를 진행하는 것처럼)를 위해 아프리카계 미국인의 음악 경험을 설계하고 전달할 가능성이 더 높았으나(Standifer & Reeder, 1972) 동유럽과 태평양 군도의 위대한 합창 전통이나 태국, 이집트 또는 스웨덴의 현악 합주곡에 끌리는 일은 거의 없었다. 가부키, 삼바밴드 및 다중 민속 합창단의 풍부하고 다채로운 표현이 거의 개발되지 않았던 이유는 일본, 브라질 또는 중앙아시아에서 이민한 상당수의 학생을 위한 학교가 거의 없었기 때문이다.

그럼에도 불구하고 1955년 민족 음악학회 설립은 세계음악연구에 중점을 둔 과정 및 종합 대학의 설립에 관심을 불러일으켰으며 간접적인 방식으로 학교 음악 프로그램에 영향을 미쳤다(Nettl, 2002, 2013). 이 학회는 아프리카계 미국인의 전통과 관련 있고 뿌리 깊은 아시아 음악과 아프리카 음악을 연구할 수 있는 작은 문호를 개방했다. 또한 때때로 가믈란과 아프리카 드럼 세트는 학생들을 위한 대체 앙상블 경험으로 나타나기 시작했다(그들 중 많은 사람이 학교에서 음악을 가르치려고 하고 있었다). 민족음악학자들이 때때로 음악 학부에 고용되었고, 음악교육 및 작곡 학부는 세계의 음악적 표현에 대한 폭넓은 이해를 제공하는 앙상블과 강좌의 개발을 지원하는 데 특히 적극적이었다(Campbell, 2004). 1980년대까지, 다문화주의가 제3의 목표가 됨에 따라 다문화 교육과정이 점점 더 교사 자격증 요건으로 자리매김했고 많은 음악교사 교육 프로그램에서 세계문화의 음악 대학 과정은 필수요건이 되었다. 졸업을 하고 폭넓은 훈련으로 가르치기 시작한 일부 학생은 그들의 학교 음악 프로그램들 안에 아시아, 아프리카, 아메리카(북미, 중미 및 남미 포함) 대륙, 캐리비안 등의 음악을 포함하려는 호기심과 헌신이 있었다.

몇몇 세대의 미국 음악교육자들이 음악, 교육, 세계문화의 대대적인 개혁이 결실을 맺게 된 것은 민족음악학자들에 의해 영감을 받거나 함께 일하는 것을 통해서였다. 1970년대 William M. Anderson, Barbara Reeder Lundquist, Sally Monsour, James Standifer의 개척적인 노력은 힌두스타니 인디언, 인도네시아, 사하라 사막 이남 아프리카, 중동, 아프리카 원주민 문화의 음악을 경험할 수 있는 교사 연수를 제공했다. 일찍이 선구적인 민족음악학자인 Ki Mantle Hood, John Blacking, David McAllester, Bruno Nettl은 교육자들과 민족음악학자들의 공동 작업으로 설립된 교수 자원 개발과 교육적 노력을 지지했다(Schippers & Campbell, 2012). 책, 녹음 테이프, 비디오테이프, 온라인 자원들의 범람은 진화되었고, 1980년대와 1990년대 교육자인 J. Bryan Burton, Patricia Shehan Campbell, Mary Goetze, Will Schmid의 워크숍은 서아프리카 공화국과 아프리카 디아스포라의 노래, 창법, 타악기 앙상블의 리듬 복합체, 자연스럽게 활동하고 참여하는 경험을 제공했다. 1980년대와 1990년대 다문화적인 요구를 준수하기 위해 교과서 회사들과 학구에서는 그들의 교실로 돌아갈 음악교사들에게 다양한 레퍼토리를 도입하기 위해 1일, 주말 또는 1주일간의 여름 워크숍을 포함한 현직 연수를 도입했다(Volk, 1998).

열광적인 미국의 1990년대는 10년간 때로 세계 전역으로부터 멀어지는 것처럼 보였으며, 특히 9 · 11 이후 외국인 혐오는 더 이른, 더 고립된 시기로 회귀하는 것처럼 보인 반면, 음악적 다양성은 이미 학교 교육과정의 내용에 확고하게 존재하였다. 음악문화에 대한 교육 자료들에서 누락된 것은 중동과 북아프리카에서 온 것들이며, 21세기 초에는 격차를 해소하기 위해 거의 진전이 없었다(Campbell & Beegle, 2003). 다문화 음악 출판물의 속도는 다소 줄어든 데 반해, 지역 문화 공동체에서 온 학교 음악인들의 참여를 통해 다양성을 축하함으로써 '세계적으로 사고하고, 지역적으로 행동하는' 기회가 생겨나고 있었다. 2010년 미국 인구 통계학적 분포를 보면 백인(63.7%)은 감소했고, 라틴계(16.3%)는 증가했으며, 다른 집단들은 확고한 존재를 유지했고 다양성의 증거를 제시했다(아프리카계 미국인은 12.6%, '기타'와 혼혈 6.2%, 아메리칸 인디언 0.9%, 토착 하와이 원주민 0.2%). 2015년에는 라틴계 백인은 인구의 47%를 차지할 것이고, 라틴 아메리카계, 아프리카계 미국인, 아시아계 그룹은 각각 29%, 13%, 9%로 예상했다(Passel & Cohn, 2008). 교육과정을 다양화할 필요성에 대한 인구 통계학적 근거는 타당한 것으로 보인다(Kotkin, 2010). 그러나 많은 음악교육자에게 의미 있는 학습 경험을 촉진하는 방법을 구성하기 위한 그들의 노력을 흥미롭고, 힘을 실어 주고, 설득하는 것은 음악 그 자체이다.

교수법을 위한 민족음악학적 기초

세계적인 목표와 다문화적 요구에 기여할 수 있는 음악 교수법에 대한 이해는 음악교육자들이 세계음악을 가르치기 위해 그들 스스로 자료를 찾고 처음 지도한 분야인 민족음악학이 세계음악의 토대가 된다는 생각으로 고무되었다. 민족음악학자들은 지구상 먼 지역뿐만 아니라 인근 지역의 예술, 민속, 전통, 부족, 대중음악문화를 포함하여 문화 내 음악과 문화로서의 음악을 연구한다. 그들은 인간행동의 인본주의자이자 관찰자로서 음악 창조와 지속의 사회적 과정에 끌리고, 음악가들과의 대화와 관찰(그리고 참여자 관찰)을 통해 음악의 의미를 배운다(Nettl, 2013). 음악만 연구하는 것은 인간적인 요소를 무시하는 객관화된 노력이며, 따라서 음악을 노래하고, 연주하며, 춤추고, 경청하는 사람들에게 음악의 가치는 그들이 추구하는 것을 위한 명확한 설명이다. 음악의 기능, 음악가들과 청중들 사이의 관계, 전수 활동, 문자 그대로 수십 개의 학문적 주제 등 다양한 소리의 이면에 있는 아이디어들은 민족음악학자들의 더 큰 관심을 불러일으킨다.

민족음악학자들은 전 세계적으로 음악에 접근하는데 이는 그들이 세계 문화의 음악을 연구할 뿐만 아니라, 성별, 인종, 민족성을 망라하는 방식으로 음악의 포괄적인 본질에 관심을 갖는다는 것을 의미한다(Nettl, 2005). 그들의 연구는 지역 생활 공동체에서의 음악 기능, 음악가들이 활동하는 사회와 경제 시스템, 축제와 대회에서 음악의 역할, 음악이 의례를 위해 봉사하거나 종교의식을 행하는 방식, 그리고 문화정책, 음악치료, 갈등 해소, 예술 프로그래밍, 공동체음악 등과 관련된 음악에 이른다. 민족음악학자들은 음악을 만들고, 음악을 가르치며, 음악과 사회생활의 모든 면을 관련지어 조사하기 위해 음악과 음악가를 녹음한다. 그들은 연구를 통해 알게 된 음악가들과의 관계를 발전시키고, 음악 공동체와 그들이 일하는 기관들 사이에 가교를 연결하기 위해 일한다. 그들은 학교, 박물관, 산업계, 공공 부문에서 일할 때 문화와 인간 사회의 맥락 안에서 음악의 핵심 가치를 전달한다.

아이들과 청소년을 위한 세계음악수업과 시간의 개발 과정에서, 음악교사들은 듣고 연주할 수 있는 제창곡, 합창곡, 기악곡들을 없애고 민족음악학자의 작업에서 나온 작품과 녹음기록을 선택했다. 다문화적이고 세계적인 비전에 헌신하는 다수의 음악교육자는 학생들에게 의미 있는 교육적 경험을 제안할 뿐만 아니라 교사 자신의 교화에 적합한 자료를 제작하기 위해 민족음악학자들과 협력해 왔다. 『Global Music Series』(Wade, 2004; Campbell, 2004; 그 외 다른 시리즈 제목들), World Music 출판(1986~2008)의 각종 서적과 CD, Song의 Global Voices(Goetze, 1999), Smithsonian Folkways 및 Cultural Equity 협회의 온라인 녹음 및 비디오를 참조하라. 그들은 특히 대학과 전문학회에서 민속음악학자들을 특집으로 하는 워크숍을 모색해 왔고, 민족음악학자들이 추천한 예술가-음악가들과 연계되어 있다. 그들은 그들의 수업에 이러한 문화 전달자를 초청했고 학교 프로그램에 소개했다. 널리 귀를 기울이면서, 음악교육자들은 그들의 학생들을 음악의 넓은 세계로 이끌기 위한 경험을 고안하고 음악을 통한 문화의 이해를 발전시키기 위해 민족음악학자 및 문화전수자들과 함께 일해 왔다.

세계음악교수법

세계음악교수법은 모든 연령대와 다양한 경험 수준의 학생들을 교육하는 데 있어 역사적인 순간에 음악, 교육, 문화를 수용함으로써 오랫동안 지속된 음악교육과 민족음악학의 결합으로부터 아주 자연스럽게 생겨났다. 이는 민족음악학(세계음악공연이 수반되는 영역)의 학술 분야와 세계음악문화에서 학생들을 음악적으로 교육하는 관행 사이 어딘가에 위치하는 새로운 현상이다(Campbell, 2004). 이는 다문화[또는 다민족 또는 이문화(異文化)] 음악교육 그리고 세계음악교육('교육의 세계음악' 또는 '교육의 지구상 음악'으로 불리기도 함)과 연관된 교육과정 개발과 관련된다. 세계음악교수법은 학생들에게 문화적으로 차별화된 인간 표현으로서의 음악을 이해하도록 제공하고자 하며 특별히 훈련된 음악교육자들과 음악가를 필요로 한다. 이는 음악교육자들과 민족음악학자들의 상호작용, 그리고 자기 나라와 다른 음악적 표현으로서의 음색적 특성에 대한 강한 흥미로부터 비롯되었으며, Allen P. Merriam에 의해 발표(1964)된 음악이 소리뿐만 아니라 행동과 개념으로 고려된다는 모델에 따라 더욱 풍부해졌다.

세계음악교수법은 음악과 문화의 범세계적 관점을 목표로 하고 있으며, "왜(세계음악인가)" "무엇(음악, 어떤 문화에서?)"이라는 질문을 넘어 "무엇(문화 속 음악의 의미)"을, "어떻게(음악교육과 훈련에 가장 적합한 시스템과 상황)"라는 질문에까지 이른다. 세계음악교수법은 기원 문화 내에서 어떤 이유 때문에, 누구를 위해, 어떤 작용을 하는지 등의 음악 역할 자체에 관련된다. 이는 음악이 문화 속에서 가르쳐(전달)지고 수용(배우게)되는 방법과 이러한 문화 속에서 잘 보존된 중요한 방법 또는 최소한 부분적으로나마 교실과 전수관에서 어떻게 보존되거나 유지될 수 있었는지를 다룬다. 이는 레퍼토리의 확대가능성을 전제로 하고 레퍼토리와 관련된 문화별 특정 교수 기법도 고려한다. 세계음악교수법은 점차적으로 능동적이고 상호작용적인 방식으로 듣고 또 반복적으로 듣는 학습의 중요성에 경의를 표한다. 이는 청각 예술, 창조적 실천의 통로, 개인적이고 공동체적인 인간 표현의 수단으로서의 음악을 이해하는 논리를 강조한다.

세계음악교수법을 위한 교사들

이 교수법을 발전시키기 위해 노력하는 사람들, 민족음악학자와 교육자를 포함한 '세계음악교육자들'은 전통 예술가들과 함께 연구해 왔고, 따라서 그들은 문화 속에서 음악과 전수제도의 맥락적 의미에 민감한 교수법 체계로서 두 영역의 전문지식을 접목시키기 위해 세심하게 진행했다. 그들은 그들의 가르침에 대해 의식하고, 표기법(또는 적용불가능), 구전심수, 체제에 필수 불가결한 즉흥적인 방법, 교육 전 · 후에 바로 따라오는 관습적인 행동들에 대해 찬사를 보낸다. 세계음악교수법 지지자들은 모든 단계가 음악, 음악가, 문화를 알아 가는 목표에 더 가깝다는 것을 인정한다. 깊게 지속적으로 듣기, 참여, 공연, 창조적 경험(문화적 맥락과 의미 연구)을 통해 음악을 이해하는 것은 학생들의 레퍼토리 확장, 기술 개발, 인간의 음악적 잠재력을 밝히는 방법으로서 학생들의 음악교육에 영향을 미칠 수 있다. 그들은 다양한 문화권 출신의 문화전수자들과 예술가-교사들이 그들의 수업과 학기에서 특색을 이루고 가능하면 그들과 함께 협력 지도할 수 있는 기회를 매우 높이 평가한다. 그들은 또한 결국 범인류적이고 이(異)문화적인 경험으로서 음악을 가르치는 것에 대한 책임을 인정하고, 따라서 결국 그들 자신이 세계음악문화를 가르쳐야 할 의무를 진다(문화전수자에 대한 추가 비용이 그들에게 제공되지 않더라도). 세계음악교수법 과정 안에는 '오래됨(음악의 근원 문화처럼)'과 '새로움(학생들과 교육적 환경의 문화)'의 필수적인 민감성이 있지만, 세계음악교수법의 '방법'은 이 둘을 연결시켜야만 한다.

세계음악교수법의 단계

세계음악을 가르치는 다양한 방법이 있지만, 5단계 세계음악교수법 과정의 중심은 점점 더 심화되는 단계로 듣기이다([그림 5-1] 참조). 세 가지 듣기학습 단계는 세계 어느 문화권에서나 음악을 알기 위한 교육과정과 연관되어 있다. 이는 ① 주의 깊게 듣기: 음악 구성 요소와 구조에 주의를 기울이고 특별한 주의점에 집중하기, ② 참여하며 듣기: 음악을 듣는 사람이 어느 정도 음악을 만드는 데 적극적인 참여(멜로디를 노래하기, 리듬 치기, 타악기 연주, 춤추기)하기, ③ 적극적인 듣기: 모든 음악적 차이를 집중적으로 듣고, 가능한 한 양식적으로 정확하게 음악을 재창조하기 등이다. 이러한 듣기 단계는 수업 시간 내에서 별도의 독립된 활동으로 자리 잡을 수도 있고, 주의 깊게 듣기(1단계)가 참여(2단계, 참여하며 듣기)와 연주(3단계, 적극적인 듣기)로 연결될 수도 있다. 이러한 듣기 단계들은 ④ 세계음악 창작: 학생들이 작곡, 즉흥연주, 작사를 통해 새로운 스타일의 음악을 창작하고 그것을 녹음하는 것을 넘어 '한 부분'을 확장하기 ⑤ 세계음악 통합: 역사, 지리, 언어, 문학, 과학, 시각 및 공연 예술 등의 다양한 주제에 대한 프리즘적인 이해로서 문화와 연결된 음악을 조사하기에 더해진다. 종합적으로 이 세계음악교수법 5단계는 학생들이 음악을 소리, 행동, 가치로서 이해하는 데 도움을 준다. 이들은 진행적이며, 비록 듣기 단계들이 다른 단계로부터 한 단계씩 연결될 수도 있지만, 교사가 듣기(1~3)단계 이전에 음악을 맥락화(5단계)하거나 과정의 앞뒤에서 창조적인 경험(4단계)을 용이하게 할 수도 있다. 또한 개별 단계를 분리하거나, 일련의 수업으로 특징짓거나, 다른 모든 단계보다 한 단계에 주안점을 두는 것도 가능하다. 이 단계들은 문화전수자나 다른 과목 교사들(특히 언어 예술 또는 사회 과학)과 함께 협력하여 지도할 가능성을 배제하지 않지만, 결합되면 그들은 음악문화에 대한 지속적인 이해가 이러한 단계의 과정을 통해 일어날 수 있다고 제안한다.

세계적인 음악 지도를 위한 5단계

① 주의 깊게 듣기(구조에 중점을 둔 유도된 다양한 듣기 경험)
② 참여하며 듣기(듣는 동안 활발한 참여)
③ 적극적인 듣기(공연 수준의 지속적인 듣기)
④ 세계음악 창작(확대, 즉흥연주, 작곡법의 창작)
⑤ 세계음악 통합[음악과 삶(및 교육과정)의 연결]

[그림 5-1] 세계음악교수법 요약(Campbell, 2004)

주의 깊게 듣기

음악문화, 장르 또는 특정 작품에 노출시키기 위한 **주의 깊게 듣기**는 교사들이 학생들을 위해 귀가 쉽게 열리도록 돕는 최초의 경험이다. 이는 보다 깊은 음악 듣기 경험을 위한 음악으로의 입문, 또한 누가, 언제, 어디에서, 왜 연주하는지, 음악이 어떻게 소리가 나는지에 대해 궁금해 하는 소리 구조와 연결하기 위한 첫 번째 관문이다. 이 기술은 음색(악기, 목소리, 미묘한 뉘앙스), 질감, 음악의 선율 및 리드미컬한 구성 요소 등의 '큰 그림' 음악 개념들로 학생들을 인도하기 위한 것이다. 학생들은 소리를 지도로 표시한 그래프를 보면서 듣거나 기호 또는 악보(표준 악보 또는 기타 시스템)를 읽으면서 듣도록 안내된다.

학생들은 악기, 악기의 진동수, 특정 리듬, 선율구, 또는 음악 주제가 반복되는 횟수 등의 질문을 통해 듣기를 도전받을 수 있다. 질문을 통해 학생들의 관심을 유도하는 경우, 먼저 어떤 질문을 할 것인지는 학생들이 나중에 참여 단계로 나아가도록 음악의 중요한 특징에 초점을 맞출 수 있도록 제한적으로 해야 한다. 이에 각각 3, 5, 7개의 연속 듣기(45초 정도의 짧은 발췌 부분)에 대한 다양한 질문이 음악에 있어 청각적 현상을 이해하도록 해야 한다. 모든 스타일의 음악은 가장 친숙한 음악에서부터 먼 거리 또는 외딴 음악에 이르기까지 주의 깊게 듣는 경험이 적합하다. 이는 잘 조정되고 분리된 듣기를 장려하기 위해 신중하게 구성된 경험을 통해 음악의 가능성에 대한 폭넓은 범주를 이해하도록 한다.

참여하며 듣기

아주 어린 나이부터 성숙하고 세련된 수준까지의 모든 연령대의 학생은 음악과 상호작용할 수 있는 가능성에 이끌리며, 따라서 **참여하며 듣기**는 중요한 교수법적 기법이다. 참여하며 듣기는 학생들이 라이브 또는 녹음된 음악이 재생되는 동안 음악 만들기에 적극적으로 참여하는 과정이다. 그들은 자연스럽게 그들이 듣는 음악에 몰입할 수 있다. 맥박에 따라 움직이거나 멜로디를 흥얼거리고, 화음을 넣고, 반복되는 리듬구를 치고, 멜로디를 연주하거나 춤을 추고, 선율의 리듬, 형식 그리고 표현적인 특징을 구체화한다. 학생들은 노래 부르고, 연주하거나, 또는 듣는 동안 미묘하거나 정교하게 움직이면서 그들 자신이 가장 효과적으로 학습하는 것을 발견한다. 학생들이 교사에 의해 적극적으로 음악을 접하게 될 때 그들은 수동적인 안락의자 스타일을 뛰어넘어 주의 깊고 의식적인 듣기를 통해 소리의 특징을 유지하는 참여 의식을 얻게 된다. 음악을 듣는 동안 음악적 참여의 이점은 보다 깊은 음악적 이해, 음악이 유래한 문화와의 보다 깊은 공감, 그리고 참여하는 사람들과 더 강한 유대감을 가지는 것이다. 다수의 듣기를 통한 음악적인 참여는 음악적 이해를 청각적 · 분석적 · 종합적(특히 귀의 내적 또는 감각적 개입을 통해 사려 깊은 분석을 유도하는 경우)으로 전개한다.

적극적인 듣기

많은 문화권의 중심에 있는 구전심수 전통에서 그것을 공연하려는 목적으로 음악을 배우는 과정 중 **적극적인 듣기**는 본질적으로 노래나 음악 선택의 청각적인 학습이며, 구전심수 과정을 통해 공연 수준에 이르는 것이다. 이 단계는 집중적으로 듣기와 녹화된 모델이나 살아 있는 모델을 관찰하고 모방하는 다양한 경험에 대한 지속적인 노력을 요구한다. 그것은 주의 깊게 참여하며 듣는 경험을 따르며, 선택된 곡을 노래하거나 연주할 수 있는 음악의 미묘한 차이를 배우기 때문에, 오랜 시간이 걸리고 몰입이 필요하다. 교사의 역할은 학생들의 듣기를 지시하고, 그들이 듣는 것을 연결시키도록 하고, 다시 듣게 하며, 라이브 사운드가 모델에 부합되도록 정정하고, 학생들이 음색, 시간, 질감, 템포, 모든 기타 특징을 설정하는 녹음을 '음악적 동기화'하도록 하는 것이다. 공연은 이 단계의 목표 또는 최소한, 녹음된 모델에 따라 음악을 다시 만드는 데 완전히 참여하려는 진지한 노력이다. 학생들이 이전에 익숙하지 않은 스타일의 복잡한 음악을 완벽하게 배운다는 것은 명백한 도전이며, 특히 단순 리듬라인이나 단선율을 넘어 복잡한 수준의 음악을 듣는다는 것은 분명히 시간이 많이 걸리는 것이다. 때로는 부분적인 악보(또는 기타 그래픽)가 음악의 본질을 재창조하는 데 도움이 될 수 있으며, 참여자 자신의 필사본은 의미가 있다. 그런 다음, 그룹 내에서 오디오 또는 비디오 녹화를 지속적으로 재검토하고 개별적으로 스타일의 미묘한 차이를 들을 수 있다. 집중적이고 지속적인 듣기의 결과는 공연 음악들이 모델과 일치하면서 악보만으로는 결코 제공할 수 없는 방식의 두드러진 것을 특징으로 한다.

창작

세계음악 창작에 있어, 음향 구조의 절대적이고 무조건적인 내면화와 듣기의 이중적인 목표는 학생들이 새로운 음악적 표현을 창조함으로써 성취되고 입증된다. 이 단계는 하나 이상의 듣기 단계를 자연스럽게 따르는데, 이는 구조와 표현의 뉘앙스에 대한 친숙함이 주의 깊게(참여하며/적극적인) 듣기를 통해 쉽게 얻을 수 있기 때문이다. 작곡, 즉흥연주, 작사, 심지어 녹음에서 표현된 부분을 넘어 작품을 확장하는 행위조차도 주의 깊게 참여하며, 적극적인 수준의 음악 듣기를 통해 알 수 있는 창조적인 표현 방법이다. 세계음악을 창작하는 것은 음악적 이해를 견고하게 하는 척도이며, 음악적으로 학생들을 교육하는 과정의 최고 수준이다. 세계음악을 창작하는 과정에서 학생들은 ① 이미 존재하는 것을 넘어 음악을 확장하고, ② 그들이 배우고 있는 스타일의 음악을 만들거나, ③ 특정 스타일과 양식의 작곡 기법을 새로운 방식으로 적용함으로써 그들의 삶에서 의미 있고 유용한 음악을 만드는 개념을 배우고 있다.

이러한 기법들의 첫 번째 예는 학생들이 여러 개의 layer[1)]된 타악기를 듣고, 녹음된 연주에 따라 연주하며, 녹음된 연주를 끄고 같은 정신과 스타일로 연주를 계속함으로써 폴리리듬을 연속적으로 표현하는 것이다. 이 기법들의 두 번째 예는 학생들이 아일랜드의 지그춤이나 베네수엘라의 가이타(노래) 또는 중국의 로그(드럼과 징) 파트의 뉘앙스(및 형식)를 알기 위해 지속적으로 듣는 방식을 통해 설명하는 것이

1) 역자 주: 컴퓨터 믹싱 프로그램 중 하나이며, 신시사이저에서 여러 개의 음색을 각 건반에 할당하여 동시에 울리게 하는 것이다.

다. 그런 다음, 장르별로 양식적인 특징과 멜로디의 음고(音高), 주제와 시, 또는 선택된 악기의 특색 등을 개인-그룹 선택의 균형을 통해 이러한 형태로 창작되는 것이 고무된다. 세 번째 기법은 학생들에게 사하라 사막 이남 아프리카 지역 음악의 연결 부분을 강조하여 작곡하거나 즉흥적으로 연주하는 것, 아프리카-캐러비안 형태에 기반한 응답 양식, 불가리아의 저음부, 또는 인도의 탈라 구조나 인도네시아의 가믈란 공연에서 발견되는 리듬주기 등의 녹음에서 파생된 작곡 기법을 사용하여 만들 수 있는 기회를 제공한다. 이전의 모든 광범위한 듣기, 분석, 연주는 새로운 표현들을 만들어 낼 수 있는 아이디어를 제공한다. 이는 학생들이 음악과 음악의 음향구조 안에 어떤 의미에 놓이면서 음악을 진정 그들 자신의 것으로 만들기 위한 노력을 지지하기 때문이다.

통합

세계음악교수법의 마지막 단계는 **세계음악 통합**인데, 이는 음악에 문화의 중요한 연결고리를 강조하고, 음악이 그것을 만드는 사람들에게 어떤 의미가 있는지 이해하며, 교육과정 구조 내에서 음악의 설계와 전달이 학제 간 존재에 얼마나 중요한지 분명히 나타나도록 하는 것이다. 통합을 음악문화 연구의 출발로써 고려하는 것 역시 타당하고, 그러한 발전은 음악의 맥락화로부터 시작하여 듣기와 창조적 경험으로 나아갈 수 있다. 음악은 문화, 역사, 사회, 언어 연구의 교차점에 놓여 있기 때문에 자연스럽게 이러한 지식 영역을 성장시키는 데 큰 역할을 한다. 세계음악교수법 접근법을 통해 음악을 배움으로써 학생들은 음악에 대해 알고 음악이 어떻게 전달되고, 학습되며, 해석되고, 시간과 장소에 따라 어떻게 영향을 받는지 이해할 수 있다. 음악은 진공상태에서 존재하지 않으므로 음악을 연구하는 것은 음악을 연주하고, 작곡하고, 듣고, 소중히 여기는 음악가들의 무언가에 대한 지식으로 확장되어야 한다.

음악가들의 전기(傳記)는 그들의 음악 참여가 어디에서 시작되었는지 그리고 어떻게 그들이 그것에 점점 더 전념하게 되었는지에 대한 지식을 포함하여 학생들에게 중요한 정보가 된다. 특정한 행사를 위한 노래의 기능 또는 사람들 집단에 대한 악기의 상징성을 다루는 맥락 정보는 다양한 차원으로 음악적(문화적) 이해를 더한다. 다채로운 색상의 프리즘과 비슷한 방식으로, 학생들은 음악의 기원(누가 음악을 만들었는가, 누가 처음으로 그것을 연주했는가), 음악적 지속성(지금 누가 공연하는가, 항상 같은 방식으로 연주하는가, 가변성과 융통성이 있는 장르인가), 음악적 의미(음악에 특정한 사회 또는 문화적 주제가 있는가) 등에 대해 궁금해 한다.

음악 전문가들에게 있어 음악적 스타일과 문화가 어학, 사회학, 사회적 기술 구축에 대한 연구로 유입됨에 따라 음악의 다른 분야로의 통합은 더욱 풍성해지고 있다. 이러한 통합은 또한 조만간 일어날 수 있고, 음악에 대한 맥락과 질문을 마지막까지 남겨 둘 필요가 없으며 오히려 이러한 이해는 듣기, 참여, 공연, 창작을 통해 음악을 경험하는 기회들 안에 넣을 수 있다. (음악이 교수·학습되어지는 다양한 상황에서 적용할 수 있는 세계음악교수법 단계의 전개는 다음의 예시를 참조하라.)

세계음악교수법 예시

교사는 학생들의 음악문화에 대한 사고와 활동에 대한 다음의 음악 선집(예: 푸에르토 리코 살사, 잉글리쉬 호른 파이프, 나바호족 사교 노래, 트리니다드 드 산토카, 일본 가가쿠, 브라질 삼바, 터키계 마캄, 아프리카계 미국 블루스, 발리 케자크, 아르헨티나 탱고, 북인도 힌두스탄 카얄 등)을 통해 교수법적 경험으로 나아갈 수 있다.

1. 주의 깊게 듣기: 녹음의 짧은 부분(길이 약 1분)을 적어도 세 번 듣고, 각각의 듣기에 앞서 지시된 질문을 한다. "음악은 활기가 넘치는가, 아니면 생기 넘치는가?" "몇 가지의 악기(목소리)가 들리는가?" "어느 악기(또는 단어)가 가장 높은 음을 내는가?" "반복되는 구가 있는가?" "강세가 있든 없든 박자를 찾을 수 있는가?" "이 구절에서 통합된 요소는 무엇인가?" 더 심화된 질문들은 다음과 같다. "이 음악의 기능은 무엇인가?" "이 음악(성별, 나이, 지리-문화적 지역, 생활방식, 종교적 성향)을 누가 연주한다고 생각하는가?" "어떤 혼합 문화적 영향(문화 변용적 특성)을 들었는가?"
2. 참여하며 듣기: 녹음의 짧은 부분(1단계부터 연장)을 재생하고, 학생들이 들리는 대로 멜로디를 부르고, 사용 가능한 악기에서 삽입 부분을 연주하거나, 선이나 원을 박자대로 움직여(또한 구절의 방향 변경도 가능) 학생들이 소리에 따라 음악에 참여하도록 유도한다. 악기 연주 전 사용 가능한 작업대에서 독특한 리듬구를 두드리거나(박수 치거나), 전체 소리를 큰 소리로 확실히 부르기 전에 멜로디를 흥얼거리도록 한다. 여러 번의 듣기 과정에서 음악에 익숙해지고, 그것을 연습하고, 참여적인 참여에 대한 기술과 자신감을 높인다.

3. 적극적인 듣기: 전체 노래 또는 선택 영역(또는 구절)을 듣고, 음성 또는 연주 가능한 악기에서 음향 특성을 강조하며, 녹음된 소리에 상당히 가까운 근사치로 수행될 때까지 듣기-연주-듣기 확인 및 비교를 반복하여 학습한다. 녹음을 수행하고, 녹음의 짧은 구절을 모방한다(들은 뒤 노래하기/연주하기).
   녹음이 더 이상 필요하지 않을 때까지 세션 내에서 또는 세션 간에 필요한 단계를 반복한다.
4. 세계음악 창작: 익숙한 구절이나 곡의 부분을 듣고, 녹음을 끄고, 첫 번째 목소리나 악기의 스타일로 두 번째 구절이나 부분의 즉흥적인 연주를 불러온다. (학생들은 적어도, 최근에 작곡된 구절을 연주하거나 노래하기 위해 'key'를 알도록 사전에 미리 설정할 수 있다.) 충분히 익숙하게, 모델과 유사하고 독특하지만 여전히 그 스타일과 유사한 방식으로 전체 작품을 만든다. 스타일의 작곡 기법(aabb 형식, 호케트 기법, 선율 장식)을 고르고, 사용 가능한 악기로 새로운 것을 만든다.
5. 세계음악 통합: 음악의 맥락과 기능에 대한 정보를 제공하라. 누가 그것을 연주하는지? 왜? 언제? 어디에서? 어떤 방법으로? 이 음악은 음악가들과 청중들에게 역사적으로 문화적으로 어떻게 중요한지? 종교와 의식, 문화의 사회적 계층 구조 또는 정치 체계, 성역할 또는 국경을 초월한 영향에 대한 음악(또는 별개로 음악에 대해 정보)을 통해 알 수 있는 것은 무엇인지?

세계음악교수법의 비판적 고려 사항

세계음악교수법의 발전은 계속되고 있지만, 주의 깊고 지속적인 듣기의 중요성, 학생들이 음악을 만들고 다른 사람들을 위해 공연할 수 있는 기회의 중요성, 그리고 문화적 배경 속에서 음악의 가치를 명확하게 할 필요가 있다는 것을 인정하는 것으로 보인다. 학생들이 음악을 좀 더 폭넓게 알 수 있는 기회를 확대하기 위한 교육적 노력과 관련하여 5가지의 매우 현실적인 한계점을 따르도록 요약되어 있는 것처럼 몇 가지 실제적인 현실은 '세계음악지도'의 본질을 형성하고 있다.

오개념의 명료화

음악교육과 관련하여 다문화주의, 국제주의, 세계화와 관련된 사회 운동에 다양한 명칭이 적용되었다. 그것은 '다문화 음악교육' '간문화 음악교육' '세계음악교육'

'세계음악지도' '세계적인 음악 지도' '음악교육의 문화적 다양성' 등이다(Campbell, 2004; Campbell et al., 2005; Schippers, 2010; Volk, 1998). 명칭들은 이랬다저랬다 한다. 일부는 다른 것들과 관련이 없는 지역적 의미를 가지고 있고(예를 들어, 남아프리카에서는 다른 용어보다 '간문화'를 신호한다.), 일부는 잘못된 해석이나 남용으로 폐기된다[이전의 외딴섬, 산지(山地), 미개척지 또는 엘리트 궁정 문화의 음악으로 여겨졌던 '세계'의 사용을 일부 회의론자들이 둘러싸고 있음에도 불구하고, 교사들이 아프리카계 미국인과 아프리카 출신 너머의 사람들에게 음악 관습의 폭을 넓히기 위해 노력하면서, '다문화'는 한때 현저했던 관용법으로부터 벗어났다]. Schippers(2010)는 '단일문화주의'로부터 '다문화주의' '간문화주의' '전이문화론'에 이르는 일련의 용어들과 위치들을 음악적 관습과 문화에 대한 최소한의 관용에서 최대의 관용까지 유용한 술어로써 제안하였고, 단일 문화로부터 범인간 경험으로서의 음악을 이해하도록 제시하고 촉진하는 심오한 통합에 이르기까지 발전하는 방법을 제안했다.

정통성과 표현, 맥락의 이해

세계음악지도를 위한 최고의 의도를 가진 음악교사들은 3가지 개념들로 인해 어려움을 겪고 있다. 즉, 공연에서 의심할 여지없이 신뢰할 수 있는 가장 진정한 음악적 소리를 얻는 것, 연구 중인 음악의 문화(및 사람들)를 적절히 표현하는 것, 모든 분석과 공연에서 음악의 문화적 맥락을 존중하는 것이 그것이다. 그래서 많은 교사가 음악을 잘할 수 있다는 자신감이 부족하기 때문에 훈련과 경험 영역 밖에서 음악을 선택하는 것을 꺼려 하는 '대문자 A(정통성)' 교사들을 걱정한다. 그들은 음악을 표현적 관행 속에서 연주자들이 들려주는 것처럼 연주하지 않는 것, 전체 문화를 '대표하지' 않는 선집을 선택하는 것, 가장 깊고 확실히 가장 자연스러운 의미를 지닌 문화적 배경에서 음악을 떨어뜨리는 것에 대해 걱정한다. 그들은 그들이 가르치고 배우기로 선택한 음악, 부정확한 공연, 그리고 음악의 의미에 대한 오명을 통해 음악문화에 대한 무례를 보일 수 있다는 비난을 두려워한다. 이러한 두려움은 '정확히 하고'싶어 하거나, 또는 전혀 그것을 하지 않거나, 세계의 음악문화를 가르치는 데 있어서, 그 시점에서 올바른 소리를 얻을 가능성을 상쇄할 수 있다는 점에서 교사들의 민감성을 나타낸다.

그러나 많은(모두는 아니더라도) 다양한 문화유산 전수자는 그들의 전통음악문화를 표현하는 데 동의하고 그들의 음악을 새로운 방식으로 가르치고, 배우고, 공연하고, 재창조할 수 있다고 제안한다(Campbell, 2004; Nettl, 2005). '비정통성'에 관심 있는 사람들에게 모든 음악 공연은 그들이 그들의 악기와 목소리의 한계 내에서 연주하는 음악처럼 들리도록 진정한 노력(의도)이 있을 때 정통적이라고 주장할 수 있다. '정통성'은 오랜 기간 역사적인 정확성과 관련되어 왔으며(Taylor, 2007), 정통성 있는 음악 공연 관행의 업적은 음악이 그 근원이나 기원과 비슷할 것을 요구한다. Schippers(2010)는 정통성을 불신해야 할 신화라고 말하며, 교사들에게 학생, 교실, 학교의 정통성을 안내하는 Campbell(1996)의 이전 권고를 바탕으로 한 '전략적 비정통성'의 현실을 제안한다.

[그림 5-2]는 공연의 정통성이 항상 차이를 인정하는 것이며, 최선의 노력에도 불구하고 문화권 밖의 가수와 공연자는 문화권에서 온 것들과 정확히 일치하지 않을 것이라는 점을 보여 준다. 원본 음원을 반복적으로 듣거나(시청하고) 음악 전통의 내부자와 협력하면 '그들(문화적 내부인)'에 의해 '우리(음악 스타일이나 선택을 배우는 과정에서의 문화적 외부인)'가 비슷한 소리를 낼 가능성이 높아진다. 겹치는 원 부분은 대략적인 멜로디, 리듬, 음색, 텍스트 등의 방식이 음악의 두 연주 사이에 동일성을 표시하지만 분리된 원 부분은 음악적 뉘앙스에서 공연자 또는 공연 단체 간의 차이점이 있음을 인정하며, 특색 있는 문화적 맥락에서도 그럴 가능성이 크다.

표현에 있어, 선택의 불확실성(문화를 대표할 어떤 음악을 '해야 하는가?')은 어떤 음악도 한 문화 내의 모든 사람을 대표할 수 없다는 주장과 맞설 수 있다. 국가(國歌)가 가장 유사한 것일 수도 있지만 이들은 정치 지도자의 지시에 따라 유래된 것이며, 반드시 국민의 정신을 나타내는 것은 아니다. 그것들은 확실히 한 집단의 국경 안의 음악문화처럼 들리지 않는다. 연령, 경험, 성별, 민족성, 종교단체, 생활양식, 지리적 위치, 사회경제적 신분에 영향을 받는 국가 인구 내의 차별화된 집단과 그들의 음악적 흥미와 참여를 고려해 보라. 표현의 어려움은 복잡하고도 복잡하다. 따라서 음악 선택을 문화적으로 대표하는 것으로써 확인하려고 시도하기보다는 교사가 음악적으로 흥미 있거나 알려 줄 이야기가 있는 곡(예: 노래 텍스트의 번역이나 문화보유자의 추천을 통해)을 솔직하게 선택할 수 있다.

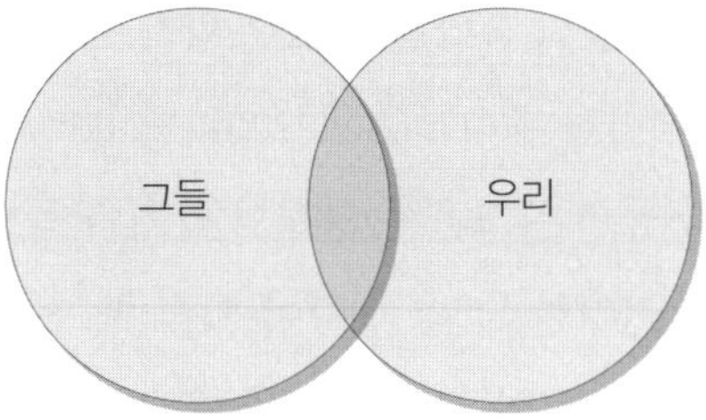

[그림 5-2]

마지막으로, 음악의 탈맥락화에 대한 우려는 음악의 위치, 시간, 기능에 대한 문화적인 감각에서 어떻게든 멀어질 수 있다는 점에서, 음악이 어떻게 자연스럽게 재구성되는지, 즉 새로운 공연 맥락에 놓여지는지를 결정하는 데 있어서 완화될 수 있다. 16~17세기 유럽 궁정 음악이 오랫동안 공연장에서 공연되었기 때문에 가나의 아칸 왕족의 음악도 그러한 공연장에서 선보일 수 있다. 유람선에서 연주하기 위한 Händel의 수중음악과 같은 18세기 사회 모임의 연회 음악이 대학 캠퍼스의 리사이틀 홀에서 공연되기 때문에, 자바의 가믈란 음악은 펜도포(대형천막) 아래의 정원과 같은 분위기를 벗어나서 시립도서관, 박물관, 학교 강당에서 공연될 수 있다. 또한 기술이 허용하는 한 음악의 맥락은 그것이 원래 문화 속에 위치하는 것처럼 묘사하는 슬라이드와 단편 비디오 녹화물로 제공될 수 있다.

가르칠 자료 넘어서기

교사들은 노래, 놀이요, 이야기 노래(특히 어린이를 위한 것)부터 녹음 자료, 음악가, 음악 유물 사진, 그리고 그들이 수업에서 특집으로 다룰 문화권의 실제 또는 복제 악기에 이르기까지 학생들에게 제공할 음악자료들을 요구해 왔다. 그들은 교육과정 계획의 다문화와 세계화를 위한 자료를 계속 찾고 있으며, 교육과정 목표와 장기간 지속된 레퍼토리가 음악과 어떻게 상호작용할 것인지에 대해 세심한 주의를 기울인다. 그러나 만약 세계의 어떤 음악적 관습이 그것의 음향적 특성 이상으로 이해되려면, 그것을 문화적 가치의 의미 있는 구성요소로서 교육과정에 적용하기 위한 가능성에 주의를 기울여서 전달되고 습득되는 방식을 경험하고 연구할 필요가 있다. 세네갈의 사바 드럼의 리듬을 아는 것은 리듬을 듣고, 모방하고, 그들이 청각적이고 모방적인 기억에 전념할 때까지 광범위하게 반복되며 어떠한 악보도 필요하지 않은 구전심수의 한 부분을 요구한다. 마찬가지로 사모아, 타히티 또는 쿡 제도의 합창음악은 필사본이나 악보보다는 라이브 또는 녹음된 음악의 구전심수의 수신과 모방을 통해 학습된다. 이러한 구술 문화에 속하는 사람들의 귀(그리고 종종 신체적 자아도 마찬가지임)는 음악적 습득과 직접적인 연관이 있으며, 그리고 상징적인 표현은 소리와 관계없이 학습 과정을 복잡하게 만들 뿐이다.

구전심수와 음악 전달의 시연-모방 과정에 관한 문헌 개발의 초기 시도는 '세계로부터의 수업(Lessons from the World)'(Campbell, 1990)에서 찾을 수 있으며, 이는 악보를 중심으로 하는 공식적인 서구화된 교육적 관습과 예술과 전통/민속음악이 여러 세대에 걸쳐 학습된 비공식적인 과정을 구별하기 위한 것이었다. 악보를 읽는 것보다 듣기와 보기를 강조하는 교수법적 방법을 통해 배우는 것은 시간이 오래 걸리고 힘들지만, 그들은 음악이 세대를 거쳐 전달되는 방식에 대해 학생들의 관심을 불러일으키는 데 있어서는 무척 값어치가 있다. 교수·학습 방법은 음악적 소리 그 자체와 마찬가지로 문화적으로 해석되며, 따라서 음악적 습득 방식(북을 연주하기 전에 드럼 스트로크를 부르는가, 발성법을 배우는 데 있어 어떤 계명창법을 사용하는가, 그리고 움직임과 춤은 학습 과정에 어떻게 혼합되는가)은 음악가와 그들의 귀중한 전달 방식에 대한 통찰력을 제공한다.

통합 접근법

잘 정립된 교수법적 접근법에 세계음악교수법을 더하는 것은 음악적·문화적 목표를 달성하기 위한 수용 가능한 수단일 뿐만 아니라 이러한 방법에 새로운 에너지를 불어넣어 줄 수 있다. 아이들에게 음악을 가르치는 것과 관련된 고전적 접근법(예: 오르프, 코다이, 달크로즈)과 그 외 새로운 접근법에 특수한 교육적 훈련을 받은 교사들은 종종 전 세계 여러 지역에서 온 레퍼토리를 통해 그들 자신을 새롭게 단련시키고 있다. 그들은 또한 청음 학습(구두 교육), 언어 리듬, 리듬 음절, 계명창법, 즉흥연주, 움직임/춤과 같은 그들 자신의 연습 기법이 세계의 많은 음악문화에서 흔하다는 것을 인정한다. 이러한 유럽식 방법이나 그에 따른 교수법의 특정한 기법으로 전환하는 것은 아프리카 대륙의 다양한 장소에서 온 음악에 자연스럽게 들어맞는다. 그러한 장소들은 태평양 제도, 동, 남 및 동남아시아의 일부, 라틴 아메리카(카리브해, 중남미, 멕시코 포함), 구시대적이고 대부분의 시골 유럽의 전통, 그리고 북아메리카의 많은 다양한 공동체 등을 포함한다(11장 참조).

한편, 기존의 다른 접근법에 세계음악교수법을 적용하는 데 어려움이 있다. 교사들은 음악적으로 그리고 문화적으로 해석되는 다양성에 진정으로 헌신해야 하고, 그들 자신의 경험과 훈련을 초월하여 음악을 배우는 데 관심을 쏟아야 한다. 그들은 서구의 예술과 민속 전통을 가장 잘 알고 있는 것으로 생각하고 그들에게 새로운 음악이 교육과정 설계에 적합한지 결정해야 한다. 그들 자신이 악보를 읽는 것을 통해 음악 작품과 스타일을 배웠기 때문에 그들은 다른 악보에 관심을 돌리거나, 구술문화의 경우 악보를 완전히 포기해야 한다. 5단계 세계음악교수법은 특별히 교사들이 서로 보완하고 균형을 이루는 경로를 만드는 데 융통성과 진지한 관심을 보일 때 다른 접근법과 완전히 호환된다.

문화전수자와의 연결

교사들이 문화전수자와 연결되기를 원하는 경향은 강력한 것이며, 학습된 문화에 더 깊은 신뢰를 주고, 예술-문화적 경험의 개인화를 제공하며, 교사들이 적절하게 다루고 있다고 느끼지 않을지도 모르는 음악적·문화적 특성을 강조하기 위해 재정 자원이 허락하는 대로 음악가, 무용가, 이야기꾼이 교실에 초대된다(Campbell, 2013). 때때로, 이러한 문화전수자들은 교육기관 근처에서 일하며, 다른 직책에서 정기적인 업무를 함에도 불구하고 지식이 풍부하고 전통 예술의 숙련된 전문가로 평가될 수 있다. 더 자주, 그들은 예술가로서 자신을 동일시하고 일반적으로 그들 자신 문화의 악기와 전통적인 복장을 갖추고 교사의 요청에 따라 학교, 캠퍼스, 지역 사회에 등장한다. 그들은 단독 공연을 하거나 발표 자료를 제공할 수도 있고, 시범과 토론을 위한 다양한 수업에 잠깐 방문하기로 약속할 수도 있다. 그들은 1시간 동안 학생 그룹, 노래, 춤, 악기 등의 레퍼토리로 '워크숍'을 하거나 1주 이상 또는 전체 학기 동안 지속되는 기간에 참여할 수 있다. 이러한 예술가-교사는 세계음악교육에 대한 노력을 강화하고 세계음악교수법을 개인 간 대면 접촉 및 전통문화전수자와의 소통의 지점까지 확장한다. 문화전수자들은 교육과정과 분리된 독립된 방문자가 아닌 순차적인 세계음악교수법 경험의 향상에 효과적이다.

세계음악교수법의 경험적인 문서

음악교육의 문화적 다양성 그리고 음악을 통한 음악과 문화적 이해를 가르치는 목적을 달성하기 위한 관련 접근법을 포함하여 세계음악교수법 관련 최근 연구 표본에서, 몇몇 경험적 연구는 교육적 노력이나 교육과정 설계와 전달에서 신중하게 고려해야 할 가치가 있는 관련 문제의 고려사항을 현재까지 명확하게 두드러진 결과로 나타낸다. 그들은 학교 음악수업에서 다문화주의의 과목에 교사의 관점 그리고 학생들의 음악적 기술과 문화적 감수성에 대한 세계음악연구의 이점을 포용한다. 음악 프로그램의 더 큰 다양성을 개발하는 수십 년 동안의 활동에도 불구하고 사실 세계음악지도의 다면적인 성격과 결과에 대한 연구가 거의 없다는 것은 경험적인 연구를 위한 안건을 조직하고 활성화해야 할 필요가 있음을 시사하며, 따라서 세계음악교수법 관련 활동을 조사하고 교사와 학생의 필요에 따라 조정될 수 있도록 해야 한다.

세계음악(다문화 음악)교수법에서 교사의 중심적인 역할을 인정받아, 음악교사의 태도와 적절하게 가르칠 준비를 강조하는 몇몇 연구가 있다. 음악교사들은 '다문화 음악'을 학교 음악 프로그램의 우선순위로 여기는 듯 보이지만 일반적으로 그들의 교육 밖에서 음악 경험을 용이하게 하기 위해서는 부족하다고 느낀다(Butler, Lind, & McKoy 2007; Cain, 2005). 사실 불과 10년 전만 해도, 대부분의 음악교사는 그들의 대학 과정에서 세계음악문화에 대한 교육을 받지 못했다고 보고했다(Legette, 2003). 비록 대학 프로그램이 세계음악문화 강좌를 포함하기 위해 내용을 갱신하고 있지만, 많은 교사는 그들의 학문적 연구를 교수법적 실제에 적용한다는 강한 의지도 없이 졸업하고 있다(Campbell, 2013). 음악교사들을 연수하는 것은 학생들이 그들의 학습, 녹음의 재생 목록, 적극적인 참여에 있어 가치 있는 많은 음악문화가 있다는 것을 이해하도록 하기 위해 교육과정의 개발과 전달에 있어서 형평성의 필요성에 부합하다고 보고한다(Sands, 2007). 이러한 연구들에서 교사들은 음악을 통한 다문화적 이해의 목표를 달성하는 방법을 구성하는 데 있어서 교수법적 모형을 포함하여 더 많은 지침이 필요하다는 것을 알게 된다.

학생들의 경험을 관찰한 보고서에 따르면 다양한 음악을 함께 연주하는 협력적인 성격이 교실문화 안과 음악이 유래된 더 넓은 세계 공동체 안에서 존경과 신뢰를 키울 수 있다고 제안한다(Heimonen, 2012). 세계음악문화 연구에 대한 사회 · 문화적 접근은 음악 지식과 기술에 대한 어린 학생들의 학습 동기를 부여하는 것뿐만 아니라, 연구된 음악의 문화적 의미와 가치에 대한 이해를 심화시키는 데 성공적이었다는 것을 증명했다. 초등학교 상위 학년 학생들에 대한 3가지 연구(Abril, 2005, 2008; Chen-Hafteck, 2007; Edwards, 1998)에서, 그들의 음악문화와 맥락에 대한 학습은 중국 문화 사람들과 아메리칸 인디언 문화, 이전에 생소했던 다른 문화의 범주에 대한 향상된 태도를 가져왔다. 고통스러운 역사를 가진 문화(예: 노예화된 아프리카계 미국인들의 역사적인 음악 표현이나 아프가니스탄, 콩고, 이란, 북아일랜드와 같이 전쟁으로 피폐해진 문화의 음악적 관습)에서 강조되는 경험은 (좀 더 성숙한) 학생들과 그들의 도전에 의미 있는 연관성을 제공한다(Bradley, 2012). 그러나 철학과 정책에 대한 진술에도 불구하고, 이러한 교육적 경험의 성격과 지속에 대한 더 풍부한 감각이, 특히 다양한 수준의 경험을 가진 학생들에게 관련될 수 있기 때문에 향후 연구를 통해 달성될 수 있을 것이다.

음악 스타일의 선호도에 대한 일련의 경험적 연구는 어린 학생들과 나이 든 학생들 모두 그들이 낯선 문화, 먼 거리 또는 멀리 떨어진 문화권으로부터 온 것 중에서 공연하거나 배울 기회가 충분히 있었던 그러한 음악적 표현을 선호한다는 것을 보여 준다(Hess, 2010; Rentfrow, Goldberg, & Levitin, 2011). 즉, 교사가 들려주는 반복적인 듣기와 함께 노래하고, 연주하고, 음악에 맞춰 춤추는 경험을 통해 일반적으로 음악 선곡에 대한 더 큰 관심과 호감을 가져온다. 동시에 낯설고 새로운 음악(이 경우 터키음악)에 대한 집중적인 학습을 제공하는 집약적인 교육과정 구성조차도 최초의 '가정' 문화의 친숙한 음악만큼 아이들의 기억에 성공적으로 각인되지 못하는 것으로 나타난다(Morrison, Demorest, Campbell, Bartolome, & Roberts, 2013). 세계음악을 가르칠 때 '무엇이 작용하는가'에 대한 많은 실제적인 관찰이 있지만, 특정한 세계음악교수법 원리(또는 선택된 세계음악문화의 교육과정 연구 결과)가 학생들의 지식, 기술, 가치에 미치는 영향에 대한 귀중한 연구는 거의 없다. 중요한 관심의 하나는 음악교사들이 세계의 음악적 표현 문화와 학교 음악 프로그램 그 자체의 문화를 존중하는 음악교육을 발전시킬 수 있는 방법에 대한 연구이다([그림 5-3]). 교육과정 실제에 관한 문헌도 오래되었고 자료들도 구현 가능하지만, 그들의 전체 효율성에 대한 관심은 연구를 위해 여전히 열려 있다. 음악의 역할을 포함하여 인종, 민족성,

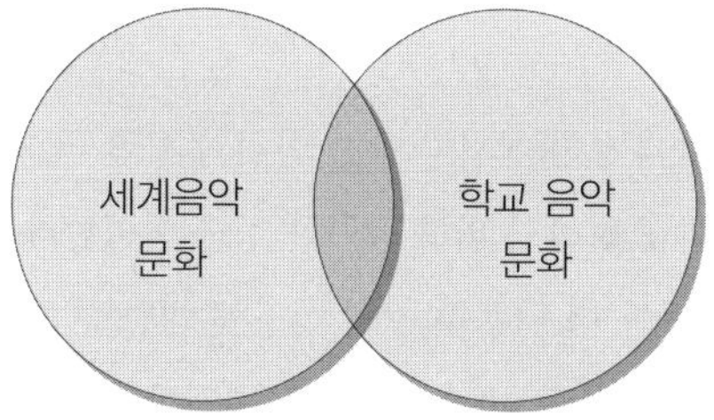

[그림 5-3] 불시의 통합

문화 전반에 걸친 다양성(공통성)을 이해하기 위해 전념하는 학교 교육과정에서 중요한 질문이 남아 있다. 교사들이 모든 학생과 수업 중에 포함시키는 모든 음악문화에 적합한 교수법적 접근 방식을 형성하게 하는 음악 프로그램에서 동등한 교수법의 의미, 음악적 및 문화적으로 음악의 본질을 강조하기 위한 최상의 관행들, 음악교육자들에 의해 설계되고 촉진된 교수법적으로 건전한 프로그램 내에서 문화전수자와 예술가-음악가의 효과적인 통합, 문화적으로 가치 있는 교수법(구전심수의 관행 등)이 기존의 악보 중심의 연구 프로그램에 미치는 영향 등이 그것이다. 공동 연구 또한 발전하는 방법이며 따라서 음악교육자들은 음악, 학습, 문화에 중요한 문제들을 제기하는 데 있어서 민족음악학자들과 나란히 협력하게 될 것이다.

교육과정 실제를 위한 많은 음악문화의 위대함

세계음악교수법을 위한 강력한 경험적 근거가 없음에도 불구하고 문화적이고 음악적인 다양성이 학교음악 프로그램에서 흥미롭고 중요한 문제라는 징후가 있다. 세계음악문화의 다채로움은 지역 사회와 세계 문화의 전 영역에 걸쳐 사람과 사람을 연결하는 기술을 통해 점점 더 명확해지고 있다. 모든 수준의 음악교육 실제에서, 범문화적이고 보편적 관행으로서 음악을 인식하게 하는 객관적 방법으로서의 학습을 구성해야 한다고 가르치는 사람들에게는 분명한 책임이 있다. 학생들은 다양한 공동체에서 소리와 기능으로서의 대문자 'M'을 Music으로 음악을 알 가치가 있다. 세계음악교수법은 음악적 지식, 기술, 가치에 대한 폭넓은 발전과 음악이 살아 있으면서 실제로 매우 좋은 음악가들과 문화에 대한 학생들의 감수성을 발전시키는 데에 의미 있는 길을 제공한다.

미주

1 음악적 민주주의란 교육과정 내에서 다양한 범위의 사람, 국가, 문화로부터 온 음악적 표현, 관행, 과정을 온전히 표현하기 위한 강력한 힘을 의미한다.

2 이 부분은 음악교육에 대한 더 넓은 비전의 성장에 대한 다른 국가의 역사를 인정하면서, 유효하고 광범위한 문서로 인해 미국의 발전을 추적한다. 그러나 주목할 만한 점은, 다문화 및 세계적인 차원과 관련하여 다른 곳에서 일어난 사회와 학교 교육의 측면에서 교차문화적인 발생가능성이 있으며, 그 세부사항은 추가적인 연구를 필요로 한다.

3 이국적인 용어는 한때 유럽의 학자들이 그들로부터 멀리 떨어진 아프리카, 아시아, 태평양, 그리고 한때 '원시적인' 문화라고 일컬어졌던 것을 묘사하기 위해 사용되었다 (Gilman, 1909; Taylor, 2007). 필자는 이 용어를 초기 음악가들과 학자들이 그들의 경험 영역을 넘어선 음악에 대해 느꼈던 호기심과 경이로움을 강화하기 위해 사용한다.

참고문헌

Abril, C. (2005). Multicultural dimensions and their effect on children's responses to pop songs performed in various languages. *Bulletin of the Council for Research in Music Education, 165*, 37-51.

Abril, C. (2008). Learning outcomes of two approaches to multicultural music education. *International Journal of Music Education, 24*(1), 30-42.

Anderson, W. M. (1975). *Teaching Asian music in elementary and secondary schools*. Ann Arbor, MI: Leland Press.

Banks, J. A. (2003). Multicultural education: Historical development, dimensions, and practice. In J. A. Banks & C. A. Banks (Eds.), *Handbook of research on multicultural education* (2nd ed., pp. 3-49). New York, NY: Jossey-Banks.

Banks, J. A., & Banks, C. A. (2009). *Multicultural education: Issues and perspectives* (7th ed.). Hoboken, NJ: Wiley.

Bradley, D. (2012). Avoiding the "P" word: Political contexts and multicultural music education. *Theory Into Practice, 51*(3), 188-195.

Butler, A., Lind, V. R., & McKoy, C. L. (2007). Equity and access in music education: Conceptualizing culture as barriers to and supports for music learning. *Music Education Research, 9*(2), 241-253.

Cain, M. (2005). Dabbling or deepening—where to begin? Global music in international school elementary education. In P. S. Campbell, J. Drummond, P. Dunbar-Hall, K. Howard, H. Schippers, & T. Wiggins (Eds.), *Cultural diversity in music education* (pp. 103-111). Queensland, Australia: Australian Academic Press.

Campbell, P. S. (1990). *Lessons from the world.* New York, NY: Schirmer Books.

Campbell, P. S. (1996). Music, education, and community in a multicultural society. In M. McCarthy (Ed.), *Cross-currents: Setting an agenda for music education in community culture* (pp. 4-33). Dansbury, MD: University of Maryland.

Campbell, P. S. (2004). *Teaching music globally.* New York, NY: Oxford University Press.

Campbell, P. S. (2012). Music and music education. In J. A. Banks (Ed.), *Encyclopedia of diversity in education* (pp. 1591-1593). Thousand Oaks, CA: Sage Publications.

Campbell, P. S. (2013). Children, teachers, and ethnomusicologists: Traditions and transformations of music in schools. In B. Alge (Ed.), *Beyond borders: Welt-Musik-Padagogik und ethnomukicologie im diskurs* (pp. 13-26). Augsburg, German Democratic Republic: Wissler-Verlag.

Campbell, P. S., & Beegle, A. (2003). Middle Eastern expansions on the cultural diversity movement in music education. *Music Educators Journal, 90*(1), 21-30.

Campbell, P. S., Drummond, J., Dunbar-Hall, P,, Howard, K., Schippers, H., & Wiggins, T. (2005). *Cultural diversity in music education.* Queensland, Australia: Australian Academic Press.

Chen-Hafteck, L. (2007). Contextual analyses of children's responses to an integrated Chinese music and culture experience. *Music Education Research, 9*(3), 337-353.

Choate, R. (1968). *Documentary report of the Tanglewood symposium.* Washington, DC: Music Educators National Conference.

Edwards, K. (1998). Multicultural music instruction in the elementary school: What can be achieved? *Bulletin of the Council for Research in Music Education, 138,* 62-82.

Gilman, B. I. (1909). The science of exotic music. *Science, 30*(772), 532-535.

Goetze, M (1999). Global voices in song: An interactive multicultural music experience. New Palestine, IN: MJ Publications.

Goetze, M. M. (2000). Challenges of performing diverse cultural music. *Music Educators Journal, 81*(1), 23-25, 48.

Hallam, S. (2010). The power of music: Its impact on the intellectual, social and personal development of children and young people. *International Journal of Music Education, 28*(3), 269-289.

Heimonen, M. (2012). Music education and global ethics: Educating citizens for the world. *Action, Criticism, and Theory for Music Education, 11*(1), 62-81.

Hess, J. (2010). The Sankofa drum and dance ensemble: Motivations for student participation in a school world music ensemble. *Research Studies in Music Education, 32*(1), 23-42.

Keil, C., & Campbell, P. S. (2006). *Born to groove.* Retrieved from http://borntogroove.org

Klinger, R. (2002). A material girl in search of the genuine article. In B. J. Reimer (Ed.). *World musics and music education: Facing the issues* (pp. 205-218). Reston, VA: Music Educators National Conference.

Kotkin, J. (2010). *The changing demographics of America.* Retrieved from www.smithsonianmag.com//40th anniversary/The Changing Demographics of America.538

Legette, R. (2003). Multicultural music education attitudes, values, and practices of public school music teachers. *Journal of Music Teacher Education, 13,* 51-59.

McCarthy, M. (2004). *Toward a global community: The international society for music education, 1953-2003.* Nedlands, Western Australia: ISME.

Merriam, A. P. (1964). *The anthropology of music.* Evanston, IL: Northwestern University Press.

Morrison, S. J., Demorest, S. M,, Campbell, P. S., Bartolome, S. J., & Roberts, C. (2013). Effect of intensive instruction on elementary students' memory for culturally unfamiliar music. *Journal of Research in Music Education, 60*(4), 363-374.

Nettl, B. (2002). *Encounters in ethnomusicology: A memoir.* Sterling Heights, MI: Harmonie Park Press.

Nettl, B. (2005). *The study of ethnomusicology: Thirty-one issues and concepts.* Urbana, IL: University of Illinois Press.

Nettl, B. (2013). *Becoming an ethnomusicologist: A miscellany of influences.* Lanham, MD: Scarecrow Press.

Passel, J., & Cohn, D, (2008). U.S. population Projections: 2005-2050. *Pew research: Hispanic trends project.* Retrieved from http://www.pewhispanic.org

Rentfrow, P., Goldberg, L. R., & Levitin, D. J. (2011). The structure of musical preferences: A five-factor model. *Journal of Personality and Social Psychology, 100*(6), 1139-1157.

Sands, R. (2007). Social justice and equity: Doing the right thing in the music teacher educator program. *Action, Criticism, and Theory for Music Education, 6*(4), 43-59.

Schippers, H. (2010). *Facing the music: Shaping music education from a global perspective.* New York, NY: Oxford University Press.

Schippers, H., & Campbell, P. S. (2012). Cultural diversity: Beyond "songs from many lands." In G. E. McPherson & G. E. Welch (Eds.), *The Oxford handbook of music education* (Vol. 1, pp. 87-104). New York, NY: Oxford University Press.

Small, C. (1998). *Musicking: The meanings of performing and listening.* New York, NY: Oxford University Press.

Standifer, J. A., & Reeder, B, (1972). *Sourcebook of African and African-American materials for music educators.* Washington, DC: Music Educators National Conference.

Taylor, T. D. (2007). *Beyond exoticism: Western music and the world.* Durham, NC: Duke University Press.

Volk, T. (1998). *Music, education, and multiculturalism: Foundations and principles.* New York, NY: Oxford University Press.

Wade, B. C. (2004). *Thinking musically: Experiencing music, expressing culture.* New York, NY: Oxford University Press.

제6장

하이브리드 음악수업에서 디지털 미디어와 기술을 활용한 학습

Evan S. Tobias 저 / 윤종영 역

하프시코드 대신 피아노를 연주한다거나 류트를 전기 기타에 비유해 본다면, 음악가들은 기술과 미디어가 사회와 함께 어떻게 진화하였는지를 설명할 수 있을 것이다. 음악교육자들도 실습과정에서 종종 진보된 기술을 활용한다. 많은 음악교육자가 기술과 미디어를 활용하는 분야는 음악 프로그램으로 표준 기보법에 따라 악보를 읽거나 기보하며 MIDI(Musical Instrument Digital Interface) 키보드 컨트롤러로 연주하는 등의 교수 · 학습에 활용하는 도구나 기술들과 관련이 있다. 최근 음악교육자들은 기술과 미디어가 음악 학습에 어떻게 활용될지에 대한 새로운 방법을 모색하고 있다(Burnard, 2011; Webster, 2011).

이 장에서는 기술, 디지털 미디어, 음악과 음악하기, 그리고 교육 사이의 교차점을 탐구하고자 한다. 중요한 점은 디지털 미디어와 기술을 통해 또는 이와 관련된 음악적 기능이라고 생각하는 다방면의 하이브리드 접근법의 개발에 중점을 두고자 한다.

이 장은 하이브리드의 개념과 하이브리드 수업에 대한 설명으로 시작한다. 그다음 하이브리드 접근법에서 기술과 디지털 미디어 외에 프로젝트와 단원(unit)을 소개하고, 이것을 기초로 하이브리드 교실에서 디지털 미디어와 기술을 가지고 학습을 지원하는 주요 원칙과 문제들을 자세히 설명한다. 일련의 장면들과 마지막 부분은 음악교육자가 자신의 프로그램에서 이러한 하이브리드 접근법을 어떻게 규정할 수 있는지를 제안한다.

하이브리드성, 하이브리드 접근법, 그리고 하이브리드 수업

하이브리드성(hybridity, 잡종성)이라는 개념은 생물학에 기원을 둔다. 하이브리드는 유전적으로 다른 두 부모의 아이이다. 사회 문화적 문제를 다루는 학자들은 다양한 정체성과 문화, 그리고 관련된 개념들을 이해하여 논의하기 위해 하이브리드성(복합적)의 개념을 활용한다. Muller(2000)는 '지식의 형태와 종류의 본질적인 정체성과 연속성, 분류적 경계의 능력, 문화적 의미와 영역의 뒤범벅'이라고 설명한다(p. 57). 일부 교육자는 학교 안팎의 언어 습관에서부터 교육과정 구조에 이르기까지 하이브리드성을 유사하게 적용하고 있다. 예를 들어, Guitierrez, Baquedano-Lopez와 Tejeda(1999)는 학생들이 여러 언어와 의미를 나타낼 때 학습 상황에서 하이브리드성이 어떻게 일어나는지를 설명한다. 그들은 교사들이 그러한 다양성을 포용하여 새로운 학습 공간을 창출할 수 있는 자원으로서 그것을 바라볼 수 있어야 한다고 말한다.

음악교육의 맥락에서 하이브리드 접근법은 음악과 음악적 방법이 서로 겹치거나 결합 또는 연결되거나 모호한 경계선 등을 모두 포함한다. 일반음악과 앙상블을 혼합한 것을 수업에서 육성한다. 예를 들어, 모바일 장치와 어쿠스틱 악기 또는 다양한 장르와 시대, 문화와 관련된 음악들이 그것이다. 일부 교육자는 물리적 공간과 온라인 공간을 모두 포함하는 수업을 설명하기 위해 하이브리드라는 용어를 사용하지만, 이 장에서는 하이브리드 접근 방식을 더 광범위하게 개념화하고자 한다. 음악교육에서의 하이브리드적 접근 방식은 다양한 맥락에서 다면적이고 다차원적인 음악성을 키우기 위해 특별하고 전문적인 분야를 강화할 수 있는 포괄적인 교육과정 모형을 고안해 낼 수 있다(Tobias, 2012a).

Theberge(1997)는 '가수-작곡가-제작자-기술자-음악가-음향 설계자'와 같이 연결된 음악인들처럼 이에 종사하는 사람과 연주하는 사람의 역할을 구분하지 않고 설명한다(pp. 221-222). 하이브리드 접근 방식에서는, 학생들이 음악적이라는 특별한 방법으로 단지 특정한 음악인에 초점을 맞추는 것과는 대조적으로 동일한 클래스에서 다양한 각도로 음악을 알고 배우는 다양한 방식이나 다른 역할을 강화할 수 있다. 예를 들어, 한 학생이 기타 연주-편곡-즉흥연주-출판과 관련된 자신의 이해력과 능력을 개발하기 위해 노력하는 반면, 같은 학급의 다른 학생은 기타 연주-분석-민족 음악학-리믹스를 강화할 수 있다. 하이브리드 접근법을 시행하는 음악교육자는 음악적 탐구와 프로젝트에 이러한 방식의 학습과 참여를 하게 함으로써 학생들의 음악성을 개발하도록 지원할 수 있다.

하이브리드 접근법의 특징인 프로젝트 유형과 학습 맥락은 학습자와 교사들이 새로운 방식으로 음악을 상상하고 규정하도록 하거나, 자신의 다면적이고 음악적인 궤적을 개발하도록 지원할 수 있다(Tobias, 2012a). 이런 식으로 하이브리드 접근법은 표준 라벨과 구획화된 사고 방식에 도전하거나 대안을 제시할 수 있는 가능성을 내놓는다. 다양한 방식의 프로젝트 학습과 음악적 탐구 학습에서 교실과 그 외의 학습 환경은 하이브리드로 간주될 수 있다. 하이브리드 환경에서의 음악이나 음악적 참여의 특별한 측면에 초점을 둔 보다 구체화된 설정들 간의 경계선은 불분명하다.

[장면 1] "어떤 종류의 수업입니까?"[1]

크리스 포스터(Chris Foster) 교사에게는 위 제목의 질문이 익숙하다. 때로는 학부모들, 때로는 신입생들과 그녀의 고교 음악 프로그램의 웹 사이트에 제기되곤 하였다. 크리스 교사는 교육과정을 재구성한 후, 이 질문에 답하기가 더 어렵게 되었다. 몇 년 동안 크리스 교사는 음악 프로그램 전체에 기술과 디지털 미디어를 통합했다. 그러나 그녀의 접근 방식은 핵심적인 것이 부족했고 책으로 연습했거나 온라인 지침서를 통해 배운 것들이었다. 그녀의 교육과정은 현대 기술을 독립된 음악인으로서 학생들이 활용할 수 있는 기술 개발 활동이나 과제들로 구성되어 있다. 크리스 교사는 자신의 프로그램에 뭔가 빠졌거나 제대로 되어 있지 않다고 생각하여 교육과정을 수정하기 시작했다.

그녀의 프로그램을 재개념화하는 과정에서 크리스 교사는 여러 선거구로부터 압력을 받았다. 일부 학부모와 지역 정치인들은 직업 및 대학 진학을 위한 기술 습득에 초점을 맞춘 직업 교육을 강요했다. 그녀는 관련 기금을 얻고자 9학년과 10학년 과정을 순수 예술에서 직업과 기술 교육(직업 교육 및 성인 교육 사무국, 2012)으로 바꾸는 것을 고려했지만 학생들의 예술적 사고와 행동에 중점을 두기 위해 바꾸지 않기로 결정했다.

이웃 구역에 있는 몇몇 동료는 음악을 알고 배우는 특별한 방법에 초점을 맞춘 전문 과정을 만들었다. 크리스 교사는 다른 접근법을 선택했다. 그녀와 그녀의 학생들은 정확히 구획화하지 않는 방식으로 음악수업에 참여하였다.

그녀의 교육과정을 시행하고 7학년을 마친 후 음악을 중단한 학생들을 포함하여 그들과 이야기해 본 뒤에 크리스 교사는 음악교육 과정에서 자연스러우면서 좀 더 모호하고 중복되는 포괄적인 수업 아이디어를 구안했다. 그녀는 이 수업 아이디어를 하나의 과정으로 혼합하려는 도전을 하였다. 프로그램을 재구성한 이후 크리스 교사는 음악 이론, 오디오 제작과 엔지니어링, 작곡, 음악 기술, 기타 또는 밴드와 같이 수업에 잘 사용되지 않는 다양한 과목을 가르치고 있다. 각 과정들은 때때로 이러한 유형의 수업을 결합하기도 하고 특정 유형의 음악적 참여를 강조하기도 한다. 사람들이 "어떤 종류의 수업인가요?"라고 물으면, 그녀는 '음악'이라고 대답한다. 크리스 교사는 더 나은 이름을 원하지만 그녀와 학생들이 하고 있는 것과 정확히 일치하는 개념을 명확하게 말하기는 어렵다.

연결되지만 구별되는

이 장에서 설명한 하이브리드 접근 방식은 이 책에서 다루는 다른 접근법과 상통할 수 있지만(3, 5, 8, 10장 참조), 학생들의 음악적 참여와 학습적 맥락에서 프로젝트와 단원 안에 기술과 디지털 미디어가 음악수업의 구조로 어떻게 잘 짜여질지는 명백하다. 이것은 기술을 배제하거나 오로지 기술에만 집중하여, 컴퓨터 보조 지시나 표준 기보법으로 음악 이론을 배우는 특별한 기술을 익히는 방식의 수업과는 다르다. 하이브리드 수업에서는 기술과 디지털 미디어가 포함될 수도 있지만 기술과 디지털 미디어가 수업의 핵심이 되지 않을 수도 있다. 그러므로 하이브리드 접근법은 기술이 정의 요소(Dammers, 2012)이거나 기술 기반 음악교육(Technology-based music instruction: TBMI)인 교육과정과 유사하지만 구분된다(Dorfman, 2013).

Savage(2012)는 음악과 음악기술 사이의 구분을 지식과 실천의 영역으로 구분하는 것에 반대한다. 그는 음악과 음악기술 교육과정에 대한 이분론법은 중요한 지식, 기술과 이해를 구성하는 데 인위적 차별과 가정을 기반으로 하는 것이라고 주장한다. 하이브리드 접근법에서 교육자는 자신의 교수법과 교육과정을 수정·변형하여 유연하고 상황에 맞는 방식으로 기술과 디지털 미디어를 통합하고 사람들이 음악하는 다양한 방식으로 연결한다. 이것은 Morton(1994)이 기술과 매체를 기존의 구조나 환경에 교수법이나 교육과정을 조정하지 않고 단지 삽입하는 '추가하고 저어주는'[2] 접근법이라고 설명하는 것과는 차이가 있다.

하이브리드 접근법을 통해 음악교육자들은 기술과 디지털 미디어가 "창조적 사고와 활동을 혼합한 작곡/즉흥연주/편곡/강화된 기술 등으로 학생들의 학습과 음악하기를 지원할 수 있는 포괄적인 환경을 조성할 수도 있다."라고 언급한다(Reimer, 2003, p. 261). Williams(2007)는 기술의 진보가 '청취자, 연주자 및 작곡가 간의 전통적인 역할 사이'에서 새로운 음악문화로 이어지는 연결선을 어떻게 흐릿하게 할 것인지를 설명한다(p. 21). 그는 음악교육자들에게 기술이 사람들과 음악의 관계를 변화시키는 교육과정과 교수법을 개발할 것을 촉구한다. 기술과 디지털 미디어가 사람들이 음악을 경험하고 관여하는 방식 사이의 희미한 경계선에서 어떻게 기여하는지를 감안할 때 음악교육과정 구조와 교수법적 접근법도 이와 비슷하게 유연하고 포괄적이어야 한다.

하이브리드 교실은 직업 훈련을 위한 특정 기술 개발 중심의 직업 또는 기술교육(career and technical education: CTE)과정이나 예술을 포함하지 않은 과학, 기술, 공학 및 수학(science, technology, engineering, and math: STEM) 집중 과정(President's Council of Advisors on Science and Technology, 2010)과 달리, STEM 목표의 개발과 적용에 상호 관련되거나 초점을 맞추고 있다. 하이브리드 접근법은 기술 개발을 설명한다. 그러나 그것은 학생들의 예술적 사고와 수행을 강조하고 장려한다. 예를 들어, 학생들은 음원과 관련하여 이상적으로 마이크를 배치하는 등의 기술을 개발할 수도 있지만 자연과 음악의 관계라는 더 큰 맥락에서의 탐구력을 개발할 수도 있다. 따라서 하이브리드 수업에서는 CTE 과정에 초점을 둔 기술이 음악적 맥락에 위치할 수 있으며 바람 소리와 결합된 표현적인 음악풍경(soundscape)을 표현하고자 하는 학생들의 욕구와 같은 문제와 연결될 수도 있다. 마찬가지로, STEM 개념은 하이브리드 수업에서 다루어질 수도 있지만, 음악적 참여와 예술적 탐구의 맥락에서 다루어질 수도 있다.

이 장에서 논의된 하이브리드 방식은 또한 종합 예술과 미디어 아트 과정과 비슷하게 연결된다. 그러나 여기에서 강조하는 것은 음악과 음악 참여에 있다. 하이브리드 수업의 융통성을 감안할 때, 음악교육자는 음악교육과 학습을 강조하되 GTE, STEM과 미디어 아트의 분야와 관련된 다양한 분야의 요소를 결합한 과정을 만들고 촉진할 수 있다. 때로는 중복되는 다양한 분야의 음악을 포함하는 수업들이, 보다 특별하거나 전문화된 음악과 달리 하이브리드로 설명될 수 있을 것이다. 하이브리드 접근법은 학습자가 종합적인 교육과정과 관련하여 특정한 음악적 강점을 개발하는 것을 지원하고 육성하지만, 포괄적인 일반음악과정이 보편화되지 않은 중등 수준에서 흔히 있는 '기악 앙상블' '음악 이론 및 작곡' 또는 '음악 기술'처럼 전문적인 음악을 제공하는 것과는 구별된다(Shuler, 2011). 하이브리드 접근법은 교육자와 학생들이 독점적으로 또는 주로 음악적이고 음악을 학습하는 특별한 방법에 초점을 맞출 때 사람들이 전문적 수업과 앙상블에서 다루지 않을 수도 있는 음악을 알고 수행하는 풍부하고 다각적이며 역동적인 방법을 설명한다.

요약하면, 디지털 미디어와 기술에 의한 하이브리드 방식의 음악 교수·학습 방법은 다양하고 상호 관련적이며 음악적 지식과 활동을 통합하는 방법들을 포함한다. 하이브리드 교실은 학생의 협업적이고 독립적인 참여를 탐구와 발견 그리고 음악적 이해와 성취에 대한 발산적 발자취를 통해 촉진시킨다. 음악 교수·학습의 하이브리드성(hybridity)은 선형적·순차적 또는 구분된 형식의 교육에 저항한다. 따라서 하이브리드 교실에서의 교수·학습이 때로는 어수선하고 선형적이고 순차적인 수업에 익숙한 사람들에게는 혼란스럽다는 오해를 받을 수 있다. 그러나 하이브리드 수업은 대개 개별적이거나 그룹별 프로젝트를 중심으로 구성되고 구조화된다. 하이브리드 접근법은 음악적 맥락에서 그리고 학생들의 음악성 개발을 위한 수단으로서 기술과 지식을 결합시킨다. 그 표현과 소리는 실제로 어떤 모습일까?

[장면 2] 해파리! 신시아 교사의 하이브리드 음악수업에서의 음악과 자연

신시아 교사의 4학년 학생들은 '해파리 음악(jellyfish music)'을 만들고 공연할 것이다. 프로젝트를 위한 핵심적인 것과 구조를 제공하기 위해, 신시아 교사는 학생들에게 두 가지 질문을 제시한다. 그것은 "우리는 음악을 통해 세상을 어떻게 이해할 수 있을까?" 그리고 "자연은 어떻게 음악가들에게 영감을 줄 수 있을까?"라는 질문이다. 이러한 질문들은 그녀의 음악 프로그램 웹 사이트의 음악과 자연 프로젝트 페이지에 탑재하였다. 해파리에서 영감을 얻은 학생들은 이 바다 생물의 삶에서 어떻게 음악을 표현할 수 있는지를 생각하고 함께 관련 질문들을 만들어 내었다. 또한 그들은 신시아가 정리한 해파리 비디오 클립을 보고 토론했다. 일부 학생들은 해파리가 물에서 어떻게 움직이는지에 초점을 맞춘 반면, 다른 학생들은 몸과 촉수의 모양에 집중했다. 또 다른 학생들은 해파리의 질감을 상상하면서 어떤 종류의 음색이 가장 적합할지 생각했다.

학생들은 창의적으로 팀을 구성하여 메탈로폰에서부터 광범위한 음색 팔레트를 제공하는 아이패드 앱(iPad App)에 이르기까지 다양한 악기를 계획하고, 연주하며 실험하기 시작했다. 어떤 경우에는 학생들이 수정하고 자신들만의 음색을 만들기도 하였다. 한 그룹의 사라라는 학생은 동료들과 함께 다양한 소리를 제공하는 웹 사이트를 이용하여 물의 소리를 검색하고 들어 보았다.

신시아 교사는 비슷한 프로젝트에서 사용할 수 있는 학생용 무료 사이트를 즐겨찾기로 등록하였다. 사라는 물이 주는 음향적 가능성들에 대해 호기심을 갖고 학교와 집에서 휴대기기로 물소리를 녹음했다. 신시아 교사의 도움으로 사라는 학급 사운드클라우드(Soundcloud) 웹 사이트에 수중 음원을 업로드했다.

사운드클라우드 사용법을 배우고 나서, 사라는 필요할 때 동료를 도울 수 있도록 사운드클라우드 전문 지식을 가리키는 온라인 '도움이 필요함(I need assistance)' 사이트의 리소스 섹션에 자신을 등록했다.[3]

사라와 그녀의 친구들은 볼륨 조절, 스테레오 장치를 이용하여 반향관 필터 같은 디지털 효과를 적용하고 물소리 녹음을 선택 및 조작하고자 하였다. 그들은 나중에 동료들과 협력하여 물 음악을 해파리와 그 운동에 관련된 다른 음악 콘텐츠와 결합시킬 것이다.

음악을 통해 해파리를 표현할 수 있는 가능성을 모색하면서 학생들은 웹 기반 협업 문서와 개념지도(concept map)에서 아이디어를 토론하고 기록했다. 이 과정에서 그들은 음악을 통해 해파리를 해석하는 것에 대해 서로 다른 생각을 말했다. 어떤 학생들은 수중 세계를 통해 수영의 감각을 만들고 싶었지만 다른 학생들은 해변을 따라 걷고 바다에 떠다니는 해파리를 보며 상상했다. 신시아 교사의 지침에 따라 학생들은 공동 작업 문서를 사용하여 다중 동작 작업을 구성하고 아이디어를 실현하는 데 필요한 단계를 명확하게 설명하고 프로젝트를 전달하는 역할을 분담했다.

신시아 교사는 교실 전체를 이동하며 학생 그룹과 프로젝트의 측면에 대해 토론하거나 학습을 위한 비평적 질문을 했다. 그녀는 학생들이 무엇을 해야 하는지를 지시하거나 모든 세부 사항을 통제하지 않았는데도 그룹에서 매우 잘 활동하고 있다는 것이 놀라웠다. 그녀는 한 그룹에서 아이패드를 손가락으로 미끄러지듯 빙빙 돌리면서, 바다 위를 떠다니는 해파리를 모방한 음색의 합성에 매혹되었다. 한 학생이 노트북에 연결된 MIDI 장치로 잔향장치를 적용하고, 이전에 녹음한 금속성 소리를 필터링하는 것을 관찰하면서, 신시아 교사는 교실에서 '음악적'이라는 것이 무엇을 의미하고 그에 대한 개념이 어떻게 진화했는지를 생각했다.

프로젝트와 단원

[장면 2]는 음악교육자와 학습자가 하이브리드 음악 설정에 참여하는 방법을 설명한다.

프로젝트와 단원 안에서 학생의 음악하기(musicking), 학습과 참여를 조직하고 촉진하는 것은 하이브리드 접근법의 핵심이다. Katz와 Chard(2000)는 프로젝트의 특정 주제에 대해 다음과 같이 설명한다.

> 이는 심층적인 연구이며, 보통 소규모 그룹에서 하위 주제를 다루는 전체 학급에 의해 때로는 한 학급내의 작은 아이들 그룹에 의해, 때로는 개별 학생에 의해 수행된다. 프로젝트의 주요 특징은 어린이들이 스스로 또는 교사와 협력하여 작성한 질

문에 대한 답변을 찾고 조사과정에서 일어나는 일종의 연구이다(p. 2).

Katz와 Chard(2000)는 특정 방향 없이 한 주제를 중심으로 구성된 일련의 활동과 기술을 적용한 프로젝트와 구별한다. 예를 들어, 나무에 대한 노래와 관련된 유튜브(YouTube) 동영상 보기, 관련 음조 또는 리듬 패턴 연습하기, 비슷한 노래를 연주하기 위해 악보 읽기, 개러지 밴드(Garage Band)로 바람 소리 녹음하기, 음악과 자연을 중심 주제로 구성한 일련의 활동들에 참여하기 등은 잠재적으로 음악과 자연을 중심 주제로 구성한 흥미롭고 매력적인 일련의 활동일 수 있지만 반드시 프로젝트일 필요는 없다. 반면에 학생들에게 자연이 어떻게 영감을 주거나 음악과 연관시킬 수 있는지를 묻고, 이에 대한 조사와 참여를 하도록 하여 하나의 프로젝트로 이어지도록 한다.

Katz와 Chard(2000)는 또한 주제에 대해 미리 계획된 수업 단원과 프로젝트를 구별한다. 예를 들어, 교육자는 음악을 녹음하는 과정에 대한 수업단원을 계획할 수 있다. 학생들은 컴퓨터 및 관련 장비를 사용하여 음악을 녹음하는 방법을 배울 수 있다. 그러고는 음향과 다양한 음원을 생각하면서 동료의 음악연주를 녹음할 수 있다. 계획이 잘되어 있는 단원은 명확한 교육과정 형식를 갖추게 되고, 학생들의 음악하기(musicking)와 학습이 맥락화되어 응집력 있고 심화되는 학습활동이 가능하게 된다. 프로젝트는 학생들의 질문이 자신들의 조사를 통해와 시간적으로 펼쳐지기 때문에 선형적이지는 않다. 발달수준에 따라 적절히 조정함으로써, 음악교육자는 모든 학년 수준에서 프로젝트를 촉진시킬 수 있다(Campbell, 1995; Helm & Katz, 2011; Katz & Chard, 2000). [4]

이 장에서 서술한 하이브리드 접근법은 교육자, 학생 두 사람이 협업하여 제안하고 개발한 다양한 단원 및 프로젝트에 중점을 둔다. 그러나 학생들은 사전 계획된 교육과정 구조와는 맞지 않는 방식으로 실험을 시도하고, 탐구하고, 창의적이어야 한다. 여기에는 개별 또는 협업을 주도하는 학생이 포함된다. 따라서 하이브리드 교실은 여러 프로젝트와 형식에 참여하는 학생들에 의해 특징지을 수 있으며, 일부는 음악교육자가 디자인하고, 일부는 교사와 학생이 공동 제작하며 일부는 학생들만의 탐구와 실험, 또는 음악연주를 통해 나타난다.

기술과 미디어

하이브리드 접근법에 필수적이지는 않지만 기술과 디지털 미디어는 학생들의 음악적 참여와 학습에 중요한 역할을 할 수 있다. 이 장의 나머지 부분에서는 음악교육자가 하이브리드 음악교실에서 디지털 미디어와 기술을 사용하여 학생들의 학습을 지원하는 방법에 대해 설명한다. 음악교육은 주로 청음 능력의 개발, 음악 편곡과 작곡, 공연과 같은 음악 참여의 특별한 방법에 중점을 둔 도구와 기술의 측면에서 기술을 통합한 오랜 역사를 가지고 있다(Webster, 2011). 대개는 기술을 연필, 대화형 화이트보드, 악기 또는 컴퓨터 응용 프로그램과 같은 도구라고 생각한다. 또한 이와 관련된 실습을 포함할 수도 있다. Webster(2011)는 음악교육자가 기술과 음악 학습의 새로운 모형을 연결시킬 수 있다고 설명한다. 이 장에서 기술은 디지털 자원을 구성하고 실습이나 상황을 포함한다. 예를 들어, 음악수업에서의 기술을 말할 때, MIDI 컨트롤러와 같은 장치, MIDI 컨트롤러에서 샘플을 작동시켜 음악을 만들고 연주하는 프로세스, 또는 MIDI 컨트롤러로 만든 음악과 관련된 소셜 미디어, 비디오와 웹 사이트 등이 포함될 것이다.

목표나 도구에 초점을 맞추지 않고 기술의 개념화를 넓히기 위해 음악교육자는 미디어와 우리 삶에서의 역할을 고려할 수도 있다. 미디어는 종종 웹 사이트 또는 사운드 그래픽의 시각화와 같은 텍스트를 말한다. Mitchell과 Hansen(2010)은 매체가 복수가 되는 것 외에도 매체가 신문이나 텔레비전과 같은 대중 매체 개념에 일반적으로 연결되어 있는 '집합 단수 명사'(p. xi) 역할을 수행하는 방법과 사람들이 상호작용하는 다양한 유형의 콘텐츠나 멀티미디어를 넘어서는 현상을 포괄하는 방법을 설명한다. 예를 들어, 음악교육자와 학생들은 라디오 방송국과 같은 상업 미디어나 소셜 미디어를 통해 음악적 관점을 공유하는 방식으로 음악에 대해 토론할 수 있다. 또한 음악교육자는 표준 기보법이나 파형과 같은 소리를 시각화하는 방법과 우리의 개념이나 음악을 토론하는 데에 있어 미디어 요소와 상호작용하는 능력들로 이를 해결할 수도 있다.

따라서 미디어는 이미지와 다른 대표적인 수단을 통해 사람들이 간접적으로 세계에 관여하고 감각을 갖게 하는 개입이나 중재의 측면에서 고려될 수도 있다

(Buckingham, 2003). 미디어는 우리가 세계를 이해하고, 의미를 부여하고, 상호작용하는 방식으로 보급되어 있다. 기술이 결여된 환경에서 음향 음악을 제작하는 것조차도 사회에서는 디지털 미디어의 보다 큰 맥락에서 나타난다. 이 논의의 목적을 위해, 필자는 미디어에 중점을 둘 것이다. 이는 이미지나 소리를 기술적으로 변환한 디지털 코드로 구성된 미디어를 의미한다. 음악교육자가 모바일 장치와 음악 응용 프로그램을 기존의 전통적인 교실 악기와 기존 구조나 수업 개념과 함께 통합하는 등 수업을 적절하게 수정할 수는 있지만 때로는 디지털 미디어와 기술을 활용하여 음악 활동과 학습모형을 만들거나 제한할 수 있다. 우리는 새로운 유형의 하이브리드 수업을 상상할 수도 있다. 다음 실습 원칙에 따라 음악교육자는 그러한 설정에 접근할 수도 있다.

실행 원칙

하이브리드 교실은 음악을 인지하고 활동하는 또 다른 방식으로 기술과 미디어를 통합하는 데에 균형을 맞춘다. 기술과 미디어는 그러한 수업에서 중요한 역할을 하지만 학생이나 교사는 단지 그것만이 관심사는 아니다. 이러한 접근법은 학생들의 기술에 관한 지식과 기술개발 그 자체보다는 음악을 만들고 음악을 이해하게 하고자 함이다. Koschmann, Meyers, Feltovich와 Barrows(1994)는 학습과 교육 모형에 기반을 두고 기술 자체가 주도하는 통합적 기술에 접근한다. 그들은 교육적 고려사항과 요구사항이 교실 안에서 기술과 어떻게 통합되는지에 대한 틀을 세워야 한다고 주장한다. 음악교육자들은 ① 기술적 이해와 ② 기술 관련 기능을 그들의 음악적 내용과 교수법적 전문성에 연결시켜야 한다고 주장한다(Shulman, 1986).

기술적 교수 내용 지식(Technology Pedagogical Content Knowledge: TPACK)[5] 모형(Koehler & Mishra, 2008, [그림 6-1] 참조)은 기술과 디지털 미디어의 맥락에서 음악 교수 · 학습에 대해 알릴 수 있는 지식 유형과 상호 작용들을 구별하는 데 유용한 경험적 도구이다(Bauer, 2013; Dorfman, 2013). Lee Shulman(1986)의 연구를 바탕으로 Koehler와 Mishra(2008)는 내용 지식이 교수 · 학습의 주제와 관련된다고 하였다. 음악교육자는 다양한 음악 장르의 연주 연습의 차이와 같은 음악과 음악하기

(musicking)의 다양한 측면에서 전문적인 내용 지식을 갖고 있다. 교수법적 지식은 "교수 · 학습의 과정과 실습 또는 방법에 대한 깊이 있는 지식이며 전체적인 교육 목적, 가치와 목표(다른 것들 중에서도)를 포괄한다." (p. 14) 학생의 학습을 지원하는 것은 교수법적 지식에 달려 있다. 교수법적 내용 지식은 학생들이 특정 장르의 음악을 연주하는 것을 돕는 특별한 지도법과 더 밀접히 관련된다.

Koehler와 Mishra(2008)는 기술 지식에 대해 "정보 기술을 활용하여 다양한 작업을 수행하고 성취할 수 있도록 정보 기술에 대한 보다 깊고 본질적인 이해와 숙련 모두를 말한다."라고 하였다(p. 15). 노트북을 사용하거나 USB 장치를 컴퓨터에 연결하여 작업을 전달하는 것은 기술 지식을 바탕으로 한다. 기술적인 내용 지식은 이러한 맥락에서 음악과 관련된 기술적인 면과 잠재적 영향과 한계를 포함하여 기술과 내용 사이의 관계를 보다 구체화한다. 샘플 기반 음악을 만들기 위한 MIDI 컨트롤러와 음악 응용 프로그램의 조합을 결정하는 것은 기술적인 내용 지식을 바탕으로 한다.

기술에 대한 교수법적 지식은 특정 기술과 교수 · 학습 사이의 관계에 대한 이해

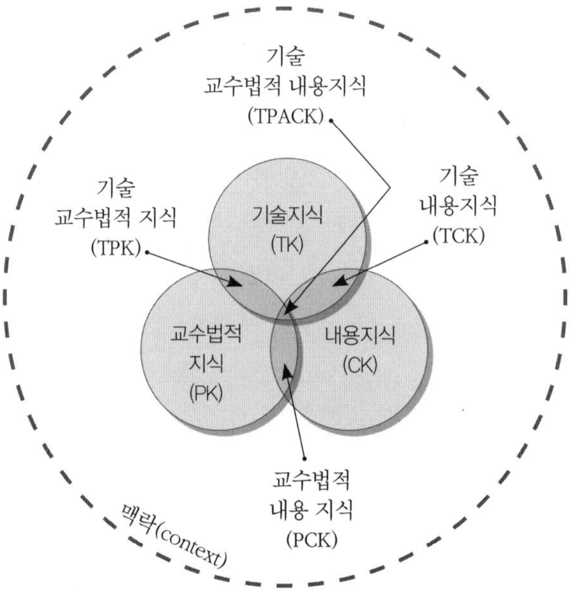

[그림 6-1] TPACK 모형

출판자의 허가를 얻어 재구성함, http://tapck.org.

를 의미한다(Koehler & Mishra, 2008). 음악교육자는 샘플 기반 음악을 만들기 위한 MIDI 컨트롤러와 음악 응용 프로그램의 조합을 결정하는 것은 기술적인 내용 지식을 바탕으로 한다.

Koehler와 Mishra(2008)는 기술을 가르칠 때 기술과 교수법, 그리고 내용 지식 사이의 통합과 상호작용이 얼마나 중요한지를 설명한다. 음악교육자는 학생들이 프로젝트를 진행하는 과정에서 기술과 지식을 개발할 수 있도록 적절한 방법으로서의 컴퓨터와 MIDI 컨트롤러를 설정하여 TPACK을 활용한다. 다양한 음악적 감응력을 통합하여 이 과정을 통해 학습을 촉진하는 독창적인 샘플 기반 음악을 만들고 분석하도록 돕는 것도 마찬가지로 TPACK에 의한 것이다(Koehler & Mishra, 2008).

TPACK을 적용하면 음악교육자가 디지털 미디어와 기술을 통합하거나 단순히 기술이나 미디어를 '추가하고 저어 주는' 접근법(Morton, 1994)을 피할 수 있는데, 이는 다른 사람들에 의해 사용 가능하거나 익숙하여 좋아졌기 때문이다. 음악교육자는 교실에서 기술을 통합할 때 나타나는 문제 해결책으로 TPACK을 사용할 수 있다(Koehler & Mishra, 2008). TPACK에 따라 교육자는 기술과 미디어가 학생들의 참여와 학습을 중재, 활성화 또는 제한을 어떻게 할 것인가를 고려해서 음악수업에 기술과 미디어에서 얻은 정보들을 투입하여야 한다.

기술과 미디어의 중재

음악교육자는 기술과 미디어가 학생들의 참여와 학습에 어떻게 투입될 것인지를 고려하고 이해해야 한다. Livingstone(2010)은 '미디어에 대한 문제는 미디어, 텍스트, 기술, 실습, 제도처럼 청소년과 부모, 교사, 교육자의 활동을 어떻게 형성하고, 영향을 주며, 가능하게하거나 약화시키는가에 관한 문제'라고 주장한다(p. 2). 기술과 미디어의 특징을 규정하고 학생들의 음악하기(musicking)와 교육에 영향을 미칠 수 있는 요인들을 구별하는 것은 매우 중요하다. 이는 교사와 학생들이 자원과 미디어로 음악을 이해하거나 활동하는 방법을 어떻게 지원하고 편향하며 제한할 것인지에 대한 정의도 포함한다.

음악 전문가가 교수법에 미디어의 조작을 투입하면 음악 활동과 이해력을 돕는데 중재적 역할을 할 수 있다. [장면 2]에서 기술한 신시아 교사의 수업에서 학생들이 기술로 음악을 어떻게 창조했는지를 생각해 보자. 학생들은 디지털 오디오 워크스테이션(DAW)을 사용하여 음악으로 물소리와 해파리를 표현한 것처럼 음악적 내용을 구조화하고 계층화하였다. 그들은 음악과 물소리를 계층화하는 데 있어 콘텐츠를 어떻게 계층화할 것이며 다이나믹 수준을 얼마나 적용할 것인지에 대해 기술을 활용하여 결정 · 실행하여 효과적으로 적용할 수 있도록 실시간으로 논의하여야 했다. 기술과 미디어는 학생들의 창조적 과정과 학습을 중재하는 요소이다.

학생들의 기술과 미디어의 조작활동은 다양한 의사소통 방식을 포함하는데, 화면의 내용들을 가리키며 보고 들은 것을 토론하거나 내용을 상호 조정하고, 피치를 맞추거나 일부 음색을 변화시키는 등의 작업과 같은 것이다(Tobias, 2010). 미디어와 기술은 학생들이 음악에 대해 토론하고, 의미를 부여하고, 상호 작용하며, 어떻게 이해할지를 조정할 수 있다. 특별한 기술과 미디어의 특징 및 기능은 이러한 유형의 과정들을 또 다르게 조정해 준다.

음악교육자는 미디어를 통해 그림악보, 막대보, 가락선보, 표준 기보법, 학생들이 만든 기보법(Barrett, 1997; Upitis, 1992), 듣기를 위한 지도(地圖) 악보(Blair, 2008; Kerchner, 2009), 그 밖의 음악의 시각화를 통하여 음악적 의미를 만들도록 학생들을 돕는다. 마찬가지로 디지털 형식의 시각과 청각 정보는 학생들의 음악하기(musicking)와 학습을 중재해 줄 수 있다(Jennings, 2007; Thibeault, 2011; Webb, 2010). 디지털 시각화는 특히 학생들의 의미 형성에 중요한 역할을 한다(Jennings, 2007; Thibeault, 2011; Webb, 2010). 파형, ADSR 인벨로프[1)]또는 디지털 코드는 학생들이 소리와 음악에 대한 이해의 폭을 넓힐 수 있다. Thibeault(2011)는 멀티미디어 스펙트럼이 어떻게 음악을 시각화할 수 있는지를 설명하였는데, 학생들이 음색, 비브라토, 목소리 또는 표준 기보법으로 표현할 수 없는 소리로 된 음악에 집중할 수 있도록 해 준다고 하였다.

또한 디지털 미디어는 음악을 알기 위한 음고(音高)와 연주시간에 주로 초점을 맞추는 정적이고 고착화된 기보법의 한계를 너머 역동적이고 소리에 반응하여 움직

1) 역자 주: ADSR은 시간의 진행에 따른 임의의 자연음이 띠는 음량변화의 양상을 모델링한 것으로, 모든 소리는 고유한 ADSR 패턴을 가지며, 이는 음색의 주요한 특징이기도 하다. 현대의 신시사이저에서 음량의 변화와 모양을 나타내 이를 조율한다. ADSR 엔벨로프는 '엔벨로프 제너레이터'로 일종의 음향 제어장치이다.

이며 서로 소통할 수 있는 소리로 시각화해 준다(Swanwick, 1999). 앨범 "All Day(@brahn, n.d.)"[6]의 샘플과 Bjork(n.d.)의 아이패드 기반 앨범 Biophilia의 대화형 이미지를 시각적으로 나란히 놓아 둔 생동감 있는 미디어는 사람들이 음악을 이해하고 참여할 수 있도록 하였다. 생동감 있는 시각화로 시각 정보와 청각 정보 사이의 연결고리 또는 음악이 터치스크린에 표시됨으로써 물리적으로 상호작용하는 것을 탐구하는 것은 이러한 미디어를 통해 활성화된다.

또한 학생들이 기술을 스스로 숙고하도록 한다. 예를 들어, 학생들이 만든 음악은 사운드클라우드와 같은 웹 기반 플랫폼에 업로드하여 스트리밍하고 주석을 달 수 있다. 그런 다음 그들은 자신의 음악을 시각적으로 표현하고, 주석이 달린 사운드클라우드 파일을 수업 블로그에 삽입하며, 동료들의 음악을 듣고, 유사점과 차이점에 대해 의견을 나눌 수도 있다. 교육자는 TPACK을 적용하여 학생들의 음악적 이해력을 평가하기 위한 미디어를 활용할 수도 있으며, 이러한 교수법은 잠재적인 능력과 기술 · 미디어의 한계, 즉 몇몇 지원과 제약이 수반된다.

디지털 미디어 · 기술의 지원과 제약에 대한 논의

교육자는 디지털 미디어와 기술의 중재 역할에 대해 언급하면서 교실에서 통합하고자 하는 자원과 미디어의 잠재적인 지원과 제약을 고려해야 한다(Jennings, 2007; Savage, 2007). 지원이란 기술이나 미디어가 잠재적으로 지원하거나 가능하게 하는 것, 즉 다른 말로 가능성이라 생각할 수 있다(Gibson, 1986). 제약은 기술이나 미디어가 가능할지에 대한 제한 사항이다. 클라우드 기반 음악서비스가 음악이 나오고 있는 순간에(지원) 소리의 시각적 표현으로 주석을 달 수 있는 방법을 안다면 학생들의 학습과 개발을 지원하는 방식으로 이 미디어를 어떻게 통합할 수 있을지를 알려 줄 수 있다. 그러한 서비스가 MIDI 데이터 또는 표준 기보법을 표시할 수 없음(제약)을 알고 있는 경우에도 사용을 생각해 보아야 한다.

교육자는 기술과 디지털 미디어의 지원과 제약을 규정할 때 기술 결정론, 즉 기술이 특별한 영향을 미친다는 믿음을 피해야만 한다(Bimber, 1994). 클라우드 기반 음악 서비스는 학생들의 청음 능력을 개발하는 데 도움이 되지 않는다. 또한 서비스가 미디 데이터 또는 표준 기보법을 배제할 경우 선천적인 청음 능력을 개발하는 데 한계가 있다. 기술 결정론을 피하기 위해서는 학생들과 상황을 연관시켜 기술이나 미디어를 고려하는 것이 중요하다.

디지털 미디어나 기술을 학생들이 음악 콘텐츠에 직접 참여하도록 하는 능력은 교실에서 미디어가 어떻게 또는 어떤 유형으로 적용되어야 하는지를 결정하는 주요한 요소들이다(Jennings, 2007; Savage, 2007). 음악교육자는 기술과 미디어가 어떻게 학생들이 음악과 상호작용할 수 있을지를 생각해야 한다. 예를 들어, MIDI 표기에서부터 움직임을 추적하는 센서에 이르기까지 그래픽 또는 실질적인 물체와 같은 일부 인터페이스는 음악의 특정 측면을 처리할 때 다른 것보다 더 유용할 수 있다(Jennings, 2007). 슬라이더를 움직여서 다이내믹 레벨을 조정하거나, 사운드를 표현하는 아이콘들을 이동하여 피치를 수정하고, 음악 응용 프로그램 안에서 콘텐츠를 복사하여 붙여 넣음으로써 음악을 재구성하는 것과 같은 그래픽 사용자의 인터페이스의 매개 변수를 변경하는 능력은 소리와 이미지와의 상호 작용을 통해 학습할 수 있게 도와주는 기술 · 미디어의 중요한 측면이다.

앞서 언급한 것처럼, 기술과 미디어로 학생들이 음악에 참여하는 방법을 어떻게 제공할 것인지를 결정하는 것이 교수법적 정보이다. 마찬가지로 교사는 교실에서 배제되는 특정 기술이나 매체의 제약을 구분할 수 있다. 오히려 너무 많은 도구나 자원으로 기술과 미디어에만 집중하는 것은 학생의 참여와 학습의 가능성을 제한할 수 있다. 따라서 음악교육자는 기술과 미디어를 보다 큰 음악적 맥락에서 투입하여 교실에서의 잠재력을 극대화해야 한다.

문화적 형식과 음악적 실행의 고려

디지털 미디어와 기술에 대한 객체 지향 개념(object-focused conception)의 한계를 피하려면 음악교육자가 관련 도구와 기술 이외에 문화적 형식과 실행을 다루어야 한다(Buckingham, 2008). 음악교육자가 현재의 기술과 디지털 미디어와 관련된 음악적 실행에 익숙하지 않다면 이 작업이 어려울 수 있다. 기술과 디지털 미디어를 통해 폭넓고 다양한 음악하기(musicking)를 스스로 익혀 나가는 것이 이 과정에서 도움이 될 수 있다. 여기에는 개별적 탐색, 워크숍 또는 강의를 통해 학습뿐만 아니라 웹 사이트, 블로그, 포럼, 소셜 미디어, 서적 및 비디오 클립과 같은 관련 자원에 접근하는 것을 포함한다.

노트북과 특정 음악 응용 프로그램(기술 지식)으로 함께 사용되는 전자 댄스 음악, 대화식 미디어 또는 샘플 기반 랩 음악(내용 지식) 및 MIDI 컨트롤러에 대한 사람들의 이해는 그러한 기술과 미디어(기술 지식)를 사용하는 방법, 또 하나는 음악수업에서 사용하는 방법(교수법적 지식)으로 역할을 수행해야 할 것이다. TPACK과 함께 기술과 디지털 미디어와 관련된 음악적이고 문화적인 실행을 고려하는 것은 포괄적이고 생산적이며 현대 사회와 관련된 방식으로 학생들의 참여를 촉진시키는 데에 있어 중요하다.

[장면 3] 어떤 소리(음악)로 어떠한 유형의 음악을 만들 것인가?

루크 맥밀렌 교사의 7학년 학생들은 개인 또는 모둠별로 교실 전체에 흩어져 일부는 아이패드, 다른 일부는 노트북, 일부는 오래된 데스크톱 주변에서 작업을 한다.

스피커와 헤드폰으로 타악기의 소리를 듣는다. 교감 오르다나리오(Ms. Ordanario)는 여러 학생을 들여다보며 관찰한다. 그녀는 "어떤 작업을 하며 학습하고 있니?"라고 질문한다. 그녀의 관심은 학생들의 반응이다.

캐시: "개러지 밴드의 피아노 롤을 사용하여 덤프 트랙의 비트를 만들었어요. 프로 툴(Pro Tool)[2)]을 사용하여 보다 세세한 변화를 주고 싶은데…… 베이스음을 조율하는 것이 잘 안 돼요. 훌륭한 저음 사운드를 만들고 싶은데……".

캐서린: "저는 샘플로 사용할 킥 드럼 음원을 찾고 있는데…… 스네어와 심벌즈 음원은 있거든요. 다음 주에는 개러지 밴드에서 샘플 비트를 만들어 볼까 해요. 신디는 사용하고자 하는 아카펠라 트랙을 녹음하고 나서 키보드 파트를 넣어야 할 것 같아요."

신시아: "나는 트랩음악(재즈의 드럼 세트)을 만드는 중이어서 MIDI 피아노 롤로 만들 수 있는 비트로 적절한 스네어 음향을 만들어 볼까 해요. 아이패드에서 FL

2) 역자 주: 프로 툴스(Pro Tools)는 아비드 테크놀로지가 개발 · 제조한 디지털 오디어 워크스테이션 플랫폼으로, 음악 제작 및 MIDI 시퀀스, 녹음, 편집기능을 갖는다(https://ko.widipedia.org/).

Studio[3]나 이와 유사한 앱을 사용하여 전환해 볼까 해요. 우선은 너무 빠르지 않은 소리로 만들어 보려고요."

크리스, 캐빈, 켈리: "케빈은 요루바(Yoruba)라는 타악기 연주 영상을 보고 주주(Juju)음악[4]에 대해 알게 됐어요. 가능한 한 정확하게 주주음악과 흡사한 음악을 만들려고 해요. 루크 맥밀렌은 고정 관념에서 벗어나 정확한 정보를 주려 하고 있어요. 켈리는 우리 그룹의 민족 음악학자이지요. 주주 음악 관련 문화를 연구하면서 주주음악과 비슷한 사운드를 실습해 보았어요. 켈리는 주주 음악과 예를 비교하고 대조하는 멀티미디어 프레젠테이션을 만들 거예요."

이 [장면 3]에서 학생들은 동일한 프로젝트를 주제로 작업하고 있지만, 그들이 참여하여 선택한 음악적 관심을 연결하는 방법은 다르다. 따라서 문화적 형식과 음악적 실행은 수업에서 기술과 미디어를 사용하는 데 중요한 역할을 한다. 캐시, 캐서린과 신시아는 동일한 음악 응용 프로그램을 사용하지만 기술을 활용한 참여방식은 특이한 음악적 연습과 미학적 면에서 맥락화되어 있다. 음색을 수정하고 샘플을 만들고 디지털 오디오로 비트를 구성하고 MIDI 피아노 롤에서 리듬 패턴을 프로그래밍하면서 기술의 다양한 측면을 활용할 수 있다. 크리스, 캐빈, 켈리의 미디어 활용 작업으로 어쿠스틱 음악을 만들어 낼 수도 있었다. 켈리가 멀티미디어 텍스트를 만든 것을 친구들이 연주하면 그것을 듣고 분석하는 것에 흥미를 갖게 되어 주주 음악 참여에 도움이 된다. 학생들이 선택한 음악 장르는 독특한 방식으로 음악을 만듦으로써 기술을 활용하여 참여하는 데 영향을 미친다(Tobias, 2010). 따라서 교육자는 기술과 미디어가 적용될 수 있는 광범위한 방법을 설명할 수 있다.

이러한 접근법은 학생들이 오디오 트랙에서 샘플을 생성하거나 MIDI 피아노 롤을 사용하여 리듬 패턴을 생성하는 것과 같은 기술적인 면에 초점을 맞춘 분리된 과제를 완성함으로 음악적 맥락으로 연결하지 않는 그런 과제들과는 대조된다. 그러나 문화적 형식과 음악적 실습에 대한 인식이 기존 형식과 실행 안에서 작업을 한다

3) 역자 주: 플로리다 스튜디오의 약자, 음악 제작 시스템으로 음악 녹음 및 편집할 수 있는 프로그램으로 일종의 DAW(Digital Audio Workstation)를 말한다.

4) 역자 주: 주주(Juju) 음악이란 기타와 북으로 연주하는 나이지리아 음악의 한 형태이다.

거나 기술과 미디어로 탐구와 개혁을 제한해서는 안된다. Partti(2012)는 학생들이 기존의 형식이나 실습을 따르지 않고도 기술로 혁신할 수 있는 기회를 제공한다고 주장한다. 나아가 학생들이 문화적 형식이나 음악적 실습에 따라 기술과 미디어를 활용하는 것과 그들 자신이 창의적인 음악하기를 하게 하는 것 사이의 균형을 맞추는 것은 학생들의 실습이 깊이 있고 폭넓어질 수 있도록 도와주는 것이다. 마찬가지로 사회, 문화, 역사, 음악적 맥락에서 학생들이 참여하도록 다리를 놓는 것은 학생들의 음악적 발전을 촉진시킨다 할 수 있다.

더 큰 맥락에서의 기술과 디지털 미디어의 정착

학생들의 음악하기(musicking)와 광범위한 맥락에서의 학습이 더 넓은 세계와 대화하는 주제로 연결될 때 수업은 더욱 풍요로워질 수 있다(Veblen, McCoy, & Barrett, 1995). 학생들과 맥락, 음악, 음악하기, 기술과 미디어와의 연결을 돕는 것은 역사와 문화를 음악적 참여를 분리하여 연구하거나 별개의 연구 주제로 다루는 것이 아니다. 하이브리드 방식에서 이러한 현상이 어떻게 발생 하는지를 설명하기 위해 다음 [장면 4]는 음악을 샘플링하는 실습을 통해 기술과 미디어를 배열하고 음악인이 글로컬라이제이션(glocalization) 과정을 통해 전 세계음악을 어떻게 접할 수 있는지를 설명해 준다. 글로컬라이제이션은 문화와 같은 세계적 영향이 지역 상황에서 제정되거나 번역되어 종종 하이브리드 문화를 만드는 방식을 말한다. 그것은 세계와 지역의 교차점으로 생각할 수 있다(Robertson, 1995).

[장면 4] 글로컬(glocal)된 크리스 포스터 교사의 고등학교 수업

크리스 포스터 교사(Chris Foster)는 음악가들이 자신의 레퍼토리에서 여러 문화권의 음악을 어떻게 통합할 수 있는지를 그녀의 고등학교 학생들과 논의한 후 M. I. A.의 노래인 "Bird Flu"[5]를 연주했다.

---

5) 역자 주: M. I. A 스리랑카 출신의 여가수로 종교와 정치 등 사회문제를 노래하였으며, 그녀가 부른 노래 중 "Bird flu"는 전통 아프리카풍 악기와 리듬으로 '내 할 일 알아서 하고 있으니 방해하지 말아 줘.'라는 뜻을 담고 있다. https://en.wikkpedia.org/wiki/Bird_Flu_(song)

학생들은 이전에 음악 발견 사이트와 Liveplasma나 Pandora와 같은 응용 프로그램으로 M. I. A.와 다른 예술가들을 연결하는 방법을 확인하는 작업들을 해 왔다. 몇몇 학생은 비슷한 기술을 집에서 시험하고 그러한 '연구'를 친구들과 공유했다. "Bird Flu"(조류독감)에 대한 초기 반응을 토론한 후, 학생들은 지리적 영역이 음악의 소리에 영향을 미쳤다는 자신의 견해를 공유했다. 수업은 M. I. A에 영향을 미쳤을 것으로 생각되는 세계 곳곳에 음악 비디오와 연결된 곳을 표시하기 위한 장소로 구글맵(Google map)을 사용하거나 'Bird Flu(조류 독감)'을 대표하는 샘플 음악을 제시했다.

그들의 시각과 크리스 교사의 도움을 토대로 학생들은 "Bird Flu"가 힙합 문화와 대중 음악의 미학과 동남아시아의 음악을 결합시켰다고 생각했다. 그들은 M. I. A.의 "Bird Flu"와 타밀(Tamil) 음악을 크리스 교사가 정리한 자료를 사용하여 연구했다. 그 노래가 정착된 문화적이고 음악적인 영향에 대한 토론이 교실 안팎에서 직접 토론하거나 온라인으로 진행되었다. 학생들은 소셜 북 마킹 계정에서 관련 자료들을 정리하여 "Bird Flu"의 타악기 파트와 유사한 소리로 녹음된 음악을 찾으려 노력했다. 크리스 교사는 M. I. A.의 음악과 삶에 대한 논란이 되는 부분을 토의하도록 조심스럽게 부추겼다.

학생들의 연구와 음악적 참여는 결국 "Bird Flu"를 넘어 다양한 음악문화에서 다른 음악이 차용되는 방법까지 확장되었다. 학생들은 ① 음악문화에 대한 자신의 관심사를 고려하고, ② 음악문화를 연구하기 위해 미디어 리소스를 활용하고, ③ 미디어 · 기술을 활용하여 글로컬라이제이션의 개념의 좋은 예가 되는 새로운 유형의 음악을 만들고 토론하는 프로젝트를 개별 또는 모둠별로 진행하였는데(Robertson, 1995), 이는 크리스 교사가 이전에 소개했던 것이다. 학생들은 음악을 라이브로 연주할 수 있었지만 녹음으로 재생할 수 있는 버전을 만들도록 했다. 학생들은 자신의 하이브리드 음악을 만드는 과정과 글로컬라이제이션한 프로젝트를 요약 · 정리하여 이를 바탕으로 '~을 만들다'라는 다큐멘터리를 제작했다.

이러한 유형의 프로젝트와 단원에서 하이브리드성 문제와 다양한 음악적 · 문화적 정체성, 그리고 글로컬한 개념을 협상하는 과정에서 학생들은 미디어 · 기술을 가지고 참여하곤 한다. 그래서 샘플링 과정은 기술적 · 미적 · 음악학적 렌즈를 통해 경험될 수 있다. 따라서 기술과 디지털 미디어는 보다 넓게 음악적 · 사회적 · 역사적 · 문화적 맥락과 연결된다. 이러한 접근법은 복잡하고 교육자의 지도가 수반되지만 학생들의 참여는 사회 · 역사 · 문화적 배경과 관련하여 음악에 대해 세세하게 이해할 수 있도록 지도할 수 있다.

이러한 유형의 프로젝트에서 학생들의 음악적 참여와 이해가 음악 연습으로 샘플링하는 기술에만 집중했을 때와 어떤 차이가 있는지를 생각해 보라. 어린아이들을 위해 그러한 프로젝트를 적용할 때는 교사가 학생들의 직접적인 환경과 그들 삶의 경험에서 구체적인 면을 연결할 수 있도록 도와주어야 한다. 학년과 관계없이 이러한 단원과 프로젝트를 설계하고 개발하는 것이 교육자에게는 복잡한 사회 문화적 맥락, 잠재적으로 익숙하지 않은 음악, 기술 또는 디지털 미디어를 서로 엮어 내는 데 필요한 지식과 이해력을 갖추기 위한 도전일 수도 있다. 그러한 작업은 시간 집약적으로 활용해야 한다. 관련 연구를 수행하고, 동료들과 협력하며, 전문가들과 상의함으로써 유사한 참여를 도모하고 촉진하도록 도와주어야 한다. 학생들은 이러한 프로젝트 설계에 기여할 수 있다. 관련 문맥 정보에 따라, 기술자가 제공하는 음악성과 음악적 실행에 교사가 익숙해지면 학생들에게 방대한 음악적 상상력을 펼칠 수 있는 기회를 제공할 수 있다. 다음 세 항(項)에서는 음악가 정신, 음악 실습, 기술 및 디지털 미디어 사이의 관계를 보다 명확하게 설명한다.

음악가 정신과 음악 실행에 대한 확장된 개념

디지털 미디어와 기술을 활용한 하이브리드 교수 · 학습 방법은 광범위하고 확장된 음악성과 음악 관습의 개념을 도입한다.

기술과 디지털 미디어는 특정 유형의 음악과 음악하기(musicking)에 생명력을 불어넣어 줄 것이다(Burnard, 2011; Hugill, 2008). 예를 들어, 덥스텝(dubstep)[6]에서 붐바톤

6) 역자 주: 투 스텝(2 Step) 리듬에 덥(Dub)을 결합한 일렉트로니카 장르의 하나이다. 투 스텝(2 Step) 리듬과 자메이카 음악의 하나인 덥(Dub)을 결합한 음악으로 1990년대 말 영국에서 처음 등장했다. 일렉트로니카(Electronica) 음악 장르에 속한다.

(moombahton)[7] 라이브 DJ/프로덕션 및 시청각 제작에 이르기까지 댄스 뮤직 스타일은 기술과 디지털 미디어에 크게 의존한다. 교수법과 교육과정이 특정 음악 스타일과 음악 실행에만 특권을 부여한다면, 기술과 디지털 미디어로 만든 음악은 주로 음악 프로그램에서 제외된다.

음악교육자들이 레코더, 키보드와 다양한 악기로 음악을 연주하는 것처럼 학생들은 새로운 기술과 미디어의 가능성을 탐구하는 것이 창조적 도구와 악기로서 허락되어야 한다. 컴퓨터와 디지털 악기를 연주하고 실험하는 것은 음악인(musician)이 그들의 음악성을 개발하는 것처럼 정교하고 혁신적이며 계획적이고 새로운 사고방식과 기술을 개발하도록 하는 것이다(Partti, 2012; Savage, 2005).

기술 · 디지털 미디어에 의해 제공되는 음악과 음악하기(musicking)를 수용함으로써 음악교육자는 음악교육과 관련된 주요 문화를 어떻게 구성할지를 재개념화할 수 있다(Savage, 2012). Partti(2012)는 '특정 장르, 스타일 및 커뮤니티에 확고하게 뿌리를 둔 구획화된 음악성의 발전을 촉진하는 것'을 넘어 교육자가 바뀌어야 하며, 학생들이 "전통적 경계를 초월하여 도달할 수 있는 음악적 전문성을 추구하도록 도와주어야 한다(p. 12)."고 제안한다. 디지털 미디어와 기술이 동시에 그리고 중복되는 방식으로 나타나는 음악 활동을 어떻게 허용할지를 이해하는 것이 중요하다.

다양하고 중복되는 음악 실행들

멀티미디어 시각화가 편곡과 작곡을 결합하는 것처럼 디지털 음악 작곡은 라이브 작곡, 즉흥연주, 공연과 기존 음악 변주 사이의 경계를 종종 흐리게 한다. Ableton Live[8]와 같은 음악 응용 프로그램을 사용하여 학생들은 음악을 즉석에서 녹음, 조작 및 편집할 수 있으며 DJ 응용 프로그램을 사용하면 라이브 믹싱, 트리거링(triggering)과 재구성된 음악을 만들 수 있다. 디지털 미디어를 수업에서 통합하면 분석, 미디어 제작, 음악과의 상호 작용 등의 방식으로 학생의 음악하기(musicking)

7) 역자 주: 미국 DJ와 프로듀서인 Dave Nada가 워싱턴 D.C.에서 2009년에 창작한 레게 톤의 융합 장르이다. 두껍게 펼쳐진 베이스 라인, 드라마틱한 빌드와 빠른 드럼이 포함된 2단계 펄스가 있다. 때로는 신시사이저와 아카펠라 랩 샘플이 포함된다.

8) 역자 주: 믹싱 프로그램의 일종이다.

를 지원할 수 있다.

Buckingham(2003)은 "기술적 개발은 비판적 분석과 창조적 생산 간의 전통적인 구분에 도전한다(p. 17)."라고 하였다. 음악교육자는 멀티미디어 작품을 만들고 다양한 미디어 콘텐츠를 가동하고, 병치하며, 해석하고, 재사용하거나 재개념화함으로써 학생들의 음악적 분석을 지원할 수 있다. 하이브리드 교실은 학생들이 중첩되거나 그렇지 않을 수도 있는 다양한 음악활동에 참여할 수 있는 기회를 제공한다.

음악 문해력

기술과 디지털 미디어가 지원하는 음악과 음악 실습의 넓은 범위, 모호한 경계와 중첩되는 특성은 표준 기보법이나 식별 가능한 관련 음악 속성을 읽고 쓰는 것보다 더 광범위한 음악 문해력을 요구한다. Warschauer와 Ware(2008)는 출판물 시대의 텍스트를 해독하는 능력으로서의 문해력에 대한 역사적인 견해가 디지털 시대 이전의 사람들에게도 텍스트의 의미, 사용 또는 분석 방법을 설명하는 능력에 있어 제한되어 있었음을 강조한다. Barton과 Hamilton(2000)은 문해력은 관례에 따르며 상황에 따라 다를 수 있다고 강조했다. 이것은 다양한 문해력이 존재한다는 것을 의미한다. 하이브리드 접근법은 기술과 디지털 미디어에 연결된 다양한 음악 실습을 감안할 때 다양한 음악 문해력에 대한 포괄적이고 광범위한 시각을 요구한다(Tobias, 2012b).

다양한 음악 실습을 포함하는 음악 문해력을 설명하기 위해 음악교육자는 음악교육 환경을 위해 수정된 문해력의 성격에 대해 Barton과 Hamilton(2000)의 제안을 채택할 필요가 있다.

- (음악) 문해력은 주로 일련의 사회적 관례로 이해하는 것이 좋다. 이러한 것은 (음악적) 텍스트가 매개하는 사례들이라 추론될 수 있다.
- 서로 다른 삶의 일상과 관련된 또 다른 (음악) 문해력이 있다.
- (음악) 문해력 관례는 사회 제도와 권력 관계에 의해 패턴화되고, 일부 (음악) 문해력은 다른 것보다 더 우세하고 가시적이며 영향력이 있다.
- (음악) 문해력 관례는 목적이 있으며 광범위한 사회적 목표와 문화적 관례에 포

함된다.

- (음악) 문해력은 문화적으로 자리 잡고 있다.
- (음악) 문해력 관례에서 변화하는 새로운 관례가 비형식 학습과 감각 만들기의 과정에서 자주 일어나게 된다(p. 8).

이러한 명제를 반영한 음악 문해력과는 달리, 문해력에 대한 협의의 개념은 이 장 전반에 걸쳐 기술된 음악 관례를 배제하거나 제한할지도 모르며, 표준 기보법이 다른 것들을 무시하거나 잘못 인식하게 한다는 특정한 음악적 측면을 부적절하게 부각시킬 수도 있다(Swanwick, 1999). 문해력의 범주를 표준 기보법의 부호화와 디코딩만으로 제한하면 기술과 미디어에 부적절하게 초점이 맞추어지거나 관련 작업에 제한된 도구로 취급될 수 있다(Snyder & Bulfin, 2007). 예를 들어, 모바일 기기는 소리를 독특한 방식으로 조작하고 연주하는 것을 허용하지만, 학생들이 간격을 식별하거나 악보 읽는 연습을 하는 데는 제한적일 수 있다. 이러한 관점은 이 접근법에서는 충분치 않다.

다양한 음악 문해력을 인정하고 다루는 음악교육자는 학생들이 다양한 상황에서 다른 사람들과 음악적으로 소통할 수 있는 유창함을 개발하는 데 도움을 줄 수 있다(Swanwick, 1999). Swanwick(1999)의 경우 유창함에 초점을 두면 악보로 된 음악을 읽는 것 이상으로 효과가 있음을 강조한다. 학생들이 다양한 문해력을 개발할 수 있도록 지원함으로써 디지털 매체 또는 특정 매체에 의해 다양한 음악적 맥락에서 자신의 유창함을 신장시킬 수 있다. 음악교육자는 기술과 디지털 미디어와 함께 학생들의 음악하기(musicking)와 관련된 문해력과 유창함, 그리고 이것이 학생에 대한 평생학습으로서의 음악 참여를 어떻게 지원할 것인지를 고려해야 한다.

이론과 원리를 실행에 투입하기: 교수법

적절한 교수법이 없다면, 가장 정교한 프로젝트 또는 세세한 단원 계획은 기껏해야 실현되지 않는 아이디어로 남을 것이다. 디지털 미디어와 기술로 교육하는 하이브리드 접근법은 교사가 학생들의 참여와 학습을 촉진하고 지원하여 학생들의 요구를 충족시키기 위해 지속적으로 적용해야 한다. 이 항(項)에서는 지금까지 설명한 교실 환경, 학습과 참여 유형을 만들기 위한 교수법적 기반을 설명하고자 한다. 여러 제안이 포함되어 있지만, 학생들의 요구를 충족시키기 위해서는 하나의 교수법이 상황에 맞게 유연하게 적용되어야 한다.

학생들을 아는 것과 전문성의 활용

기술 및 디지털 미디어와 관련된 학생 중심의 하이브리드 수업을 촉진시키려면 음악교육자가 학생들의 관련 경험, 이해력, 기술 그리고 관심사를 파악해야 한다. 학습에 대한 지속적인 형성 평가를 포함하고 학생들이 반성하도록 장려하는 것은 학생들과 교육자에게 이러한 점에서 중요한 정보를 제공한다. 민족학자들의 특징을 적용하면, 교육자는 학생들이 사회에서 음악하기(musicking)에 대해 더 많은 것을 학습하도록 도울 수 있다(Gustavson, 2007). 음악수업은 학생과 교사가 서로 배울 수 있는 학습 공동체로의 기능을 할 수 있다. 그러나 학생들의 전문 지식을 끌어내는 것도 중요하지만 학생들의 지식에 완전히 의존하는 것도 문제시된다.

이러한 하이브리드 접근법은 현대 기술과 미디어를 연구하고 분석하며 상호작용하면서 음악교육자가 스스로 학습(Dammers, 2012)하거나 다른 사람들과 TPACK을 개발할 것을 요구한다. 음악교육자는 전문성 개발, 연구, 문헌검토, 온라인 리소스(resource)에 참여해야 한다. 마찬가지로 음악교육자는 기술과 디지털 미디어 관련 음악과 음악실습에 대한 인식과 이해를 확장시켜 나가야 한다. 소셜 미디어, 블로그, 온라인 커뮤니티와 웹 사이트를 다른 리소스와 함께 활용하는 개인 학습 네트워크를 구축하여 개발 · 정착시키는 것도 그만큼 중요하다(Bauer, 2010). 다시 말해, 음악교육자는 지속적인 연구와 학습, 그리고 반성적 연습을 꾸준히 해야 한다. 하이브리드 교실을 활성화하고 음악, 미디어 · 기술이 적절한 균형을 이루기 위해서는 전문 지식이 중요한 열쇠이다.

음악, 미디어와 기술의 균형 맞추기

이 접근법에서 음악교사는 기술과 디지털 미디어가 교실에서 통합되는 방식과 관심, 분량에 관해 수시로 결정을 내린다. Dorfman(2013)은 교육자가 음악과 기술에 동등하게 관심을 갖도록 균형을 맞추거나 어느 하나를 선택하여 혼합할 수 있는지를 설명한다. 학습 목표와 학생들의 요구를 확인하는 것은 자신이 중요하게 가르칠 것을 결정하도록 알려 준다. 음악교육자들은 기술과 미디어 사용을 음악적 맥락에서 배치함으로써 기술 정보를 음악 개념, 요소, 원리를 다루는 교육과정의 측면과 연결할 수 있다. 이 장의 각 [장면]들을 읽고 기술 개발을 단원과 프로젝트에 끼워 넣을 수 있는 위치와 학생과 교육자의 목표, 그리고 필요에 따라 교수 · 학습에서의 강조점을 조정할 수 있는 방법을 고려해 보라. 예를 들어, 신시아 교사는 학생들이 음악 응용 프로그램을 사용하여 에코와 기타 효과를 조정하는 실습을 하게 함으로써 음향 기구 소리의 처리와 관련된 기술을 개발하도록 도울 수 있다. 기술과 미디어가 풍부한 학생 중심의 음악수업에서 가르치기 위해서는 미디어, 기술, 음악, 음악하기(musicking)의 문제를 어떻게 조화시킬 것인지를 결정하는 것이 매우 중요하다.

학습과 참여를 지원하고 촉진하기

[장면 5] 해파리! 신시아 교사의 하이브리드 음악수업에서 미시시피의 음악과 자연(2부)

신시아 교사는 학생들이 프로젝트에 반영된 텍스트 기반의, 또는 오디오 녹음 음악을 제출하고, 자연과 'Jellyfish(해파리)'를 어떻게 표현할지를 투사한 탐구 계획, 설명, 진전, 결정들을 제출하여 자신들이 하고 있는 일을 잠시 멈추고 체크하도록 하였다. 그녀의 이러한 수업은 학생들이 참여하고 학습한 것을 성찰하는 능력을 개발할 뿐만 아니라 학습한 것을 확인하도록 돕는 평가 유형을 포함하는 것이다. 신시아 교사는 이 정보로 자신의 수업을 알리기 위해 사용했지만 학생들의 학습 비계(Scaffolding)를 개선할 수 있다고 느꼈다. 그녀는 여전히 학생들에게 문제 해결 방법을 알려 주거나 질문을 하기 전에 습관적으로 기술적인 문제를 해결하는 방법을 시연하거나 무엇을 해야 할지를 알려 주곤 하였다. 또한 온라인 협업 문서에 대한 그녀의 요청이나, 프로젝트 진행 중에 학생들이 질문, 조언, 토론을 통해 학습과 이해를 돕고, 그들에게 작업과 활동을 방해하게 되는 시기가 언제인지 궁금했다. 신시아 교사는 컴퓨터에서 학생의 프로젝트 작업을 비디오 녹화하고 화면 캡처 소프트웨어 실행을 시도했다. 신시아 교사는 수업 시간에 학생들과 함께 이 [장면]을 검토하고 토의했다. 신시아 교사는 3년 동안 이런 식으로 가르쳤음에도 자신의 수업을 관찰하는 관리자가 왜 자신이 수업의 '지도교사'로서 선두에 있지 않은지 궁금해할까 봐 걱정했다.

기술과 디지털 미디어로 진행되는 개인 또는 소그룹 프로젝트에서 학생들의 학습 발달을 촉진하려면 지속적인 관찰 분석, 의사 결정과 조치가 필요하다. Dorfman (2013)은 교육자가 기술, 도구, 개념 또는 기술을 도입하는 과정을 다음과 같이 설명한다. 실질적인 지침을 통해 학생들이 기술적 측면을 탐구할 수 있는 시간을 제공하라. 학생들이 기술 관련 기술이나 지식을 계속 개발하도록 하라. 학생들이 앞으로 나아가는 데 어려움을 겪을 때 도움을 줘라(pp. 101-102). Choi와 Hannafin(1995)은 교육자들의 중요성을 '모형화, 비계(Scaffolding), 코칭, 안내와 조언, 협력, 변화, 인지 도구와 자원 사용(p. 61)'으로 기술하고 있다

학생들에게 필요한 정보를 제공하고 직접 수업지도에 참여하는 것이 유용할 수도 있지만, 이 접근법은 주로 교육자가 학생들의 참여를 촉진하고 학생들 스스로 이해와 의미 만들기에 도움이 되도록 요구한다(Boardman, 2002). 마찬가지로 Choi와 Hannafin(1995)은 교육자들이 학습자가 이해해야 하는 현상의 물리적 과정과 그들의 생각을 명확하게 하여 특정 과제에 참여하는 사고 과정을 모형화해야 한다고 제안한다. 이는 다음 [장면 6]에서 설명한 대로 프로젝트 전(前)이나 어느 시점에서 나타날 수 있다.

[장면 6] 루크 맥밀렌 교사의 미디 모형

학생들은 루크 맥밀렌 교사(Luke McMillen)가 학생이 연주한 기타 사운드를 조작하는 응용 프로그램에서 반향, 지연 및 필터 효과가 가능한 MIDI 컨트롤러의 노브(Knob)[9]를 돌리는 모습을 살펴본다. 그는 자신의 수업과정을 학생들에게 확실하

게 알려 주기 위한 생각이 떠오르기 시작했다.

소리가 바로 조금 작아진다. 현의 뜯기는 소리나 기타의 몸통에서 울려 퍼지는 소리의 일부를 강조하고 싶은가? 이 노브를 돌리면 어떻게 될까? 나는 그것을 좋아하지만 어택(attack)[10]은 여전히 반향음과 지연음으로 인해 사라진다. 이 노브를 왼쪽으로 움직여서 반향음이 덜 생기면 더 좋을 것 같다. 나는 뜯는 음과 멋진 에코 효과를 듣는다. 이 노브를 움직여 사운드를 필터링하는 동안 화면을 보고 결과물을 들으며 내가 필터링한 것을 관찰하고 있다.

이 과정에는 음색을 조정하는 데 관련된 사고 과정과 사운드를 수정하는 물리적 측면을 모형화하는 것이 포함된다. 음악교육자는 학생들이 평생 음악하기(musicking)와 관련된 기술을 개발하는 것을 도울 수 있는 기술 개발이나 기회를 놓치는 것에만 초점을 맞추기보다는 기술적이고 창조적이며 음악적인 문제들을 동시에 해결할 수 있다.

또한 교육자는 학생이 자신의 근접 발달 영역에 있는지 확인하기에 충분한 정보를 제공함으로써 학생의 학습과 발전을 위한 비계(Scaffolding)를 제공할 수 있다(ZPD, Vygotsky, 1978). 특정 상황의 도전이 다른 사람의 도움을 받아 너무 어렵거나 쉽지 않으면서 자신의 이해력과 기술 수준을 충족시킬 때 학생은 자신의 ZPD(근접 발달 영역)에 있는 것이다(Vygotsky, 1978). 학습의 사회적 본질은 Vygotsky의 ZPD 개념의 핵심 측면이다. 이는 교육자들이 학생들의 학습을 비계(Scaffolding)로 삼는 것을 포함한다. 학생들은 당면 과제나 문제를 통해 생각하도록 돕는 열린 질문과 닫힌 질문, 유도하는 질문들을 함으로써 학습의 비계(Scaffolding)를 마련할 수 있다(Allsup & Baxter, 2004). 이 과정은 학생들이 무엇을 배우고 있는지를 명확히 하는 데에 도움이 될 수 있다. 교육자는 학생들에게 다음과 같이 질문할 수 있다. 어떤 유형의 음색이 'Jellyfish(해파리)'의 움직임을 가장 잘 표현할까(열린 질문)? MIDI 컨트롤러의 이 노브(Knob) 기능은 무엇일까(닫힌 질문)? 또한 학생들은 "이 음색과 이전에

9) 역자 주: 음향기기 등의 음향조절용 둥그런 손잡이다.

10) 역자 주: 악구를 동시에 시작하는 것이다.

사용했던 음색을 어떻게 비교할 수 있을까?"라는 질문부터 시작하여 학생들과의 대화에서 일련의 유도 질문을 할 수도 있다. 적절한 유형의 질 좋은 질문들과 정보의 양을 결합하면 학생들이 앞으로 전진하고, 학습자와 음악인으로서 발전하며, 음악적 이해를 깊이 있게 하도록 도울 수 있을 것이다.

또한 음악교육자는 학생들을 가르치고 지도하며 조언할 수 있다(Choi & Hannafin, 1995). 이는 '학습자의 주의 끌기, 간과된 단계를 상기시키기, 힌트와 피드백의 제공, 수행하기 위한 도전과 구조화 방법, 추가적인 일, 문제 또는 문제적 상황들을 제공하는 것'이 포함될 수 있다(Choi & Hannafin, 1995, p. 62). 학생들이 기술과 디지털 미디어에 참여할 때 발생하는 문제와 과제를 감안할 때 교육자는 지침과 비계(Scaffolding), 직접적인 지도를 제공하거나 학생 스스로 문제를 해결할 수 있는 적절한 시기를 결정하는 것이 중요하다. 어린 학생들은 첨단 기술 문제를 이해하는 것보다 음악적 참여가 우선하는 상황에서 적절한 기술에 대한 지침이나 시연과 같은 추가 구조와 정보가 필요할 수 있다. 발달단계에 따라 적절한 미디어를 통합하여, 어린아이들이 사용하기 전에 장비를 설치하면 프로젝트의 가장 두드러진 측면에 관심을 집중시키는 데 도움이 될 수 있다.

비계(Scaffolding)로서의 기술과 디지털 미디어의 역할

일부 기술과 디지털 미디어에는 지도서나 정보의 시각적 표현과 같은 비계(Scaffolding) 기능이 포함되어 있지만 학생들은 기술과 미디어를 비계(Scaffolding)로 사용하여 사고와 행동을 전달할 수 있다. 기술과 미디어는 앞서 논의한 의미 만들기를 통해 학생들의 학습의 비계(Scaffolding)가 될 수 있다. 예를 들어, 다이내믹의 정도와 프로덕션 소프트웨어의 시각적 표현과 관련이 있는 MIDI 컨트롤러의 슬라이더를 물리적으로 움직여 학생들이 다이내믹이나 음악을 녹음하여 '믹싱'[11]하고 '밸런스'[12]를 맞추는 이해력을 개발할 수 있다. 이 경우 기술과 미디어는 학생들이

---

11) 역자 주: 음원 녹음 및 리프로덕션 작업에서 오디오 믹싱(Audion Mixing) 또는 믹스다운(Mixdown)을 말하며, 별도로 녹음된 여러 개의 개별 음원을 하나 또는 다수의 채널로 합성하여 스테레오 음향으로 변환하는 관정을 의미한다.

12) 역자 주: 소리의 음향적 균형을 맞추는 것을 의미한다.

보는 것과 듣는 것을 직접 연결하도록 지원한다. 기술과 매체를 통한 사고의 개념은 때로는 분산인지(distributed cognition)라고도 일컫는다(Hollan, Hutchins, & Kirsh, 2000).

분산인지(distributed cognition)는 다른 사람, 자원이나 대상이 내부적으로나 외부적으로 상호작용함에 있어 마음을 초월한 인지라고 할 수 있다. 즉, 인지가 구체화되었음을 말한다(Hollan et al., 2000). 다른 말로 하면, 분산인지(distributed cognition)의 개념은 학생들이 타인과의 상호작용과 학습 과정에서의 환경을 요인으로 들 수 있다. 이전 예에서 학생이 미디 장치에서 움직이는 슬라이더를 탐구하여 프로덕션 소프트웨어를 통해 녹음된 트랙의 다이내믹 레벨을 조정하고, 결과물을 듣고 컴퓨터 화면의 레벨 변화를 관찰하면서 발생하는 관련 문제들을 해결하거나 결정하는 것을 분산인지(distributed cognition)라 할 수 있다. 이런 방식으로 '밸런스'에 대한 이해를 높이는 것은 교사가 '밸런스'라는 용어를 정의하고, 부분들을 '밸런스'하는 방법을 설명하고, 학생들이 밸런스에 대한 지식을 테스트하는 접근법과는 대조될 수 있다. 전자의 예에서 MIDI 컨트롤러, 음악 소프트웨어, 그래픽 디스플레이와 같은 기술은 학생들의 이해력 향상의 비계(Scaffolding)가 되었다. 이전 항(項)에서 논의했듯이, 이러한 유형의 참여는 교육자의 지도나 동료들과 전문 프로듀서나 오디오 엔지니어와 같은 다른 사람들과 협력함으로써 더욱 지원될 수 있다.

또는 분산인지의 관점은 또한 사고와 인식, 행동에 있어 문화와 맥락을 중요하게 고려한다. 또한 분산인지는 학생들의 학습과 음악하기(musicking)를 위한 시간과 생각이 필요한 작업들을 수행 도구로 사용하기도 한다. 예를 들어, 두 가지 다른 노래를 비교할 때 학생들은 음악 응용 프로그램의 기능을 활용하여 음악적인 면을 시각화하거나 빠르기(tempo)나 조성(key)과 같은 정보를 제공할 수 있다. 교육자는 이러한 접근법이나 기술 지원 없이 그러한 정보를 식별하는 작업이 학생들에게 언제 더 유익한지를 결정할 수 있다.

다른 경우 학생들은 위키백과, 소셜 북 마크, 웹 사이트와 같은 커뮤니티 데이터베이스를 참조하여 선별된 자료들을 활용하여 작업을 진행할 수 있다(Scardamalia & Bereiter, 1994). Scardamalia와 Bereiter, 1994는 "비슷한 네트워킹 도구와 통신 시스템을 활용함으로써 '교사가 설명하고, 학생이 응답하며, 교사가 평가하는 수업모형'에서 교사와 학생이 서로 도움을 주는 분산모형으로 전환할 수 있다."(p. 276)라고 주장한다. 학생들이 도움이 필요할 때 댓글에 이름을 추가하는 웹 기반이나 물리적 자원은 또래 지도라는 교실 문화를 지원하면서 음악교육자가 가장 필요한 장소에서 평가할 수 있도록 도와준다. 웹 기반 협업 도구는 학생들의 참여를 교실 환경 이상으로 확장할 수 있으며, 잠재적으로는 당면한 수업 이외의 다른 것들도 포함할 수 있다(Ruthmann & Hebert, 2012).

하이브리드 접근법에서의 평가

프로젝트 전반을 평가하면 교육자의 교수법적 결정과 행동을 알리고 학생들의 성장과 학습에 대한 증거를 제시할 수 있다. 이것은 학생들의 참여를 관찰하는 것에서부터 그들의 도전과 성공, 이해력 개발을 분명히 할 수 있는 방법까지 다양하다. 어떤 사람들은 프로젝트를 평가 그 자체로 간주할 수도 있지만, 교육자와 학생들은 프로젝트 전반에 걸쳐 학생들의 음악하기(musicking)와 학습의 풍부함을 보여 주는 진정한 음악적 맥락에서의 지속적인 평가 전략에 참여할 수 있다(Eisner, 1993). 평가에 대한 이러한 접근법은 음악적 맥락에서 분리된 별도의 과제나 학생들이 배워 설명하기 위해 주어진 시험과는 구별된다. 이 장에서 평가 방법이 어떻게 [장면]들에 포함되거나 덧붙여질 수 있을지를 생각해 보자.

예를 들어, [장면 4]에서 크리스 포스터 교사는 학생들이 논쟁과 토론을 하도록 고무하였다. 이 과정은 학생들이 문제에 대해 직접 생각할 수 있도록 잠재적 도움을 받는 동시에 형성 평가의 유형으로 이해력의 정도를 보여 줄 수 있다. 크리스 포스터 교사의 '~을 만들기(The Making of _ _)'에 대한 수행기록은 학생들이 프로젝트 작업과 관련된 방식으로 배우는 것과 사람들이 사회에서 음악과 미디어에 참여하는 방식을 보여 줄 수 있는 종합 평가로서의 역할을 한다. [장면 5]에서 신시아 교사는 학생들이 프로젝트, 진행, 음악적 결정, 도전과 관점에 대한 계획과 의견을 제출함으로써 '확인'하기 위해 무엇을 하고 있는지 잠시 멈추도록 한다. 이러한 유형의 형성 평가는 학생들이 자신의 과정과 학습을 반영하도록 돕는 동시에 교사에게 풍부한 정보를 제공할 수 있다. [장면 5]에는 학생들이 진행 중인 프로젝트의 녹음을 토론하여 이해 정도를 확인하고 심화시키는 형태의 평가도 포함된다. 디지털 미디어는 학생들이 사운드클라우드(Soundcloud)와 같은 플랫폼을 사용하여 오디오 파일에 의견을 포함시키는 것에서부터 프로젝트 전·후 과정에서 알게 되거나 의심이 되는 것을 보여 주는 협업 마인드 맵 만들기에 이르기까지 프로젝트의 광범위한 평가를 지원할 수 있다.

이러한 참여가 학생들의 참여나 프로젝트 작업의 흐름을 방해하게 되는 경우, 하이브리드 수업에서 형성 평가를 하는 것이 어려울 수도 있다. 때로는 음악교육자가 도움이 된다는 평가가 학생들에게 좌절감을 줄 수도 있다. 교육자는 평가의 균형을 맞추고 학생들이 프로젝트 흐름을 유지하면서 자신이 하고 있는 것을 만들거나 확실하게 학습하도록 한다. 시험과 퀴즈는 종합 평가의 형태로 하이브리드 수업에 포함될 수도 있지만, 교육자는 학생들의 학습이 음악적 맥락에서 자신의 삶에 의미 있고 잠재력을 지닌 방법으로 확실한 학습을 할 수 있도록 사려 깊고 독창적인 평가를 설계하여야 할 것이다. 프로젝트가 일종의 포괄적인 평가로서 제시된다면 이러한 점에서 도움이 될 수도 있다. 통합적인 다양한 유형의 평가를 수업 중이나 수업 외의 다른 시점에서 적용하는 것이 필요할 수도 있다. 여기에서 학생들이 자기 평가와 동료 평가에 참여할 수 있는 기회를 제공하는 것이 포함된다. 이러한 방법으로 하이브리드 수업은 개인과 학습 공동체로서의 성장과 발전을 할 수 있도록 학생들을 지원한다.

디지털 포트폴리오는 여러 형식으로 작업, 반성 및 다양한 멀티미디어 평가를 기록함으로써 시간이 지남에 따라 학생들의 성장을 기록하는 구조를 제공할 수 있다 (Campbell & Brummett, 2002). 학습과 학습 과정을 강조하는 포트폴리오는 교육자와 학생 피드백을 통해 진행 중인 작업의 예부터 음악인과 학습자로서의 학생 성장에 대해 반영한 진술에 이르기까지 형성평가로 기록된다. 학생들과 교육자는 작품 포트폴리오에 포함될 대표적인 성장 내용을 선택할 수 있다. 이와 같은 특수한 형태의 수업이나 음악 프로그램 웹 사이트는 교실에서 일어나는 일과 학생들이 배우는 것을 보여 주는 풍부한 사례를 보여 줄 수 있다.

나아가며

비록 이 접근법이 적합한 음악 교수법과 잘 맞지 않는다 하더라도 핵심적인 것은 기술, 미디어, 음악, 음악하기 그리고 사회가 진화하고 있는 환경에서의 학생들을 학습자와 음악인으로서 인정한다는 것이다. 이 접근법의 하이브리드, 유동성과 유연성은 학생들의 다각적이고 다양하며 복합적인(hyphenated) 음악성을 개발하도록 지원하는 방법으로 기술과 디지털 미디어를 배치한다(Tobias, 2012a). 이는 음악을 이해하고 활동하는 다른 방법으로 음악 교수 · 학습 방법을 구조화하는 대안을 제공한다. 학생들의 복합적인(hyphenated) 음악성은 유연하고 진화하는 것으로 간주되어야 한다. 따라서 학생들의 기술과 디지털 미디어와의 상호작용은 평생 탐구학습과 음악 참여의 토대를 마련하게 될 것이다.

이 접근법은 학생들이 음악적 맥락과 관련된 성찰에 참여함으로써 음악적 이해를 높이도록 해 준다(Boardman, 2002; 3장 참조). 음악적 개념과 원칙은 학생들이 디지털 미디어와 기술의 상호작용, 단원 및 프로젝트에 몰두함으로써 만들어지는 것이다. 음악교육자는 학생들 자신이 참여하고 적절한 시기에 음악과 음악하기(musicking)의 이러한 측면을 도입함으로써 개념과 원칙에 대한 학생들의 주의를 집중시키는 핵심적인 역할을 한다. 또한 학생들이 미디어와 음악에 대한 참여를 알리는 데 비판적으로 생각하도록 도울 수 있다. 하이브리드 교실을 촉진시키려면 음악교육자들이 상상력을 발휘하여 지속적인 연구와 학습에 참여하여야 한다. 이 접근법을 시행하는 것은 창의적이고 표현력이 풍부한 음악인으로 성장하면서 학생들과 협력하여 가르치고 배우는 것을 의미한다. 이는 가능성을 찾고, 세상에서 의미를 만들고 존재하기 위한 방법으로서 음악과 음악하기(musicking)의 잠재력을 실현하는 것을 의미한다.

미주

1. 포함된 [장면]은 경험적 발견에 근거한 것이 아니라 오히려 교육자의 가르침과 개념의 형성을 위한 필자의 경험을 복합적으로 설명하여 만든 것이다.
2. Morton은 음악교육에서 여성들에게 설명하기 위하여 '추가와 저어 주기' 개념으로 논의하였다.
3. 수업 시간에 '도움이 필요함'이라는 목록을 통합한 음악교육자인 Abigail Van Klompenberg는 이 장에서 설명한 온라인 버전에 영감을 얻었다. 비슷한 클래스 설정에서 기술을 사용한 비계(Scaffolding)의 추가 예는 Tobias, Van Klompenberg와 Reid(언론에서)를 참조하시오.

4 특히 Helm과 Katz(2011) 그리고 Katz와 Chard(2000)의 연구는 어린아이들을 위한 프로젝트 접근법에 대한 심층적인 설명을 제공한다.

5 Koehler와 Mishra(2008)는 처음에는 약어 TPCK를 사용했지만 이후 이를 TPACK로 바꾸었다.

6 'All Day'를 시각화한 사이트 mashupbreakdown.com은 더 이상 존재하지 않는다.

참고문헌

@brahn. (n.d.). *Mashup breakdown.* Retrieved from http://mashupbreakdown.com/

Allsup, R. E., & Baxter, M. (2004). Talking about music: Better questions? Better discussions! *Music Educators Journal, 91*(2), 29-33.

Barrett, M. (1997). Invented notations: A view of young children's musical thinking. *Research Studies in Music Education, 8*(1), 89-106.

Barton, D., & Hamilton, M. (2000). Literacy practices. In D. Barton, M. Hamilton, & R. Ivanic (Eds.), *Situated literacies: Reading and writing in context* (pp. 7-15). London, United Kingdom: Routledge.

Bauer, W. I. (2010). Your personal learning network: Professional development on demand. *Music Educators Journal, 97*(2), 37-42.

Bauer, W. I. (2013). The acquisition of musical technological pedagogical and content knowledge. *Journal of Music Teacher Education, 22*(2), 51-64.

Bimber, B. (1994). Three faces of technological determinism. In M. R. Smith & L. Marx (Eds.), *Does technology drive history: The dilemma of technological determinism* (pp. 79-100). Cambridge, MA: MIT Press.

Bjork. (n.d.). *Discography biophilia.* Retrieved from http://wwwbjork.com/#/past/discography/biophilia

Blair, D. V. (2008). Do you hear what I hear? Musical maps and felt pathways of musical understanding. *Visions of Research in Music Education, 11,* 1-23.

Boardman, E. (2002). The relationship of musical thinking and learning to classroom instruction. In E. Boardman (Ed.), *Dimensions of musical learning and teaching: A different kind of classroom* (pp. 1-20). Reston, VA: MENC.

Buckingham, D. (2003). *Media education: Literacy, learning and contemporary culture.*

Cambridge, United Kingdom: Polity Press.

Buckingham, D. (2008). Defining digital literacy: What do youg people need to know about digtal media? In C. Lankshear & M. Knobel (Eds.), *Digital literacies: Concepts, policies and practices* (pp. 73-89). New York, NY: Peter Lang.

Burnard, P. (2011). Educational leadership, musical creativities and digital technology in education. *Journal of Music, Technology, and Education, 4*(2 & 3), 157-171.

Campbell, M. R. (1995). Interdisciplinary projects in music. *Music Educators Journal, 82*(2), 37-44.

Campbell, M. R., & Brummett, V. M. (2002). Professional teaching portfolios: For pros and preservice teachers alike. *Music Educators Journal, 89*(2), 25-30, 57.

Choi, J.-I., & Hannafin, M. (1995). Situated cognition and learning environments: Roles, structures, and implications for design. *Educational Technology Research and Development, 43*(2), 53-69.

Dammers, R. J. (2012). Technology-based music classes in high schools in the United States. *Bulletin of the Council for Research in Music Education, 194,* 73-90.

Dorfman, J. (2013). *Theory and practice of technology-based music instruction.* New York, NY: Oxford University Press.

Eisner, E. W. (1993). Reshaping assessment in education: Some criteria in search of practice. *Journal of Curriculum Studies, 25*(3), 219-233.

Gibson, J. J. (1986). *The ecological approach to visual perception.* Hillsdale, NJ: Lawrence Erlbaum Associates.

Guitierrez, K. D., Baquedano-Lopez, P., & Tejada, C. (1999). Rethinking diversity: Hybridity and hybrid language practices in the third space. *Mind, Culture, and Activity, 6*(4), 286-303.

Gustavson, L. (2007). *Youth learning on their own terms: Creative practices and classroom teaching.* New York, NY: Routledge.

Helm, J. H., & Katz, L. G. (2011). *Young investigators: The project approach in the early years* (2nd ed.), New York, NY: Teachers College Press.

Hollan, J., Hutchins, E., & Kirsh, D. (2000). Distributed cognition: Toward a new foundation for human-computer interaction research. *ACM Transactions on Computer-Human Interaction, 7*(2), 174-196.

Hugill, A. (2008). *The digital musician.* New York, NY: Routledge.

Jennings, K. (2007). Composing with graphical technologies: Representations, manipulations, and affordances. In J. Finney & P. Burnard (Eds.), *Music education with digital technology* (pp. 76-94). London, United Kingdom: Continuum International Publishing Group.

Katz, L. G., & Chard, S. C. (2000). *Engaging children's minds: The project approach* (2nd ed.). Stamford, CT: Ablex.

Kerchner, J. L. (2009). Drawing middle-schoolers' attention to music. In J. L. Kerchner & C. R. Abril (Eds.), *Musical experience in our lives: Things we learn and meanings we make* (pp. 183-198). New York, NY: Rowman & Littlefield Education.

Koehler, M. J., & Mishra, P. (2008). Introducing TPCK. In AACTE Committee on Innovation and Technology (Ed.), *Handbook of technological pedagogical content knowledge (TPCK) for educators* (pp. 3-29). New York, NY: Routledge.

Koschmann, T. D., Meyers, A. C., Feltovich, P. J., & Barrows, H. S. (1994). Using technology to assist in realizing effective learning and instruction: A principled approach to the use of computers in collaborative learning. *Journal of the Learning Sciences, 3*(3), 227-264.

Livingstone, S. (2010). Digital learning and participation among youth: Critical reflections on future research priorities. *International Journal of Learning and Media, 2*(2-3), 1-13.

Mitchell, W. J. T., & Hansen, M. B. N. (2010). Introduction. In W. J. T. Mitchell & M. B. N. Hansen (Eds.), *Critical terms for media studies* (pp. vii-xxii). Chicago, IL: University of Chicago.

Morton, C. (1994). Feminist theory and the displaced music curriculum: Beyond the "add and stir" projects. *Philosophy of Music Education Review, 2*(2), 106-121.

Muller, J. (2000). *Reclaiming knowledge: Social theory, curriculum and education policy*. Florence, KY: Routledge.

Office of Vocational and Adult Education. (2012). *Investing in America's future: A blueprint for transforming career and technical education*. US Department of Education. Retrieved from http://www2.ed.gov/about/offices/list/ovae/pi/cte/transforming-career-technical-education.pdf

Partti, H. (2012). Cosmopolitan musicianship under construction: Digital musicians illuminating emerging values in music education. *International Journal of Music*

Education [Online], 1-16.

President's Council of Advisors on Science and Technology. (2010). Prepare and inspire: K-12 education in science, technology, engineering, and math (STEM) for America's Future. Retrieved from http://www.whitehouse.gov/administration/eop/ostp/pcast/docsreports

Reimer, B. (2003). *A philosophy of music education: Advancing the vision* (3rd ed.). Upper Saddle River, NJ: Pearson Education.

Robertson, R. (1995). Glocalization: Time-space and homogeneity-heterogeneity. In M. Featherstone, S. Lash, & R. Robertsen (Eds.), *Global modernities* (pp. 25-44). Thousand Oaks, CA: Sage.

Ruthmann, S. A., & Hebert, D. G. (2012). Music learning and new media in virtual and online environments. In G. E. McPherson & G. F, Welch (Eds.), *The Oxford handbook of music education* (Vol. 2, pp. 567-584). New York, NY: Oxford University Press.

Savage, J. (2005). Information communication technologies as a tool for re-imagining music education in the 21st century. *International Journal of Education and the Arts, 6*(2).

Savage, J. (2007). Pedagogical strategies for change. In J. Finney & P. Burnard (Eds.), *Music education with digital technology* (pp. 142-155). New York, NY: Continuum.

Savage, J. (2012). Driving forward technology's imprint on music education. In G. E. McPherson & G. F. Welch (Eds.), *The Oxford handbook of music education* (Vol. 2, pp. 492-511). New York, NY: Oxford University Press.

Scardamalia, M., & Bereiter, C. (1994). Computer support for knowledge-building communities. *Journal of the Learning Sciences, 3*(3), 265-283.

Shuler, S. C. (2011). Music education for life: Building inclusive, effective twenty-first century music programs. *Music Educators Journal, 98*(1), 8-13.

Shulman, L. S. (1986). Those who understand: Knowledge growth in teaching. *Educational Researcher, 15*(2), 4-14.

Snyder, I., & Bulfin, S, (2007). Digital literacy: What it means for arts education. In L. Bresler (Ed.), *International handbook of research in arts education* (pp. 1297-1310). Dordrecht, Netherlands: Springer.

Swanwick, K. (1999). *Teaching music musically.* New York, NY: Routledge.

Théberge, P. (1997). *Any sound you can imagine: Making music/consuming technology.*

Hanover, NH: Wesleyan University Press.

Thibeault, M. (2011). Learning from looking at sound: Using multimedia spectrograms to explore world music. *General Music Today, 25*(1), 50-55.

Tobias, E. (2010). *Crossfading and plugging in: Secondary students' engagement and learning in a songwriting and technology class* (PhD dissertation, Northwestern University). Retrieved from ProQuest Dissertations and Theses. (3402496)

Tobias, E. S. (2012a). Hybrid spaces and hyphenated musicians: Secondary students' musical engagement in a songwriting and technology course. *Music Education Research, 14*(3), 329-346.

Tobias, E. S. (2012b). Let's play! Learning music through video games and virtual worlds. In G. McPherson & G. Welch (Eds.), *Oxford handbook of music education* (Vol. 2, pp. 531-548). Oxford, United Kingdom: Oxford University Press.

Tobias, E. S., VanKlompenberg, A., & Reid, C. (in press). *Reflecting on changes in practice through integrating participatory culture in our classrooms.* Mountain Lake Reader.

Upitis, R. B. (1992). *Can I play you my song? The compositions and invented notations of children.* Portsmouth, NH: Heinemann.

Veblen, K. K., McCoy, C. W., & Barrett, J. R. (1995). Where did you come from? Where do you go? Searching for context in the music curriculum. *Quarterly Journal of Music Teaching and Learning, 6,* 46-56.

Vygotsky, L. S. (1978). *Mind in society: The development of higher psychological processes.* Cambridge, MA: Harvard University Press.

Warschauer, M., & Ware, P. (2008). Learning, change, and power: Competing frames of technology and literacy. In J. Coiro, M. Knobel, C. Lankshear, & D. J. Leu (Eds.), *Handbook of research on new literacies* (pp. 215-240). New York, NY: Taylor and Francis.

Webb, M. (2010). Re viewing listening: "Clip culture" and cross-modal learning in the music classroom. *International Journal of Music Education, 28*(4), 313-340.

Webster, P. R. (2011). Key research in music technology and music teaching and learning. *Journal of Music Technology and Education, 4*(2 & 3), 115-130.

Williams, D. A. (2007). What are music educators doing and how well are we doing it? *Music Educators Journal, 94*(1), 18-23.

제7장

달크로즈 접근법
구체화된 탐색을 통한 음악 경험과 인식

Marja-Leena Juntunen 저 / 윤종영 역

도입

19세기 후반, 제네바 음악원(Geneva Conservatory)의 화성과 솔페즈(Solfége) 전공 교수인 스위스 작곡가 Émile Jaques-Dalcroze(1865~1950)는 음악교육 실습에 대한 문제를 발견하고 달크로즈(Dalcroze) 접근법을 시도하였다. 그는 왜 음악이론을 학생들의 감정, 감각, 경험으로부터 분리되어 추상적으로 가르치고, 학생들이 표현, 이해, 감수성 없이 기계적으로 수행하는지에 관심을 기울였다. 초기 음악교육 환경에서 아이들은 주로 연주하고 노래하도록 가르쳐졌고, 듣고 감상하도록 배우지 않았다. 달크로즈는 듣기 훈련에 사용할 수 있는 교재가 없다는 것을 알아냈다. 악보 읽기, 기보, 즉흥연주 활동들은 듣기의 도움 없이 이루어져 왔다. 음악교육의 결점과 학생들에게서 발견되는 음악적 · 신체적 · 정서적 문제들은 그로 하여금 당시의 음악교육 철학과 교수법의 논쟁이 되었다(Jaques-Dalcroze, 1935). 그때부터 Jaques-Dalcroze는 음악교육에 헌신하여 이를 개혁하기 위하여 학생들의 듣기 능력, 특히 '내청력(內聽力)'을 길러 단순히 악기 연주를 가르치는 것이 아니라 음악성

을 기를 수 있도록 하였다. 나아가, 그는 "오로지 듣기뿐인 음악적 지각은 불완전하다."(Jaques-Dalcroze, 1921/1980, p. viii)라는 생각에 이르기까지 되었으며 음악적 감각, 특히 리듬적 특성이 전신의 반응을 요구한다고 믿었다. 그는 마음과 몸의 조화가 음악적 리듬을 강화시킬 수 있다고 주장했다. 따라서 이에 따라 그는 신체와 정신이 통합된 음악교육 접근법을 추구했다. 전체로서의 개인을 포함하며 특히 음악에 참여하는 사람의 재능을 (청각적 · 시각적 · 촉각적 · 운동 감각적) 개발하고 다듬는 것을 목표로 하는 접근 방식이다.

그의 교수법적 노력에서, Jaques-Dalcroze는 학생들의 음악적 경험과 이해력이 더 구체화되도록, 즉 지각적으로나 신체적으로 생생한 경험에 뿌리를 두도록 신체 움직임을 적용하기 시작했다. Jaques-Dalcroze의 교육학적 실험은 진보하였으며, 1903년부터 1905년까지 유럽 전역에서 여러 저항에도 불구하고 성공한 아이디어로 제시되었다. 청중들은 Jaques-Dalcroze에게 그의 아이디어를 기록하라고 요구하였다. 그 결과, 1906년, 그는 『달크로즈 방법론(Methode Jaques-Dalcroze)』을 발간하였다. 이 접근법은 처음에는 '체조리드믹(gymnastique rythmique)'와 '플라스틱 리드믹(plastique rythmique)' 또는 간단히 '리드믹(rythmique)'이라고 불리웠다. 이후 버밍엄대학교의 John Harvey가 유리드믹스(eurhythmics)라는 이름으로 부르기 시작하였으며, 이 용어는 지금까지 전 세계에 적용되어 교수법 전체를 지칭하기도 하였다(Ingham, 1920). 그러나 리드믹스(rhythmics)라는 용어가 접근법 영역들 중 하나로만 지칭되어 사용될 때 자주 혼동이 된다. 덧붙여서, 유리드믹스는 Rudolf Steiner 교수법의 '유리드미(eurythmy)'와 잘못 연결되기도 한다. 따라서 유리드믹스라는 명칭은 음악적-교육적 실행에서 요구하는 명확성이 결여되어 있어 이 장에서는 다루지 않을 것이다.

달크로즈 접근법: 개요

Jaques-Dalcroze(1945/1981)에 따르면 유능한 음악가에게 필수적인 리듬 감각, 청각적 기교, 자발적 표현 같은 능력들을 향상시키는 것이 달크로즈 교수법의 목표이다. 따라서 이 접근법은 넓은 관점에서 음악성을 개발하는 것에 초점을 맞추며 다른 음악 연구를 지원하고 완성하도록 한다. 달크로즈 교수법은 주로 그룹으로 진행된다. 그룹 활동에서 학생들은 즉흥적이고, 녹음 음악 또는 성악 음악, 때로는 음악이 전혀 없는 공간에서 움직인다. 달크로즈 연습을 통해 다양한 음악(예: 원시음악, 클래식 음악, 민족 음악, 민속 음악, 팝, 록, 랩, 헤비메탈, 소울, 재즈 음악)을 사용하고 연구할 수 있다(Chung, 2003; Phuthego, 2005 참조). 온몸의 움직임을 통해 음악을 느끼고 경험하며 표현하고, 참가자가 서로 듣고, 느끼고, 이해하며, 앎을 움직임으로 표현한다. 움직임은 동시에 개인적 · 사회적 · 음악적 발견의 수단이며 분석을 위한 도구이다. 이 접근법은 모든 사람이 개인적 활동방식을 가지고 있다고 가정하므로 움직임은 개성과 개인적 특성을 나타낸다. 결과적으로 움직임과 경험의 특성들은 학습에 결정적인 역할을 한다. 달크로즈 교수법에서 주요 목표는 음악적 표현과 창의성을 장려하고, 학생들이 자신의 아이디어와 창조물을 신뢰하도록 유도하며, 자신의 몸이 표현력 있는 악기라는 것을 발견하도록 돕는 것이다.

달크로즈 교수법에서 영감을 받은 수업 활동에는 다음과 같은 움직임 범주가 있다(Abril, 2011, p. 104). 그것은 기능적(예: 손동작으로 보여 주는 음높이), 리듬적 · 창의적 · 극적, 그리고 춤 등이다. 공간에서의 몸 전체 움직임과 관련 있는 것은 듣기, 음악 요소(예: 빠르기, 리듬, 박자, 프레이즈, 형식, 복합 리듬, 셈여림, 화음) 학습하기, 움직임의 자동화 개발하기, 물품/공/막대기와 같은 소품으로 작업하기, 시간/공간/에너지 관계 탐구하기, 발명하고, 해석하고, 표현하는 역량 개발하기 등이다. 전형적인 연습에 포함되는 것은 '따라 하기' 연습(예: 녹음된 음악의 빠르기 또는 교사가 즉흥적으로 연주할 때 동시에 정확한 리듬으로 따라 걷기), '빠른 응답' 연습[예: 음악의 신호나 변화에 반응하기, 예를 들면, 교사가 '뛰어(Hop)!'라고 말하면 걷는 방향을 바꾸기], '방해된 캐논'('에코'라고도 함) 연습, 그리고 생각, 감정, 행동과의 신속하고 직접적인 의사 소통을 필요로 하는 '캐논' 연습[1] 등이다. 특히, 빠른-반응 연습들은 정신적이고 육체적인 기민함, 통제력, 기억력을 개발하기 위해 특별히 고안되었다.

연구와 상호 관련된 영역들

이 접근법은 3가지의 상호 관련된 연구 분야인 리드믹스, 솔페즈(청각 훈련)와 즉흥연주를 포함한다. '플라스틱 애니메(Plastique animée),즉 '신체 움직임을 통한 음악 이해'는 그 자체로 한 분야이면서 이에 수반되는 훈련이라고도 여겨진다. 교사교육에서 자주 나타나는 경우로 다른 영역들은 분리하여 가르쳐질 수도 있지만 일반적으로 달크로즈 교수법은 여러 분야가 서로 혼합되고 상호 작용하는 하나의 교육과정상의 분야들을 통합한다. 다음 네 개의 항(項)은 4개의 연관된 분야, 구체적으로 말하자면, 리드믹스와 리듬감, 솔페즈와 듣기 훈련, 즉흥연주와 자발적 표현 능력, 플라스틱 애니메와 운동 감각적 인식과 실제적 목표를 검토한다.

리드믹스와 리듬감

리듬 훈련의 목적은 신체의 자연적인 리듬을 조절하고,
자동적으로 뇌에서 명확한 리듬 이미지를 만드는 것이다.
Jaques-Dalcroze(1921/1980, p. 152)

Jaques-Dalcroze(1945/1981)에게 리듬감을 갖는다는 것은 움직임 사이에서의 공간/시간을 느끼거나 '감지'할 수 있는 능력을 의미하며, 움직임에서 시간, 공간, 에너지 요소의 변화를 제어할 수 있는 능력과 연결되는 것이다. 리듬감은 리드미컬한 움직임에서 나타나며, 차례로 음악연주의 리듬적 표현에 영향을 준다. Jaques-Dalcroze는 모든 어린이의 리듬감은 반복적인 연습으로 개발될 수 있다고 확신했다(Jaques-Dalcroze, 1921/1980).

Jaques-Dalcroze는 음악, 특히 리듬적 요소는 원래 신체 움직임에 기원을 두고 있으며 본래부터 신체적이라고 주장한다. 따라서 그는 신체 움직임을 통해 리듬감을 개발하는 것이 가장 자연스럽다고 말한다. 달크로즈 교수법에서 학생들은 신체 움직임의 리듬을 알아 가게 되고, 음악의 리듬을 인식하며, 움직임에서 그것을 깨달아 결과적으로 정신적으로나 육체적으로 리듬을 읽고, 표기하며, 창조할 수 있도록 한다(Jaques-Dalcroze, 1921/1980). 특히 박자 감각을 개발하기 위해 달크로즈 교수법은 학생들이 일정한 박(拍)으로 공간 안에서 걷는 것부터 시작하는데, 더 나아가 즉흥 음악이나 노래의 박자에 맞춰 걸어가는 경험을 하도록 한다. 걷는 지각을 통해 맥박을 발견할 수 있으면 걷기에서 악센트(예: 무릎을 구부리거나 방향을 바꾸거나 가볍게 두드림)를 실현함으로써 리듬의 다양한 박(拍)을 연습할 수 있다. 걷는 것은 선천적이고 강렬하며 지속적인 리듬 운동으로 강렬하게 자동화되어 있어서 의식적으로 움직임을 지시하거나 다른 것을 시작하기 위해 생각할 필요가 없다는 것을 의미한다(Wallen, Kiehn, El Manira, & Grillner, 2007). 또한, 처음부터 빠르기와 셈여림의 변화가 활동에 통합되어 있다. 걷기가 보다 자연스러울 수 있기 때문에 박수 치기나 팔로 박(拍)을 표현하기 같은 다른 작업을 이미 기초 수준에서 동시에(이중 작업) 통합할 수 있다. 달리기, 건너뛰기, 질주하기, 깡충 뛰기(hopping), 흔들기 같은 익숙한 제스처와 움직임을 통해 여러 가지의 기본적인 리듬과 박자를 추가할 수 있다.

리듬 연습에서 음악과 신체 움직임이 본질적으로 연결되어 있다는 주장을 토대로 신체 움직임은 음악 듣기와 결합된다. 특히 처음에는 움직임이 단순하고 자연스럽게 유지된다(예: 걷기, 걸음걸이, 박수 치기와 손짓 등). 점차적으로, 운동 언어는 전신 운동의 스타일과 표현력에 더 많은 관심을 기울임으로써 풍성해진다. 수업에서 교사는 리듬 패턴을 반복하도록 하여 학생들이 움직임을 통해 깨닫고 탐구하고 인식하고 기억하도록 해야 한다. 최종적으로 교사는 같은 현상이 제시되거나 포함되어 있는 음악 작품을 소개할 수도 있다. 예를 들어, 8분음표, 4분음표와 2분음표를 탐구하기 위해 다양한 연습(박수 치기, 걷기 또는 움직임이나 말하기, 에코로 나타내기)을 한 후 학생들은 "Frere Jacques"라는 노래를 부르고 특정 신체 부위를 각 음표의 길이대로 밟거나 두드려 음고와 리듬을 표현한다. 어깨를 8분음표로, 가슴을 4분음표, 허벅지를 2분음표로 할 수 있다. 그 대신에 이 과정을 음악에 따라 시작할 수도 있다.

이 접근법에서 움직임은 음악의 다양한 특성을 탐구하고 표현하는 데에 사용된다. Jaques-Dalcroze(1921/1980)는 시간과 공간, 에너지를 포함하는 신체 운동의 관계가 음악적 표현과 대응한다고 주장한다. 리듬 운동 훈련에 있어 학생들은 특정 공간 움직임에 필요한 시간과 에너지를 경험하고 인식하며 이러한 요소들이 음악의 요소들과 어떻게 관련되는지를 이해한다. 다양한 리듬 요소 외에도 빠르기와 셈여림의 느낌뿐만 아니라 음악의 형식이나 스타일이 신체를 통해 이해될 수 있다. 신체를 이용하여 연습함으로써 소리의 모든 표현적 특질 안에 있는 매우 미묘한 느낌들까지도 구별하는 법을 배울 수 있다.

실제 수업에서 교사는 학생들이 자신이 들은 음악, 예를 들어 음악적인 어떤 측면에서 직접적으로 지향하고 주목한 것을 자유롭게 동작으로 표현하도록 요구할 수 있다. 특정 음악이나 음악적 아이디어에 대한 정해진 동작은 없다. 반면, 교사가 음악적인 아이디어를 설명하고 학생들의 이해력을 강화하고자 하는 형식이나 적절한 동작을 탐색하는 것은 교사의 전문적 능력이다. 학생들이 교사의 지시에 따라 움직인다 하더라도, 움직임 자체는 학생이 들은 것을 반영하는 음악에 대한 자발적이며 본능적인 반응이다. 결과적으로 동일한 음악으로 동일한 활동을 함께하는 학생 간에도 극단적으로 다양한 움직임이 있을 수 있다. 일반적으로 이 접근법은 고정 관념과 기계적 움직임의 조장을 피하고 개성과 움직임의 다양성을 장려한다. 어떤 점에서는 교사가 학생들과 함께 신체 반응을 분석하여 인지적이고 개념적인 반응에 참여하도록 할 수 있다.

때로는 특정 동작을 연습한 후 학생들이 그것을 하기 전 또는 그 이후에 이러한 동작을 상상해 보도록 한다('숙고된 응답'). 상상하는 움직임이 효과적이기 위해서는 실제 움직임이 반드시 뒤따를 필요는 없다. 사실, 학생들이 움직이지 않고 의미 있는 방식으로 움직임을 다시 경험하고 내면화하도록 하는 것은 운동 감각적 상상력을 폭넓게 제공하는 것으로, 이는 달크로즈 기법의 큰 장점 중 하나일 것이다. 상상 동력(Motor imaginary)은 움직임을 연습하는 것과 유사한 동력 표현을 유발하기 때문에 (정신)훈련과 동력 (재)학습 설정에 일반적으로 적용된다(Anema & Dijkerman, 2013). 더욱이 상상 동력은 기관 감각을 구축하는 데에 필수적 기능으로 간주되고 있다(Jeannerod, 2006).

예를 들어, 움직임 경험은 독보, 기보, 작곡, 연주 또는 창작을 할 때 불러 낼 수 있는 청각적 · 시각적 · 운동 감각적 이미지로 저장된다. 신경과학자 Antonio Damasio(2000)에 따르면, 일반적으로 이미지는 개인이 가장 관심 있는 작업에서 중요한 역할을 한다. 실제로 우리는 자동으로 이미지를 선택하여 다양한 작업과 모델, 시나리오, 작업 결과들을 제시하기도 한다. 이때에 가장 적합한 이미지를 선택하고 나쁜 이미지는 거부한다. 이미지는 우리를 새로운 행동을 창안하게 할 뿐 아니라 계획할 수 있게도 한다. 이러한 방식으로 이미지를 변경하고 결합하는 능력은 창의력의 원천이다.

솔페즈와 듣기 훈련

음악을 가르치는 좋은 방법들은 모두 소리의 방출만큼이나
듣기를 기반으로 해야만 한다.
Jaques-Dalcroze(1921/1980, p. 27)

솔페즈(Solfége)라는 용어는 조합된 소리를 듣고, 반응하며, 노래하고, 연주, 기억, 식별, 기보할 수 있는 역량을 개발하는 것을 목표로 연습하고 연구하는 것을 말한다. 하나의 목표는 들었던 것과 쓰인 것 사이의 연관성을 구축하는 것이다. 즉, 학생들이 귀로 멜로디, 리듬, 하모니를 쓰도록 가르치는 것이다. 또 하나의 목표는 학생들이 쓰여진 음악을 소리로 변환하는 능력을 습득하는 것으로, 대개는 시창이나 악기로 독보함으로써 이루어진다. 그러나 정확한 청각 능력은 소리와 그것들의 관계를 인식할 수 있는 능력뿐 아니라 음악의 셈여림과 미세한 느낌까지도 인식할 수 있는 능력까지를 말한다. 게다가 청각적 감성은 감성적 상태를 만들어 내기도 한다 (Jaques-Dalcroze, 1921/1980).

솔페즈(Solfége)는 음성이나 악기의 도움 없이 정확한 사운드 이미지를 정신적으로 생산하는 능력(예: 오디에이션)인 '내이(內耳)' 또는 '내청(內聽)'을 개발하고자 하는 것이다. 즉, 교사는 학생들의 내청 기술을 발전시킬 수 있다. 예를 들어, 큰 소리로 노래하는 것과 속으로 노래하는 것을 번갈아 연습하게 함으로써 가능하다. Jaques-Dalcroze는 학생들이 특히 음악을 읽을 때, 즉 연주, 즉흥연주의 지침으로 음악의 리듬, 간격, 프레이징과 셈여림의 느낌을 머리로 들을 수 있는 능력을 개발하고자 하였으며, 나아가 연주와 즉흥연주 또는 작곡의 지침이 되도록 하였다. 그러나 내청은 신체 활동과 연결하여 생각할 수도 있다. 예를 들어, 우리는 움직일 때 내청을 사용한다. 즉, 우리는 의식을 하지는 않지만 몸의 메커니즘을 경청한다. 신체 활동과 관련하여 내청은 예상되는 행동의 청각 이미지로 이해될 수 있다(Ilomaki, 2011).

Jaques-Dalcroze(1930/1985)에 의하면, '잘 듣는 것'은 유능한 음악가의 가장 중요한 특징이며, 그래서 듣기 능력의 개발은 달크로즈 교수법의 핵심이기도 하다. 그는 음악교육은 듣기능력을 개발해야 한다고 믿었으며 악기 연구, 음악 이론 수업과 악보 표기법 사용을 시작하기 전에 청각적 인식이 잘 발달되도록 가능한 한 일찍 시작

해야 한다고 믿었다. Jaques-Dalcroze는 단순히 악기에서 기계적으로 소리를 내는 것이 (내적)청력을 발달시키지 못한다는 것을 깨달았다. 그는 리드미컬한 움직임과 내청 훈련이 없으면 피아노 수업이 청음과 리듬 기능에 손상을 줄 수 있다고 주장하기까지 했다. 그는 이론의 연구는 음악의 청각적 분석과 경험과의 연결이어야 한다고 강조했다. 즉, 이론은 음악적 연구의 결과이어야 하며, 통상 그렇듯이 그 자체의 개념적 목적으로 접근하지 않아야 한다(Jaques-Dalcroze, 1921/1980).

Jaques-Dalcroze(1921/1980)는 음악을 인지하는 것이 단지 듣는 것뿐만 아니라 근감각(筋減却)에 의해 완성되는 듣기 감각에 달려 있다고 하였다. 신체 움직임은 청음 능력을 강화하고, 신체와 귀사이의 역동적인 파트너십을 형성하는 데에 사용된다. 이 파트너십에서 듣는 것은 움직임의 표현을 고무시키는 동시에 듣기에 대한 정보와 지침을 바꾸기도 한다. 목표는 학생들 자신이 듣는 것을 이해하고 그들이 이해한 것을 들을 수 있도록 하는 것이다. 예를 들어, 학생들에게 한 줄과 두 줄의 멜로디를 확인하고, 한 파트의 멜로디를 들을 때는 혼자 걸어가고, 두 파트의 멜로디를 들을 때는 파트너와 함께 걷도록 한다. 또는 장3화음과 단3화음을 구별하는 학습을 할 때, 학생들에게 단3화음을 들을 때는 팔을 교차시키고 장3화음을 들을 때는 팔을 벌리도록 할 수 있다. 이러한 연습 배후에는 신체적 개입으로 인해 학생이 신체적으로 '용어'에 반응하고 바르게 집중할 수밖에 없는 교육적 이유가 있다. 신체 움직임은 학생들에게 구체적으로 할 수 있는 것을 제공하는 동시에 정확하게 듣도록 하며, 음악적 기억과 음악적 현상에 대해 이해력을 강화한다. 실제로 움직임은 자신의 움직임을 의식적으로 생각조차 하지 않을 때에 듣는 구조인 듯 보인다(Johnson, 2007). 학생들은 부정확한 대답에 대해 평가받는 것을 두려워할 필요도 없이 서로에게서 배운다. 또한 동시에 교사는 모든 학생의 반응을 볼 수 있다.

달크로즈 솔페즈(Dalcroze Solfége)는 **고정 도법 시스템**[2]을 적용한다. 그러나 오늘날 많은 달크로즈 교사는 '이동 도법' 또는 음표와 기능의 다른 이름 체계를 사용한다. 달크로즈 솔페즈에는 완벽한 음조, 정확히 듣기와 정제된 음조를 개발하기 위한 특별한 연습방법이 있다(예: Choksy, Abramson, Gillespie, & Woods, 1986). 일반적으로 처음 연습에 사용되는 음고(音高)는 꼭 그렇지는 않지만 온음계 전체를 사용한다. 음정과 화음은 노래를 통해 음계의 맥락 안에서 학습된다. 교사는 솔페즈와 리듬을 가르칠 때, 어떤 음악 교재를 사용하게 되며 때로는 새로운 노래와 멜로디를 만든다(Johnson, 1993). 특히 청각을 이용해 노래와 멜로디를 학습하는 것은 음악적 기억을 실행하는 것이다. 모든 솔페즈 연습은 주의와 경계, 집중이 필요하다(연습

연습 예시 A

(이 연습은 Mead의 연습을 변형한 것이다. Mead, 1994, p. 13 참조)

1. 멜로디를 시창(視唱)한다(음표 이름이나 숫자를 사용하여 4/4박자를 지휘한다).
2. 멜로디를 반복해서 노래한다. 교사가 '홉(Hop)'이라고 말하면, 템포가 두 배 빨라진다. 다음은 '홉(Hop)'에서 원래의 빠르기로 돌아간다(빠른 반응 연습).
3. 멜로디를 노래할 때 각각의 마디에서 교사가 지시하는 대로 박(拍)을 바꾼다(예를 들어, 4개의 4분음표, 4개의 8분음표, 4개의 2분음표, 4개의 4분음표).
4. 각 마디의 마지막 4분음표(또는 어떤 한 음표)를 2분 음표로 바꾼다.
5. G(솔)음만 크게 노래하고 다른 음은 무음(내청 연습)으로 노래한다.
6. 이전 연습에 덧붙여서, 모든 C(도)음에서 손뼉을 친다(멀티태스킹 연습).
7. 멜로디를 노래하지만, 즉흥적으로 또는 세 번째 멜로디를 다양하게 한다.

연습 예시 B(음높이 구별하기)

교사는 멜로디를 노래하거나 연주한다(예: [그림7-1]). 각 마디(한 번에 한 마디)마다 학생들이 노래하고, 각 마디를 반복하여 따라 부른다. 추가 변주를 위해 멜로디를 따라 할 때 학생들은 변주할 수 있다.

[그림 7-1] 연습 A와 B의 멜로디

1. 마디에서 가장 높은 음표에 (가상의) 공을 던지고 잡는다.
2. 공을 튕기고 마디에서 가장 낮은 음의 볼을 잡는다.
3. 연습 1과 2를 합친다.

예시 A 및 B 참조).

Jaques-Dalcroze는 음악이 단지 인지적이지만은 않다고 하였다. 그것은 감각을 통해 작용하며 전체 감각은 소리의 진동에 따라 울리도록 되어 있다. 듣기 자체는 물리적이다. 운동 감각으로 시작하는 진동의 한 형태이다. 음파가 신체 조직을 관통하고 고막은 몸 전체에 공명하여 촉각 진동으로서 소리를 받는다.

또한 음악을 듣는 것은 신체에 기반을 두고 있다(Stubley, 1999). 그것은 의미를 파악하는 행위일 뿐만 아니라 세계를 이해하는 행동지향적이며 의도적 활동이기도 하다(Tuuri & Eerola, 2012). 은유적으로 듣는 개념을 사용하면 인체 전체가 듣는 태도를 유지한다는 것을 알 수 있다. 자아 전체로 음악을 듣는 것은 몸의 신체적 반응뿐만 아니라 음악이 의미하는 것을 '느껴서' 신체적인 이해로부터 오는 듣기를 말하는 것이다. Levin(1989)은 듣기를 '선개념적(先槪念的)' 용어를 사용한다. 즉, 몸 전체, 경험을 감지한 신체와 연관된 듣기를 말한다. 그것은 단순히 개념 파악의 의도로서가 아니라 느낌을 통해 조율된 듣기에 의해 구조화되는 듣기이다. Levin에 따르면, 음악가는 자신의 몸이 소리의 공명을 위한 매체, 악기가 될 수 있게 함으로써 숙련된 듣기를 개발한다고 하였다.

달크로즈 접근법은 스스로가 조절하는 이러한 형태의 선개념적(先槪念的) 듣기를 개발하는 것이다. 교사는 학생들에게 신체의 반응을 듣게 함으로써, 음악뿐 아니라 음악에 대한 자신의 반응을 스스로 연결할 수 있도록 한다. 이것은 일반적으로 Levin(1989)이 말한 숙련된 듣기를 말하는 것으로 보인다. 그는 듣기능력을 향상시키는 것은 '자아 실천'이며, 우리의 육체가 필요로 하는 것을 경청하는 것이라고 주장한다(p. 38). 이러한 듣기는 존재론적 전체인 신체능력으로서 내이청력(內耳聽力)에서 일어난다. Jaques-Dalcroze는 Levin의 아이디어와 비슷한 것처럼 보이지만, 음악교육의 맥락에서는 음악 만들기를 더욱 개인적으로 만들고 자신과 연관시키는 방법을 제시하였다. 이러한 관점에서, 달크로즈 교수법은 학생들이 자신의 신체 반응을 민감하게 듣도록, 즉 정신 생리학적 자아를 감지하도록 하게 하는 자아 실천을 포함한다. 따라서 움직이고 감지하는 신체는 소리를 통해 공명함으로써 전체적인 감각에 도움을 준다.

즉흥연주와 자발적 표현능력

달크로즈 연습에서는 학생들이 움직이거나 노래나 악기를 연주하여 즉흥연주를 한다. 전반적으로 달크로즈 연습은 즉흥연주와 자발적 표현을 위한 풍부한 가능성을 제시한다. 즉흥연주는 학생들이 자신의 아이디어를 표현하도록 하며, 상상력을 펼침으로써 성취감과 만족감을 갖게 된다(Mead, 1994).

Jaques-Dalcroze(1921/1980)는 기악 즉흥연주를 즉각적이고 자발적인 작곡방식이라 여긴다. 즉흥연주는 배운 것들(예: 다양한 리듬, 형식, 하모니, 다이내믹)을 적용하여 소리 형식으로 나타내는 방법을 제시함으로써, 음악적 이해력을 나타내고 창의성을 개발한다. 또한 교사는 학생들이 만들어 낼 수 있는 것을 듣고 그들이 알고 있는 것을 평가할 수 있다. 즉흥연주는 악기를 가지고 자발적으로 자신의 음악적 사고와 감정을 표현하도록 가르치기 때문에 시작부터 악기 수업의 중요한 부분이 되어야 한다.

즉흥연주 지도에서 연습은 의미 있게 설계되어 참가자들에게 적절한 난이도를 부여하는 것이 중요하다. 이러한 요인들은 점차로 즉흥연주를 위한 안전감과 의지를 북돋운다. 또한 즉흥연주가 정기적으로 시행되는 것이 중요하다. 수업지도에서 통합된 즉흥연주는 작은 것으로도 만들 수 있다. 예를 들어, 박수를 치거나 걷는 방식을 다양하게 하거나 다른 소리로 움직임을 반주하는 것이다. '움직임 즉흥연주(movement improvisation)'에서 목소리를 사용하는 것은 '기악 즉흥연주(instrumental improvisation)'에 접근하는 방법이기도 하다.

달크로즈 교수법에서는 다양한 형태의 '움직임 즉흥연주(movement improvisation)'가 적용된다. '움직임 즉흥연주'는 상상력, 독창력, 의사소통, 신뢰, 책임감, 자발성 등을 이끌어 내거나 따라가는 능력을 개발한다. '움직임 즉흥연주'의 실질적인 예는 다음과 같다.

- 음악이나 지도자의 움직임 따라 하기([그림 7-2] 참조)
- 연습으로 공간, 시간 및 에너지 탐구하기
- 이미지, 감정, 이야기 또는 그림에서 영감을 얻어 창조적으로 움직임을 표현하기
- 특정 신체 부위(머리, 어깨, 팔꿈치)로 움직이거나 움직임을 이끌어 내기

- 움직임과 목소리 연습을 통합하기. 예를 들어, 자신/다른 사람의 목소리에 따라 움직이기, 목소리나 악기로 움직임 반주하기
- 리듬감 있는 프레이즈를 움직임(또는 소리)으로 바꾸기

달크로즈 교사들은 수업에서 음악을 즉흥연주 할 수 있어야 하며, 달크로즈 기반 교재에는 건반악기로 즉흥연주 하는 기술 개발을 위한 활동이 포함되어 있다(예: Mead, 1994, pp. 203-210). 즉흥연주는 움직임에 대한 반응에서 시작하도록 설계되어 있다. 그것은 학생들과 대화하는 주요 수단이다. 학생들이 음악에 반응하고 교사가 음악을 통해 학생들에게 반응할 때, 녹음되거나 기보된 음악에서 나타나지 않는 자연스러운 상호작용이 있다. 음악은 학생들의 반응에 따라 끊임없이 변화한다. 음악은 움직임이 실행되는 동시에 음악이 창조된다. 교사가 수업 중 각 연습에 맞는 음악을 만들 수 있다는 것이 큰 장점이지만, 달크로즈 연습(exercise)을 위해 음악을 즉흥연주 하는 것은 교사가 연주하면서 학생들과 그들의 움직임을 동시에 인식하고 따라 해야 한다. 또한 움직임에서 변화를 불러일으키고 지지하거나 영향을 주는 방식으로 연주하는 것도 하나의 도전 과제이다.

플라스틱 애니메와 운동 감각적 인식

플라스틱 애니메(Plastique animée)의 목표는 움직임으로 음악을 표현하고 모든 느낌을 구체화시켜 볼 수 있게 하는 것이다. 연습할 때 종종 학생들은 안무를 위한 주어진 음악으로 움직임 창작을 하기도 한다. 이것은 음악적 텍스트를 발견하고 이해하며 나타내는 방법이며, 전문가가 학생들의 다른 접근 분야에서 공부한 모든 것을 가져올 수 있는 응용 프로그램이라고도 생각된다. 음악 악보의 '살아 있는 분석(living analysis)'으로서, 움직임 창작은 주로 해석적 움직임을 통해 음악 작품의 형식, 구조, 스타일과 표현을 묘사하는 것이다. 함께 움직이는 사람들이 집단 움직임에서 '침묵 안에서'까지 음악을 창조할 수도 있다. 움직임 자체가 '창작'되지만, 표현적이고 자발적인 자질이 강조된다. Jaques-Dalcroze(1921/1980)가 생각한 것과 같이, '움직이는 사람들'은 동시에 자신의 움직임을 경험하면서 예술적 표현에 대한 영감을 받거나 '감지'함으로써 스스로 즐거움을 느끼고 음악을 표현할 수 있게 된다.

플라스틱 애니메는 학생들에게 학습된 일련의 움직임을 반복하거나 가상으로 정해진 미적 목적으로만 지도하는 것이 아니라 자연스럽고 자발적인 반응과 개별적 이미지를 표현하도록 유도한다. Jaques-Dalcroze(1921/1980)는 무용수와 음악가들 모두가 지적인 사고를 자발적 감정으로 바꾸고 음악과 본능적으로 융합하기를 원했다. 달크로즈 접근법 내에서의 이러한 플라스틱 애니메는 항상 개인적인 경험과 느낌이 연관된다. 내면적 경험, 즉 음악에 대한 감성과 표현력은 외면적 수행의 특질보다 중요하다.

또한 플라스틱 애니메는 시간, 에너지, 공간과 관련된 모든 움직임의 특질을 제어할 수 있는 신체 활동에서 완벽한 균형을 이루는 것을 목표로 한다. 운동 감각은 이 컨트롤을 달성하는 데 중요한 역할을 한다. Jaques-Dalcroze는 연구자(Sheets-Johnstone, 2011)가 검증한 것, 즉 여섯 번째 운동 감각인 움직임을 감지하고, 느끼는 신체 능력이 우리의 기본적인 지각 기관이며 시공간과 에너지가 감지되는 원천이라고 직관적으로 이해하였던 것 같다. 3

시작점과 교수법적 원칙

인간에 대한 전체론적 시각과 구체화된 이해

달크로즈 교수법의 교육학적 관점에서 인간에 대한 이해는 오늘날 전문용어로 전체론적이라 할 수 있다(Westerlund & Juntunen, 2005). Jaques-Dalcroze는 몸과 마음이 분리될 수 없다고 강조하며 상상력의 자유, 감정, 일반적인 웰빙(well-being)을 촉진할 수 있는 사고와 행동 사이의 균형을 이루고자 하였다. 이에 따라, 음악 학습에서의 신체적 근원과 기반은 음악교육에서 강화되어야만 한다고 생각하였다. 필자가 이해하기로는 그의 생각은 현상론적 전통 철학자인 프랑스 Maurice Merleau-Ponty(1908-1961)의 생각과 일치한다. Jaques-Dalcroze가 음악교육에서 실행적 방식으로 했던 것처럼 철학 내에서 이론적인 방식으로 같은 도전에 맞서 싸운 것처럼 보인다(Juntunen, 2004). Merleau-Ponty(1962)의 연구는 세계와 우리의 경험을 통일시키고 구체화된 사전 반사적 경험의 중요성에 주의를 돌리기 위한 노력으로 해석될 수 있다. Jaques-Dalcroze는 음악과 움직임을 결합하고 서로 다른 사람들과 세계가 상호작용하는 의미 있는 '마음과 몸(mind-body)'을 탐구하고 경험함으로써 음악적 세계와 우리 자신을 알게 된다고 하였다. 따라서 달크로즈 교수법에서는 지식과 행동, 이론과 실천, 자신과 다른 사람이 함께 어우러져 전체론적인 실체를 형성한다. '마음과 몸'을 연결하는 이러한 전체론적인 관점과 학습에서의 행동과 경험의 중요성을 강조하는 것은 미국 실용주의자 John Dewey의 사상을 반영하는 것이다.

구체화된 경험을 촉진하고 '마음과 몸'의 관계를 강화하려는 시도는 교사마다 행동과 수업과정에서 다양하게 나타난다. 예를 들면, 다음과 같다.

- 같은 음악적 아이디어는 다양한 활동과 연구 분야를 통해 구안되며, 교수과정 안에 통합되어 있다.
- '마음과 몸' 연결은 ① 행동으로 감지하기(예: 들리는 것을 움직임으로 표현), ② 행동으로 사고하기(예: 자신의 움직임을 의식하거나 기억하거나 분석하기, 신체적 경험을 단어로 표현하기), ③ 행동으로 느끼기(예: 움직임을 통한 음악에 자극받은 감정을 표현하기)이다.

따라서 연습에서 감지하기, 행동, 느낌 그리고 상호작용하여 생각하기, 학생들이 신체적으로나 정신적으로 활동하게 하기, 스스로 경험할 수 있도록 허락하기 등이 있다.

학습에 대한 구성주의자들의 관점

달크로즈 교수법의 학습 개념은 구성주의의 기본 원칙과 상통한다. 교수법은 학생들이 처음에 이해하고 인식한 것을 바탕으로 학생들의 지속적인 반응과 과정을 기반으로 점진적인 진행을 하게 된다. 학생 개개인의 발달에 맞추어 가르쳐진다 하더라도 학습은 다른 학생들과 상호 작용하여 이해하게 된다. 학생들은 파트너 또는 모둠별로 활동하고, 다른 학생들의 움직임을 주의 깊게 살펴봄으로써 깨닫도록 하며, 서로에게서 배울 뿐 아니라 함께 문제를 풀고 협업하도록 한다. 행동, 의사소통, 경험의 결과로 지식을 해석하는 학생을 활동적인 대리인으로 본다는 사실은 사회적 구성주의 견해를 반영하는 것이다(Vygotsky, 1986). 게다가 지식을 전달하기보다는 학습 과정을 안내한다는 관점으로 교사를 보는 것은 중요한 구성주의자적 학습 개념이다(3장 참조).

교육적 도구로서의 놀이와 즐거움

Jaques-Dalcroze는 즐거움이 학습을 위한 가장 강력한 정신 자극이라고 생각했다. 자유롭고 즐거운 분위기를 만들기 위해 여러 활동은 학생들이 서로 경쟁하지 않고 정해진 규칙에 따라 음악을 가지고 놀이를 하는 음악 게임을 구안한다. 장애물과 예기치 못한 상황을 극복하기 위해 자신만의 노하우를 재구상하기 때문에 놀이는 곧 도전이 된다(Csikszentmihalyi, 1990). 즐거움은 학생들이 가지고 있는 역량과 과제 간의 균형을 맞추는 경험에서 나타난다. 뿐만 아니라 긍정적인 경험은 단순히 정보를 얻는 것만으로 동기를 유발하게 되는 것이 아니라 오히려 몸으로 느낀 경험에서 나오는 것이다(Sheets-Johnstone, 2011). 또한 달크로즈 교수법에 따르면 게임의 정신은 학생의 자의식을 해방시키고 즐거움의 상태는 학생들의 상상력과 예술적 능력을 증강시킨다.

목적과 폭넓은 목표들

이번 장 이전에 주요 요점들을 검토하면서, 나는 달크로즈 접근법의 다양한 목표들을 분명히 밝혔다. 그중에는 리듬의 특징을 움직임으로 표현하고, 듣기와 청음 능력을 터득하며, 즉흥연주와 음악적 표현에서의 기술을 개발하는 것이다. 이 접근법에서 학생들에게 도움이 되는 중요한 세 가지 방법은 다음과 같다. 즉, ① 전반적인 신체적 기술과 인식, 지식의 개발, ② 운동 경험을 통한 학습, ③ 음악적 이해력의 향상이다. 덧붙여, 달크로즈 교수법은 학생의 수많은 능력과 자질을 고무하며, 음악과 관련된 개인적 변화는 제한되지 않는다는 점에 주목하여야 한다. 또한 이 활동은 주의력, 집중력, 기억력, 행동의 재생산이나 변화, 의사소통, 사회적 기술, 상상력과 창조성과 같은 전반적인 음악외적 역량을 향상시키는 것을 목표로 한다.

일반적인 신체 기술, 인식과 지식의 개발

첫째, 학생들의 동력(動力)기술과 (근육운동과의) 협조는 리듬, 듣기훈련, 즉흥연주, 플라스틱 애니메(plastique animée)를 통합하는 과정에서 혼합된 다양한 종류의 악기 연주, 노래 부르기, 지휘하기와 같은 움직임 활동을 통해 개발된다. 물론 동력기술 훈련은 신체 발달의 일반적이고 개인적 수준에 따르고 지원되어야 한다.

더 깊이 분석하자면 달크로즈 교육은 신체적 기술뿐만 아니라 신체를 통한 지식의 향상을 의미하는 '신체적으로 알기(bodily knowing)' 또는 '신체적 지식(bodily knowledge)'을 발전시키는 것을 목표로 한다(Parviainen, 2002). '신체적 지식'은 신체와 세계와의 상호 작용에서 시작되며, 정신 운동 능력, 기술, 행동뿐만 아니라 감각과 '신체 인식(bodily awareness)'과 직접적인 관련이 있다, 그것은 신체적 연습과 기술을 필요로 하는 움직임을 깨닫고 이해하는 것뿐만 아니라 이를 성취할 수 있도록 하는 것을 말한다. 이러한 지식은 우리 자신의 움직임을 관찰하고 우리의 운동 감각에 귀 기울임으로써 얻어진다. 알렉산더 테크닉(Alexander Technique)[1]과 펠덴크라이스(Feldenkreis)[2]와 같은 다양한 앎의 기술로부터의 실습과 아이디어도 적용될 수 있다. '신체적으로 알기'는 우리 자신을 전체로서 알게 하는 모든 감각을 포함한다. 그것은 스스로 알고 감지하는 모든 것의 기반이 된다.

운동감각 경험을 통한 학습

둘째, 달크로즈 교수법은 움직임과 운동감각 경험을 통해 학습 기회를 제공한다고 할 수 있다. 학습에서 운동감각 경험을 활용하려면 학생들이 신체감각과 경험

---

1) 역자 주: 알렉산더 테크닉(Alexander Technique)은 F. M. 알렉산더(1869~1955)에 의해 만들어진, 스스로 인지하지 못하는 고정된 생각과 행동습관으로부터 벗어나 심신의 조화를 회복하는 기법이다. 알렉산더 테크닉에서는 오랜 긴장과 잘못된 습관으로 생긴 감각인식오류를 수정하고 재인식시키는 과정을 통해 편안한 자세를 회복시킨다. 소마틱스(Somatics) 기법의 대표적인 테크닉으로 공연예술계를 중심으로 활용되고 있다(https://ko.wikipedia.org).

2) 역자 주: 펠덴크라이스(Feldenkrais, Method)는 20세기 중반 이스라엘 Moshe Feldenkrais(1904-1984)가 고안한 운동 요법으로, 뇌와 신체 사이의 연결을 재구성하여 신체 운동과 심리적 상태를 향상시킨다고 주장하였다.

에 주의를 기울이고 이를 깨닫게 하여 운동감각으로 알게 하는 것이 중요하다. 운동감각을 향상시키기 위해 움직임에 변화가 있도록 한다. 예를 들어, 학생들은 그냥 앞으로 걷는 대신 옆으로 또는 뒤로 걷거나 발가락이나 발뒤꿈치로 걷도록 한다. 처음으로 어떤 움직임을 만들 때 우리는 그 느낌의 질적 특성을 알게 된다(Sheets-Johnstone, 2011). 그러므로 걷기와 같은 습관적인 움직임에서 원래의 경험을 감지하려면 다른 방식으로 그것을 시도해야 한다. 친밀하지만 이상함을 경험하게 함으로써, 우리 자신을 친밀함으로 다시 익숙하게 한다.

학생들 자신의 움직임의 표현을 바꾸거나 다른 사람의 움직임을 모방하도록 요구할 수 있다. 다른 방법을 찾으면서 앎을 이끌어 내며, 학생들이 자신의 자아에 좀 더 연결하도록 한다(Juntunen & Hyvonen, 2004). 달크로즈 교사들은 끊임없이 개인적인 반응과 스스로 자신을 인지하도록 요구함으로써 학생들의 자아인식(self-knowing)과 감각을 개발하고 학생이 다른 '자아들'과 좀 더 잘 소통하도록 돕는다(Juntunen, 2002a).

또한 운동 감각을 알게 하는 다른 방법들도 있다. 예를 들면, 다음과 같다.

- 신체의 변화(예: 근력의 활성화, 더욱 향상된 호흡, 이완 또는 더 나은 자세)를 경험할 수 있는 워밍업 연습으로 수업을 시작하기
- 학생들에게 자신의 움직임과 신체 감각을 생각하고, 기억하며, 반복하고, 상상하고, 분석하거나 설명하도록 요청하기
- 움직임에서 시작과 끝 지점의 동작 연구하기(예: 걷기 시작과 중지 또는 핸드 드럼을 두드릴 때의 손 동작의 인식)
- 흥분과 억제 연습을 적용하기(예를 들어, 학생들은 음악의 맥박에 따라 걷고, 셋잇단음표를 들을 때마다 멈추거나 다시 걷기 시작한다. 그러나 다른 종류의 음악 변화에 반응해서는 안 된다. 예를 들어, 음악이 멈추면 걷는 것을 멈추는 것, 즉 '자연스런' 반응에 저항해야 한다. 반응과 반응에 저항할 준비가 동시에 이루어져야 한다. 이러한 종류의 연습은 운동감각의 과정을 넘어 끊임없는 주의와 의식적인 통제가 강요된다.)

음악적 이해를 심화하기

셋째, 달크로즈 교수법의 목적은 음악적 이해를 심화시키고자 함이다. 음악의 내면적 느낌과 신체적 본성에도 불구하고, 이에 반해 현재의 음악교육은 음악적 이해에 대한 비언어적 접근을 거의 강조하지 않는다. 일반적인 생각은 개념을 직접적으로 경험하기 전에 추상적으로 설명되고 이해되어야 하며, 범주화된 구조로 경험되어야 한다는 것이다. 따라서 음악적 개념은 외부 세계와 경험하기 전에 가르쳐지곤 한다. 달크로즈 교수법에서는 학생들이 문제해결을 위한 활동을 실제로 경험하기 전에 개념이나 규칙을 배우지 않는다. 움직임의 경험은 음악 학습에 통합되며 음악에 대한 개념적 이해는 이러한 경험을 기반으로 한다. 그러나 신체적인 경험을 통해 얻은 지식은 객관적인 지식이 아니라 오히려 특정 문제에 대한 자신의 독특한 주관적 이해에 도움이 되는 지식이다. 변화는 개인적 변수, 특히 자신의 행동과 경험에 대한 인식과 성찰에 달려 있다.

내가 이해한 바에 따르면 달크로즈 실습은 먼저 음악을 신체적으로 이해하여 발달시키는 것으로, 습관적 개념을 통해 접근할 수 있다. 습관적 행동으로서의 음악적 주제나 현상을 이해한다는 것은 그 의미를 사용하여 신체적으로 아는 것을 의미한다. 따라서 달크로즈 접근법은 지식의 사전 반사 현상, 즉 계속해서 일어나는 반성적 사고를 기초로 만들어지는 '소리에 대한 신체적 표현'을 우선적으로 개발하는 것으로 보인다(Juntunen, 2004, p. 68). 음악적 행동으로 변화를 경험함으로써, 구체화된 관련성은 (의식적) 사고를 변형시키고 결과적으로 행동에 대한 사고와 행위로 생각하게 한다(Juntunen & Westerlund, 2001).

신체 표현이 음악적 이해와 어떻게 관련되어 있는지 해석하는 또 다른 방법은 신체적 은유로 활용한 것을 분석하는 것이다. 음악은 신체적 표현으로 변형시킬 수 있으며, 신체적 반응은 음악적 의미를 구체화하는 데 있어 은유적 상징성을 내포한다. 음악적 의미를 신체적으로 탐구하면 다양한 것을 암시할 수 있다. 교사는 학생들에게 특정 음악적 의미를 구현하는 특정 신체적 은유(예: 특정 음악적 의미를 구현하는 움직임)를 통해 학생들에게 하나 또는 일부의 측면을 이해하도록 유도할 수 있다.[4] 이 경우, 그 과정은 주로 학생들이 (사전 반사적 또는 반사적으로) 특정 음악적 현상을 이름 짓고, 인식하며, 읽거나, 알리거나 하는 기술들을 이해할 수 있게 지도하도록 구안되었다. 그럼에도 불구하고 신체적 은유는 반드시 움직임에서 음악적 이해로의 개념적 지도로 구안할 필요는 없다. 신경 심리학자 Java A. Seitz(2005a)에 따르면, 다양한 종류의 은유가 있으며 의식적인 인식 밖에서 주로 작동하는 '교차 모드 통합(cross modal mapping)'[3]과 같이 주로 비개념적이며 필연적이다. 교사가 신체 탐구, 즉 특정 모형이나 말로 설명하지 않고 자발적으로 움직임으로써 현상을 자유롭게 탐구하도록 권장하는 신체 탐구를 위한 음악적 현상(예를 들어, 음악의 한 단락)을 제시하고자 할 때, 연습은 다양한 선택 활동을 제시함으로써 음악에 대한 비개념적이거나 신체적 이해를 향상시키게 된다. 이러한 방식으로 음악에 대한 운동감각적 반응은 처음에는 자발적이고 사전 반사적이지만, 과정이 진행됨에 따라 더욱 의도적으로 반응한다.

나의 관점에서 달크로즈 교수법은 주로 신체적 경험을 통해 알게 된 것이 말로 표현될 수 없기도 하지만, 더 심도 있게 알게 되고 더욱 기능적인 수준으로 이끌 수 있다는 믿음이 뒷받침된다. 움직임 기반 학습은 사전 반사적 인지로 간주되며 음악의 구체적인 활동에서 추상적이고 개념적으로 이동하는 음악적 이해 과정으로서 이해될 수 있다. 음악의 신체 탐구는 반성과 언어를 사용함으로써 이루어질 수 있다. 자신의 경험을 생각하고 기억하고 표현하기 위해 '마음-몸(mind-body)'의 관계를 강화하고 이미지, 아이디어 또는 이전 경험의 의미와 이 모든 것의 변화를 시도한다. 또한 '나'에 대해 경험의 주체로서 인식하기 시작하게 된다. 나는 교수법을 실습할 때, 연습이나 과정 중 '움직였음'에 대한 신선한 감각을 갖게 되면 연습 직후 그들의 적극적인 경험에 대해 잠시 이야기를 하도록 한다. 자신의 경험을 말로 설명하거나 반영함으로써, 개인적인 경험을 구체화하고 그렇게 한 사람에게 즉각적인 의미를 부여한다. 또한 학생들은 서로 경험을 공유함으로써 서로에게서 배운다. 사람은 다른 사람과 똑같이 경험하고 이해하지는 못할지라도, 다른 사람의 말은 자신의 경험에 대한 이해를 새롭게 할 수 있다.

---

3) 역자 주: 교차 모드 인식은 둘 이상의 다른 감각 양식 간의 상호 작용을 포함하는 인식이다. 예로는 공감각, 감각 대체나 McGurk 효과가 있으며 시각과 청력이 음성 인식에 상호작용한다. 인간 뇌의 교차 모드 인식, 교차 모드 통합은 뇌의 대규모 및 장기적 특성에 대한 더 나은 이해를 얻기 위해 신경과학에서 점점 더 연구되고 있다(https://en.wikipedia.org/wiki/Crossmodal).

실제적인 적용

달크로즈 교수법의 아이디어들은 대학, 유치원, 초·중등학교, 개인 레슨, 신생아와 노인들을 위한 지역사회 교육 등 모든 수준의 음악교육에 적용될 수 있다. 음악과 음악교육 외에도 연극, 무용, 영화, 신체 교육, 특수 교육, 치료와 노인학을 포함한 다양한 학문과 연구 분야에서 이 접근법이 적용되고 연구된다(Mathieu, 2010). 어떤 경우에는 실제적인 적용이 각기 다른 국가마다 다르게 발전하여 이러한 다양한 개발이 동일하게 불리워지는지에 대한 의문이 있을 수 있다.

교사는 보통 자신의 아이디어, 활동과 자료들을 만들고 각 수업 상황에 맞게 조율할 준비가 되어 있어야 한다. 음악은 움직임과 가창, 감상, 즉흥연주와 같은 여러 음악 활동을 통해 탐구된다. 교사는 노래 게임과 움직임 노래로 구성할 수도 있다. 여기에는 민속춤, 다문화 춤, 전통춤, 이야기 창작과 다양한 형태의 극 만들기 등이 속한다. 이러한 모든 활동은 논리적 발달 과정, 즉 두 가지 학습 과정인 인지적이며 감각적 활동과 같은 일련의 과정을 형성할 것으로 기대된다. 더 구체적으로 말하면, '아이디어에서 행동으로, 다시 아이디어로의 순환적이고 자발적인 흐름'이 있다(Alperson, 1994, p. 242). 종종 이 과정은 템포, 박자, 프레이징 또는 형식과 같은 음악적 주제와 아이디어를 중심으로 구안된다. 쉬운 과정에서 어려운 과정으로의 진행에 따라 학생들은 항상 즐거운 경험을 하게 된다. 중요한 점은, 일부는 이전 작업의 연장이며 일부는 새로운 자료의 표현과 조작이다.

학교에서 교육과정에서 제안하는 교수내용은 달크로즈 실습을 통해 접근하거나 강화시킬 수 있는데, 이는 음악수업에서 다른 활동과 통합될 수 있다. 예를 들어, 노래는 움직임을 통해 배울 수 있고, 음악사나 민족 문화 연구는 춤으로 활력을 불어넣을 수 있으며, 음악양식과 리듬감을 움직임을 통해 전달할 수 있다. 달크로즈 실습을 학교에서 적용할 때, 각 학생에게 다음과 같은 기회를 제공하는 것이 중요하다.

- 지각과 이해력이 강화된 신체 움직임과 듣기를 통해 음악을 즐기라.
- 자신의 아이디어와 감정, 경험을 표현하라.
- 다양한 시간과 장소, 사람으로부터의 음악을 탐구하고 친해지라.

초급학년 아동 가르치기

초급학년에서는 어린이들이 자연스럽게 음악에 전신 반응하기 때문에 움직임 연습이 음악수업에서 쉽게 통합된다. 처음 달크로즈 수업은 대부분 움직임 활동과 자유로운 탐구가 지배적이다. 아이들은 노래, 이야기 또는 음악에서 나타나는 것을 움직임으로 보여 주도록 한다. 달크로즈 교수법은 어린아이들과 함께, 음악에 대해 자발적이고 직관적으로 움직여서 반응하도록 장려하며, 다음은 그것들을 다듬는 데 초점을 맞춘다. 결과적으로 신체적 기술과 표현이 개발된다. 움직임이 리듬감 있게 바뀜으로써, 아이들은 자신을 리듬감 있게 생각하고 표현하는 법을 배우게 될 것이다(Jaques-Dalcroze, 1930/1985). 아이들이 따라 하기 위해 음악이 즉흥연주되거나, 음악이 아이들의 움직임을 따른다. 음악과 템포가 아이들의 움직임을 지원하여 "내가 맞다(Alperson, 1994)."라고 느낄 수 있도록 하는 것이 중요하다. 연구에 따르면 "리듬 과제에서 아이들은 자신의 개인적 템포와 맞는 범위 내에 있을 때 가장 성취감을 갖게 된다(Abril, 2011, p. 119)." 전반적으로, 아이들은 전신의 움직임을 통해 음악을 인지하고, 반응하고, 경험할 기회를 제공받아야 하며, 움직이고, 노래하며, 듣는 것을 배워야 한다. 결과적으로 Jaques-Dalcroze에 따르면, 그들은 음악에 대한 사랑뿐만 아니라 음악적 감정을 표현하고자하는 욕망을 얻는다. 또한 리듬 움직임 연습을 통해 듣기 능력을 향상시키는 데에도 주의를 기울여야 한다.

전반적인 목표는 음악적 구조와 표현적인 측면에서 아이들을 제일 초보적인 반응에서부터 세밀한 반응으로 이끌어 가는 것이다. 아이들이 주변 세계를 탐구함으로써 무의식적으로 리듬이 개발된 상태에서 감각적 인식은 적극적인 운동 반응(예: 말의 질주)을 불러일으킨다. 또한 그들은 청각과 시각 리듬을 경험하게 된다. 예를 들어, 말의 질주를 흉내 냄으로써 아이들이 보거나 들었던 것을 좀 더 잘 구별하게 되었다면, 본래의 리듬적 경험이 강화된 것이라 할 수 있다. 교사가 할 일은 리듬적 표현을 위해 아이들 본래의 능력을 끌어내어 그들 개개인의 능력을 음악적 리듬과 연결시키는 것이다. 아이들이 소리 패턴으로 그들의 움직임 패턴을 구별할 줄 알게 되면 음악은 동력 이미지로 쉽게 이해할 수 있는 언어가 된다. 듣기를 흩뜨리게 하는 기보법에 관한 시각적인 관심은 음악의 기본 자료가 경험되고 흡수된 이후의 단계까지 미루어야 한다(Juntunen, 2002b). 음높이나 빠름/느림과 같은 기본 개념은 신체 움직임에 의해 탐구될 수 있는데, 이는 추상적인 음악적 특성을 구체화하는 것이다. 그들 스스로 움직임을 경험함으로써 아이들은 위, 아래, 더 위에, 더 아래, 안과 밖, 앞뒤로의 공간적 관계를 발견하고 움직임 어휘를 확장시킨다.

초등학생 때, 움직임으로 노래 게임과 노래를 하는 것은 음악수업에서 신체적 경험을 통합하는 효과적인 방법이다. 다음은 실제적인 여러 사례들이다(Mead, 1994 참조).

- 움직임 탐구하기
  - –다양한 위치와 방식으로 걷고 움직이기
  - –노래, 이야기 그림에서 움직임을 상상하기
  - –움직임으로 이야기를 말하기
  - –손가락, 손, 팔로 음악 표현하기
- 소리와 침묵: 시작과 멈춤
  - –음악 또는 신호로 동작을 시작하고 멈추기
  - –소리와 침묵 또는 음악의 길이를 듣고 예측하기
  - –음악에서의 침묵에 반응하기
- 박, 빠르기, 리듬과 형식
  - –움직임으로 박을 깨닫고 경험하기(예: 무릎을 구부리거나 점프하기, 걷기, 공을 튕기기, 다양한 방법으로 박수 치기 등)
  - –소품을 사용하여 박을 깨닫고 경험하기(예: 공을 튕기거나 패스하기)
  - –빠르기 변화에 행동 조정하기
  - –일정 박을 2배 빠르게/느리게 느끼기
  - –음가에 대한 움직임 만들기
  - –움직임으로 리듬 연습하기(예: 걷기, 달리기, 건너뛰기)
  - –움직임으로 노래나 다른 악곡의 형식 알아내기
- 듣기와 청취(소리, 음고)
  - –움직임으로 음의 높낮이를 듣고 반응하기
  - –목소리와 움직임으로 소리가 오르락내리락하는지 탐색하기
  - –간단한 노래에서 음의 높낮이 방향을 몸짓하기

–듣기, 노래하기, 걷기, 몸짓하기, 그리고 음형 알아내기

- 지각적으로 듣기: 표현력 있게 움직이기

  –특정 음악 양식에 적합한 움직임 찾기

  –어린이들이 움직임에서 음악의 다양한 특징을 탐색하고 표현하도록 격려하기

- 공간과 관계 탐구하기

  –공간, 그 경계선과 중심 탐구하기

  –가까운 곳과 먼 곳과 같은 공간적 관계 탐구하기

  –위, 뒤, 오른쪽 등과 같은 장소 탐색하기

  –다른 사람과 관련된 공간 탐구하기(예: 나란히, 차례로, 원형, 일렬, 체인형 등)

중급학년 학생 가르치기

중급학년에서의 수업은 초급학년 때 개발된 학습과 기술을 토대로 발전시킨다. 이전의 연습과 경험을 새로운 시도나 어려운 수준, 또는 새로운 음악으로 다르게 강조하여 반복시킬 수 있다. 교수법은 발견, 인식(청각적이며 시각적으로), 공연과 창조성을 통해 이해력 개발에 중점을 둘 수 있다(Mead, 1994). 학생들은 2명 또는 그 이상의 여러 크기로 구성된 모둠별로 다른 학생들과 함께 일하도록 한다. 다른 시간 때와 다른 문화권에서 온 다양한 종류의 춤을 음악수업에서 소개하고 통합할 수 있다. 또한 다양하고 창조적인 움직임 활동이 적용될 수도 있다([그림 7–2] 참조).

학생들이 시간성에 대한 감각이 커짐에 따라 다양한 리듬 연습과 게임이 소개될 수 있다(Abramson, 1997 참조). 예를 들면, 다음과 같다.

- 공을 가지고 게임하기(예: 공을 튀기거나 잡기 또는 박에 맞추어 공 패스하기, 가상의 공을 음악에 맞추어 던지고 잡기)
- 움직임으로 음악의 형식을 내면화하기
- 움직임의 강세나 움직임 패턴으로 여러 가지 박자 보여 주기(예: 지휘하기)
- 움직임으로 음악의 박자 인지하기
- 다양한 박자로 노래하고 즉흥연주하기
- 박자가 변하는 게임과 춤을 노래하기

- 움직임으로 프레이징을 보여 주기
- 프레이즈의 강박과 여린박 느끼기
- 박의 분할을 듣고, 깨닫고, 읽기
- 다양한 리듬 패턴 구현하기
- 움직임과 노래로 카논 구현하기
- 다른 음악 양식의 다양한 리듬감 표현하기

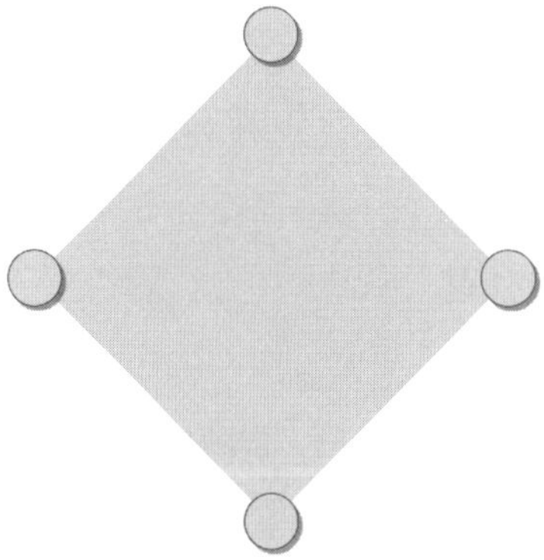

[그림 7-2] 연습의 예

4명의 참가자가 다이아몬드형으로 만들어서 (다이아몬드 안에 더 많은 참가자가 있을 수 있다.) '리더'인 사람은 그룹의 나머지 학생들의 뒤에 있다. 리더는 음악을 표현하면서 천천히 움직이는 동안 다른 사람들은 리더의 움직임을 따라 한다. 리더가 다른 사람을 선택하여 리더권을 전가하면 그(녀)는 왼쪽 또는 오른쪽으로 90도 회전한다.

상급학년 학생 가르치기

상급학년 학생들은 보다 도전적인 연습을 제공받을 수 있다. 동시에 교사는 잘 하는 학생들에게는 좀 더 나아갈 수 있도록 할 뿐 아니라 경험이 적은 학생들에게는 성공적인 경험을 제공할 수도 있다. 중급학년에서 연습해 온 내용 중 상당 부분을 검토하여 음악을 더욱 탐구하도록 할 수 있다. 종종 다양한 춤과 창의적 연습 같은 운동 도전을 포함한 리듬 연습은 이 연령 그룹에서 잘 받아들여진다. 학생들이 음악과 함께 움직이는 이전 경험이 없다면, 쉽게 시작해서 연습하도록 지도하고, 매일 움직임 표현을 적용하여 학생들이 관심 있어 하는 음악을 사용하되, 이 시기의 학생들이 자의식이 강하다는 것을 염두에 두어야 할 것이다.

연습을 위한 몇 가지 제안은 다음과 같다(Mead, 1994 참조).

• 움직임 표현 탐구하기
 –소그룹의 움직임에서 아이디어(예: 함께, 무관심하게, 대비 대 반복) 표현하기
 –걸음으로 개성 보여 주기
 –음악에 맞는 그룹별 움직임 창작하기
 –몸으로 형태와 모습(동상 포즈 포함) 탐구하기(움직임으로 그러한 것들을 계속한다.)
 –출발점으로 실제 상황(드라마)이나 그림을 음악의 유・무(有・無)와 관계없이 움직임 적용하기
• 리듬 연습
 –리듬 동작의 변화를 탐구하고 반응하기
 –다양한 리듬 패턴을 만들고, 깨닫고, 즉흥연주하고, 읽기
 –템포의 미묘함에 반응하기
 –움직임과 노래에서 확대와 축소 탐구하기(예: 'Frere Jacques' 같은 노래의 뒷부분을 확대와 축소하기)
 –당김음으로 연주 연습하기(예: 라틴 음악에서 추출)

몇 가지 장점과 도전 과제

달크로즈 교수법의 장점 중 하나는 실제로 움직이는 신체를 통해 악기나 연주 기술 없이 음악 잠재력을 개발할 수 있다는 것이다. 움직임은 학생들의 경험 수준(다양한 측면과 음악 양식)에 따라 배울 수 있게 하며, 교사가 학습의 정도와 질을 '볼' 수 있는 기회를 제공한다. 움직임 활동은 일상 활동에서 내재된 에너지와 자유가 은유적으로 음악적 과정으로 바뀌도록 한다. 달크로즈의 원리와 연습은 다양한 교육 환경과 학습자들에게 적용될 수 있다. 달크로즈 교수법은 한 번의 수업에서 많은 학습 문제를 해결하므로 효율적이다. 이 연습은 개인적인 반응을 허용하고 지지하며 개인이 자신의 개인적 경험을 통해 배우도록 권유한다. 모든 학생이 동시에 행동에 참여하도록 함으로써 학생들이 음악과 자신을 탐구할 수 있는 공간을 제공하는 편안

한 분위기를 조성한다.

달크로즈 수업 교사는 일반적으로 접근법의 이점에 대해 강한 확신을 가지고 있지만 도전이라고도 생각한다(Juntunen, 2002a 참조). 예를 들어, 이 접근법의 실행을 설명하는 것이 매우 어렵고 거의 불가능하다는 점은 주목할 만하다. 이는 교사 개인이 경험한 것이어야 하는데, 그것은 실험을 기반으로 교사 자신의 아이디어를 테스트하고 스스로 적용한 것이어야 한다. 이것은 제한된 수업교재들이 사용되기 때문에 중요한 문제이다. 음악수업에서 움직임 연습은 충분한 공간(다양한 연습이 제한된 공간에서 행해지기도 하지만), 세심한 계획과 준비가 필요하다. 또한 크고 아주 활동적인 학생 그룹과 함께 수업하고 지도하는 것은 불안과 행동 문제를 야기하기도 한다. 달크로즈 활동에 참여하는 학생들은 항상 움직임 연습이 유용하거나 경험이 의미 있는 것은 아니다. 문화적 차이도 있다. 예를 들어, 표현적 움직임은 특정 문화권의 아이들에게는 문제가 될 수 있다. 음악에 따라 움직이는 것을 수줍어하는 학생들에게는 움직임을 통한 학습이 어려울 수도 있다. 이러한 용이성 부족, 심지어 당혹감은 참여를 즐기지 못하게 하여 긍정적인 경험을 얻지 못하게 한다. 그러므로 고무적인 분위기를 조성하고 간단한 움직임과 쉬운 움직임으로 시작하는 것이 중요하다. 더욱이 학생들의 움직임에 대한 감성을 일깨우고, 감각, 사고, 느낌, 움직임 사이의 관련성을 만드는 데에는 보통 시간이 걸리며, 항상 가능한 것은 아니다. 또한 달크로즈 교사는 달크로즈 연습이 모든 학생들의 음악적 성공을 위해 필요하지 않다는 것을 인정한다. 반면에 음악 학습과 통합된 신체 연습은 전반적인 방식이 몇몇 학생이 경험하고, 표현하며, 신체 경험을 통해 배우고, 음악과 움직임을 통해 다른 사람들과 접촉하는 기회 중 하나일 수 있다. 그러나 이것은 새로운 가능성 추구를 필요로 한다. 예를 들어, 달크로즈 교수법에서 충분히 탐구되지 않은 새 기술 등이다. 새 기술을 도입하여 21세기에 진보된 접근법의 한 방향을 제시할 수 있다.

Chervel(1998)은 달크로즈 교수법이 적절한 평가 수단이 없다고 비평하며, 이 교수법이 학교에서 적절하게 통합되는 것을 방해한다고 하였다. 그럼에도 불구하고 학생들의 음악과 움직임 활동 참여가 확실하고 다양한 기술(예: 듣기, 신체적, 사회적이고 창조적인 기술)과 음악적 이해를 도울 수 있다고 하였다. 달크로즈 교수법에서 평가는 주로 형식적이며, 교사가 지속적으로 학생을 관찰하고 지도 과정에서 지속적인 피드백을 제공하는 것이다. 또한 이러한 관찰은 교사가 다음에 해야 할 결정과 행동에 대한 정보를 준다. 학습을 평가할 때, 교사는 학생의 움직임 전체에 대한 수준에 초점을 맞춘다. 왜냐하면 이 움직임은 듣기와 이해를 반영하기 때문이다. 또한 주어진 수업 상황에서 속도에 맞춰 걷는 것과 같은 특정 기술을 평가할 수 있다.[5] 그러나 연습이 너무 광범위하고 다방면으로 이루어지기 때문에 모든 다양한 작업 영역에서 진행 상황을 모니터링하는 것이 항상 쉬운 것은 아니다. 또한 평가는 학습의 경험적 성격을 반영해야 한다. 머지않아 특수하게 개발된 기술을 테스트하는 포괄적인 평가로서의 등급화된 시험이 개발되어 달크로즈 프로그램에 적용될 것이다(Vann, 2013).

학생 학습에 대한 달크로즈 교수법의 영향

연구에 따르면 음악 교수법, 특히 유아 교육과 초등 교육에서 움직임은 신체 인지를 개발하고, 학생 문화를 존중하며, 음악 개념을 강화시키는 데 사용된다. 신체 움직임에 관한 많은 연구 결과에 따르면 움직임을 이용하는 것은 학생들의 템포와 박자감, 리듬적 기술, 음높이 개념에 대한 이해를 발달시킨다. 이러한 움직임은 음악을 인식하고 듣는 것을 향상시킬 뿐만 아니라 가창과 표현력도 향상시킨다. 또한 창의력과 창의적 사고에도 영향을 미친다. 나아가 아이들은 일반적으로 음악수업에서 움직임 활동에 적극적으로 반응하며, 움직임 활용은 다른 음악 연구에 대해 긍정적인 방식으로 육성될 것으로 보인다(Abril, 2011).

달크로즈 접근법에 관한 연구들이 단지 음악 인지와 이해력에 대한 접근에서 효과를 거두었을 뿐만 아니라 음악성과 청음 및 리듬감 개발에 영향을 주고 있다. 예를 들어, Joseph(1982), Rose(1995), Blesedell(1991)이 유치원과 1학년과 2학년 아동을 대상으로 실시한 연구에 따르면 달크로즈 연습이 리듬 패턴을 인식하고 반응하는 능력에 긍정적인 영향을 미치며, 박자 감각과 리듬감을 개발한다고 하였다. Crumpler(1982)는 달크로즈 실습이 선율에 대한 음악적 성장과 음높이를 구별하는 능력에 어떠한 영향을 미치는지 1학년 아동 76명을 대상으로 조사하였다. Crumpler의 연구 결과 달크로즈 연습에 참여한 집단의 사전과 사후 테스트 점수는 유의미한 변화를 보인 반면, 달크로즈 연습에 참여하지 않은 통제집단은 특별한 변화를 보이지 않았다. Carvalho(2013)의 연구는 한 학년 동안 일주일에 한 번 참여하는 8~9세 아동의 운동과 리듬 능력의 개발을 조사했다. Carvalho는 움직임 활동이 더 많이 제공된 어린이 그룹이 오르프 수업에서 악기를 연주하는 데 집중했던 통제집단과 비교하였을 때, 최종 테스트에서 더 높은 점수를 얻게 되어 좀 더 리듬적이고 열정적이며, 신체적 음악 표현력이 있음을 나타냈다.

또한 참가자의 경험을 검토해 보았다. Habron, Jesuthasan과 Bourne(2012)는 영국 코벤 트리 대학(Coventry University)에서 임의로 달크로즈 수업에 참여하였던 작곡과 학생들의 경험과 인식을 조사했다. 참가자의 3분의 2는 청음 능력의 향상, 음악 이해력의 변화, 음악 지식의 습득과 같은 작곡을 위한 작업에 간접적인 영향이 있었다고 하였다. 모든 참가자는 달크로즈 수업을 즐겼으며, 대다수가 움직임에 이끌렸고 눈과 귀를 여는 경험이었음을 확인하였다. 마지막으로 Merwe(2015)의 연구는 남아공의 음악대학 1학년 학생들을 대상으로 하였다. 그녀는 음악교육 모듈 중 달크로즈에서 영감을 얻은 활동이 학생들의 창의력과 음악 요소에 대한 이해력을 증진시켰다고 보고하였다.

달크로즈 교수법이 학생들의 학습에 미치는 영향은 실행자들에 의해 고무되었고 참가자들의 개인적인 증언에 의해 입증되었다(Schnebly-Black & Moore, 1997). 예를 들어, 런던 내 초등학교의 다양한 배경을 가진 어린이들과 20년 이상 근무한 Hadley(2013)는 음악수업에서 가능할 때마다 달크로즈 아이디어를 적용하면 엄청난 이점을 얻게 될 거라고 주장한다. 그녀에 따르면, 음악으로 움직이는 경험은 다양한 배경과 능력을 가진 아이들에게 호소력을 발휘하며, 음악 요소(예: 박, 템포, 리듬, 프레이즈, 연주시간과 악곡 구조)에 대한 이해를 심화시킨다고 하였다. 수업에서의 협업과 집중력, 협동성의 개발이 창의적인 작업 기회를 제공하며, 무엇보다도 그들 자신이 만든 음악에 대해 사랑하게 될 것이라고 하였다.

결론

대체로 당시의 제도화된 음악교육에서 확인된 달크로즈 접근법의 단점은 서양 문화에서 일반적인 탈신체화 경험, 특히 음악가의 전문 교육 내에서의 마음과 몸의 이원론적인 견해와 이러한 구조 안에서 지식의 본질과 연관된다. '아는 것'은 듣기, 느낌, 만지기, 또는 행위를 통해서 보다 시각적 감각과 인지적 사고를 통해 얻게 된다고 이해되는 것이 우세했다. 인류에 대한 이원론적인 견해와 비판은 20세기 초반에 보다 일반적인 차원에서 나타났으며 근래에 광범위하게 성장하여 과학에서 거의 상식적인 입장이 되었다.

Jaques-Dalcroze의 목적은 실제적인 뿌리나 학습 활동에서의 신체적 연결 없이 음악 지식의 지능화와 추상화로의 경향에 기인한 불균형을 해결하는 것이었다. 따라서 그의 교육적 성찰은 듣기와 신체 움직임을 연결하고, 운동 감각과 정신을 활발하게 만들고, 학생들로 하여금 스스로 경험할 수 있게 함으로써, 감각, 느낌, 사고와 신체 행동을 결합하는 방법을 찾는 데 집중한다. 따라서 달크로즈 접근법은 우리에게 학습의 구체화된 차원을 인식하도록 권유하는 음악 교수법으로 간주될 수 있다.

Jaques-Dalcroze의 주된 주장은 오늘날의 교육 환경과 여전히 관련되어 있는 것 같다. 음악과 신체 움직임 사이의 긴밀한 관계는 계속 유지되며 이후의 학자들에 의해 계속 지적되고 있다.[6] 또한, 최근에 학습에서 신체와 움직임의 중요성이 언급되고 있다. 예를 들어, Hodges와 Gruhn(2012)은 뇌 연구에서 나타난 교육의 가장 중요한 측면 중 하나는 학습 과정에서 신체와 움직임의 참여라고 하였다. 그들은 "학습이 생각을 표현하는 능력을 개발하고자 하는 것이라면, 뇌피질에서 표현을 만드는 유일한 방법은 신체 움직임을 통해서라고 이해되어야 한다(p. 212)."라고 주장한다.

그러나 교사 교육에서 달크로즈 접근법의 가능성과 도전은 무엇보다도 반성적이고 비판적으로 논의되어야 한다(Juntunen & Westerlund, 2011). 예를 들면, 이것은 음악적 성장이나 실습과 관련된 특정 문제를 접근법이나 방법으로 규정하여 해결하기 위한 목적으로 재검토해야만 정착될 수 있다고 본다. 비판적 자세를 통해서만 음악교육자들은 무엇이 당연하고 받아들여지고, 규범적이며, 예측되고, 더 나은 설명이 필요한가를 인식하고 분명히 할 수 있다. 또한 비판적 분석은 교사와 학생들이 행동, 추측, 가치의 근거를 반영한 각 음악교육 방법의 본질을 인식하는 데 도움이 될 수 있을 것이다. 이것은 교수 활동에서 성장에 관한 교사의 규범적 이상이 종종 암묵적으로 남아 있고 또 교사 자신의 무반사적 학습 경험에 근거하기 때문에 우리의 교수법적 사고를 더욱 명백히 해야 할 것이다.

미주

1 이러한 일반적인 연습의 실제는 Urista(2003, video clips 1-4)를 참조할 것.

2 달크로즈 솔페즈에 대한 개요는 Thomsen(2011)을 볼 것.

3 달크로즈 훈련, 교육과 연구 분야에 관련된 자세한 정보는 Le College de l'Institut Jaques-Dalcroze(2011)를 참조할 것.

4 Lakoff와 Johnson(1980)의 은유에 대한 정의에 따르면, 물리적 은유는 구체적인 몸의 움직임에서 추상적으로 이해될 수 있다.

5 평가대상 지역에 대해서는 Le College de l'Institut Jaques-Dalcroze(2011)를 참조할 것.

6 예를 들어, 음악 표현의 생리학적·신경학적 근거에 관한 최근 문헌을 조사할 때, 신경심리학자 Seitz(2005b)는 음악의 모든 주요 요소(멜로디, 리듬, 악구, 악센트, 타이밍, 역동성과 화음의 미세한 변화)가 신체적으로 만드는 과정에서 정보를 준다. 음악적 인식과 해석에서 듣기와 운동 시스템의 깨지지 않는 결합으로 인해 신체와 움직임을 근본적으로 음악교육의 핵심에 둔다. "따라서 음악과 음악교육에서 신체와 움직임의 역할에 대한 달크로즈의 정서적인 이해는 오늘날 음악가, 음악교육자와 심리학자들에게 매우 중요하다."라고 Seitz는 주장한다(p. 431). 또한 몇몇 다른 학자(예: Bowman & Powell 2007, Rabinowitch, Cross, & Burnard, 2011)는 우리가 음악인지와 창의력에서 신체의 중심적 역할을 인식하고 음악을 일종의 구체화된 양식으로 구별하라고 하였다.

참고문헌

Abramson, R. (1997). *Rhythm games for perception and cognition.* Miami, FL: Warner Bros. Publications.

Abril, C. R. (2011). Music, movement, and learning. In R. Colwell & P. R. Webster (Eds.), *The MENC handbook of research in music learning, volume 2: Applications* (pp. 92-129). New York, NY: Oxford University Press.

Alperson, R. (1994). *A qualitative study of Dalcroze eurhythmics classes for adults* (PhD dissertation, New York University). Retrieved from ProQuest Dissertations and Theses. (9603274)

Anema, H. A,, & Dijkerman, H. C. (2013). Motor and kinesthetic imagery. In S. Lacey & R. Lawson (Eds.), *Multisensory imagery* (pp. 93-113). New York, NY: Springer.

Blesedell, D. S. (1991). *A study of the effects of two types of movement instruction on the rhythm achievement and developmental rhythm aptitude of preschool children* (PhD dissertation, Temple University). Retrieved from ProQuest Dissertations and Theses. (9134919)

Bowman, W. (2004). Cognition and the body: Perspectives from music education. In L. Bresler (Ed.), *Knowing bodies, moving minds* (pp. 29-50). Boston, MA: Kluwer Academic Publishers.

Bowman, W,, & Powell, K. (2007). The body in a state of music. In L. Bresler (Ed.), *International handbook of research in arts education* (Part 1, pp. 1087-1106). Dordrecht, Netherlands: Springer.

Carvalho, S. (2013, July). *The influence of the Dalcroze's eurhythmics in instrumental practice: A case study.* Paper presented at the First International Conference of Dalcroze Studies, Coventry University, United Kingdom.

Chervel, A. (1998). *La cultura scolaire: une approche historique* [The school culture: historical approach]. Paris, France: Belin.

Choksy, L., Abramson, R. M., Gillespie, A. E., & Woods, D. (1986). *Teaching music in the twentieth century.* Englewood Cliffs, NJ: Prentice-Hall.

Chung, S.-M. (2003). *A music program for grade one based on the new music curriculum standards (1993) in Taiwan* (PhD dissertation, Texas Tech University). Retrieved from ProQuest Dissertations and Theses. (3108690)

Crumpler, S. E. (1982). *The effects of Dalcroze Eurhythmics on the melodic musical growth of first grade students* (PhD dissertation, Louisiana State University). Retrieved from ProQuest Dissertations and Theses. (8229498)

Csikszentmihalyi, M. (1990). *Flow: The psychology of optimal experience.* New York, NY: Harper and Row.

Damasio, A. R. (2000). *The feeling of what happens: Body, emotion and the making of consciousness.* London, United Kingdom: Vintage.

Habron, J., Jesuthasan J., & Bourne, C. (2012). *Moving into composition—The experiences of student composers during a short course of Dalcroze Eurhythmics.* Retrieved from https://curve.coventry.ac.uk/open/file/cba8b06f-f21c-4d51-b4cf-65385ef93358/1/Moving%20into%20composition.pdf.

Hadley, N. (2013, July). *Dalcroze in the primary school.* A session presented at the First International Conference of Dalcroze Studies, Coventry University, United Kingdom.

Hodges, D., & Gruhn, W. (2012). Implications of neurosciences and brain research for music teaching and learning. In G. E. McPherson & G. F. Welch (Eds.), *Oxford handbook of music education* (Vol. 1, pp. 205-223). New York, NY: Oxford University Press.

Ilomäki, L. (2011). *In search of musicianship: A practitioner-research project on pianists' aural-skills education* (PhD dissertation, Sibelius Academy, Helsinki).

Ingham, P. B. (1920). The word "eurhythmics." *Dalcroze Journal, May,* 8-9, (Reprinted from the *School of Music Review,* March 1914)

Jaques-Dalcroze, É. (1921/1980). *Rhythm, music and education.* London, United Kingdom: Dalcroze Society.

Jaques-Dalcroze, É. (1930/1985). *Eurhythmics, art and education.* New York, NY: Arno Press.

Jaques-Dalcroze, É. (1935). Petite histoire de la Rythmique [A short history of Eurhythmics]. *Le Rythme, 39,* 3-18.

Jaques-Dalcroze, É. (1945/1981). *La musique et nous. Note sur notre double vie* [Music and us. Note on our double life]. Geneva, Switzerland: Slatkine.

Jeannerod, M. (2006). *Motor cognition: What actions tell the self.* New York, NY: Oxford University Press.

Johnson, M. D. (1993). Dalcroze skills for all teachers. *Music Educators Journal, 79*(8), 42-45.

Johnson, M. D. (2007). *The meaning of the body: Aesthetics of human understanding.* Chicago, IL: University of Chicago Press.

Joseph, A. (1982). *A Dalcroze eurhythmics approach to music learning in kindergarten through rhythmic movement, ear-training and improvisation* (PhD dissertation, Carnegie Mellon University, Pittsburgh, PA).

Juntunen, M.-L. (2002a). From the bodily experience towards internalized musical understanding: How the Dalcroze master teachers articulate their pedagogical content knowledge of the approach. *Proceedings of the 25th Biennial World Conference and Music Festival.* International Society for Music Education.

Juntunen, M.-L. (2002b). The practical applications of Dalcroze Eurhythmics. *Nordic Research in Music Education Yearbook, 6,* 75-92.

Juntunen, M.-L. (2004). *Embodiment in Dalcroze Eurhythmics* (PhD dissertation, Acta

Universitatis Ouluensis, Scientiae Rerun Socialium E73). Retrieved from http://jultika.oulu.fi/Record/isbn951-42-7402-4

Juntunen, M.-L., & Hyvönen, L. (2004), Embodiment in musical knowing—How body movement facilitates learning within Dalcroze Eurhythmics. *British Journal of Music Education, 21*(2), 1-16.

Juntunen, M.-L., & Westerlund, H. (2001). Digging Dalcroze, or, dissolving the mind-body dualism: Philosophical and practical remarks on the musical body in action. *Music Education Research, 3*(2), 203-214.

Juntunen, M.-L., & Westerlund, H. (2011), The legacy of music education methods in teacher education: The metanarrative of Dalcroze Eurhythmics as a case. *Research Studies in Music Education, 33,* 47-58.

Lakoff, G., & Johnson, M. (1980). *Metaphors we live by.* Chicago, IL: University of Chicago Press.

Le Collège de l'Institut Jaques-Dalcroze. (2011). *The Dalcroze identity: Theory and practice of Dalcroze Eurhythmics.* Geneva, Switzerland: Institut Jaques-Dalcroze. Retrieved from http://www.dalcroze.ch/ institut-dalcroze-geneve-qui

Levin, D. (1989). *The listening self: Personal growth, social change and the closure of metaphysics.* New York, NY: Routledge.

Mathieu, L. (2010). Un regard actuel sur la Rythmique Jaques-Dalcroze [A contemporary view of Dalcroze Eurhythmics]. *Recherche en éducation musicale, 28,* 17-28.

Mead, V. H. (1994). *Dalcroze Eurhythmics in today's music classroom.* New York, NY: Schott Music Corporation.

Merleau-Ponty, M. (1962). *Phenomenology of perception* (Trans. from French by C. Smith). London, United Kingdom: Routledge.

Parviainen, J. (2002). Bodily knowledge: Epistemological reflections on dance. *Dance Research Journal, 34*(1), 11-26.

Phuthego, M. (2005). Teaching and learning African music and Jaques-Dalcroze's Eurhythmics. *International Journal of Music Education, 23*(3), 239-248.

Rabinowitch, T., Cross, L., & Burnard, P. (2011). Musical group interaction, intersubjectivity and merged subjectivity. In D. Reynolds & M. Reason (Eds.), *Kinesthetic empathy in creative and cultural practices* (pp. 109-120). Bristol, United Kingdom: Intellect.

Rose, S. E. (1995). *The effects of Dalcroze eurhythmics on beat competency performance skills of kindergarten, first-, and second-grade children* (PhD dissertation, University of North Carolina at Greensboro). Retrieved from ProQuest Dissertations and Theses. (9531852)

Schnebly-Black, J., & Moore, S. (1997). *The rhythm inside: Connecting body, mind, and spirit through music.* Portland, OR: Rudra Press,

Seitz, J. A. (2005a). The neural, evolutionary, developmental, and bodily basis of metaphor. *New Ideas in Psychology, 23*(2), 74-95.

Seitz, J. A. (2005b). Dalcroze, the body, movement and musicality. *Psychology of Music, 33*(4), 419-435

Sheets-Johnstone, M. (2011). *The primacy of movement* (2nd expanded ed.). Amsterdam, Netherlands; John Benjamins Publishing Company.

Stubley, E. (1999). Musical listening as bodily experience. *Canadian Journal of Research in Music Education, 40*(4), 5-7.

Thomsen, K. M. (2011). Hearing is believing: Dalcroze solfège and musical understanding. *Music Educators Journal, 98*(2), 69-76.

Tuuri, K., & Eerola, T, (2012). Formulating a revised taxonomy for modes of listening. *Journal of New Music Research, 41*(2), 137-152.

Urista, D. J. (2003). Beyond words: The moving body as a tool for musical understanding. *Music Theory Online, 9*(3). Retrieved from http://www.mtosmt.org/issues/mto.03.9.3/mto.03.9.3.urista.html#FN9

Van der Merwe, L. (2015). The first experiences of music students with Dalcroze-inspired activities: A phenomenological study. *Psychology of Music, 43*(3), 390-406.

Vann, J. (2013, July). *Dalcroze exams for children: Graded exams for monitoring progress in experiential learning.* Paper presented at the First International Conference of Dalcroze Studies, Coventry University, United Kingdom.

Vygotsky, L. (1986). *Thought and language.* Cambridge, MA: MIT Press.

Wallén, P., Kiehn, O,, El Manira, A., & Grillner, S. (2007). Nätverk styr våra rörelser [Network directs our movements]. In L. Olson & A. Josephson (Eds.), *Hjärnan* [Brain] (pp. 103-118). Stockholm, Sweden: Karolinska Institutet University Press.

Westerlund, H., & Juntunen, M.-L. (2005). Music and knowledge in bodily experience: Dalcroze's challenge to David Elliott. In D. Elliott (Ed.), *Praxial music education: Reflections and dialogues* (pp. 112-122). New York, NY: Oxford University Press.

제8장

일반음악에서 간학문적 접근법의 적용

Janet R. Barrett 저 / 박은실 역

[장면 1]

초등학교 일반음악교사인 롭은 자신이 맡고 있는 4학년 학생들이 음악적 짜임새에 매료되어 있음을 알고 있다. 학생들은 간단한 가락을 빨리 익혀 돌림노래로 부르고, 더 난이도 있는 도전과제를 요구한다. 서로 파트너 송으로 겹쳐 부를 수 있는 노래도 있고, 전혀 그렇지 않은 노래도 있음에 흥미를 느낀다. 아카펠라 그룹처럼 부르기를 기대하며, 간단한 3성부 화성 진행을 배워, 알고 있는 가락에 화음을 붙이는 방법을 익혀 나간다. 롭은 학생들이 관심을 가지는 음악 짜임이 다른 예술 형태에서도 발견된다고 보고, 예술 간의 연계를 지원하기 위한 한 방법으로 예술들 사이 유사한 작업들을 사용해 보는 전략을 세운다. 학교의 교육매체 전문가가 Paul Fleischman(1952~)[1]의 『Joyful Noise: Poems for Two Voices』[2]를 그에게

1) 역자 주: 미국의 동화 작가이다.

2) 역자 주: 『Joyful Noise: Poems for Two Voices』은 Paul Fleischman의 작품이다. 어린이를 위한 시집으로, 1989년 뉴베리 수상작이다. 곤충에 대한 시들로 되어 있으며, 두 명이 동시에 함께 읽도록 되어 있다.

추천해 주었다. 롭은 귀뚜라미에 대한 장난기 어린 칭찬, 맴맴 도는 딱정벌레, 책벌레, 메뚜기 등에 대한 시들이 두 목소리 간의 대위법적 대화로 되어 있음을 알게 되었다. 처음 그가 이 시들 중 하나를 수업 시간에 제시했을 때, 한 줄에서 다음 줄로 읽어 내려가는 것에 익숙해 있는 학생들은 두 목소리가 동시에 나오는 것임을 바로 알아차리지는 못했다. 그러나 예상치 못했던 구조를 발견하게 되자, 학생들은 본문을 해석하는 한 방법으로, 표현적인 아이디어들을 사용하여 시에 생명을 불어넣기 시작한다. 이와 같은 아이디어들에는 강세, 아티큘레이션, 프레이징, 빠르기 등이 포함된다. "음악적 차원들이 어떻게 우리가 읽는 이 시를 생생하게 만들어 줄 수 있을까?" "어떻게 시낭송이 Fleischman의 언어유희로 연결될까?" "어떻게 음악에서의 쉼처럼, 시에 여백을 줌으로 음악 짜임에 변화를 줄 수 있을까?" "이런 시적 대화들이 우리가 매일 친구와 하는 그것과 얼마나 비슷할까?" 롭이 모방 이외에 평행 혹은 반대의 움직임으로 성부의 진행을 소개할 때 학습은 더욱 정교해지게 된다. "시집과 음악에서 다른 예시들을 찾을 수 있을까?" 학생들은 열정적으로 다른 시들에서 둘 혹은 그 이상의 목소리들을 찾는다. 롭과 4학년 학생들은 함께 '학부모설명회를 위한 음악과 시의 대화'에 관한 계획을 세운다. Bach의 2성 인벤션을 배우고 있는 한 학생이 자원해서 오른손과 왼손이 어떻게 서로 뒤쫓아 따라가는지를 보여 준다. 다른 한 쌍의 어린 클라리네티스트들은 Fleischman의 반딧불이 연주의 서주와 코다를 반딧불이가 깜박이는 것처럼 소리가 번갈아 나도록 창작하기로 했다. 학생들 중 4명은 나머지 학생들에게 가르치기 위해 움직임 카논을 만든다. 소그룹의 학생들은 시를 선택하여 분석하고 시와 음악을 병치시키기 위해 이미 알고 있는 음악과 짝을 짓거나 음악의 즐거운 조화를 위해 새롭게 창작해 본다.

[장면 2]

민속음악 전통에 푹 빠져있는 중학교 일반음악교사인 마리아는 Woody Guthrie(1912~1967)[3] 탄생 100주년 기념식에 영감을 받아, 미국 음악문화에 끼친 그의 혁신적인 공헌을 탐색하기 위한 아이디어를 점심 식탁에 둘러앉은 동료들

3) 역자 주: 미국 포크음악의 대가로, 포크음악을 하나의 장르로 확립시켰다. 대표곡으로는 "This Land Is Your Land"가 있다.

과 함께 토론하고 있다. Kathy Jakobsen[4)]이 함께 작업한 "This Land Is Your Land"를 시작으로, 마리아는 이 책이 어떻게 Guthrie 가족 재단의 기록물로 개발되었는지 이야기를 꺼냈다. Jakobsen은 친숙한 가락 위에 지금까지 거의 불리지 않았던 소재의 노랫말, 즉 파노라마처럼 펼쳐지는 지리적 아름다움에서 경제공황 동안 가난에 내던져진 가족과 노숙자들에 대한 내용으로 초점을 전환시켜 주었다. "어느 햇살 밝은 날 아침, 첨탑 그늘 안 구호 사무소에서, 나는 사람들을 보았네……." 마리아는 이 노래에서 제기되는 사회 정의에 대한 주제들과 인간에 대한 동정심이 학생들의 현재 혹은 미래에 직면하게 될 문제들이란 사실을 직감한다. 그녀는 중학교 학생들이 "This Land"와 관련 곡들을 어떻게 노래하고, 화음을 넣고, 반주와 편곡, 평가 등을 할지 대강의 밑그림을 그린다. 운 좋게도, 그녀는 영문학 수업에서, 학생들이 Karen Hesse(1952~)[5)]의 자유시 형식으로 쓰인, 모래폭풍이 불어오는 농장에서 한 어린 소녀가 성장하며 겪는 이야기인, 『Out of the Dust』를 읽을 계획임을 알게 된다. 이런 행운이 뒤따르자, 마리아는 추가적인 작품과 유물, 즉 모든 조사 방법들을 동원해서 당시 음악의 역사적 역할, Guthrie가 작곡한 다양한 노래들, Virgil Thomson(1896~1989)[6)]의 "평원을 일구는 쟁기(The Plow That Broke the Plains)"[7)]에서 Bruce Springsteen[8)]의 "My Oklahoma Home" 녹음 등 좀 더 넓은 범위의 또 다른 음악적 가능성들 등을 찾고자 한다. 그녀는 대공황 시기 어려움을 참고 견딘 이들의 삶을 보여 주며 많은 영향을 끼친 사진작품, 〈이주노동자 어머니(Migrant Mother)〉의 작가인 Dorothea Lange(1895~1965)[9)]의 사진을 찾기 위해 메모해 둔다. 마리아는 학생들의 탐색을 안내해 줄 질문을 만들어 나가기 시작한다. "Woody Guthrie가 이 노래 가사에 썼던 미국에서의 삶은 어떠했을까?" "Guthrie가 쓴 것들이 오늘날도 여전히 관련 있는가?" "여러분의 세대에서 Woody Guthrie는 누구인가?" 그녀는 무엇보다 가장 강력한 질문을 쓰면서, 자신의 학생들

---

4) 역자 주: 미국의 그림책 작가이다.
5) 역자 주: 미국 아동문학 작가이다.
6) 역자 주: 미국 근대음악 작곡가 겸 비평가이다.
7) 역자 주: Virgil Thomson의 작품이다. 기록영화의 거장 Pare Lorente의 영화에 쓰인 음악이다.
8) 역자 주: 미국의 록 가수이다. 노동자와 서민층을 대변하는 노래로 대중으로부터 지지를 받았다.
9) 역자 주: 미국의 사진작가이다. 대공황 시기 이주 노동자의 어려운 생활을 사진으로 찍어 세상에 알렸다. 대표작으로 〈이주노동자 어머니(Migrant Mother)〉가 있다.

이 자기 관심사에서 타당한 예시들을 끌어내려 열정적으로 노력할 것을 예상하자 저절로 미소가 지어졌다. "음악가와 예술가들은 사회 변화에 어떤 역할을 담당하는가?"

[장면 3]

여기 고등학교의 한 작곡반은 예술적 협력에 관한 폭넓은 주제를 탐색한다. 일련의 수업은 Chuck Close(1940~)[10]의 예술에서 시작한다. 그의 그림은 대상을 거대한 캔버스에 가득 채우는데 너무 정교해서 사진처럼 보인다. 좀 더 가까이 들여다보면 더욱 놀랍다. 각각의 초상화는 여러 가지 색으로 된 아주 작은 마름모나 다른 형태들로 되어 있다. 학생들은 예술가와 그의 접근법, 추상 표현주의라 불리는 미술 양식과의 관련성 그리고 그의 예술과정을 다시 정의하도록 해 준 신체적 난관의 극복 등을 알아보기 위해 모둠을 편성한다. 교사인 조슬린은 학생들에게 Close와 Philip Glass와의 관련성에 대해 안내한다. 특별한 예술적 감수성으로 작업한 이 두 사람의 예술가는 서로의 초상화를 창작해 왔다. Close는 40년 이상 다양한 매체로 100개 이상 친구의 서로 다른 이미지를 만들어 냈다. Glass는 이에 대한 답례로 "A Musical Portrait of Chuck Close"를 작곡했다. 조슬린은 학생들이 이들 작품을 접하고 해설할 수 있도록 이끌어 준다. 학생들은 Glass의 작품에서 두 개의 움직임을 듣는다. 첫 번째 움직임이 즉각적으로 나오고, 주목할 만한 반복되는 소리의 블록에 음계와 음형, 표현적 에너지가 부여된다. 다시 학생들은 Glass의 창작에 대한 표현과 그의 삶에 대해 더 알아보고자 한다. 어떤 예술가도 선호하지 않았던 용어인 미니멀리즘이란 주제가 등장한다. 조슬린은 어떻게 창의적인 개인이 예술과 음악에서의 양식 혹은 흐름에 의해 이미 범주화된 것을 종종 거부하여, '시스템에 반하는' 자신의 목소리나 작품을 더 선호하게 되는지에 대해 토론해 보도록 격려한다. 학생들은 다른 예시들을 찾고, 스스로 창작해 보며, 친구와 가족 그리고 이미지, 소리, 텍스트, 다양한 매체 등에서의 유명한 작품을 비평하는 활동을 통해 그들의 초상화 기법을 보다 깊이 있게 이해하게 된다. 조슬린은 종합적이

10) 역자 주: 미국의 극사실주의 화가, 판화작가, 사진작가이다.

고 깊이 있는 사고에 대한 증거를 찾으며, 각각의 프로젝트를 평가한다. 학생들의 창의적인 작품은 Chuck Close와 Philip Glass에 대해 공부하고, 이를 다시 환기시키면서 탐색을 계속한 결과물이다.

간학문적 접근법

앞의 여러 [장면]에 나온 교사들은 일반음악교실 환경에서 일한다. 각 교사들은 학생들의 음악적 이해가 음악 밖에 있는 인간 경험의 다양한 차원과 유의미하게 연결되는 방법에 면밀히 주의를 기울인다. 교사들은 학생들이 음악과 삶의 여러 측면을 관련짓도록 격려한다. 교사들은 또한 학생들이 보여 주는 끝없는 호기심의 모범이 되어 주고, 음악과 그에 관련된 주변적 이해가 확장되기를 바란다. 각 상황에서 교사들은 다양한 교수법적 전략과 음악유형들뿐 아니라 다른 과목의 자료들까지도 활용하는 등, 표면적으로 보아도 매우 달라 보이며, 음악 교수 학습에 대한 간학문적 관점에서 동료 교사들과 연결되어 있다.

얼핏 보면 이 문장은 모순되어 보인다. 하나의 학문분야로의 전통이 깊이 배어 있는 음악교육이 어떻게 하나의 학문분야이면서 동시에 간학문적일 수 있는가? 이 책에 소개된 다양한 접근법 중 간학문적 접근이 아마도 가장 특이하고 정의하거나 이해하기 어려운 분야일 것이다. 이 접근법에 수반되는 개념과 원칙들 또한 명확히 구별하거나 이해하기 어렵다. 사실 일반적으로 '간학문'이 가진 역동적이고 다원적인 본질로 인해, 그 개념적 기초들이 복잡하고 논쟁적으로 보이기도 한다. 심지어 **간학문적 교육과정**이란 용어는 비슷한 용어의 범람과 유사한 생각에 직면한 적 있는 교사들이 들려주는 개인적 일화들을 촉발시킬 수 있다. 일반음악에서 보다 보편적으로 적용되는 접근법들과 다르게 이 접근법에는 전문적 조직, 정기간행물, 연차 모임, 교사 연수, 중심적인 인물 등이 없다. 이런 한계에도 불구하고, 교육, 음악, 다른 예술 영역 등에서 간학문성에 대한 역사적 선례, 보완적 움직임, 동시대적 정당화 등의 노력이 이루어지고 있다.

이번 장에서 나는 간학문적 관점의 기초와 목적을 제시하고, 간학문적 교사들의 특징을 설명한 다음, 지도법에 대한 안내를 할 것이다. 그리고 음악교육에서 미래의 간학문적 발전을 위한 여러 방법들을 제안할 것이다. Elliot Eisner(2002)가 예술교육의 다양한 비전(vision)과 버전(version)이 있음을 주장하였듯이, 나 또한 확실하고 진지하게 고려해야 할 항목으로서라기보다는 음악 교수학습을 위해 실행 가능한 하나의 방법으로 간학문적 관점들을 제안하고자 한다. 이 장의 주제들에는 간학문적 교수학습을 안내해 줄 수 있는 특징, 기술, 이해, 학과를 아우르는 학생들의 관련적 사고의 발달, 의미 있는 연결을 이끌어 줄 교수법적 전략 등이 포함된다.

기초와 목적

인간의 역동적인 표현 형식인 음악은 거의 경계가 없이 자유롭다. 음악은 인간의 경험에서 자라나고, 폭넓은 자원에서 영감을 이끌어 내며, 문화, 시대, 이데올로기, 계급의 문턱을 넘나든다. 광범위한 음악 연구는 종종 자연, 예술, 문학작품, 연극, 춤, 종교, 정치, 역사, 사회 운동 등과의 부합도 고려한다. 교육철학자 Philip Phenix(1964)가 주시한 바와 같이, "모든 학문은 본질적으로 어느 정도 통합적이며, 다른 학문에서 차용해 온다. 학문은 결코 방수 구획 안에 존재하지 않는다."(p. 320) 음악은 그런 의미에서 특히 통합적이며, 새로운 간학문적 분야가 공연, 생산, 비평, 새로운 미디어, 참여를 결합한 새로운 예술 형태와 실제에서 빠르게 부상하고 있는 방식으로 학계 내에서 급성장하는, 포스트모던 시대에는 특히 그렇다.

교육과정 안에 포함된 학과목으로서 음악은 여러 차원에 매여 있다. 어린 학생의 교육부터 고등교육 프로그램까지, 대부분의 형식적 교육은 각 교과가 시간표, 교실, 교사, 교수법, 평가 방법 등이 모두 다르게 분리된 주제를 가르치며 가르칠 것이라는 가정을 기반으로 한다. 그러나 간학문성의 보편적 원리는 학교가 이런 장벽을 개선함으로써 다양한 형태의 지식, 학생들의 이해를 통합할 수 있어야 한다고 주장한다. 교육과정을 연계하고자 하는 교육적 발의는 성쇠를 거듭해 왔지만 종종 좌절을 겪기도 했다. Wineburg와 Grossman(2002)이 진술하듯, "교과목은 마치 불가사리의 팔이 잘리면 곧 바로 다시 자라나오는 것처럼, 깊은 조직적 구조를 가지고 있다." (p. 2). 그러나 학교에서 이해의 영역들을 연결하고자 하는 움직임이 강하게 일어날 때에도 음악은 여전히 동떨어져 있었다.

어째서 이 두 가지 입장이 있는 것일까? 무엇이 음악이 사회에서 이리저리 자유롭게 움직이지만 학교에서는 분리된 과목이라 생각하게 할까? 말처럼 그렇게 명확하지는 않지만, 이런 이분법은 간학문성에 대한 기본적인 속성을 소개하는 데 매우 유용하다. 간학문적 접근을 도입하려는 일반음악교사는 이런 두 가지 상반된 주장 사이에 놓여 있는 구성주의적 교수법 영역 안에 있다. 즉, 음악을 학생들의 삶과 사회에 흐르는 힘으로 여기면서, 학교에서 음악과 연계 할 수 있는 여러 가지 참여를 가로막는 장벽들을 가능한 한 완화시키려 한다. 간학문적 교사는 개인과 생각들, 예술과 교육 사이의 관련성을 강화하기 위해 연결 짓고, 통합하며, 탐색한다.

일반음악은 음악교육과정의 가장 포괄적인 시각으로 구성되어 있다. 따라서 간학문적 접근을 해 보려는 교사들에게 매우 편리한 점이 있다. 일반음악의 포용력 있는 넓은 범위는 여러 탐색이 가능하도록 하고, 모든 형태의 음악 활동들, 즉 감상, 가창, 놀이, 평가, 창작, 즉흥연주, 신체표현, 여러 시대와 장소에서의 음악들, 음악과 연계하기, 반응하기 등을 포함한다. 일반음악은 방대한 음악 양식, 장르, 관습의 파노라마에서 자유롭게 원하는 것을 끌어올 수 있다. 음악작품과 즉흥연주의 여러 영감의 근원들은 음악 밖에 있는 삶의 경험과 여러 학문들에게서 비롯되고, 그것들은 우리가 무엇을 가로지르고 있는지 생각하도록 해 준다. 일반음악은 학생들이 음악 내적인 활동들을 이해하도록 하면서 우리에게 감동을 주는 여러 가지 표현적인 힘들을 감상하도록 해 준다. 음악과 관련된 예술에서 음악과 유사한 요소와 정서적 경험들을 발견할 수 있다. 또한 음악과 다른 예술형식을 병치시켜 봄으로써 예술 사이에 놓인 유사점과 차이점들을 보다 깊이 이해할 수 있도록 해 준다. 포괄적인 교육과정의 넓은 견지에서 일반음악교사들이 학생들을 위한 학습 경험을 마음껏 구성할 수 있는 것은 간학문적 관점에서 자연스러운 일일 것이다. 교육과정이 포괄적인 시각을 가질수록 간학문적 강조점은 증가한다.

일반음악의 세 가지 영역은 교육과정을 구성하는 방법을 풍부하게 제공해 준다. 간학문적 음악교사는 음악의 다양한 장르와 양식 사이(학문 내적 초점), 음악과 밀접하게 관련된 다른 학문들 사이(간학문적 초점), 그리고 음악과 학생들의 생생한 경험 사이(학생-중심의 해방적 초점)에 의미 있는 연결을 지원해 줄 가교를 찾는다. 이 셋째 영역에서는 학생과 교사가 그것이 내용이건, 교실이건, 혹은 학문적 수준이건,

음악과 자신의 삶과 경험을 의미 있는 방식으로 관련지을 수 있도록 하는 일반음악의 간학문적 접근법의 본질적인 목적을 내포하고 있다.

주장을 명확히하기, 특징 구별 짓기

우리는 간학문성에 대한 인식론적 · 현상학적 주장을 통해, 경험과 깊이 관련되어 있는 지식과 이해가 공명할 때 의미가 획득됨을 안다(Beane, 1997; Detels, 1999; Wineburg & Grossman, 2000). 하지만 체계적인 연구를 통해 간학문적 교육과정을 정당화하기 위한 경험적 기초는 아직 개발되지 않은 상태이다(Barrett, 간행 중). [1] 다만 간학문적 시도를 지지하는 문헌들은 무엇보다 철학적 · 옹호적 · 교수법적 · 정책적 근거가 되어 왔다. 학생에 대한 이해, 교사의 교수법적 방법, 교육과정 패턴, 평가 혹은 간학문적 방법에 관심을 보이는 교사들을 위해 필요한 지식 등에 대한 체계적인 연구는 아직 거의 없다. 예술에 대한 교수학습의 연합적 형태를 경험적으로 지원해 주는 점이 잘 안 되어 있는 것은 일반교육의 문학에서와 비슷하다. Corcoran과 Silander(2009)는 "간학문적 지도가 보다 차별적이고 더 나은 결과를 가져온다는 주장을 지지해 주는 …… 실험적, 혹은 유사 실험적 증거도 없다. 게다가 대부분의 연구는 간학문적 교육과정의 서로 다른 개념들과 접근법들을 정리하기 어려워한다."라고 주장한다(p. 164). 만일 교과목에 예술이 포함될 때 이런 복잡함은 가중된다. 종합적 사고에 기여하는 학생들의 관련적 사고와 교수법적 전략들을 실체화하는데 근본적인 어려움이 있다는 것은 널리 알려져 있다.

하지만 역사적 근거자료들은 음악교육자들이 얼마나 간-학문적 연계에 관심이 있어 왔는지를 보여 준다. 그에 대한 훌륭한 예로 고등학교 음악교육과정에 젊은 학생들의 관심, 특히 학생 사회를 통해 교육과정과의 실제적이고 효과적인 연계를 제공할 것을 주장함으로써 중등 교육에 선구적 모델이 된 Lilla Belle Pitts의 업적을 포함시킬 수 있다(Pitts, 1935, 1944). 1960년대와 1970년대에 걸쳐, 관련 예술과의 연계는 교육과정 활동의 중심이 되어 조직되었다(Barrett, 2006; Reimer, 1978). 오늘날 이런 노력의 결과가 교사교육을 위한 관련 프로젝트(Berghoff, Borgmann, & Parr, 2005), 음악을 통한 문해력 지도(Hansen, Bernstorf, & Stuber, 2004; Ontario Music

Educators' Association, 2008) 그리고 국제 대학입학 자격시험을 위한 중등 프로그램 (Middle Years Program of the International Baccalaureate; Baix-Mansilla, 2010)의 맥락에서 실시되고 있는 간학문적 작업들을 통해 드러나고 있다. 예술 교육자들이 원리와 모델을 개발해 왔고(Parsons, 2004; Taylor, Carpenter, Ballengee-Morris, & Sessions, 2006), 이와 보조를 맞추어 영국의 교사들이 국가 교육과정 안에서 간학문적 활동을 강조하였다(Barnes, 2012; Fautley & Savage, 2011). 교사들이 용어나 다양한 사상의 흐름, 연구와 실제에서의 주요 의제들을 분류할 수 있도록 약간의 오리엔테이션과 종합적인 작업이 진행되어 왔다(Barrett & Veblen, 2012; Burnaford, Brown, Doherty, & McLaughlin, 2007; Russell & Zembylas, 2007).

이렇게 다양한 경로를 통해 이루어진 깊이 있는 탐색들로 인해, 독자는 그 이면에 놓인 목적, 프로그램, 철학적 위상 등을 분석할 수 있게 되었다. 여기에서 필자는 실제적으로는 보다 미묘한 차이를 가진, 둘 사이의 이중성을 설명하기 위해, 음악 교수학습에서의 간학문성과 일반적으로 **예술 통합**(arts integration)이라 불리는 것 사이를 구별하려 한다. 그러나 교사와 학생들이 음악을 자신의 삶과 경험에 의미 있는 방식으로 관련지을 수 있도록 한다는 광의(廣義)의 목적은 우리가 보편적으로 알고 있는, "하나 혹은 그 이상의 예술을 학문적 교육과정에 통합한다."라는 설명과 대조된다(Seidel, Tishman, Winner, Hetland, & Palmer, 2009, p. 53). 후자의 견해에서 예술은 학생들이 비예술, 즉 '학문적' 내용 영역, 우선적으로는 읽기와 수학에 대한 학습을 위해 사용된다. 이런 방식으로 정의된 예술 통합은 때때로 사회적 기술이나 전형적으로는 예술 학습과 연합되는 성격들(즉, 호기심, 인내, 공감, 위험 감수 등)을 촉진시킬 목적으로, 프로그램과 통합된 예술이 긍정적인 영향을 끼치길 바라는 마음에서 사용된다. 여기서 가장 중요한 딜레마는 이 목적들이 가치 있고 정당한 것임에도 많은 예술-통합 시도들이 동등한 위치에서 예술을 학습하는 데 실패한다는 것이다. 특히 음악 전문가들은 이런 프로젝트들이 편향적이고 일방적이라 느낀다. 이 장에서 필자는 사회 안에서 음악의 역동적인 본질과 다른 경험영역과의 상호관련성을 인지하며, 간학문적 접근법을 예술에 이익이 되고 특히 여기에서는 음악에 이익이 되는 측면으로 바라본다.

초급과 중급학교에서 예술에 대한 독창적인 사례연구인 「관습과 보존(Custom and Cherishing)」이 Stake, Bresler, Mabry(1991)에 의해 수행됐고 Bresler(1995)에 의

해 분석되었는데, 이들 학교에서 발견된 통합 양식들은 복종이라는 까다로운 딜레마에 주의를 집중시키기 위해 자주 인용되어 왔다. 예술이 우선적으로 예술 밖에서 학습을 촉진하는, 예술 경험의 질 혹은 예술 내용 자체에 대한 강조가 충분하지 않은 수단적 목적 달성을 위해 사용될 때, 예술 교육자는 신념을 잃고 간학문적 노력에서 멀어지게 된다. 예술이 하찮게 여겨지거나 발전하지 못하면, 교사의 신념은 조건에 타협할 수밖에 없다. 어떤 간학문적 이론이건 그 중심에는 통합의 개념, 즉 예술의 엄격함, 본질, 표현적 힘 등을 유지하는 방향으로의 예술 간의 합병이 있다. 물론 진정한 통합적 접근법에서 중요한 문제는 연계된 학문들 사이의 상호보완적 관련성에 있다.

음악 교수학습에서 간학문적 접근법의 기초는 다음 가정들 위에 세워진다. **침투성의 원칙**은 음악이 다른 인지 영역들과 영향을 주고받는다는 인식론적 믿음을 반영한다. **다차원성**의 개념은 음악이 여러 가지 방식으로 경험될 수 있음을 제안하는데, 우리가 음악작품을 소리의 요소와 형식을 통해 만나도록 해 준다. 시공간과 관련된 사회적·역사적·문화적 차원들, 느낌의 표현적인 면들, 그리고 개인적 연상과 공동체적 의미들 등이 그것이다. 각각의 차원들은 교육적으로 만족스러운 목표 달성을 위해 서로 개방되어 있다. **보충성**은 학문들 간의 상호관련성을 말하며, 사고의 상호작용은 유대를 더욱 강화하고 이해를 보다 깊이 있게 해 준다. 그러나 표면적·보조적인 연계는 상대적으로 가볍고 하찮게 여겨지도록 할 수도 있다. 학생과 교사들이 각 학문들에 가까이 다가가 보충적인 관련성을 조사할 때, **병렬성**의 원칙이 작용해야 하는 것이다. 보기에는 서로 공통점이 없는 듯한 작품이나 예술적 경험들도 교사 혹은 학생들이 호기심을 가지고 계속 조사하는 과정을 통해 서로의 연결점을 발견할 수도 있다. 이런 연결의 강도와 '좋은 결합'은 **통합** 자체의 문제로, 개개 학문의 본질을 보여 줄 뿐 아니라 학문을 아우르며 만들어진 예술적 조화, 유형, 깊이, 정도까지도 수반한다. Dewey로부터 영감을 받아 표현하자면, 예술은 인지적·사회적·정서적·문화적·개인적 앎의 방식을 아우르는 인간 경험의 강화와 정교화로 볼 수 있는 것이다(Barrett, McCoy, & Veblen, 1997). 간학문성은 일반음악에서 이런 인간 경험을 충분히 충족시켜 줄 가능성의 국면을 확장시켜 주는 것이다.

간학문적 인간으로서의 음악교사

적어도 미국의 음악교사들은 그 분야의 전문가로 양성된다. 대학 수준의 과목들은 음악연주, 지휘, 음악이론, 음악학, 자주는 아니지만 작곡과 즉흥연주 등을 강조하기도 하며, 음악교육 영역에서의 기본적인 과정인 교수법, '방법론', 현장 실습 등이 포함된다. 또한 음악적 깊이와 넓이, 연주기술, 교육철학, 심리학, 실습에 대한 탄탄한 기초는 대부분의 프로그램이 가지는 특징이다. 그러나 동시에 음악 예비교사들은 초등, 중고등 기관에서 이루어지는 인문학적 교육도 경험하기 위해 언어와 문학, 수학, 역사, 과학, 사회과학, 다른 예술 등도 공부한다. 간학문적 접근법은 교과 간 종합과 상호작용을 촉진시키는, 학문들 사이의 이런 '측면적 지식(lateral knowledge)'으로부터 이끌어진다. 나아가 이런 측면적 지식은 교사가 호기심과 이해의 지평을 넓혀 나갈 때 지속적으로 확장된다(Barrett, 2007). 예를 들어, 많은 음악교사는 학교 전체의 전문성 개발 회의에 참석하는 것이 교실과 지역공동체가 협업할 수 있는 길을 열어 주거나, 교육과정 관련 활동을 위해 여러 가능성에 대한 인식을 강화시켜 준다는 것을 알게 된다. 개인적인 여행, 독서, 지역사회 행사와 콘서트 참여, 그리고 예술이 풍부한 삶으로 이끌어 주는 하나의 길인 세미나와 선택과목을 듣는 것 등은 상상력의 원천을 샘솟게 해 준다.

서두의 장면들을 생각해 보라. 각 사례의 일반음악교사가 시, 문화적이고 역사적인 사건들, 사진, 다른 예술, 예술적 협력과 친목 등에 대해 배우려 얼마나 노력했고 그런 모든 것이 음악적 정체성과 동등하게 작용하도록 어떻게 하였는지를 떠올려 보라.

몇몇 교사에게 간학문적 관점은 특정한 사건, 프로젝트, 혹은 의욕을 북돋우는 공동 작업에 의해 시작된다. 통합에 참여한다는 것은 음악교사가 자신의 전문적 지식에 의지하지만 동시에 관련 분야의 개념과 과정에 대해 배우는 것을 의미하므로, 교사에게 배우는 것 그 이상의 것을 요구하게 된다. 언제 간학문적 접근을 채택해야 하는지를 아는 것이 중요하다. 작고한 Claire McCoy 덕분에, 간학문적 작업들이 '1 + 1 > 2'일 때 의미가 있다는 것을 알게 되었다. 이 간단한 식은 개별적인 아이디어의 합이 아니라 서로 상승 작용하는 전체로 만날 때 간학문적 맥락에서 전반적인 학문의 깊이가 더욱 깊어질 수 있음을 상기시켜 준다. 각 과목들을 언제 결합할지에 대한 전문적 판단을 발전시키고, 음악적 준비에 대한 보충적 수단으로 측면적 지식을 확장시키며, 학생들이 함께 호기심을 가지고 질문하며 의미를 찾도록 하기 위해 교사는 간학문적 인간으로서 보다 기민해져야 한다.

간학문적 교수법의 원칙들

교수이론은 교수의 실제와 교수법적 결정을 안내할 원칙들을 제공해 주어야 한다. 교수법 이론에 대한 전문적 담론들은 교사 중심 아니면 학생 중심 수업, 지식의 전수 아니면 의미 구성의 강조, 전통적 아니면 진보적 접근법, 특정 학문 중심 아니면 간학문적인 맥락 등과 같은 한 쌍의 이분법 투성이들로 되어 있다. 이런 대조적인 특징들을 구별하고 골라내는 과정에서 교사의 교수방법은 학습이론에 입각하여, 학생들의 마음이 어떻게 작용하는지를 이해하는 것에 기초해야 한다. 예술의 간학문적 접근을 위한 교수 이론은 예술의 경험적 본질과 조화를 이루어야 한다. 좀 더 정확히 말해 간학문적 이론은 관련적 사고, 해석을 통한 다차원적 의미의 절충, 각 연결들의 강점에 대한 조사 등을 설명할 수 있어야 한다.

예를 들어, 대부분의 접근법은 계획 단계에서 명확하고 정의 가능한 목표를 가지고 있으며, 학습 과정은 학생들이 그 과정을 따라오면서 목표를 획득할 수 있도록 계열성 있게 구성되어야 한다는 가정하에 이루어져 있다. 그러나 간학문성은 **유연한 계획 세우기**를 사용함으로써 이러한 개념들에 도전한다. 여기에는 한 번 정해지면 그대로 가는 것이 아니라, 주제, 작업, 질문 사이에서 반응적으로 움직이고 탐색을 위해 면밀하게 계획을 세우는 것들이 포함된다. 유연한 계획 세우기는 수업의 시작에서 학생들의 연결을 형성하는 과정을 알지 못할 수 있음을 인정한다. 유연한 계획 세우기는 교사가 주요 경험과 중단 지점에 대한 일반적인 경로를 만들도록 허용하지만, 이런 수업의 여정에 교사가 미리 계획한 것만큼의 가치가 있는 예상치 못한 선회와 우회, 경이로움과 발견 등이 포함될 가능성이 매우 크다는 것도 인정한다. 유연한 계획 세우기는 교사가 선험적 지식을 자세히 조사하고, 순간적인 의미를 파악하고, 앞으로의 성장을 품도록 이끌어 준다. 이제 교사는 질문을 통해 수업을 촉진하고 격려할 수 있으며, 학생들이 의미 있는 프로젝트와 주제를 추구하도록 안내해 줄 수 있다. 대신, 학생들의 활기찬 역할과 의미 부여를 방해하는, 미리 결정된 단계와 고정된 목표를 가진 폐쇄적 시스템으로의 간학문적 교실은 상상하기 어렵다.

간학문적 교사는 관련성이 높은 작품, 예술 형태, 시대를 공부하기 좋은, 높은 **간학문적 지수**(잠재력: Interdisciplinary Quotient)를 지닌 작품을 선택하기 위해 다양한 음악 레퍼토리를 주의 깊게 탐색한다. 'IQ가 높은'의 음악은 연결강도 또한 높다. 예를 들어, 음악 외적인 주제에 의해 점화된 음악들을 생각해 보면, 이야기가 있는 프로그램 음악, 시를 가사로 하는 대부분의 성악곡, 춤, 극장, 다중매체를 위해 창작된 음악 등이 있다. 한 예로, 이 장의 도입부에 중학교에서 제시한 "This Land Is Your Land"라는 하나의 노래가 먼지폭풍의 시대, 저명한 미국 음악가들의 삶과 역사, 문학과 사진, 사회정의와 관련된 문제들, 그리고 사회에서 예술가들의 역할 등 복합적인 동시대적 문제들에 주의를 모아 주는, 작곡에 대한 총체적인 연구의 연결고리 역할을 하고 있음을 생각해 보라. 시간이 지남에 따라 간학문적 교사들은 수업에 도움이 되는 이와 같은 풍부한 관련성을 가진 예술작품과 공연 레퍼토리들을 쌓아 가게 된다.

간학문적 교수법은 학생들이 음악과 밀접하게 관련된 다른 학문들과 음악과의 관련성 및 다중적 의미를 탐색할 수 있도록 하기 위해 교육과정 안에 창의적 공간을 마련한다. 간학문적 교사는 어떻게 다원적 관점들이 사용되고 자유롭게 탐색되는지, 교수 환경, 즉 해석적 영역을 어떻게 새로 만들어 낼지를 안다. 학생들에게 예술작품의 보편적 혹은 '고정된' 의미들을 안내하는 방법들과는 반대로 간학문적 교사들은 수업의 목표가 잠정적인 아이디어의 형태와 정의를 형성해 나갈 수 있도록 개방적이고 안전한 공간을 확립하기 위해 노력한다. 해석적인 작업을 주로 하는 관현악실은 효율적인 진도, 꽉 짜인 수업의 연속, 가차 없이 '참견하는' 활동 같은 교수법적 원칙에서 많이 어긋난다. 예를 들어, 도입 장면의 초등학교 일반음악교사가 제공하는 예술 형식에 대한 설명을 생각해 보라. 이런 통합에서 초점은 속도를 늦추고, 그 순간에 머물고, 망설임, 모호함, 혼돈에 대한 참을성을 기르고, 학생들의 생각의 흐름을 존중하려는 마음을 배양하고, 가장 중요하게는, 숙고, 비교, 반성, 유추적 사고와 유희에 참여할 마음을 추구하는 것이다.

또한 간학문적 교수법에서 학생들이 만들어 내는 작품은 그들 자신이 지식을 구성하고 산출해 내고 있다는 증거를 보여 준다. 학생들이 제기하는 질문들 안에서 생생한 토론 안에서 관련적 사고가 발견된다. 즉흥연주, 창작, 분석, 평가, 연주 등을 포함하는 프로젝트들 역시 관련적 사고가 더욱 구체적이고, 명확하고, 개선 가능하며, 다른 친구들과 공유할 수 있도록 해 준다. 미학 퍼즐과 같이 여러 예술을 교차하는 조사 전략이 사용될 수도 있다. 간학문적 교사는 관련된 연구를 위해, 그리고 학생들의 통합적 사고를 위한 다양한 유형과 형식의 활동을 만들어 내기 위해, 가능한 한 많은 방법에 열려 있다.

연결 강도의 평가

평가는 매우 도전적인 주제이다. 특히 학생들이 얼마나 사회적으로 공유되도록 잘 만들었는지, 얼마나 음악과 다른 과목 사이의 연결을 깊이 있게 하고 있는지를 평가하는 것이 매우 복잡한 일임을 생각할 때 더욱 그렇다. 아마 처음 시작 할 때는 학생들이 흥미를 보이며 연결 짓고, 경험을 통합하는 의미를 이끌어 내도록 그들의 요구에 주목할 수 있을 것이다. 어떤 아이디어가 갑작스럽게 떠오를 때, 교사는 그 순간을 기록할 수 있다. 평가에 대한 또 다른 접근은 평가를 부가적 전략으로 여기는 것으로, 음악 안에서 학생의 작업을 처음 평가하고, 관련 학문(들)에서 학생의 작업을 평가한 다음 각 학문의 고유함을 유지하면서, 각 영역에서의 연결이 그 영역의 목표를 달성하고 있는 증거로 표현될 수 있다. 학생들이 만든 연결의 강도와 그 관련성들을 구현한 방법을 확인하는 것은 쉬운 작업이 아니다. 그러나 "영역에 상관없이 교육에서 사정과 평가를 포기하는 것은 교육자로서의 직업에 대한 전문적 책무성을 저버리는 것이다."라고 Eisner(2002, p. 172)는 충고한바 있다. 간학문적 평가의 보다 차별화된 형식은 그 자체로 통합적인 것으로, 이해의 연결, 과목들을 가로지르는 사고의 질, 전반적인 통찰력과 사고방식에 대한 전문적인 판단과 비평 등을 검토하는 것과 관련된다.

한 관련 논문에서(Barrett, 2007) 필자는 학생들이 새로운 작품 혹은 음악과 관련된 분야에 대해 확실한 증거를 설명, 분석, 해석하는 과정을 개괄한 적이 있다. 예를 들어, 이번 장의 도입부 셋째 장면에서, 학생들이 창작한 초상화 프로젝트가 검토되었다. Chuck Close의 그림, Philip Glass의 음악, 그리고 디아망떼 포임(diamante poems)[11]에 대한 학생들의 경험에서 출발하여, 학생 자신의 창작품, 예술작품 혹은 시들은 통합적 사고에 대한 풍부한 시각을 제공해 주었다. 분석의 한 수단은 학생이 만든 관련성의 유형을 평가하는 것이다. 맥락적 이해를 보여 주는 시공간적 관련성에 대해 예술의 형식적 특징 혹은 공통 요소에 초점을 맞춘 주제인가? 과목을 통합하는 표현적 관련성에 초점을 맞춘 것인가? 등이다. 이와 같은 평가의 첫 번째 분석은 다음과 같은 질문에 답하는 것일 것이다. 학생이 구성하고 있는 것이 어떤 종류의 관련성인가? 평가의 두 번째 수준은 학생이 이런 관련성들을 구성하는 데 사용한 사고 양식을 조사하는 것이다. 여기에는 다음과 같은 질문을 할 수 있을 것이다. 이 작품이 학생의 능숙함을 잘 보여 주고 있는가? 신뢰할 만하고 '좋은 조합'을 보여 주는가? 다른 말로 하면, 그 연결들이 말이 되는가? 학생이 구성한 그 연결들은 얼마나 깊이 있는가? 연결이 본질적이고 세련된 것인가, 아니면 진부하고 피상적인가? 분석의 마지막으로, 교사들은 연결된 교육과정의 생성적인 힘을 볼 수 있어야 한다. 그 연결들은 어디에서 이끌어지는가? 간학문적 접근을 통해 음악이 다른 인간 경험의 영역들과 어떻게 관련되어 있는지를 바라보는 보다 통합된 시각이 촉진되고 있는가? 이런 통합된 시각이 학생들 작품에 어떻게 생생하게 드러나 있는가?

이런 일련의 질문들은 간학문적 평가의 복잡성을 보여 주며, 학생들의 성장을 평가하고 지원하기 위해 요구되는 예리한 전문가적 판단 감각을 갖도록 해 준다. 평가는 종종 새로운 생각에 대한 '리트머스 검사'라 볼 수 있다. 작품의 정성적 차원들을 보다 명료하게 해 놓으면, 그 차원들 자체에 대해 명료한 생각을 할 수 있게 되기 때문이다(Eisner, 2002). 당신이 상상하는 것처럼, 그것은 음악교육에서 간학문적 작업의 중요도를 계속 확장시킬 수 있게 해 줄 것이다.

11) 역자 주: 디아망떼 포임(diamante poems) 혹은 다이아몬드 시는 일곱 줄로 구성된 양식의 시이다. 시의 텍스트가 마름모 또는 다이아몬드 모양을 형성한다.

앞으로의 방향

일반음악에서 접근법들은 종종 교수학습, 음악의 본질, 학교와 사회적 맥락에 대한 철학적 신념 체제에 기초하고 있다. 또한 교사가 이와 같은 접근법을 적용하는 데 유용한 교육과정적 구조와 교수법적 전략들을 보여 준다. 현재 간학문성에서 결여되어 있는 것은 명확한 이해의 틀, 이해 과정, 혹은 컨퍼런스, 협회, 간행물과 같은 확실한 전문가적인 기반, 그리고 협력, 발전, 정교화를 위해 전문적 공동체를 이끌어 줄 교사 계발의 장 등이다. 예를 들어, 우리는 학생들의 사고가 단순한 것에서 보다 복잡하고 연결된 이해의 망으로 나아갈 수 있도록 해 줄 방법을 잘 알지 못한다. 또한 우리는 학생들이 영역을 가로지르는 사고를 하도록 하는 과정을 좀 더 연구해야 한다.

이와 같은 생각에 관심이 있는 음악교사들은 교수학습의 보충적 방법으로서 간학문적 관점에 대한 공유와 협력을 생각할 수 있을 것이다. 예를 들어, 특히 학생들이 즉흥연주와 창작 과제를 수행하면서 음악 외적인 영감들을 탐색할 때, 음악에서 창의적인 사고와 간학문성의 특별한 조화를 생각해 보라. 또 다른 강한 연합은 문화와 역사를 아우르는 사회적 연구들에 대한 것이다. 예술-대-예술의 협력과 주도는 특히 강한 흥미를 불러일으킨다. 구성주의적 입장에 있는 교사라면 간학문적 교수법과 자신의 목적을 잘 연결 지을 수 있을 것이다.

맺음말

일반음악에서 간학문적 접근은 학생들로 하여금 음악에 대한 관련적 사고의 가능성들을 개발시킬 수 있도록 안내해 준다. 학문 내, 학문 간 사고 영역은 개인의 반응이 음악 만들기와 간학문적 연구의 맥락과 공유할 수 있도록 이끌어 준다. Maxine Greene(1995)은 '완전히 깨어 있는 공동체'를 세우기 위해 학생들이 예술의 다차원적 의미를 사용한 의사소통 활동에 참여하도록 함으로써, 예술교육자들이 교실에서의 개방성을 제공해 주도록 격려한다. 교실과 예술의 조우로 인해 각각의

"언어가 탐색될 수 있으며, 논제가 주어지고, 통찰이 높이 평가되고, 서로 다른 이점들이 분명해지게 된다."(p. 150) 학생-중심의 해방적 측면들은 예술교육가 Michael Parsons(2004)가 간학문성의 정수라 본 것을 잘 실증해 준다. "통합은 학생들이 자신의 다양한 학습 경험 자체에 의미를 부여할 때, 학생들이 자신의 세계와 전체 세계에서 그러한 경험들의 위치에 대한 하나의 견해를 만들기 위해 그것들을 함께 끌어당길 때 일어난다. 이러한 통합은 학생들의 마음속에서 일어나거나 전혀 일어나지 않을 수도 있다."(p. 776) 이런 접근법을 생각하는 음악교사들을 위해, 이와 같은 생각들은 더 나은 반성을 촉진시킬 수 있다. 만일 우리가 음악을 다른 앎의 영역과 고립된, 분리된 채 가르친다면, 우리는 음악의 생명력과 역동적 실제를 축소시키는 것이다. 만일 우리가 학생들이 음악과 자신의 삶을 연결하도록 하는 방법을 안내해 주는 데 실패한다면, 관계적 의미를 떠나 우연적 기회와 개인적인 생각으로 향하게 되는 것이다. 음악 이해는 우리가 음악의 독특한 특질들과 다른 형식과의 유사점을 함께 알게 될 때 보다 깊이 있어지게 된다. 이런 작업을 자극하고 확장시키는 호기심들은 학생과 교사에게 예술적인 풍성한 삶을 제공해 준다. 음악교육 안에 간학문적 접근법을 장려하면서, Bruner(1996)가 '교육은 외딴섬이 아니라 문화라는 커다란 대륙의 일부'임을 상기시켜 준 것처럼(p. 11), 나는 현대 사회에서 개방적이고 역동적인 본질로서의 음악개념으로 돌아가고자 한다.

미주

1 이상의 여러 문헌의 종합은 다른 예술과 관련하여 음악을 연구할 연구 의제를 개발하기 위한 방법들을 제시해 준다.

참고문헌

Barnes, J. (2012). Integrity and autonomy for music in a creative and cross-curriculum. In C. Philpott & G. Spruce (Eds), *Debates in music teaching* (pp. 137-152). London, United Kingdom: Routledge.

Barrett, J. R. (2006). Highways and byways: Interdisciplinarity, teacher knowledge, and the comprehensive music curriculum. *Mountain Lake Reader: Conversations on the Study and Practice of Music Teaching, IV*, 24-36,

Barrett, J. R. (2007). Assessing the strength of interdisciplinary connections in the music curriculum. In T. S. Brophy (Ed.), *Integrating curriculum, theory, and practice: Proceedings of the 2007 Symposium on Assessment in Music Education* (pp. 103-113). Chicago, IL: GIA.

Barrett, J. R. (in press), Fostering understanding of the relationships between music and the other arts, In S. J. Morrison & E, Costa-Giomi (Eds.), *Music learning in research and practice: Foundations for the National Standards.* Lanham, MD: Rowman Littlefield Education.

Barrett, J. R., McCoy, C. W., & Veblen, K. K. (1997). *Sound ways of knowing: Music in the inter-disciplinary curriculum.* New York, NY: Schirmer Books.

Barrett, J. R., & Veblen, K. K. (2012). Meaningful connections in a comprehensive approach to the music curriculum. In G. E. McPherson & G. F. Welch (Eds.), *The Oxford handbook of music education* (Vol. 1, pp. 361-380). New York, NY: Oxford University Press.

Beane, J. A. (1997). *Curriculum integration: Designing the core of democratic education.* New York, NY: Teachers College Press,

Berghoff, B., Borgmann, C. B., & Parr, N. C. (2005). *Arts together: Steps toward transformative teacher education.* Reston, VA: National Art Education Association.

Boix-Mansilla, V. (2010). *MYP guide to interdisciplinary teaching and learning.* Cardiff, Wales: International Baccalaureate.

Bresler, L. (1995). The subservient, co-equal, affective and social integration styles and their implications for the arts. *Arts Education Policy Review, 96*(5), 31-37.

Bruner, J. (1996). *The culture of education.* Cambridge MA: Harvard University Press.

Burnaford, G., Brown, S., Doherty, J., & McLaughlin, J. (2007). *Arts integration frameworks, research, and practice: A literature review.* Washington, DC: Arts Education Partnership.

Corcoran, T., & Silander, M. (2009). Instruction in high schools: The evidence and the challenge. *Future of Children, 19*(1), 157-183.

Detels, C. (1999). *Soft boundaries: Re-visioning the arts and aesthetics in American education.* Westport, CT: Bergin & Garvey.

Eisner, E. (2002). *The arts and the creation of mind.* New Haven, CT: Yale University Press.

Fautley, M., & Savage, J. (2011). *Cross-curricular teaching and learning in the secondary school—the arts: Drama, visual art, music and design.* New York, NY: Routledge.

Greene, M. (1995). *Releasing the imagination: Essays on education, the arts, and social change.* San Francisco, CA: Jossey-Bass.

Hansen, D., Bernstorf, E., & Stuber, G. M. (2004). *The music and literacy connection.* Reston, VA: MENC: The National Association for Music Education.

Ontario Music Educators' Association. (2008). *Think literacy: Cross-curricular approaches—Music.* Toronto, ON: Ministry of Education and Publication, Office of the Queen's Printer.

Parsons, M. (2004). Art and integrated curriculum. In E. W. Eisner & M. D. Day (Eds.), *Handbook of research and policy in art education* (pp. 775-794). Mahwah, NJ: Lawrence Erlbaum,

Phenix, P. H. (1964). *Realms of meaning: A philosophy of the curriculum for general education.* New York, NY: McGraw-Hill.

Pitts, L. B. (1935). *Music integration in the junior high school.* Boston, MA: C. C. Birchard.

Pitts, L. B. (1944). *The music curriculum in a changing world.* New York, NY: Silver Burdett.

Reimer, B. (1978). Education for aesthetic awareness: The Cleveland area project. *Music Educators Journal, 64*(6), 66-69.

Russell, J., & Zembylas, M. (2007). Arts integration in the curriculum: A review of research and implications for teaching and learning, In L. Bresler (Ed.), *International handbook of research in arts education* (pp. 287-302). Dordrecht, Netherlands: Springer.

Seidel, S., Tishman, S., Winner, E., Hetland, L., & Palmer, P. (2009). *The qualities of quality: Understanding excellence in arts education.* Cambridge, MA: Project Zero, Harvard Graduate School of Education.

Stake, R., Bresler, L., & Mabry, L. (1991). *Custom and cherishing: The arts in elementary schools.* Urbana, IL: Council for Research in Music Education.

Taylor, P. G., Carpenter, B. S., Ballengee-Morris, C., & Sessions, B. (2006). *Interdisciplinary approaches to teaching art in high school.* Reston, VA: National Art Education Association.

Wineburg, S., & Grossman, P. (Eds.). (2000). *Interdisciplinary curriculum: Challenges to implementation*. New York, NY: Teachers College Press.

제9장

음악 학습 이론
실제의 이론적 구조

Cynthia Crump Taggart 저 / 김성지 역

[장면]

미국의 일반 초등학교 음악교실과 별 다르지 않은 불빛이 밝은 방이다. 벽은 오케스트라 악기 그림, 유명 재즈 뮤지션의 그림, 음악 관련 어휘 등을 진열해 놓은 게시판으로 구성되어 있다. 방 중앙에는 큰 원이 있어 학생들이 어디에 앉아야 하는지 알려 준다. 다섯 그룹의 공명막대(tonebar)와 작은 타악기들은 그룹 간 여유 공간을 두고 그 방의 바깥 둘레에 구비되어 있다.

교사가 문 앞에서 학생들을 만난다. 4학년 학생들이 그 방으로 걸어 들어오면 선생님은 "올드 조 클라크(Old Joe Clark)"를 노래 부르기 시작한다. 이 노래는 이전 학년에서 배웠던 믹소리디안 선법의 노래이다. 교사의 시범을 따라 학생들은 걸을 때처럼 흔들거리는 동작으로 팔과 상체를 움직이기 시작한다. 학생들이 노래에 참여하기 시작하면 교사는 그 노래 화음의 근음들을 부르며 화음을 만들어 준다. 학생들은 원을 만들면서 교사의 화음에 맞춰 계속 노래 부른다. 교사는 딸림음으로 "Please sit"이라고 노래 부르고, 바로 으뜸음으로 바꾸면서 "down"이라고 노

래 부른다.

이어서 교사는 단조의 조성을 제시하고 그 으뜸음을 노래한다. "선생님이 음이 있는 음절로 패턴 하나를 노래할게요. 선생님이 부르는 패턴이 으뜸화음이면 그것과 다른 음들로 된 으뜸화음 패턴으로 불러 주세요. 마찬가지로 딸림화음 패턴으로 부르면 다른 딸림화음 패턴으로 불러 주세요." 교사가 패턴으로 노래 부르면 전체 그룹 혹은 개별 학생들은 교사의 손짓에 따라 즉흥적으로 패턴을 만들어 응답한다. 개별 응답의 몇몇은 복잡하며 자신 있게 연주되지만, 어떤 것들은 기대되는 기능에 비해 부족한 면이 있다. 교사는 활동이 이루어지는 동안 자신의 아이패드에 개별 어린이들의 응답을 녹음한다. 한 아이가 적절치 않은 계이름으로 부르자, 교사는 다음과 같이 노래 부른다. "하려고 했던 것이 이것인가요? (알맞은 계이름으로 그 패턴을 다시 노래하면서) …… 아니면 (학생이 사용했던 계이름을 원래 표현했어야 하는 음정으로 노래하면서) ……?" 학생이 "두 번째 것이에요."라고 대답하자 교사는 으뜸음으로 "잘했어요! 선생님은 그 으뜸화음 패턴을 좋아해요."라고 답한다.

5~6분간 개별 즉흥연주와 모둠별 즉흥연주를 한 후, 교사는 학생들에게 자신의 모둠원들을 찾으라고 말하고 그 방 둘레에 있는 악기 그룹 중 하나를 골라 옆에 앉는다. "선생님이 노래를 마칠 때에는 여러분은 자신의 모둠원과 함께 앉아 있어야 해요." 학생들이 모둠원을 찾아 움직일 때, 교사는 "샌디 랜드(Sandy Land)"를 부르는데, 이 노래는 이전 학년에서 경험했던 노래이다. 1학년 때 이 노래의 선율을 배웠고, 3학년 때 그 선율 화음의 근음을 연주하고 춤을 만들었다. 교사는 조성을 제시하고 나서 학생들이 선생님 없이 노래를 부르도록 신호를 준다. 그러고 나서 학급의 절반에게는 노래를 부르고 나머지 절반은 그 화음의 근음을 부르도록 한다. 노래가 끝날 때쯤, 교사는 학생들이 서로의 역할을 바꾸도록 손짓으로 지시한다. 가창 활동을 마무리한 후, 교사는 다음과 같이 말한다. "이제 각 모둠별로 이 노래를 편곡해 보려 합니다. 편곡된 노래는 화음의 근음뿐 아니라 적절한 시점에 그 노래의 선율로 이루어져 있어야 해요. 그러나 여러분이 선택할 수 있는 수많은 가능성이 있습니다. 선율 파트를 추가할 수 있고 원한다면 리듬 오스티나티를 구성할 수도 있어요. 원하는 만큼 많은 파트를 가질 수도 있고요. 악기를 사용하거나 완전히 목소리로만 편곡할 수도 있습니다. 그 노래를 한 번 이상 반복할 수도 있지요. 서주나 코다를 추가할 수도 있고요. 오늘 남은 시간 동안 이 편곡 활동을 할 것이고, 다음 수업 시간에도 약간의 추가 시간을 주도록 하겠습니다. 다음 수업 시간

마무리에 각 모둠은 자신의 편곡을 연주할 것이고, 2주 후에 있을 우리의 약식공연 때 여러분의 편곡 중 하나를 선택하거나 편곡들을 합쳐 연주하려고 합니다. 또 여러분의 편곡이 어떻게 진행되고 있는지 기억하는 데 도움이 되도록 악보나 지도를 만들 수도 있어요. 이제 활동하도록 합시다. F 음을 사용하는데, 여러분의 공명 막대에서 중심음(resting tone)인 F 음을 찾을 수 있을 거예요." 학생들이 활동을 시작하자 그 교실은 대화와 악기 탐색으로 소란스러워진다. 교사는 모둠 사이를 순환하면서 교실을 돌아다닌다. 교사는 학생들에게 편곡의 범위와 선택 가능 항목이 적힌 종이를 한 장 주고, 학생들이 필요할 때 지원해 주고 그들의 질문에 대답한다.

이 [장면]은 Edwin E. Gordon의 음악 학습 이론(Music Learning Theory)의 기초적 원리를 보여 주고 있다. 어린이들은 음악적 결정에 대한 권한을 부여받았으며, 음악적 맥락에 초점을 맞춘 풍부한 음악 환경에 몰입되어 있다. 그들은 개별적으로 연주하도록 요구되며, 개별적인 성취도는 교사에 의해 평가되고 기록된다. 이 글은 음악 학습 이론의 원리들을 상세히 다룰 것이며, 그 기원과 이론적인 토대를 탐구하고 그 한계를 논의할 것이다.

도입

음악 학습 이론은 1970년대 Edwin E. Gordon에 의해 개발되었다. Gordon은 어린이의 일반 학습 방법에 대한 교육 문헌과 심리학 문헌들을 음악 학습, 구체적으로 말하자면 자신의 음악 적성에 대한 연구, 그리고 교실에서 어린이들과 함께하면서 연구한 내용에 적용시켰다. 그 결과 어린이들의 음악 학습 방법을 설명하는 음악 학습 이론을 개발하게 되었다. 그 후로도 그를 비롯한 여러 학자는 여러 나라의 다양한 교실 음악지도에 이 이론을 계속하여 수정하고 적용해 나갔으며, 이렇게 실제 음악수업에 이론을 꾸준히 적용·발전시켜 온 것이 Gordon의 음악 학습 이론으로 알려지게 되었다.

음악 학습 이론은 교육심리학자인 Robert Gagné, 그리고 인지심리학자인 Jerome Bruner의 연구에 뿌리를 두고 있다(Gordon, 2011). Gagné(1985)는 학습에는 다양한 유형들이 있으며 그것들을 지원하고 가능하게 하기 위해서는 다양한 교육 활동이 필요하다고 보았다. 단순한 학습 유형들은 보다 높은 사고력에 대한 기초를 형성한다. 당시에는 일반적이었던 행동주의자들의 연구와는 달리 Bruner는 학습이 단선적인 것이 아니며 성공적인 학습이 되려면 교육적 비계(scaffolding)가 필요하다고 믿었다. 그는 자신의 나선형 교육과정의 기초를 형성하고, 동일한 일반적인 지식이 더 깊은 이해로 발전되려면 정교화의 단계들을 늘려 나가면서 조정해야 한다고 주장했다(Bruner, 1966). 이러한 연구에 기초를 두고, Gordon은 음악과 언어 모두 의사소통의 듣기(aural)/말하기(oral) 형식이라는 입장에서 언어 학습에 관한 연구를 해 나갔다. Gordon은 이 연구자들의 생각을 수업 안에서 탐구하고 조정해 가면서, 음악 학습에 연관 짓고 자신의 이론을 명료화하고 다듬어 나갔다.

음악 학습 이론은 방법론이 아니며 방법론으로 의도된 것이 결코 아니다. 이것은 구체적이거나 처방적인 것이 아니다. 그보다는 어떻게 학습을 준비하고 구조화시킬지를 이해하도록 도와주는 이론적 뼈대를 교사들에게 제공하고, 그래서 교사들이 최선의 학습 환경을 학생들에게 제공할 수 있도록 한다. Gordon(2012)은 "음악 학습 이론은 …… 적절한 방법의 개발을 위한 안내와 방향을 제공한다."라고 기술한 바 있다(p. 28). 교사들이 학생의 성공적인 참여와 학습에 필요한 비계에 관심을 기울인다면, 그들은 학습 과제의 유형을 참고하여 필요한 비계의 유형을 파악하면서, 음악 학습 이론 내 여러 유형의 지도 활동 선택과 지도 내용의 계열화 및 계획을 매우 자유롭게 구성할 수 있다.

기본적 전제

오디에이션

음악 학습 이론의 핵심에는 오디에이션(Audiation)이 있다. Gordon(2012)은 오디에이션[1]이 음악 학습과 음악 만들기에 있어 기본적이라고 믿는다. 그는 "소리 그 자체는 음악이 아니다. 언어에서처럼 우리가 우리의 마음에서 소리들을 번역하고 의미를 부여할 때 소리는 오디에이션을 거쳐 음악이 된다."라고 기술하고 있다

(Gordon, 2012, p. 3). Gordon은 이러한 입장에서 "생각(thought)이 언어에 속하듯이 오디에이션은 음악에 속한다."라고 언급하기도 했다. 오디에이션에 대한 이러한 언급은 고든의 연구가 인지 심리학의 영역에 기초를 두고 있음을 분명히 보여 준다. 연주를 통해서든 듣기 혹은 창작을 통해서든 음악에 참여하는 것은 해석적이어서, 학습자들은 과거에 음악적으로 경험하고 학습했던 것으로 조직된 신체 내에서 음악적으로 경험하고 배우고 있는 것을 활발히 해석한다. 즉, 학습자는 의미를 구성한다(Taetle & Cutietta, 2002). 음악 학습 이론의 기초적인 가정은 오디에이션이 그 사람의 음악적 행동에 정보를 제공한다는 것이다. 그러한 행동들이 연주든 감상이든 작곡 혹은 음악적으로 참여하는 다른 종류의 것이든 말이다. 그러므로 정교한 오디에이션은 기술의 결여 같은 다른 방해요소만 없다면 정교한 음악적 참여가 되도록 한다. 음악 학습 이론의 기초적인 목적은 자신의 오디에이션 능력을 개발하도록 도와 음악적 참여를 가능하게 하고 풍요롭게 하는 데 있다.

구문체계(syntax)와 맥락의 습득, 즉 인지심리학자의 용어로 말하자면 인지적 도식(schema)의 개발은 음악 이해에 기본적인 것으로 오디에이션의 핵심이라 할 수 있다. 음악적 구문체계와 맥락에 초점을 두는 이런 입장은 음악 학습 이론을 다른 음악 학습 접근법들과 차별화되게 만든다. 메리엄-웹스터 사전(Merriam-Webster dictionary)에 따르면, 하나의 도식은 '인지적으로 무언가를 지각하거나 복잡한 상황이나 일련의 자극에 반응할 때 특수하게 조직화하는 방법을 말하는 것으로, 경험의 정신적 기호화'이다('Schema', n.d.). 음악 학습 이론에서 조성과 박자는 대부분의 음악에 대한 조직적이고 구문적인 구조를 만들어 내는데, 학생들은 이전 음악 경험을 통해 습득되어 왔던 이러한 인지적 구조들 사이에 음악을 정신적으로 위치시킴으로써 의미를 부여한다. 그러한 구문적 구조 안에 음악을 위치시키는 것은 오디에이션하며 이루어진 음악연주를 기계적인 모방(rote imitation)과 구별되도록 한다. 그러므로 오디에이트할 때 음악에 부여되는 의미는 오디에이트한 것을 음악적 맥락 안에 두고 해석함으로써 결정된다. 음악적 맥락은 음악에 본질적 의미를 부여하도록 하며, 심지어 음악가들로 하여금 다음이 어떻게 진행될지를 예측하게 한다.

앞서 언급했듯이, 대부분의 음악에 있어 가장 중요한 두 개의 맥락은 조성과 박자이다. 음악 학습 이론이 개발되고 실행되는 대부분 지역의 민속 음악은 서양의 음악적 전통에 기초되어 있기 때문이다. 서양 음악의 조성과 박자들은 음악 학습 이론의 핵심이라 할 수 있다. 서두의 예시에서, 교사는 "올드 조 클라크"라는 노래를 학생들이 부르는 동안 화음의 근음을 연주하면서 화성적/조성적 맥락을 학생들에게 제공했다. 게다가 그 교사는 조성적 맥락을 강화시키는 방법으로서 으뜸음과 딸림음에 대한 교육을 구성했으며 즉흥연주 활동을 시작하기 전에 하나의 조성적 맥락을 제공했다. 그 수업 활동들이 리듬에 초점 맞추어진 것이었다면, 교사는 박자적 맥락을 제공하기 위해 박자를 제시했을 것이다. 조성과 박자는 사람들이 음악을 조직화하도록 돕는 기초적인 구조들이다. 예를 들어, 선율의 마지막 음이 생략된 생소한 조성적 선율을 듣게 된다면 이를 오디에이트하는 사람은 선율이 완전하지 않다고 생각할 것이다. 선율에 대한 그 사람의 과거 경험들의 결과로(선율적 도식의 발전 결과로), 선율이 마무리에 도달하지 않았음을 알았을 것이다. 그 선율은 으뜸음으로 끝나지 않았고 선율의 두 부분이 리듬적으로 조화롭지 않았다. 대부분의 사람은 과거에 음악들을 듣거나 선율들을 연주하며 발전시켜 온 선율적 도식에 기초하여 자신의 오디에이션에서 그 선율을 완성할 것이다.

해석적인 음악적 판단은 음악적 맥락 이해의 결과로 만들어진다. 연주자는 으뜸음으로의 해결을 지연시키기 위해 하나의 프레이즈를 시간적으로 늘리기도 하고 더 큰 흥분을 만들어 내기 위해 하나의 프레이즈를 리듬적으로 밀어내기도 한다. 거짓종지는 오디에이션이 음악적으로 발현되는 방법을 보여 주는 또 다른 예이다. 거짓종지를 들을 때 감상자는 자신의 화음 진행의 도식에 기초한 조성적인 화음을 기대하고 있다가 생각했던 화음 대신 VI도 화음으로 표현될 때 속임을 당하고 놀라게 된다.

Gordon의 음악 학습 이론은 학생들이 음악적 도식을 개발하도록 돕고 결국에는 그것들을 이해하여 의도적으로 사용하거나 피할 수 있도록 계획적으로 구성되어 있다. 이를 통해 자신의 음악 만들기와 음악 창작을 풍부하게 하고 향상시킬 수 있다. 그러한 도식들은 음악을 들을 때 음악을 이해하도록 하는 수단이 되기도 한다. 즉, 도식들은 그 음악에 본질적인 의미를 부여하도록 돕는다.

물론 외적인 의미 또한 음악에 있어 중요하다. 음악은 개인들의 삶 안에서 경험되었던 시기에 따라 혹은 음악이 생겨난 환경과 문화적 맥락에 따라 개인마다 다른 특정한 의미를 갖는다. 이 모든 것은 음악이 해석되는 부수적 맥락으로서 도움을 줄 수 있다. 게다가 표제음악은 음악의 외적 의미라는 또 다른 유형에 초점을 맞추고 있다. 그러나 이러한 유형의 의미가 가치 있긴 하지만 음악 학습 이론의 초점은 아니다. 음악 학습 이론은 음악 인지에 초점을 맞추고 어떻게 음악적 인지가 음악 학습에 정보를 제공하는지에 주목하고 있다.

모든 사람은 음악적이다

음악 학습 이론의 다른 기본 전제는 모든 어린이가 음악적이라는 것이다. 각 개인이 서로 다르고 다양한 교육적 욕구를 가지고 있다 하더라도, 모든 어린이는 음악을 배울 수 있고 또 표현의 수단으로서 음악을 사용할 수 있다. 다른 영역에서처럼 몇몇 사람은 다른 사람들보다 음악을 더 빨리 배우기도 한다. 그렇더라도 모든 어린이는 어떤 과목이든 배울 수 있는 잠재력을 가지고 있으며 음악도 예외가 아니다.

음악 적성은 음악을 배울 수 있는 잠재력이다. Gordon(2012)은 "약간의 지능도 없는 사람은 없듯이, 약간의 음악 적성이 없는 사람도 없다. 그런 면에서 모든 사람은 음악적이다."라고 기술한 바 있다(p. 44). 음악교사들은 학생들이 음악을 배울 수 있는 잠재력을 깨달을 수 있도록 그리고 독립적인 음악 학습자이며 창작자가 되도록 돕는 데 그들의 임무가 있다. 그리고 교사들은 학생들의 개별적 요구에 맞추어 지도하여, 모든 사람이 자신의 음악적 요구에 기초한 음악 학습 안에서 도전하고 지원받을 수 있도록 해야 한다. 개별화된 교육을 제공하는 것은 음악 학습 이론 전문가들의 핵심 역할이다.

적극적인 음악 만들기의 중심

음악 학습 이론의 또 다른 기본 전제는 어린이들이 행함으로써 배운다는 것이다. 결과적으로 음악 학습 이론 수업은 음악적인 '행함'으로 가득 차 있다. 어린이들이 음악 만들기에 참여할 때 어린이들은 그들이 만들고 있는 음악을 듣고 그것을 오디에이트한 것과 비교한다. 그래서 그들의 오디에이션과 연주가 가능한 가깝게 이루어지도록 한다. 이런 방식으로 그들의 오디에이션은 그들의 연주에 정보를 주고, 그들의 연주 또한 그들의 오디에이션에 정보를 준다. 어린이들이 자신의 신체로 경험하는 것은 그들의 리듬적이고 양식적인 이해에 정보를 준다. 그리고 어린이들은 다른 사람이 만든 소리뿐 아니라 자신이 만든 소리를 들을 때 오디에이션과 연주의 차이를 변별하며 배우게 되고 점차 그러한 차이에 민감하게 된다. 목소리(노래하기, 찬트하기, 말하기)와 신체는 어린이들이 초기 음악 활동에 참여하는 중요한 수단들이며 둘 다 오디에이션에 정보를 주고 오디에이션을 반영할 수 있도록 돕는다. 목소리와 신체를 통한 연주 방식들은 음악 학습 이론에 기초한 일반음악수업의 음악 만들기에 있어 중요한 핵심 활동이다.

이론적 구조

음악 학습 이론은 오르프, 코다이, 달크로즈의 접근법들처럼(2, 4, 7장 참조) 악보를 보고 부르기 이전에 듣고 부르기로 음악을 배우는 접근법이다. 어린이들은 이론적으로 음악에 대하여 읽고 배우기 전에 음악을 경험하고 만든다. Gordon은 음악과 언어의 학습 과정이 많은 유사성을 가지고 있다고 보고(Valero, Reynolds, Bolton, Taggart, & Gordon, 1998), 음악 학습을 설명할 때 언어 학습의 모델로부터 여러 아이디어를 도출하고 있다. 연구자들은 음악과 언어 모두 듣고 말하는 영역이기 때문에 음악과 언어 학습이 유사한 과정을 공유할 수 있으며 서로 관련된다고 보았다(Anvari, Trainor, Woodside, & Levy, 2002; Atterbury, 1985; Chen-Hafrek, 1997; Gordon, 2003; Lamb & Gregory, 1993; Papoušek, 1996; Saffran, Johnson, Aslin, & Newport, 1999). 음악과 언어 모두 어린이들이 어릴 때 그리고 풍부한 언어 혹은 음악으로 채워진 환경에 몰입될 때 매우 쉽게 학습된다. 두 개의 영역 모두에서 읽기 활동은 어린이들이 많은 양의 듣고 말하는 어휘들을, 음악적으로는 노래하고 찬트하고 움직이는 어휘들을 갖춘 후에야 효과적으로 배울 수 있으며, 그런 후에 어린이들이 음악적으로 기보된 언어에 의미를 가져올 수 있다. 언어의 경우, 어린이들은 이미 알고 이해하는 단어를 읽고 말할 수 있다. 음악의 경우, 어린이들은 그들이 이미 오디에이트할 수 있는 악보를 인식할 때만 음악 기보를 이해하면서 읽을 수 있다. 이러한 전반적인 학습 순서는 Gordon의 음악 학습 모델에서 명백히 나타난다.

Gordon은 음악 학습의 여러 단계, 유형과 관련하여 두 개의 모델을 개발했다. 이 두 개의 모델은 겹쳐지기도 하고 상호간에 배타적이지 않다. 첫 번째 것은 예비 오디에이션의 모델로(〈표 9-1〉), 구문체계적 구조의 발달에 초점을 맞추고 있으며, 발달적으로 적절하고 음악적으로 풍부한 환경 안에서 비형식적 몰입의 결과로서 나

표 9-1 예비 오디에이션의 유형과 단계(Gordon, 2003)

유형	단계
문화화(acculturation): 주위 환경에 대해 거의 의식하지 못한 채 참여한다.	1. 흡수: 주위의 음악 소리를 듣고 청각적으로 수집한다. 2. 무작위 반응: 주위의 음악 소리를 듣고 반응하며 움직이거나 옹알이를 하지만 음악과 큰 관련 있는 반응은 아니다. 3. 의도적 반응: 주위의 음악 소리와 관련된 움직임과 옹알이를 시도한다.
모방(imitation): 주로 주위 환경에 초점을 맞춰 의식적으로 참여한다.	1. 자기 중심 탈피: 움직임과 옹알이가 주위에서 나는 음악 소리와 다르다는 것을 인식한다. 2. 암호 해독: 주위에서 나는 음악 소리, 특히 조성패턴과 리듬패턴을 어느 정도 정확하게 모방한다.
동화(assimilation): 자신에게 초점을 맞춰 의식적으로 참여한다.	1. 자기성찰: 노래, 찬트, 움직임, 호흡의 어울림이 부족하다는 것을 인식한다. 2. 조화: 움직임, 호흡과 잘 어울리도록 노래, 찬트를 한다.

타난다. 이 예비 오디에이션 모델은 세 가지 유형이 있고, 각 유형은 두세 개의 단계로 이루어져 있다.

예비 오디에이션

예비 오디에이션의 유형과 단계는 초등학교나 중학교의 음악교육에 해당하지 않기 때문에 자세하게 논의할 필요는 없더라도, 이에 대한 약간의 이해는 필수적이라 하겠다. 왜냐하면 어린이들이 초등학교에 들어가고 나서 생활하는 동안에도 그들은 비형식적으로도 자신의 오디에이션을 계속 개발해 나가게 되며, 이때 예비 오디에이션에 참여하게 되기 때문이다.

언어를 배울 때 어린이들은 그 언어의 소리를 듣고 흡수함으로써 학습을 시작한다. 이러한 과정은 임신 후기에 들어갈 즈음 자궁 내에서부터 시작된다. 태어나서 오래지 않아 어린이들은 자발적으로 목소리를 만들기 시작한다. 자신의 목소리를 탐색하거나 목소리를 가지고 놀면서 말이다. 그런 후에 어린이들은 비교적 정확하게 주변의 소리를 모방하기 시작하고 그다음 단어의 형태로 그 소리들에 의미를 부여하기 시작한다. 그러고 나서 어린이들은 보다 복잡한 생각들을 전달하기 위해 그 단어들을 구문체계(구와 문장)에 넣는 것을 배운다.

언어에서처럼 음악에서도 어린이들은 그들 주변의 음악적 소리들을 흡수함으로써 배우기 시작한다. 그들은 듣기를 통해 음악 소리들에 동화되고, 점차 그 소리들을 목소리를 이용하여 이리저리 불러 보고 탐색하기 시작한다. 음악적 옹알이에 참여하는 것이다. 그런 후에 어린이들은 비록 그것이 꼭 정확한 것은 아니더라도 그들의 목소리와 움직임을 주위에서 발생하는 음악과 관련시키기 시작한다. 예를 들어, 교사가 '밤'이라는 음절을 사용하는 3개의 음으로 이루어진 조성 패턴을 노래하면, 어린이는 그것을 모방하기 위해 '밤' 음절을 3번 말하면서 의도적으로 반응한다. 이는 교사가 제시한 패턴이 말이 아니라 노래로 부른 것임을 제대로 인지하지 못한 상태로 이루어지는 것이다. 이러한 모든 행동은 Gordon의 예비 오디에이션 유형의 첫 번째인 문화화(acculturation) 과정 동안 발생한다. 문화화의 기본적인 특징은 어린이들이 그들의 소리가 주위의 음악적 소리와 같은지 다른지 알지 못한다는 것이다.

어린이들이 그들의 음악적 소리가 다른 사람의 음악적 소리와 다르다는 것을 알아채게 될 때, 예비 오디에이션의 다음 유형인 모방(imitation)으로 이동한다. 이러한 알아챔은 모방을 문화화와 차별되게 만든다. 모방의 첫 단계에서는 어린이들이 자신의 소리가 다르다는 것을 알아채긴 하지만 아직 '정확한' 소리를 만들 수가 없다. 그 단계가 지나고 나면 '암호를 해독하며' 상당히 정확하게 음악적 소리를 모방할 수 있다. 이러한 소리들은 보통 조성패턴이나 리듬패턴의 형태를 취하는데, 이는 언어에서 단어의 역할과 같은 것이라 할 수 있다. 그러나 이 단계에서 어린이들이 조성이나 리듬을 정확하게 음악적으로 연주할 수 있다 해도 아직은 음악적 단어를 완전하게 사용하면서 소통할 만한 구문체계를 내면화하지 못한 상태이다. 예비 오디에이션의 세 번째 유형인 동화(assimilation) 단계에서, 어린이들은 음악의 구문론적 체계에 자신들의 '음악적 단어들'을 동화시키고 그 단어들에 보다 풍부한 의미와 음악적 맥락을 부여한다. 이상적으로 말하면, 어린이들이 말하기와 쓰기를 통해 자신의 생각을 표현하며 언어가 유창해지듯이, 음악에서도 즉흥연주와 작곡을 통해서 그들의 특별한 음악적 아이디어를 표현하며 유창해질 수 있다.

많은 어린이는 유치원에 들어갈 즈음 예비 오디에이션에 속해 있다. 이 학생들에게 형식적인 음악 학습을 즉각적으로 시작하는 것은 아직 언어를 말하거나 듣고 이해할 수 없는 어린이들에게 읽기나 문장 도표를 가르치려는 것과 비슷한 일일 것이다. 아직 학생들은 이런 활동에 성공적으로 참여할 준비가 되어 있지 않다. 어린이들이 예비 오디에이션에 참여할 때, 형식적인 음악 학습 환경에서 성공하기 위해 준비해야 하는 것을 동등하게 필요로 한다. 결론적으로 말하자면, 교사들은 이러한 어린이들에게 풍부하고 비형식적인 음악적 안내를 제공하고 전체적이고 놀이적인 방법으로 어린이들이 음악을 탐색할 수 있도록 해야 한다. 어린이들에게 '정확성'을 기대할 수는 없다. 그들의 모든 음악적 발화들(utterances)은 가치 있는 것이며 격려되어야 한다. 언어 옹알이가 언어 학습 과정의 중요한 부분인 것처럼 그들의 음악적 발화는 발달적 음악 학습 과정에서 중요한 부분이다. 부모들은 자신의 아이들의 옹알이가 특정한 의미를 가지고 만들어진 소리인 양 그 소리를 모방하고 반응함으로써 언어 옹알이를 격려한다(Vedeler, 1987). 예를 들어, 한 아이가 '구구' 하고 소리 내면 부모는 "맞아. 오늘 맛있는 점심을 먹었고 지금 행복하네. 이제 놀 준비를 하자." 라고 반응할 수 있다. Vygotsky에 따르면(1978), 언어학습은 사회적으로 구성된 과정이다. 이와 마찬가지로 음악 학습은 사회적으로 구성된 과정이고, 음악교사들은 어린이들이 음악적 환경에 둘러싸이게 하고 그들과 음악적으로 소통함으로써 어린이들과 함께 음악적으로 참여한다. 2

어린이들이 어리고 예비 오디에이션 동안 비형식적 음악 몰입에 참여하는 그 시기에, 그들의 음악적 환경은 음악 학습을 가능하게 할 수 있게 풍부하고 다양해야 한다. 발달심리학자들은 풍부한 언어 환경을 가지고 있는 어린이들이 보다 좋은 언어 기술을 발달시킨다고 본다(Moerk, 2000). 부모의 어휘력이 풍부한 어린이들은 어휘력이 풍부해지고 더 쉽게 읽고 쓰기를 배우며, 그렇지 못한 언어 환경의 어린이들보다 이해력도 뛰어나다고 연구되었다. 이와 마찬가지로, 음악 발달 초기부터 풍부하고 다양한 음악적 어휘를 경험하는 어린이들은 더 풍부한 음악적 기술을 발달시킬 것이며 보다 빨리 그러한 기술들을 향상시킬 것이다(Valerio et al., 1998). 결론적으로, 교사들은 어린이들에게 다양한 조성과 박자들로 구성된 풍부한 음악적 환경을 제공해야 한다. 형식적 음악 학습과 관련된 서두의 [장면]에서, 세 개의 활동은 가능한 한 많은 다양성을 제공하기 위해 각기 다른 조성(믹소리디안, 단조, 장조)들로 이루어졌다. 어린이들은 장조와 단조, 2박계와 3박계뿐 아니라, 도리안, 프리지안, 리디안, 믹소리디안, 로크리안 선법, 그리고 2+3, 3+3, 2+2+3 등으로 묶여진 박자의 음악들을 경험해야 한다.

이것을 다른 관점에서 보자면 어린이들은 그것이 무엇이 아니라는 것을 배움으로써 그것이 무엇이라는 것을 배운다는 것이다. Gordon은 "그것이 무엇인지 혹은 그것이 무엇을 표현하는지 알려면 그 밖의 어떤 것과의 비교 없이는 불가능하다." 라고 기술하고 있다(p. 1). Gordon(2001)은 그러한 뇌 활동을 '패턴 만들기 시스템'이라고 부른다(p. 23). 이것은 진행하고 있는 것과 과거에 진행해 온 것 사이의 유사점과 차이점을 항상 찾는다. 어린이들이 늘상 듣는 많은 음악은 장조 음악과 2박의 음악이지만, 그들은 장조와 2박보다 더욱 다양한 조성과 박자들의 음악을 들을 필요가 있다. 이렇게 다른 조성과 박자와의 차이를 배움으로써 장조와 2박에 대해 더 깊은 이해로 발전시킬 수가 있다(Valerio et al., 1998). 학생들이 음악의 조성적 · 리듬적인 맥락을 보다 잘 이해할 수 있게 되면, 그것이 그들에게 보다 의미 있는 음악이 될 것이다. 학생들은 보다 정확하게 다음에 올 것을 예측할 수 있을 것이고 자신을 표현하기 위해 음악을 보다 마음껏 다룰 수 있을 것이다. 조성적이고 리듬적으로 풍부한 환경을 제공하는 것이 처음에는 교사들에게 어려울 수 있다. 왜냐하면 교사들은 자주 사용되지 않는 조성과 박자로 된 악곡들을 잘 모르며 그에 대한 경험이 거의 없기 때문이다. 그러나 교사들이 교육을 위해 이러한 것들을 탐색할 때, 그들은 자신의 음악성이 학생들과 협력하며 발전하고 있다는 것을 발견할 것이다. 그러나 이보다 중요한 것은 어린이들이 미래의 다재다능한 음악가가 되기 위한 견고한 기초를 쌓을 수 있도록 교사들은 필요한 것들을 제공해야 한다는 것이다.

음악 학습 이론에서 볼 때, 어린이들은 보통 태어날 때부터 초등학교 저학년까지 예비 오디에이션 모델에 기초한 비형식적인 음악 경험에 참여하게 된다. 그러나 풍부한 음악적 환경으로의 몰입과 구문체계에 대한 이해의 발달은 예비 오디에이션의 유

표 9-2 형식적 음악 학습 모델(Gordon, 2012, p. 95)

변별학습	추론학습
듣기/부르기 언어 연합 부분적 통합 상징적 연합(읽기, 쓰기) 전체적 통합(읽기, 쓰기)	일반화(듣기/부르기, 언어, 상징: 읽기-쓰기) 창작/즉흥연주(듣기/부르기, 상징: 읽기-쓰기) 이론적 이해(듣기/부르기, 언어, 상징: 읽기-쓰기)

형과 단계를 넘어서도 계속될 필요가 있다. 어린이들은 그들의 목소리와 신체를 통해 조성과 박자의 감각을 발달시켰고, 이제 보다 형식적인 방법으로 그들의 음악 이해를 향상시킬 형식적 음악교육을 받을 준비가 되었다. 그들은 Gordon의 두 번째 모델, 형식적 음악 학습 모델의 학습유형에 참여할 준비가 된 것이다(〈표 9-2〉).

형식적 음악 학습

Gordon은 Gagné의 연구를 자신의 형식적 음악 학습 모델에 적용하였다. Gordon은 Gagné의 학습 위계 중 앞의 4가지 유형(신호학습, 자극-반응학습, 연쇄 학습, 언어적 연합)을 지각적 유형이라고 구분하였는데, 이 유형 안에서 학생들은 정확한 답을 배우게 된다. 이에 대하여 Gordon은 이러한 학습 유형에 참여할 때 "학생은 대체로 외우면서 배운 것을 '흡수하게 된다(take in).'"라고 기술하고 있다(Gordon, 1971, p. 58). 이 유형은 Gordon의 형식적 학습 모델 중 변별학습(discrimination learning)에 해당된다. Gordon은 Gagné의 학습 위계 뒷부분의 4가지 유형(다양한 변별학습, 개념 학습, 원리 학습, 문제 해결)을 학습의 개념적 유형이라고 구분하였다. 왜냐하면 학습자가 정확한 정답을 말하기보다 이전 경험에 기초하여 문제를 해결하기 때문이다. Gordon에 따르면 학생은 "'배움으로써 배우며' 새롭고 특수한 아이디어들을 창조한다."라고 볼 수 있다(Gordon, 1971, p. 58). 이 유형은 Gordon의 형식적 음악 학습 모델에서 추론학습(inference learning)에 해당된다.

이 두 가지 학습 유형, 즉 기초를 쌓고 성공적인 추론학습을 위한 비계를 제공하는 변별학습, 그리고 변별 단계에서 배웠던 것을 강화시키는 데 도움을 주는 추론학습은 Gordon의 음악 학습 모델의 전체적인 구조를 형성하고 있다. 어린이들은 그들의 교육적 필요에 따라 두 가지 학습 유형 사이에서 왔다 갔다 이동한다.[3] 이것은 점점 더 정교하게 동일한 내용이 반복적으로 구성된다는 점에서 Bruner의 나선형 교육의 개념을 연상시킨다. 음악 학습 이론을 사용하는 교사들은 학생들이 평생 동안 독립적으로 음악을 배우고 만드는 사람이 되길 원하고 스스로 음악적 추론을 만들 수 있기는 바란다. 초등학교의 경우 학년이 올라가고 많은 변별을 배우며 그것들을 추론의 기초로 사용하게 될 때쯤, 변별학습과 추론학습 사이의 저울은 점차 추론학습 쪽으로 기울어지게 된다. 서두의 4학년 학생들의 [장면]은 추론학습에 보다 무게를 두고 있다. 패턴을 이용한 즉흥연주와 노래의 편곡 모두 추론학습에 중점을 둔 것이다.

변별학습

변별학습(Discrimination Learning)은 다양한 단계를 거친다. 첫 번째 단계에서 어린이들은 듣기/부르기(aural/oral) 학습에 참여한다. 언어와의 유사성을 바탕으로 유추해 보자면, 어린이들은 유치원을 시작할 때 즈음 다른 사람들이 말하는 것을 이해할 수 있고 말하기를 통해 자신의 생각을 표현할 수 있다. 어린이들은 듣기와 말하기 어휘력을 발달시켜왔고 형식적 언어 교육을 위한 준비가 되어 있다. 그러나 불행하게도 음악적으로도 그런 것은 아니다. 많은 어린이가 유치원에 들어가지만 자신의 노래하는 목소리와 신체를 음악적 표현의 방법(음악적 말하기)으로서 제대로 사용하지 못하며, 그들이 들은 음악에 의미를 부여하지 못한다. 아직 음악적으로 듣고 말하는 어휘력을 발달시키지 못한 것이다. 이것이 사실이라면, 어린이들은 이러한 어휘력을 발달시킬 기회가 필요하다. 처음에는 비형식적인 음악적 안내를 통해, 그다음은 듣기/부르기 학습 단계의 형식적인 음악 지도를 통해 이런 어휘력을 발달시켜 줄 기회가 필요하다. 듣기/부르기 단계에서 어린이들은 음악을 연주하는 것을 듣고 배우며 풍부한 듣기와 연주하기의 어휘력을 발달시킨다. 학습의 다음 단계로 진행되면 그들은 이러한 어휘들을 쓰고 읽는 것을 배울 것이며, 서두의 즉흥연주 활동과 편곡 활동의 예시처럼 자신의 생각을 음악적으로 표현하기 위해 즉흥연주와 작곡을 할 것이다.

언어 연합(verbal association)은 Gordon의 변별학습의 두 번째 단계이다. 언어 연합에서 어린이들은 음절 표식들(조성적 · 리듬적 솔페즈 음절들)을 배우며, 이미 연주했던 음악의 조성, 박자, 패턴의 기능적 이름들을 배운다. 예를 들어, 학습의 듣기/부르기 단계에서 D 장조의 조성 패턴인 D, F#, A으로 노래하는 것을 배운다면,[4] 언어 연합 단계에서는 계이름(도, 미, 솔)을 사용하여 패턴 노래하기를 배우고 그것이 도, 미, 솔의 결합이기 때문에 장조의 I도 패턴이라는 것을 배운다. 학생들은 으뜸음이나 중심음으로서 '도'를 오디에이트하고 있기 때문에 그들이 장조로 노래하고 있음도 학습하게 된다. 이러한 표식들은 어린이들이 조성적 · 리듬적인 어휘들을 기억하고 조직할 수 있도록 돕는다.

Gordon은 조성과 리듬 오디에이션을 가능하게 하는 음절 체계의 사용을 추천하는데, 음절 체계가 그 내적 논리와 방법으로 어린이들이 음악적으로 생각하도록 돕는다고 보았다. Kodály와 Orff처럼 Gordon 역시 이동 '도'와 단조 음절 체계에 기초한 '라'의 사용을 추천한다.[5] 그가 생각하기에 어린이들이 오디에이트하고 있는 중심음 음절의 기초가 되는 조성을 식별할 수 있기 때문에(예를 들어, 학생들이 도리안 선법에서의 중심음으로서 '레'를 오디에이트하거나, '미'가 중심음인 프리지안 선법에서 활동할 때), 이런 체계가 오디에이션의 발달을 최적으로 가능하게 한다고 보았다. 음악 학습 이론에 기초한 접근법에서 사용하는 리듬 음절 체계는 음가보다는 박자 사이에서 박(beats)이 어떻게 기능하는지에 기초해 있다. 음절들은 그 리듬이 신체에서 어떻게 느껴지는지에 따라 리듬으로 정해진다. 모든 주된 박은(기본박, macrobeats) '두(DU)'이고, 박을 세분했을 때(분할박, microbeats) 2박에서는 '두 데(DU DE)', 3박에서는 '두 다 디(DU DA DI)'이다. 그리고 더욱 세분하면(분할) 2박에서는 '두타데타(DU TA DE TA)', 3박에서는 '두타다타디타(DU TA DA TA DI TA)'이다. 찬트되는 음절은 박자의 맥락 안에서 음가가 언제 나뉘는지에 따라 결정된다. [그림 9-3]은 리듬과 연관된 음절들의 예시이다.

어린이들은 분할박으로 오디에이트하고 있는 음절들의 기초가 되는 박자를 식별

[그림 9-1] 2박과 3박의 리듬 음절

한다. 예를 들어, 그들은 '두 데 두 데(DU DE DU DE)'를 분할박으로 오디에이트할 때 그것들이 2박이라는 것을 안다. 그래서 음절들은 박자가 오디에이트 되고 느껴지는 방법에 따라 논리적으로 붙여진다. 동일한 음가라도 그것이 발생한 맥락에 따라 다른 리듬 음절로 찬트될 수 있다. 그러나 어떤 음절들이 연합되어 있는지 알기 위해 어린이들이 악보를 볼 필요는 없다.

다음 학습 단계는 부분적 통합(partial synthesis)이다. 부분적 통합에서 어린이들은 리듬과 조성 음절들을 내면화하는 것을 배우며, 이를 통해 그들은 추론학습에서 문제를 해결할 수 있게 된다. 그들은 학습해 왔던 조성적 패턴과 리듬적 패턴들을 하나의 맥락 안에 동화시키는 것을 배운다(Gordon, 2012). 부분적 통합에서 교사는 어린이들이 '두 다 디(DU DA DI)'를 찬트하는 동안 친근한 3박 계통의 노래를 연주하면서, 그들이 분할박으로서 '두 다 디(DU DA DI)'를 오디에이트하고 있기 때문에 그 노래가 3박이라는 것을 그들에게 상기시킬 수 있다. 교사는 노래의 박자를 2박으로 바꾸어 학생들에게 새로운 형식으로 그 노래를 부를 때 '두 데(DU DE)'를 찬트하도록 할 수 있다. 그리고 분할박인 '두 데(DU DE)'를 오디에이트하고 있기 때문에 그 노래가 2박이라는 것을 말할 수 있다. 그런 후에 교사는 2박이나 3박에서 그 노래를 연주하여 학생들이 박자를 알 수 있는지 물어보고 자신의 대답을 설명하도록 할 수 있다. 이러한 활동은 박자보다는 조성에서 더 많이 이루어지는데, 어린이들이 중심음으로서 오디에이트하고 있는 음절들에 기초한 그 노래의 조성을 구분하면서 이루어진다. 성공적 활동을 위해 학생들은 음절들을 사용해야 하는데, 교사는 이미 처음에 학생들에게 정확한 정답을 보여 줌으로써 비계를 제공해 왔다. Belmondo(1986)의 연구에 의하면, 부분적 통합에 학생들을 참여하도록 하는 것은 음악 읽기 기술을 향상시키며, 특히 낮은 음악 적성을 가지고 있는 학생들에게 도움이 된다. 부분적 통합은 악보 읽기 학습에서 학생들을 위한 필수적인 비계를 제공한다.

변별학습에서의 다음 단계는 상징적 연합(symbolic association)으로, 학생들이 읽고 쓰는 것을 배우는 단계이다. 어린이들은 언어를 읽는 것을 배울 때 그들이 이미 이해하고 말할 수 있는 것을 언어적 표기법(쓰기) 안에서 인식한다. 예를 들어, 그들은 고양이가 무엇인가에 대한 명료한 개념을 가지고 있으며, '고양이'라는 단어를 들을 때 그 단어를 이해한다. 그리고 하나의 단어로서 '고양이'를 혼자 말할 수 있으며 문장 안에서 그것을 사용할 수 있다. 이제 그 단어가 어떻게 생겼는지 배우게 되면 글로 쓰면서 인식할 수 있다. 마찬가지로, 어린이들은 조성 패턴과 리듬 패턴을 이미 이해하고 있으며, 이것들을 혼자 연주할 수 있고 음악적 맥락에서 연주할 수 있으며, 이것들에 음절 표식을 붙여 불러 왔다. 이렇게 학습된 후에 조성, 리듬 패턴을 악보에서 인식하는 것을 배울 수 있다. 그들은 그 악보에 의미를 부여할 수 있다. 이런 방법으로 그들은 이해력을 갖춰 음악을 읽는 것을 배운다. 즉, 그들은 악보에서 그들이 보는 것을 오디에이트할 수 있다.

어린이들은 읽는 것을 배울 때 의미를 가지고 있는 하나의 단위로서 그 단어를 인식한다. 책을 읽는 사람들의 눈 움직임에 대한 연구에 따르면, 그들의 눈이 페이지를 일정한 속도로 훑어보기보다는 단어에서 단어로 건너뛰거나 때로는 프레이즈에서 프레이즈로 건너뛴다고 한다(Rayner, 1998). 어린이들이 음악을 읽을 때 그들은 조성적 · 리듬적인 패턴에서 읽는다. 그 패턴은 언어에서의 단어와 음악적으로 동등한데, 어린이들의 눈 움직임은 친근한 패턴에서 패턴으로 건너뛰면서 읽는다(Goolsby, 1994). 이것은 변별학습의 마지막 단계인 전체적 통합(composite synthesis)에서도 마찬가지이다. 전체적 통합 단계에서 학생들은 전체와 맥락 안에서 패턴들을 읽는 것을 배운다. 이 단계는 학생들이 유연하게 음악을 읽는 단계이다.

변별학습과 추론학습 사이의 관계는 갈피를 잡기 힘들다. 변별학습이 추론학습을 위한 준비이기는 하지만, 이상적으로 교사는 학생들이 변별학습과 추론학습을 정기적으로 자주 연결할 수 있도록 기회를 만들어 주어야 한다. 이것이 학생들의 음악적 독립을 발전시키도록 도와주며 그들이 음악적으로 기능하고 음악적으로 바라보는 것을 배울 수 있도록 돕기 때문이다. 이것은 학생들이 자신의 음악하기의 권리를 가질 수 있도록 만든다. 음악 학습 이론의 교사들은 학생들의 음악적 결정 능력, 음악적으로 자신을 표현하는 능력을 키워 주려 하며 그 가치를 인정한다. 그래서 그들은 추론학습을 성공적으로 만드는 데 필수적인 변별학습의 유형과 양에 관심을 기울이면서도, 가능하면 언제라도 추론학습을 향할 수 있도록 하는 교육을 지향한다. 이것은 편곡 활동을 강조하고 학생들의 창작한 편곡 작품을 약식공연에서 연주하기로 했던 서두의 [장면]에서 설명되고 있기도 하다. 다른 사람들보다 더 빨리 배우는 학생들은 음악 학습이 느린 사람들보다 변별학습에서 추론학습으로 더 빨리 더 쉽게 성공적으로 이동할 수 있다.

추론학습

추론학습(Inference Learning)은 세 가지 유형의 학습 과제들을 가지고 있다. 첫 번째 유형은 일반화(generalization)이다. 일반화 단계에서 학생들은 변별학습 단계에서 배웠던 기술들을 새로운 내용에 적용한다. 예를 들어, 어린이들이 일반화 단계 중 언어 연합에 참여할 때, 새로운 음악작품의 조성이나 박자를 구분하거나 조성 음절, 리듬 음절을 새로운 조성, 리듬 패턴과 연합시킨다. 변별학습 단계에서 학습했던 악곡들에 기초하여 그와 동일한 조성이나 박자를 인식할 수 있고 음절 체계의 내적 논리와 기능하는 방법에 기초한 조성, 리듬 음절들을 이해할 수 있다. 초견(sight-reading)은 일반화 단계 중 상징적 읽기에, 청음(music dictation)은 상징적 쓰기에 참여하는 것이다. 어린이들은 문제 해결을 위하여 변별학습 중 상징적 연합의 읽기/쓰기 단계에서 배웠던 것을 이용하여 이런 활동을 해 나갈 수 있다.

창작/즉흥연주(creativity/improvisation)는 추론학습의 다음 단계이다. 서두의 예시는 학생들이 교사가 연주했던 것과 동일한 조성의 다른 패턴을 연주하도록 요구받는 경우로, 창작/즉흥연주의 단순한 예시에 해당한다. 창작과 즉흥연주 활동을 할 때 특정한 안내가 제시되는 경우도 있지만 학생들이 과거에 경험했던 모델들에 기초하여 자신만의 특수한 음악적 표현으로 음악을 창작한다. 창작/즉흥연주 활동은 학생들의 준비도에 따라서, 다양한 4박 리듬 패턴을 구성하는 제한적 활동부터 다양한 목소리를 활용하여 작곡하고 기보하는 등의 개방적 활동까지 가능하다. Azzara(1993)의 연구에 따르면, 어린이들에게 음악 학습 이론을 바탕으로 한 즉흥연주의 기회를 제공하는 것은 그들의 전반적인 음악 성취도를 향상시켰다. 즉흥연주 훈련을 받았던 초등학생 악기연주자들은 그런 훈련을 받지 못한 악기연주자들보다 조성적 정확성, 리듬 정확성, 음악적 표현에 있어 연습곡들을 더 잘 연주했다.

추론학습의 마지막 단계인 이론적 이해(theoretical understanding)는 대부분의 정통으로 훈련받은 음악가들이 생각하는 음악 이론과는 다르다. 대학 음악이론 수업에서 이루어지는 많은 부분은 이미 변별과 추론학습의 초기 단계에서 배워 왔다. 대학의 음악이론 수업은 전통적으로 음악의 '이유'보다는 '무엇'에 대한 것이 주가 되어 왔다. 학생들은 무엇이 규칙이며 그것들이 무엇이라고 불리는지를 배우지만, 그 '이유'에 관심을 두지는 않았던 것이다. Gordon(2012)에 따르면, 이론적 이해는 음악의 '이유'와 '방법'에 중점을 둔다. 학생들은 작곡가가 한 작품 안에서 어떻게 긴장을 창조하는지 혹은 특정한 작품이 왜 감동을 자아내는지를 되돌아볼 수 있다. 예를 들어, 학생들은 음악적 시퀀스의 붕괴나 예기치 못한 화음이 감상자들을 놀라게 할 수 있고 그 음악 작품에 흥미를 더할 수 있다는 것을 배울 수도 있다.

음악 학습 이론에서 학습은 단선적이지 않고 처방적이지 않다. 교사들은 학생들의 학습을 돕기 위해 다음 단계에 무엇이 있어야 하는지에 대해 많은 선택항목을 가지고 있으며, Gordon의 음악 학습 모델들을 이를 위한 지침으로 사용한다. 예를 들어, 학생들은 변별학습의 듣기/부르기 단계에서 여러 2박 찬트들을 연주해 왔고 다양한 2박의 리듬 패턴을 배워 왔을 것이다. 교사는 듣기/부르기 단계에서 학생들에게 더 많은 조성적 · 리듬적 내용을 소개할 수도 있다. 혹은 익숙한 리듬 내용을 변별학습의 다음 단계인 언어 연합 단계로 이동시켜서 리듬 음절들을 익숙한 패턴들과 연합시키고 찬트의 박자를 구분하도록 가르칠 수도 있다. 교사는 추론학습의 창작/즉흥연주 단계로 이동해서 친근한 패턴을 제시한 후 학생들이 이와 동일한 길이의 다른 리듬 패턴을 구성하도록 할 수 있다. 학생들은 이러한 활동들을 제대로 할 준비가 되어 있을 것이며, 진행되는 방법은 교사가 학습자들의 특정 그룹과 그 그룹 내 개인들의 욕구를 만족시키기 위해 최상의 과정이라고 믿는 것에 의해 선택될 것이다. 학생들이 어떻게 음악을 배우는가에 대한 Gordon의 이론적 구조는 학습과 지도 활동이 펼쳐지는 방법에 대해 처방이 아닌 안내를 제공하고 있다.

내용학습 계열

Gordon은 기술학습의 모델 이외에도 내용학습 계열(Content Learning Sequence)을 개발했다. 기술학습 계열은 음악 기술을 가장 효과적으로 배울 수 있는 순서를 알려 주며 학생들의 학습을 위한 비계 제공의 방법을 교사들에게 안내한다. 내용학습 계열은 음악적 내용(조성, 리듬 내용)을 소개하고 있고 Gordon의 오디에이트의 난이도 단계 연구에 기초하고 있다(Gordon, 1978). 조성적 내용은 장조와 단조에서의 으뜸음과 딸림음의 기능으로 시작하여 다른 음들의 기능과 조성들로 진행한다. 리듬적 내용은 2박과 3박의 기본박과 분할박 패턴으로 시작하여 복잡한 리듬과 다른 박자들로 진행한다. 기술과 내용은 음악을 학습할 때 항상 결합되어 있다. 음악 읽기라는 기술은 내용이 되는 음악이 없다면 불가능하다. 기술이 조성적 내용과 연합되지 않는다면, 솔페즈 활동(기술에 해당)의 언어적 연합은 불가능하다. 기술과 내용 모두 음악 학습 이론이 수업에서 실제 이루어지는 방법으로서 역할을 맡고 있다.

음악 학습 이론 수업의 구성요소

앞서 논의된 음악 학습 이론을 개발한 후, Gordon은 이 이론들을 실제에 적용하는 방법을 연구하기 시작했다(Gordon, 2011). 이러한 연구 결과, 학습 계열 활동을 개발(Gordon & Woods, 1985)했고 결국 『점프 라이트 인: 음악교육과정(Jump Right In: The Music Curriculum)』(Taggart, Bolton, Reynolds, Valerio, & Gordon, 1990)[6]이 출판되었다. 음악 학습 이론은 교육과정이나 방법이라기보다는 하나의 이론이지만, 『점프 라이트 인』은 그 이론에 기초한 교육과정으로서 음악 학습 이론이 초등학교의 일반음악수업에서 실제로 적용될 수 있는 무한한 가능성 중 하나이다.

음악 학습 이론에 기초한 지도의 두 가지 중요한 요소는 학습 계열 활동(조성 패턴과 리듬 패턴 교육), 그리고 수업 활동(classroom activities)이다. 전체로서의 역할을 하는 수업 활동과 부분으로서의 역할을 하는 패턴 지도는 서로 결합하여 음악을 가르치는 데 있어 전체-부분-전체 접근법을 형성한다. 수업 시간 대부분은 전체적인 음악 만들기를 하며(수업 활동), 수업 시간 중 5~10분 정도를 패턴 지도에 할애하게 된다. 서두의 예시에서 조성 패턴에서의 즉흥연주 활동은 학습 계열 활동이며, 다른 활동들은 모두 수업 활동에 해당한다. 수업 활동을 하는 동안, 다양한 음악적 악곡들이 듣기, 노래하기, 찬트하기, 움직이기, 연주하기를 통해 경험된다. 음악적 내용은 전체적이고 맥락적인 방법으로 수업 활동에서 진행된다. 그리고 수업 활동에서 학생들은 즉흥연주와 작곡을 통해 자신의 음악을 창작한다. 학습 계열 활동에서 "어린이들은 교사가 연주한 패턴에 혼자 그리고 그룹으로 반응한다."(Taggart, Bolton, Reynolds, Valerio, & Gordon, 2006) Gordon의 기술학습 계열의 기술들은 학습 계열 활동의 초반에 소개된다. 그리고 부분 활동(학습 계열 활동)의 결과로 깊은 이해력을 동반하게 된 전체 활동이 수업 활동에서 이루어진다.

학습 계열 활동

학습 계열 활동(Learning Sequence Activities)은 음악 학습 이론에 있어 특수한 부분이며, Gordon이 수업에 적용하기 위하여 이에 대해 집필하고 더욱 연구해 왔기 때문에, 많은 사람은 이 활동들이 음악 학습 이론에 기초한 지도의 가장 중요한 부분이라고 생각한다. 그러나 이 활동들은 수업 활동과 전체적인 음악 만들기에 정보를 주기 때문에 중요한 것이다. 실제로 학습 계열 활동들은 수업의 작은 부분만을 차지할 뿐이다.

학습 계열 활동에서 조성 패턴 지도와 리듬 패턴 지도는 서로 분리되며, 조성 패턴이든 리듬 패턴이든 한 가지만 수업 시간에 이루어진다. 리듬 패턴의 지도에서 리듬 패턴들은 억양을 가지고 찬트되어지는데, 그래서 그 패턴들은 흥미롭고 음악적으로 여겨지지만 특정한 음정은 없다. 조성 패턴의 지도에서 음정들의 길이는 처음부터 끝까지 동일하다. 조성은 여러 이유로 리듬과 분리된다. 첫째로, 어린아이들은 하나의 음악적 요소에 차이가 있을 때 또 다른 요소에서는 동일성을 유지하는 데 어려움을 느낀다(Webster & Zimmerman, 1983). 그러므로 그러한 요소들을 분리하는 것이 학습 과제를 명료하게 하는 것이다. 둘째로, 어떤 어린이들은 리듬보다 조성적으로 더 잘하고 어떤 어린이들은 그 반대이다. 두 가지 측면을 분리함으로써 잘하는 면은 격려하고 그렇지 못한 면은 보다 교육적으로 좀 더 지원하도록 계획할 수 있다.

학습 계열 활동에서 지도는 개별적으로 이루어진다. 모든 학생은 동일한 기술을 배우지만 더 높은 적성을 가지고 있고 더 빨리 배우는 학생들은 그 기술들을 더 크고 더 정교하게 음악적 어휘에 적용한다. 빨리 배우는 학생들에게 지루함을 방지하고, 필요로 하는 학생들에게는 교육적인 지원을 추가로 지원하도록 계획된다.

Gordon은 연구 초기에 음악 적성에 대하여 연구했고, 이 연구를 확장하여 유치원부터 12학년까지의 수업에 사용하기 위한 음악 적성 검사를 개발하였다.[7] 음악 학습 이론에 기초한 수업을 받은 어린이들은 이러한 적성 검사 중 하나를 받게 되고, 그들의 점수는 지도를 위한 지침으로 사용된다. Gordon은 오류에 자유로운 검사는 없지만 일반적으로 이러한 검사 점수는 교사들의 주관적인 관찰보다 정확하다고 기술하고 있다(2012). 그는 검사 점수가 "어린이들에게 기회를 주지 않거나, 느리거나 장애를 가진 학습자들에게 오명을 씌우는 데 잘못 사용될 수 있다."(Gordon,

2012, p. 55)라고 언급하며, 이런 방식으로 검사를 사용하는 것을 경고하고 있다. 그러나 검사 결과 나온 점수들이 맥락화 되어 적당하게 사용된다면, 교사의 지도가 수업 내 개인들의 요구에 잘 부응할 수 있도록 도움을 줄 것이다(Froseth, 1971). 그 검사들은 음악수업 중 성취도에서 잠재력이 발견되지 않은 어린이들을 확인하는 데 사용되어, 교사는 그 어린이가 보다 충분히 참여하도록 하는 방법을 재고할 수 있다. 높은 적성 점수는 우연이거나 실수로는 거의 발생하지 않는다. 그러나 낮은 점수는 낮은 적성 이외에도 많은 요인의 결과일 수 있다. 결론적으로, 어린이가 낮은 음악 적성 점수와 높은 음악 성취도를 가지고 있다면, 그것은 적성 점수가 타당하지 않으며 신중하게 판단되어야 함을 의미한다.

학습 계열 활동은 어린이들이 참여하는 기술학습 계열의 단계에 따라 변한다. 듣기/부르기의 학습 단계에서 어린이들은 의미 없는 음절을 사용하여 조성 패턴이나 리듬 패턴을 따라 부른다. 언어 연합 단계에서는 동일한 패턴들을 조성적 · 리듬적 솔페즈를 사용하여 따라 부르며, 패턴에서 조성이나 리듬의 기능을 인식하는 것을 학습한다. 부분적 통합 단계에서 패턴들은 더 큰 맥락 안에 그룹 지어져 학생들이 음절 체계를 이해하고 패턴 그룹들의 조성이나 박자를 인식하도록 돕는다. 상징적 연합 단계의 학습 계열 활동에 들어서면, 어린이들은 악보로 패턴들을 인식하는 것을 학습한다. 그 패턴들은 다른 학습 단계에서 그들에게 익숙해진 패턴들이다. 전체적 통합 단계에서 어린이들은 맥락 안에 그룹 지어진 패턴들을 읽는다. 추론학습을 위한 학습 계열 활동들도 있다. 그중 일반화 단계에서 학생들은 음절들을 익숙하지 않은 패턴과 연합시키고 그런 패턴을 읽고 쓰는 방법을 이해하며 문제를 해결한다. 창작/즉흥연주 단계에서 학생들은 안내를 받으며 혹은 안내 없이 새로운 조성 패턴과 리듬 패턴들을 창작한다. 서두의 예시에서 학생들이 특정한 조성 기능의 패턴을 창작하도록 요구받았던 것처럼 말이다. 이 단계에서 학생들은 그들이 창작한 패턴들을 기보한다. 추론학습 단계 중 이론적 이해에 대한 학습 계열 활동은 없다.

학습의 각 단계들은 여러 번 되풀이하며 수정된다. 항상 듣기/부르기 학습 단계에서 시작하고 변별학습을 계속 진행하면서 새로운 조성과 리듬 어휘를 추가한다. 그리고 학생들은 자주 추론학습으로 이동할 기회를 갖는다. Gordon은 혼자 힘으로 선택하거나 설계하기 어려운 교사들을 위한 하나의 방법으로서 일련의 학습 계열 활동을 고안하긴 했지만, 교사들은 패턴의 난이도와 기술학습 계열의 안내를 받으며 이것들을 수정하거나 자신만의 패턴 수업으로 자유롭게 설계해 볼 수 있다.

Gordon(2012)은 수업 활동의 목록에 학습 계열 활동의 특정 패턴들을 고정하는 것은 필요치 않다고 본다. 학생들 모두가 학습 계열 활동의 동일한 패턴 어휘들을 배울 수 없으며 몇몇 학생은 다른 학생들보다 더 많은 패턴 어휘들을 배우기도 하기 때문에, 수업 활동에서 특정 패턴들을 편성하는 것은 불가능할 것이다. Gordon은 교사들이 수업 목록을 선택할 때 특정 조성이나 리듬 패턴들을 포함하였는지보다 작품의 흥미로움, 그리고 학생들의 필요나 욕구 등에 기초하여 선택해야 한다고 보았다. 그러나 일련의 패턴들로 학습되는 학습 계열 활동의 기술들은 수업 활동의 악곡들과 동일한 조성, 박자 내에서 다양한 조성 패턴과 리듬 패턴들로 일반화된다.

수업 활동

학생들이 학습 계열 활동을 통해 기술들을 발전시키면, 수업 활동(Classroom Activities) 동안 그 기술들을 적용할 수 있다. 예를 들어, 학생들이 학습 계열 활동에서 조성 패턴, 박자 패턴의 인식을 배웠다면, 그들은 학습한 것을 수업 활동 중 노래들의 조성과 박자를 인식할 때 사용할 수 있다. 학생들이 학습 계열 활동에서 패턴 읽는 것을 배웠다면, 악곡들에서 패턴 읽는 것으로 시작할 수 있다. 리듬 없는 조성 패턴과 음정 없는 리듬 패턴 읽기를 배울 때, 학습 계열 활동에서는 조성 패턴과 리듬 패턴을 분리하여 학습한다. 그런 후에 수업 활동에서는 이 두 개의 측면을 결합할 기회를 갖는다. 학습 계열 활동에서의 분리는 넘쳐나는 정보들이 있는 전체적 맥락 안에서 학생들이 학습해 왔던 패턴들을 보다 잘 인식할 수 있도록 돕는다.

교사들이 학습 계열 활동에서 배운 기술들을 수업 활동에 적용한다고 해도 수업 활동들은 교사마다 매우 다를 수 있다. 수업 활동을 계획할 자유는 교사에게 있으며, 각 교사는 수업과 학생들에게 적합한 학습 기회를 선택할 수 있다. 수업 활동은 교사들이 Gordon의 모델에 기초하여 가르쳤던 기술들을 넘어 음악 학습의 다른 가치 있는 측면으로 나아갈 수 있도록 기회를 제공한다. 수업 활동에서 교사들은 다양한 악곡을 탐색하고, 학생들이 음악수업에서 배우는 내용과 학교 밖에서 음악이 경험되는 방법 사이를 이어지게 만들 기회를 제공할 수 있다.

Woodford(1996)는 음악 학습 이론이 문화적 맥락을 고려하지 않는다는 점에서 우려를 표했다. 그는 "교사들은 학생들에게 덜 관습적이고 틀에 박히지 않은 음악적 실제들도 소개하여 '실제 삶'으로 가득 찬 음악적 사고를 학생들에게 제시해야 한다."(Woodford, 1996, p. 91)라고 했다. 수업 활동은 교사들이 그렇게 할 수 있는 기회를 제공한다. 교사들이 그렇게 하는 것을 선택하지 않는다면, 그것은 이론이 아닌 교사의 잘못이다. 음악 학습 이론이 음악 학습의 모든 측면을 알려 줄 수 있는 것이 결코 아니며, 교사들이 가치 있게 생각하는 음악 학습을 구성해 나갈 수 있도록 수업 활동 내에 충분한 유연성을 제공하고 있다.

평가

"저마다 다른 수준의 일반음악수업이나 연주 앙상블에서 배우는 학생 간의 음악적 개인차에 민감한 것은 음악 학습 이론의 대표적 특징이다."(Gordon, 2005, p. x) 결론적으로, 평가는 수업에서 중요한 역할을 한다. 평가는 학생들에 대하여 보다 많은 것을 알게 되는 한 가지 방법으로, 학생들에 대해 더 많이 알수록 학생들의 필요에 따라 더 좋은 지도를 계획할 수 있다.

평가는 패턴 지도의 계획 안에서 구성된다. 학생들의 음악적성 점수는 학생의 반응을 해석할 때 교사들에게 도움을 준다. 그리고 학습 계열 활동에서 학생 성취도를 측정하는 것은 서두의 예시에서 아이패드를 사용한 교사의 예처럼, 교사가 학생 반응의 특징을 파악하고자 할 때 계속적으로 일어난다. 각 학습 계열 활동은 세 개의 패턴을 가지고 있는데, 오디에이트하기에 쉬운 패턴, 보통 패턴, 어려운 패턴이다.[8] 일반적으로 높은 적성의 학생들은 세 개의 패턴 모두를 학습하고, 중간 정도의 적성을 가진 학생은 쉬운 패턴과 보통 패턴을, 천천히 배우는 학생은 쉬운 패턴만을 학습한다. 그러나 낮은 적성 평가점수를 가지고 있는 학생이 쉬운 패턴을 정확하게 바로 연주한다면, 그 어린이에게 보다 어려운 패턴도 연주할 기회가 주어져야 한다. 적성점수가 어린이의 잠재력의 정확한 표현이 아니기 때문이다. 높은 적성점수 학생들의 80%가 어려운 패턴을, 중간 적성 학생들의 80%가 보통 패턴을, 낮은 적성 학생들의 80%가 쉬운 패턴을 연주하게 되면, 교사는 다른 학습 계열 활동으로 이동해야 한다.

수업 활동에서 학생들의 학습과 성취도는 평가 척도와 교사과 설계한 다른 평가 도구들을 통해서도 정기적으로 평가된다. 음악 학습 이론을 적용하는 수업에서 어린이들은 정기적으로 개별적 응답을 한다. 교사가 어린이들의 기술 발전이나 지식을 의미 있게 평가하기 위해서는 그들이 혼자 연주하거나 응답하는 것을 들어야 하기 때문이다. 서두의 예시를 들자면, 각 어린이의 즉흥연주를 개별적으로 들은 후에야 교사는 각 학생이 목소리로 노래하기를 사용하고 있는지, 조성적 맥락 안에서 즉흥연주하고 있는지, 조성적 기능과 관련 있는 음절의 사용을 이해하고 있는지, 조성 음절들을 오디에이트된 음악적 소리에 적절하게 연합시킬 수 있는지를 알아낼 수 있었을 것이다. 그룹 안에 있으면 어린이는 자신의 기술이나 지식을 갖기보다 다른 어린이들을 모방하곤 한다. 학생들의 학습 평가가 정확할수록, 교사는 각 학생들의 학습적 요구에 보다 적합한 지도를 계획할 수 있다.

음악 학습 이론의 기타 적용들

많은 사람이 색다른 음악 환경 구성을 위해 Gordon의 음악 학습 모델과 이에 기초해 설계된 교육과정을 채택해 왔다. Grunow, Gordon, Azzara(2001)는 『점프 라이트 인: 기악곡 시리즈(Jump Right In: The Instrumental Series)』에서 초보자를 위한 기악음악 구성을 위해 음악 학습 이론을 해석했다. 이 책은 후에 초보자용 현악기를 포함하여 확장되었다(Grunow, Gordon, Martin, & Azzara, 2002). Lowe(2004)는 Gordon과의 협동 연구에서, '뮤직 무브스(Music Moves)'라고 불리는 개인과 그룹 교육을 위한 피아노 커리큘럼을 개발했다. 그리고 Lange(2005, 2012)는 음악 학습 이론의 기술 계열이 초등학교 일반음악 환경에서 오르프 슐베르크(Orff Schulwerk)와 어떻게 결합, 적용될 수 있는지에 대해 두 권의 책을 썼다. 중학교에서의 일반음악, 합창 음악, 다른 종류의 음악에서의 사용 등 음악 학습 이론의 적용 가능성들이 꾸준히 연구되고 있다.

우려의 목소리

음악 학습 이론은 그 시작부터 지지하는 사람뿐 아니라 비판하는 사람들이 있었다. Gordon의 연구에 대한 이해는 그 비평가들의 우려를 알지 못하고는 완전하지 않다.

비평가들은 음악 학습 이론을 원자적이거나 행동주의적인 것으로 설명한다. Stokes(1996)는 "Gordon은 부분들에 대한 정보를 종합하는 것, 그리고 부분들이 음악적 능력 개발이라는 복합적 전체 안에 통합될 수 있는 방법보다는 부분들의 분석에 기여해 왔다고 여겨진다."(p. 105)라고 기술하고 있다.

음악 학습 이론 내의 모든 것이 학습 계열 활동이라면(조성과 리듬 패턴 교육), 몇몇 수업에서처럼 교사가 정기적으로 추론학습 활동을 하지 않고 변별학습에만 너무 깊이 의존한다면 이런 비판은 합당하다. 그러나 이것은 음악 학습 이론의 의도가 아니다. 음악 학습 이론은 음악적 독립성, 음악에서의 비판적 사고력, 음악 학습자들의 평생 조력을 첫째 목적으로 하고 있다. 음악 학습 이론에 기초를 두고 있는 음악지도의 초기 단계에서조차 학생들은 추론, 창조, 즉흥연주, 음악적 결정하기에 많은 시간을 보내야 하고, 변별학습과 추론학습 사이의 저울은 학생들이 더 많이 알고 성숙하게 될수록 추론을 향해 기울어져야 한다. 게다가 수업 활동은 학생들이 전체적이고 진정한 방법으로 음악을 종합하고 참여할 수 있도록 충분한 기회를 제공하고 있다.

Woodford(1996)도 유사한 우려를 나타냈다. 그는 음악 학습 이론이 비판적 사고를 위한 충분한 기회를 제공하지 못하고 학생들 자신이 추론 활동을 하고 있다는 것을 인지하지 못하고 있으며, 이는 그들의 추론 활동을 무의미하게 만든다고 주장했다. 그는 "만일 학생들이 자신의 음악적 아이디어들을 제시하고(즉, 생성하고) 개발하거나 구성하는 방법을 혹은 사고의 방법을 발견하지 못한다면, 그들은 음악적 사고와 행동 안에서 그들 자신을 집단과 구별하는 방법을 갖지 못할 것이다."라고 적고 있다(Woodford, 1996, p. 89). 이런 비판 또한 수업 활동의 역할을 간과하고 있는 것으로, 학습 계열 활동에서 배웠던 기술들은 수업 활동이 이루어지는 동안 전체적인 음악 환경에 적용된다. 음악 학습 이론의 교사들은 학생들의 추론 활동을 도울 뿐 아니라 그들의 추론과 그 결과들을 비판적으로 돌아보도록 돕는다. 음악 학습 이론 수업의 첫째 목적 중 하나는 학생들이 자신의 음악적 아이디어와 목소리를 개발하도록 하는 것으로, 사람들이 언어를 사용해서 자신을 표현하는 것과 동일하게 음악적으로 자신을 표현할 수 있도록 하는 것이다. 많은 음악 학습 이론 수업에서 어린이들은 학년이 올라갈수록 점차 그들의 학습에 대한 책임감을 가지며, 이로 인해 음악수업에서 학습한 것을 그들 삶의 음악에 적용시킬 수 있다.

음악 학습 이론에 대한 다른 비판은 '서구 중심적'이라는 것이다. 가르치는 음악적 언어(음악적 어휘와 구문 체계)는 대부분 서양 조성 음악으로부터 유래된 것이다. 이것은 정확한 사실이지만, 이러한 비평은 미국 학교에서의 언어 지도가 모두 영어라는 것을 비판하는 것과 같은 것이다. 교육의 목적들 중 하나가 언어의 핵심에 작동하는 체계를 내면화하는 것이라면, 그 언어에 교육의 초점을 맞추고 몰두하도록 하는 것은 당연한 일이다. 어린이들은 다(多)언어적이 될 수 있듯이 다(多)음악적이 될 수 있다. 그러나 이를 이루려면 다양한 언어에 풍부하고 일관되게 몰두하는 언어 학습이 요구되고, 다양한 음악적 언어에 풍부하고 일관되게 몰두하는 음악 학습이 요구된다. 그리고 이를 위해 음악교사 또한 다(多)음악적이어야 하는데, 그래야만 그 음악이 진정성 있고 음악적으로 제시될 수 있기 때문이다. 학교에서 음악에 부여된 시간적 제약을 감안하면, 단일한 음악적 언어를 선택하고 그것을 잘 가르치는 것은 오히려 논리적인 선택일 수 있다. 미국 공립학교의 많은 어린이가 그들의 삶에서 직면하게 되는 음악은 대부분 서양식 조성과 리듬 체계에 기초해 있다. 음악 작품들에 내재된 그러한 체계들에 초점을 두는 것은 상식적인 일이다.

그렇지만 음악 학습 이론 내의 조성과 박자들은 많은 음악 교수법에 비해서 덜 일반적인 조성과 리듬구문 체계로 이루어져 있어 다양한 어휘와 풍부한 이해를 포함하고 있다. 음악 학습 이론으로 학습했던 학생들은 2박, 3박, 특이한 박자들(예, 2+3, 3+2, 2+2+3)뿐만 아니라 모든 선법(장조, 단조, 도리안, 프리지안, 리디안, 믹소리디안, 에올리안, 로크리안)에 대해 알고 있고 풍부한 경험을 가지고 있다. 이런 특징은 서양 예술음악과 민속음악에서 주류가 아니었던 악곡들과 연결되도록 하며, 모든 곡은 아니더라도 색다른 악곡들에 어느 정도 접근 가능하도록 만들고 있다.

음악 학습 이론이 인도의 라가스, 한국, 중국의 전통음악 같이 서양 조성 음악에서 사용된 것들과는 근본적으로 다르거나 미분음으로 구성된 조성체계나 리듬체계의 음악들로 구성되지는 않았지만, 음악을 학습하는 과정은 비슷할 수 있다. 언어는 어떤 언어를 배우든 상관없이 유사한 방법으로 학습된다. 바꿔 말하자면, 기술학습 계열은 근본적으로 다른 음악에도 적용할 수 있다는 것이다. 그렇게 적용하게 될 음악적 맥락과 구문 체계는 음악 학습 이론에 현재 적용되고 있는 서양 음악 어휘들을 완전하게 대체하여 구성될 필요가 있다.

음악 학습 이론에 대한 또 다른 비판은 연주 기법의 개발, 문화적 맥락의 이해, 다른 예술들과 음악의 연결, 혹은 예술 밖의 영역들과 음악의 연결 등을 가르치는 것에 대해 설명하지 못한다는 것이다. 즉, 음악 학습 이론에서 제시하는 구조는 국제적 기준의 모든 내용 영역을 설명하지 못하며(Music Educators National Conference, 1994), 완전한 방식으로 음악에 온전히 참여하도록 요구되는 모든 기술과 지식을 제공하지 못한다. Woodford(1996)는 음악 학습 이론이 '지역사회 및 문화 내의 연주 실제(performance practice)'(p. 90)를 충분하게 고려하지 못했다고 기술하고 있다. 그러나 음악 학습 이론은 방법론이기보다는 안내하는 구조로 이루어져 있기 때문에, 수업 활동의 선택은 교사에게 완전히 남겨져 있다. 비록 구조 그 자체는 오디에이트의 기술에 중점을 두고 있고 테크닉, 문화적 맥락이나 연결, 혹은 많은 다른 것과 관련되어 있지 않은 것이 사실이지만, 교사들은 이것들을 음악 학습 이론 수업의 대부분을 차지하는 수업 활동의 한 부분으로 포함할 수 있으며 포함해야만 한다. "물론 음악이나 일반 교육의 영역에서 생성된 모든 아이디어를 설명할 수 있는 하나의 이론은 없다."(Stokes, 1996, p. 105)

향후 발전

"음악 학습 이론은 뛰어난 실천가들이 교수 활동을 하며 그 원리를 사용할 때마다 생겨나는 배움을 통해 발전되어 나가는, 항상 과정 중에 있는 연구가 될 것이다." (Runfola & Taggart, 2005, p. viii) 이것은 어떤 이론에도 마찬가지로 하나의 이론을 실제에 적용하는 경우는 더욱 그렇다. 유일한 올바른 방법은 존재하지 않기 때문에, 어느 누구도 그것을 하는 올바른 방법을 '소유하고' 있지 않다. 다른 접근법들은 다른 장점과 약점을 갖고 있으며, 다른 목적을 가지고 있고, 다른 맥락에서 사용된다. 음악 학습 이론의 장점은 학생들이 인지적인 관점에서 어떻게 음악을 배우는지에 중점을 둔다는 것이다. Gordon의 아이디어들은 그 자신과 다른 사람들의 수십 년 동안의 연구에 기초해 있다. 그것이 음악 학습에 관련된 모든 것을 알려 주고 있는가? 절대 그렇지 않다. Stokes가 기술하고 있듯이, 이론이 모든 것을 설명할 수는 없다. 그러나 음악 학습 이론은 연구에 기반을 두어 음악교사의 교육적 결정의 기초가 될 수 있는 구조를 제공하고 있다.

테크놀로지는 학생들이 음악적으로 생각하고 소통하는 방법을 변화시키고 있다. 음악적 삶의 많은 부분에서, 악보를 읽는 능력은 더 이상 필수적이지 않다. 물론, 역사를 거쳐 온 대부분의 음악문화도 듣기/부르기의 전통에 초점을 두었지 음악 기보법에 초점을 두지 않았고, 현재 음악 기보법은 더 이상 음악적 역사를 보전할 필요가 없다. 악보가 필요하다면, 컴퓨터 프로그램이 녹음된 소리 파일로부터 음악을 기보할 수 있다. 훨씬 더 중요해진 녹음과 믹싱 기술은 폭넓게 이용될 수 있고, 이것은 학생들이 음악하기에 참여하는 방식을 변화시키고 있다. 나중에 사용하기 위해 음악적 아이디어를 기록하려고 할 때 그것들을 기억하기 위해서 끄적거리며 써야 할 필요가 적어진 것이다. 음악은 보다 많은 사람이 정교한 기술에 접근하여 기보 없이 복잡한 음악 작품들을 녹음, 믹스, 창작할 수 있도록 점차 민주화되고 있다. 또한 인터넷을 통해 음악 작업과 연주들을 무료나 약간의 비용을 들여 광범위한 청중들과 공유할 수도 있어, 학생들이 다른 사람들과 자유롭게 음악적 표현을 공유하도록 기회를 제공해 준다. 이것은 음악 읽기와 쓰기 기술이 많은 음악수업에서 필요치 않을 것이라는 것을 의미할 수 있다. Gordon의 기술학습 계열의 어떤 단계들은 수업에서 필요치 않을 것이고 어떤 음악 지도에서는 무시될 수도 있다. 그러나 밴드, 합창, 오케스트라 같은 음악 앙상블은 여전히 학교음악과 학교 밖 지역사회에서 중요한 역할을 하고 있으며, 이러한 기술들은 여러모로 중요하다. 그리고 음악 읽기와 쓰기 기술이 덜 중요하게 되더라도 오디에이션 기술은 사람들이 어떤 문화나 장소에서 음악을 하는지에 상관없이 항상 요구되며, 음악 학습 이론은 이러한 기술을 개발하기 위한 방법을 제공해 준다.

제대로 교육된다면, 음악 학습 이론은 학생들의 음악적으로 생각하는 능력을 발전시키는 수단을 제공할 것이다. 음악 학습 이론에 기초한 지도를 통해, 학생들은 음악적으로 독립적이 될 것이며, 평생 동안 자신의 음악적 욕구들을 추구해 나가면서 견고한 음악적 기술들, 풍부한 음악적 어휘력, 흥미로운 음악적 아이디어들을 발전시켜 유창하게 표현하게 될 것이다.

미주

1 '오디에이션'은 음악의 의미를 구성하는 인지적 과정을 설명하기 위해 Gordon에 의해 만들어진 용어이다.

2 예비 오디에이션 단계 어린이들을 위한 음악적 참여 방법에 대해 보다 많은 정보를 원한다면, 「Music Play: The Early Childhood Music Curriculum」(Valerio et al., 1998), 「GordonA Music Learning Theory for Newborn and Young Children」(Gordon, 2003) 등을 참조할 것.

3 음악 학습 이론의 발달 초기에 Gordon은 변별학습과 추론학습 사이의 앞뒤로의 움직임을 '나선형으로 움직이기(spiraling)'라고 불렀는데, 이는 Jerome S. Bruner의 글에서 직접적으로 인용된 것이었다. Gordon은 자신의 생각들이 충분히 발전되자, Bruner와 자신의 생각을 차별화하기 위해 '나선형(spiraling)'보다 '다리 놓기(bridging)'라는 단어를 사용하고자 했다. 그는 '다리 놓기'가 Bruner의 나선형 개념보다 '회귀적인(recursive)' 의미를 가지고 있다고 보았다.

4 듣기/부르기 지도에서 모든 패턴은 의미 없는 음절을 사용하여 수행된다.

5 조성과 리듬 음절 체계에 대한 Gordon의 선택의 배경이 되는 근거들을 보다 철저하게 보고자 한다면, 「Learning Sequence in Music: Skill, Content, and Patterns」(Gordon, 2012, pp. 60-89)를 참조할 것.

6 『Jump Right In』의 이 판본은 Gordon과 Woods에 의해 개발된 이전 버전의 개정판이다. '수업 활동' 은 초판과 개정판이 완전히 다르지만, '학습 계열 활동'은 동일하게 유지되고 있다.

7 Gordon은 1965년에 『음악 적성 프로파일(Musical Aptitude Profile)』을 처음 출판했다 (Gordon, 1988). 이 테스트는 4학년에서 12학년까지 어린이들의 음악 적성을 측정하도록 설계된 것이다. 그 후에 그는 유치원에서 3학년까지의 어린이들에게 사용하도록 설계된 『초급 오디에이션 능력 검사(Primary Measure of Music Audiation)』(Gordon, 1979), 그리고 1학년에서 4학년까지의 어린이들을 위해 『중급 오디에이션 능력 검사(Intermediate Measure of Music Audiation)』(Gordon, 1982)를 출판하였다. 그는 이후에도 다른 음악 적성 검사들을 출판했으나, 초등 일반음악 지도에 사용하기에는 이 세 가지 검사가 가장 적절하다.

8 '어려움 패턴'의 단계는 어린이들이 동일한/다른 듣기 과제에 참여하도록 한 세 번의 포괄적 연구(Gordon, 1974, 1976, 1978)를 거쳐 Gordon에 의해 결정되었다. '어려움 패턴들'은 그 패턴들이 수행하기에 얼마나 어려운지보다는 오디에이션하기의 어려움에 기초하고 있다.

참고문헌

Anvari, S., Trainor, L., Woodside, J., & Levy, B. A. (2002). Relations among musical skills, phonological processing, and early reading ability in preschool children. *Journal of Experimental Child Psychology, 83,* 111-130.

Atterbury, B. W. (1985). Musical differences in learning-disabled and normal achieving readers aged seven, eight, and nine. *Psychology of Music, 13,* 133-123.

Azzara, C. D. (1993). Audiation-based improvisation techniques and elementary instrumental students' music achievement. *Journal of Research in Music Education, 41*(4), 328-342.

Belmondo, D. J. (1986). *A study of the effectiveness of partial synthesis as a readiness for tonal music reading* (Doctoral dissertation). Retrieved from ProQuest Dissertations and Theses. (303518533)

Bruner, J. (1966). *Toward a theory of instruction.* Cambridge, MA: Harvard University Press.

Chen-Haftek, L. (1997). Music and language development in early childhood: Integrating past research in the two domains. *Early Child Development & Care, 130,* 85-97.

Froseth, J. O. (1971). Using MAP scores in the instruction of beginning students in instrumental music. *Journal of Research in Music Education, 19,* 98-105.

Gagné, R. M. (1985). *Conditions of learning and theory of instruction* (4th ed.). New York, NY: Holt, Rinehart, and Winston.

Goolsby, T. W. (1994). Profiles of processing: Eye movements during sightreading. *Music Perception, 12*(1), 97-123.

Gordon, E. E. (1971). *The psychology of music teaching.* Englewood Cliffs, NJ: Prentice-Hall.

Gordon, E. E. (1974). Toward the development of a taxonomy of tonal patterns and rhythm patterns: Evidence of difficult level and growth rate. *Experimental Research in the Psychology of Music: Studies in the Psychology of Music, IX,* 39-232.

Gordon, E. E. (1976). *Tonal and rhythm patterns: An objective analysis.* Albany, NY: State University of New York Press.

Gordon, E. E. (1978). *A factor analytic description of tonal and rhythm patterns and objective evidence of pattern difficulty level and growth rate.* Chicago, IL: GIA

Publications.

Gordon, E. E. (1979). *Primary measures of music audiation.* Chicago, IL: GIA Publication.

Gordon, E. E. (1982). *Intermediate measures of music audiation.* Chicago, IL: GIA Publications.

Gordon, E. E. (1988). *Musical aptitude profile.* Chicago, IL: Riverside Publishing.

Gordon, E. E. (2001). *Preparatory audiation, audiation, and music learning theory.* Chicago, IL: GIA Publications.

Gordon, E. E. (2003). *A music learning theory for newborn and young children* (2003 ed.). Chicago, IL: GIA Publications.

Gordon, E. E. (2005). Foreword. In M. Runfola & C. C. Taggart (Eds.), *The development and practical application of music learning theory* (pp. ix-xi). Chicago, IL: GIA Publications.

Gordon, E. E. (2008). *Clarity by comparison and relationship.* Chicago, IL: GIA Publications.

Gordon, E. E. (2011). *Roots of music learning theory and audiation.* Chicago, IL: GIA Publications.

Gordon, E. E. (2012). *Learning sequences in music: Skill, content, and patterns* (2012 ed.). Chicago, IL: GIA Publications.

Gordon, E. E., & Woods, D. G. (1985). *Jump right in: A reference handbook for using learning sequence activities.* Chicago, IL: GIA Publications.

Grunow, R. F., Gordon, E. E., & Azzara, C. D. (2001). *Jump right in: The instrumental series.* Chicago, IL: GIA Publications.

Grunow, R. F., Gordon, E. E., Martin, M., Azzara, C. D. (2002). *Jump right in: The instrumental series.* Chicago, IL: GIA Publications.

Lamb, S. J., & Gregory, A. H. (1993). The relationship between music and reading in beginning readers. *Educational Psychology, 13*, 13-27.

Lange, D. M. (2005). *Together in harmony: Combining Orff Schulwerk and music learning theory.* Chicago, IL: GIA Publications.

Lange, D. M. (2012). *Together again in harmony: Combining Orff Schulwerk and music learning theory.* Chicago, IL: GIA Publications.

Lowe, M. (2004). *Music moves for piano.* Chicago, IL: GIA Publications.

Music Educators National Conference (1994). *Opportunity-to-learn standards for music instruction: Grades preK-12.* Reston, VA: Music Educators National Conference.

Moerk, E. (2000). *The guided acquisition of first language skills: Advances in applied developmental psychology.* Stamford, CT: Ablex Publishing.

Papoušek, M. (1996). Intuitive parenting: A hidden source of musical stimulation in infancy. In I. Deliege & J. Sloboda (Eds.), *Musical beginnings: Origins and development of musical competence* (pp. 88-112). New York, NY: Oxford.

Rayner, K. (1998). Eye movements in reading and information processing: 20 years of research. *Psychological Bulletin, 124*(3), 372-422. doi:10.1037/0033-2909.124.3.372

Runfola, M., & Taggart, C. C. (2005). *The development and practical application of music learning theory.* Chicago, IL: GIA Publications.

Schema. (n.d.). In *Merriam-Webster's online dictionary.* Retrieved from http://www.merriam-webster.com/dictionary/schema

Saffran, J. R., Johnson, E. K., Aslin, R. N., & Newport, E. L. (1999). Statistical learning of tone sequences by human infants and adults. *Cognition, 70,* 27-52.

Stokes, W. A. (1996). Is Edwin Gordon's learning theory a cognitive one? *Philosophy of Music Education Review, 4*(2), 96-106. Retrieved from http://ezproxy.msu.edu/login?url=http://search.proquest.com/docview/864334?accountid=12598

Taetle, L., & Cutietta, R. (2002). Learning theories as roots of current musical practice and research. In R. Colwell & C. Richardson (Eds.), *The new handbook of research on music teaching and learning* (pp. 279-298). New York, NY: Oxford University Press.

Taggart, C. C., Bolton, B. M., Reynolds, A. M., Valerio, W. H., & Gordon, E. E. (1990). *Jump right in: The music curriculum, teacher's guide book 1.* Chicago, IL: GIA Publications.

Taggart, C. C., Bolton, B. M., Reynolds, A. M., Valerio, W. H., & Gordon, E. E. (2006). *Jump right in: The music curriculum, teacher's guide book 4.* Chicago, IL: GIA Publications.

Valerio, W. H., Reynolds, A. M., Bolton, B. M., Taggart, C. C., & Gordon, E. E. (1998). *Music play: The early childhood music curriculum.* Chicago, IL: GIA Publications.

Vedeler, D. (1987). Infant intentionality and the attribution of intentions to infants. *Human Development, 30,* 1-17.

Vygotsky, L. S. (1978). *Mind in society: The development of higher psychological processes.* Cambridge, MA: Harvard University Press.

Webster, P. R., & Zimmerman, M. P. (1983). Conservation of rhythmic and tonal patterns of second through sixth grade children. *Bulletin of the Council for Research in Music Education, 73*, 28-49. Retrieved from http://www.stor.org/stable/40317756

Woodford, P. G. (1996). Evaluating Edwin Gordon's music learning theory from a critical thinking perspective. *Philosophy of Music Education Review, 4*(2), 83-95. Retrieved from http://www.jstor.org/stable/40495420

제10장

일반음악교육에서 비형식적 학습

Ruth Wright 저 / 박은실 역

저는 스스로 깨우치고 가르침으로써 혼자 모든 것을 다했다는
자부심을 느끼는 이런 수업을 좋아해요.
Shannon, 11살

저는 집에 가서 오늘 하루 가장 기억에 남는 음악을 즐겨 들어요. 그리고 만약 평범한
음악수업이라면 부모님께 말씀드리지 않았을 테지만, 이제는 재미있는 것을 할 수 있고
그래서 기대하며 오늘 음악수업을 했다고 말씀드려요.
Michael, 12살

음……배우는 것은 즐거워야 하는데, Musical Futures는
정말 재밌을 뿐 아니라, 매우 교육적이에요.
새로운 악기를 배우는 것뿐만 아니라 다 재밌어요.
재밌기 때문에 하고 싶고, 그래서 좋아지게 돼요.
Christina, 13살

캐나다 온타리오에서 이루어진 비형식적 음악 학습 교수법에 대한 파일럿 프로젝트.
Musical Futures에 참여한 7, 8학년 학생들의 의견임.

오늘날의 젊은이들은 인터넷, TV, 라디오, 휴대폰 등에 쉽게 접근할 수 있으므로, 스스로 통제하고 다룰 수 있는 정보들이 계속 늘어나고 있는 세계에 살고 있다. 음악과 음악정보, 기술 등을 자율적으로 추구하는 것은 이제 일상이 되었다(Campbell, 2010; Harwood and Marsh, 2012; Lum, 2007; Mans, 2009). 따라서 21세기 학생들은 교사들이 전통적으로 주도하고 교훈을 전달하는 음악 지도법에 익숙하지 않을 것이

다. 뿐만 아니라 학교 밖에서 일상적으로 들으며 문화화된 음악들과 상이한 교육과정에 열정적인 반응을 보이지도 않을 것이다(Campbell, 1998). 따라서 학생들에게 더 많은 책임을 부여하고 음악 학습에서 적합성과 자발성을 더 이끌어 내는 식의 방법은 학교 밖 음악 학습 경험과 더 잘 부합되는 것으로, 학교 안 음악과 학교 밖 음악 사이를 연결해 주고, 일반음악교육에 도움을 줄 것이다. 이런 자발적 음악 학습이 일어나도록 하는 한 방법으로 '**비형식적 음악 교수법**(informal music pedagogy)'이라 불리는 것이 있다. 비형식적 학습은 today 즉각적인 활동을 통해 지도된다. 연주/감상/창작, 이것은 사전에 계열화되어 있지 않고 학습자와의 상호작용을 통해 발전되고, 악보로 연주하기보다 소리와 귀를 통해 학습하는 특징을 가진다.

이 영역에 대한 연구와 실제의 개발은 청년기를 포함하는 고등학교 음악교육에 우선적으로 초점이 맞추어져 왔다(Allsup, 2004; Berkaak & Ruud, 1994; Ericsson, 2002; Folkestad, 1996, 1998; Fornas, Lindberg, & Sernhede, 1995; Green, 2001, 2008a; Gullberg, 2002; Johansson, 2002; Lilliestam, 1995; Saether, 2003). Green(2001, 2008a)의 연구는 대중음악을 교실로 끌어들임으로 학생들을 보다 넓은 범위의 음악으로 이끌어 줄 학습 과정에 참여하도록 하는, 보다 진정한 교수법적 접근의 한 수단으로서의 비형식적 음악 학습을 사용하는 데 초점이 맞추어져 있다. 이번 장에서 필자는 특히 10~13세 아이들에게 적용되는 일반음악교육과 비형식적 음악 학습과의 관련성에 대해 논의하고자 한다.[1]

비형식적 음악 학습이란

형식적 · 비형식적 학습이란 용어는 다양한 맥락에서 사용될 수 있고, 그래서 혼동을 일으키기도 한다. Folkestad(2006)는 음악에 적용된 형식적 학습과 비형식적 학습 사이의 차이를 매우 명확히 설명한다.

> 형식적 학습 상황에서 활동은 미리 계열화되어 있다. 즉, 활동을 주도하고 실행에 옮기는 '교사'에 의해 순서가 정해진다. 하지만 그 사람이 형식적 의미에서 반드시 교사일 필요는 없다. 과제를 조직하고 학습 활동을 이끄는 사람, 예를 들어 음악

앙상블 연주자의 경우도 있을 수 있다. 비형식적 학습 상황은 미리 계열화되어 있지 않다. 활동이 연주/창작의 방향을 잡고, 과정이 활동 참여자 간의 상호작용에 의해 진행된다. 이것은 또한 '스스로 선택한 자발적인 학습'이라고도 말할 수 있다. 하지만 학습이 '임의로' 일어날 수는 없다. 즉, 의도하거나 혹은 원하거나 하는 상황에서 일어난다. 이런 관점에서 스스로 선택한 자발적인 활동으로 설명될 수 있는 것이다 (pp. 141-142).

이런 학습 형태 사이의 경계를 흐리게 하는 경우도 있다. 그리고 실제로 Folkestad (2006)와 Green(2009), 그 밖에 다른 학자들은 학습이 형식적·비형식적 학습의 양극 사이에 놓인 연속선상에서 일어나고, 거기에서 그 둘이 서로 상호 작용한다고 생각하는 것이 더 유용할 수 있음을 제안한다. Folkestad(2006)는 학습이 비형식적인지 아니면 형식적인지를 알려 주는 네 가지 요인이 있을 수 있다고 말한다([그림 10-1]).

Jaffurs(2006)는 형식적·비형식적 음악 학습 사이 명확한 연결지점이 있다고 말한다. 이러한 주장은 Rodriguez(2009)가 "우리는 학생들이 자신의 음악성을 보다 온전히 계발할 수 있도록 도와주는 수단으로 이런 교차점들을 잘 탐색해야 한다."라고 제안하도록 해 주었다(p. 37).

실제 삶에서의 학습 상황과 관련지어 이들 네 가지 설명 요인을 생각하는 한 방법

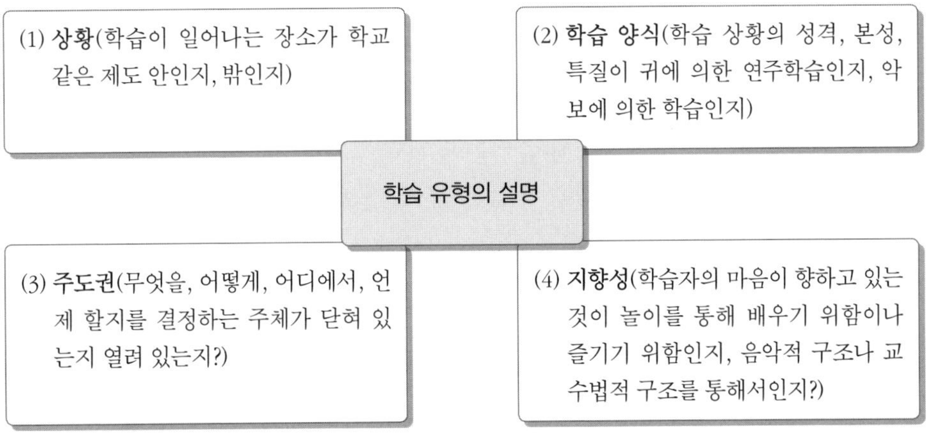

[그림 10-1] 형식적 · 비형식적 학습을 분석하는 네 가지 방법(Folkestad, 2006)

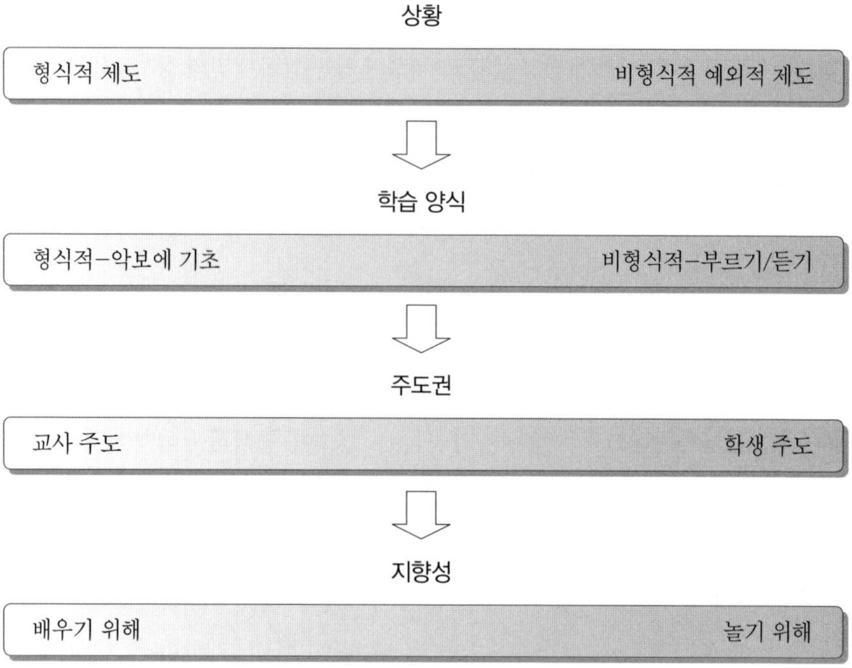

[그림 10–2] 실제 삶에서 비형식적 학습의 혼합된 양극성

은 오디오 믹서처럼 제어판의 슬라이더로 보는 것이다([그림 10–2]). 여러 가지 슬라이더는 어느 한 순간 형식적 · 비형식적 연속선 중 어딘가에 있을 것이다. 이것은 단일한 연속선 개념보다 더 효과적으로 실제 삶에서의 학습을 잡아내 줄 것이다.

[그림 10–2]에서, 학습은 형식적 · 비형식적 양식의 안팎을 지속적으로 넘나든다. 음악교육의 목적을 위해 가장 중요하게 여겨야 할 것은 교사가 자기 발밑에서의 움직임을 잘 알고 있어야 하고, 이를 조절할 수 있어야 하는 것과 학생들의 학습적 관심을 불러일으키기에 가장 적합한 지도 양식을 정하는 것이다.

연구자들은 비형식적 음악 학습이 많은 청소년으로 하여금 헌신적이고 열정적인 음악가로 발전하게 해 주는 강력하고 성공적인 학습 전략임을 보여 줘 왔다(Green, 2001). 게다가 비형식적 학습은 아동과 청소년의 일상 가운데 발생하며(Campbell, 2010; Harwood & Marsh, 2012), 보통 형식적 상황(예를 들어, 학교; Green, 2008a)으로 인식될 법한 것에서 음악교육을 위해 효과적인 매개체가 됨을 보여 줘 왔다.

비형식적 학습과 일반음악

일반음악수업에 학생들을 참여시키는 문제는 상당한 기간 동안 논쟁이 되어 왔다. Green(2001)은 음악교육에서 교수법의 경험과 학생들의 음악적 성공 그리고/혹은 음악을 계속 공부하는 것 사이 강한 상관관계가 있음을 제안한다. 실력 있고 성공적인 대중음악가가 되는 청소년들은 그들이 학교에서 받았던 음악교육이 별로 도움이 되지 못했고 오히려 나쁘거나 해로웠다고 보고한다. 그중 일부는 대중음악 장르인데도 불구하고, 악기 레슨에 대해서도 부정적이고 단명했던 경험을 가지고 있다(Green, 2001). Green(2001)은 "우리는 무관심하거나 비음악적이라기보다는, 형식적 음악교육에 실망하고 멀어진 많은 어린이와 청소년이 같은 종류의 교수법에 단순하게 반응하지는 않을 것임을 추측할 수 있다."라고 쓰고 있다(p. 9). 또한 교실에 비형식적 학습에 의한 접근법을 도입할 경우 음악에 대한 열정과 헌신의 수준을 높이고, 동기를 부여해 주며, 학교음악교육과정에서 지금껏 제외되었던 음악적 기술에 대한 내용들을 제공해 줄 수 있을 것이라 제안한다.

Green(2001, 2008a)의 연구에서는 몇몇 대중 음악가가 음악 제작에 사용하는 일반적인 과정이 하나의 교수법, 즉 학생들 스스로에게 음악 지식의 생산과 발전을 가져다주는 교수법(종종 '비형식적' 교수법이라 불리는)으로 해석될 수 있다고 규정했다. 그 주요 원칙들은 다음과 같다.

- 학습자는 배울 음악을 스스로 선택하고 그 음악은 학습자에게 충분히 배양되어야 한다.
- 악보를 통해서보다는 음원을 듣고 따라 하며 배운다.
- 학습은 또래집단에서 일어난다.
- 기술과 지식은 개인적 필요에 따라 종종 또래 학습을 통해 얻어진다.
- 연주, 창작, 즉흥연주, 감상의 음악 영역들은 창의성을 중심으로 통합된다.

Green은 일반음악지도의 혁신적인 방법들을 조사하기 위해 설계된 Musical Futures UK 프로그램의 일환으로 이 교수법을 시험적으로 연구하였다. 2009년

Hallam, Creech, Sandford, Rinta, 그리고 Shave에 의해 수행된 Musical Futures 프로젝트에 대한 평가 연구에서 이 프로젝트에 참여한 교사들은 학생들이 이전 교육과정에서보다 음악수업을 더욱 즐겼으며, 더 자신감 있고 동기가 강화된 것으로 보인다고 하였다. 학생들의 수업 참여 태도가 좋아졌고 이전부터 음악, 사회적 기술에 관심이 있었던 보다 많은 학생이 음악을 수강하게 되었다. 교사들 역시 학생들에게 더욱 초점을 맞추어 음악적 기술, 특히 듣기 기술, 악기연주기술, 창작 전략 등과 같은 기술과 구성 전략을 향상시키려 하였다. 어떤 교사들은 학생들이 넓은 음악 장르를 더 잘 이해하게 되었다고 하였다. 또한 학생들의 리더십과 소그룹 기술이 향상되었다. 가장 크게 향상된 것으로 관찰된 것 중 하나는 독립적인 학습 능력이었다. 이로 인해 자존감이 높아졌고 학교 음악수업에 대한 태도가 크게 향상되었다. 교사들은 영미 교육 시스템에서 음악이 선택과목이 된 이래, 매우 많은 수의 10학년(캐나다에서는 9학년) 학생들이 음악을 선택했다고 보고했다. 프로젝트 코디네이터인 Abigail D'Amore는 영국 중등학교(11~18세 학생들을 위한 학교)의 거의 1/3이 현재 음악 프로그램으로 Musical Futures를 채택하여 사용함을 강조했다. 게다가 "국가수준 4단계(14~16세)에서 음악을 계속 배우기를 희망하는 학생들이 평균 42% 증가하였고, 98%의 학생들이 MF(Musical Futures)를 다른 유형의 음악수업보다 더 선호한다고 보았다."(Ronchetti, 2011, p. 18)

북미에서 비형식적 학습과 일반음악교육

지난 20세기와 21세기 첫 10년 동안 북미의 고등학교 음악교육은 상당히 많은 변화를 보였다. 록, 팝, 재즈가 음악의 교육과정에 들어온 것과 더불어 전자피아노 실험실, 음악 테크놀로지 프로그램, 창의적 음악 만들기의 탐색 등이 도입되었다. 하지만 초등학교 일반음악교육에서는 그 변화가 보다 느리게 진행되는 것처럼 보인다. 초등 일반음악은 여전히 오르프, 코다이, 달크로즈, 고든과 같은 과거의 위대한 음악교육 지도법을 고수하는 데 중점을 두고 있다(Regelsky, 2002). 아이들이 초등 연령대를 넘어서면 대규모 악기 앙상블을 배우게 되는데, 이런 대규모 앙상블 수업은 전통적인 교사 주도의 교수법이 지배하는 경향이 있다(Davis, 2012). 비록 전통적인 지도법이 음악을 지도하는 강력한 방법이고 음악교육에서 중요한 역할을 하고 있지만, 오늘날 초등학교 학생들의 21세기 음악에 이를 적응시키는 것은 보다 큰 도전이 될 것이다.

음악과 의미

이제는 음악의 의미가 사회적·정치적인 맥락과 동떨어질 수 없다는 의견이 널리 받아들여지고 있다(Clayton, Herbert, & Middleton, 2003; De Nora, 2000, 2003; Elliott, 1995). 음악은 일상생활과 떨어져 추상적인 수준으로 작동하지 않는다. 하지만 Green(2006)은 "음악 경험의 의미, 즉 **순간적으로, 사실상 자유롭거나 자율적인 음악 경험의 이론적 측면**이 있다."라고 주장한다(pp. 101-102). 게다가 그녀는 "이러한 측면은 음악적 분할과 연합을 넘나들면서 특히 비형식적 음악 학습 실행을 통해 교실에 도달할 수 있다."라고 주장한다. 또한 오늘날의 연구에 따르면, 비형식적 음악 학습을 통해 학생들은 대중음악뿐 아니라 클래식, 그리고 이를 확장하여 다른 음악들까지 재개념화할 수 있음을 보여 주고 있다(pp. 101-102).

Green(2006)은 음악이 두 가지 형태의 의미를 담고 있다고 가정하는 이론을 제안했다. 하나는 그녀가 **고유한 의미**(inherent meaning)로 묘사하는데, 소리와 침묵의 패턴과 같이 음표, 리듬, 쉼표의 배열, 즉 음악적 구문을 포함한다. 이것은 Meyer(1956)에 의해 '구현된(embodied)' 의미로 기술된 바 있다.

> 그것은 음악 양식과 감상자의 능력 또는 양식에 대한 친숙함과 이해 수준 사이의 상호작용에서 발생한다. 또한 음악 밖의 다른 것을 지칭하지 않는다. 그러나 이런 의미는 가상 범주 또는 이론적인 가정일 뿐이며, 감상자의 경험에서는 결코 그 자체만으로 존재할 수 없다. (Green, 개인 커뮤니케이션, 2013년 6월 27일)

다른 유형의 의미를 Green(2006)은 **묘사된 의미**(delineated meaning)로 설명한다. 이것은 음악에 대한 음악 외적 의미를 통해 전달되고, 사회적·정치적·종교적·문화적, 그리고 기타 소속 단체들과 관련이 있다. 우리는 어떠한 음악작품을 대할 때 이들 의미 중 하나에 긍정적이거나 부정적인 반응을 보일 수 있다. 음악 구문이 우리에게 익숙하다면 내재된 의미에 대해 긍정적인 반응을 보일 가능성이 있다. 유사하게, 어떤 음악이 묘사하는 바가 우리를 기분 좋게 하는 점들과 관련이 있다면, 묘사된 의미에 대해 긍정적인 반응을 보일 것이다. 두 반응 모두 긍정적인 경우, Green은 음악적인 '찬사'가 발생하는 것이라 설명한다. 두 반응이 모두 부정적일 경우, 음악적 소외가 발생한다고 말한다. 하지만 어느 하나 부정적이더라도, 그 결과는 소외 아니면 모호함일 것이다. 따라서 만일 학교에서 학생들에게 익숙하지 않은 음악을 소개하면, 그 음악이 집이나 지역사회에서 지속적으로 노출되어 문화화된 그런 음악이 아니고, 오히려 부정적인 반응을 불러일으킨 것이었다면, 학생들이 긍정적인 음악 경험을 할 가능성은 거의 없다. 우리가 그런 음악을 학교 교육의 출발점으로 소개하려 할 때 학생들의 참여를 이끌어 내기 어려운 것은 하나도 이상할 것이 없는 것이다. Mans(2009)가 지적하고 있듯이 초등학교에서 형식적 음악교육에 대한 저항은 다음과 같이 설명할 수 있다.

> 음악 세계에서 문화화는 그 문화의 음악 내적 소리의 구조 즉, 그 문화에서의 리듬, 패턴 및 조합, 선호하는 음색 및 연주 방식 등에 몰두하는 것을 의미한다. 이런 소리 구조는 서로 간에 정의된 관련성으로 개념화되어, 기본적인 음악적 템플릿으로 구체화된다. …… 한 문화의 음악적 기본 틀에 대한 학습은 대부분 무의식적이어서 그에 맞지 않는 음악을 접했을 경우에만 의식을 하게 되고, 이것은 문화화의 한 과정인 것이다. '문화적으로 받아들여질 수 없는 것'으로 인식되는 음악에 직면하면 학교 교실에서는 상당한 저항이 발생할 수 있다(p. 89).

초등 일반음악에서 비형식적 학습: 사례 연구

이러한 문제를 염두에 두고 비형식적 학습 프로젝트가 2012년 캐나다의 두 학교에서 개발되었는데, 이것은 영국의 Musical Futures 비형식적 학습 프로젝트에서 Green이 한 작업에 기반한 것이다(Wright, Beynon, Younker, Linton, & Hutchison, 2012). 이 연구는 온타리오 주 중학교 1개교, 초등학교 1개교에 비형식적 음악 교수법을 도입하고 이를 관찰·평가하는 것이었다. 이 장에서는 초등학교의 결과를 논의할 것이다. 프로젝트를 수행하는 동안 음악교사는 연구원 및 연구 조교와 함께 2012년 3월부터 2012년 6월까지 일련의 수업을 계획하고 교수법을 구안했다. 프로젝트 두 번째 단계는 2012년 9월에서 2013년 6월까지로, 프로젝트 처음 단계의 데이터가 여기에 제시되었다.

초등학교 프로젝트에서는 온타리오 주 남서부 시골 학교의 7학년과 8학년 학생 74명이 주당 40분씩 음악수업에 참여했다. 총 3개 학급이 참여했는데, 7~8학년 학생들로 학급당 23~25명이었으며 성별 분포는 고르게 되어 있었다. 숙련된 음악전문가인 교사는 이전에 코다이에 기반을 둔 보컬 프로그램을 유치원생부터 중학교 8학년생들까지 가르친 바 있었다. 2012년 1월, 대부분의 연구팀(예비실험학교 음악교사 3명, 교장, 교육과정 감독, 대학의 두 명의 연구원, 박사과정 연구 보조원 2명)이 일주일간 영국에 가서 비형식적인 음악 교수법에 대해 집중적으로 이론적 배경을 연구하고 훈련을 받고 왔다. 그들은 수년간 비형식적 음악 교수법을 해 온 두 학교를 방문하고 Musical Futures 전문가 연수에 참여했다. 이와 같은 방문은 캐나다 예비 실험학교에서 비형식적인 학습을 실시하기 위해 교사와 연구원이 일련의 수업 설계를 계획하는 회의에서 결실을 맺을 수 있었다.

연구 설계

이 연구는 이중/비교 사례 연구 설계를 수행하는 질적 연구 방법론을 사용했다. 참여관찰자로서 연구자 및 연구 조교들은 교사가 각 학교에서 일련의 수업을 하고 비디오 및 오디오로 수업을 녹음하고 필드노트를 기록할 수 있도록 도왔다. 데이터 분석은 데이터 수집의 시작부터 진행되었으며 추가 조치 및 데이터 수집에 대한 정보를 제공해 주었다. 프로젝트의 1단계가 끝나면 음악교사들과는 개별 면담을, 학생들과는 개별 면담과 소그룹 면담을 실시했다. 학교 행정관과 담임교사들도 면담에 참여했다.

자원

업계 파트너의 후원으로 시범학교에 양질의 악기를 제공할 수 있었다. 각 시범

학교에는 롤랜드 캐나다(Roland Canada)에서 4개의 밴드 키트가 제공되었는데, 그것은 스탠드가 있는 4개의 롤랜드 TD−4KX2S V−드럼 키트; 롤랜드 DAP−3V−드럼 액세서리 패키지 4 개; 4개의 PM−10 V−드럼 개인용 모니터; 4개의 CUBE CB−60XL 베이스 앰프; 4개의 CUBE−40XL CUBE 기타 앰프 및 4개의 JUNO−Di 신시사이저 키보드 스탠드 키보드 앰프 등으로 구성되어 있었다. 롱 앤 맥퀘이드(Long & McQuade; 이전의 Belle Aire Music of London, Ontario)는 각 학교에 4개의 베이스 기타와 4개의 일렉트릭 기타를 제공했다.

무슨 일이 일어났나?

초등학교에서는 3월 방학 전에 악기를 소개하기 시작했다. 학생들은 매우 흥분했다; 이를 매우 좋아한 한 학생은 "3월 방학이 끝날 때까지 기다릴 수 없어요!"라고 말했다. 비형식적 학습의 기본 틀을 만들고, 학생들이 악기에 익숙해지도록 하기 위해 프로젝트는 악기 회전대 장비로 시작했다. 이 접근법은 학생들이 그룹으로 움직이며 일련의 활동들을 돌아가며 하는 것이다.

악기 회전대(Band Carousel)

예비 회전대의 단위를 계획하는 초기 과정에서, 교사의 역할은 다음과 같았다.

- 간단한 반복구로 구성된 잘 알려진 팝송을 선택했다. 노래 선택은 학생의 동의를 얻었고, 어떤 경우에는 노래가 바뀌어 다른 노래가 대신 사용되기도 했다.
- 노래를 개별 악기 파트로 나누었다(모든 자료의 사본은 Musical Futures Canada 웹사이트 www.musicalfuturescanada.org 참조).
- 노래의 음반을 수업에서 들려주고, 각 악기 파트를 학급 전체를 위해 만들었다.
- 학생들에게 악기 관리 및 세팅에 관해 안내했다.
- 기본적인 연주기술도 안내했다.
- 학급을 그룹으로 나누어, 각 그룹에 같은 악기 그룹(예: 드럼 키트, 키보드, 기타 및 베이스)이 있는 서로 다른 공간을 할당했다.
- 학생들이 개별적으로 그리고 서로 학습하면서, 각자 맡은 악기 부분을 들을 수

있도록 도왔다(매우 단순화된 시각적 도표로 된 건반 화음, 베이스 기타 음표, 가사 등을 제공하는 학습지가 학생이 원할 경우 사용할 수 있도록 제공됨).

- 교사는 필요한 경우 학습을 계속 지원하고 촉진시키는 지도자이자 동료학습자 역할을 했다.
- 행동에 대한 기본 규칙을 설정했다.

이 접근법은 비형식 학습 프로그램의 2단계에서 가져온 것으로, 학생들이 과제를 수행할 수 있도록 보다 구조화된 방식으로 제시된 것이다. 영국의 일부 교사는 이것을 '심층 목적' 단계 이전에 먼저 투입해서, 학생들이 '심층 목적' 경험을 잘 하도록 연결해 주고 준비해 주는 역할을 하도록 하는 것을 더 선호한다. 우리의 연구 자료에 따르면 형식적 · 비형식적 학습 모드 사이의 이러한 연결 과정이 특히 초등학생으로 하여금 구술적인 학습을 끝내고 새로운 악기와 수행양식에 대해 처음부터 편안함을 구축할 수 있도록 하는 데 유용할 수 있음을 보여 주었다. 이것은 학생들이 교사 중심 교수법에 매우 익숙해져 있는, 예비 연구 대상 초등학교에서 특히 중요하다고 생각되었다.

교실 풍토 면에서 산만함과 과제와 상관없는 소음 및 행동이 한 주 한 주 지날수록 감소했다. 첫 주에는 소음과 주의산만과 함께 예상했던 대로 악기연주를 허용하는 것으로 인한 흥분이 있었다. 그러나 녹음된 노래를 듣고 드럼 그룹이 첫 번째 세션의 비디오 녹화를 하는 동안 소음이 감소했다. 그 수업이 끝날 무렵, 그룹은 호흡을 맞추어 오랜 시간 동안 함께 드럼을 연주했다.

매주 학생들은 서로 다른 악기 그룹에서 공부하면서 노래의 각 악기 파트를 익혀 나갔다. 그러자 학생들은 친구와 함께 그룹을 결성하고 드럼 주자, 기타리스트, 키보드 주자, 베이스 주자 및 보컬리스트 등의 역할을 나누었다. 그런 다음 그들은 자신들만의 연주를 하기 시작했다. 이 과정은 매주 수업을 통해 이루어졌으며 6월에 열린 'Battle of the Bands' 공연으로 절정에 이르렀다. 프로젝트의 두 번째 단계에서, 학생들은 자신들이 선택한 대중가요 음반을 듣고 친구들과 듣고 따라 하는 활동을 하며 비형식적 학습으로 배우는 '심층목적 단계'로 들어왔다. 또한 비형식적 과정을 모델링하는, 보다 구조화된 과제도 수행했다. 거기서 학생들은 녹음된 노래의 반복구를 듣고 그것들을 귀로 익히면서 자신만의 버전을 만들었다.

고려할 점들: 형식적 비형식적 학습 사이 간격 이어 주기

이 프로젝트는 학생들에게 이전에 받았던 매우 형식적인 코다이 기반의 보컬 음악수업과 비형식적인 악기 음악수업을 연결해 주는 교량적 과정을 제공해 주었다. 이는 초등학생들에게 중요한 과정으로, 만일 그들이 매우 강한 교사 주도적 음악 프로그램으로부터 비형식적 학습에 입문하려는 경우 특히 그렇다. 또한 이것은 교사가 직접 어떻게 듣고, 음원에서 악기 파트를 어떻게 따라 하고, 연주할 때 시행착오를 어떻게 해결하며 기본적인 악기 주법이 어떻게 되는지를 보여 줌으로써, 학생들에게 비형식 학습 과정의 모델이 되어 줄 수 있다.

노래 선택하기

노래의 선택 또한 매우 중요하다는 것을 보여 주었다. 처음 단계부터 대부분의 학생은 음원을 따라 부르거나 연주하면서 배우기 때문에 노래에 적절한 조성이 있어야 한다. 학생들이 맡은 부분을 조옮김하는 것은 불가능하며 권장하지 않는다.[2] 이것은 학생들이 악기를 조옮김할 수 없다는 것이 아니라 연주와 노래가 같은 조성일 때 가장 쉽다는 의미이다.

학습 속도

연구팀의 가장 흥미로운 관찰 중 하나는 비록 학생들이 프로젝트의 도입 단계에서 매주 다른 악기 그룹으로 옮김에도 불구하고 학습속도가 증가한다는 것이다. 우리는 몇몇 학생에게 왜 이런 일이 일어나는지를 물었다. 학생들은 쉬는 시간과 수업시간에 프로젝트에 관해 이야기하고 노래의 각 부분을 연주하는 방법에 대해 힌트와 팁을 서로 주고받았기 때문이라고 대답했다. 어떤 학생들은 학교 밖에서 모여 그 주에 배운 것을 서로 가르쳤다. 컴퓨터를 기반으로 연구의 상당 부분이 가정에서도 진행되고 있었고, 따라서 비형식적 학습에 대한 실습 커뮤니티가 커지면서 교실에서 했던 작업을 지원해 주었다.

연습과 활동

학생들이 노래를 자신들만의 버전으로 작업하기 시작하면서 친한 친구 그룹으로 옮겨 가기 시작하자, 교사와 연구팀은 이를 불안한 마음으로 지켜봤다. 비형식적 학습에서 학생의 작업은 자기주도적이고 교사의 직접적 감독에서 떨어져 그룹과 함께 작업하는 것이다. 비형식 학습에서 교사의 역할은 프로젝트의 초기 단계에서 학생들이 스스로 결정한 목표를 관찰하고 진단한 다음 촉진자로서 활동하고, 학생들의 목표달성, 그룹끼리 연주, 모델링 학습 등을 도와 청각적으로 배우고 따라 하는 기술을 익히도록 도와주는 안내자로서의 역할이다. 지금의 학생들은 이전에 수행된 연구 대상들보다 어렸기 때문에 전과 같은 정도의 자유를 허용하지는 않았다. 혼란이 발생할 수 있는 기회가 많았다. 다음은 이때 작성된 필드노트에서 발췌한 것이다.

[장면 1]

교실에 4명의 소년이 있다. 세 명이 한 소년의 드럼 연주를 지켜보고 다음에 바꾸어 연주한다. 모두 각자 자신의 악기를 선택한다. 드럼 주자는 드럼을 최대한 빠르게 연주한다. 키보드 주자는 무작위로 음들을 연주한다. 드럼 주자는 하나의 리듬을 계속 연주한다. 기타는 음들을 탐색하며 연주한다. 한 아이가 키보드 주자에게 연주하라고 지시한다[데이터 키(USB)에서 키보드를 통해 녹음한 노래가 연주됨]. 키보드 주자는 한 음을 연주한 다음 무작위 음들을 함께 연주한다. 그들은 USB에 녹음된 곡을 연주하는데 드럼 주자가 너무 빨리 연주한다. 그들은 개별적으로 연습하지 함께하지는 않는다. 키보드 주자는 루스가 여러 차례 보여 주었던 두 개의 코드를 연주한다. 드럼 주자는 가능한 한 빨리 연주하기를 계속한다. 그가 느려지자 베이스가 두 음씩 연주하고 키보드는 동시에 많은 음을 연주한다. 음악에 맞추어 연주하려 노력하면서 기타 주자는 두 개의 코드를 발견하고, 드럼 주자는 음악에 맞추어 적당한 빠르기로 연주하기 시작한다. 교사는 드럼 주자에게 모두와 함께 연주해 보라고 말한다. 드럼과 기타는 정확한 음들/리듬을 연주한다. 조성은 임의의 음표들로 되어 있다. 연습은 계속되고, 수업을 마치면 모두가 교실로 돌아온다.

필드노트를 읽으면 알 수 있지만, 이 수업의 시작은 매우 소란스럽게 들린다. 소음 정도가 높았으며 음악이 만들어지고 있는 것 같지 않았다. 한 20분간의 그룹 활동 시간이 끝날 무렵, 교사가 드럼 주자에게 모두를 포함시키도록 했을 때 두 명의 연주자, 즉 드럼 주자와 기타 주자가 정확한 음표와 리듬을 박자에 맞추어 함께 연주하게 되었다. 약간의 학습이 발생한 것이다. 여기서 교사의 역할에 주목해 보면 흥미롭다. 교사는 마지막 시점에 개입하여 드럼 주자에게 모든 사람을 포함시키도록 했다. 이 시점에서 교사는 비형식적 교수에서 보다 형식적인 교수 방식으로 옮겨 가고 있다고 말할 수 있다. 학생들이 학습이 발생했음을 보여 줄 수 있었고, 그중 두 명이 함께 연주할 수 있었으므로 목표에 도움을 준 셈이다.

이제 다른 그룹의 프로젝트에서 6주 후에 이루어진 필드노트를 보자. (학생 이름은 익명성을 위해 가명으로 대체하였다.)

[장면 2]

로라는 당김음 리듬을 연주하고 기타도 하나의 음에서 당김음을 연주한다. 키보드에서 음들이 몇 개 더 나타난다. 이 밴드는 다섯 명의 소녀로 이루어져 있다. 드럼 주자는 아주 강한 비트로 계속 연주하고 있다. USB 없이 연습을 시작하고 드럼은 점점 더 빨라진다. 베이스가 개입하여 빠르기를 느리게 해 준다. 베이스기타 주자는 각 연주자들이 들어올 수 있도록, "준비-시작"이라 말해 준다. 각 개별 파트가 훌륭하더라도 함께 연주하는 것도 꼭 그런 것은 아니다. 멈추면서 모든 것이 끝났음을 알린다. 로라는 가수에게 몸을 돌려 자기가 들어가는 사인을 줄 거라고 말한다. 그들은 다시 연습을 시작한다.

우리는 이 그룹에서 리더십이 발달되어 가는 것을 볼 수 있다. 학생들은 녹음에 의존하지 않고 연주하려 한다. 그들은 함께 박자에 맞춰 연주하고 있는지 아닌지를 인식하고 있다. 교사는 이제 형식적인 교수방식으로 들어설 필요가 없다. 이에 앞서 교사는 총연습을 멈추고 한 명이 시작하고 다음 사람이 들어오는 식으로, 결국 모두가 어느 순간 다 참여하도록 하는 방법을 직접 보여 주며 가르쳤기 때문에 학생들은 자신의 연습을 관리하는 방법을 배울 수 있었고 교사는 통제를 포기하고 학생들이 자신의 리허설을 보다 잘 제어할 수 있게 되었다. 또한 음악 기술을 배우면서 발전시키게 되었다. 수업 분위기는 보다 집중적이고 의도적이며, 마치 음악 만들기 수업이 이루어지고 있는 것처럼 보인다. 학교 밖에서 만나는 리허설 유형인 개러지 밴드(garage band)처럼 느껴진다.

듣기, 듣기, 또 듣기

학생들은 친숙함을 높이기 위해 학교와 가정에서 노래를 여러 번 듣는 것이 중요하다고 말했다. 집에서 듣는 동안 그들은 각 파트가 무엇을 하고 있는지 알아내려 노력했다. 대부분의 학생이 보컬 파트를 연습하고 화성을 알아내려 했다. 그들은 서로 다른 악기 파트에 더 많은 관심을 기울이면서, 이제는 다른 방식으로 음악을 듣게 되었다고 말했다.

인터뷰 자료

예비연구가 끝날 무렵, 연구자들은 학생, 교사 및 행정가를 인터뷰했다. 지면관계상 여기에서는 학생 인터뷰 자료에 초점을 맞출 것이다. 학생 자료에서 몇 가지 강하게 제기되는 주제가 드러났다.

학생들이 친구들과 함께 그리고 친구들로부터 배우는 것에 두는 가치

다음의 인용문이 보여 주듯이 학생들은 교사-주도가 덜 느껴지는 학습상황에서 지각되는 주체와 자율성에 큰 중점을 두어 생각했다. (R = 연구자, 다른 이름들 = 학생).

R: 자 그럼 네가 이번 학기에 배우고 있는 음악수업에 대해 한번 말해 주렴. 수업이 일반적인 수업과 달랐니?

사라: 글쎄요. 종종 선생님께 배우지 않는 점 때문에 다른 것 같아요. 선생님이 다 가르쳐 주

시지 않고, 친구들에게서 배우거나 스스로 알고 배웠거든요.

이것은 학생들이 스스로를 학습자라고 느끼는 방식들에 영향을 미쳤다.

제이슨: 선생님이 가르치지 않기 때문에 독립심을 느끼게 돼요. 내가 할 수 없는데도 선생님을 위해 완벽하게 연주해야 할 필요도 없고……. 음……그게 잘못해도 기분이 영 엉망이 되는 그런 기분을 느낄 필요도 없는 책임감 같은 거요.

독립성과 책임감은 학생들에게 중요해서 비형식적인 학습 경험과 일반적인 교실 음악수업과의 차이에 대한 질문의 응답으로 자주 나타났다. 또한 친구 사이에 '사적으로' 약간의 실수를 할 수 있고 그것을 교사에게 설명할 필요가 없다는 자유로움을 갖게 되었다. 이러한 점들은 비형식 음악 학습 경험에서의 평가 문제와 연결되며, 이 장 뒷부분에서 다루게 될 것이다.

또 다른 자료들은 자기 스스로에게 무언가를 가르칠 수 있다는 뿌듯함과 그런 경험의 중요성을 보여 주고 있다.

한나: 음…… 저는 이런 식으로 배우는 것을 좋아해요. 왜냐하면 스스로 가르치고, 스스로 알게 되고, 그래서 이 모든 것을 스스로 다 했다는 자부심 같은 것을 느끼고 그런 경험은 정말 멋지기 때문이에요.

어떤 경우에는 강한 공동체 의식과 같이 음악수업 외적 영역으로 확장되는 몇 가지 예를 보여 준다.

브룩: 우리는 하나인 것처럼 느껴져요. 왜냐하면 우리는 한 그룹이고, 다른 과목에서도 그렇고…… 음…… 지금 하는 것도 그렇고…… 모두 다 우리가 서로 다 할 수 있으니까요…….

말하는 것에 대해, 혹은 말함으로 배우는 것이 아닌, 행함으로 배우기

초등학교 예비연구 인터뷰 자료에서 나온 또 다른 매우 주목할 만한 주제는 학생들이 활동을 통한 학습에 두는 가치와 관련되어 있다. 비형식적 학습 프로젝트에서는 새로움이 중요한 한 요인이 되었다. 왜냐하면 학생들의 이전 교육과정은 순수하게 이론적인 가창과 기악 학습에 기초해 왔기 때문이다. 이런 점은 다음과 같은 응답에서 잘 나타나고 있다.

체즈: 저는 뭔가 다르다고 생각해요. 전에 음악수업시간에는 그냥 앉아서 악기를 갖고만 있었어요. 쓰는 활동도 많았고요. 그런데 지금은 진짜 악기를 연주하고 참여도 할 수 있게 되었어요.

반면, 다른 자료는 이런 적극적인 음악 학습이 학교 음악에 대한 동기와 열정에 영향을 미쳤음을 나타낸다.

체즈: 저는 음악을 즐기는 사람들이 점점 늘어나고 있다고 생각해요. 왜냐하면 책상에 둘러앉아 음악을 배우는 대신 실제로 음악을 직접 연주해 보기 때문이에요.

일부 학생은 자기들의 음악수업에서 일어나는 음악하기(musicking)로의 전환을 관찰했다. 그들은 스스로 선생님이기보다는 음악 제작자가 된 것처럼 느꼈다.

안나: 보통 음악수업에서 우리는 교과서를 보며 노래하지만, Musical Futures 수업에서 그것을 스스로 해결해요. 그래서 교재는 없어요. 우리는 밴드에서 음악을 만들어요. 선생님(Mrs. D)이 키보드로 연주하는 대신 우리 모두는 자신만의 악기로 함께 연주하게 되었어요.

한 학생은 음악가로서의 자신의 새로운 감각과 음악성에 대한 또 다른 앞으로의 전망을 내다보게 되었다.

안나: 저는 기타를 연주하면서 점점 자신감이 생겨요. 평소 "나는 할 수 없다."라고 생각하고, 기타를 연주할 수 없었기 때문이에요.

노래가 시들해지다

숀: 음악은 제가 절대로 좋아하는 과목이 아니었기 때문에 흥분되는 것 같아요. 우리는 단지 음표를 배우거나 노래를 부르려고 교실에 앉아 있었고, 노래가 점점 시들해진다고 느꼈고, 뭔가 다른 시도를 해서 더 좋게 바뀌도록 해 보고 싶었어요.

이 학생의 경우, 유치원 때부터 지금까지 계속된 가창 음익교육과정의 반복이 지루하고 싫증나게 된 듯하다. 다른 프로그램으로의 변화가 환영을 받은 것이다. 이 성공이 얼마나 그 프로그램에 기인하고 있는지, 아니면 새로운 악기로 하는 새로운 교육과정의 신선함 요인이 어느 정도 기여했는지 알기는 어렵다. 그러나 "음악수업이 이번 학기에 어떻게 달라졌나?"라는 질문에 대한 응답 중 다음의 몇 가지는 이와 같은 부분을 부연설명 해 준다.

조지: 내가 정말로 할 일이 있고, 함께해야 할 일이 있어서 좋아요. 그리고 마지막 음악수업에서는 노래를 불렀는데 전보다 훨씬 나아졌어요.

R: 하지만 노래는 계속 불러왔잖아.

조지: 맞아요.

R: 어떻게 더 나아졌니?

조지: 사실 잘 모르겠어요. 단지 우리가 실제로, 합법적으로 그러고 있는 것처럼 느껴져요.

안나: 그래요. 우리는 밴조 노래를 부르는 데 익숙해졌고 이제는 Katy Perry와 여러 가지 노래도 불러요.

분명히 'Katy Perry와 여러 가지 노래'는 이 학생이 자기 노래를 인식하는 데 영향을 미쳤다. '합법적'이거나 진정한 것이 되었다. 이것은 '학교' 음악-만들기 활동에 반대되는 '진짜' 음악-만들기 경험이 된 것이다.

누가 노래를 골랐나?

선택은 이 학생들에게 중요한 한 요소였다. 그들이 작업한 노래가 선생님과 상의하여 선택된 것이란 사실은 중요했다.

R: 그래, 좋아. 그러면 그 노래를 누가 고르는지에 대한 문제에 대해서는 어때? 그게 너에게 중요하니?

A: 저는 선생님이 고른 것이 아니라 우리가 좋아하는 대중가요를 골라서 좋아요. 모두가 그러자고 한 거니까요.

평가와 행복

비형식 학습 모델은 형식적인 지필평가와 실기평가를 교사의 수행평가로 대체한다. 초등학교의 한 교사는 연구가 진행되는 동안 학생들의 과정을 평가하기 위해 평가 루브릭을 고안했다. 그녀는 그룹 평가를 위해 [그림 10-3]과 같은 체크리스트를 사용하여 그룹을 비형식적으로 관찰했다. 비슷한 루브릭이 개별 학생 평가를 위해 개발되었다. 앞서 살펴본 바와 같이, 학생들의 면접 응답은 이 평가 방법이 음악수업에 대한 감정에 긍정적인 영향을 미쳤음을 보여 주었다. 다음은 앞의 예시를 부연해 주는 내용이다.

R: 좋아. 이런 식으로 음악을 배우는 것을 너는 어떻게 생각하니?

P: 시험이 없기 때문에 더 행복하고 더 똑똑해진 것 같아요. 성적에 대해 걱정할 필요가 없어서요.

학생들은 음악에서 자기 점수가 이전 점수와 비교했을 때 어떠할 것이라 생각하는지에 대한 질문에, 모든 학생은 동일하게 유지되거나 향상될 것이라 기대했다. 대다수는 향상될 것이라 생각했다. 이러한 생각에 대한 근거를 위해 심층 질문을 했을 때, 학생들은 음악수업에서 친구들 사이에서 관찰한 동기 부여와 참여수준이 증가했기 때문이라고 말했다.

학생 3: 모두가 정말 잘하고 있다고 생각해요. 악기에 능숙하건 그렇지 않건 모두가 노력하고 있기 때문이죠.

학생 4: 맞아요. 모두 참여해요.

학생 3: 예, 모두 잘하고 있다고 생각해요.

	4단계 (MUFU의 기대치와 목적을 넘어섬)	3단계 (MUFU의 기대치에 응함)	2단계 (MUFU의 기대치에 약간 응함)	1단계 (MUFU의 기대치에 최소로 응하거나 많이 차이가 남)
기술	악기로 정확한 화음, 음표, 리듬을 연주함.	악기로 거의 모든 화음, 음표, 리듬을 맞게 연주함.	악기로 화음, 음표, 리듬을 일부 맞게 연주함.	악기로 제한된 혹은 몇 개의 맞는 화음, 음표, 리듬을 연주함.
음악성	'함께' 맞추어 연주하고 모든 밴드 구성원에 대해 우수한 듣기 능력을 보여 줌.	'함께' 맞추어 대부분 연주하고 모든 밴드 구성원에 대해 듣기 능력을 보여 줌.	'함께' 맞추어 어느 정도 연주하고 밴드 구성원에 대해 약간의 듣기 능력을 보여 줌.	혼란스럽게 연주하고 밴드는 밴드 구성원 간에 제한된 듣기 능력으로 '함께' 연주하는 것을 보여 주지 못함.
전반적 연주	조직적으로 연주하는 기술이 우수하며 적절한 무대 매너(미소, 인사 등)를 보여 줌.	조직적으로 연주할 수 있으며 적절한 무대 매너(미소, 인사 등)를 보여 줌.	조직적으로 연주하는 기술이 약간 있으며 약간의 무대 매너(미소, 인사 등)를 보여 줌.	조직적으로 연주하는 기술이 거의 없거나 약간 있으며 제한적인 무대 매너(미소, 인사 등)를 보여 줌.
창의성	노래의 독특한 버전을 만들어 내기 위해 음악의 여러 요소를 예외적이고 독창적으로 사용함.	노래의 독특한 버전을 만들어 내기 위해 음악의 여러 요소를 독창적으로 사용함.	노래의 독특한 버전을 만들어 내기 위해 약간의 독창성이 분명히 보임.	노래의 독특한 버전을 만들어 내는 데 매우 적은 독창성이 보임.

밴드 이름: ____________________

전반적으로 일관된 단계: ____________________

평정자: ____________________

기타 의견: ____________________

[그림 10-3] 그룹 평가 준거

함께 배우고, 문제 해결하기

소그룹으로 함께 학습하면서, 학생들은 그룹으로 작업하는 것을 제어하는 방법과 문제를 진단하고 수정하는 방법을 발견했다.

케이티: 저는 친구와 함께 작업하는 것이 더 어려울 거라 생각했지만, 이번 수업을 통해 함께 일할 수 있는 방법을 배웠고 우리 그룹이 그것을 하고 있다는 것을 알게 되었어요. 어떤 것이 잘못 되었을 때 우리는 문제를 통제하는 법을 알기 때문에 함께 멈추고 작업해요. 쉽지는 않았지만 이제 함께 일하고 문제를 생각하고 고치는 법을 배우게 되었어요.

S: 무언가가 틀렸을 때 아무도 공격하지 않고 멈추는 것처럼, 그것에 대해 해결하거나 고치고 나서 시작하면 돼요.

행동하기

앞서 살펴본 바와 같이 비형식적 학습이 제공하는 초기의 자유는 조정에 약간의 시간이 걸리고, 학생들에게 행동에 대한 기본 원칙을 수시로 상기시켜야 했다. 그러나 프로젝트가 진행됨에 따라 연구팀이 예상했던 것보다 그 필요 횟수가 줄어들었다. 또한 행동 변화에 대한 학생의 인식과 이에 대한 원인은 흥미롭다.

B: 그래요, 사람들이 많이 바뀌었어요. 왜냐하면 사람들이 그렇게 진지하게 음악에 많은 시간을 보내지 않았기 때문이에요. 그들은 정말로 신경 쓰지 않았어요. 단지 그것을 끝내고 싶었지요. 하지만 이제는 사람들이 진짜 흥미로워하고 듣고 싶어 하기 때문에 어떻게 하는지 알고 있어요.

음악은 학생들에게 점점 중요해지고 있는 것으로 보인다. 흥분이 증가함에 따라 동기와 참여도 증가했고 동시에 문제행동은 줄어들었다.

부정적인 관찰들

비형식 학습에 대한 긍정적인 관찰과 함께 학생들은 또한 부정적인 관찰도 했다. 다음은 가장 자주 나온 주제들이다.

일부 학생은 이런 양식의 그룹 학습 및 또래 학습이 모든 사람에게 효과가 있는 것은 아니라는 점을 관찰했다.

> 프란: 글쎄요. 다른 사람들과 연주할 때 자기 연주를 들을 수 없기 때문에 정말 더 힘들어요. 모든 사람의 연주와 일부의 연주를 들음으로 배울 수도 있지만, 실제로는 다른 사람이 연주할 때 내 연주하기도 벅차서 그렇게 하기가 어려워요.

이것은 활동 내에서 다양한 학습 방식을 허용하는 것이 중요하다는 것을 나타낸다. 이 학생에게는 자기 악기와 헤드폰을 가지고 개별적으로 잠시 녹음하거나 교사와 함께 일하는 것이 더 나을지도 모른다. 또한 비형식 학습이 보다 형식적인 학습 활동을 대체하기 위한 것이 아니며 그렇게 해서는 안 되는 이유를 보여 주는 것이기도 하다. 학생들이 온전히 발달해야 하며 양쪽 방식 모두를 접할 기회를 포함하는 균형 잡힌 교육과정이 필요하다.

나타나지 않는 사람들

> 닉: 글쎄 며칠 전 우리 팀에서 세 사람이 나갔는데, 드럼 연주자, 피아노 연주자, 기타 연주자였죠. 드럼 연주자는 비트를 유지해야 하고, 기타 연주자와 피아노 연주자도 중요했었기 때문에 연습이 엉망이 되었어요. 우리에게는 가수 두 명과 베이스 한 명만 남았어요.

학생들이 점점 결속된 그룹 안에서 학습함에 따라, 동료들의 결석은 현실 세계에서와 마찬가지로 매우 실제적인 문제를 야기했다. 이 문제의 다른 측면에서 교사들은 음악이 있는 날 학교의 결석 패턴이 감소하는 것을 관찰했고, 심지어 계속해서 학교에 결석하던 한 학생은 음악에 참여하기 위해 보다 정기적으로 학교에 다니기 시작한 사례도 관찰했다. 또 다른 매우 흥미로운 관찰은 공연 상황에서 발생했는데,

다른 밴드의 학생들이 없어진 멤버가 있는 밴드에서 자원 봉사를 하는 모습이었다. 이것은 연구가 진행되는 두 학교에서 모두 일어났으며, 이는 학생들 사이에서 지역 사회에 대한 감각과 책임 의식이 커지고 있음을 보여 주는 것이다.

뒷짐 지고 서 있는 교사

우리는 교사의 다른 역할에 대해 프로젝트 초기부터 학생들에게 강조했었다. 만일 필요할 경우 교사는 거기 있을 것이지만, 학생들이 도움을 요청하지 않으면 처음부터 간섭하려 하지는 않을 것이라 말했다. 일부 학생은 이 점에 대해 교사가 도와줄 수 없다는 오해를 하였고 그로 인해 어려워했다.

> R: 이 수업 중 어떤 것이 안 좋았니?
>
> 올리: 선생님이 우리를 도와줄 수 없다는 사실이요. 문제가 생겨도 우리를 도와줄 수 없는 거요.
>
> R: 너에게 진짜 문제가 있다면 도와주겠지만 우리는 네가 스스로 문제를 해결하려 노력해 보길 바라는 거란다.
>
> 폴: 물론 가끔 악기에 문제가 생겨서 안 좋게 될 수 있어요. 그래서 스스로 문제를 해결하는 방법을 알아내야 해요. 그래야 더 많은 것을 배울 수 있어요.

이 학생은 분명히 스스로 해 봄으로써 더 많이 배우게 된다는 교사의 가르침을 받아들였지만, 여전히 설득당하는 상태이다. 다시 말하면, 일부 학생들은 구조화된 교사 주도적 학습 환경을 좋아하기 때문에 비형식 학습이 이를 가로막는 것일 수 있다. 때로는 그러한 학생들을 안락한 공간 밖으로 옮기는 것이 좋을 수도 있지만(비형식적 수업을 해 보도록 하는 것), 반면에 교사는 비형식 학습 환경에서 학생들이 어떻게 반응하는지 관찰하면서 특정한 학생이 힘들어할 경우, 연속선상에서 보다 형식적인 방식으로 이동할 준비를 하고 있어야 할 책임이 있다.

비형식적 음악 학습과 학령기 이전 학생들

같은 학교 1, 2학년의 비형식적 학습을 조사하는 자매 프로젝트(Linton, 2013)는 비형식 학습이 5세 또는 그 이전 연령부터 초등학교 저학년생에게 많은 것을 제공할 수 있다는 증거를 많이 보여 주고 있다(Harwood & Marsh, 2012 참조). Harwood와 Marsh(2012)는 다음과 같이 제안했다.

> 형식적인 학교 교육과정의 의도는 내용과 학습 과정 측면 모두에서 학교 밖에서의 경험을 반복하는 것이 아니라 보완하는 것이다. 그러나 아이들에게 익숙하지 않은 레퍼토리(클래식 음악, 현지 음악, 다양한 문화의 전통적 및 현대적 레퍼토리 포함)를 배우도록 하면서 동시에 익숙하지 않은 방식으로 배우도록 할 때, 학습자와 우리 자신을 이중으로 불리한 위치에 놓게 되는 것이다(p. 323).

나아가 저자들은 비형식 음악 학습 관행과 아이들의 놀이터 학습(playground learning) 전통 사이의 밀접한 관련성이 있음을 보여 준다. 이것은 학교 안 음악교육에 대한 전통적 개념과 관련하여 5가지 쟁점을 재검토해 보도록 이끌어 준다.

- 사회적이면서 음악적인 가치의 인식
- 어려움의 개념
- 자기 학습 주체로서의 학생
- 신체운동적인 학습방법
- 음악성의 정당한 하나의 형태로서 듣기/부르기의 총체적, 다양한 학습

(Harwood & Marsh, 2012, p. 333)

이러한 문제들이 학교 음악교육에서 어떻게 다루어질 수 있을까? Harwood와 Marsh(2012)는 다음과 같은 몇 가지 접근 방식을 제안한다.

1. '연습 틀' 또는 '지식 틀'에 '참여 틀'을 적용. 이것은 전적으로 레퍼토리를 찾는 것에 달려 있고, 여기에는 드럼 서클, 놀이터 게임, 춤, 랩 및 대중음악이 포함될 수 있다.
2. 어려움과 복잡함에 대한 어린이의 생각을 존중하라. 이것은 아이들에게 학습 활동이 어떻게 구조화되는지를 말해 주고, 학생들의 학습에 대한 총체적 접근,

또래 학습에 대한 욕구, 그리고 학교에서 선택한 음악보다 훨씬 복잡한 실제 음악을 다루는 능력을 인정해 주는 것과 관련된다.

3. MP3 플레이어에 녹음하거나 노래를 부르도록 함으로써 혹은 또래 학습을 위한 규정을 보여 줌으로써 학습자가 레퍼토리를 통제할 수 있도록 해 준다. 교사는 개별 창작에 대한 높은 기대감을 가져야 하며 친구들과 그룹 안에서 교사와는 독립적으로 일할 수 있는 기회를 갖도록 해야 한다. 여기에는 대중음악과 다양한 레퍼토리가 포함된다.
4. 노래에 맞는 동작을 만들어 내고, 교사의 동작을 따라 하는 등 신체운동적 학습 기회를 제공해 주어야 한다.
5. 듣기, 부르기 등과 같은 총체적이고 다양한 방식의 학습 기회를 제공해야 한다. 여기에는 즉흥연주, 귀를 통한 학습, 멀티미디어 자원의 사용, 레퍼토리의 반복 및 다양한 참여 수준을 위한 기회의 제공 등이 포함된다(pp. 333-336).

Linton의 연구(2013)는 초등 고학년 학생들이 학교에서 이전의 교사 주도적 형식적 음악 학습과의 사이에 조정을 통해 혜택을 받은 것처럼, 저학년 학생들에게도 충분히 유익할 수 있음을 제안한다. 실제로 이전에 교실에서 했던 음악 학습 경험이 전통적인 방법론적 프로그램과 관련된 경우의 많은 저학년 학생들에게는 특히 중요하다. 높은 수준의 교사 주도적 수업이 이루어진 교실에서 음악을 독립적으로 배우게 되는 저학년 학생에게 처음에는 자신감이 부족해 보일 수도 있다. 그러나 신체 타악기, 음률 타악기 또는 기타 사용 가능한 악기 혹은 목소리로 즉흥연주 놀이를 하면서 한번 장벽이 무너지기 시작하면, 자신감은 다시 회복되고 학생들은 이제 음악활동에서 동료들이 주도하는 감상과 모방을 수용하게 된다. 다음은 초등 저학년 학생들이 비형식적 음악 학습에 접근하도록 하기 위한 몇 가지 아이디어이다.

학생들에게 다른 고학년 학생들의 경우처럼 듣고 싶은 음악을 학교에 가져오라고 하는 대신, 학생들이 좋아하는 노래나 TV 쇼 주제가에 대해 교실 토론을 진행하는 것이 더 나을 것이다. 학생들이 처음에 좋아하는 음악을 떠올리지 못하더라도 놀라지 마라. 학생들에게 보여 줄 수 있는 몇 가지 예시를 직접 준비하면 된다. 마침내 그 음악들은 회상을 자극할 것이다. 학생들이 함께 공부할 수 있도록 학생들이 좋아하는 곡 목록을 준비하라. 비형식적 학습의 원칙에 따라 학생들은 함께할 소규모 그룹의 친구들을 선택하여 음원을 듣고 목소리나 악기로 따라 하며 그 노래를 배우게 된다. 학생들은 일정 기간 동안 교사의 지시 없이 동료들끼리 가르치는 것이 허용되지만, 전체 학급과 빈번한 공유의 기회를 가져야 하고 행동과 학습을 주의 깊게 모니터링해야 한다. 학생들에게 과제를 상기시키고 음원을 듣도록 함으로써, 초기 도움이 필요한 곳에 지원하라. 교사 자신이 청각학습 과정의 모델이 되어야 한다. 교사는 전체 수업이 그룹으로 이루어지지만 동일한 노래로 진행되는 한 활동에서 청각학습 과정을 모델링함으로써 이 활동을 연결 지을 수 있다. 선택한 노래가 '교육용 음악'이 아니라 학교 밖에서 학생들의 경험에 대한 '실제 세계'의 노래인 것이 중요하다. 교사는 노래를 부분으로 나누고 그 부분을 어떻게 감상하고, 따라 하고, 반복하는지를 보여 줄 수 있다. 시작음을 탐색하는 방법을 보여 줌으로써 시작하라. 심지어 녹음된 음악이 음반의 다른 트랙으로 나눠지더라도 학생들은 쉽게 곡을 앞뒤로 찾을 수 있다. 매우 어린 학생들이 얼마나 빨리 이 기술을 MP3 플레이어나 CD 플레이어에서 마스터하는지 놀랍다. 학생들은 이 활동을 해 보기 위해 그룹으로 작업할 수 있다. 이 활동의 확장으로 선생님은 학생들에게 노래에 대한 리듬 반주를 만드는 방법과/또는 동작을 맞추는 방법을 보여 준 다음 학생들이 그룹으로 공유하기 전에 자신만의 아이디어로 먼저 탐색해 보도록 할 수도 있다.

비디오를 학습 자료로 사용하는 것은 어린 학생들에게는 매우 효과적이다. 이것은 학교 밖에서의 총체적 학습 경험에 부응하기 때문일지 모른다. 유튜브는 학생들이 이런 방식으로 활동할 자료를 찾기에 훌륭한 자료이지만, 학생들이 각각의 컴퓨터에서 독립적으로 작업할 경우 연령에 적절한지, 학생이 접속해도 되는지에 대한 선택에 주의를 기울여야 한다. 이 경우 유튜브 다운로더와 같은 소프트웨어를 사용하면 교사가 학생들이 작업할 영상만 다운로드하고 어린아이를 보호하기 위해 추가적인 인터넷 접속이 차단되도록 할 수 있다.

일반음악에서 비형식적 학습의 도전과 한계들

교실 음악 교수법으로서 비형식적 학습이 지닌 수많은 도전과 한계가 문헌에 제시되어 왔으며, 어린아이들과 함께 이런 방식으로 활동할 경우 고려해야 할 셀 수 없이 많은 실제적인 과제가 있다.

공간과 자원

가장 간단하고 분명한 도전 과제부터 시작하면, 북미 초등학교에서 대중음악 악기로 소그룹 활동을 시도하다 발생하는 매우 실제적인 문제가 있다. 초등학교에서 음악에 대한 물리적인 지원은 장비가 잘 갖춰진 교실부터 전용 교실 없이 이 교실에서 저 교실로 어떤 악기는 없을 수도 있는 카트를 끌고 이동하는 교사까지 그 범위가 넓다.

음악을 위한 공간이 제공되는 곳이라면 아마도 단일 교실에서일 것이다. 비형식 학습은 대규모 앙상블에 효과적으로 적용될 수도 있다(Davis, 2012). 음악 기술 또한 큰 효과를 발휘할 수 있다(Vakeva, 2009). 다음은 영국 및 캐나다 프로젝트에서 활용되는 개러지 밴드(garage band) 모델을 기반으로 한 소그룹 비형식적 학습의 아이디어이다. 이 모델의 경우 공간이 필요하다. 그러나 교사는 창의적으로 공간을 확보할 수 있다. 초등실험학교 교사는 악기를 저장할 수 있고 한 그룹 정도가 활동할 수 있는 음악실을 가지고 있다. 다른 세 그룹은 무대와 복도에서 작업한다. 교사는 학생들이 활동하는 동안 각 그룹을 순시하기 위해 계속해서 여기저기 뛰어다니지만, 문제는 관리자 및 다른 교사들의 지원으로 해결할 수도 있다. 이 문제를 해결하기 위한 하나의 전략은 부모, 고등학생 인턴 또는 다른 지역사회 구성원을 모니터링 그룹으로 참여시키는 것이다. 이러한 측면에서 학교장의 프로젝트 지원은 필수적이며 프로젝트의 지속적인 성공의 핵심 요소이다.

악기들

우리가 롤랜드와 롱 앤 맥퀘이드(Long & McQuade)에서 프로젝트를 위해 확보한 악기들은 훌륭한 자원이 되었으며, 의심할 여지 없이 프로젝트에 대한 학생들의 열렬한 반응에 동기 부여 요인이 되었다. 그것들은 우수한 품질의 장비로, 학생들이 '정통적으로' 음악을 만든다는 느낌이 들도록 해 주었다. 반면, 비형식적 학습이 있는 날 각 그룹은 기기를 설치해야 했기 때문에 프로젝트 초기에는 설치 및 해체 시간이 상당히 소요되었다. 실험학교 선생님이 매번 학교에 일찍 와서 악기를 설치하고 기타를 조율하는 등 많은 노력을 해 주셨다. 프로젝트가 두 번째 단계로 진행됨에 따라 학생들은 자신들의 장비를 설치하고 해체하는 데 점점 숙달되어 갔지만, 여전히 교사에게는 상당한 시간의 투자와 생각들이 필요했다. 다른 지역 교사들과의 토론에서 실험학교가 사용해 온 악기의 질은 실제적으로는 방해물이 될 수도 있다고 보았다. 왜냐하면 이와 같은 네 개 한 세트의 악기들을 빌리거나 구입할 가능성을 생각해 볼 때, 업체가 아무리 좋은 가격으로 제공해 준다 하더라도, 제한된 음악 예산 안에서 이와 비슷한 프로그램을 시작하는 것은 거의 불가능해 보일 것이기 때문이다.

여기서 중요한 점은 비형식적인 학습이 학습과 교수에 대한 하나의 접근법이라는 이해이다. 그것은 악기에 관한 것이 아니다. 드럼 키트, 고품질의 키보드 및 증폭된 전자 기타와 베이스 기타 한 세트가 연주를 위한 최상이라 하더라도, 그 접근법은 우쿨렐레와 같이 훨씬 저렴한 대안으로 지역사회에서 기부한 기타 혹은 저렴한 전자 키보드, 타악기, 드럼 패드, 그리고 기타 메탈로폰 혹은 자일로폰과 같은 악기로 충분히 성공적으로 적용될 수 있다. 사실 우리가 예비 음악교사를 대상으로 대학에서 비형식적인 수업을 진행할 때, 일부러 저렴한 장비를 사용하여, 중요한 것은 장비가 아니라 접근법임을 강조하곤 한다. Linton이 현재 착수하고 있는 1학년 대상 실험 연구는 독창적으로 목소리와 유율·무율 타악기를 사용하여 진행되고 있다.

시간

초등 일반음악에서 이 접근법을 운영하는 데 있어 주요 과제 중 하나는 음악에 사용할 수 있는 교과 시간이다. 이 학교의 선생님은 일주일에 한 번 40분 동안만 학생들을 만난다. 이것은 형식적 교사 주도적 수업에서도 힘들지만, 학생들이 실험적, 말로 하는 방식으로 활동하기 위해 장소를 이동해야 하는 이 수업에서는 더욱 어려울 수 있다. 하지만 학생들은 점점 시간 안에서 의미 있는 학습을 할 수 있을 뿐만 아니라 학습 속도도 갈수록 빨라지게 되었다. 이 장 앞부분에서 언급했듯이, 일부는 교실 밖 학습을 지원하고 확장시켜 주는, 교실 안팎에 세워져 있는 관습공동체 덕분에 가능할 수 있다. 또한 학생들은 점심시간에 그룹끼리 연습하기 위한 시간을 요청하기도 한다. 특히 공연 날짜가 가까워지면 더욱 그렇다. 그러므로 시간은 어려운 문제이지만 이런 점에서 극복 할 수 없는 문제는 아니다.

교사의 역할

Green의 비형식적 음악 학습 교수법에 대한 가장 강력한 비판 중 하나는 교사의 역할에 관한 것이다. Allsup(2008)과 Clements(2008)는 Green의 교수법에서 교사가 사라진다고 주장한다. 이것은 음악교사를 보다 값싸고 덜 숙련된 노동자로 대체하는 것은 아닌지에 대한 우려로 이어졌다. 그러나 Green(2008b)은 교사가 사라지는 것이 아니라 오히려 점점 더 중요한 역할을 하게 된다는 점을 강조하며 답변했다. Vakeva(2009)가 제언한 바와 같이 이 접근법은 '교사가 그 상황에 나타나지 않기 때문에 오히려 기본적 기술이 내면화될 책임을 더 갖게 한다는 점에서'(p. 16) 리버스 페이딩(reverse fading)이라고 하는 교수법적 전략을 내포하고 있다. Vakeva는 '자연스런' 음악 학습 방식 안에서 음악의 음향적 의미들을 조작함으로써 학습동기를 유발하게 할 때에는, 형식적 지도가 보다 적절해 보이는 것이 정당화될 수 있다고 제안한다. 따라서 교사는 학습 상황을 진단하고 보다 형식적인 교수법적 개입이 적합하다고 느끼게 되면, 형식적인 교육의 기회를 규명하고 파악해야 한다. 이것은 일반적으로 학생이 도움을 요청하거나 분명한 문제가 발생했을 때이다. 다만 학생들 사이에 아이디어와 음악을 자유롭게 교환하는 것이 비형식 학습 과정에 매우 중요하기 때문에, 교사는 지시적이지 않고 대립적이지 않은 방식으로 학생들과 상호 작용하는 방법을 찾아야 한다.

Vakeva(2009)는 비형식에서 형식적 학습으로의 전환은 "형식적으로 수립된 구조와 개념을 통해 배운 것을 더 사용해 보려는 내재적 바람의 자연스런 발달을 보여주는 것이다."라고 말한다(p. 16). Vakeva가 지적했듯이, Green(2001)의 연구에서 관찰된 대중음악들 역시 그들이 선택한 비형식적 학습 안에서 기술, 지식 및 이해력을 얻고 나면 보다 형식적인 방식으로 음악을 배우려는 욕구로 바뀌게 된다 표현했다.

이런 점에서 연구팀이 발견한 도움이 되는 하나의 전략은 단순히 그룹과 함께 연주를 시작하라는 것이다. 예를 들어, 학생들과 함께 키보드 상단에서 키보드 운지법을 따라서 반복하거나 다른 베이스 기타를 들고 코드 패턴이나 저음부 패턴을 반복하면서 혼자서 계속할 수 있을 때까지 하는 것이다. 학생과 교사 사이에 드럼 키트를 흩어 놓는 것은 연주에 조심스러운 학생들에게 자신감을 북돋워 주는 또 다른 연결전략이다.

진정성

비형식적 음악 학습에 관한 또 다른 우려는 진정한 대중음악을 이용한 대중음악 학습 전략이 학교의 제도적 환경에서 실제로 발생할 수 있는지에 대한 점이다. Green(2001)이 관찰한 것처럼, 음악이 학교의 진정성 없는 환경에 소개될 때 실재에 대한 시뮬라크르가 되는 경향이 있다. 그러나 Vakeva(2009)가 관찰했듯이 이것이 반드시 극복할 수 없는 문제는 아니다.

> 학습에서 진정성의 변형이 음악 내용의 진정성 조건에도 변형을 가져올 수 있을지 여부를 물을 수 있다. 즉, 비형식적인 학습 방식에서 '하나의 음악'은 음향과 묘사적 의미 모두가 다른 음악으로 변경될 수 있는 것이다. 학교에서 '실제 세상의 음악'을 재생산하려는 노력이 사실은 새로운 형식의 음악을 생산해 낼 수 있을지 아닐지를 고려하는 것은 흥미로운 일이다(p. 23).

Vakeva는 새로운 융합적 음악 재료들이 아마도 학생들에게 새로운 음악적 실재를 열어 줄 것이라고 제안한다. 확실히, 이 연구 프로젝트에 참여한 많은 학생은 자신들이 만든 음악이 전문 록 음악가들의 시각에서는 다르다고 할지 몰라도 스스로 '정통적인' 것이라고 느끼는 듯했다. 아마 여기서 보다 중요한 것은 음악작품의 객관적인 진정성보다는 학생들이 인식하는 음악의 '실재'일 것이다. 학생들이 '진짜' 또는 정통적인 어떤 것에 참여하고 있음을 느끼는 한 그 음악 학습 경험은 성공적인 것이다.

교사의 신뢰와 기술 개발

비형식적 음악 학습은 교사에게 많은 것을 요구한다. 교사는 통제된 교실의 편안함을 포기하고, 직접적인 감독에서 멀어져 학생들이 능동적으로 활동할 것을 믿고, 고전음악으로 훈련된 교사들의 편안한 영역을 벗어난 음악 장르와 양식으로 위험을 무릅쓰고 모험을 해야 한다. Rodriguez(2009)는 고등학교에서의 비형식 학습에 대한 자신의 실험을 관찰하면서, "교사는 학생들이 스스로 할 수 있도록 돕는 전문가가 되어야 하는 것처럼, 비형식적인 학습에서 실질적인 변환이 가능해야 한다." (p. 39)라고 말한다. 그러나 Rodriguez는 자신의 음악교사인 학생들에게 비형식적 학습을 소개한 경험에 대해서 "학생들은 자신들만의 높은 음악 기준을 세우고 오늘날의 자신을 만들어 준 그런 교육에 대해 평가 절하하는 것처럼 보이는 그런 접근법에 대해 상당히 위협을 느꼈다."(p. 38)라고 말한다.

교사들이 비형식 음악 교수법을 처음 들었을 때도 종종 이와 동일한 반응을 보인다. 이것은 놀랄 일이 아니다. 우리의 습관이나 존재방식은 서양 예술 음악에 대한 교수·학습과 매우 밀접하게 연결되어 있다. 그러나 학생들에게 도움이 되기 위해, 아마도 우리는 우리의 교수법적 도식을 확장하고, 학생들이 있는 곳으로 다가가서, 상호 유익한 음악 학습 여정에 참여해야 할 것이다. 그런 의미에서, Green(2009)은 Dunbar-Hall's(2009)가 음악교사를 인류학적 교육자(ethnopedagogues)에 비유하는 것이 도움이 될 수 있다고 제안한다. 그녀는 다음과 같이 제안한다.

> 교사로서 우리는 모두 일종의 민속음악학을 연구하는 연구자인 셈이다. 민속음악학자들의 방법에 따르면, 학생들이 자신과 가장 가까운 전통에 따라 음악을 만드는 방법에 대해 교사가 이해하고 배우는 데 도움을 줄 수 있을 것이다(Green, 2009, p. 130).

낯선 땅에서 이방인이 그 땅 사람들의 습관과 풍습을 배울 때처럼, 음악교사도 이와 비슷한 방식으로 생각하는 것이 도움이 될 것이다. 우리 중 많은 이가 학생들의 음악영역에서는 이방인이기 때문이다. 학생들의 습관과 풍습을 익히는 것에는 익숙하지 않은 음악을 이해하며 듣는 것, 서양 예술 음악 장르 밖에 있는 악기들을 배우고, 학생들의 요구를 파악하고 다양한 범위의 음악양식과 장르를 연주, 작곡 및 즉흥연주하는 모델을 제공하는 학습 전략을 배우는 것 등이 포함될 것이다. 이러한 준비는 교실에 새로운 교수법을 도입하려고 시도하는 교사들의 두려움을 줄여 줄 수 있다. 이와 같은 교사 교육에서의 모델은 이미 전 세계 여러 곳에 존재하지만, 북미 음악 및 음악교사 교육에서는 여전히 드문 실정이다.

음악교육의 이론적 · 역사적 요소의 망각

음악의 비형식적 학습에 대한 또 다른 비판은 청소년들에게 음악의 구조적 특성과 사회적 · 역사적 맥락을 가르치는 음악교육의 이론적 · 역사적 역할에 대한 시각을 망각할 수 있다는 것이다. 만일 비형식적인 음악 학습이 형식적 음악 학습에 대한 대안으로 제안되었다면, 그런 비판은 정당하다. 그러나 Green과 동료들이 이 장 전반에 걸쳐 여러 번 지적하고 있듯이, 비형식적 학습은 형식적 학습의 목적이나 역할을 부정하지 않는다. 오히려 서로 함께 작용하는 것을 지향한다. Green(2009)은 다음과 같이 언급한다.

> 나는 아이들과 청소년들에게 가능한 한 최선의 음악교육을 제공하기 위해서는 형식적 · 비형식적 영역, 청각 및 악보 형태의 전달 모두에 대한 접근이 필요함을 강력하게 피력하고자 한다. 더불어 학생들은 음악 이론을 이해해야 하면서 동시에, 음악이 어떻게 직관적이면서 의식적 이론적인 수준 양 측면에서 모아지는지를 이해할 필요가 있는 것이다(p. 131).

한편 비슷한 우려가 표현되고 있는데, 이는 비형식적 음악 학습이 대중음악을 사회적 · 문화적 · 역사적 맥락에 대한 비판에서 분리시키고, 그래서 청소년들에게 대중 매체에 대한 무비판적 소비를 조장한다는 것이다. 우리 연구의 흥미로운 데이터 중 하나는 학생들이 자신이 작업하는 음악과 음악 산업 모두에 대한 비판적 사고를 독자적으로 배우고 있으며 이런 점에서 자연스런 교육 상황이 발생하고 있음을 보여 준다. 이 그룹은 Jessie J의 노래 "Price Tag"의 다음과 같은 가사를 가진 합창곡을 연습 중이었다. "돈, 돈, 돈에 관한 얘기가 아니에요. 우리는 당신의 돈 같은 건 필요

없어요. 세상을 춤추게 하고 싶을 뿐이죠. 그러니 가격표일랑은 잊어버려요."

그 음악은 3명의 소년, 소녀가 한 팀으로 연주되고 있다.

B: "만일 돈에 관한 것이 아니라고 말한다면 아이튠즈(iTunes)에서 무료여야 해요."

(모두 웃는다.)

R: "좋아, 그래, 돈에 대한 것이 아니라 자유에 대한 노래야! 아이튠즈에 가장 돈이 많이 들어요. 아이튠즈를 사용하나요?"

R: (다른 모든 사람들에게 질문한다.) "아이튠즈를 사용합니까?"

(모두 대답한다.) "예."

R: "예, 그것이 가장 큰 낭비이군요."

학생들은 스스로 노래 가사의 사회 및 문화적 함의를 자연스럽게 반영하여, 음악의 상업적인 판매에 대한 토론을 이끌었다. 여기에 그 자체로 가르칠 기회가 생기는 것이다. 전체 수업의 마지막에서 이런 주제는 토론으로 발전시키거나 반성적 숙제로 내줄 수 있을 것이다. 이런 토론은 앞의 데이터가 보여 주는 것처럼 비형식적 학습 과정을 통해 자연스럽게 발전될 수 있을 것이다.

비형식적 학습은 학생의 자율성, 학습에 대한 자신감과 자부심, 음악에 대한 진실성, 학습 공동체, 사회적 연대, 상호 책무성의 발전 등의 측면에서 일반음악교육에 많은 것을 제공해 준다. 때로는 교사와 학습자가 불편함을 감수해야 하지만, 연구결과는 그에 대한 보상이 위험을 감수할 만한 가치가 있음을 보여 준다. 비형식적 음악 학습이 보다 어린 학생에게서도 적용되어 초등 교육 전반에 걸쳐 이 교수법의 장점이 확대되기를 기대한다.

* 유용한 웹 사이트

http://musicalfuturescanada.org

http://www. musicalfutures.org

http://www. musicalfuturesaustralia.org

http://musicteachersnetwork.ning.com

미주

1 캐나다에서 초등학교는 보통 이 연령대에 걸쳐 있다. 이런 접근법들은 현재 캐나다를 비롯해 호주 등에서 7세 정도의 어린 학생들과 함께 초등학생들에게 적용되고 있다.

2 이 글이 처음 쓰인 이후, 노래의 음색이 살짝 바뀌긴 했지만 빠르기나 노래를 대체하지 않고도 녹음된 음높이를 바꿀 수 있는 새로운 앱이 출시되어 나왔다.

참고문헌

Allsup, R. (2004). Of concert bands and garage bands: Creating democracy through popular music. In C. X. Rodriguez (Ed.), *Bridging the gap: Popular music and music education.* Reston, VA: MENC.

Allsup, R. E. (2008). Creating and educational framework for popular music in public schools: Anticipating the second-wave. *Visions of Research in Music Education, 12.* Retrieved from http://www-usr.rider.edu/~vrme/v12n1/index.html

Berkaak, O. A., & Ruud, E. (1994). *Sunwheels. Fortellinger om et rockeband* [Sunwheels. The story of a rock band]. Oslo, Norway: Universitetsforlaget.

Campbell, P. S. (1998). *Songs in their heads: Music and its meaning in children's lives.* New York, NY: Oxford University Press.

Campbell, P. S. (2010). *Songs in their heads: Music and its meaning in children's lives* (2nd ed.). New York, NY: Oxford University Press.

Clayton, M., Herbert, T., & Middleton, R. (2003). *The cultural study of music: A critical introduction.* New York, NY: Routledge.

Clements, A. C. (2008). Escaping the classical canon: Changing methods through a change of paradigm. *Visions of Research in Music Education, 12.* Retrieved from http://www-usr.rider.edu/~vrme/v12n1/index.html

Davis, S. G. (2012). Instrumental ensemble learning and performance in primary and elementary schools. In G. McPherson & G. Welch (Eds.), *Oxford handbook of music education* (Vol. I, pp. 417-434). New York, NY: Oxford University Press.

DeNora, T. (2000). *Music in everyday life.* Cambridge, United Kingdom: Cambridge University Press.

DeNora, T. (2003). *After Adorno: Rethinking music sociology.* Cambridge, United Kingdom: Cambridge University Press.

Dunbar-Hall, P. (2009). Ethnopedagogy: Culturally contextualized learning and teaching as an agent of change. *Action, Criticism, and Theory for Music Education, 8*(2), 60-78.

Elliott, D. (1995). *Music matters: A new philosophy of music education.* New York, NY: Oxford University Press.

Ericsson, C. (2002). *Fran guidad visning till shopping och forstrodd tillagnelse. Moderniserade villkor for ungdomars musikaliska larande* [From guided exhibition to shopping and preoccupied assimilation. Modernized conditions for adolescents' musical learning]. Malmo, Sweden: Lund University, Malmo Academy of Music.

Folkestad, G. (1996). *Computer based creative music making: Young people's music in the digital age.* Goteborg, Sweden: Acta Universitatis Gothoburgensis.

Folkestad, G. (1998). Musical learning as cultural practice. As exemplified in computer based creative music making. In B. Sundin, G. McPherson, & G, Folkestad (Eds.), *Children composing.* Malmo, Sweden: Lund University, Malmo Academy of Music.

Folkestad, G. (2006). Formal and informal learning situations or practices vs. formal and informal ways of learning. *British Journal of Music Education, 23*(2), 135-145.

Fornäs, J., Lindberg, U., & Sernhede, O. (1995). *In Garageland. Youth and culture in late modernity.* London, United Kingdom: Routledge.

Green, L. (2001). *How popular musicians learn: A way ahead for music education.* Aldershot, United Kingdom: Ashgate.

Green, L. (2006). Popular music education in and for itself, and for "other" music: Current research in the classroom. *International Journal of Music Education, 24*(2), 101-118.

Green, L. (2008a). *Music, informal learning and the school: A new classroom pedagogy.* Aldershot, United Kingdom: Ashgate.

Green, L. (2008b). Lucy Green responds. *Visions of Research in Music Education, 12.* Retrieved from http://www-usr.rider.edu/~vrme/

Green, L. (2009). Response to special issue of *Action, Criticism, and Theory for Music Education* concerning "Music informal learning and the school: A new classroom pedagogy." *Action, Criticism, and Theory for Music Education, 8*(2), 120-132.

Gullberg, A.-K. (2002). *Skolvagen eller garagevagen. Studier av musikalisk socialisation* [The school way or the garage way. Studies on the socialization of music]. Pitea, Sweden: Musikhogskolan i Pitea.

Hallam, S., Creech, A., Sandford, C., Rinta, T., & Shave, K. (2009). *Survey of musical futures: A report from Institute of Education University of London for the Paul Hamlyn*

Foundation. London, United Kingdom: Paul Hamlyn Foundation.

Harwood, E., & Marsh, K. (2012). Children's ways of learning inside and outside the classroom. In G. McPherson & G. Welch (Eds.), *Oxford handbook of music education* (Vol. 1, pp. 322-340). New York, NY: Oxford University Press.

Jaffurs, S. E. (2006). The intersection of formal and informal learning practices. *International Journal of Community Music, D,* 1-29.

Johansson, K.-G. (2002). *Can you hear what they'e playing? A study of strategies among ear players in rock music*. Pitea, Sweden: Musikhogskolan i Pitea, Lulea University of Technology.

Lilliestam, L. (1995). *Gehorsmusik: Blues, rock och muntlig tradering* [Playing by ear: Blues, rock and oral tradition]. Goteborg, Sweden: Akademiforlaget.

Linton, L. (2013, April). *Informal learning in the grade 1 music classroom*. Paper presented at the 8th International Conference for Research in Music Education, University of Exeter, United Kingdom.

Lum, C. H. (2007), The musical surrounds of children: What can children tell us about music education? *Orff Echo, 39*(4), 17-20.

Mans, M. (2009). Informal learning and values. *Action, Criticism, and Theory for Music Education, 8*(2), 79-83.

Meyer, L. B. (1956). *Emotion and meaning in music*. Chicago, IL: Chicago University Press.

Regelski, T. (2002). On "methodolatry" and music teaching as critical and reflective praxis. *Philosophy of Music Education Review, 10*(2), 102-123.

Rodriguez, C. (2009). Informal learning in music: Emerging roles of teachers and students. *Action, Criticism, and Theory for Music Education, 8*(2), 35-45.

Ronchetti, V. (2011, January). Interview with Abigail D'Amore. *Music Teacher* 18.

Saether, E. (2003). *The oral university. Attitudes to music teaching and learning in the Gambia*. Malmo, Sweden: Malmo Academy of Music.

Vakeva, L. (2009). The world well lost, found: Reality and authenticity in Green's "new classroom pedagogy." *Action, Criticism, and Theory for Music Education, 8*(2), 7-34.

Wright, R., Younker, B. A., Beynon, C., Hutchison, J., Linton, L., Beynon, S., Davidson, B., Duarte, N. (2012) Tuning into the Future; Sharing Initial Insights about the 2012 Musical Futures Pilot Project in Ontario. *Canadian Music Educators Magazine 53*(4), 14-18.

Teaching General Music

제2부 이슈 및 관점

제11장

일반음악교육에서 문화에 대한 사고와 반응

Carlos R. Abril · Jacqueline Kelly-McHale 공저 / 조은숙 역

사람들이 가진 세계관을 존중하지 않는 교육 또는 정치 활동 프로그램에서 긍정적인 결과를 기대할 수는 없다. 그러한 프로그램은 좋은 의도에도 불구하고 문화침략에 해당된다.
(Paolo Freire, 1996, p. 76)

다른 세계에 대해 이해하고 배우고, 거주하기 위해 노력하는 사람은 인간 문화에 접근하기 어렵지 않다.
(Henry Louis Gates, 1991)

문화와 음악교육을 둘러싼 토론과 행동은 20세기 중반에서 후반까지와 21세기 초반에 특별하지 않았다. 그러나 음악교육에서 문화가 토론되고 행동된 방식은 문화와 역사적 맥락에 대한 다양한 개념에 의해 정보화되면서 형성되었다. 20세기 중반 이전, 음악교육은 주로 아동과 청소년을 국가의 가치와 전통으로 육성하거나 동화시킬 목적으로 하나의 지배적인 문화 공동체의 음악을 중심으로 고안되었다.

많은 서양의 공립학교에서 음악교육 초창기에는 종교 노래의 레퍼토리와 노래 기술을 개발하는 것이 종교 기관의 실용적인 필요를 충족시키고 학교에서 음악교육을 위한 합리적인 근거로서 제공되었다(Kertz-Welzel, 2013; Mark & Gary, 2007). 동화의 형태로서 애국심과 국가 정체성을 발전시키는 것 또한 학교 음악 프로그램의 중요한 기능이 되었으며, 특히 이민자가 증가하고 공립학교가 점차 세속화된 국가들에서 그러했다(Hebert & Kertz-Welzel, 2012; Volk, 1998).

예를 들어, 19세기 아르헨티나에서 이민이 증가할 때, 학교에서 의무 음악교육은 2가지 주요 목적, 즉 스페인 언어 강화와 민족주의 노래의 공통 레퍼토리를 개발하는 것을 수행하기 위한 것이었다(Frega, 2013). 20세기 헝가리에서 Zoltán Kodály의 국가적인 음악교육계획은 '각성…… 헝가리 대중의 음악 취향과 더 나은 헝가리인이 되기 위한 지속적인 전진'을 통해 헝가리 음악문화를 창출하는 것이었다(Kodály, Houlahan & Tacka, 2008, p. 18에서 재인용). 20세기 중반 경까지 공립학교의 학교음악 프로그램은 지배적인 문화 집단을 대표하고 반영하는 내용 지식을 사용하여 겉으로 보기에 단일문화 사회의 요구를 충족시키도록 설계되었다. 아이들이 배운 노래 레퍼토리, 그들이 개발한 노래 기술, 그리고 그들이 해석 가능한 기보법은 선택적 세계관, 전통, 또는 Apple(1993)이 언급한 '몇몇의 선택, 몇몇 집단의 합법적 지식'(p. 222)을 보여 주는 교육적 결과의 작은 표본을 보여 준다.

음악교육자들은 20세기 후반에 미국의 시민권 운동과 간문화, 다문화 교육의 증가에 의해 촉발된 다양한 교수법을 탐구하기 시작했다. 음악교육자들은 커리큘럼에서 서양 예술 전통음악 이외의 음악을 포함시키기 시작했다. 예를 들어, 미국과 호주에서는 비록 서양 예술음악에 중점을 두었지만 학교 노래책과 강의계획서는 다양한 세계 전통에서부터 민속음악까지 포함하거나 제안했다(Dunbar-Hall, 2002; Volk, 2002). 제2차 세계 대전 당시 미주를 통일하려는 정치적 노력으로 미국의 음악교육자와 관련 단체들은 교육 자료와 수업에 라틴 아메리카 민속음악을 포함시킴으로써 그 음악에 대한 이해를 높이려 했다(Mark & Gary, 2007). 1967년 탱글우드 선언은 음악교육의 문화적 다양성에 대해 생각하고, 레퍼토리, 앙상블과 교육적 접근법 부분에서 다양한 문화적 관점을 제시하는 것에 대한 인식을 대규모로 고양하며, 새로운 대화를 유도하도록 하는 현대적인 접근 방식의 출발점이 되었다(Goble, 2010; Schippers, 2010). 또한 음악수업에서 어떤 음악문화를 어떻게 가르치고 배우는지의 부분에서 변화되기 시작했다.

오늘날 우리는 음악교육의 기로에 서 있다. 일부 음악교육 실제는 주로 하나의 특정한 세계관에만 집중하는 것이 학생들의 이익을 위한 것이라는 믿음에 기반한다. 학생들이 두 개 이상의 음악문화는 말할 것도 없고 하나의 음악문화에서 학습을 용이하게 하도록 하는 데에도 교사 입장에서 상당한 시간, 노력, 이해가 요구되기 때문에 단 하나의 음악문화, 즉 전형적으로 서양 예술음악에 집중하는 것이 최상이라는 주장이 제기되고 있다. 다른 음악교육 실제는 학생들에게 다양한 음악과 문화적 관점의 참여를 통해 학습할 수 있는 기회를 줌으로써 폭넓은 세계관을 제공하기 위해 고안되었다. 이 중 일부는 여러 세계 전통의 보존, 전달 및 수행에 중점을 두는(5장 참조) 반면, 다른 한편은 하나 또는 여러 음악문화에 대한 교사 중심의 초점보다는 학생의 관심과 경험의 다양성을 활용하는 프로젝트에 중점을 둔다(6장, 10장 참조). 주로 한 음악문화에 초점을 맞춘 접근법(9장 참조)과 여러 음악문화를 공부할 가능성을 포함하는 것의 차이는 이 책의 첫 번째 부분에서 분명하게 제시된다.

다음은 이 장을 생동감 있게 한 질문들이다. 음악교육에서 개발되고 지지된 방법과 접근법은 문화적으로 어떻게 자리 잡았나? 교육자가 교육 계획 수립 및 구현과정에서 문화에 대해 대응한 몇 가지 방법은 무엇인가? 이 장에서는 문화가 교육과 음악교육에서 사고력을 발휘하는 방법을 설명하고, 다양한 문화개념에 의해 교수방법이 인식되는 방식을 분석하고 반영하는 데 그 이해를 활용할 것이다. 마지막으로, 우리는 문화적으로 반응하는 음악교육에 대한 다방면의 접근법을 논의할 것이다.

문화

음악교육과정과 지침에 따라 문화를 다루기 전에, 그것이 문헌에서 개념화된 몇 가지 방법을 설명할 것이다. 문화라는 단어는 국적, 민족, 언어 또는 인종이라는 개념을 연상시킬 수 있지만 문화는 고정된 것이 아니며 지리적 · 민족주의적 또는 언어적 상징이 제시하는 것만큼 단순하지도 않다. 문화는 분명히 이러한 차원을 포함하지만, 사람들이 창조하고 전달하고 소비하는 것뿐만 아니라 전체 삶의 방식을 구성하는 더 복잡한 개념이다(Apple, 1986). 그것은 다차원적이고, 역동적이고, 사회적으로 해석되며 무수한 사회적 · 정치적 요인의 영향을 받는다(Nieto, 2002). Moll(2000)은 “사람들은 문화에 살기보다는 문화적으로 살고 있다.”라고 제안한다. 다음 부분에서 설명하는 문화에 대한 다양한 사고방식은 가르침과 가장 관련이 있는 문화의 일부분에 대해 자세히 설명한다.

문화는 가시적이면서 비가시적이다

인류학자인 Edward T. Hall의 저서인『Beyond Culture』(1977)에서 빙산을 문화에 대한 은유로 사용했다. 모든 사람에게 빙산의 큰 덩어리는 표면에 있으며, 가시적이고 명백하다. 이것은 익숙하지 않은 나라로 여행할 때 가장 쉽게 알아차릴 수 있는 문화적 부분을 나타낸다. 문화의 가시적인 부분에는 다른 많은 것 중에서 음식, 옷, 음악, 언어, 예술, 그리고 명백한 행동 등을 포함한다. 그러나 표면 아래에 누워 있는 것은 빙산의 더 큰 덩어리이며 명확히 보이지 않고 물속에 잠겨 있다. 문화의 비가시적인 부분에는 가치, 태도, 신념과 사고방식이 포함된다. 이 비가시적인 문화의 한 부분은 Goble(2010)이 '다른 공동체로부터 궁극적 가치와 신념을 구별하는 문화 공동체 구성원이 공유하는 습관적인 신호와 의미의 독특한 별자리'로 정의한 세계관이다. 비가시적인 문화의 부분은 너무 깊숙이 묻혀 있고 규범적이기 때문에 심지어 문화적 내부자조차도 마음의 행동과 습관을 알지 못한다. 문화의 비가시적 부분과 가시적인 부분은 불가분의 관계로 연결되어 있고 서로 정보를 교환한다.

문화는 다중적이면서 유동적이다

개개인들은 문화적이면서 다문화적이다. 즉, 그들은 들어갔다 나갔다 하면서 여러 문화 그룹에 속하며 다양한 시기와 다른 상황에서 이러한 그룹과 문화 지식에 의존한다. Erickson(2009)은 "사람의 삶이 문화적으로 얼마나 고립되어 있더라도, 대규모 현대사회(소규모 전통사회에서조차도)에서 각 구성원은 그 사회의 문화 다양성을 상당 부분 지니고 있다."라고 주장한다(p. 37). 문화가 다중적이라는 개념은 일반적으로 라틴 아메리카와 아프리카계 미국인과 같은 단일하고 고정된 식별자를 개인과 집단 모두를 분류하기 위해 사용하는 실제에서는 적용되지 않는다.

자주 사용되는 인종과 민족 용어와는 반대로, 문화는 고정된 것이 아니라 지속적으로 유동적이며 발전되고 사람들에 의해 형성된다. 자주 연구되고 논의된 두 가지 개념은 유동성과 다양성을 보여 준다. **문화적 성찰(Enculturation)**은 개인이 사회화되고 그들의 토착문화의 규범, 가치 및 사상을 가르치는 학습 과정을 묘사하는 데 사용되는 광범위한 용어이다(Herskovits, 1948). 두 번째 관련 개념인 **문화적응(acculturation)**

은 '다른 문화를 가진 사람들의 그룹이 계속해서 직접 접촉하게 되고 그 결과로 한 그룹 또는 두 그룹 모두의 원래 문화적 패턴이 변경될 때 나타나는 현상'으로 정의된다.

이민 그룹의 문화 적응 과정은 문화 유동성의 한 예가 된다. Robins(1991)는 이민자 그룹이 지배적인 문화나 원주민 문화에 순응한 결과가 아닌 정체성을 창출하는 과정을 다룬다. 대신, 문화의 해석 과정은 두 개 이상의 언어와 여러 가지 행동 및 관행 사이에서 교섭하는 이민자 집단에서 발생한다. 이 과정은 문화적 혼종이라고 불리우며, S. Hall(2000)은 '근대 후기의 시대에 생산된 뚜렷하게 새로운 유형의 정체성'이라고 기술했다. Gutmann(2009)은 '단순히 외부 문화적 힘의 산물이 아닌, 삶을 사는 데 많은 문화 자원을 사용함으로써 개별 정체성은 다양하고 역동적인 문화를 표현하며 자신의 창의적인 그 문화를 해석하여 표현할 수 있는 것'(p. 414)으로서 개인이 많은 문화 그룹 내에서 활동적이고 창조적인 대리인이라고 주장한다.

Nieto(2002)는 문화적 개념을 수용하여 국가 정체성을 확립하도록 촉구할 수 있는 과정을 다음과 같이 논의한다.

> 만약 우리가 모든 사람이 미국인이어야 한다는 전제에서 시작하는 것이 아니라 미국인이 되어야 한다고 주장한다면, 지배적인 문화 집단의 사람들을 포함하여 우리 모두가 지속적으로 정체성을 재협상할 필요가 있다는 것과 매일 형성되고 개혁되어야 한다는 것을 알게 될 것이다(p. 111).

문화를 유동적인 것으로 보는 Nieto는 지배적 문화 집단과 비주류 문화 집단 간의 더 강한 유대감을 주장한다. 혼종 문화의 출현은 기술로 가능해진 세계화의 수준이 문화와 정체성의 고정된 단일 개념을 더 근절시키는 과정을 의미한다.

문화는 의미이다

우리는 가장 공식적인 것에서부터 비공식적인 것까지, 계획된 것에서부터 우연히 발견된 것까지, 문화화 과정을 통해 광범위한 환경에서 배운다(Kerchner & Abril, 2009). 학습하거나 의미를 구성하는 것이 개별적으로 일어나는 과정이지만, 그것은 사회문화적으로 자리 잡은 과정이다. Bruner(1996)는 의미가 '문화 교류의 기초'를 제공하고 "그것들은 그들이 창조된 문화에서 기원과 중요성을 가지고 있다."라고 주장한다(p. 3). 공유 문화를 가진 사람들은 "공통된 집단 경험 안에서 문화적으로 통합되어 있으며, 독특한 사고방식과 문화지식을 공유한다."라고 생각한다(King, 1995, p. 271). 문화는 우리가 구성하는 의미, 배우는 법, 문화 집단이나 사회 안에서 영속되는 것을 형성한다(Erickson, 2009; Samovar & Porter, 1991).

교육과정과 교수법 안의 문화

문화는 교사와 학생이 자신과 타인을 바라보고 지식을 습득하며 의미를 구성하는 기본 틀로서의 역할을 한다. Bruner(1996)는 "배우고 생각하는 것(교육의 목표)은 항상 문화적 배경에 놓여 있으며 항상 문화적 자원의 함양에 의존한다."라고 주장한다(p. 4). 문화는 교실 교육의 핵심이며 교실에서의 교육과 불가분의 관계에 있다. 사실, 문화적으로 중립적인 과목, 교과내용, 교육적인 전달은 불가능하다. Apple(2013)은 우리에게 다음과 같이 상기한다.

> 현재 학교에 들어오는 지식은 이미 가능한 사회적 지식과 원칙의 훨씬 더 넓은 세계로부터의 선택이다. 그것은 어딘가에서 오는 문화적 자본의 한 형태이며, 종종 강력한 사회집단의 관점과 믿음을 반영한다(p. 25).

hooks는 "다문화주의는 교육자들에게 지식이 교실에서 공유되는 방식을 형성해 왔던 좁은 경계를 인식하게 하며 우리 모두가 모든 종류의 편견을 받아들이고 영속화시키는 데 공모해 왔음을 인정해야 한다."라고 적고 있다(hooks, 1994, p. 44). 문화는 중심적이고 분리할 수 없다지만, 교육과정의 계획과 실행에 영향을 주는 방식은 눈에 보이는 것부터 보이지 않는 것까지, 의식하는 것부터 의식하지 못하는 것에 이르기까지 폭넓게 이루어진다.

교육과정안의 비가시적인 문화

미국 학교의 역사적 구성은 지식 구축과 의미 형성의 보편적인 방식을 취한다. 현재 학교와 미국 교육 시스템에 대한 견해는 "그들은 단순히 '정상적인 일'과 '옳은 일'로 간주되는 학교의 구조, 정신, 프로그램, 예절에 깊이 뿌리 내리고 있다."라는 것이다(Gay, 2010, p. 9). 학교의 많은 주제(예: 수학), 내용(예: 덧셈), 수업방법(예: 강의)는 의구심이나 비난을 하지 않으며 매우 일반적이고, 예상되며, 규범적이다. "당연히 수학이 가르쳐 질 것이다!" "당연히 학생들은 더하기, 빼기, 곱하기, 나누기를 배워야 한다!" 수학적 지식과 기술은 우리의 문화 의식에 필수 요소로 새겨져 있다. 그것들은 또한 너무 규범적이기 때문에 문화적이라고 생각하는 사람은 거의 없다. 따라서 문화는 빙산의 거대한 부분이 표면 아래에 놓여 있는 것처럼 비가시적이며 일반적으로 교육자에 의해 의식적으로 고려되지 않는다.

음악교육은 학교 교육과정의 공통 요소이고, 주로 서구 세계관 안에서 기초적으로 가르쳤으며, 특정 지식과 레퍼토리를 포함하는 예술 음악을 지향한다. 이 책에서 설명되는 많은 일반적인 음악교육은 암묵적으로 그리고 명시적으로 그 안에 서양 예술음악 세계관의 틀을 잡고, 특히 달크로즈, 코다이, 오르프 슐베르크의 음악 학습 이론에 대해 가르친다. 이 세계관의 한 예가 오르프 접근법의 기초 음악자료, 즉 교육 목적으로 만들어진 5권의 어린이를 위한 음악이다(Shamrock, 2013). 노래와 리듬을 제외한, 음악자료는 전통 문화에서 수집되지 않았다. 수록된 기악곡과 반주는 다음 권으로 넘어갈수록 서양 예술음악의 발전이 재창조 되도록 고안되었다(Calantropio, 2010). 그런 음악을 형성시킨 서양 예술음악문화는 이러한 교육 자료에 포함되었지만, 음악, 요소, 개념들이 음악교육자들에게 너무 일반적이어서 대부분 가르쳐야 할 것 같이 보이지 않았다. 연구에 따르면 미국의 음악교사들은 주로 서양 음악의 렌즈를 통해 음악을 보고 표현하며, 그 결과 공통 요소, 개념적 또는 보편주의적 접근 방식이라 불리는 결과를 낳았다(Abril, 2006; Robinson, 1996). 오르프 교수법의 광범위한 교육 목표 내에서 이러한 보이지 않는 음악문화의 부분은 숨겨진 교육과정이다(Cornbleth, 1984 참조).

오르프 교수법의 이러한 특징은 그것이 다른 세계관과 양립할 수 없다는 것을 의미하는 것이 아니라 단지 북아메리카에서 원래의 의도, 적응, 활용이 주로 서구 유럽에 집중되어 있다는 것을 의미한다. 실제로 가나 음악교육자들은 오르프 교수법이 다른 음악문화와 조화를 이루고 있다고 제안했다(McKoy, 2002 참조). Amoaku(1982)는 교실의 다른 음악교육 시스템과 비교하여 "오르프는 아마 전통적인 아프리카 방식의 음악 접근 방식에 가장 근접할 것이다. 오르프의 필수 요소인 말, 리듬, 신체표현은 음악 창작의 전통적인 아프리카 개념에 훨씬 가깝다."라고 언급했다(p. 118). 오르프 교수법은 유럽의 세계관에서 개발되었지만 다른 음악과 음악 세계관과도 호환될 수 있다.

음악교육과 마찬가지로, 미국의 일반적인 교육 시스템은 역사적으로 지배적인 문화의 세계관인 앵글로 아메리카 중산층을 중심으로 구축되었다. 그 세계관의 일부는 학생들이 과거 경험이나 문화적·언어적 배경과 상관없이 공통의 지식 기반을 가지고 학교에 입학한다는 관점을 포함한다. 이러한 기준을 충족시키지 못한 사람들은 부족하다고 생각하며, 따라서 위험하거나 영어 능력의 한계가 있다고 정의한다. 교육 내용은 일반적으로 그 세계관을 염두에 두고 고안된다. 음악교육의 한 예인 코다이 교수법은 원래 헝가리 문화에 대한 단일한 관점에 기초하여 고안되었는데, 이는 음악교육의 초창기부터 '모국어'에 의존하여 노래를 선곡하는 것으로 증명되었다(Houlahan & Taka, 2008). 미국에서 '모국어'는 주로 앵글로 아메리카의 전통 노래로 해석되었다.

학교의 문화가 지배적인 문화 그룹의 규범과 기대에 기반을 두고 있을 때 지배적인 문화적 관점을 대표하지 않는 학생들은 더 낮은 지위로 물러나서 지배적인 문화가 지배하는 지위를 합법화한다. Nieto(2002), Ladson-Billings(1995), Valenzuela(1999), Sleeter(2012), Suárez-Orozco와 Suárez-Orozco(1997) 등의 연구는 미국 학교 교육과정의 동일성에 대한 초점이 다양한 문화적 배경을 가진 학생들에게 어떻게 실패했는지를 보여 주었다. 널리 적용되도록 만든 문화적 관점에 기초한 음악교육과정에 대해서도 마찬가지라고 말할 수 있을까?

교육과정안의 가시적인 문화

20세기 초 John Dewey와 Jane Addams와 같은 영향력 있는 인물들은 교육 기관이 문화적 차이를 알리고 다양한 관점을 공유할 공간을 제공해야 한다고 믿었다

(Volk, 1998). Addams는 이민자들을 '가정에서 지내면서 가지는 첫 번째 의식인, 미국이 편안하다고 느낄 수 있도록'(Deegan, 1988, p. 282에서 재인용) 도울 것이라고 생각하면서, 학교 교육과정에 민족적 연구를 포함시키는 것을 옹호했다. 미국 교육에서 문화에 대한 다른 방향은 이러한 유형의 아이디어에서 비롯되었으며 문화적으로 다양한 관점을 듣고 교육에 포함시키는 것을 주장하는 많은 이민자 집단이 있는 국가에서도 발견되었다(Frega, 2013). 문화는 3학년 아프리카의 다른 지역에 대한 사회 연구(http://www. pbs. org/wnet/africa/tools/music/goals.html 참조)처럼 또는 4학년의 원래 아메리칸 문화처럼(http://classroom. jc-schools. net/ SS-units/culture. htm#Third 참조) 명시적인 내용일 때 의식적으로 교육과정에서 가시적이면서 종종 계획된다. 이러한 교육과정의 내용에서 문화는 종종 '우리 문화가 아닌' 것이라는 코드가 된다.

음악교육에서 문화는 20세기에 다양한 음악문화의 노래와 음악이 학교 음악 노래책과 기타 다른 교과서 자료의 일부가 되었을 때 더욱 가시적이고 분명한 것이 되었다(Volk, 1998). 미국에서 이것은 초기에 비영어권-기독교-유럽-영어권 문화 공동체를 대표하는 교육 내용과 자료를 포함하는 것으로 구성되었다. 나중에는 역사적·사회적 맥락을 포함하여 시각적 문화 요소에 관해 발표, 토론 또는 가르치는 데 중점을 두었다. 문화 축제(예: 민족 축제), 특정 문화 또는 민족 단체에 대한 주간 또는 한 달간의 축하(예: 흑인 역사의 달), 다양한 음악문화를 대표하는 음악 공연(예: 음악 세계 일주 공연)은 학교 전체가 가시적 문화의 부분에 초점을 맞추는 방법적 예이다. 3권으로 구성된 최신판 음악교육의 다문화 관점의 『Multicultural Perspectives in Music Education』(Anderson & Compbell, 2010)에는 유럽-아메리칸 및 아프리카계 미국인 음악뿐만 아니라 북아메리카에서 온 재즈와 록을 포함한 세계 여러 지역의 음악 및 관련 상황 정보(사하라 사막 이남의 아프리카에서 동남 아시아까지)가 포함되어 있다. 이것들은 교육자들이 특정 문화, 지리, 또는 민족 그룹의 유물, 이야기, 자질을 명시적으로 묘사하는 자원을 사용하기 위해 만든 의식적인 선택이다.

교육과정에서 문화가 보이도록 여러 가지 합리적 근거가 제시되었다. 사회적 근거는 학생들이 그들 자신과 다른 문화의 사람들이 음악문화에 대해 관대하고 편견 없는 태도를 갖게 됨을 암시한다(Fung, 1995). 음악적 근거는 다양한 문화의 음악을 연구하면 학생들이 음악 개념에 대해 더 깊이 이해하고 음악적 이해를 넓히는 데 도움이 된다는 것이다(Campbell, 2004). Gutmann(2009)은 교육자들이 교실에서 토착적이고 역사적으로 억압받는 사람들의 이야기를 포함시킬 윤리적 의무가 있다고 주장하면서 일반 교육에서 문화를 볼 수 있는 도덕적 근거를 제시한다. 비록 음악교육에 대한 사회적 정당성에 대한 관심의 증가가 도덕적 근거에 의지해 왔지만, 사회적이고 음악적인 근거들은 문헌과 실제 모두에서 가장 보편적이고 만연해 있는 것으로 보인다.

음악교육에서 문화를 드러내는 것은 계속해서 관련 종사자들의 큰 관심사가 되고 있다. 교육용 서적과 자료는 특정 세계음악문화의 노래 또는 음악 편곡을 가르치는 데 관심이 있는 교사에게 쉽게 활용된다. 이제는 먼 문화의 음악을 가르치는 것만이 아니다. 우리 자신의 뒷마당의 다양한 음악문화를 포함한다. 음악교육 문헌은 음악을 가르치거나 수행하는 것 이상으로 역사적 · 지리적 · 문화적으로 음악을 맥락화하는 방법에 대한 많은 아이디어를 포함한다. 세계음악문화를 가르치고(예: Smithsonian World Music Pedagogy) 다른 문화의 음악과 함께 활용하기 위해 유럽의 전통적인 접근 방법을 채택하는 데 초점을 맞춘 인증 프로그램이 있다. 문화를 시각적으로 보여 주려는 노력은 마구잡이식 표면적 시도에서 좀 더 심층적인 교육과정 단위(예: 하와이 민속음악) 또는 독특한 코스 상품(예: 살사 앙상블)으로 전개되었다.

문화 안내 교수법

이 장의 시작 부분에서 Henry Louis Gates의 말은 다른 사람들로부터 배우고, 다른 사람들에 대해 배우고, 다른 사람들을 이해하기 위한 노력이 가능한 한 문화에 접근할 수 있다고 제안한다. 이 인용문은 교사에게 몇 가지 변경을 하여 쉽게 적용할 수 있다. 학생의 세계에 살기 위해 이해하거나 배우기 위해 노력하는 교사는 학생의 문화에 접근하기 어렵지 않다. 그러나 이미 묘사된 문화의 복잡한 본질은 우리가 학생들을 이러한 민족 집단이나 소수 민족 집단의 구성원이 아니라 특유의 정체성과 학습 욕구를 가진 개인으로서 알게 할 것을 요구한다.

히스패닉계 학생들이 과반수 학교인 마이너 학교를 연구한 Valenzuela의 연구(1999)는 교사들이 문화가 가치 있다는 것을 증명하는 교실을 만들기 위해 적극적으로 일함으로써 교사들이 가시적인 문화를 뛰어넘는 방법의 예로서 '진정한 배려' 개념에 초점을 맞췄다.

> 교사들은 학생들이 이른바 성취로 이어지는 아이디어나 행동에 대한 추상적이거나 미적인 헌신으로써 학교생활에 대한 배려를 보여 주기를 기대한다. 반면, 이민자와 미국 태생의 청소년들은 교사와 학생 간의 상호 관계를 강조하는 진정한 형태의 배려에 전념한다(p. 61).

진정한 배려는 존중을 통해 시작된 관계의 발전하에 달려 있다. 이 개념은 학생들과 그들의 문화에도 불구하고 성공할 수 있는 능력을 믿는 사회적인 학교 환경을 조성하는 데 뿌리를 두고 있다.

문화적으로 다양한 학교 환경에서 성공한 교사들의 사례에 대한 Powell의 분석(1996)에서 "① 지도자가 아닌 촉진자, 가이드, 위험 감수자로서의 지위에서 일했으며, ② 교육과정을 재창조하고 학생들의 경험과 지식에 더 밀접하게 연계되도록 노력했고, ③ 학생들의 문화에 대한 이해를 보여 주려 했다."라고 하였다. Powell은 교사의 직관적인 실천과 가르침과 배움에 대한 자비로운 성향이 그들 성공의 근원이라고 추측했다.

백인과 소수 민족 학생들의 학업 성취 격차에 대한 논의에서 Sleeter(2012)는 "영어를 사용하는 사람들의 언어, 세계관, 경험을 토대로 모든 학생에게 똑같은 교육과정을 가르치고 강조했다."(p. 565)라고 언급했다. 학생들의 성취에 문화가 미치는 영향을 조사한 연구에 따르면 아프리카계 미국인 및 라틴계 학생들과 협력할 때 교사의 문화 역량 개발의 중요성이 일관되게 나타났다(Sleeter, 2012; Suárez-Orozco, 1997; Valenzuela, 1999). 교육과정과 다양성에 대한 지배적인 문화적 관점에 의해 지속되는 교육적 동일성 개념에의 의존은 본질적으로 편향된 시스템을 유지한다.

Gloria Ladson-Billings(1995)는 아프리카계 미국인 학생들에게 매우 성공한 교사의 특성을 연구하고 특정 공통점이 있음을 확인했다. 교사들은 그들 자신을 공동체(학교 내외부)의 일원이라고 자리매김했으며, 학생들에게 높은 기대를 가졌고, 교수법을 개인의 필요를 충족시키는 끊임없이 변화하는 예술로 간주하였으며, 교육을 봉사와 사회에 환원하는 것으로 생각했다(1995). Ladson-Billings는 다른 문화적 배경을 가진 교사들을 문화적으로 반응하는 교사라고 특징지었다. 문화적으로 반응하는 교수법은 문화가 교육 성취에 영향을 미치고 모든 지식의 구성에 영향을 미친다는 신념에 기초하며, 교육적 평등이 교육적 동일성에 달려 있다는 생각으로 기울지 않도록 균형을 잡아 준다.

Gloria Ladson-Billings와 Geneva Gay는 문화적으로 반응하는 교수법(문화적으로 반응하는 교육학이라고도 함) 개념을 별도로 고안했다. Ladson-Billings는 문화적으로 반응하는 교수법은 세 가지 기준에 기초한다고 설명했다. 이는 ① 높은 학업 수준을 설정하여 적절하게 지원하고, ② 문화적 역량을 개발하고, ③ 비판적 이론을 사용하여 교육과 사회에 영향을 미치는 권력 관계에 대한 학생들의 이해를 확립하는 것이다. Gay(2002)는 문화적으로 반응하는 교수법이 이해와 지식을 쌓기 위해서 학생들의 경험과 지시대상을 사용하는 것이라고 설명했다. 따라서 학생들의 문화, 언어, 시각은 특권을 부여받은 것으로 극복해야 할 것으로 보지 않는다. 문화적으로 반응하는 교수법에 대한 이러한 두 가지 견해는 학생들이 가지고 있는 문화적 대상을 이해하는 것이 중요하다고 강조한다. 특정 그룹의 역사적 또는 민속 문화뿐만 아니라 학생들의 살아 있는 문화 경험에 대한 지식은 문화적으로 반응하는 방식으로 가르치는 과정에서 필수적이다. Ladson-Billings는 높은 학업 성취도를 요구하는 교실 개발에 대한 비판적 이론에 중점을 두어 학업 성취도가 낮은 학생들의 성취를 위한 불충분한 권력 구조의 부작용을 발견하기 위해 대화의 장 열기를 부언한다.

Geneva Gay는 문화적으로 반응하는 교수의 특징을 설명하면서 학생들에게 타당성을 확인하고 긍정하는 다섯 가지 주요 이유를 설명했다.

1. 이는 학생들의 성향, 태도, 학습 접근법에 영향을 미치는 유산으로서 그리고 정규 교육과정에서 배워야 할 가치 있는 내용으로서 다양한 종족 집단의 문화적 유산의 합법성을 인정한다.
2. 이는 학문적인 추상성과 살아 있는 사회문화적 현실 사이에서뿐만 아니라 가정과 학교 경험 사이에서의 의미 있는 다리를 구축한다.
3. 이는 다양한 학습 스타일에 연결된 다양한 교수 전략을 사용한다.
4. 이는 학생들이 자신과 타인의 문화유산을 알고 칭찬할 수 있도록 가르친다.
5. 이는 학교에서 일상적으로 가르치는 모든 과목과 기술에 다문화적 정보, 자원, 자료를 통합한다(Gay, 2010, pp. 31-32).

Robinson(2006)은 3명의 백인 초등 일반음악교사들의 문화적으로 반응하는 수업 실제들이 그들이 가르친 공동체에 대해 잘 이해하기 위해 교사가 노력한 결과라고 설명했다. Robinson의 검사는 Gay(2002)의 문화적으로 반응하는 교수법의 다섯 가지 필수 요소를 기반으로 했다. 이 연구에 참여한 교사들은 교실의 언어와 문화 다양성을 존중하고 평가하는 개인으로 묘사되었다. 이는 공동체의 발전과 학생들의 지식 기반을 반영할 뿐만 아니라 확장시킨 자료를 통해 나타났다. 이 세 명의 교사들은 "편안한 지역에서 벗어나 기꺼이 실패하려고 했지만, 항상 성공하기를 바란다."라고 한다(Robinson, 2006, p. 51). Robinson의 연구 결과는 학습자에 따른 교육과정 렌즈를 통해 형태별 기능 개념을 뒷받침한다.

구성주의적 학습 이론은 문화적으로 반응하는 교수법의 기초가 된다(3장 참조). 즉, 학습은 사회적 상호작용과 사람들의 문화적 틀과 경험에 의존하는 것으로 간주된다(Villegas & Lucas, 2007). 문화적으로 반응하는 교수법은 학생들이 교실에 가져온 경험과 기본 틀을 통해 검증하고 가르치기 위해 노력하며 역사적으로 교육에서 소외된 그룹에 특별한 주의를 기울인다. 그러나 구성주의적 지향은 일부 유형의 학습자와는 상충하는 것으로 간주된다는 점에 유의해야 한다(Phillips, 2000).

이 접근법은 학습이 다양한 문화적 틀과 사람들이 그러한 상호작용에서 가져오는 경험을 포함하여 사회적 상호작용에 의존한다고 본다. 이는 또한 학생들의 문화적 배경을 검증하고 확인하는 학생들의 강점과 생활 경험을 바탕으로 한다(Gay, 2002). 교사로서 문화적으로 반응하는 것은 수업 시간에 학생들과 실제로 마주치는 것뿐만 아니라 교육 계획을 포함한다. 이 접근법은 교사가 수업 중에 일률적으로 제시하는 수업 과정을 완전하게 준비하거나 연습한 하향식 단방향 수업에 대한 도전이다.

일반음악교실

음악교육과정의 영역에서 문화는 종종 '다른' 문화의 세계음악과 동일시되어 왔는데, 이는 미국의 앵글 유럽계 미국인의 유산이 아닌 어떤 것에 대한 코드일 뿐이다(Abril, 2014). 문화 다양성으로 음악교실을 구성하는 방법에는 여러 가지가 있다. 다음은 미국의 일반음악교실에서 가져온 구체적인 예이다.[1]

[장면]

지역 초등학교의 음악교사는 학생들을 위해 '페루 음악'에 관한 단원을 신중하게 준비했다. 그녀의 교실에 있는 다채로운 게시판은 남아메리카의 지도, 이 지역의 민속음악가들의 사진, 학생들이 배우게 될 노래의 이름, 악기의 그림과 함께 앞으로 배울 단원의 요소를 보여 주었다. 1개월 동안 학생들은 "El Humahuanqueno"와 같은 민요곡의 부르는 법을 배우고, 민속음악가와 대중 음악가가 공연하는 페루 음악을 듣고, 시쿠 스타일의 팬툰을 만들고, 오르프 악기와 기타 다른 교실 악기 등을 연주한다. 교사는 최근 페루 여행에서 수집한 유물 및 자신이 배웠던 문화적 세부 정보를 통해 음악을 상황에 맞게 조정할 계획이었다.

이 단원을 자세히 살펴보면 지난 30년 동안 음악교육이 다문화운동에 대한 정보를 제공해 주며 특정한 지리적 · 민족적 또는 문화적 경계 내에서 심층적이고 몰입적인 음악 학습 경험에 중점을 둔다는 것을 알 수 있다. 이 경우, 교육과정의 설계와 전달에 있어서 문화가 눈에 띄고 명시적이다. 문화적으로 반응하는가? 문화를 다양하고 유동적인 것으로 제시하는가? 이러한 질문은 교실에서의 사회적 상호작용뿐만 아니라 전체 음악교육과정에서 이 단원이 적용되는 방식을 관찰함으로써 대답될 수 있다. 우리는 교육과정과 교육의 문화 다양성을 위한 몇 가지 체계를 탐구함으로써 이 단원의 잠재력을 더 잘 이해하기 시작할 수 있다.

교육과정 구조

음악교육에서 문화가 어떻게 중심적인 역할을 수행하는지를 이해하기 위한 다양한 틀 구조는 실제가 어떻게 문화의 개념을 이끌고 관여하는지 이해하기 위한 방법으로 제공되어 왔다. 우리는 우리가 관찰하는 것과 음악교사로서 하는 것을 이해하는 데 도움이 되는 몇 가지를 설명할 것이다. 더욱이 그들은 우리에게 이 책의 장을 읽고 또다시 읽는 독특한 방법을 제공할 수 있다.

음악교육의 문화 다양성 접근법

Schippers(2010)는 연속체를 따라 음악교실에서 문화적 다양성에 접근할 수 있는 방법을 이해하기 위한 틀을 제시한다. 한쪽 끝에는 단일 문화적 접근법이 있는데, 여기서 음악은 지배적인 문화 공동체의 세계관으로부터 가르쳐진다. 이것은 서양 고전음악이 특히 제3차 음악교육뿐만 아니라 일부 초등학교 및 중학교에서 근본적이거나 명백한 강조 영역인 많은 음악교육 프로그램에서 채택된 접근법이었다. 분명히, 본 부분의 시작 부분에 제시된 사례는 이 특정 접근법과 일치하지 않는다. 반면, Kodály의 접근법은 원래 구상된 대로 학생들이 다른 장소와 문화의 음악을 공부하기 전에 먼저 그들의 나라와 문화(모국어)의 음악을 완전히 이해해야 한다는 믿음에 근거한다는 점에서 본질적으로 단일문화적인 것이다(Kodály, 1974).

단일문화적인 문화에서 한 단계 멀어진 다문화적인 접근은 세계의 다른 음악을 인정하지만 다른 사람들에게 명백히 언급되지 않고 비교적 정적인 음악의 관점으로써 한 번에 하나의 음악문화를 전달하는 교수법이다. 앞서 설명한 페루 음악 내용이 이 접근법의 한 예일 수 있다. 물론 이것은 교사가 이러한 경험을 어떻게 촉진 시켰는지 또는 그들이 더 큰 교육과정 상황에 어떻게 부합되는지에 달려 있다. 그들은 연속체에 있는 다음의 두 가지 접근법의 예가 될 수 있다.

간문화 접근법은 다른 음악이나 문화적 관점과 관련하여 음악을 보고 비교할 수 있는 공간을 제공한다. Schippers(2010)는 간문화 접근 방식은 "문화 간의 느슨한 접촉과 교환을 나타내며 단순한 형태의 융합을 포함한다. …… 정치적 정당성뿐만 아니라 깊은 음악적 관심과 인식에도 이끌릴 수 있다."라고 말한다(p. 31). 마지막으로, 초월적 접근법은 음악이 평평한 공간에서 제공되었던 이전 방식보다 훨씬 심도 있는 접근법이다. 즉, 어느 무엇도 다른 음악문화보다 더 중요하지 않으며 많은 음악문화 연구가 상호 유익할 수 있다. 비록 실제가 일반적으로 단일문화나 다문화적인 것으로 남아 있지만, 그 분야에서의 논의는 후자의 두 가지 접근법으로 이동하는 것처럼 보인다.

교육과정에서 문화 다양성의 기본 구조는 주로 교육과정(음악과 문화)의 내용에 초점을 둔다. 따라서, 우리는 문제가 학생들에게 더 '가깝게 느껴지도록' 도움이 될 음악교육 이외의 다른 교육과정 구조에 눈을 돌릴 것이다.

다문화 통합

James Banks(2004)의 다문화 통합 수준은 음악교육과정과 교수법을 계획하거나 분석하는 데 유용한 뼈대 역할을 한다. 이는 문화 다양성을 시각적으로 설명하는 교육의 첫 단계는 부가적 접근법이다. 이것은 음악, 전설, 이미지와 같이 문화적으로 다양한 자료가 음악교육과정에 포함되며 일부 경계(예: 지리적, 민족적) 내에 제시된다. 그 내용은 Banks가 언급한 것처럼, 예를 들어, 주어진 기간 동안 특정 문화 공동체에 초점을 둔 특별 공연과 수업이 있는 흑인 역사의 달(Black History Month)과 같이 올해의 특별한 날로 제한되었을 때와 같이 나머지 교육과정과 분리될 수 있다. 대안적으로, 문화적으로 다양한 자료를 단원이나 교육과정 전체에 분산시킬 수 있지만, 주요 세계관과 교육과정 구조에 실질적인 변화는 없다. 예를 들어, 음악 요소(예: 음색)는 평상시처럼 계속 가르쳐지지만 음악적 예들은 다양하다(예: Janaáček의 Sinfonietta에서 Ewe 음악/댄스 Atsiagbeko까지).

부가적 접근법은 보통 일반적인 음악교실에 적용되었으며(Abril, 2005; Robinson, 2002), 이 책의 첫 번째 부분에서 설명한 많은 교수법에서 보편화되었다. 예를 들어, 문화는 코다이 방법(4장 참조)에서 레퍼토리를 선택할 때 명확히 나타난다. 이러한 관행은 근본적인 음악 개념과 기술이 그대로 유지되지만 특정 문화 집단을 대표하거나 반영하는 레퍼토리가 포함된다는 점에서 본질적으로 부가적이다. 즉, 비록 다양한 음악문화의 노래와 음악자료를 포함할 수 있지만, 그것들은 앵글로-유럽(북미)의 관점과 서양 예술 음악 세계관을 제시한다. 노래의 전통, 기원, 의미에 관계없이 음악교사들은 종종 이 노래들을 서유럽의 전통과 관행에 따라 교실에서 제시한다(Kelly-McHale, 2013; Robinson, 2002). 따라서 현재 문화의 가시적 부분(다양한 문화를 대표하는 음악)과 비가시적 부분(서양 예술 음악 패러다임)이 모두 존재한다. 이것은 초급 및 중등 음악교육뿐만 아니라 이들을 가르치는 데 필요한 음악교사 교육 프로그램도 반영한다.

일부 사람은 음악교육 실제가 이 수준을 넘어설 필요성을 강조해 왔다. Robinson (2002)은 '개인의 신념과 가치에 의문을 제기하고 서유럽의 관점을 넘어선 음악적·문화적 역량을 발전시키기에 제한된 기회'는 '서유럽 전통의 좁은 시각과 관점'을 통해 모든 음악을 지속적으로 전달하게 되었다고 지적한다(p. 222). Campbell(2004)은 "세계적이고 다문화적인 표현을 위해 음악을 대문자 'M'은 Music으로 알고 있는 학생들은 거의 없다. 이러한 지식은 '서양이 최고이다.'(종종 모든 것이 '서양이 유일한 위치')라는 관점을 버려야만 올 수 있다."(p. xvi)라고 말한다.

다음 단계는 변형적 접근법으로, 학생들이 다른 문화 공동체의 관점에서 음악을 경험하고 이해할 수 있는 방식으로 교육과정의 구조가 변화된다. 이 접근법은 시간, 장소, 의미와 기능의 맥락화를 경험하거나 논의하는 음악과 문화에 대한 심층적이고 몰입적인 연구를 요구한다. 교사들이 다른 음악 세계관(개인적으로 또는 다른 사람)과 한 음악 세계관에 대한 논의를 용이하게 한다는 점에서 그것은 본질적으로 비교될 수 있다.

세계음악교수법은 실행되고 쓰여진 것처럼 본질적으로 변형되도록 고안되었다(Campbell, 2004). 세계음악교수법은 20세기 후반에 개발되었으며 음악교육과정에서 문화에 대한 대안적 관점을 제공한다. 이 접근법의 핵심은 '음악이 어떻게 문화 내에서 가르쳐지고/전송되고 수신되고/배워지는가, 그리고 문화 안에 포함된 과정이 교실과 전수관에서 가장 잘 보존될 수 있는지(또는 적어도 부분적으로 유지될 수 있는지)'이다(Schippers & Campbell, 2012, p. 93). 그것은 문화를 명확하게 다루고, 음악에 대한 세계관과 관점의 다양성을 설명하고, 아이들을 하나의 중심 음악문화에 대한 개념을 복잡하게 하고, 그렇게 함으로써 그들의 귀와 마음을 확장시켜 주는 다양한 경험을 하도록 한다. 이 접근법의 한계 중 하나는 적어도 어떻게 그것이 쓰여지는지에 기초한다면, 교육받는 아이들의 문화보다 음악문화에 더 초점이 맞춰져 있다는 것일지도 모른다.

사회적 행동 접근법은 사회적 이해와 변화를 향한 방법으로서 음악 연구에 초점을 둔다. 이는 학생들과 교사의 어떤 부분이 행동을 유발하는지를 이해하는 깊고 몰입적인 음악 학습 경험을 가정한다. 여러 세대의 노래에 대한 연구는 학생들이 지역사회나 가정의 어른들로부터 노래를 수집하고, 그것을 암송하고, 공유하고, 배우며, 기타 등의 프로젝트를 포함할 수 있다. 아이들은 어른을 위해 노래를 부르고 어른과 함께 좋아하는 노래를 공유할 수도 있으며, 다른 아이들에게 그 노래를 가르칠 수도 있다. 다른 시대와 세계 각지의 인권에 대한 연구는 학생들이 세계에서 볼 수 있는 특정 시민권 침해에 관한 노래를 쓰게 하고, 수업에서 이 노래를 녹음하고, 유튜브에 올린 다음 전 세계인들의 논평에 응답하게 하는 것이 포함될 수 있다. 이 접근법은 분명히 정치적이고 사회문화적인 것이다. 이와 같은 접근법은 사회적 변화를 위한 도구로서 음악의 특정한 한계와 가능성을 명확하게 할 수 있다.

교육과정은 문화를 따른다

현대 건축가 Louis Sullivan(1896)은 "양식은 언제나 기능을 따른다."(p. 408)라고 말했다. 현대 건축의 진언이 된 이 아이디어는 음악교육과정에 대한 우리의 사고를 인도하기 위해 적용될 수 있다. 교육과정이 문화를 따라간다면 어떻게 될까? 레퍼토리 선택과 좋은 자료 선택에 대한 우리의 편견은 학생들의 다양한 요구를 충족시키기 위해 뒤로 미루어야 할 것이다. 그들은 공동체의 필요와 함께 우리의 교육 목표를 인도해야 한다. 어떤 노래나 어떤 문화를 가르쳐야 하는지 묻는 대신, 우리는 문화적으로 무엇이 필요하며 이러한 필요를 충족시키는 데 어떤 교육적 목표가 도움이 될 것인지를 물어야 한다.[2]

문화에 대한 이러한 사고방식과 대응 방식은 교실에서 제시되는 세계음악문화에 중점을 두는 세계음악접근법(또는 다문화 음악교육)과 다르다. 문화적으로 반응하는 음악 지도는 이러한 중요한 아이디어 중 일부를 포함하지만 학생들의 문화에서 시작하여 밖으로 확장된다(Abril, 2013). 문화적으로 반응하는 음악 교수법은 주로 학생들의 문화와 배경에 중점을 둔다. 교육의 내용과 성격은 학생들의 요구에 부응할 것이다.

문화적으로 반응하는 지도는 학습을 다양한 문화적 틀과 사람들이 그러한 상호작용에서 가져오는 경험을 포함하여 사회적 상호작용에 의존한다고 본다. 그것은 또한 모든 학생의 문화적 배경을 검증하고 확인시킴으로써 그들의 강점과 살아 있는 경험을 바탕으로 가르친다(Gay, 2002). 그것은 계획부터 시작하여 수업을 진행하는 동안 계속된다. 이 접근법은 교사가 완전한 준비를 마쳤거나 수업 중에 균일하게 제시되는 학습 절차를 연습한 하향식 단방향 학습에 도전한다.

현장에서 예비교사에게 제공되는 첫 번째 팁 중 하나는 학생들의 이름을 가능한 한 빨리 외우는 것이다. 이 실용적인 팁은 분명한 이유들로 인해 중요하지만, 교사가 학생들을 보고 알기 시작하는 방법이기도 하다. 그것은 또한 학생들에게 그들이 보이고 있다는 것을 알려 준다. 이런 맥락에서 보고 보이는 것은 감시의 한 형태가 아니라 학생들의 인간성을 인정하는 것이다.

교사는 단지 아는 것 이상의 것을 필요로 할 것이다. 그는 학생들에게 가장 잘 봉사하는 방법을 결정해야 한다. 자신의 학생들에 관해 알고 배우는 교사들은 학생들의 질문, 필요, 호기심에 더 잘 대처할 준비가 되어 있다(Nieto, 2002). 교육은 개별화될 수 있기 때문에 학습이 효과적이고 적절하며 의미가 있다.

프로젝트는 학생들에게 음악이 그들에게 무엇을 의미하는지 곰곰이 생각하고 분명히 말하도록 고안될 수 있다. 이러한 것들은 교사들이 그들의 학생들에 대해 더 많이 배우도록 도울 뿐만 아니라, 학생들로 하여금 그들의 삶의 다양한 음악 분야를 조사하기 위해 잠시 멈추게 할 수도 있다. 이것은 교실에서 많은 실제적인 형태를 취할 수 있다. 예를 들어, 초등학교와 중학교 음악교실에서는 학생들이 손쉽게 사용할 수 있는 웹 소프트웨어를 사용하여 개인 음악 블로그 또는 웹 페이지를 만들 수 있다. 학생들은 좋아하는 음악가, 그룹, 스타일, 장르 또는 가족 노래를 포함하여 음악과 관련된 다양한 것을 쓰게 된다. 링크, 이미지와 사운드 파일을 포함하여 다른 반 친구들과 공유할 수 있다. 학생 블로그의 다른 초점은 가족의 음악, 개인 음악과 학교 음악 경험 간의 연결, 수업에서 배운 음악 또는 대중 노래/앨범 또는 대중 매체에서 다루는 음악 문제일 수 있다.

창조적인 음악 경험은 학생들에게 그들의 독특한 관심사를 따르고 자신의 내면을 표현할 수 있는 기회를 제공하는 또 다른 방법이다. 인기작곡가(John Lennon의 “In My Life” 또는 Macklemore와 Ryan Lewis의 “Same Love” 등)가 쓴 곡들을 공유함으로써 어린이들에게 영감을 줄 수 있다. 그런 다음 그들에게 중요한 삶의 사건이나 기억에 대한 자신의 노래를 쓰도록 요청해야 한다. Maud Hickey는 『Music Outside the Lines』(2012)에서 학생들의 개인적인 정서, 중요한 삶의 사건과 영감을 활용하는 작곡 프로젝트에 대한 많은 아이디어를 제시한다.

이 프로젝트에서 드러난 정보에는 다양한 목적을 가지고 있다. 그들은 음악 용어와 어휘로 학생들이 얼마나 효과적으로 자신을 표현하고 있는지를 교사에게 보여준다. 그들은 또한 교사들이 ① 학생들의 삶 속에서 음악이 작용하는 방식을 이해하고, ② 관심 있는 음악, 스타일과 장르, ③ 학생들이 학교 밖에서 경험한 음악적 경험, ④ 학교 음악 경험이 그들의 삶의 다른 부분과 어떻게 관련이 있는지 등을 이해하도록 돕는다.

학생들의 문화적 배경에 대한 이해는 레퍼토리 선정 과정을 촉진할 수 있다. Julia

Shaw(2012, p. 76)는 문화적으로 반응하는 지도에 기반을 두고 있으며 학생들에게 초점을 맞추어 음악자료를 선택할 때 사용할 수 있는 일련의 유용한 질문을 제공한다. 여기에는 다음이 포함된다.

- 학생들의 이전 경험을 바탕으로 어떤 음악을 만들었나?
- 어떤 작품들이 그들의 문화적 지식을 활용할 것인가?
- 학생들이 선호하는 학습 스타일을 통해 어떤 선택을 경험할 수 있나?
- 문화적 정보를 바탕으로 한 공연 스타일을 보여 줄 수 있나?

분명히 이는 교실의 음악 선택에 영향을 미치는 학생 문화와 무관한 다른 필수적인 음악 문제들을 제거하지는 않는다. 교사들이 학생들에 대해 더 많이 알수록, 그들은 교육 계획을 세우고 그 순간에 행동할 준비를 더 잘 하게 된다. 교사들은 학생들의 강점을 바탕으로 하고, 그들이 관련될 수 있는 예를 사용하며, 그들이 교실에서 배우는 것을 그들의 삶의 경험과 연결시키는 것을 도울 수 있다.

다방향 학습 환경 만들기

'교사주도 학습환경'에서 학생들은 교사가 모든 지식과 내용을 가지고 있다고 생각한다. 이 모형에서 교사는 대다수의 학생을 위해 효율적이고 효과적인 순서로 학생들에게 정보나 지식을 제공한다. 예를 들어, 교사는 학생들에게 리듬의 단어 패턴을 반복하거나, 신체 타악기를 배우거나, 부분별로 노래를 부르거나, 나무망치의 리듬패턴을 모방하거나, 움직이면서 "Old Mr. Rabbit"을 악기로 연주할 수 있도록 준비할 수 있다. 일반적으로 학생들에게는 동료로부터 배우거나 교사로부터 배울 수 있는 기회가 거의 없다. 이 하향식 접근법은 아이들에게 주어진 오르프 배열을 정확하게 연주하거나 민요를 부르는 것을 효과적으로 가르칠 수 있다. 하지만 그것은 학생들이 교실로 가져온 음악 경험에 대한 이해를 증진시킬 수 있는 다양한 세계관과 경험을 무시한다.

다방향 접근법은 학생들에게 의견, 아이디어, 관심사를 표명할 수 있는 기회를 제공한다. 예를 들어, 시카고 교외의 한 교사는 마리아치 앙상블을 위해 준비된 대표적인 멕시코 노래라고 생각되는 노래를 선택했다. 비록 이 노래는 멕시코 오리지널 곡이었지만, 정치적으로 지식이 있고 사회적으로 명석한 학생은 이 곡(멕시코의 모자춤으로 알려짐)이 미국 대중 매체에서 멕시코 사람들을 희화화하는 것으로 묘사되었음을 인식했다. 이 학생은 학교에서 친구들과 교사들 앞에서 공연하면 발생할 수 있는 문제들을 인지했다. 교사는 학생들에게 그 문제를 토론할 여지를 주었다. 그들은 음악회에서 음악을 배우거나 연주할지에 대해 다양한 입장을 표명했다. 이 학급은 학부모들과 다른 학생들을 대상으로 여론 조사를 한 후 결정하기 전에 결과를 토의하기로 결정했다. 수업 중과 밖에서 이어지는 대화와 사고는 비록 연주회에서 공연된 적이 없지만 학생들의 음악에 대한 깊은 이해를 반영했다(Abril, 2010).

이런 상황에서 블로그나 웹 사이트는 사회적 학습 공간이 될 수 있다. 이는 학생들이 동료의 의견, 리뷰, 보고서 또는 반성에 접근하거나 댓글을 달 수 있게 해 준다. 학생들은 아이디어를 탐색할 수 있는 마인드맵을 만들 수도 있다. 그들은 학급이나 학교의 음악적 선호도나 재생 목록의 패턴을 기록할 수도 있다. 그들은 음악교실에서 표현된 언어나 국가를 지도(地圖)로 그려 낼 수 있다.

여러 가지 다방향 환경을 만드는 방법은 많다. Larry Long의 온라인 교육과정 프로젝트인 'Elder Wisdom, Children's Song'은 아이들과 교사들이 지역 공동체의 어른들로부터 구전된 역사자료를 수집하도록 하였다. 그러고 나서 그들은 이 개인들로부터 영감을 받은 노래를 만든다. 학생들이 가족 안에서 어른들을 찾아 보여 주거나 문서화한 음악사, 이야기, 멜로디와 노래를 수집했다고 상상해 보라. 그들은 자신들이 배운 것에서 영감을 받아 자신의 노래를 작곡하거나 가족 역사를 음악 포트폴리오로 만들 수 있다. 문화적으로 반응하는 음악교실은 모든 사람이 지식을 이해하고 형성하는 데 기여하는 사회적 학습 환경을 조성한다.

Kindall-Smith, McKoy와 Mills(2011)는 음악교육자들이 사회 정의, 문화적으로 민감한 교육과 공정한 접근에 기반한 다각적인 관점을 통해 음악 학습에 접근하는 방식을 고려하기 위한 구조를 제공한다. 이 모델에서 문화적으로 반응하도록 하는 지도는 사회적 정의의 문제를 해결하는 방법으로 사용되는데, 특히 일반음악교실에서 일반적으로 이루어지는 레퍼토리 결정과 관련이 있다. 저자들은 애팔래치아 민속음악을 활용하여 초기 스코틀랜드 정착민들이 이 특정한 장르를 구성하는 음악의 중심에서 배제되는 동안 애팔래치아에 거주했던 아프리카계 미국인 목소리가 어떻게 발휘되었는지를 보여 준다. 사회와 역사적 요인들이 이러한 현실에 영향을 끼쳤으며, 이에 따라 교사들은 인종주의의 현실을 명확히 하고 '문화적 패권주의가 문화의 음악적 표준에 미치는 영향'(p. 378)을 탐구할 기회를 갖게 되었다.

Kelly-McHale(2011)은 학생들의 모국어인 스페인어로 된 레퍼토리에 대해 교사와 학생들의 반응을 설명한다. 이 노래들은 멕시코 어린이들의 노래(책에 따르면)이거나 영어와 스페인어로 불릴 수 있기 때문에 선택되었다. 이 경우에, 교사는 학생들이 학교에서 영어로 노래하는 데 익숙해져서 스페인어로 노래하는 것이 불편하다고 느꼈다. 학생들의 부정적인 반응은 스페인어가 정확하게 들리지 않는다는 그들의 인식에 근거한 것이고 음악은 훨씬 더 어린아이들을 위한 것으로 인식되었다. Abril(2010)과 Kelly-McHale의 연구는 인종적으로 특정한 레퍼토리를 제시할 때 외부인인 교사들이 학생들의 인식보다는 음악의 관점에서 이해하기 때문에 학생들의 인식과 그들의 민족성을 이해하는 데 어려움을 겪을 수 있다는 것을 보여 준다. 이러한 각각의 연구가 탐구하는 문제들은 일반음악교실들, 특히 코다이와 같은 민속음악 기반 접근법에 의존하는 음악교실에서의 실행에 직접적으로 적용될 수 있다.

특정 문화권의 음악을 선택한다고 해서 반드시 문화적으로 반응하는 음악교실을 만드는 것은 아니다. 문화적 책임감은 교사와 학생들에게 '그들의 음악문화와 경험을 잇는 음악을 연결하여 모든 학생들이 자신의 음악적 기술과 이해를 깊게 하는 작업'(Abril, 2013, p. 4)을 요구한다. 레퍼토리를 출발점으로 하는 것이 반드시 무해한 관행은 아니다. Kindall-Smith 등(2011), Abril(2009), Kelly-MaHale(2011)이 증명한 것처럼 음악교육자들은 출판사가 '정통'하다고 인정하거나 제재를 가한 것으로 정의된 규범의 현실을 의심해야 할 뿐만 아니라 특정 음악이 왜 포함되었는지도 고려해야 한다. 레퍼토리는 교사와 학생들에게 특정 음악 작품이 포함되거나 제외되는 이유를 토론할 기회를 제공할 때 문화적으로 반응하는 음악교실에서 강력한 도구가 될 수 있는 능력을 갖추게 된다. 그것은 또한 문화의 내·외부 모두에서 특정 노래가 어떻게 해석되는지를 조사함으로써 비판적 이론에 근거한 토론의 기회를 만든다.

만약 우리가 노래를 고를 때 우리가 가르치고 있는 리듬감 있는 그림을 포함하고 있기 때문에 사회적·문화적 함의를 무시한다면, 우리는 우리가 가입하지 않거나 교실에 속하지 않는 의제를 암묵적으로 발전시킬 위험이 있다. 그러나 우리가 사회문화, 개념, 렌즈에서 나온 노래를 조사한다면, 우리는 음악을 기술적으로 배울 뿐만 아니라 인간의 표현과 문화의 한 형태로 이해할 수 있는 기회를 열어 준다(Abril, 2006). 이러한 지식은 우리가 학생들과 교사들에게 변화를 줄 수 있는 중요한 대화와 음악 경험을 가질 수 있게 한다.

문화적으로 반응하기 위해서는 교사가 사용하는 자료를 검토할 뿐만 아니라 학생, 신념, 음악적 경험에 대한 종합적인 이해를 구축하고 교실 내에서 진정한 배려 관계를 발전시켜야 한다. 일단 이러한 지식을 얻게 되면, 음악교육자들은 존중되고, 반응적이며, 교육적인 음악 학습 경험의 설계를 시작할 수 있다. "문화적으로 반응하는 교수법은 교수법 문제를 제기하고 교사들이 학생–교사 관계, 교육과정, 학교교육, 사회의 본질에 대해 질문하도록 권장한다."(Ladson-Billings, 1995, p. 483)

마지막 사고들

우리는 문화적으로 연계되고 관련 있는 음악교육이 아동 중심 교육과 유사하다고 주장한다. 이런 의미에서 아동 중심은 성인으로서의 우리가 주어진 학년 수준에서 대부분의 아이들이 접할 수 있다고 생각하는 노래나 음악적 배열이라고 생각하는 것 이상의 의미를 갖는다. 아동 중심이 되기 위해서는 아이들이 그들 자신을 찾고 다양한 문화 공동체의 구성원뿐만 아니라 그들 자신이 개인으로서 누구인지를 알고 있어야 한다. 하지만 아동 중심이 되는 것이 우리의 행동을 통해 우리가 음악교육을 발전시키는 보이지 않는 요소들을 항상 만족시키는 것은 아니다. 우리의 행동은 종종 우리가 어렸을 때나 음악가로서 했던 것과 동일한 방식으로 다른 사람들이 음악을 가르치거나 음악을 만들 수 있도록 하기 위해 음악을 가르치고 있음을 의미한다. 성장을 가르치기보다는 보존을 가르친다. 음악 전통을 보존하려는 노력은 우리가 배운 기술과 개념을 체계화하여 우리의 음악적 언어가 살아 있을 수 있도록 한다. 아동 중심적 관점에서 음악을 가르치는 것은 우리가 학생들과 그 가족을 형성하는 음악적 · 사회적 · 문화적 경험을 이해하고 통합하고자 할 때 과거를 인정할 것을 요구한다. 그것은 또한 우리가 만드는 교육과정과 수업에서뿐만 아니라 우리가 순간적으로 응답하고 즉흥표현 하는 방식에서도 반응할 것을 요구한다.

문화적으로 반응하는 교수법의 채택을 통해 우리는 표현의 한 형태이자 정체성의 표시로서 음악을 탐구할 가능성이 있다. 음악교사로서 우리는 말을 듣고, 행동을 관찰하고, 학생들이 음악교실로 가져오는 예를 찾을 기회가 있다.

미주

1 이 장면은 이전 글에서 가져온 것이다(Abril, 2013).

2 이 부분의 일부는 비슷한 주제에 대한 Orff Echo의 이전 글에서 가져온 것이다(Abri, 2014).

참고문헌

Abril, C. R. (2005). Multicultural dimensions and their effect on children's responses to pop songs performed in various languages. *Bulletin of the Council for Research in Music Education, 165*, 37-52.

Abril, C. R. (2006). Learning outcomes of two approaches to multicultural music education. *International Journal of Music Education, 24*, 31-42.

Abril, C. R. (2009). Responding to culture in the instrumental programme: A teacher's journey. *Music Education Research, 11*(1), 77-91.

Abril, C. R. (2010). Opening spaces in the instrument music classroom. In A. Clements (Ed.), *Alternative approaches in music education*. Lanham, MD: Rowman & Littlefield.

Abril, C. R. (2013). Toward a more culturally responsive general music classroom. *General Music Today*. doi:10.1177/1048371313478946

Abril, C. R. (2014). The culturally connected classroom: A multidirectional approach to teaching music. *Orff Echo, 46*(2), 16-21.

Amoaku, W. K. (1982). Parallelisms in traditional African system of music education and Orff Schulwerk. *African Music, 6*(2), 116-119.

Anderson, W. M., & Campbell, P. S. (2009). *Multicultural perspectives in music education* (Vol. 2). Lanham, MD: Rowman & Littlefield.

Apple, M. W. (1986). *Teachers and texts*. New York, NY: Routledge.

Apple, M. W. (1993). The politics of official knowledge: Does a national curriculum make sense? *Teachers College Record, 95*(2), 222-241.

Apple, M. W. (2013). *Knowledge, power, and education: The selected works of Michael*

W. *Apple*. London, United Kingdom: Routledge.

Banks, J. A. (2004). Multicultural education: Historical development, dimensions, and practice. In J. A. Banks & C. A. M. Banks (Eds.), *Handbook of research on multicultural education* (2nd ed., pp. 3-29). San Francisco, CA: Jossey-Bass.

Bruner, J. S. (1996). *The culture of education*. Cambridge, MA: Harvard University Press.

Calantropio, S. (2010). Merging and emerging: The path of Orff Schulwerk. *Orff Echo, 43*(1), 14-18.

Campbell, P. S. (2004). *Teaching music globally*. New York, NY: Oxford University Press.

Cornbleth, C. (1984). Beyond hidden curriculum. *Journal of Curriculum Studies, 16*(1), 29-36.

Deegan, M. J. (1988). *Jane Addams and the men of the Chicago School, 1892-1918*. New Brunswick, NJ: Transaction Books.

Dunbar-Hall, P. (2002). Australian Aboriginal and Torres Strait Islander musics in curriculum: Political, educational, and cultural perspectives. *Philosophy of Music Education Review, 10*(1), 18-26.

Erickson, F. (2009). Culture in society and in educational practices. In J. Banks C. A. M. Banks (Eds.), *Multicultural education: Issues and perspectives* (7th ed., pp. 33-58). Hoboken, NJ: Wiley.

Frega, A. L. (2013). Orff Schulwerk in Latin America: Diverse experiences. In C. Wang (Ed.), *Orff Schulwerk: Reflections and direction* (pp. 59-64). Chicago, IL: GIA Press.

Freire, P. (1996). *Pedagogy of the oppressed*. New York, NY: Penguin.

Fung, C. V. (1995). Rationales for teaching world musics. *Music Educators Journal, 82*, 36-40.

Gates, H. L. (1991, November 24). "Authenticity" or the lesson of the little tree. *New York Times*. Retrieved from http://search.proquest.com/docview/108768695?accountid=14585

Gay, G. (2000). *Culturally responsive teaching: Theory, research, and practice* (Vol. 8). New York, NY: Teachers College Press.

Gay, G. (2002). Preparing for culturally responsive teaching. *Journal of Teacher Education, 53*, 106-116.

Gay, G. (2010). *Culturally responsive teaching: Theory, research, and practice*. New York, NY: Teachers College Press.

Goble, J. S. (2010). *What's so important about music education?* New York, NY:

Routledge.

Gutmann, A. (2009). Educating for individual freedom and democratic citizenship: In unity and diversity there is Strength. In H. Siegel (Ed.), *The Oxford handbook of philosophy of education* (pp. 409-427). New York, NY: Oxford University Press.

Hall, E. T. (1977). *Beyond culture.* New York, NY: Anchor Books.

Hall, S. (2000). The question of cultural identity. In K. Nash (Ed.), *Readings in contemporary political sociology* (pp. 115-122). Malden, MA: Blackwell.

Hebert, D. G., & Kertz-Welzel, A. (Eds.). (2012). *Patriotism and nationalism in music education.* Farnham, Surrey, United Kingdom: Ashgate.

Herskovits, M. J. (1948). *Man and his works: The science of cultural anthropology.* New York, NY: A. Knopf.

Hickey, M. (2012). *Music outside the lines: Ideas for composing in K-12 music classrooms.* New York, NY: Oxford University Press.

Hooks, B. (1994). *Teaching to transgress: Education as the practice of freedom.* New York, NY: Routledge.

Houlahan, M,, & Tacka, P. (2008). *Kodály today: A cognitive approach to elementary music education.* New York, NY: Oxford University Press.

Kelly-McHale, J. L. (2011). *The relationship between children's musical identities and music teacher beliefs and practices in an elementary general music classroom* (Unpublished doctoral dissertation). Northwestern University, Evanston, IL.

Kelly-McHale, J. L. (2013). The influence of music teacher beliefs and practices on the expression of musical identity in an elementary general music classroom. *Journal of Research in Music Education, 61*(2), 195-216.

Kerchner, J. L., & Abril, C. R.(Eds.). (2009). *Musical experience in our lives: Things we learn and meanings we make.* Lanham, MD: Rowman & Littlefield Education.

Kertz-Welzel, A. (2013). Children's and adolescents' musical needs and music education in Germany. In P. S. Campbell & T. Wiggins (Eds.), *The Oxford handbook of children's musical cultures* (pp. 371-386). New York, NY: Oxford University Press.

Kindall-Smith, M., McKoy, C. L., & Mills, S. W. (2011). Challenging exclusionary paradigms in the traditional music canon: Implications for music education practice. *International Journal of Music Education, 29*(4), 374-386.

King, J. (1995). Culture-centered knowledge: Black studies, curriculum transformation, and social action. In J. A. Banks & C. A. M. Banks (Eds.), *Handbook of research on multicultural education* (pp. 265-90). New York, NY: Macmillan.

Kodály, Z. (1974). *The selected writings of Zoltán Kodály* (L. Halápy & F. Macnicol, Trans.). London, United Kingdom: Boosey & Hawkes.

Ladson-Billings, G. (1995). Toward a theory of culturally relevant pedagogy. *American Educational Research Journal, 32,* 465-491.

Mark, M. L., & Gary, C. L. (2007). *A history of American music* (3rd ed.). Lanham, MD: Rowman & Littlefield.

McKoy, C. L. (2002). A review of research on instructional approach and world music preference. *Update: Applications of Research in Music Education, 22*(1), 36-43.

Moll, L. C. (2000). Inspired by Vygotsky: Ethnographic experiments in education. In C. D. Lee & P. Smagorisky (Eds.), *Vygotskian perspectives on literacy research* (pp. 256-268). Cambridge, United Kingdom: Cambridge University Press.

Nieto, S. (2002). *Language, literacy, and culture: Intersections and implications.* Mahwah, NJ: Lawrence Erlbaum.

Phillips, D. C. (Ed.). (2000). *Constructivism in education: Opinions and second opinions on controversial issues.* New York, NY: National Society for the Study of Education Yearbooks.

Powell, R. R. (1996). "The music is why I teach": Intuitive strategies of successful teachers in culturally diverse learning environments. *Teaching & Teacher Education, 12*, 49-61.

Redfield, R., Linton, R., & Herskovits, M. J. (1976). Memorandum for the study of acculturation. In G. W. Stocking (Ed.), *American anthropology, 1921-1945.* Lincoln, NB: University of Nebraska Press.

Robins, K. (1991). Tradition and translation: National culture in its global context. In J. Corner & S. Harvey (Eds.), Enterprise and heritage (pp. 21-44). London, United Kingdom: Routledge.

Robinson, K. M. (1996). Multicultural general music education: An investigation and analysis in Michigan's public elementary schools, k-6. *Dissertation Abstracts International, 57*(7), 2932A.

Robinson, K. M. (2002). Teacher education for a new world of musics. In B. Reimer (Ed.), *World musics and music education: Facing the issues* (pp. 219-236). Reston, VA: National Association for Music Education.

Robinson, K. M. (2006). White teachers, students of color: Culturally responsive pedagogy for elementary general music in communities of color. In C. Frierson-Campbell (Ed.), *Teaching music in the urban classroom: A guide to survival, success, and reform* (Vol. 1, pp. 35-53). Lanham, MD: Rowman & Littlefield.

Samovar, L. A., & Porter, R. E. (1991). Basic principles of intercultural communication. In L. A. Samovar & R. E. Porter (Eds.), *Intercultural communication: A reader* (pp. 5-22): Belmont, CA: Wadsworth.

Schippers, H. (2010). *Facing the music: Shaping music education from a global perspective.* New York, NY: Oxford University Press.

Schippers, H., & Campbell, P. S. (2012). Cultural diversity: Beyond songs from every land. In G. McPherson & G. Welch (Eds.), *Oxford handbook of music education* (pp. 87-104). New York, NY: Oxford University Press.

Shamrock, M. (2013). Thoughts on Orff-Schulwerk and "culture" in today's classrooms. In C, Wang (Ed.), *Orff Schulwerk: Reflections and direction* (pp. 89-101). Chicago, IL: GIA Press.

Shaw, J. (2012). The skin we sing: Culturally responsive choral music education. *Music Educators Journal, 98*(4), 75-81.

Sleeter, C. E. (2012). Confronting the marginalization of culturally responsive pedagogy. *Urban Education, 47*(3), 562-584. doi:10.1177/0042085911431472

Suárez-Orozco, C., & Suárez-Orozco, M. M. (1997). *Transformations: Immigration, family life and achievement motivation among Latino adolescents.* Stanford, CA: Stanford University Press.

Sullivan, L. H. (1896). The tall office building artistically considered. *Lippincott's Magazine*, 403-409.

Valenzuela, A, (1 999). *Subtractive schooling: US-Mexican youth and the politics of caring.* Albany, NY: State University of New York Press.

Villegas, A. M., & Lucas, T. (2007). The culturally responsive teacher. *Educational Leadership, 64*(6), 28-33.

Volk, T. M. (1998). *Music, education, and multiculturalism: Foundations and principles.* New York, NY: Oxford University Press.

Volk, T. M. (2002). Multiculturalism: Dynamic creativity for music education. In B. Reimer (Ed.), *World musics and music education: Facing the issues* (pp. 15-30). Reston, VA: MENC.

제12장

21세기에 변화하는 풍경들
일반음악교육에서의 적응력과 유연성

Chee-hoo Lum 저 / 최은아 역

나는 이제 소음과 소리의 경계가 하나의 관습임을 이해한다.
모든 경계들은 초월될 수 있는 관습이다. 누군가 관습을 초월하는 것에 대해
상상할 수 있다면, 누구든 그렇게 할 수 있다.
Robert Frobisher(David Mitchell의 소설 『Cloud Atlas』에 등장하는 작곡가)

Frobisher의 인용구는 소리와 소음의 경계를 탐구하고 지속적으로 의문을 제기하며, 구체적인 경계들을 규정하기 위해 정립된 관습(conventions)들을 재규정하는 개인 및 사회화된 자아의 메타포로 읽을 수 있다. 여기에서 관습은 특정한 음악 장르의 경계를 규정하는 음악적 용어라고 할 수 있다. 어떤 사람들은 논의가 되는 음악 장르를 유지하고, 감상하며, 창조하기 위해서는 구체적인 토대가 되는 관습에 뿌리 내린 기능들을 이해하는 것이 필수적이라고 주장할 것이다. 이러한 토대가 없다면, 음악 장르의 경계를 깨뜨리고, 이를 초월하기가 어려울 것이다. 그러나 Greene(1995)이 경고한 바와 같이 사람들은 다음과 같은 것을 잘 알고 있다.

> 현대 사회는 온갖 종류의 공식적인 언어로 구성된 관료사회이다. 대체로 이러한 언어는 지배, 특권, 힘의 언어이며, 평범한 사람의 말이 들려야 하는 곳에 엄청난 침묵이 자리하고 있다. 이러한 침묵은 우리 교육이 어떻게든 바로잡아야 하는 것이다 (p. 47).

교육자들은 끊임없는 성찰을 통해, 이와 같은 '권력 시스템의 대행자'가 되지 않도록 경계해야 한다. 또한 21세기 교실에서 학생들이 함양해야 할 '자유로운 놀이, 폭넓은 깨우침, 진정성과 도덕적 민감성(Greene, 1995, p. 50)'을 방해하는 사회적 구조를 인식해야 한다. 그럴 때에야 비로소 Huxley(1932)가 그의 디스토피아적인 소설에서 창조한 '멋진 신세계(the brave new world)'가 실현되기 전에, 관습과 경계에 묶이지 않은 '멋진 신세계'에 대한 탐사(exploration)를 생각해 볼 수 있지 않을까? 이 장은 이론적으로 포스트모더니즘, 다문화, 페미니스트 관점에 기반을 두었으며, 다문화, 테크놀로지, 세계화된 음악 공간 속에서의 변화, 평등, 협업을 둘러싼 핵심논제들이 논의될 것이다.

일반음악에서 '일반'의 개념 정의하기

메리암-웹스터(Merriam-Webster) 사전은 '일반(general)'에 대한 정의 중 음악교육자들에게 유익한 두 가지 정의를 포함하고 있다. 그것은 ① 전체에 관련되어 있고, 적용 가능한 또는 영향을 미치는 것, ② '전문화나 세세한 제한들에 국한되지 않는 것이다. 이에 따르면, 일반음악이란 전체 아이들에 관련되어 있고, 적용 가능하며 이들에 영향을 미치는 음악 프로그램이다. 또한 구체적인 음악적 관습과 경계에 대한 전문화 또는 세세한 제한들에 의해 국한될 수 없다고 해석될 수 있다. 이 해석에 따르면, 일반음악교육은 가상의 작곡가인 Frobisher가 제안한 것의 기조(ethos)와 제도에 잘 맞는 것처럼 보인다.

오늘날 기술 세계가 확장됨에 따라, 소리 세계에 대한 상상과 사고의 통로 및 가능성은 크게 열렸다. 우리는 음악교육자로서 안정적 요소와 익숙한 관습을 버리지 못하여 학생들 스스로 소리 세계를 탐구하면서 앞으로 나아갈 기회를 너무 적게 준 것은 아닌가? 예술교육교수 Victor Lowenfeld와 시인이자 문학 및 예술비평가인 Herbert Read가 그토록 강조한 것, '예술이 영혼을 해방시키고, 창조적 욕구를 표출하는 과정'(Eisner, 2002)이라는 것, 창조적인 자기표현이라는 것을 방기해 온 것은 아닌가? Young(2012)이 적절하게 경고한 바와 같이 음악교육이 교육과정 범위 바깥의 많은 음악적 경험을 도외시하고, 좁은 시야에서 단순한 기능과 요소에만 초점을 맞추는 것은 음악적 실천이 여러 맥락과 연관되었다고 하는 아동기 연구 이론에 부합되지 않는다. 음악교사들은 학생들의 활동(agency) 및 참여의 확대를 강조하는 Young(2012)의 요청을 받아들일 수 있는가?

[장면 1][1] 미시적으로 보기(becoming myopic), 통계적으로 말하기

음악교사는 공동체 내에서 동료 교사와 공유하기 위해 맑은 생각과 열정을 쏟았던 일반음악 프로그램 아이디어에 대해 확신을 갖고 말하였다. 그는 그것들을 현장교사 워크숍에서 발표하고, 참여한 모든 사람이 필수적인 기초를 배우면서 키보드, 자일로폰, 단순한 타악기 연주에 참여하도록 하였다. 프로젝트 스크린에서 키보드 차트에서 나온 음표로 보조적인 단음계가 완성되었다. 또한 교사가 4마디 가락 짓기 작업을 할 때 필요한 코드 진행이 표시되어 있었다. 교사는 다음과 같이 주장하였다.

> 통계적으로 말해서 이제 세계 대부분의 사람은 대중음악과 재즈를 듣고 있으며, 이 음악들은 서양 클래식 음악 전통과 유사한 토대를 갖고 있다. 따라서 모든 사람은 이와 같은 토대 위에 정립된 기본들을 알아야 한다. 인디언과 아프리칸 음악에서조차 당신은 서양 클래식 음악 원리에서 비롯된 음계와 음악적 재료를 쉽게 찾아낼 수 있다. 이러한 기본 원리가 일반음악교실에서 가르쳐지지 않는다면 아이에게 손해가 될 것이다. 다른 음악들도 중요하지만 그들은 소수이고, 글로벌 세계가 확장됨에 따라 더 줄어들 것이다.

한 동료교사는 "여기에 종족음악학자들이 앉아 있었다면, 당신은 산 채로 가죽이 벗겨졌을 것이다."라고 반박했다. 다른 교사들은 갑작스럽고 단호한 발언에 놀랐지만, 더 이상 주의를 기울이지 않고 그들의 그룹 작곡활동을 수행했다.

교육 분야의 많은 연구가 세계음악에 대한 마음 열기, 이론화, 교수법과 실제의 관점에서 진행되면서, [장면 1]에서 묘사된 것 같은 엘리트주의적 견해가 아메리카, 유럽 및 아시아 전역의 학교 일반음악교육에서 드물지 않게 나타난다는 사실이 강하게 지적되어 왔다.

되어가기: 일반음악 프로그램 설계의 철학적 · 은유적 가능성

놀이의 힘과 함께 아이들을 생각하면 Paley(2004)가 다음과 같이 언급한 것에 주의를 기울이게 될 것이다. "좋든 싫든 아이들의 사고는 배움의 길을 만들면서 교실 곳곳에서 달리고, 흐르고, 날아다닌다……. 결국 그들은 우리가 지금 하고 있는 것처럼, 그리고 우리가 어린 시절에 했던 것처럼, 이야기를 만들고 규칙을 세운다."(p. 33) 이와 같은 Paley의 언급은 음악의 경로(pathways)에 대한 지속적 질문과 재규정의 필요성을 제안한다는 점에서, Frosbisher의 언급과 다르지 않다. Custodero(2010)는 한 걸음 더 나아가 학습자가 누구이며 무엇이 될 수 있는지를 인식하면서, '존재하기(being)'와 '되어가기(becoming)'의 관점에서 그들을 보아야 함을 강조하였다(p. 113).

본 장은 Deleuze와 Guattari(1987)가 주창한 '되어가기(becoming)'의 철학적 입장을 취한다. 여기에서 '되어가기'란 "'아직 아닌 것'의 형성, 떠오름, 동작과 움직임에서의 과정, 상태와 조건의 변화와 변형(transforming)"을 뜻한다(Kielian-Gilbert, 2010, p. 204). Deleuze와 Guattari는 다음과 같은 것들을 관찰했다.

> '되어가기'의 선(線)은 이 선이 연결하는 점들에 의해서도, 이 선을 합성하는 점들에 의해서도 규정되지 않는다. 이와 반대로 점들 사이를 지나가고, 중간을 통해서 돌출하며, 먼저 인지된 점을 향해 수직으로 흘러가고, 인접해 있거나 떨어진 점들 사이를 수평적으로 흘러간다. 하나의 점은 언제나 원점이다. 하지만 되어가기의 선은 시작과 끝, 출발과 도착, 발생지와 목적지가 없다. ……되어가기의 선은 중간만을 갖는다(p. 293).

철학적으로 음악과 음악교육을 끝없이 펼쳐진 '되어가기'의 여정으로 생각한다면, 음악교육에 대한 접근은 보다 참여적이고 상호작용적일 수 있다. 또한 음악을 철학, 기억, 소리 특질의 구현, 즉 음악에서 행하거나 생각하거나 느낄 수 있는 수단으로 여긴다면, 창조적인 표현, 표현의 강도, 수행적 참여를 통해 새롭고 참신한 것들을 더 많이 포함해야 한다. 음악교육은 학생들의 마음이 능동적으로 생성되어 가도록 음악적 관습의 범주를 해제하고 지속적으로 의문을 제기하며 저항해야 하는 것이다(Kielian-Gilbert, 2010, p. 204).

'되어가기'의 개념을 확장하기 위해, 음악을 '반복구(refrain, 영토를 구획화하는 리듬 패턴의 종류)의 탈영토화로 구성되는 적극적이고 창조적인 작업(p. 369)'이라고 하는 Deleuze와 Guattari(1987)의 규정으로 시작해 보도록 했다. 이러한 규정에 기초하여, Bogue(1991)는 Deleuze와 Guattari가 "횡단하여(transverse) '되어지는'의 분자적molecular인 영역에" 음악의 본질이 있다고 보았음을 지적하였다(p. 88). 반복구는 '분자 되어가기(becoming-molecular)의 과정, 측정되지 않는 시간의 맥박 없는 리듬을 표현하는 환경(millieux)과 영토(territory) 사이의 통로(p. 91)'에 기초하여 탈영토화될 수 있다.[1] 즉, "음악과 세계는 상호적 '되어가기'의 과정에 참여하는 열린 체계"로 여겨진다는 것이다. 이것은 일반적인 음악 프로그램이 어떻게 구상될 수 있는가(p. 98)의 본질이며, 예술이 작곡이라는 평면에 가능한 우주의 지도를 그리는 것임을 강조하면서, 음악의 '되어가기' 가능성을 학생들에게 지속적으로 상기시켜 준다. "예술은…… 우리에게 매일의 평범한 일상을 인식하고 느낄 수 있는 창조적이고 대안적인 방법을 제공해 주는 것이다."(Bogue, 2003, p. 141)

일반음악 프로그램에서 학생들이 전문적 음악가 수준에 이르는 것과 '되어가기'를 위해 관습을 넘어서는 것은 가능하지 않으며 의도하는 바가 아니다. 그러나 Deleuze와 Guattari(1987)은 학생들이 모든 활동 수준에서 새롭고 참신하며 예기치 않은 것을 나타낼 수 있도록 놀기, 표현의 강도, 창조적 표현 및 연주에서 만들어지는 활동들을 허용하면서 음악교육이 다양성과 가능성에 열려 있어야 함을 함축한다(Kielian-Gilbert, 2010). 결국 Deleuze와 Guattari가 주장한 바와 같이, "모든 위대한 작곡가들은 당대의 주어진 관습에 균열을 일으키고, 화음의 수직선과 선율의 수평선 사이를 지나가는 사선을 만들어 내는 것이다." (Bogue, 2003, p. 91에서 재인용)

1) 역자 주: Deleuze와 Guattari는 반복구(refrain)가 다음의 3가지 측면을 가진다고 설명한다. 즉, ① 어둠 속에서 길을 잃은 아이가 노래를 부르면서 안정을 찾으려고 하는 모습, ② 사람들이 자기 집에 있으면서 제한된 공간을 조직하는 모습, ③ 사람들과 자기 집을 벗어나 원을 가르고 개방하여 돌진하는 모습 등이다. 이어 그들은 반복구가 '카오스'에서 '환경'으로, 이후 '영토'로 나아가는 것이며, 리듬이란 '카오스에 대한 환경의 반응'이라고 주장한다.

디지털 소리 세계

"디지털 원주민" 아이들('digital native' child)[2]의 소리 세계는 무한하다. 유튜브와 아이튠스(iTunes)는 세계의 음악 장르를 폭넓게 제공하며, 아이들은 자신의 집에서 쉽고 편안하게 이 거대한 사운드 팔레트에 접근할 수 있다. 하나의 버튼을 클릭하면, 아이들은 호주 디저리두(didgeridoo, 대나무로 만든 오스트레일리아 북부 원주민들의 관악기)부터 Tuvan throat singer(몽골리안 음악)까지 다양한 악기, 연주자의 소리와 영상을 경험할 수 있다. 이들은 때때로 TV에서 음악 아케이드 게임까지, 가라오케에서 iPad 음악 앱까지, 멀티미디어와 다감각적 공간 안에 있는 사운드 서라운드에 휩싸이기도 한다(Lum & Campbell, 2007; 15장 참조).

소리 세계가 디지털 원주민 아이들이 탐험하고 실험하는 데 있어 자유롭게 넘나드는 공간(free-roaming space)이라면, 아이들은 어떠한 소리의 경계나 관습에 고정될 필요가 없다. 아이들은 모든 종류의 소리 원천(source)을 자유롭게 파고들 수 있으며, 어떠한 자료든 자신의 이해를 깊게 하기 위해 선택할 수 있고, 언제든지 플러그를 뽑고 다른 곳으로 갈 수 있으며, 언제든지 친숙한 소리로 돌아올 수도 있다. Blacking(1973)이 묘사한 바와 같이, 음악이 인간을 위해 인간에 의해 조직화된 소리라면, 음악교육은 지속적으로 그들 스스로 마음을 열도록 일깨우고, 소리로 생각하고 실험할 수 있는 다양한 기회를 제공해야 한다. 아이들이 경계와 관습에 대한 자신의 정의를 만들어 내고, 새로운 가능성을 생각하고 낡은 것을 넘어서게 해야 하는 것이다.

테크놀로지(technology)의 발전은 또한 아이들이 놀 수 있는, 완전히 새로운 사운드 팔레트를 가져다주었다. 어떤 소리도 녹음 장치를 통해 쉽게 포착할 수 있으며, 점차 다양해지는 소프트웨어 응용 프로그램을 사용하여 조작할 수 있다. 이러한 과정은 아이들이 음악의 규정과 재규정, 구성과 재구성을 새롭게 할 수 있도록 도와준다. Lamb은 오늘날의 아이들이 기술 장치를 "자신의 삶을 말하기 위해서 창의적 · 생산적으로 참여하고 능동적으로 정체성을 만들기 위해 사용한다. 그들은 사회적 네트워킹을 강화하고 그들의 개성을 표현하기 위한 일상생활에서의 도구로서 이와 같은 장치들을 사용한다."라고 지적한 바 있다(p. 35) 테크놀로지는 학생들이 그들의 음악성, 불과 10년 전에도 가능하지 않았던 무언가를 개발할 수 있도록 자기주도적 학습 기회를 펼쳐 놓는다(Lamb, 2010). 또한 온라인 공동체는 자기주도적인 음악기술 함양과 음악적 협업을 고무시키면서, 전통적인 음악교실의 경계 밖에서 다양한 공동체에 참여할 길을 열어 주고 있다.

> 연필, 크레용, 수채화 물감 등으로 예술작품을 만들기 시작한 아이들처럼, 테크놀로지는 아이들에게 비슷한 음악 조건을 제공해 왔다. 기보와 시퀀싱 소프트웨어는 학생들의 음악적 아이디어를 위한 'sketch pads', 즉 '잘못된 답'을 통해 배울 기회를 만들어주는 곳으로 사용될 수 있다. …… 왜 내 음악은 이렇게 소리 날까? …… 서로 다른 악기가 이 가락을 연주한다면 어떨까? …… 이러한 질문들, 질문으로부터 배울 수 있는 수업들은 힘 있고 창조적인 경험, 즉 음악 테크놀로지에 의해 크게 강화될 수 있는 경험들이다(Frankel, 2010, p. 257).

디지털 원주민 아이들은 세계의 어린이이자 세계 안의 어린이이며, 교육이라는 협소한 공간에 있는 선생님들보다 훨씬 복잡한 사운드 기반과 연계성을 갖고 일반음악교실에 들어온다. 이러한 상황을 돌아볼 때, 21세기에 일반음악을 가르치는 것이 무엇을 의미하는지에 대해 음악교육자들이 지속적으로 생각하고 도전해야 하지 않을까?

[장면 2] 확장된 소리 세계 인식하기(Becoming aware of expansive sound worlds)

음악교사는 유튜브를 링크시켜, 유명한 작곡가 Tan Dun과 피아니스트 Lang Lang이 어떻게 영화감독과 소통하고, 영화의도를 이해하며, 영화의 셀 수 없이 많은 영상 클립을 반복하여 보는 것을 통해 얼마나 공들여서 영화 〈Banquet〉의 영화음악을 만들었는지에 대해 보여 주었다. 학생들은 음악교사의 안내에 따라 영화음악의 힘과 이것의 창작 과정에 대해 토론하였다.

교사는 노트북에 연결되는 간단한 녹음 장치를 미리 설치하였다. 그녀는 학생들에게 20초짜리 무음 애니메이션 클립을 보여 주고, 영상에 어울리는 즉흥연주에 대해 생각해 보라고 하였다. 영상을 본 후에 음악교사는 바이올린을 들고, '나는 바이올린을 연주하지 못하지만 이 영상을 위한 즉흥연주의 매체(sound source)로 이것을 사용할 것'이라고 말하였다. 그녀는 영상이 재생되는 동안 연주(활과 바이올린의 여러 부분을 치거나 때리면서)를 녹음하였다. 그녀는 음악실을 둘러보다 티벳 노래 그릇(Tibetan singing bowl)을 보았다. 이것은 그녀의 다음 소리 재료가 되었다. 그녀는 세 번째로 영상을 재생하고 다른 버전으로 녹음을 시작하였다. 그녀는 처음 15초 동안 그릇을 건드리지 않고 제스처만 취하다가, 16초가 되자마자 그릇을 쳤고, 20초가 될 때까지 진동이 되도록 하였다.

음악교사는 "여러분, 여러분은 각자 좋아하는 어떤 것을 사용할 수 있습니다. 저기에 플라스틱 백이 있고, 여기에는 멋진 상자가 있습니다. 또는 각자의 악기든 뭐든 사용할 수 있습니다. 소리를 탐색하고 연주하고 준비가 되면 즉흥연주를 녹음해 보세요."라고 말하였다. 그다음 주에 학생들은 서로 다른 소리 매체를 사용하여 라이브로 즉흥연주를 하였고, 지난주에 녹음한 즉흥연주와 함께 연주하였다. 연주 후에 학생들은 영상에 대한 서로 다른 반주가 영상의 분위기와 해석에 어떠한 영향을 끼쳤고, 어떻게 달라졌는지 등에 대해 토론하였다.

교사는 그녀의 의도에 대해 호기심을 가진 교사 그룹에게 다음과 같이 말했다. "나는 학생들이 이 과정을 통해 무언가를 배우리라는 것을 알고 있습니다. 이것은 협업일 수도 있고, 의도적으로 듣는 것일 수도 있고, 구조, 음색, 그 밖에 무엇이든 될 수 있습니다. 우리는 항상 그렇게 구체적이어야만 하나요? 항상 '3개의 학습 포인트'가 있어야 하나요? 나는 다만 촉진하고 각 그룹은 상황에 따라 무언가 다른 것을 배우고 창조할 것입니다."

음악 교사는 인터넷에서 발견한 다양한 사운드 샘플을 사용했으며 마지막에 Music Pro로 사운드 샘플을 편집했다고 설명하면서 자신이 상업용으로 제작한 영화음악 클립을 학생들에게 보여 주면서 수업을 마무리했다.

[장면 2]에 예시된 일반음악교실은 음악교실에서의 그들의 경험과 일상생활의 관련성, 음악 산업 내에서 상업적으로 가능한 벤처기업 또는 직업을 가질 기회에 대한 지원과 함께, 학생들이 거대한 사운드 팔레트에 접근하도록 하는 데 있어 테크놀로지의 지원적 역할을 보여 주고 있다.

악기(여기에서는 테크놀로지)는 '소리로서의 음악을 실현하는 도구'라고 할 수 있다(Echard, 2006, p. 11). 따라서 어떤 악기의 기능을 배우는 것은 한 작품을 정확하게 연주하기 위한 것이라기보다 서로 다른 음악적 아이디어를 실현시킬 유연하고 창조적인 잠재력을 만들기 위한 것이다(Echard, 2006, p. 15). 악기로서의 테크놀로지는 학생들이 보다 넓은 범위의 음악적 언어에 보다 쉽게 접근할 수 있는 가능성을 열어 준다.

다양하고 변화하는 세계들

테크놀로지와 경제의 세계적인 흐름으로 인해 빠르게 변화하는 인구 통계(demographics)는 국가 사이의 경계를 끊임없이 흔들어 놓는다. 세계화는 상호연결, 통합, 문화 확장과 의사소통을 통해 세계를 끊임없이 움직이게 하고, 국가 간 경계를 가로지르며 시공간적 과정을 바꾸어 왔다(Appadurai, 1990; Inda & Rosaldo, 2002). 이에 따라 아이들이 다원적(pluralistic) 사회에서 살아가는 것이 점차 일반화되고 있으며, 다양한 사회 언어적(sociolinguistic)·문화적 배경의 학급친구들과 상호작용하는 것을 배워야 한다. 대중 문화가 문화 교육에 스며들어 있어 학생들 간에 공유되는 경우가 많을 수 있지만, 개인은 전통적이든 현대적이든 다양한 음악 레퍼토리를 갖게 될 것이고, 이들은 일상생활과 연관된 음악적 기능과 용도의 관점에서 여러 가지 연관성을 갖게 될 것이다. 오늘날 이민자들은 과거보다 이동하기가 편리하기 때문에 이민을 갔다 하더라도 고국, 원주민 문화, 소수 민족 문화와 긴밀한 관계를 유지한다. 대부분의 사람은 일시적인 시간과 장소에서 다른 문화와 혼합되기보다는 문화적 순수성을 유지하려고 노력한다는 것이다(Appadurai, 1990, pp. 18-19).

예를 들어, Lum(2008)은 최근 싱가포르에 이민 온 필리핀과 남부 인디언 가정이 그들의 본국에서 이민 온 국가로 음악적 정보를 이동하기 위해 테크놀로지를 도관처럼 사용했다는 점에 주목했다. 이 가족들을 규정했던 뚜렷한 음악적 민족경관(ethnoscape)[2]을 형성하고, 상상의 공동체를 창조하기 위해 음악적 정보를 적극적으

---

2) 역자 주: 문화인류학과 arjun Appadurai는 세계화가 지닌 유동적이면서 비정형적인 속성을 강조하면서, 경관(−scape)이라는 접미사를 사용함으로써 세계화의 양상을 다섯 가지로 구분하였다. 민족경관은 이 중의

로 찾았다는 흔적이 있다. 이들은 테크놀로지와 미디어를 통해 일상생활에 스며 있는 음악 레퍼토리를 내면화했으며, 이는 이 가정의 아이들이 리듬적인 놀이와 선율적인 웅얼거림을 통해 필리핀과 남부 인디언의 사회적 문화적 특성을 표현한다는 것에서 잘 드러났다. 그렇다면 음악교실에서 다양성과 통합성을 추구하는 동시에 이민자 자녀들이 지역 음악문화에 잘 동화되도록 하기 위해, 그들의 음악적 정체성을 어떻게 활용하여야 하는가?

세계적인것과 지역적인것의 상호 작용에서 볼 때, 글로컬(glocal)의 가능성이 있다. 이것은 세계적인 음악과 같은 문화 요소가 지역에 적용, 융합, 토착화되는 것을 뜻한다(Lull, 2000). 이 개념을 더 확장시키면서 Spivak(2010)은 다음과 같이 적었다.

> 영어는 세계화되고 있다. 이는 문화적 특수성을 파괴한다…… 동등함은 동일화와 다르며, ……차이를 없애는 것이 아니고, ……낯선 것을 익숙한 것으로 축소하는 것도 아니다. 이는 다른 것들이 내 모국어만의 특별한 장소를 차지할 수 있다는 것을 인정하며 배우는 것이다. 이는 …… 발달시키기 쉽지 않은 직관인데, 누군가의 음식이나 언어, 세계의 구성에 있는 편안함을 없애 버릴 필요가 없는 것이다(p. 31).

그렇다면 음악교육에서 아이들이 어떻게 글로컬(glocal)화 될 수 있는가? 오늘날과 같은 다원적 사회에서, 일반음악교육의 의의는 아이들이 그들의 소리 세계와 사회문화적 맥락을 연결시키도록 하는 것에 있다고 할 수 있다. 아이들이 그들의 변화하는 소리경관(soundscapes)[3]을 인식한다면, 변화하는 상황과 보다 잘 융합할 수 있을 것이다. Green(1995)이 적절하게 제안한 바와 같이, "오늘날 교육은 젊은이들의 비판적 판단, 그들의 상상력 있는 프로젝션과 변형적인 행동들에 세상을 여는 방식으로 이루어져야 한다."(p. 56) "문화와 음악의 의미가 궁극적으로 개인과 그들의 삶의 경험 속에 있다."라는 Turino(2008)의 주장을 받아들여 예술의 목적이 사회문화

하나로 이민자, 망명자, 추방자, 여행자와 같이 사람의 흐름을 의미한다.
출처: 신동일, 박수현, 김가현, 조은혜, 심우진(2017), 접촉의 언어학. 서울: 커뮤니케이션북스.

3) 역자 주: 일련의 형식 혹은 환경에 의해 나타나는 소리 및 그 소리의 조합들. 소리(sound)와 경관(landscape)의 합성어로 캐나다의 작곡자이자 환경예술가인 R. Murray Schafer의 World Soundscape Project를 통해 처음으로 등장하였다. 소리경관은 다양한 자연속의 소리들과 인간에 의해 구성되는 음향 환경 등을 포함한다. (위키백과)

적 맥락에서 개인의 위치와 관계를 탐구·검토하는 것이라면, 예술 과정의 탐구는 개인과 자아에 대한 이해와 더불어 시작해야만 한다(5장, 11장 참조).

일반 학교 교실 활동으로서 소리경관을 창조하는 것은 좋은 예이다. Murray Schafer(1986)는 소리의 특징을 설명하면서, "모든 소리는 음악의 포괄적인 영역 안에서 지속적인 가능성을 갖는다."라고 주장하였다. "현대의 새로운 오케스트라를 보라: 소리의 세계! 새로운 음악가들을 보라: 누구든 무엇이든 소리를 낸다." (p. 95) 소리경관은 '개인의 경험과 물리적·사회문화적 맥락에 따른 주관성의 관계'(Raimbault & Dubois, 2005, p. 340)로 여겨질 수 있다. 학생들은 소리경관의 창조를 통해 소리를 탐구하고 실험하며, 자신의 삶 속에서 의도적으로 소리를 듣는 한편, 물리적·사회문화적 풍경에 대해 성찰하는 과정 속에서 소리 환경과 능동적으로 상호작용 할 수 있는 것이다. Lashua(2006)가 주장한 바와 같이 "소리경관은 (부분적으로) 말해진 이야기들이지만, (귀로) 들어야만 하는 것들이다. 이러한 내러티브 구성은 말하기와 듣기, 존재하기와 되어가기 대화적 과정의 일부분이다. 즉, 우리가 소리경관을 만들 때, 그것들은 차례차례 부분적으로 우리가 누구인지를 구성한다."(pp. 406-407) 소리경관 활동은 학생들이 자신의 개인적 정체성을 형성하고 표현하기 위해 그들의 속성, 역사, 지배권, 이해를 소리로 창조할 때, 학생들이 이야기를 하도록 이끌며, 평생 동안 여러 만남을 연결하도록 이끈다(MacDonald, Hargreaves, & Miell, 2002; Mans, 2009).

[장면 3] 소리경관을 통해 자기 인식하기

음악교사는 수업 모듈의 전체 주제를 '삶의 소리경관'으로 결정하고, 4학년 학생들이 창의적 음악 만들기를 통해 그들 주변의 소리들을 탐색할 수 있도록 설계하였다. 모듈은 8주에 걸쳐 한 주에 1시간씩 구성되었다. 과제는 학교, 집, 모임에서의 일상적 만남에 기초한 장면이나 이야기, 즉 일상적 삶에서의 청각적 장면들을 묘사하기 위해 신체 타악기만을 사용하여 소리경관을 만드는 것이다.

음악교사는 모듈을 통해, 학생들이 음악이 사회적·문화적 맥락에서 구성된다는 것과 음악 만들기 과정(서로 다른 음악 요소들의 사용과 관련된)이 학생들이 노출된 직접적인 환경에 의해 영향 받는다는 것을 이해하도록 기획하였다.

학생들은 컴퓨터실에서 그들의 소리경관 창작을 위해 아이디어를 브레인스토밍하였다. 음악교사는 학생들이 그들에게 의미 있다고 느낀 소리 5가지를 개별적으로 생각하고 입력하면 구글폼을 통해 아이디어를 수집하여 비교하였다. 학생들이 그들의 아이디어를 개별 데스크톱에 입력하면, 음악교사는 교실 앞의 큰 스크린으로 누적된 아이디어들을 비춰 주고 학생들과 토론하기 시작하였다. 〈표 12-1〉은 학생들이 수업시간에 컴퓨터에 입력했던 내용으로, 수업 중에 보여 주고 함께 토론했던 아이디어들이다.

표 12-1 학생들에게 의미 있는 소리에 대한 아이디어

자연의 소리	사람 또는 사물에 의해 만들어진 소리	기타
새소리	발소리 또는 가볍게 두드리는 소리	공동체
개 짖는 소리	음악/노래	문화
자연	게임(MapelStory)	삶에서 일어난 사건
개	차기	매일 듣는 소리
사자	기도	가족
호랑이	학교 종	기억
	낙서	학교 경험
	소리 지르기	친구들
	말하기	선생님
	교통수단	축구
	먹기	경주
	자동차	취미
	웃기	종교
	아이들의 놀이	국가
	코골기	
	재채기	
	꿀꺽거리기	

음악교사는 학생들의 선행 지식과 반응을 모으기 위해 구글폼을 사용한 것이 효과적이라고 느꼈다. 요약을 활용하며, 학생들은 친구들의 생각과 질문들을 바로 이해할 수 있었다. 구글 사이트의 사용은 학생들이 자신의 공연(그룹공연은 학생들이 나중에 볼 수 있도록 녹화되고 구글 사이트에 업로드됨)을 반복해서 볼 수 있도록 하였다.

모든 학생이 소리를 선택한 이유를 심층적으로 설명하지 않았을지라도, 몇몇 학생의 대답은 음악교사와 친구들이 일상의 맥락에서 개별적인 그들이 어떠한 사람인지에 대해 어렴풋이나마 알 수 있게 하였다(〈표 12-2〉).

표 12-2 소리 및 소리와 연관된 의미

소리	의미
차기	축구에 대한 사랑
울기	울적한 느낌, 발목이 삐끗함, 싸움, 장례식 등
톱톱(toptop)	가족의 발자국, 꿈, 목표와 꿈의 발자국
하하하	웃음소리, 행복
개	귀여운, 총명한, 충성스러운, 열심히 일하는, 용감한
딧딧딧(dit dit dit)	남자아이가 Xbox 360 Kinect로 사는 것
탭탭탭(tap tap tap)	게임하는 것, 타이핑
싹이 트는 소리, 두근거리는 소리, ploink, kadonik, piack	가장 좋아하는 소리, 재미있는, 계단을 내려가는, 형을 때리는 아빠, 자로 맞는 친구
첨벙거리는 것(splash)	취미, 바다, 자연, 가족, 할아버지, 할머니
미야우 미야우(miaw miaw)	혹평, 길 잃은 고양이들에게 먹이를 주어야 할 의무, 고양이에게 먹이를 주는 할머니, 길 잃은 고양이를 지나가는 것과 깨끗함
첩첩(chop chop)	엄마, 아빠, 친구, 가족, 삶; 치킨 라이스를 먹는 것

음악교사의 마음속에 있는 소리경관 모듈에서 그룹 작업 구성의 목적은 그룹 구성원들에게 일반적으로 나타나는 그들 삶의 의미 있는 측면에 대해 서로 합의(공감)하도록 하는 것이며, 학생들이 자신의 아이디어에 기초하여 이론적으로 지식을 구성하도록 하는 것이었다. 학생들은 나중에 소리경관을 만들기 위해 사용할 수 있는 공통성과 다양성을 찾고자 이러한 소리에 관한 아이디어를 공유할 수 있다. 음악교사는 한 개인이 의사결정에 어떻게 기여했는지 혹은 기여하지 못했는지를 말할 방법이 없다는 것을 알고 있다. 그룹의 토론을 통해, 하나의 아이디어는 그룹의 역동성에 따라 적용될 수 있고 기각될 수도 있다. 합의에 기초하여, 학생들은 최종적으로 그룹원으로부터 나온 소리들을 포함하는 소리경관을 만들 것이다.

소리경관의 마지막 공연을 위한 리허설은 모듈의 마지막 3주 동안 더 탁월해진다. 2주 남았을 때 학생들은 그래픽 악보를 놓을 수 있는 보면대를 갖춰 교실 앞에

임시 무대 세팅을 하여 소리경관 공연을 준비했다. 모든 공연은 음악교사에 의해 녹화되며, 학생들이 교사가 만든 평가 루브릭을 사용하여 동료평가를 할 수 있도록 마지막 한 주동안 구글 문서에 올려진다. 소리경관공연은 지역 음식과의 만남, 공원에서 태극권(Tai Chi) 연습과 공연, 혼잡한 교통상황, 농구경기에서 청중들의 반응, 동물원 여행, 동남 아시아 스포츠 이벤트와 같은 주제들을 포함한다. 모든 소리경관은 친근하고 지역화된 소리들, 학생들이 조우하였고 흥미롭게 탐색하였던 사건들에 기초한 것이다.

음악교사는 다시 그녀가 설계한 음악 모듈이 학생들로 하여금 그들의 정체성과 성장과정(기본적으로는 그들 자신과 그들이 영향을 받은 것들, 즉 학교나 가족이나 심지어 미디어들)을 탐색하게 하였음을 강조한다. 음악교사는 많은 학생이 그들이 누구인지 제대로 인식하지 못하고 있었는데, 자아 탐색을 통해 그들 자신을 더 잘 알게 되었고, 그들의 장단점과 특징들을 더 잘 알게 되었다고 생각했다. 또한 학생들이 그들의 환경으로부터 가져온 소리들을 통해, 음악교사는 학생들이 그들 주변에서 일어나고 있는 것과 왜 이 소리들이 의미있는지에 관하여 진정으로 의식적인 노력을 하게 되었다고 믿었다. 음악교사는 또한 학생들이 협동적인 그룹에서 다른 사람들과 작업할 때, 그들은 다양한 아이디어를 다루기 시작하고, 그들의 의견을 표현하는 방법에 대해 배웠다고 생각하였다. 마지막으로, 학생들은 그들 자신뿐 아니라 다른 사람들과 어떻게 관계맺는지에 대해 이해할 수 있었다.

음악교사는 '삶의 소리경관' 모듈을 사려 깊게 계획하면서 음악적 행위, 과정, 산물들이 세상의 내면화된 지식과 경험에 기초하여 '선택되고, 사용되고, 적용되고, 실행되고, 가르쳐지고, 기억되고, 평가되고, 향유'(Mans, 2009, p. 14)되도록 하였다. 이것은 보다 넓은 사회문화적 정체성의 부분을 형성하면서 음악적 정체성을 형성한다.

'유년기의 경험과 기억이 정체성을 구성하는 결정적인 요소는 아닐지라도, 이를 구성하는 중요한 도구'가 된다. 애초에 '삶의 소리경관'(Mans, 2009, p. 14) 모듈은 정체성에 대한 보다 넓은 아이디어와 과정들을 통해 구현된 문화를 염두에 두고 있었다. 학생들이 그들의 삶에 존재하는 소리들을 창조하고 다른 사람들과의 관계 속에서 스스로를 탐구하게 하는 것이다. Ruud가 제안한 바와 같이, "정체성은 (다른 개인, 아이디어, 대상들과의) 관계 속에서의 자아감각 발달의 핵심이며, 소리는 내적·외적 세계의 중요한 경험들을 구성한다. 관계 속에서의 자아감각이 음악 경험을 통해 강화될 때, 정체성의 특징과 경계가 발달하기 시작하는 것이다."(Mans, 2009, p. 96에서 재인용)

그와 같은 일반음악교실 활동들의 교수법적 실천의 근거가 되는 것은 적극적인 참여를 향한 변화, 예술적인 아이들과의 소통, 우호적이고 협동적인 환경에서 창의적·비판적 사고를 중요하게 여기는 것이다. 다음과 같이 교사의 역할은 좀더 학습자 중심 교수법을 향해 변화될 것이다.

> 학습자 친화적인 교수전략을 통해 내용 전달에 머무르지 않고 역량 강화를 강조하는 방향으로 '의미 있는' 변화가 이루어져왔다. …… 교사는 학습자가 자유롭게 탐색하고, 새로운 것을 발견하며, 아이디어를 표현하고, 창작할 수 있는 환경을 제공함으로써 그들이 가진 가능성을 여는 촉진자로 활동하도록 기대된다. 교사는 모든 답을 가진 사람이 아니라, 문제 해결에 있어 협업하는 사람이다. 상호작용에서 교사의 역할은 토론하는 학습자를 이끄는 것이고, 문제 해결을 위한 아이디어나 도전과제를 제안하고, 학습자들이 문제해결을 위해 몇 가지를 시도해 보도록 하고, 작품을 끝내는 것이 예술 활동에 참여하는 유일한 이유는 아니기에 최종 작품을 덜 강조하고, 그들의 해결책이 작동하지 않을 때(들어맞지 않을 때) 학생들이 '실패했다'고 느끼지 않도록 하고, 활동의 문제해결 측면을 강조하는 것이다(Mans, 2009, p. 186).

음악교육에서 학습자 중심 교수법을 향한 움직임, 즉 결과보다 과정, 비판력과 창의성의 관점에서 다른 것들과의 관계 속에서 자아를 발달시키는 한편 애매모호함을 다루는 능력을 강조하는 것은 21세기의 불확실성을 다루는 데 있어 지속가능하고 의미 있는 일이다. 이와 비슷한 생각은 학습자 중심 교수법 및 '아이들이 배우는 다양한 방법과 각 학생들이 교실에 가져오는 것'에 대해 고려하고 있는 Jeanneret와 DeGraffenreid(2012)의 글에 잘 나타나 있다. 중요한 것은 '교사가 지원하는 배움의 환경 내에서 학생들이 창조적이고, 상상력이 풍부하고, 스스로 생각하고, 행하며, 결정하는 것에 대해 책임을 지는 독립적인 음악가가 되도록 하는 것'(Blair,

2009, p. 45)에 있다. Dairiananthan과 Lum(2013)은 이와 같은 생각을 반영하여, 학생들에게 보다 창의적이고 상상력이 풍부한 음악 학습 환경을 촉진하고 제공하기 위해 일반음악교사들이 통제력을 포기해야 한다고 주장하였다(2장과 3장 참조).

[장면 4] 비판적 · 성찰적으로 되어가기(becoming critical and reflective)

음악교사는 자신의 학생들(8~9세)이 일반음악교실의 악기 연주에서 무언가를 경험하길 원하였다. 그녀는 악기의 크기와 상대적으로 쉬운 운지법을 고려하여 우쿨렐레를 선택하였다. 그녀는 몇몇 학교 기금으로 우쿨렐레를 사고 학생들과 함께 악기 연주를 시작하였다. 음악교사는 처음부터 학생들이 노래 반주를 위해 우쿨렐레를 사용할 수 있다는 것을 강조하였으며, 악기가 서로 다른 환경에서 노래 부르기와 공동체 형성을 위해 사용되는 방법에 대해 토론하였다. 그녀는 학생들이 단순한 코드 운지법에 익숙해질 수 있도록, 그리고 노래 부르면서 박자에 맞출 수 있도록 하나의 코드로 이루어진 노래로 시작하였다. 이어서 학생들이 다양한 악곡 반주를 위해 서로 다른 코드들을 찾아낼 수 있도록 몇 개의 유튜브 영상과 웹 링크를 보여 주었다. 학생들은 그다음 주까지 이러한 자료들로부터 배운 서로 다른 노래들을 학급친구 및 교사와 공유하였다.

두 번째 수업이 끝나기 전에, 음악교사는 학생들과의 토론을 통해 우쿨렐레로 반주하며 노래 부르는 것에 대한 수행기준을 결정하는 단순한 루브릭 세트(간단한 수행평가 기준안)를 만들었다. 세 번째 수업을 시작하며, 음악교사는 그녀 자신이 우쿨렐레와 함께 노래부르는 3개의 샘플 비디어 영상을 준비하였다. 그녀는 루브릭을 나누어 주고 학생들이 개별적으로 각 녹화영상을 평가하도록 하였다. 학생들은 음악교사가 실수하는 영상을 보며 웃었고 루브릭 평가에 열심히 참여하였다. 음악교사는 학생들이 영상을 어떻게 '점수 매겼는지'에 대해 토론하고, 대부분의 학생이 루브릭 사용에 대한 아이디어를 얻었다고 확신하였을 때, 루브릭을 사용하여 다른 친구들을 평가하는 동료 평가 연습을 시행하였다. 음악교사는 동료평가의 과정을 돕기 위해 학급을 순시하였다.

이 장면은 일반음악교육에서, 초기 비계(scaffolding) 활동 이후 학생들이 자신의 구체적인 음악적 관점에 따라 스스로 악곡과 기능을 탐색하는 기회를 갖고 학습자 중심적인 접근법을 향해 나아가는 과정을 예시해 준다. 이것은 또한 루브릭 개발과 자기 및 동료 평가 활동을 통해, 학생들이 자신의 음악적 배움의 과정을 더 잘 인식하도록 하면서 비판적 사고를 향해 나아가는 것을 보여 준다.

21세기 역량과 일반음악교실

21세기 학습을 위한 프레임워크 내에서 언급된 것은 ① 창의력과 혁신, ② 비판적 사고력과 문제해결력, ③ 의사소통능력과 협업 등 학습과 혁신 능력을 포함하는 학생 성과이다. 앞서 언급한 변화하는 다양한 디지털 세계, 세계적인 경관들에 관한 토의는 이미 창조성, 혁신, 비판적 사고력, 문제해결력이 필요한 근거를 제공해 주었다. Schuler(2011)는 한걸음 더 나아가, 음악교육자들이 다음의 것들을 통해 창의력, 비판적 사고력, 학생과의 협업에 대해 작업해야 한다고 제안하였다. 그것은 ① 즉흥연주, 작곡, 음악해석, ② 창작, 연주, 반응에 있어 보다 높은 수준의 사고, ③ 협업적인 작곡 그룹과 같이 개인적 책임감과 공유된 리더십을 고양시킬 수 있는 음악 환경이다.

소통과 협업에 대한 요구는 좀 더 설명될 필요가 있다. 이것은 대화에 대한 Mikhail Bakhtin(1981)의 정의로 시작할 수 있다.

> 대화는 이질언어(heteroglossia)가 지배적인 세계의 특징적인 인식 방법이다. 모든 것은 더 큰 전체의 부분을 뜻하고, 그렇게 이해되어진다. 의미들 사이에 지속적인 상호작용이 있으며, 이 모든 것은 다른 것들을 조절할 수 있는 잠재력을 갖고 있다. 무엇이 타자에게 영향을 끼치는지, 어떻게 어느 정도로 영향을 끼치는지는 말하는 순간에 실제로 결정되는 것이다(p. 426).

사람들은 테크놀로지와 매체의 진보와 함께 소통과 협동이 발생할 수 있는 복합적이고 다양한 채널을 무시할 수 없다. Bakhtin의 정의에 따르면, 소통과 협동은 대화의 본질적 요소이다. Sennett(2012)가 제안한 바와 같이, 토론이 일치에 의해 그 자체로 해결될 수 없을지라도, '공유된 합의에 도달할 수는 없지만, 교환과정을 통해 자신의 견해를 더 잘 알고 서로에 대한 이해를 넓힐 수 있으며'(p. 19), 21세기의 변화하는 세계가 요구하는 역량을 함양할 수 있다. 무엇보다 다른 사람과 소통하고 협동할 때, 다음과 같은 과정을 통해서 보다 깊게 자기를 인식하게 되고 듣기 기술을 향상시키게 된다.

> 반응하기 이전에 다른 사람의 말을 살피고 해석하며, 그들의 진술뿐 아니라 몸짓과 침묵까지도 이해하는 과정을 통해서 말이다. (다른 사람을) 제대로 관찰하기 위해서는 우리가 가만히 있어야 하겠지만, 그 결과로 대화는 보다 협조적 · 소통적이 될 것이다(Sennett, 2014, p. 14).

소통과 협업 역량의 관점에 따른 음악의 맥락에서, 그 자신이 음악가인 Sennett (2012)는 다음과 같은 것을 지적했다.

> 많은 음악가가 자기 의견을 강하게 고집하지만, 음악가는 집단적 소리의 특별한 순간을 형성할 때만 다른 사람들의 마음을 움직일수 있을 것이다. 이런 경험은 예술적 협력이 필요한 리허설의 과정에서 이루어지는 것에 크게 공감할 텐데, 이때 협력은 (과정의) 처음부터 이루어진다. 공연자들은 의미 있는 특징들을 찾고 표현해야 한다(p. 16).

소통과 협업 역량 개발의 필요성에 대한 이전의 논의를 돌아볼 때, 학생들이 자신의 일상과 미래의 소리 공간에 참여하도록 준비시키기 위해 이러한 역량을 일반음악 프로그램의 중요한 부분으로 포함시키는 것은 논리적인 것으로 여겨진다.

[장면 5] 지역의 팝송을 통해 글로벌 · 글로컬 되어가기

음악교사는 3명의 교우들과 팝 밴드를 결성하여 매주 전자 기타를 즉흥적으로 연주하고, 최신 팝송을 공연했던 예비교사 시절을 떠올렸다. 그는 학생들에게 자신의 그룹이 연주한 영상을 보여 주었다. 학생들은 놀랐다. 왜냐하면 그들의 음악

교사가 뛰어난 중국목관악기 연주자이자 중국오케스트라 지휘자라고만 알고 있었기 때문이다. 음악교사는 학생들에게 친한 사람들끼리 그룹을 구성하여 지역 팝송 목록을 만들고 하나의 곡을 선택하여 탐색하라고 하였다. 이어지는 수업에서, 음악교사는 각 그룹에서 요청한 노래를 위해 단순한 기타 코드표를 만들고 CD로 녹음을 하였다. 각 그룹은 키보드, 전자 기타, 베이스, 드럼 세트 등 악기 앱이 깔린 iPad를 제공받았으며, iPad의 조합을 이용하여 노래를 보여 줄 방법에 대한 과제와 탐구하고, 연습하며, 학급에서 연주할 시간이 주어졌다.

이 예에서 음악교사는 학생들 또한 개방적 · 수용적으로 모든 음악장르에 접근하고, 음악의 다양한 취향을 보여 주기를 원했다. Green(2001) 및 이외의 사람들과 같이 이 음악교사는 학생들이 그들의 음악수업이 일상의 음악 경험과 연계될 수 있다는 것을 느끼도록 형식적 음악 학습을 비형식적 방법과 연결시키고자 하였다. 결국 Bickford(2011)가 발견한 바와 같이 학교에서 자유 시간에 초등학생들이 MP3 플레이어를 사용하는 것은 사회적 · 표현적 관행으로 이미 널리 퍼져 있는 것이다. 지난 [장면]에서 iPad는 학생들이 보다 폭넓게 소리를 선택하는 것과 음악 만들기 과정을 돕는 기술적 도구로 여겨졌다. 그러나 이런 경험을 교실여건에 따라 가능한 악기로 대체하여 구성할 수 있다. 음악교사는 또한 학생들이 즐겁게 서로 헌신하며 수행하고, 창조적 과정을 통해 연구하며, 합당한 결과물의 생산을 통해 협동적인 그룹에서 작업하는 경험을 갖게 되길 원하였다. Karlsen과 Westerlund(2010)가 지적한 바와 같이 학생들은 그룹으로 음악을 창작 · 연주할 때, 협업을 통해 동료들의 경험과 그들 자신의 경험을 연결한다. 집단적으로 음악 작업을 하는 과정에서 학생들은 음악적 · 사회적으로 다른 사람들과 책임감을 갖고 일할 수 있는 것이다(Karlsen & Westerlund, 2010).

[장면 6] 소통적 · 협력적으로 되어가기

음악교사는 여러 교실 타악기와 같은 악기 활동을 하기 위해 때때로 붐웨커(다양한 길이의 유율 공명 플라스틱 관)를 사용해 왔다. 어느 날 몇몇의 학생이 음악교사에게 와서 붐웨커 앙상블을 만들어 쉬는 시간이나 방과 후에 연습해도 좋은지 물어보았다. 음악교사는 이에 동의하고 때때로 이 그룹이 도움이 필요한지에 대해 알아보기 위해 불쑥 나타났다. 앙상블은 자신의 그룹을 위해 전체적인 셋업을 하고, 리더를 뽑고, 악곡(최신 팝송, 지역 민요, 동요, 기악곡 등)을 함께 결정하고, 그룹의 자원자가 다른 리듬적 · 선율적 악기를 추가하면서 붐웨커의 음역 내에서 악곡을 편곡하도록 하고, 그들의 악곡과 함께 할 안무(choreography)를 만들어 연습하고, 다른 학생들과 교사들이 몇 주 후에 일반음악교실에서 연주할 공연에 오도록 공지를 보냈다. 그룹은 또한 내적인 언쟁이 발생했을 때 이를 해결하여 합의점을 찾거나 최소한 당사자 간에 이해를 할 수 있게 되었다. 모든 사람은 공연을 즐겼고, 음악교사는 그들의 공연에서 다양한 악곡(예를 들어, 베토벤의 "ode to Joy"는 가믈란과 융합하였고, 동요는 붐웨커로 다양한 표면을 치면서 여러가지 음색 효과를 만들었다)이나 춤 움직임을 통합하고 [예를 들어, 인도네시아의 수만(Suman)댄스 동작은 말레이(Malay) 민요와 융합되었다] 융합한 방법에 주목하였다. 많은 작업을 해야 했지만 학생들은 흥미를 갖고 즐겁게 수행하였고, 다른 학생들이 자신의 앙상블을 만들도록 격려하였다.

소통과 협업은 또한 학생들이 변화하는 환경과 소리환경의 맥락 안에서 자신을 이해하고 자리매김할 수 있도록, '시민성, 창의성, 다른 배경을 가진 사람들을 존중하고 이들과 함께 일할 수 있는 능력을 포함하여, 국제적 환경의 효과적인 참여자가 되기 위하여'(Bigger Bolder Approach, 2011, p. 2) 공동체와 음악적으로 연결되어야 한다. 음악교사들은 음악이 자아와 공동체에 제공할 수 있는 많은 관계와 파트너십을 가져올 수 있는 것에 유의해야 한다. Merriam(1964)이 제안한 음악의 기능과 사용의 관점에서 볼 때, 오락에서 상징적 재현, 사회적 규범에서 미적 표현에 이르기까지 음악교사들은 학생들이 자신의 예술적 신조를 심화하고 다양하게 변화하는 맥락 안에서 예술의 관련성을 인식하고 경험할 수 있도록, 21세기 역량을 일반음악 프로그램 안에서 통합시켜야 한다.

[장면 7] 나 자신 되어가기와 이해하기

일반음악 프로그램을 학교의 시각 예술 프로그램과 연계할 방법을 생각하면서, 음악교사는 예술 동료들의 수업을 짧게 관찰했다. 시각 예술 교사는 화이트보드에 self라는 단어를 쓰면서 시작했다 그는 학생들(11세)에게 눈을 감고 그들이 가장 편안하다고 느끼는 곳을 상상하고, 마음의 눈으로 그것을 보고, 급우들에게 그곳의 세부사항을 묘사하고, 그곳이 가장 편안한 이유를 설명하라고 하였다. 한 학생은 "나는 집 화장실에서 가장 편안함을 느낀다. 그 이유는 내가 나 다울 수 있고, 숙제와 엄마의 잔소리에 대해 걱정하지 않아도 되기 때문이다."라고 하였다. 또 다른 학생은 "나에게 가장 편안한 곳은 우리 집 부엌이다. 나는 엄마가 만든 음식을 먹을 때 가장 편안함을 느낀다."라고 하였다. 시각 예술 교사는 학생들과 토론을 계속하면서, Van Goch의 '침실(The Bedroom)'을 보여 주며 Van Goch가 그의 침실을 그리기로 결정한 이유에 대해 질문했다. 한 학생이 손을 들고 "그는 아마도 여행 중이었고, 집이 그리워져서 집을 떠올리며 그 자신을 편안하게 하기 위해서 그렸을 것이다."라고 하였고, 토론은 점점 풍성해졌다. 시각 예술 교사는 방 안에서 짝을 이루고 있는 물건, 눈에 띄는 색의 존재, 그림을 통한 Van Goch의 외로움에 대해 자세히 설명하고 있는 예술 비평가의 해석을 읽어 주었다.

음악교사는 자아에 초점을 맞추고 있는 시각 예술 수업을 관찰한 후, 시각 예술 수업에서 유용했던 비판적 · 성찰적 사고에 대해 강한 인상을 받았다. 시각 예술 교사는 시각 예술 형식 안에서 학생들과 창의적으로 관계를 맺었고, 그들이 자신의 예술을 만드는 방법에 대해 결정할 가능성을 폭넓게 열어 놓았다. "나는 음악교실에서 이런 것을 어떻게 해 왔을까?" 음악교사는 생각에 잠겼다.

'되어가기'로 돌아가기

Grosz(2004, Kielian-Gillbert, 2010에서 재인용)는 우리에게, '되어가기'가 우연적인 상황에서 분화, 발산, 자기 극복, 가상현실이 구현되는 순간(p. 207)이라는 것을 일깨워 준다. '되어가기(becoming)'를 포함하고 있는 일반음악 프로그램은 음악적 활동에 있어 학생들의 참여를 의식적으로 생각해야 한다. Grozs의 용어를 빌리자면, 음악교육자들은 '중요한 것은 단순한 의미론(semantic)이 아니라는 것'에 주의를 기울이고, 기대하는 것의 수행론 대신 새로운 것에 대한 개방성의 관점에서 생산과 창조의 과정을 이해하는 것이 필요하다. 대상, 물질, 존재에 대한 우리의 개념은 그것을 구성하고 지속적으로 변형시키는 차별화(분화, differentiation)에 개방될 필요가 있는 것이다(p. 207). 21세기에 지속적인 것이 변화임을 인식할 때, '되어가기'는 음악교육에서 받아들여야 할 적합한 메타포이자 철학적 입장이라고 하겠다. 이 입장은 학생들이 항상 새롭게 떠오르는 음악적 존재의 아이디어에 적응하도록 하기 위해, 음악교육에서 지속적으로 의문을 제기하고 학생들이 비판적으로 음악적 과정에 참여하도록 하는 것이다.

이 개념을 더 파고들기 위해, 뿌리줄기(rhizome, 뿌리처럼 보이는 줄기의 특수 형태의 하나)를 '되어가기'의 메타포로 생각해 볼 수 있다. Deleuze와 Guattari(1987)는 많은 '변형된 다양체'와 같이, 심지어는 음악을 구조화하거나 나무 형태로 만드는 기존의 음악 코드를 뒤집으면서, "음악은 항상 탈주[4]선(ligne de fuite, line of flight)을 그려 왔다."라고 언급하였다. 이것이 파열과 증식에 이르기까지 음악 형태가 잡초, 뿌리줄기와 비교되는 이유이다(pp. 11-12).

뿌리줄기의 메타포를 받아들인다면, 21세기 아동이 비위계적인 일관성의 구도에 연결된 다양체의 조합에 기반을 두어 소리의 경험을 축적한, 뿌리줄기와 같은 구조 안에 위치할 가능성을 생각해 볼 수 있다. 다음은 Deleuze와 Guattari(1987)의 설명이다.

4) 역자 주: '탈주'란 기존의 배치 안에서 정해진 것, 고정된 것, 강제되는 것에서 '벗어나 달리는 것'이고, 기존의 지배적인 가치나 방법에서 벗어나 새로운 가치나 방법을 창안하는 것을 뜻한다.

> 뿌리줄기는 완전히 다른 어떤 것으로, 본뜨는 것(trace)이 아니라 지도이다. … 지도는 실재와의 접촉을 통한 실험 활동을 지향하고 있다. 지도는 자기 폐쇄적인 무의식을 복제하지 않는다. 지도는 무의식을 구성해 낸다. 지도는 장(場)들의 연결에 기여하며, …… 열려 있고, 모든 차원 안에서 연결하여 접속될 수 있다. 지도는 분해될 수 있고, 뒤집을 수 있으며, 끝없이 변형될 수 있다. 지도는 찢을 수 있고, 뒤집을 수 있으며, 온갖 몽타주를 허용하고, 개인이나 집단이나 사회 구성체에 의해 작성될 수 있다. …… 언제나 많은 입구를 가지고 있다. …… 지도가 행위(performance)와 관련된 반면, 본뜨는 것은 항상 '능력(competence)'과 연관된다(pp. 10-11).

뿌리줄기는 중심이 없고, 반(反)계층적이며 시작과 끝이 없는 다양성의 집합체이기 때문에 포스트 모던적 사고에서 진리가 어떻게 인식되는지를 잘 나타낸다. 따라서 뿌리줄기를 통해 음악을 매개로 사회를 배울 수 있다. 공간을 만드는 것과 같이 소리를 만드는 것에 대해 음악적으로 생각할 수 있는 것이다(Deleuze & Guattari, 1987). 이것은 다음과 같은 것을 의미 있게 하기 위해 일반음악 프로그램을 다시 생각해 볼 기회를 준다.

> 아이들이 자유롭게 자신의 이야기하는 것은 중요한 일이다. 우리가 그들의 이야기를 들을 수 있기 때문만이 아니라 아이들 자신이 합리성을 갖게 되기 때문이다. 이것은 또한 다양한 경험의 타당성, 심지어 세계에 대한 우리의 해석과 양립할 수 없어 보이는 경험의 타당성까지도 긍정적으로 받아들이는 것이 중요하다는 것을 상기시킨다(Greene, 1995, p. 54).

일반음악 프로그램의 근원은 항상 존재하고, 생성되며, 보다 넓은 대화를 위해 열린 공간을 상징하는 뿌리줄기와 같다. 즉, 이를 통해 교사는 다양한 학생과 교사들 사이에 존재하는 의식, 관계망에 대해 성찰해 볼 수 있는 것이다(Green, 1995, p. 59).

[장면 8] 존재하기, 되어가기, 존재하기

음악교사는 예술 교육에 대한 교장의 관점을 보다 잘 파악하기 위해 어느 날 교장과 편안한 대화를 나누었다. 교장은 "나는 일반 예술교육프로그램에 있는 예술들을 통해 학생들이 창의성, 표현성, 협동성, 미적 감각, 심지어 모호성을 다루는 능력과 같은 특별한 기질을 발달시키는 데 관심이 있습니다. 나는 학생들이 아름다운 그림을 완성하거나 정확한 음정과 오류 없는 기능으로 학년말 연주를 하거나 경쟁에서 이길 필요는 없다고 생각합니다. 나는 과정에 대하여, 즉 교사가 어떻게 예술을 통해 학생들로부터 '자아'을 끌어낼 수 있는지, 학생들이 어떻게 비판적 · 성찰적으로 그들의 예술과정을 탐구할 수 있는지, 어떤 예술이 그들에게 의미를 만들도록 하는지 등의 과정에 매우 많은 관심을 갖고 있습니다. 당신은 당신의 일반음악교실에서 어떻게 그런 것들을 가능하게 해 왔나요?"라고 말하였다. 음악교사는 음악교육프로그램에 대해 돌아보며 학생들에게 보다 근본적이고 기초적인 것으로 보이는 음악 기능과 기법의 개발을 지나치게 강조하진 않았는지에 대해 걱정했기 때문에 교장의 예술 교육에 대한 진보적인 의견을 듣고 깜짝 놀랐다. 그녀는 어떻게 일반음악교실에 있는 학생들이 그들이 살고 있는 공동체 및 공간과 연결되면서 보다 다양하고, 세계적이고, 통합적이고, 협조적이고, 소통적이 되도록 했는가?

결론과 질문

마지막 [장면]을 다시 말하자면, 일반음악교육자로서 우리는 음악에 참여하는 아이들이 **'공동체 및 삶의 공간과 연결되면서 보다 다양하고, 세계적이고, 통합적이며, 협조적이고, 소통적이 되게 할 수 있을까?'**

Unesco Seoul Agenda(2010)에서 예술교육에 대해 제안한 바와 같이, 우리는 예술교육이 '창조적 사회를 건설하고, 사회적 · 문화적 복지를 향상시키며, 사회적 책임감, 사회적 응집력, 문화적 다양성과 상호문화적 대화를 촉진하고, 평화에서 지속가능성에 이르기까지 중요한 세계적 도전에 반응'하는 데 기여할 수 있는 방법에 대해 적절한 아이디어를 제공해 왔는가?(O'Farrell, 2013, p. 22)

분명히 아이들이 일반음악교실에서 음악 만들기, 발표하기, 반응하기, 미적 감각을 얻기 위해 배워야 할 음악적 기능과 역량이 있다. 그러나 기능의 함양은 음악이 갖고 있는 사회문화적 가치와 함께 아이들을 중심에 두고 이루어져야 한다. 우리는 음악교육자로서 현재의 세계화된 세상, 상호 작용적이면서도 독립적인 세계의 복잡성에 참여하는 데 있어, 음악과 문화를 어떻게 사용할 수 있는지에 대해 고려해 왔는가? 세계화된 아이들이 교실의 물리적·정신적 틀에 갇히지 않고 각자의 음악적·개인적·사회적 발달의 여정을 위해 에너지를 충전하도록, 음악적 과정과 유용한 원천들을 충분하게 제공해 왔는가? 문화적 자아 인식, 독창성과 혁신, 공동체 형성, 정체성 형성을 향하여, 그들이 누구이며 무엇이 되고 있는지에 대해 표현할 수 있는 음악교육을 향하여, 예술안에서 그리고 예술을 통해서 자아 탐구 과정에 참여할 수 있는 교육과정과 적절한 도구를 위해 충분한 공간과 시간이 주어져 왔는가?

미주

1 본 장의 모든 장면(Vignettes)은 현직 교사 및 예비 교사 음악교육과정을 가르치는 동안 작성된 저자의 실제적인 서면 관찰 노트, 지역 학교의 일반음악/예술 수업 방문, 예술 교사 및 교장과의 대화를 기반으로 작성된 이야기이다.

2 "컴퓨터, 비디오 게임과 인터넷 등 디지털 언어의 '원주민'"인 학생들(Prensky, 2001, p. 1)을 뜻한다.

참고문헌

Appadurai, A. (1990). Disjuncture and difference in the global cultural economy. *Public Culture, 2*(2), 1-24.

Bakhtin, M. M. (1981). *The dialogic imagination: Four essays* (M. Holquist, Ed., & C, Emerson, Trans.). Austin, TX: University of Texas Press.

Bickford, T. (2011). *Children's music, MP3 players, and expressive practices at a Vermont elementary school: Media consumption as social organization among schoolchildren* (Unpublished doctoral dissertation). Columbia University, New York.

Bigger Bolder Approach. (2011). *A broader, bolder approach to education statement.*

Retrieved from http://www.boldapproach.org/index.php?id=2

Blacking, J. (1973). *How musical is man?* Seattle, WA: University of Washington Press.

Blair, D. (2009). Stepping aside: Teaching in a student-centered music classroom. *Music Educators Journal, 95*(3), 42-45.

Bogue, R. (1991), Rhizomusicosmology. *SubStance, 20*(3), 85-101.

Bogue, R. (2003). *Deleuze on music, painting, and the arts.* New York, NY: Routledge.

Campbell, P. S. (2004). *Teaching music globally.* New York, NY: Oxford University Press.

Custodero, L. (2010). Music learning and musical development. In H. F. Abeles & L. A. Custodero (Eds.), *Critical issues in music education* (pp. 113-142). New York, NY: Oxford University Press.

Dairianathan, E., & Lum, C. H. (2013). Learning as you go: A non-music specialist teacher' s journey through creating and making music in a primary school. In C. H. Lum (Ed.), *Contextualized practices in arts education: An international dialogue on Singapore* (pp. 27-38). Dordrecht, Netherlands: Springer.

Deleuze, G., & Guattari, F. (1987). *A thousand plateaus: Capitalism and schizophrenia.* Minneapolis, MN: University of Minnesota Press.

Echard, W. (2006). Sensible virtual selves: Bodies, instruments and the becoming -concrete of music. *Contemporary Music Review, 25*(1/2), 7-16.

Eisner, E. (2002). *Arts and the creation of mind.* New Haven, CT: Yale University Press.

Frankel, J. (2010). Music education technology. In H. F. Abeles & L. A. Custodero (Eds.), *Critical issues in music education* (pp. 236-258). New York, NY: Oxford University Press.

General. (n.d.). In *Merriam-Webster dictionary.* Retrieved from http://www.merriam-webster.com/dictionary/general

Green, L. (2001). *How popular musicians learn: A way ahead for music education.* London, United Kingdom: Ashgate Press.

Greene, M. (1995). *Releasing the imagination: Essays on education, the arts, and social change.* San Francisco, CA: Jossey-Bass.

Grosz, E. (2004). *The nick of time: Politics, evolution and the untimely.* Durham, NC: Duke University Press.

Huxley, A. (1932). *Brave new world.* New York, NY: Buccaneer Books.

Inda, J. X., & Rosaldo, R. (Eds.). (2002). *The anthropology of globalization: A reader.*

Malden, MA: Blackwell Publishers.

Jeanneret, N., & Degraffenreid, G. M. (2012). Music education in the generalist classroom. In G. E. McPherson & G. F. Welch (Eds.), *The Oxford handbook of music education* (Vol. 1, pp. 399-416), New York, NY: Oxford University Press.

Karlsen, S., & Westerlund, H. (2010). Immigrant students' development of musical agency—exploring democracy in music education. *British Journal of Music Education, 27*(3), 225-239.

Kielian-Gilbert, M. (2010). Music and the difference in becoming. In B. Hulse & N. Nesbitt (Eds.), *Sounding the virtual: Gilles Deleuze and the theory and philosophy of music* (pp. 199-225). Surrey, United Kingdom: Ashgate.

Kincheloe, J. L. (2002). The complex politics of McDonald's and the new childhood: Colonizing kidworld. In G. S. Cannella & J. L. Kincheloe (Eds.), *Kidworld: Childhood studies, global perspectives, and education* (pp. 75-121). New York, NY: Peter Lang Publishing.

Lamb, R. (2010). Music as sociocultural phenomenon: Interactions with music education. In H. F. Abeles & L. A. Custodero (Eds.), *Critical issues in music education* (pp. 23-38). New York, NY: Oxford University Press.

Lashua, B. D. (2006). "Just another native?" Soundscapes, chorasters, and borderlands in Edmonton, Alberta, Canada. *Cultural Studies, 6*(3), 391-410.

Lull, J. (2000). *Media, communication, culture: A global approach.* Cambridge, United Kingdom: Polity Press.

Lum, C. H. (2008). Home musical environment of children in Singapore: On globalization, technology and media. *Journal of Research in Music Education, 56*(2), 101-117.

Lum, C. H., & Campbell, P. S. (2007). The sonic surrounds of an elementary school. *Journal of Research in Music Education, 55*(1), 31-47.

MacDonald, R,, Hargreaves, D., & Miell, D. (2002). *Musical identities.* Oxford, United Kingdom: Oxford University Press.

Mans, M. (2009). *Living in worlds of music: A view of education and values.* New York, NY: Springer.

Merriam, A. P. (1964). *The anthropology of music.* Evanston, IL: Northwestern University Press.

Minks, A. (2006). Afterword. In S. Boynton & R. M. Kok (Eds.), *Musical childhoods and the cultures of youth* (pp. 209-218), Middletown, CT: Wesleyan University Press.

Mitchell, D. (2004). *The cloud atlas.* New York, NY: Random House Trade Paperbacks.

O'Farrell, L. (2013). Reviewing UNESCO's road map and Seoul agenda: Guidelines and an action plan to advance arts education. In E. Liebau, E. Wagner, & M. Wyman (Eds.), *International yearbook for research in arts education* (pp. 17-22). Munich, Germany: Waxmann Publishing.

Paley, V. G. (2004). *A child's work: The importance of fantasy play.* Chicago, IL: University of Chicago Press.

Partnership for 21st Century Skills. (2011). *A framework for 21st century learning.* Retrieved from http://www.p21.org/

Prensky, M. (2001). Digital natives, digital immigrants. *On the Horizon, 9*(5), 1-6.

Raimbault, M., & Dubois, D. (2005). Urban soundscapes: Experiences and knowledge. *Cities, 22*(5), 339-350.

Schafer, M. R. (1986). *The thinking ear: Complete writing on music education.* Ontario, Canada: Arcana Editions.

Schippers, H. (2009). *Facing the music.* New York, NY: Oxford University Press.

Schuler, S. (2011). Music education for life: The three artistic Processes—Paths to lifelong 21st century skills. *Music Educators Journal, 97*(4), 9-13.

Sennett, R. (2012). *Together: The rituals, pleasures and politics of co-operation.* Milton Keynes, United Kingdom: Yale University Press.

Spivak, G. (2010). *Nationalism and the imagination.* Calcutta, India: Seagull Books.

Turino, T. (2008). *Music as social life: The politics of participation.* Chicago, IL: University of Chicago Press.

UNESCOSeoulAgenda (2010). *Seoulagenda: Goals for the development of arts education.* Retrieved from http://portal.unesco.org/culture/en/files/41117/12798106085Seoul_Agenda_Goals_for_the_Development_of_Arts_Education.pdf/Seoul%2BAgenda_Goals%2Bfor%2Bthe%2BDevelopment%2Bof%2BArts%2BEducation.pdf

Volk, T. (1998). *Music, education, and multiculturalism.* New York, NY: Oxford University Press.

Young, S. (2012). Theorizing musical childhoods with illustrations from a study of girls' karaoke use at home. *Research Studies in Music Education, 34*(2), 113-127.

제13장

음악을 가르치는 비음악적 방법에 대한 의문

Peggy D. Bennett 저 / 김성지 역

음악을 가르치는 우리들은 음악가가 되는 것을 배우고 음악적인 것을 배우려고 수년간 노력해 왔다. 운지를 배우고, 양질의 소리를 만들며, 음악을 읽는 등의 기교를 넘어 우리는 음악을 만드는 것이 무엇을 의미하는지 배웠다. 프레이즈를 형성하는 방법을 배웠고, 표현력 있게 노래하고 연주하는 방법을 배웠으며, 음악을 의미 있게 만들기 위한 발판으로서 기보법의 사용을 배웠다. 그런데 왜 우리 대부분은 자신의 음악적 감수성을 무시하면서 어린이들에게 음악을 가르치고 있는가? 단순한 노래와 신체표현에도 내재되어 있는 음악성을 붙잡고 유지하면서 노래를 부르고 움직이는 데 전념했다면, 우리의 초등학교, 대학교 수업에서 무엇이 변화되었을까?

나는 아마추어든 전문가든, 클래식 예술가들이든 포크 가수든, 합창단이든 신자들이든, 어르신들이든 아이들이든 어느 누구에 의해 연주되는지에 상관없이 노래의 음악적 전달력에 이끌리게 된다. 이 글에서 '음악적 재능(musicianship)'은 음악을 연주하는 데에 있어 우리의 기술적인 숙련됨을 증명하는 기술이자 전문성으로 정의되고 있으며, '음악성(musicality)'은 열정적인 영혼이 깃든 음악의 메시지를 보여주는 뉘앙스이자 표현으로 정의되고 있다. 음악성이 없는 음악적 기교가 있을 수 있고 음악적 기교가 거의 없는 음악성이 있을 수도 있다. 연주에서 사용되는 음악적 기교는 나를 감탄하도록 하지만, 개인적으로 내가 음악을 만든 사람과 함께 그 음악을 느끼고 즐기도록 만드는 것은 음악성에 의한 것이다.

어린아이들은 음악성을 가지고 자연스럽게 노래를 부르는 것으로 보인다. 그들은 단어를 노래로 부른다. 즉, 그들의 언어에 담긴 메시지들을 노래로 부른다. 그리고 어린이들은 (방해 받을 상태에 있지 않다면) 억양을 넣어 유창하게 말할 수 있기 때문에, 음악성을 갖춘 라임으로 말할 수도 있다. 그러나 아이러니하게도 어린 시절의 음악적으로 노래하기, 말하기는 그들의 첫 번째 음악수업에서 손실된다.

왜 음악교사들은 음악활동에서 가치 있다고 여기는 활동과 동떨어진 채로 어린이들에게 음악을 가르치고 있는가? ① 우리가 노래를 부르고 말하고 묘사하고 음악에 반응하며 움직일 때 자신의 음악성이 빛나도록 하려면, ② 우리의 교육적인 활동 안에서 음악성이 우선되도록 하려면, ③ 어린이들에게 음악적 패턴을 가르치는 방법을 결정하는 데에 (기보된 것이 아닌) 음악적 소리들의 흐름이 영향을 주도록 하려면, 우리의 교육은 어떻게 변해야 할 것인가?

여기서 의문이 시작된다. "어린이들에게 음악을 가르칠 때, 어린이들에게 선천적으로 있다고 여겨지는 음악성을 키운다는 것은 어떤 입장을 말하는 것인가?" (Bennett & Bartholomew, 1999, p. 35)

이 글은 음악을 음악적으로 가르치는 방법에 대한 내 개인적인 질문들을 보여 준다. 글을 통해 내 생각에 영향을 주었던 사람들과 의견들을 확인해 보고자 한다. 제시된 것들은 특정한 개인이나 그룹을 홍보하려는 의도는 없다. 다만 여러 추천할 만한 활동들을 숙고하고 시행하며 발전시켜 왔던 교사들의 오랜 시간을 인정하기 위함이다. 40여 년간의 연구 동안, 나는 어린이들에게 음악을 음악적으로 가르치는 것에 대해 믿고 있는 바를 포기한 적이 없었다. 그러나 그것들에 대해 의문을 제기하고 재고하기 위해 내 믿음과 활동들을 일시적으로 유보해 왔다. 이 글을 읽으면서 여러분들도 그러하길 바란다.

패턴에 대한 의문

왜 우리는 언어적 그룹핑(language grouping)을 듣는 것보다 보는 것에 의존하는 방식, 즉 박자와 마디줄로 그룹화된 음표들을 보는 방식으로 가르치는 것에 연연하여, 듣는 방식에 기초해서 패턴들을 노래하고 읽을 때 생겨나는 음악성을 빼앗고 있는가?

이번 장에서 내가 제기하고 있는 의문을 이해하기 위해서는 "무엇이 음악에서의 패턴인가?"라는 기초적인 질문이 매우 중요하다. 음악을 음악적으로 가르치고 배우는 데 기초가 되는 것은 패턴들이 식별되고 연주되는 방법이다. 패턴들은 노래나 음악작품 전체를 구성하는 부분들이다. 어린이들에게 음악적인 지식과 기술을 알려주기 위해 교사들은 음악적 부분을 식별하는 방법을 결정해야 한다. 내가 여기서 논의하고자 하는 것은 패턴들이 음악의 시각적-박절적(visual-metric) 배열 형태보다 청각적-음형적(aural-figural) 배열 형태에서 선택되어야 한다는 것이다.

패턴의 개념은 이 글에서 제기되고 있는 다섯 개의 주제 중 첫 번째 것이기도 하지만, 다른 주제들의 기초가 되는 개념이라 할 수 있다. 박자, 리듬 음절, '솔-미' 노래, 계열 들에 대한 의견과 제안 모두 음악 패턴의 정의에 기초하여 다루어지고 있다. 패턴이 어떻게 정의되고 연주되며 지도되고 기보되는지에 대해 아는 것은 교사들이 음악을 음악적으로 가르치는 방법에 대한 매우 중요한 첫째 단계이다.

박자표, 마디, 박의 분할, 음가 등은 기보된 음악의 박절적 패턴(metric pattern)을 형성한다. 반대로 음형적 패턴(figural pattern)은 단어의 의미, 프레이즈, 짧은 프레이즈 등 함께 진행하는 소리들에 의해 형성된다. 아래 예시의 동요에서 음형적 그룹과 박절적 그룹 간의 차이를 생각해 보라.

"머핀 맨(The Muffin Man)"의 음형적 패턴(가사)

Oh, do you know the Muffin Man the Muffin Man the Muffin Man
Oh, do you know the Muffin Man who lives on Drury Lane.

"머핀 맨"의 박절적 패턴(마디와 박자)

Oh	do you know the	Muffin Man the	Muffin Man the	Muffin Man Oh
	do you know the	Muffin Man who	lives on Drury	Lane.

관습적인 음악 기보의 시각적 패턴들은 어린이들을 가르치는 데 적어도 두 가지 약점을 보여 준다. 첫째, 시각적 패턴 그룹은 박과 마디의 수학적인 분할에 따라 소리 나며, 그러한 그룹화는 음악의 청각적 패턴과 맞지 않는 경우가 종종 있다. 둘째, 음악의 박절적 패턴은 기계적인 움직임과 수학적인 정확성으로 연주되는데, 이는 음악을 음악적으로 만드는 것에 반대되게 기능하는 특성이 있다. 어린이들은 듣고 말할 때 사용하는 수천 단어를 가지고 있기 때문에 많은 말하기 패턴에 능숙하다. 이러한 말하기 패턴들은 민요에서 나타나는 음형적 패턴들의 기초이기도 하다. 민요, 찬송가, 공동체 노래, 애국가, 라디오에서 흘러나오는 노래, 전래동요, 놀이 노래 등을 통해 구전되어 온 전통은 음악적인 말하기/듣기의 제스처들을 자연스럽게 보존해 왔다. "어린이들이 존재하는 곳에서 시작하라."라는 것은 음악의 음악성뿐 아니라 어린이들의 어휘 기법의 한 부분이 되어 온 음악적 패턴들을 가르치는 것을 의미한다고 할 수 있다.

우리 모두가 정보를 덩어리로 그룹화하여 받아들이는 경향이 있다는 생각은 새로운 것이 아니다. 수년 동안 음악교육자들과 음악연구가들은 어린이들의 자연적인 패턴 간파의 성향이 그들을 음형적 패턴에 적응하도록 만든다고 생각해 왔다 (Bamberger, 1991; Bennett, 1990, 1991; Bennett & Bartholomew, 1999; Thurmond, 1982; Upitis, 1987). 언어와 뇌 연구 전문가들 또한 강조한 것처럼 항목들이 그룹화되지 않았을 때조차도 우리는 정보를 의미 있는 (음형적) 패턴들 안으로 조직화시켜 보유하고 재생하도록 함으로써 자연스럽게 정보를 처리한다(Buschke, 1976; Glanzer, 1976; Miller, 1956;, Neisser, 1967).

여기서 우려하는 것은, 음악 소리가 아닌 음악 기보법에 기초한 패턴을 가르치는 것이 어린이들의 비음악적 경험을 만들어 낸다는 점이다.

교사들이 음악적 방법으로 어린이들을 위한 노래를 연주하는 것에 민감하지 않

> 다면, 소리들 사이에서 자연스럽게 지각된 음형적 관계를 유지하는 노래의 패턴을 선택하는 것에 민감하지 않다면, 공부를 위해서 패턴의 음형적 특성을 기보법으로 대체하는 것을 피하는 것에 민감하지 않다면, 음악교육은 어린이들에게서 나오는 내재된 음악성을 발휘시키기에 위험이 있을 수 있다(Bennett, 1990, p. 7).

Harris(1960)는 음가를 가르치는 것이 중요하긴 하지만 '음표들을 그룹으로 지각하기 위한 개념들'(p. 324)을 가르쳐야 함을 음악교육에서 놓치고 있다고 언급하였다. Swanwick(1999)이 주장하기를, "가장 작은 음악적 단위는 음정, 박, 마디가 아니라 프레이즈 또는 제스처이다." 만일 우리가 "기보법에 의해 고착된다면, 의미에 대해 거의 생각하지 못하고 …… '프린트된 것을 그대로 읽고 있는' 자신을 발견하게 될 것이다." (p. 45) 기보된 패턴들이 지닌 정확성에 대한 집착으로 초등학교 수업에서 '프린트된 것을 그대로 읽도록' 만들고 있는가? 음정, 박, 마디들은 북미 지역의 음악수업에서 핵심적인 패턴 단위로서 다루어지고 있으나, 이러한 기보된 패턴들은 음악 단위의 개념을 모순되게 하는 경향이 있다.

거듭 말하자면, 음악적 소리 대신에 음악 기보법이 어린이들을 위한 음악교육과정을 주도하고 있다. 그렇다면 음악의 음형적 패턴에 따라 어린이들을 가르치려면 우리는 어떻게 준비해야 하는가? 첫째, 우리는 영어 언어의 소리가 여린박 음절(anacrusis)이라는 인식을 가져야 한다. 그러한 생각은 음악 패턴을 시각적인 것에서 청각적인 것으로 이동하여 바라보게 하는 전제조건이다.

> 관사, 전치사, 형용사들은 강세 없는 소리들이 강세 있는 소리들로 이어지고 또 멀어지도록 하는 영어의 말하기 패턴(결론적으로는 민요 패턴)을 만드는 데 주요한 영향을 끼친다. 이러한 패턴들의 본질적인 음형적 조직화는 마디줄과 박자 그룹에 의해 결정되는 조직화와 꼭 일치하는 것이 아니다(Bennett, 1990, p. 1).

생각의 발전

1988년 오스트레일리아에서 개최된 국제음악교육협회 국제회의(World conference of the International Society for Music Education)에서, 필자는 Zoltán Kodály가 Mary

Helen Richards에게 어떻게 영향을 주었으며 Kodály와 유사하면서도 자신만의 방식으로 미국의 어린이들을 위한 음악 방법을 만들게 되었는지를 설명하고자 했다. 그때의 발표는 1960년대에 Richards가 Kodály의 격려를 받으며 새로운 교수법을 개발하기 시작했던 방법을 간추린 이야기였다(Bennett, 1988b). Richards의 도움으로 함께 쓴 그 글은 그녀의 작업 과정을 변화시킨 Kodály의 제안을 밝혀냈다. Kodály는 Richards에게 그녀의 교육 기초를 미국의 민요에 두도록 제안했고, 언어, 특히 민요 패턴들에서 여린박의 영향에 대해 연구하도록 제안했다(Bennett, 1987, p. 39).

음악적 패턴들을 인식하고 연주하며 기보하고 연구했던 언어적 교수법의 발전은 1960년대 후반에 시작되었다. Richards와 Fleurette Sweeney(그녀의 친구이자 동료 교수)는 Mariam Allen과 함께 작업해 나갔다. Mariam은 캘리포니아의 산 마에토에서 청각장애가 있는 어린이들을 가르치는 교사였다(Allen, 1974). 이 세 명의 교사들은 말을 할 수 있는 청각장애 어린이들의 교육을 위해 음악적 방법을 시도했는데, 이를 위해 먼저 박을 가르치기로 결정했다. 어린이들이 학교 주변을 뛰면서 심장박동이 높아지면, 이 교사들은 어린이들이 자신의 심장박동을 '느끼고' 그와 동시에 "나는 열쇠를 원해요." 같은 문장을 말하면서 자신의 말하기 속도를 맞추기 위해 무언가를 썰고 있는 몸짓을 하도록 지시했다.

그들은 어린이들이 말하는 것을 돕기 위해 음악(박)을 사용하는 방법을 발견했다는 사실에 흥분되었지만, 그러한 흥분은 금세 사라졌다. 그 어린이들이 그 단어들을 정확하게 그 박에 발음했더라도 스스로 무엇을 말하고 있는지 알 수 없었음을 깨달은 것이다. 박은 거기에 있었고 단어가 거기에 있었다. 그러나 어조, 표현, 뉘앙스, 선율적인 리듬은 (즉, 음악성은) 있지 않았다. 말하기 리듬 패턴(강조 패턴 단위, 말하기 패턴 단위, 언어 리듬 패턴, 말하기 리듬 패턴 등으로 불리기도 함)에 대한 이러한 발견은 교육자들, 그리고 다른 방법으로 소리 패턴을 듣고 움직이고 식별하며 기보해왔던 연구자들에 의해 수십 년에 걸쳐 발전해 나갔다(Bennett, 1987, 1988b; Bennett & Bartholomew, 1997, 1999; Sweeney, 2002).

연구

Richards가 음악교육 프로그램을 개발하고 나서, 필자는 1971년부터 1991년까지 Richards와 함께 돌아다니며 연구하고 가르쳤다. 음악 패턴을 소리 덩어리들로서 가르치려는 음형적 접근의 기원과 발전에 현재까지도 관심을 가지고 있으며 그 가능성에 현혹되어 있었기 때문에, 이러한 패턴들을 듣고 움직이며 기보하는 어린이들의 능력에 대한 연구들을 계획하고 실시하기를 원했다. 필자의 박사논문은 어린이들의 말하기 패턴 단위의 지각에 대한 첫 번째 시도였다. 그 연구의 결론은 ① 노래가 처음에는 엄선된 패턴들을 제시하고 검토하기 위한 교사의 도구였을지라도, 어린이들은 자신의 응답을 나타내기 위해 그 도구를 채택하였다. ② 나이별 세 그룹 모두(5, 7, 9세 그룹) 강조되는 음절을 알아내는 것보다 적절한 강세를 가진 패턴을 연주하는 것을 잘 해냈다. ③ 어린이들이 제시된 2음절이나 3음절 패턴에서 하나의 음절만을 손뼉 쳤을 때, 항상 강조되는 음절에 손뼉을 쳤다. ④ 나이별 세 그룹 사이에 말하기 방식의 정확도에 있어 유의미한 차이는 없었다(Bennett, 1981).

후속 연구는 유치원, 2학년, 3학년 어린이들의 패턴 지각, 정확성, 선호도를 세 가지 응답 방식에서 살펴보았다(Bennett, 1991). 결론은 다음과 같았다. 각 학년별 그룹은 다른 것보다 4박 길이를 가진 패턴을 더 잘 지각했고, 18명의 학생 중 16명은 그들의 반응 중 50% 이상에 여린박 패턴을 포함시켰다. 각각의 연구는 음악의 패턴 지각에 대하여 알고자 했던 것 그리고 초등학교 연령대 학생들을 위한 질문 응답 활동의 설계 방법을 더 명료하게 알 수 있게 해 주었다.

어린이들은 그들이 노래에서 경험했던 음형적 패턴들, 특히 여린박을 가진 음형적 패턴들을 듣고 움직이며 기보할 수 있었다. 예를 들어, “the farmer in the dell” “who lives on drury lane” “to buy a piece of candy” “whose fleece was white as snow” “and see the same as I” 등이다. 이러한 가정을 확인하기 위해 세 번째 연구를 해 나갔다. 특히, 내가 궁금해 했던 것은 어린이들이 노래에서 여린박을 쉽게 구별하는지에 대한 것이었다.

세 번째 연구는 노래에 있는 여린박 패턴을 4학년 어린이들이 지각할 수 있는지에 대한 것이었다(Bennett, 1990). 나는 각 어린이에게 다섯 곡의 노래를 불러 주었다. 각 민요들은 8박으로 구성된 한 프레이즈로 마무리되며, 이는 두 개의 4박 구성

프레이즈로 들릴 수도 있다. 이 경우 마무리되는 두 번째 프레이즈가 여린박으로 시작한다.

Roll that brown jug down to down
Roll that brown jug down to down
Roll that brown jug down to down so early in the morning

내가 "그 노래는 어떻게 끝났나요?" 혹은 "나에게 그 노래의 마지막 부분을 보여주거나 노래해 줄 수 있어요?"라고 질문하면, 학생들은 가사로 노래를 하거나, 의미 없는 음절로(예를 들어, '루') 노래를 부르거나, 손을 톡톡 치거나, 노래 부르는 지점을(펜으로 종이를 건들며) 톡톡 쳤다. 결론적으로 다수의 학생이 여린박 패턴들에 익숙함을 알 수 있었다.

> 학생들이 노래에 단어들을 사용하여 응답했을 때, …… 40명 중 33명의 학생들은 여린박을 100% 포함시켜 응답하였다. 나머지 학생들은 5개의 여린박 패턴들 중에서 1개만을 놓쳤다. 40명의 학생들이 단어가 아닌 '루' 소리로 응답했을 때, 769개의 응답 중 75%가 종지 패턴을 할 때 여린박을 포함시켰다. 이 연구의 결과는 학생들이 음악의 음형적인 그룹화에 익숙하다는 것을 강하게 시사한다. ……
>
> 의미 있는 소리 그룹핑을 지각하는 학생들의 청각적 능력에 내재하는 음악성은 박과 마디에 기초한 패턴을 강조하는 초등음악교육에 대하여 의문을 제기하게 만든다. 박과 마디를 넘어 음표들을 연결하는 여린박 패턴들은 음악에 있어 흔한 경우이지만, "어린이용 음악교육과정"에서는 거의 보이지 않는다. …… 이러한 본질적이고 지각적인 교수법은 많은 음악교육 수업의 현재 활동들과는 대조적인 것으로 보인다(Bennett, 1990, pp. 4, 6, 7).

제안

음악 기보법은 불완전한 시스템이다. 그것은 음악을 만드는 데 있어 중요하다 할 수 있는 많은 소리의 측면을 빠뜨리고 있다. 그러나 박 사이에 그리고 마디줄 사이에 표현되어져 있는 정돈된 수학적 배열은 소리 연구를 위한 계열을 조직하는 데 매력적인 방법이다. 기보법이 어린이를 위한 음악교육을 이끌어 가고 있는 이유를 쉽게 이해할 수는 있지만 의문은 남는다. 음악 기보법이 음악교육을 끌고 가야만 하는가? 우리가 기보로서의 소리가 아닌 소리로서의 기보로 접근했다면 무엇이 달라졌을까? 1

1. 어린이들이 음악적으로 소리를 듣고 만드는 방법에 보다 가까이 다가갈 수 있는 소리 기보법들을 **고려하라**. 선 악보(line maps), 점 악보(song dots), 기호 악보(ideograph score) 등은 탁월한 기보의 가능성을 제공한다(Bennett, 2010, 2011, 2012; Bennett & Bartholomew, 1997, 1999; Sweeney, 2002). 이러한 기보 체계들은 관습적인 기보와는 다르다. 이것들은 음악을 배우고 읽기 위한 중개적인 기술을 제공하는, 기호로 쓰는 속기 같은 것이다. 이런 대체 가능한 기보 체계를 이용하여 어린이들은 많은 음악교육과정에서 매우 어렵게 생각될 수도 있는 패턴들을 유창하고 정확하게 듣고 연주할 수 있다(Bennett, 1990).

   제시된 영상에서 표현력 있는 목소리로 "Hickory Dickory Dock"의 기호를 읽는 어린이를 보라. 이 영상은 기호 악보로 읽기 경험을 할 때 보이는 말하기의 유창성, 자신감, 음악성을 증명하고 있다. (참고 사이트: http://cdm15963.contentdm.oclc.org/cdm/singleitem/collection/p15963coll12/id/56/rec/8)

   다음 제시된 영상에서 "산왕의 궁전에서(In the Hall of the Mountain King)"의 점 악보를 음악적으로 읽는 한 아이를 보라. 이 영상은 음표의 대, 꼬리, 붙임꼬리(beam)를 추가로 보여 주지 않으면서, 리듬을 톡톡 치는 운동 기술과 리듬을 읽고 톡톡 치는 악보해석 기술을 연결하기 위한 중개적 단계로서 점 악보를 보여 준다. (참고 사이트: http://cdm15963.contentdm.oclc.org/cdm/singleitem/collection/p15963coll12/id/528/rec/8)

2. 학생들의 이름을 8분음표와 4분음표로 기보하고 발음하는 활동에 **의문을 제기하라**. 결과적으로 발음은 너무 꽉 얽매여져 있어 기보할 수 없고, 학생들 이름의 잘못된 발음을 야기하며 언어적으로 왜곡되기도 한다. 점들과 점/선의 조합은 기보의 유연성과 목소리의 유연성을 제공한다(Bennett & Bartholomew, 1997, p. 124).

3. 라임에 맞추어 단어를 암송하거나 찬트할 때 변화 있게 표현적으로 말하면서 음악성이 스며들 수 있도록 고려하라. 찬트하는 것은 음악적 말하기보다 로봇 같은 행위가 되기 쉽다. 플로우, 뉘앙스, 표현 등을 기존 찬트에 추가하고 어린이들의 음악적 말하기 생산력을 향상시키라.

   제시된 사이트에서 표현력 있는 목소리로 "Diddle Diddle Dumpling" 라임을 하는 어린이를 보라. (참고 사이트: http://cdm15963.contentdm.oclc.org/cdm/singleitem/collection/p15963coll12/id/27/rec/12)

4. 하나의 노래나 작품이라는 맥락적 접근 없이 그 안의 패턴들만을 상세하게 연구하는 활동에 의문을 제기하라. 노래 전체를 부름으로써, 그리고 그 노래 안에서 선택한 패턴을 신체표현, 리듬 음절, 음정 있는 음절 등을 '강조점'으로 사용하여 강조함으로써 지도하고자 하는 패턴의 음악성을 맥락화시켜라. 패턴들을 그것이 생기는 맥락에서 분리하여야 보다 쉽게 패턴을 만들 수 있다고 여겨 노래의 맥락을 무시하게 되면 우리는 음악성을 마비시키게 될 것이다. 리듬과 조성 패턴이 한 노래의 구조와 흐름 사이에서 연구될 때 비로소 음악성과 맥락이 유지될 수 있다.

5. 메아리 박수 패턴으로 음악 만들기 하는 것을 고려하라. '타 타 티티 타' 같은 주의집중 박수처럼 예측 가능하고 기계적인 리듬으로 단조롭게 진행하기보다 4박 프레이즈 동안 다양한 리듬과 형태로 시도해 보라. 흥미롭고 도전적인 패턴들을 만들기 위한 신체 타악기를 추가하라. 보다 음악적으로 만들기 위해서는 다양한 음악적인 표현, 프레이징, 분위기를 가진 메아리 패턴들을 연주하면서 이 패턴들을 다루어야 한다.

6. 학생들을 위해 습관적으로 음악적 모델이 되어야 함을 생각하라. 학생들의 모범이 될 수 있도록 음악적인(표현적이고, 뉘앙스가 있는) 신체표현과 노래 부르기로 선율(손기호, 음이름 음절), 리듬(톡톡 두드리기, 리듬 음절), 그리고 전체 노래들을 연주하라. 소리가 아닌 음표가 우리의 수업을 규제할 때, 우리는 학생들에게 비음악적 연주의 모델이 되는 위험에 처할 수 있다. "정성 들여 가르친 음표-읽기 체계는 학생들이 악보에 쓰인 상징들을 음악적으로 해석하여 연주하려고 시도할 때 무시되어야 한다."(Bennett, 1981, p. 18) Sachs(1953)는 교사들이 '시간의 단호한 엄격함'으로 리듬을 가르치고 있으나 오히려 '정확한 엄격

함으로부터 고의적인 일탈'을 하는 연주가들로부터 리듬을 배울 수 있다고 쓰고 있다(p. 53). 우리가 음악을 어린이들에게 가르칠 때 음악을 음악적으로 만드는 열쇠는 그들의 교사인 우리가 소리 패턴을 발견하고 연주하며 모범을 보여 주는 데에 있다. 음형적 패턴들은 언어에서 이루어지는 의미의 자연적 그룹핑을 활용하고 있으며, 어린이들이 음악을 공부할 때 음악성을 유지하는 방법들을 제공한다.

박(拍)에 대한 의문

앙상블의 지휘자가 유연성, 뉘앙스, 표현성 등이 부족하게 음악가들이 연주하도록 할 리가 없다는 것을 알면서, 왜 활기 넘치는 '박'을 그저 반복적으로 쿵쿵거리도록 하는 것이 어린이들 음악 학습의 전제조건이라고 생각하는가?

[장면 A]

어린이들이 바닥에 원을 이루어 앉는다. 교사는 "'Here We Are Together'라는 노래를 부릅시다. 다음 박을 쳐 보세요. 1, 2, 3. 1, 2, 3. 톡, 짝, 짝. 톡, 짝, 짝."이라고 말한다. 어린이들은 노래에 들어가기 전에 그 박에 맞춰 힘껏 다리 치기, 크게 손뼉치기를 한다.

[장면 B]

어린이들이 바닥에 원을 이루어 앉는다. 교사는 "'Here We Are Together'라는 노래를 부릅시다. (시작하는 음을 부르면서) 이 음으로 노래합시다."라고 말한다. 어린이들은 "here" 부분을 노래하며 흔들거리고 조금씩 움직이기 시작한다. "all sitting on the floor"라는 마지막 프레이즈에서 어린이들은 교사가 이끄는 대로 팔을 움직이고 종지 단어인 'floor'를 부를 때 열 개의 손가락을 바닥에 닿게 한다.

두 [장면]에 무엇이 존재하고 무엇이 부족한가? [장면 A]에서는 학생들이 3박자 감각을 만들기 위해 명확하고 규정된 신체표현들을 사용하고 있다. 신체표현과 노래하기의 목적이 박을 연주하고 강조하는 것이라는 점이 분명하게 드러난다. [장면 B]에서는 그러한 음악적 목적이 덜 명백하고 덜 구조적으로 나타난다. 교사는 시작하는 음을 제시했으며, 신체표현들은 부드럽게 이루어졌다. 노래의 마지막 음표는 바닥 위를 톡 치는 행위로 '종지'라는 학문적 언어를 표현하도록 구성되었다. 그러나 [장면 A]가 [장면 B]보다 명백하고 (혹은 보다 교육적인) 음악적 목적을 가졌을지라도, 덜 음악적인 연주로 생각된다. 왜일까? [장면 A]는 어린이들을 비음악적인 방법으로 음악을 이해하고 생각하며 연주하도록 가르치기 때문이다.

신체표현은 어린이들의 음악 지도의 핵심이다. 프레이즈, 박, 리듬, 선율들을 표현하는 것은 다양한 감각, 특히 운동감각과 관계가 깊어서 어린이들의 신체에 확실히 음악이 체득되도록 한다. 음악이 어린이들의 신체 안에 있을 때, 어린이들은 소리를 만들고 그 소리에 따라 움직이며 그 소리를 배우고 그 소리를 듣는다. 그들은 음악을 알아 갈 수 있게 되는 것이다. 그들의 교사로서 우리가 음악에 따른 신체표현의 방법에 주의를 기울인다면, 어린이들이 음악을 음악적으로 이해하도록 도울 수 있다. 음악에 그저 박을 연주하는 활동은 음악을 비음악적으로 연주하도록 하는 가장 흔한 방법일 수 있는 것이다.

어디서, 어떻게, 왜 음악교사들은 초등학교 음악수업에서 박을 과다하게 강조하는 활동을 당연시해 왔을까? 어린이들이 정확하게 박을 연주하지 못하면 음악을 배울 수 없다고 생각하기 때문인가? 그러나 이것은 잘못된 생각이다. 어린이들이 '박자치기'를 할 수 없으면 악기를 연주할 수 없다고 생각하기 때문인가? 이것 역시 잘못된 생각이다. '박자치기'를 할 수 없으면 리듬을 배울 수 없다고 생각하기 때문인가? 이것도 잘못된 생각이다. 박을 연주하는 것이 읽기 학습의 전제조건이라고 생각하기 때문인가? 이것도 잘못된 생각이다. "노래에 따른 신체표현은 음악적 흐름을 수반해야 하는 것이지 통제하는 것이 아니다. 무겁거나 기계적인 방식으로 노래가 진행되도록 만드는 그런 신체표현을 조심해야 한다."(Bennett & Bartholomew, 1997, p. 65)

어린이들에게 음악을 가르치기 위해서 음악을 비음악적으로 만들 필요가 없고, 그렇게 해서는 안 된다. 학생들이 노래할 때 '박을 쿵쿵 치는' 활동은 그들의 노래를 바꿔 버린다. 그 노래의 본래 성질이 변화되는 것이다. 노래하는 동안의 '박자 치기'

는 선율의 가볍고 경쾌한 기분을 제거시키며, 유연하고 표현적으로 노래 부르기보다 박을 치는 데 집중하도록 하고, 신체표현의 특성과 조화를 이루며 노래하는 것을 어렵게 만든다(Bennett, 1986b, 1988a).

자신의 앙상블로부터 음악성을 끌어내려고 노력하는 지휘자는 초등 음악교사가 흔히 하는 것처럼 박을 연주하도록 요구하지 않는다. 앙상블 지휘자는 음악을 만들길 원하지 박을 연주하기를 원하는 것이 아니다. 음악을 음악적으로 만들기 위한 지휘자의 목적을 채택한다면 박자 치기를 중시하는 초등 음악교사의 생각을 고치도록 도울 수 있을 것이다.

제안

1. 노래나 패턴의 박과 리듬을 손뼉으로 칠 때 당신의 손으로 그 노래를 부르는 것을 **고려하라**. 기존의 손뼉치기보다는 학생들의 노래에 표현했으면 하는 것을 지휘하는 뉘앙스의 몸짓, 즉 손으로 톡톡 두드리는 등의 방식으로 전환시켜라. 어린이들이 리듬이나 박을 톡톡 칠 때 그 노래를 오디에이트하도록 요구하라. 이를 통해 어린이들은 노래 부를 때 그 노래를 들을 것이고, 그 활동이 귀, 목소리, 신체표현을 연결시키면서 노래는 계속해서 음악적 신체표현을 위한 맥락을 제공할 것이다. 우리의 귀가 참여하면 보다 음악적으로 움직일 수 있다. 듣는 동안 우리의 신체표현은 듣거나 혹은 만들고 있는 음악 소리의 상징이 된다. 그리고 듣고 있는 음악에 어울리게 움직일 때, 단지 리듬적인 지속시간이 아닌 음악을 연주하는 것이다. 플로우와 표현을 유지하면서 소리를 손뼉 치기, 톡톡 두드리기, 가볍게 걷기 등의 신체표현으로 바꾸기 위해서는 교사들이 이러한 음악성의 중요한 측면에 대한 모델이 되어야 한다(Bennett, 1988a).
2. '박(어린이들이 느끼는 것/감지하는 것)'보다는 '리듬 패턴(어린이들이 듣는 것)'을 가지고 음악 공부를 시작하는 것을 **고려하라**. 어린이들이 음악교육의 시작단계에서 리듬을 공부하는 것은 노래 가사 듣고 배우기, 그리고 부르고 있는 노래 안의 다양한 리듬 배우기에 능숙하게 만든다.
3. 음악교사들이 리듬을 기보할 때 8분음표와 16분음표의 꼬리가 따로 있는 것보다 붙임 꼬리(beam) 상태의 기보법을 선택하는 것에 **의문을 제기하라**. 음표의

꼬리가 있으면 어린이들은 기보된 각 음표를 보고 들으며 음표의 모습과 속도가 동일하다는 것을 알 수 있다. 그리고 각각의 대와 꼬리를 가지고 있는 음표 기보법은 어린이들의 음형적 그룹화를 지각하는 데에 도움을 준다. 붙임 꼬리의 음표 기보법은 청각적 패턴의 그룹화와 일치하지 않을 수 있다.

4. 수직적 선(vertical lines)보다 수평적 선(horizontal lines)으로 박자 악보를 기보하는 것을 **고려해 보라**. 가로로 이동하며 보는 악보를 읽으면서, 어린이들은 무겁게 하향하는 신체표현이 아니라 흐름과 탄력의 감각으로 움직이고/건드리고/읽을 수 있다.
5. 어린이들이 리듬과 박자 패턴들을 연주할 때 손뼉치기보다 톡톡 두드리기 하는 것을 **고려하라**. 톡톡 두드리기는 손뼉치기보다 쉽기도 하지만, 한 손이 음악가가 되고 다른 손은 악기가 될 때 그 소리는 보다 음악적이 된다.
6. 어린이들에게 악보 읽기를 가르칠 때 예비 활동에서 그 흐름과 음악적 형상을 보존하는 것이 전제되어야 하며 또한 '쓰여진 대로 읽기'(Swanwick, 1999, p. 45)를 피하는 것이 전제되어야 함을 **생각하라**. "음악연주에 중요한 음악성은 음악 공부에서도 중요하다."(Bennett & Bartholomew, 1999, pp. 22-24) 음악적 상징을 읽기 위한 단서로서 노래의 힘(momentum)과 맥락의 움직임을 느끼며 독보하는 법을 알도록 도와주어라. Schafer(1976)는 우리에게 다음을 상기시키고 있다. "관습적인 음악 기보법은 매우 복잡한 코드이다. …… 그 기보법은 완전히 숙달된 후에야 제대로 이해할 수 있다. …… 음악이 그 원래의 상태, 즉 소리의 상태로 되돌려졌을 때 10분 안에 숙달할 수 있는 기보법이 우리가 원하는 이상적인 기보법이다." (p. 247)

리듬 음절에 대한 의문

우리 대부분은 음 이름보다 음정 관계를 강조해야 한다는 생각으로 고정도법보다 이동도법으로 가르치고 있는데도, 왜 각 음표에 음가의 이름을 붙이는 리듬 음절 체계(티티타)를 가르치고 있는가?

'티티타(TI-TI TA)' 리듬 음절 체계는 Kodály에 의해 대중화되었는데, 악보가 4분음표로만 구성되거나 붙임 꼬리(beam)를 하고 짝지어진 8분음표로만 구성될 때는 완벽하게 작동한다. 많은 음악교사는 '타(TA)'가 4분음표이고 '티(TI)'가 8분음표라는 것을 가르치면서 음악수업의 초반 몇 년을 보냈고, 어린이들은 그 기간 동안 그것을 열심히 학습했다. 그 시기가 지난 후에 우리 대부분은 어린이들이 그것을 '잊어버리도록' 만들었다.

리듬을 배우는 첫 단계 동안 학습되었던 잘 정돈된 절대적인 리듬구별은 점차 다양한 리듬이 소개되면서 난장판이 되기 시작한다. 교사들은 16분음표에 이름을 붙이기 위해서 '티키티키(TI-KI-TI-KI)' '티리티리(TI-RI-TI-RI)' 혹은 '티피티피(TI-PI-TI-PI)'를 사용하는데, 이러한 음절체계는 '티(TI)'가 8분음표의 이름뿐 아니라 16분음표의 이름이 될 수도 있다는 것을 보여 준다. 16분음표들은 동일한 모양과 음가를 가지고 있지만, '티(TI)' '키(KI)' '리(RI)' '피(PI)' 등 각기 다른 음절로 읽혀지기도 하는 것이다. '티티타' 음절 체계를 사용할 때 나타나는 혼란은 '타(TA)'가 4분음표를 가리키면서도 겹박자에서의 점4분음표 또한 '타(TA)'라고 읽을 때 나타난다.

리듬 음절을 노래하고 말하는 것은 연주되는 소리를 목소리로 나타내고 기호화(codify)하는 중요한 방법들이다. 이 활동은 조성적 패턴을 식별하기 위한 기법 중 하나인 '계명창법(solfa)'와 유사한 이점을 가지고 있다. 리듬 음절은 '동일한 리듬 패턴들을 다른 맥락에서도 재인식할 수 있도록, 서로 다른 패턴들을 식별할 수 있도록, 패턴을 입으로 연주할 수 있도록, 그리고 패턴들을 상기시킬 수 있도록'(Bennett & Bartholomew, 1999, p. 66) 돕는다.

어린이들의 음악교육을 위해서는 기보된 악보에만 의존하지 않고 연주될 때의 리듬적 흐름을 포착할 수 있게 도와주고 소리 관계에 대해 알려 주는 리듬 음절 체계가 필요하다. 리듬 음절 체계가 다음의 중요한 기준들에 부합한다면 음악 학습에 많은 도움이 될 수 있다. 그 기준은 ① 구체적인 음가보다는 소리 관계를 반영하는 음절들(고정도법보다는 이동도법을 강조하는 것과 비슷한 입장), ② 목관악기를 텅잉하기에 적절한 자음자, 그리고 노래하기에 적절한 모음자를 가진 두 글자 음절들, ③ 3박과 2박 분할을 구별하기 위한 각기 다른 음절들이다.

다양한 리듬 음절 체계는 어린이들과 청소년들이 리듬 관계성과 패턴들을 목소리로 노래하고 식별하도록 돕는 데 이용될 수 있다. 그러나 모든 리듬 음절 체계가 어린이들의 패턴 공부를 위해 동일하게 합리적인 것은 아니며, 고정도법이 어린이들에게 조성 패턴을 가르치기에 적절치 않은 것처럼 가장 대중적인 리듬 음절 체계인 '티티타' 또한 적절치 않은 방법이 될 수 있다. '티티타'와 고정도법 둘 다 악보를 보고 이해하는 것에 의존하여 정확한 음절을 노래하는 것을 목적으로 하기 때문이다. 이에 비해 고든의 음절체계(Gordon syllables system)와 타카디미 체계(Takadimi system)는 소리 관계성의 청각적 지각에 기초를 두고 구성되어 있다(Gordon, 1997; Hoffman, Pelto, & White, 1996).

제안

1. 어린이들의 패턴 공부를 위해서 청각적 접근법에 기초한 리듬 음절 체계의 사용을 **고려하라**. 청각에 기초한 접근법은 음가보다는 소리 관계성을 이해하도록 돕고 초등과 중등 음악수업에서 실용적이고 일관적으로 지도가 이루어지도록 한다. 고든과 타카디미 음절체계는 이에 기초하여 구성되어 있다(9장 참조).
2. 온음표와 2분음표를 '타아아아(TA-AH-AH-AH)' '타아(TA-AH)' 등의 리듬 음절로 소리 내고 치도록 하는 연주 활동에 **의문을 제기하라**. 이보다는 그러한 소리와 신체표현을 가만히 지속시켜 보라. 지휘자가 자신의 앙상블 연주를 만들어 가는 것과 유사하게 목소리와 몸짓으로 지속음을 연주한다고 생각해 보라. 지속음의 소리를 박자 치기 하지 말고 길게 유지시켜 표현하도록 하라.

   이와 관련된 사이트를 보면, 「놀람 교향곡(Surprise Symphony)」을 들으며 음표를 치는 방식이 아닌 길게 유지하면서 짚는 방식으로 악보를 읽는 어린이를 확인할 수 있다. 사이트의 영상은 박을 치지 않고 소리를 길게 유지하면서 음악적으로 연주하는 어린이들의 모습을 보여 주고 있다. (참고 사이트: http://cdm15963.contentdm.oclc.org/cdm/singleitem/collection/p15963coll12/id/447/rec/12)
3. 리듬 패턴 안의 각 소리들을 설명할 때 '길고 짧음'이라는 용어를 사용하는 것에 **의문을 제기하라**. 소리 관계성을 가르치기 위해서는 이보다는 '빠르고 느림'이 어린이의 신체표현 속도에 직접적으로 연결되어 도움이 된다. 손뼉치기나 톡톡 두드리기는 리듬을 연주하는 가장 일반적인 방식이지만, 이러한 신체표

현들은 단일한 소리를 나타내기 때문에 음이 지속되는 시간을 보여 주지 못한다. 4분음표와 8분음표를 '길고 짧음'으로 언급하는 것은 어린이들이 만들어 내고 있는 신체표현이나 소리에 적절하지 않다. 이러한 설명으로는 지속시간의 차이가 쉽게 드러나지 않는다. '빠르고 느림'은 어린이들이 손뼉치기, 톡톡 두드리기, 가볍게 손 대기/악보 읽기 등을 할 때 어린이들이 소리를 경험하는 방식과 움직이는 방식이 잘 연결되도록 한다. 이러한 개념으로 가르치게 되면, 점 악보를 음가로 전환하여 읽을 때 4분음표는 보다 느리고 8분음표는 보다 빠르며, 16분음표는 가장 빠른 것으로 이해된다.

4. 어린이들에게 리듬 패턴을 가르치기 위한 기초로서 미국 민요에서 흔히 볼 수 있는 리듬 패턴 활용을 **고려하라**(Bennett & Bartholomew, 1999, p. 277).

'솔-미' 노래들에 대한 의문[1)]

왜 많은 음악교사는 미국 음악의 풍부한 음악적 유산과 구전되는
전통들에서 볼 수 있는 선율이나 노래 패턴의 특징과는 동떨어져 있는
음정(솔-미, 솔-미-라)으로 어린이들의 음악지도를 시작하는가?

코다이의 방법론과 단계별 교수법이 북미에서 널리 채택되면서 학교에서 배우는 노래들은 완전히 변화되었다(4장 참조). 코다이 방법론이 도입되기 전에 '솔-미'와 '솔-미-라' 노래들은 어린이들을 위한 노래모음집에서 자주 보이는 악곡들이 아니었다. 그러나 코다이 방법론이 도입된 후 대부분의 책, 웹 사이트, 교육과정은 그 음

1) 역자 주: 13장의 내용 전반은 저자가 태어나 생활하고 있는 미국의 학교음악교육 문제를 바탕으로 기술되어 있다. 특히 "'솔-미' 노래들에 대한 의문"에 기술된 내용들은 미국의 많은 음악교육자가 코다이 음악 교수법에 담긴 철학에 대한 이해 없이 지도 계열과 내용, 방법 등을 그대로 사용하는 데에 문제를 제기하고 있으며, 자신들의 음악 경험의 터전인 미국의 다양한 민요에서 나타나는 선율, 리듬, 조성 구조 등을 고려한 악곡을 선택하고 교육계열을 구성해야 한다고 주장하고 있다. 저자의 글이 미국 내 상황을 바탕으로 하고 있지만 우리의 음악교육에도 시사점을 준다. 명성 있는 음악 교수법들을 철학적 이해나 비판적 관점 없이 그대로 수용하기 보다는 우리나라의 음악과 음악교육의 상황을 고려하여 우리만의 지도계열, 교육방법을 정립해 나가는 것이 필요할 것이다.

정으로 만들어진 노래만을 받아들이기 시작했다. 시간이 흐르면서 헝가리의 단계별 교수법이 가지고 있는 특징대로 가르치는 것이 북미에서 넓게 받아들여지게 되었다. 현재 많은 초등학교 일반음악교사들은 이러한 악곡들과 계열을 당연한 사실로 받아들이고 있으며 다른 교육적 가능성은 알지 못하고 있기도 하다. 비록 음악교육 지도자들이 다양한 방향을 개발해 오긴 했지만, 코다이 방법론으로 가르치는 것은 현재 매우 만연하여 교사와 어린이들의 세대는 무엇을 놓치고 있는지를 알지 못하고 있다. 지난 40년간 우리는 우리 자신의 언어가 아니거나 구전되어 온 전통들이 아닌 노래들을 채택함으로써 미국의 노래 유산들을 잃어 왔다. 그 유산을 회복하고 소생하기에 너무 늦은 것은 아닐까?

Kodály의 교육적 작업은 이와 비슷하게 그 나라의 유산에 대한 걱정으로 시작되었다. 헝가리의 어린이들(그리고 어른들)은 그들 자신의 노래, '민속'적 노래를 알지 못했다. Kodály와 동료들은 고향의 민요들을 연구, 수집하고 어린이들을 위한 노래를 작곡하는 등 헝가리어를 기초로 생겨난 노래들을 되찾아 나갔다. 그리고 그러한 노래를 바탕으로 음악을 공부하기 위한 범위와 계열이 개발되었다. 미국이 고향인 우리가 우리나라인 미국에서 생겨난 민요들을 수집하고 사용했다면, 어떤 패턴들이 음악과 음악공부를 위해 풍부하게 제시되었을까? Choksy(1988)는 다음과 같이 말하고 있다.

> 헝가리의 모델과 북미의 상황 사이에는 차이가 있기 때문에 다른 교수법이 채택되어야만 한다. 북미 교사들은 그들이 가르치는 어린이들의 음악적이고 언어적인 유산의 50퍼센트에 해당되는 것을 그저 무시해서는 안 된다. 초기 단계부터 이러한 다른 음악적 재료가 포함되어야만 하며, 단순박자와 겹박자를 느끼고 반응하고 구별하기 위하여 유아학교 단계부터 준비가 이루어져야 한다(p. 27).

1980년대에 나는 Kodály의 친구이자 전기 작가인 Percy M. Young의 강의를 들을 기회가 있었다. 그때 그는 미국에서 진행되고 있는 코다이 방법론의 발전양상에 대해 어떻게 생각하는지 그리고 Kodály가 이를 괜찮다고 생각하는지에 관한 질문을 받았다. 그때 그는 간결하지만 웅변적인 어조로 "Kodály는 자신이 멈춘 곳이 아니라 시작했던 곳에서 여러분들이 시작하기를 응원했을 것이라 믿습니다."라고 말했다. 그리고 Richards는 바로 그것을 해낸 한 명의 교육자라 할 수 있을 것이다(Richards, 1964, 1978, 1980; Richards & Langness, 1984). 2

내가 초등학교 음악수업을 보거나 워크숍에 참여하게 되면, 과도하게 규범적인 교수법을 지지하다 보니 오히려 음악성이 사라지는 것을 보기도 하고, 민속 언어를 조성적 · 리듬적 · 구조적 그 어느 하나로도 전달하지 못하는 노래 자료들을 듣기도 한다. 무엇이 잘못되어 가고 있는가?

우리는 어린이들의 음악적 관심보다 교수법적 단순함에 중점을 두어 그들을 위한 노래를 선택하고 있지 않은가? 많은 교사는 저학년에서의 가창을 다양한 조성 패턴의 노래들보다 교육적으로 '바람직한' 노래들로 제한시키고 있다. '솔-미'의 2음이나 '솔-미-라'의 3음에 제한된 노래들처럼 말이다. 많은 음악가, 교육가, 어린이에게 이러한 '노래들'만 반복적으로 가창하도록 하는 것은 정신과 귀 모두를 마비시키는 것이다.

가족들이 차를 타고 여행하며 함께 행복하게 부르곤 했던 '가정 음악'을 가르치기보다 '학교 음악'을 부르도록 제한시키고 있지 않은가? Elliott(1990)이 지적했듯이 즐거움을 위한 노래 부르기에서 교육적 목적을 달성하기 위한 노래 부르기로 이동된 것이 아닐까? 어린이 음악수업의 너무나 많은 노래가 그들의 음악적 관심, 영혼, 모국어인 영어 패턴 등을 반영하기보다 제한된 조성적 학습내용에 기초하여 선택되고 만들어지고 있다.

민요에서 규칙적으로 나타나는 선율 패턴을 놓친 채로 음정을 가르쳤던 것인가? 이 질문은 "무엇이 노래인가"라는 질문의 핵심과 맞닿는다. 노래는 단순히 '부를 수 있는 것'을 말하는가? 우리가 어린이들에게 가르치고 있는 2개나 3개의 음으로 구성된 노래들은 실제로 노래인가? 아니면 그 노래들은 바람직한 음정(그리고 리듬)으로 구성된 시나 격언 같은 것인가? 다채롭고도 활기찬 선율 패턴을 특징으로 하는 미국 민요의 풍부한 음악적 유산을 가지고도, 왜 우리는 노래할 때와 음악을 지도할 때 분리된 레퍼토리를 사용하려 하는가? 음악을 지도하기 위한 노래들과 활기차고 미묘하게 표현적으로 노래부르며 음악성을 경험하도록 하는 노래들을 구분하여 사용하는 것은 시간과 학습적인 면에서 효율적인가?(Bennett, 2005)

너무 오랜 기간 너무 독점적으로 '솔-미' 노래에만 초점을 맞추면서 '보편적 음정'을 가르치고 있다고 생각하지 않는가? 보편적 음정에 대한 반복되는 주장은 도시의 전설적 위상 같은 것을 이루어 냈다. 그러나 음정의 진실에 대한 심각한 문제들이 제기되어 왔다. Dowling과 Harwood가(1986) 기술하기를, "하강하는 단3도 음정이 어린이들의 노래 부르기의 기초라는 생각은 꾸준히 이어져 온 생각이지만, 사실 그 증거는 매우 미흡하다. …… 현존하는 선율 패턴들 중 보편적인 '솔-미-라-솔-미'로 구성된 패턴에 대한 증거는 거의 없었다."(p. 61) "하강하는 단3도의 보편성에 대한 다문화적인 증거 역시 미흡하다."(Dowling, 1984, p. 161).

어린이 목소리의 음역, 특징, 표현성, 정확한 음정 등의 기술들을 개발하기 위해 성악적으로 적절하고 음악적으로 타당한 범위의 노래들을 부르고 있는가? '단순함'을 '쉬움'과 혼동하여 음악을 가르치기 위한 노래 목록들을 정하고 있지 않은가? 단순할수록 더 좋다고 믿고 있는가? 어린이들은 복잡하고 긴 노래들을 연주할 수 있으며, 종종 열정과 자신감을 가지고 연주하기도 한다. 그런데 왜 우리는 그들의 음악 패턴 공부를 2음 혹은 3음으로 제한시키는가? 어린이들은 우리가 그대로 놔둔다면 오히려 음악적일 것이다.

미국의 초등학교 일반음악교사 대다수는 어린이들을 위한 음악에 오랜 시간동안 널리 퍼져 왔던 교육과정의 계열들을 가르치고 있다. 이러한 계열들을 그들이 살고 있는 지역 기준(state standards)으로 채택하는 여러 지역의 선택은 의문을 갖게 만든다. 누가 우리의 국가적 유산인 노래를 보존하도록 돕는다고 생각하는가? 누가 음악적 방법으로 진정한 민요들을 가르치고 있다고 보는가? 누가 이러한 노래들에 의해 발생하는 음악을 어린이들에게 가르치기 위한 범위와 계열을 재구성한다고 생각하는가?

제안

1. 영어에 기반을 둔 어린이들의 수업을 위해 영어에 기반을 둔 민요의 사용을 고려하라. 이 노래들은 당신의 신체표현과 가창 게임, 소리 기술, 읽기 경험에 핵심적인 노래가 될 것이다. 수업을 위해 선택된 패턴들은 맥락에서 부적절하게 추출된 것이 아니라 전체 노래의 맥락에서 직접 비롯된 패턴들일 것이다. "당신은 가능한 한 많은 것을 가르치면서 그 패턴들이 노래 그 자체가 되도록 현명해질 수 있다. …… 엄지손가락으로 쿡 찔러 빼내듯이 선행 공부를 위한 선율 패턴을 끌어내려고 하지 말라. …… 전체 노래를 가르쳐라. …… 그 노래 자체가 그것이라는 것을 항상 기억하라."(Mursell, 1951, p. 192)
2. 리듬 패턴이나 음정을 가르치기 위한 목적으로만 구성된 노래를 사용하는 것에 대해 의문을 제기하라. 노래라기보다는 연습곡이라 할 수 있는 이러한 창작

곡은 너무 쉽게 음악성을 마비시킨다.

3. 어린이들이 기보할 수 있는 노래들만을 수업에서 가르치고 부르도록 제한시키는 논리에 대해 의문을 제기하라. 이보다는 어린이들이 소리를 상징적 기호로 직접 변환시킬 수 있도록 도와주는 기보 체계, 소리의 음악적 흐름을 유지시켜 주는 기보 체계, 어린이가 쓰고 읽을 수 있으며 관습적 기보 체계와도 쉽게 연결될 수 있는 기보 체계를 사용하라. 점 악보(song dots), 선 악보(line maps), 기호 악보(ideograph scores) 등이 이러한 목적을 성취하는 데 도움을 줄 수 있다(Bennett & Bartholomew, 1997, 1999).
4. 민요에서 흔히 나타나는 반복 프레이즈나 종지 프레이즈 등의 선율 패턴 사용을 고려하라. 본 연구자의 논문「연구를 위한 일반 조성 패턴들」의 목록 중 8개의 조성 패턴들은 영어권 민요들에 일반적으로 나타나는 것이다(Bennett & Bartholomew, 1999, p. 279). 이러한 패턴들을 듣고 가르치는 것은 교육 계열을 재구성하는 데 좋은 시작점이 될 수 있다.
5. 조성 패턴을 공부할 때, 전체 노래를 부르면서 그리고 전체 맥락 사이의 패턴들을 강조하면서 음악성을 유지할 수 있도록 고려하라. 강조된 패턴을 계이름이나 리듬 음절로 노래 부르고 신체표현을 할 때 전체 노래를 부르는 것처럼 하라. 패턴의 음악적 특성이 유지될 수 있도록 전체 안의 부분들인 것처럼 맥락 안에서 패턴을 유지하라.

학습 계열에 대한 의문

어린이들이 음악교육과정에 제시된 계열보다 더 폭넓은 방법으로
음악을 듣고 이해하는데도, 왜 많은 교사는 종종 학습이 '연기되도록 강요하는'
엄격한 음악교육과정 계열에 집착하는가?

어린이들에게 음악을 가르치기 위한 범위와 계열을 절대적으로 고수하려는 모습은 이전보다도 오늘날의 학교에서 일반적인 것으로 보인다. 교사들에게 파도처럼 밀려오는 많은 요구는 (평가, 책무, 표준화 검사하기, 핵심 교육과정, 다수의 교육 프로그

램) 그들을 기진맥진하게 하고 당황하게 하며 위축되게 만든다. 이러한 외적인 요구들은 우리의 교수 과정들이 완전하게 계열화되고 논리적으로 계획된 기성품 같은 방법들을 사들이도록 만들고 있다.

우리가 스스로를 정형화 · 구조화시키며 엄격해질수록, 가르치고자 하는 우리의 활력과 학생들의 학습에 대한 반응에 나쁜 영향을 주어 우리가 가르치는 것을 사랑하고 어린이들이 음악을 사랑하도록 만드는 명랑함, 상상력, 음악성 같은 중요한 측면을 희생시키게 된다. "방법이 구조보다 권위적일 때, 그 방법이 추구하는 원래의 좋은 목적을 놓치게 된다. 어떤 교사도 자신의 지식과 지능을 희생하면서 하나의 방법을 따르도록 요구받아서는 안 된다."(Bennett, 1986a, p. 39)

학교와 지역에서 음악교육과정을 만드는 임무를 맡고 있는 음악교사들은 전문가의 의견이나 참고용으로 공표된 교육과정의 도움을 받고는 한다. 시간과 에너지가 충분하다면 그들이 계열을 직접 만들 수도 있지만, 교사들은 '전문가들'이 그것을 만들었다는 이유로 전적으로 그리고 의심 없이 공표된 계열을 채택한다. 그러나 Hart(1982)가 심각하게 지적하고 있듯이, 교육과정과 교재를 쓴 교사들과 작가들에게는 명확해 보이는 논리적인 계열이 학생들의 학습 방법과 결부되면서 중대한 문제를 일으킬 수 있다. Hart는 하나의 주제를 작은 조각으로 파편화시키고 그런 다음 그 작은 조각들을 그에 해당하는 논리적 계열 안으로 정리하는 활동에 의문을 제기한다. 문제는 학생이 그 조각들을 조립하기 위해 미리 정해진 질서를 사용하면 학습이 일어난다고 기대할 때 그리고 조각들이 구성하고 있는 전체를 학생들이 이해하고 있다고 가정할 때 생겨난다. Hart는 이것을 '완전히 잘못된 가정'이라고 말하고 있다(pp. 52-53).

어린이들에게 음악을 가르칠 때 우리가 하고 있는 것이 이러한 '조각 배치법'은 아닐까? 우리가 음악을 배울 때 사용하지 않았던 계열을 어린이들에게 가르치기 위해 구조화시키고 있지 않는가? 엄격한 계열과 정형화된 수업은 그것을 받아들여야만 하는 어린이들보다 음악교사에게 더 쉽다는 것이 사실일 수 있다.

> 계열 안의 단계들을 이해하는 것이 어떤 임무를 달성하거나 목적을 성취하기에 항상 필요한 것은 아니다. 그러나 무언가가 분리된 단계에서 제시되면 그 각각의 단계를 이해해야만 한다는 생각을 하게 된다. 그리고 간혹 각각의 단계에 초점을 맞추

게 되면 다음과 같은 문제가 발생한다.

- 그것들의 중요성을 학생과 교사들이 오해하도록 만든다.
- 그 단계들을 음악의 더 큰 그림과 연결하지 못한 채 혼란스럽고 도전적인 것으로 보는 학생들의 불안을 야기한다.
- 학생들과 교사들이 단계 정복하기를 음악 만들기나 음악 알기와 같은 것으로 이해할 때 음악 공부에 대한 환멸을 느끼게 한다(Benett & Bartholomew, 1999, p. 37).

만일 우리가 음악 소리로부터 생겨난, 그리고 어린이들의 패턴(음악 창조에 기초가 되는 패턴) 듣기 방식으로부터 생겨난 음악교육의 논리를 사용했다면 무엇이 변화되었을까?

제안

1. '높고 낮음'이 누군가에게 음악을 가르치기에 개념적으로 논리적인 시작점인지 **의문을 제기하라.** 하나의 음정이 다른 음정보다 높은 곳에 위치하는 것은 음악 악보에 표시할 때뿐이다. 피아노에서는 높은 음정이 오른쪽에 위치한다. 기타에서의 높은 음정은 왼손이 오른쪽으로 갈 때 나타나며, 오른손은 내려갈수록 더 낮은 소리가 난다. 첼로에서 높은 음정은 왼손이 내려갔을 때, 오른손이 왼쪽으로 갈 때이다. 목소리의 경우, 성악 교사들은 높은 음정을 노래하려고 위로 몸을 내미는 것이 소리 만들기나 목소리 건강에 좋지 않다고 본다.
2. '길고 짧음'이 어린이들의 음악 공부에 있어 초기에 가르쳐야 할 개념인지에 대하여 **의문을 제기하라.** 앞에서 설명했듯이, '빠르고 느림'이 리듬을 연주할 때 어린이들의 동적인 경험을 보다 잘 묘사한다. 길이는 리듬적인 경험에서 거의 나타나지 않는다.
3. '도'를 포함하는 노래 패턴을 가르치는 것을 뒤로 미루어야 할 이유가 있는지 **의문을 제기하라.** 북미의 구전 음악(민요, 찬송가, 축하 노래, 라디오 노래, 캠프 노래들)에서 '도'는 기본음(a home tone)으로 보편성과 강력함을 가지고 있어 일

반 선율적 패턴에서 중요하고 강력한 요소가 되고 있다.

4. 노래를 따라 부르는 방식보다는 응답송의 기법을 사용하여 노래를 가르치고, 노래를 연습하며, 노래 안의 패턴들을 강조하거나 이름 붙이는 것을 고려하라. 1980년대 교수 기법의 하나로 만들어진 응답송은(Richards, 1980; Richards & Langness, 1984) "한 명의 선두와 응답자들이 '전체' 노래를 연속적으로 번갈아 연주하며 마치 빈칸 채우기 활동처럼 노래 부르는 방식으로"(Bennett & Bartholomew, 1997, p. 89) 노래를 연주하는 흥미로운 방법이다. 따라 부르기와 달리 응답송은 전체 노래가 온전함을 유지하도록 한다.
5. 소리와 상징적 기호 사이의 틈을 이어 주고 어린이들이 효율적으로 받아쓰고 해석할 수 있게 하는 기보법의 사용을 고려하라. 점 악보, 선 악보, 기호 악보는 소리부터 움직임까지 상징적 기호로 직접 변환시키며, 기보된 프레이즈들의 음악성을 보존하고 있다.
6. '2박' 패턴의 학습에서 4분음표와 붙임 꼬리(beam) 상태의 8분음표로 표시된 패턴이 꼬리가 있는 16분음표와 8분음표, 4분음표의 패턴보다 배우고 가르치기에 더 쉬운 것으로 인식되는 이유에 의문을 제기하라. 그리고 미국 노래와 라임에서는 너무나 일반적으로 나타나는 3박 패턴의 학습을 뒤로 미루는 학습 계열에 의문을 제기해 보자. 점음표들과 3박의 시각적 기보법이 복잡하게 보인다는 이유로 그런 것이 아닌지 생각해 보자.
7. 노래의 선율이나 리듬을 '단순'하게 변화시키려는 이유가 교사의 교육적 계열에 넣기 좋기 때문이 아닌지 의문을 제기하라.
8. 왜 교사들은 가르치는 학습 계열이 마무리되기 전에 학생들이 '정답을 알고' 있을 때 정보를 주지 않거나 거부하곤 하는지 의문을 제기하라. 교사들이 '학습 계열에' 머물고자 학생들의 학습을 연기시키는 것은 어린이들의 학습을 잠재적으로 간섭하고 있는 것이다(Bennett, 2005). 이것은 방법이 우리 앞에 앉아 있는 학생들을 위한 것이 아니라 우리 권위가 되도록 하고 있는 것이다(Bennett, 1986b).
9. 학생들의 학습 과정을 공표된 교육과정이나 학습 계열과 비교하여 살펴볼 때 상황적으로 타당한지 생각하라. 신체적 · 시간적 속성들, 그리고 교사, 학생, 지역사회의 속성들은 당신이 속해 있는 지역사회, 학교, 학생들에게 영향을 주고

있으며, 당신이 달성하고자 하는 목표와 이 과정이 이루어지는 학습 계열에 거대한 영향을 끼칠 수 있다(Bennett & Bartholomew, 1997, p. 217).

10. 당신에게 무엇을 언제 어떻게 해야 하는지 권고하려는 전문가들을 주의하라. 몇몇 방법에 열광하고 관련 출판물에 의지하는 것은 학생과 학교에 대한 당신의 생각을, 그리고 음악을 음악적으로 가르치려는 당신의 의도를 대체해야만 한다는 것을 의미한다.

스도쿠, 십자말퀴즈, 직소, 암호 같은 퍼즐을 풀고자 하는 사람들을 보면, 단계적으로 그것을 해결하는 경우는 거의 없다. 그리고 퍼즐을 만든 사람이 창조했던 순서대로 그 문제들을 해결하는 경우도 거의 없다. 우리는 퍼즐을 시작하고 나서 오도 가도 못하는 상황이 될 때 앞으로 곧장 갈 필요가 있다는 것을 경험으로 안다. 가끔은 퍼즐의 중간 즈음에 그냥 움직이다가 그것을 풀 수 있는 갑작스런 패턴이나 경로가 명확하게 나타난다. 퍼즐 해결의 이러한 모습은 교수 계열과 학습 계열의 차이, 즉 잘 정돈된 계열적인 교사의 경로와 엉망진창으로 흩어져 있는 학습자들의 경로의 차이를 이해하도록 도와준다.

> 학습은 단선적인 것이 아니다. 학습은 분리된 위계에서 진행되지 않는다. 학습은 단선적인 것이 아니며 고르지 않은 길에서도 즉시 방향을 가질 수 있기 때문에, 개념적인 학습은 특정 연령에 이를 때까지 모든 기초적인 사실이 마스터될 때까지 연기될 필요가 없다. …… 사실과 기술을 분리시키는 현재의 활동은 학생들에게 중대한 피해를 입힌다. …… 맥락 밖에서 이루어지는 학습은 제시되는 정보를 조직하고 기억하기 어렵게 만든다(Herman, Aschbacher, & Winters, 1992, p. 15).

우리가 미리 처방되고 때로는 지시적인 우리의 교육 계열에 찬사를 보낼 때, 즉 무엇을 가르칠지, 언제 가르칠지, 어떻게 가르칠지에 대한 타임라인을 제시하는 교육 계열에 찬사를 보낼 때 학습에서의 활력, 특히 음악 학습에서의 활력을 위한 매우 중요한 요소를 놓칠 수 있다. 학생들의 학습과 교사들의 지도를 적절히 연결시키기 위해 우리가 실제로 해야 하는 것은 어린이들의 이야기를 듣고 그에 대해 생각하고 그들을 지켜보는 것이다.

결론

왜 그리고 어떻게 우리는 어린이들에게 음악을 가르치는 여러 방법을 전적으로 받아들여 왔는가? 그 방법들은 미국의 학생들에게도 미국 음악을 위해서도 큰 의미가 없는데도 말이다. 여기서 제기된 의문들과 제시된 제안들은 '결국 하나'라 할 수 있다.

당신은 음악성이 있는 민요의 언어적 패턴 계열을 만듦으로써 어린이들의 음악교육 안에 음악성을 보존할 수 있다는 전제를 받아들이는가? 이런 전제를 받아들인다면 이러한 기초 원리가 노래, 박, 리듬, 선율, 구조 등을 듣고 가르치는 방법들에 녹아들게 될 것이다. "초등 음악교사들이 어린이들을 위해 전통 민요들을 재활성화시키는 데 헌신할 때, 그들은 음악적 모국어를 재구성하고 도처에 있는 노래 유산들을 다시 불러일으킬 것이다."(Bennett, 2005, p. 46) 미국에서 노래 부르기 활동이 다시 불붙고 있고, 미국 민요에 기초한 노래책을 통해 노래에 대한 일반적 지식을 재구성하고 있으며, 어린이를 가르치는 교사들에게 우리의 역사적·언어적·문화적 유산인 노래들에 흥미를 가지도록 가르칠 것을 호소하는 등 다양한 노력들이 최근 십 년간 이루어졌다. 이러한 노력들은 '다시 미국이 노래 부르도록 하자!'라는 캠페인을 만들어 냈다(Schmid, 1995). 어린이들이 알거나 알아야만 하는 노래들의 연구를 위해 교사들을 모집하여 조사도 이루어졌다(Foy, 1988; Harwood, 1987; McGuire, 2000; Prickett & Bridges, 1998; Ward, 2003).

이 글에서 제기되었던 의문들은 적어도 나에게는 그 질문들에 대답한다는 마음으로 이루어졌다. 다음의 문장들은 교육적 신념으로서 중요한 메시지들을 담고 있다. 우선, 어린이들의 음악교사로서 우리는 음악 활동을 안내하고 교육과정을 계획하며 어린이들이 음악을 사랑하도록 이끌면서 음악성에 대한 우리의 감각을 보여주어야 한다. 말로 표현되는 언어처럼 노래들은 전체 노래일 때 가장 제대로 노래되고 이해되고 공부된다. 음악 소리가 중요하다면, 음악 기보의 방법들과 음악수업의 패턴을 선택할 때 음악 소리가 우선이 되어야 한다. 음악 기보법이 음악 교수법을 이끌어서는 안 된다. 즉, 우리가 음악을 듣는 방법이 우리의 교수법을 정의하고 형태지어야 한다. 박을 정확하게 손뼉 치는 것이 음악을 듣고 움직이고 연주하고 악보를 읽는 활동 안에 담긴 음악성의 전제 조건은 아니다. 영유아에게 노래의 단어와 단어군의 리듬(듣기/말하기 소리의 아티큘레이션)은 박(소리의 하층류)보다 분명하게 나타난다. 그래서 소리에서 상징적 기호로 유연하게 움직이는 데 제약이 없는 기보 체계(점 악보)를 가지고 이미 듣고 있는 것과 할 수 있는 것(리듬)으로부터 어린이들을 가르치는 것은 의미 있는 일이다. '솔-미'와 '솔-미-라'는 미국 민요의 특징과는 다른 음정 패턴이며, 소중하게 여길 '우리 음악(home music)'의 예시라 하기도 어렵다. 모든 신체표현은 음악적일 수 있으며, 노래하고 움직이며 말하고 악보 읽을 때의 음악성을 손상시키기는커녕 오히려 증가시킨다.

어린이들에게 음악을 가르치는 비음악적 방법에 의문을 제기하는 것은 불안을 야기할 수 있다. 그러나 그와 같이 쉽게 끝나지 않는 질문들에 대해 계속 생각하는 것이 우리의 음악을 가르치는 방법, 어린이들을 가르치는 방법을 변화시킬 수 있다. 우리는 어린이들에게서 음악성을 걸러내면서 그들에게 음악을 가르치고, 그래서 그들이 음악적이 될 수 있는 음악적 습관들을 잊어버리도록 만드는 것은 아닌가? 어린이들이 악보의 음표들이 표현하고 있는 정신, 흐름, 표현성을 보거나 느끼지 못한 채 정확한 타이밍으로 악보 '읽기'를 할 때, 우리는 무엇을 잃고 무엇을 얻었는가? "음악을 아는 것은 음악에 대하여 아는 것과 같은 것이 아니다. 음악 공부가 음악 지식에 초점을 맞출 때, 실제 음악 경험으로부터 분리되는 위험을 감수해야 한다."(Bennett & Bartholomew, 1999, p. 5) 워크숍 지도자들은 교사들이 스스로 생각하고 음악적으로 가르치도록 자극하는 메시지를 주고 있는가? 우리들은 교사를 대상으로 글을 쓰고 제시하며 교육을 제공하고 있기에, 초등학교 음악수업에서 일어나는 일에 영향을 주는 방법들에 대한 모든 책임은 우리에게 있다. 어린이들에게 음악을 가르칠 때, 교육의 모든 측면에서 우리의 열정적이고 활기차며 섬세한 음악성을 되살아나게 하고 보존하고 제시하기 위해서 우리는 어떻게 해야 하는가?

그것은 우리에게 달려 있다. 그것은 우리의 책임이다. 초등학교의 음악교육자와 음악교사의 교육자들 말이다. 만일 여기서 제시된 질문들과 제안들이 당신에게 의미를 갖고 무언가 해야 한다고 자극을 준다면, 제발 그 무언가를 하길 바란다.

미주

1 이 글에서 추천하는 개념들과 실제들을 보여 주는 출처는 웹 사이트 "SongWorks for Children: A Video Library of children Making Music"(http://www. oberlin. edu/library/digital/songworks/index. html)이다. 오벌린 대학의 웹 사이트에서 음악 경험에 몰두하는 어린이들의 700여 개의 영상을 볼 수 있다.

2 1971년 초, 필자는 Mary Helen Richards의 작업과 개발 내용들에 매혹되기 시작했다. 그 후 20년 동안 우리 몇몇은 가르치고 여행하고 또 'Education Through Music(ETM)' 프로그램 개발을 도우면서 그녀와 매우 긴밀하게 작업해 나갔다. 1990년대 초, 여러 주제에 대한 의견 차이는 'Education Through Music'의 열 명의 위원들을 '분리되게'(Todnem-Wendroth, 2009) 만들었다. 그 위원 중 여섯 명은 교사들을 위한 ETM 코스를 가르치는 지도자였던 사람들과 함께 1992년에 'Music EdVentures Inc.(MEI)'를 설립했다. 두 권의 『SongWorks』 책을 출판하고(1997, 1999), 몇 년 후 MEI는 그 단체가 계속해서 가르치고 개발하고 촉진시키며 받아들이고 있는 '작업'들의 이름과 동일하게 'SongWorks'라는 이름을 사용하기로 결정했다. 이 글 안에 설명된 도입 내용, 발전 내용, 질문, 그리고 제안 내용들은 물론, 분리되어 지난 20여 년 동안 활동해 온 MEI의 정체성조차 Mary Helen Richards의 작업, 생각, 출판물 등으로부터 진화한 것이다. 그리고 지금은 다른 이름을 사용하고 있는 MEI 회원들은 Mary Helen이 우리에게 심어 준 어린이들에게 음악을 음악적으로 가르치려는 이상 실현을 위한 헌신을 계속하고 있다.

"Mary Helen은 집필된 자료들의 작가로서 포함되었지만, 그녀는 몇 번이고 자신은 실제로 그 단체를 위한 필사자였다고 말했다. 우리 모두는 어린이들의 반응에 기초한 피드백을 주면서 자료들을 테스트하는 과정에 참여했다. 우리 모두는 집필했고, 수정했고, 읽었고, 또 공유했다."(Sweeney, 2002, p. 218)

참고문헌

Allen, M. (1974). *Dance of language.* Portola Valley, CA: Richards Institute.

Bamberger, J. (1991). *The mind behind the musical ear: How children develop musical intelligence.* Cambridge, MA: Harvard University Press.

Bennett, P. D. (1981). *An exploratory study of children's multi-sensory responses to musical sound through speech rhythm patterns* (Unpublished doctoral dissertation). University of North Texas, Denton, TX.

Bennett, P. D. (1986a). When "method" becomes authority. *Music Educators Journal, 72*(9), 38-40.

Bennett, P. D. (1986b). A responsibility to young voices. *Music Educators Journal, 73*(1), 33-38.

Bennett, P. D. (1987). From Hungary to America: The evolution of Education Through Music. *Music Educators Journal, 74*(1), 36-45, 60.

Bennett, P. D. (1988a). Making movement musical. *ETM News, 6*(1), 1-7.

Bennett, P. D. (1988b). *Importation, adaptation, and evolution from Hungary to North America: The story of Mary Helen Richards' shift from the Kodaly method to Education Through Music.* Paper presented for the XVIII World Conference of the International Society of Music Education (ISME), Canberra, Australia.

Bennett, P. D. (1990). Children's perceptions of anacrusis patterns within songs. In T. W. Tunks (Ed.), *Texas music education research,* 1-7. Austin, TX: Texas Music Educators Association.

Bennett, P. D. (1991). Children's pattern perception, accuracy, and preference in three response modes. *Journal of Research in Music Education, 39*(1), 74-85.

Bennett, P. D. (2005). So, why sol-mi? *Music Educators Journal, 91*(3), 43-49.

Bennett, P. D. (2010). *RhymePlay: Playing with children and Mother Goose.* Van Nuys, CA: Alfred Music.

Bennett, P. D. (2011). *Playing with the classics: Music masterworks for children* (Vol. 1). Van Nuys, CA: Alfred Music.

Bennett, P. D. (2012). *Playing with the classics: Music masterworks for children* (Vol. 2). Van Nuys, CA: Alfred Music.

Bennett, P. D. (2013). *SongWorks for children: A video library of children making music.* Oberlin College. Retrieved from http://www.oberlin.edu/library/digital/songworks/index.html.

Bennett, P. D., & Bartholomew, D. R. (2014). *SongWorks 1: Singing in the education of children.* Available from SongWorksPress@gmail.com.

Bennett, P. D., & Bartholomew, D. R. (2014). *SongWorks 2: Singing from sound to symbol.* Available from SongWorksPress@gmail.com.

Buschke, H. (1976). Learning is organized by chunking. *Journal of Verbal Learning and Verbal Behavior, 15,* 313-324.

Choksy, L. (1988). *The Kodály method: Comprehensive music education from infant to adult* (2nd ed.). Englewood Cliffs, NJ: Prentice-Hall.

Dowling, W. J. (1984). Development of musical schemata in children's spontaneous singing. In W. R. Crozier & A. J. Chapman (Eds.), *Cognitive processes in the perception of art* (pp. 145-165). North Holland: Elsevier Science Publishers.

Dowling, W. J., & Harwood, D. L. (1986). *Music cognition.* Orlando, FL: Academic Press.

Elliott, C. A. (1990). Singing in America: Reviving a tradition. *Music Educators Journal, 76*(5), 24-26.

Foy, P. S. (1988). *The creation of a standardized body of songs suitable for American school children: A history of the community song movement and suggested entries for a contemporary song list* (Unpublished doctoral dissertation). University of South Carolina, Columbia, SC.

Glanzer, M. (1976). Intonation grouping and related words in free recall. *Journal of Verbal Learning and Verbal Behavior, 15*, 85-92.

Gordon, E. E. (1997). *Learning sequences in music: Skill, content and patterns; A music learning theory.* Chicago, IL: GIA Publications.

Harris, E. (1960). *Teaching rhythm from music education in action* (A. Jones, Ed.). Boston, MA: Allyn & Bacon.

Harwood, E. E. (1987). *The memorized song repertoire of children in grades four and five in Champaign, Illinois* (Unpublished doctoral dissertation). University of Illinois, Urbana-Champaign, IL.

Hart, L. (1982). *Human brain, human learning.* New York, NY: Longman.

Herman, J. L., Aschbacher, P. R., & Winters, L. (1992). *A practical guide to alternative assessments.* Alexandria, VA: Association for Supervision and Curriculum Development.

Hoffman, R., Pelto, W., & White, J. W. (1996). Takadimi: A beat-oriented system of rhythm pedagogy. *Journal of Music Theory Pedagogy, 10*, 7-30.

McGuire, K. M. (2000). Common songs of the cultural heritage of the United States: A compilation of songs that most people "know" and "should know." *Journal of Research in Music Education, 48*(4), 310-322.

Miller, G. A. (1956). The magical number seven, plus or minus two: Some limits on our capacity for processing information. *Psychology Review, 43,* 81-97.

Mursell, J. L. (1951). *Music and the classroom teacher.* New York, NY: Silver Burdette.

Neisser, U. (1967). *Cognitive psychology.* New York, NY: Appleton-Century-Crofts.

Prickett, C. A., & Bridges, M. S. (1998). Familiarity with basic song repertoire: Music education/therapy majors versus elementary education majors. *Journal of Research in Music Education, 46*(4), 461-468.

Richards, M. H. (1964). *Threshold to music.* Belmont, CA: Fearon Publishers.

Richards, M. H. (1978). *Aesthetic foundations for thinking, part two.* Portola Valley, CA: Richards Institute.

Richards, M. H. (1980). *Aesthetic foundations for thinking, part three, the ETM process.* Portola Valley, CA: Richards Institute.

Richards, M. H., & Langness, A. (1984). *Music language, section two.* Portola Valley, CA: Richards Institute.

Sachs, C. (1953). *Rhythm and tempo.* New York, NY: W. W. Norton.

Schafer, R. M. (1976). *Creative music education: A handbook for the modern music teacher.* New York, NY: Schirmer.

Schmid, W. (1995). Get America singing again! *Music Educators Journal, 82*(1), 4-5, 54.

Swanwick, K. (1999). *Teaching music musically.* London, United Kingdom: Routledge.

Sweeney, F. (2002). *From sound to symbol: The whole song as curriculum, the whole child as pedagogue, observation as methodology* (Unpublished doctoral dissertation). University of British Columbia, Vancouver, Canada.

Thurmond, J. M. (1982). *Note grouping: A method for achieving expression and style in musical experience.* Camp Hill, PA: JMT Publications.

Todnem-Wendroth, K. J. (2009). *An examination of the life and work of Mary Helen Richards* (Master's thesis). St. Thomas University, St. Paul, MN.

Upitis, R. (1987). Toward a model for rhythm development. In J. C. Peery, I. W. Peery, & T. W. Draper (Eds.), *Music and child development* (pp. 55-79). New York, NY: Springer-Verlag.

Ward, M. J. (2003). *The extent to which American children's folk songs are taught by general music teachers throughout the United States* (Unpublished doctoral dissertation). University of Florida, Gainesville, FL.

제14장

일반음악교육에 보편적 학습 설계 원리의 적용

Alice-Ann Darrow 저 / 조은숙 역

모든 학습자는 인간 능력의 연속체 어딘가에 존재한다. 보편적 학습 설계는 교육이 모든 학습자의 능력과 양립할 수 있다는 개념을 수용한다. 가장 광범위한 학습자가 이용할 수 있는 교육을 설계함으로써, 모든 학생은 성공할 수 있는 기회를 갖게 된다. 보편적 학습 설계는 학생들의 다양한 학습 스타일과 선호도를 고려하면서 교육에 적극적으로 참여하고 이에 대응하는 다양한 방법을 제공하는 교육적 틀이다.

때로 보편적 설계 지침이라고도 불리는 보편적 학습 설계(UDL)[1]는 교육계획과 전달, 평가 등이 학습자를 배제하지 않고 학업 수준을 저하시키지도 않으면서 학습자의 차이점을 수용할 수 있는 포괄적인 특성을 통합할 수 있다는 전제하에 운영된다(Bowe, 2000; Rsoe & Meyer, 2006). UDL의 예로는 청각장애 학생들을 위한 강의의 실시간 캡션, 시각장애 학생을 위한 텍스트-음성 변환 기술 또는 촉각 그래프 및 지도 사용, 신체장애 학생용 전자 통신 게시판 등이 있다. UDL 원리를 적용하는 것은 유연한 목표, 교육 방법, 자료, 평가가 요구된다.

---

1) 역자 주: UDL은 'Universal Design for Learning'의 약자로 보편적 학습 설계를 뜻하며, 이하 UDL이라 칭한다.

만약 UDL 원리가 적절히 적용된다면, 다양한 능력을 가진 학생들을 위한 편의는 일반적인 관찰자에게 감지되지 않는다. UDL 원리를 적용할 때, 음악교육자들은 학생들의 다양한 요구를 충족시키는 데 사용할 접근법에 대한 선택권을 가지며, 학습자들은 이러한 교육적 접근법에 대한 대응 방법을 선택할 수 있다. UDL의 적용은 ① 여러 표현 수단(정보 인식 및 이해를 위한 옵션), ② 다양한 행동 및 표현 수단(학습자가 학습 환경을 탐색하고 그들이 아는 것을 표현하기 위한 옵션), ③ 다양한 참여 수단(학습자의 관심을 사로잡고, 적절하게 도전하고, 동기를 부여하기 위한 옵션, Fose & Meyer, 2006)을 제안한다. 음악교육자는 특정 장애가 있는 학생들을 위한 수업을 설계하기보다는 광범위한 기술, 독서 수준, 학습 스타일, 개인적인 동기를 가진 학생들을 위해 UDL 원리를 적용한다. 음악교육 실제에 이러한 원리를 적용하는 것은 다양한 기량을 가진 학생을 수용함으로써 학습 장벽을 낮춘다.

학습을 위한 보편적 설계의 기원

UDL은 포괄적인 설계, 모두를 위한 설계, 생애 설계 또는 인간 중심 설계(인간 중심 디자인 연구소, 2013)라고도 불리는 보편적 설계의 결과물이었다. **보편적 설계**라는 용어는 장애인들을 보호시설 환경으로부터 지역사회로 이동시키는 사회정책을 따르는 1970년대의 접근성 운동으로부터 생겨났다(Nielson, 2012). 장벽 없는 설계는 신체적 장애가 있는 사람들을 사회에 더 완전하게 통합하는 데 도움을 주기 위한 것이었다. 1970년대 미국 건축가 Michael Bednar는 "환경의 장벽이 제거되면 모든 사람의 기능적 능력이 향상된다는 아이디어를 소개했다."(인간 중심 디자인 연구소, 2013, p. 1) 그는 접근성 문제 이상을 다루는 더 폭넓고 더 '보편적인' 개념인 새로운 개념이 필요하다고 제안했다.

보편적 설계라는 용어는 후에 건축가 Ronald Mace에 의해 만들어졌는데, 그는 빌딩의 접근성뿐만 아니라 신체적 키가 다양한 사람이 이용할 수 있는 조명 스위치, 책 인쇄를 하는 것과 같은 일반적인 기능성 제품을 다루는 설계를 구상했다(Saxon, 1998). 보편적 설계에 대한 Mace의 비전에 내재된 것은 건물이나 제품이 적응이나 특수 설계([그림 14-1])를 위한 필요가 아닌 일반적인 용도를 위해 처음부터 설계된다는 것이다.

Mace는 소아마비로 어린 시절 휠체어를 사용했는데, 이것은 노스캐롤라이나 주립대학에서 건축 수업을 받는 그의 재능을 크게 방해했다. 그는 수업에 출석하기 위해 계단을 오르내렸고 그의 휠체어는 대학 화장실에 맞지 않았다. 그럼에도 불구하고 그는 대학의 디자인 학교를 우등으로 졸업하고 나중에 대학의 보편적 설계 센터를 설립했다(Saxon, 1998). Mace는 '보편적'이라는 용어가 이상적이지 않다는 것을 인정했다. 그것은 불가능한 기준을 약속하는 것으로 해석될 수 있다. 그는 개인적인 설계가 제대로 작동되지 않는 소수의 사람이 항상 존재할 것이라는 것을 인식했다(Institute for Human Centered Design, 2013, p. 1). 보다 적절하게 보편적 설계는 디자이너들이 각 디자인을 보다 보편적으로 사용할 수 있게 만드는 기능을 통합하기 위해 노력하는 철학이다(Rose & Meyer, 2002, 2006).

[그림 14-1] 건축에 적용된 보편적 설계의 예

출처: Robson Square, Vancouver, British Columbia, Canada, by Arthur Erickson (http://www. scaruffi. com/monument/canada/vanc010. jpg).

UDL의 원리

보편적 설계의 산물인 UDL은 가장 광범위한 범위의 소비자가 접근할 수 있도록 건물, 제품 및 서비스를 제공하는 개념을 가장 광범위한 범위의 학생들이 접근할 수 있는 교수 · 학습을 만드는 것으로 확장시켰다. UDL의 체계는 모든 학생을 위한 교육 자료와 전략을 변경하고 시행함으로써 신체 접근성의 개념을 인지적 및 정서적 접근성의 개념에 적용한다. UDL의 두 가지 본질적 특징은 학습에 대한 접근을 촉진하는 내장형 도구와 교육과정의 유연한 제시이다[Execuational Children 위원회(CEC), 2005].

UDL이 요구하는 세 가지 주도적인 원리는 ① 여러 표현 수단 또는 정보를 표시할 수 있는 다양한 방법, ② 행동과 표현의 여러 수단 또는 학생들이 자신의 이해를 증명할 수 있는 다양한 방법, ③ 다양한 참여수단 또는 학생들의 흥미와 관심을 자극, 포착, 유지하기 위해 활용 가능한 다양한 방법 등이다[Center on Applied Special Technology(CAST), 2011]. 이러한 전반적인 특징과 원리를 중심으로 교육 지침과 자료를 설계함으로써 모든 학생이 학문적 성취를 위해 유익을 얻고 가장 큰 가능성을 갖게 된다. UDL은 장애가 없는 학생들(예: 영어 학습자)에게도 도움이 되며, 또한 그들 중 다수는 대안적인 교육 자료와 접근 방식으로부터 이익을 얻는다(Adamek & Darrow, 2010).

응용 특수 기술 센터는 세 가지 주요 UDL 원리를 설명했다. [그림 14-2]는 각 원리를 구현하는 데 필요한 필수적인 옵션이 포함되어 있다. 음악교육자들은 이 개요를 주어진 수업의 접근성을 결정하기 위한 체크리스트로 사용할 수 있다. 원리 1 **다양한 표현수단의 제공**의 예로서 교사는 청각 또는 시각 손실이 있는 학생, 청각 또는 시각 처리 장애가 있는 학생 또는 제2언어 학습자를 고려할 필요가 있다. 노래 부르기 활동과 같은 학습 자료를 제시할 때 교사는 반드시 물어야 한다. 청각 장애가 있는 학생이나 영어를 이해하지 못하는 학생이 이 정보를 이용할 수 있게 하려면 어떻게 해야 할까? 이러한 학생들이 가사를 이해할 수 있도록 사진을 제공하거나 연기할 수 있을까? 마찬가지로, 음악교사가 음악 표기법을 가리키고 있다면, 그 혹은 그녀는 시각장애인 학생을 고려해야 한다. 학생들이 음표나 쉼표와 같은 모양의 파이프 클리너와 같은 음악 표기법을 경험할 수 있는 촉각적인 방법이 있는가? 또는 말로 설명할 수 있는가? 마찬가지로, 원리 2 **행동 및 표현을 위한 다양한 수단의 제공**을 위해 청각장애인 학생이 노래를 부르기보다 가사를 수화로 표현할 수 있는가? 말이 서툰 학생이 악보에 있는 가사를 가리킬 수 있는가? 이러한 옵션은 지침에 대한 여러 가지 대응 수단으로 제공될 수 있다.

[그림 14-2]에서 볼 수 있는 각각의 옵션을 지지하고 증명하기 위한 연구들은 상당히 많이 있다. 이 연구는 보편적 학습 설계 국립센터의 웹 사이트(http://www.udlcenter.org/research/researchevidence)를 통해 찾을 수 있다. 이 연구는 [그림 14-2]의 개요와 동일한 구성으로 분류되며 쉽게 접근할 수 있다. 이 확고한 증거들은 모든 학생이 능력의 연속성 상에서 교육을 받을 수 있다는 장점을 설득력 있게 보여 준다. 다음 부분에서는 이러한 옵션을 일반적인 음악 교수·학습에 적용할 수 있는 방법에 대한 예를 제공한다.

여러 표현 수단 제공

지각을 위한 옵션 제공
- 맞춤형 정보 제시
- 청각 정보에 대한 대안 제공
- 시각 정보에 대한 대안 제공

언어 및 기호를 위한 옵션 제공
- 어휘 및 기호 정의
- 구문 및 구조 명확화
- 텍스트 및 수학 표기법 해독
- 언어 간 이해 증진
- 비언어적으로 개념 설명

이해를 위한 옵션 제공
- 배경지식 제공 또는 활성화
- 결정적 특징, 중요한 아이디어 및 관계 강조
- 정보 처리 안내
- 메모리 및 전송 지원

행동과 표현을 위한 여러 수단 제공

물리적 행동을 위한 옵션 제공
- 다양한 대응 방법 제공
- 자료와 상호 작용하는 다양한 방법 제공
- 보조 기술 통합

표현력 및 유창성을 위한 옵션 제공
- 통신을 위한 미디어 선택 허용
- 구성 및 문제 해결을 위한 적절한 도구 제공
- 연습과 공연을 지지하는 방법 제공

실행 기능을 위한 옵션 제공
- 효과적인 목표 설정 안내
- 계획 및 전략 개발 지원
- 정보 및 자원 관리 용이
- 진행 상황 모니터링을 위한 역량 강화

참여를 위한 다양한 수단 제공

관심사 모집을 위한 옵션 제공
- 개인의 선택과 자율성 증대
- 관련성, 가치 및 정통성 강화
- 위협 및 주의산만 감소

지속적인 노력 및 지속성을 위한 옵션 제공
- 목표 및 목적의 높은 만족도
- 다양한 수준의 도전과 지원
- 협업 및 의사소통 촉진
- 마스터 지향 피드백 증가

자체 규제를 위한 옵션 제공
- 개인 목표 설정 및 기대 사항 안내
- 극복 기술 및 전략 발판 마련
- 자기 평가 및 성찰 개발

[그림 14-2] 보편적 학습 설계 지침(CAST, 2011)

Burgstahler(2007a, 2007b)는 보편적 설계 교실에 대한 교사들의 생각을 안내하기 위한 방법으로서 교육계획을 세울 때 고려해야 할 지침과 성과 지표를 분류했다.

1. 교실 분위기—모든 학생에게 높은 가치를 보여 줘라. 고정관념을 피하라. 접근 가능하고 이용 가능하게 하라. 특수 시설에 대한 개인적 요구를 분리하거나 주의를 끌기보다는 포괄적으로 다루어라.
2. 상호작용—다양한 리더십 역할로 협동학습을 장려하라. 모든 그룹 구성원이 의사소통을 할 수 있도록 하라.
3. 물리적 환경 및 제품—모든 학생이 장비를 사용할 수 있고 접근할 수 있는지 확인하라. 모든 학생에게 안전한 물리적 환경을 구성하라.
4. 전달 방법—모든 학습자에게 동기를 부여하고 참여를 유도하는 유연하고 접근 가능한 교육 방법을 활용하라.
5. 정보 자원 및 기술—모든 학생이 강의 자료를 이용할 수 있도록 보장하라. 정보 전달을 지원하기 위해 유연한 기술을 활용하라.
6. 피드백—정기적으로 모든 학생에게 피드백을 제공하라.
7. 평가—정기적으로 학생들의 진행 상황을 다양한 방식으로 평가하라.
8. 시설—UDL로 욕구를 충족시키지 못하는 학생들, 특히 중증 장애학생을 위한 특별한 시설에 대한 계획을 세워라.

음악 학습에 UDL 원리 적용

음악은 학생들의 학습을 위해 풍부하고 의미 있으며 창조적인 옵션을 제공할 수 있다. 음악 콘텐츠를 제시할 수 있는 다양한 기회가 있다(Glass, Blair, & Ganley, 2012). 음악교육자들은 우선 UDL의 원리를 음악 학습에 적용하기 위해 학생들의 능력을 평가하고 학습 장벽을 확인하고 제거한다. 이 과정에는 성공적인 것으로 보이는 것들과 학습을 용이하게 하기보다는 방해하는 것들을 배우고 식별하는 다양한 선택권의 제시가 포함된다. 또한 이 과정에는 학생들에게 다양한 학습 선택권을 탐색, 자신의 학습 선호도에 관한 자기주도권, 그리고 다양한 방식으로 수업에 응답할 수 있는 반 친구들을 수용하도록 가르치는 것이 내재되어 있다. 폭넓은 음악적 경험을 제공하는 것은 원칙적인 디자인을 사용하고, 학습, 문제해결, 반응 교육에 대한 장애물을 확인하는 과정이다(Glass et al., 2012).

학습 접근하기

UDL의 원리를 적용하기 위해 음악교육자들은 주제에 대한 그들의 전형적인 접근 방식을 넘어서야 한다. 첫째, 그들은 학생들에게 정보를 어떻게 제공할 것인지를 고려해야 하고, 이후 같은 자료를 제시할 수 있는 가능한 한 많은 다른 방법을 탐구해야 한다. 둘째, 학생들이 어떻게 반응할 것인지를 알아내고, 학생들이 정보에 대한 이해를 표현하기 위해 활용할 수 있는 다른 많은 방법을 고려해야 한다. 학습 자료의 제시와 이에 대한 학생들의 반응은 시각 자료, 교구, 기술 또는 기타 보조 장치를 포함할 수 있다. 셋째, 음악교육자들은 모든 학생이 동일한 관심과 동기를 공유하지 않는다는 점을 고려해야 하며, 결과적으로 어떻게 하면 그들이 학생들의 학습을 자극하고 장려할 수 있는지 결정해야 한다. 예를 들어, 일반적으로 교사는 노래의 각 구절이나 선율선을 노래 부르고 학생들에게 구절이나 선율선을 따라 부르라고 함으로써 제재곡을 가르칠 수 있다. UDL의 원리를 적용할 때, 교사는 각 구절이나 선율선에 해당하는 삽화를 제시하거나 단어의 의미를 나타내는 신체 동작을 사용할 수 있다. 마찬가지로, 언어가 서툰 학생들도 삽화를 가리키거나 노래가사를 연기함으로써 비슷한 방식으로 반응할 수 있다. 스페인어로만 말하는 학생이나 수화로 의사소통하는 학생이 있다면, 교사는 또한 스페인어로 노래를 부르거나 수화를 사용하여 노래할 수도 있다. 분명히 UDL의 원리를 적용하는 것은 교사들이 학생들의 요구를 알고 그에 따라 계획을 수립할 것을 요구한다. UDL의 원리는 다양한 음악 환경과 다양한 음악자료에 적용될 수 있다. 다음은 유명한 동요인 "Grizzly Bear"의 수업에 UDL 원리를 적용한 예이다. 또한 이 예는 아이들이 지시에 응답할 수 있는 방법에 대한 UDL 원리의 적용도 포함된다.

UDL 원리 적용 예시

가사: "GRIZZLY BEAR"

A grizzly bear, a grizzly bear is sleeping in a cave,
(회색곰, 회색곰이 동굴에서 자고 있는데)
Please be very quiet, very very quiet,
(아주 조용하고 아주 조용해야 한다)
If you wake him, if you shake him,
(당신이 그를 깨우면, 당신이 그를 흔들면)
He gets very mad!
(그는 매우 화가 난다)

가사에 따라 아이들은 다음과 같은 'Wh' 질문을 받는다.

동굴에 누가(who) 있니?
동굴에서 곰이 뭐(what) 하고 있니?
곰은 언제(when) 화가 나니?
곰은 어디(where) 있니?
너는 왜(why) 아주 조용해야 하니?
잠자는 곰을 깨우거나 흔들면 어떻게(how) 되니?

아이들이 'Wh' 질문에 대답하는 것을 돕기 위해, 교사는 노래를 표현하는 다양한 방법을 제공한다.

- 교사는 노래를 부를 수 있다.
- 교사는 수화로 노래할 수 있다.
- 교사는 OHP에 캡처된 가사를 표시하여 학생들이 따라갈 수 있도록 하거나, 교사가 학생들에게 확대된 개별 인쇄본을 제공할 수 있다(점자, 다른 언어 등).
- 교사는 가사와 함께 그림 삽화를 제시하고 가리킬 수 있다.
- 교사는 가사를 행동으로 나타내기 위해 인형을 사용할 수 있다.
- 교사나 아이들은 의자로 만든 동굴과 같은 소품으로 가사를 표현할 수 있다.

모든 학생이 'Wh' 질문에 성공적으로 대답할 수 있는 가장 큰 가능성을 제공하기 위해, 그들은 여러 반응 방법을 사용할 수 있다.

- 학생들은 질문에 구두로 대답할 수 있다.
- 학생들은 질문에 답하는 가사의 줄을 가리킬 수 있다.
- 학생들은 질문에 대해 수화로 답할 수 있다.
- 학생들은 질문에 답하는 가사를 부를 수 있다.
- 학생들은 질문에 답하는 그림을 가리킬 수 있다.
- 학생들은 질문에 답하는 그림에 색을 칠할 수 있다.
- 학생들은 질문에 대한 답을 행위로 표현하거나 인형을 사용할 수 있다.

학생들에게 다양한 참여 수단을 제공하기 위해 교사는 시각적 · 청각적 · 운동감각적인 다음의 경험을 활용한다.

- 노래
- 수화
- 채색
- 연기
- 시각자료
- 교구

교실에서 UDL을 구현하기 위해 음악교육자들은 강의, 학생들의 반응, 평가 그리고 학습 동기를 부여하는 것에 대해 유연해야 한다. 다른 과목들과는 달리 음악은 자연스럽게 주제 문제에 대한 표현과 반응의 대안적인 방법을 제공한다. 게다가 창조적인 음악교육자는 음악 학습 과정에 학생들을 적극적으로 참여시키기 위한 의미 있고 자연스러운 동기 부여를 찾을 수 있다. 많은 음악교육자는 이미 시각적 · 청각적 · 운동 감각적인 음악적 경험을 실행함으로써 보편적 설계 전략을 이용하고 있다. 교과로서의 음악은 표시, 표현, 참여의 다양한 수단에 매우 도움이 된다 (Adamek &Darrow, 2010).

테크놀로지

UDL에 있어 중요한 것은 기술의 통합이다(CEC, 2005; Hall, Meyer &Rose, 2012). 음악교육자들은 오랫동안 교실에서 디지털과 다른 기술매체를 사용해 왔다. 기술은 교육의 가능성을 확장하고 음악 학습을 위한 대체 경로를 제공한다. 「장애인 교육법」(IDEA, 1997)은 학생의 개별 교육 계획(IEP)을 준비할 때 보조 기술을 고려하도록 규정하고 있다. 보조 기술은 모든 품목, 장비 또는 제품 시스템으로 정의되며, 상업적으로 선반에서 구입하거나, 수정하거나, 맞춤화하거나, 장애 아동의 기능적인 능력을 증진, 유지 또는 향상시키는 데 사용된다(IDEA, 1997). 보조 기술의 주요 범주는 읽기 및 시각 보조기구, 컴퓨터와 악기 보조 장치, 그리고 통신 보조 장치이다(MaCord &Watts, 2010). 개조된 음향 장치 및 기타 보조 기술은 전문적인 컨퍼런스 전시회와 많은 음악 카탈로그에서 자주 광고된다. 다양한 전자 장치는 색 부호화나 음량, 음색, 속도, 악기 연주법을 바꿀 수 있는 가능성을 가지고 있다. UDL의 원리를 구체화하고 표현과 응답의 수단을 극대화하기 위해 음악교육자들은 그들이 이용할 수 있는 다양한 기술을 인식할 필요가 있다. 또한 오늘날 학생들은 현대 기술에 익숙하고 적극적으로 참여하고 있으며, 중증 장애를 가진 일부 학생에게 해당되는 것일지라도 참여를 위해 기술이 필요하다. 예를 들어, 심각한 신체장애가 있거나 팔의 움직임이 제한적인 학생들은 전통적인 핸드벨을 사용할 수 없지만, 골든 핸드벨(Golden Handbell)과 같은 앱을 사용하면 학생들이 아이패드에서 아이콘을 살짝 터치하여 특정한 종을 연주할 수 있다.

UDL을 구현할 음악교육자의 준비

대부분의 경우 음악교육자들은 기존 교육과정을 변경함으로써 다양성을 다룬다. UDL 원리를 적용하는 것은 교육자들이 교육에 대해 생각하고 계획하는 새로운 방식에 참여할 것을 요구한다. UDL 음악교육과정은 처음부터 가능한 한 많은 학생의 요구를 충족시키기 위해 고안되었다. 따라서 사후 조정 및 수정이 필요하지 않다.

교사 교육 프로그램은 차별화된 교육을 조직하고 관리하는 방법에 대한 지식을 입증하도록 요구함으로써 예비 교사들을 가장 잘 준비시킬 수 있다.

Ayala, Brace와 Stahl(2010)은 교사 교육 프로그램이 우선적으로 예비 교사들에게 UDL에 대한 소개와 함께 그 본질적인 특징과 원리에 대한 안내를 제공할 것을 제안한다. 예비 교사들에게 강의, 온라인 자료, 지정된 독서, 그리고 수업 활동을 통해 UDL을 소개할 수 있다. 또한 UDL 원리의 적용은 교사 준비 과정의 구조를 통해 입증될 수 있다. UDL 원리에 대한 예비 교사들의 지식은 구현을 위해 필수적인 것이다.

UDL에 대한 소개한 후, Ayala 등(2010)은 예비 교사들이 구조화된 토론과 안내된 실무에 참여할 것을 권장한다. 학생들은 우선 그룹으로 나누어 잠재적인 학습 장애물에 대한 UDL 솔루션을 식별하거나, 음악 정보 및 학생 반응의 발표 기회를 극대화하는 학습 계획을 수립하거나, 기술을 공유하기 위해 아이디어를 고안할 수 있다. 수업 내용과 음악적 목표를 감안하여, 학생들은 다음 질문에 답하도록 요구될 수 있다.

- 어떤 교육적 접근법/방법을 이용할 수 있나?
- 학생 학습의 잠재적 장애물은 무엇인가?
- 그러한 장애물을 제거할 수 있는 UDL의 측면은 무엇인가?
- 그 정보는 몇 가지 방법으로 제시될 수 있나?
- 학생들이 그 정보에 반응할 수 있는 방법이 얼마나 많이 있나?
- 어떤 기술이 유용하게 활용될 수 있나?
- 학생들을 참여시키기 위해 어떤 동기 부여가 사용될 수 있나?
- 어디에서 시작하는 것이 좋은가?(Ayala et al., 2010, p. 142)

마지막으로, 예비 교사들은 실습 교육에서 구현하는 여러 표시, 표현, 동기 부여의 다양한 수단을 포함하는 수업 계획을 세울 기회를 가져야 한다. 결국, 예비 교사들은 희망을 가지고 몇 가지 가정을 채택할 것이다. 학습자들은 다양하며, '교정'되어야 하는 것은 학생들이 아니라 교육과정이고(Ayala et al., 2010, p. 143), 교육과정은 유연해야 하며, 성공적인 교육은 세심한 계획이 필수적이다.

UDL의 실제

어떤 교육과정에든지 UDL을 적용하면 접근성, 참여성, 학생 발전이 개선된다. UDL의 유연성은 모든 학생, 특히 장애인들을 위한 음악교육과정에 대한 접근을 증가시킬 수 있는 잠재력을 가지고 있다. Rose와 Meyer(2002)는 현대 디지털 미디어와 기술 도구에 있어 풍부한 교육과정의 탄력성이 모든 학습자의 요구를 지원할 것이라는 생각을 장려했다. 고정되거나 정적인 교육과정은 많은 학생에게 부적절하다는 것이 증명되었다. 전통적이면서 하나에 맞춰진 교육과정은 특히 다르게 배우거나 감각적 · 인지적 또는 신체적인 어려움을 겪는 학생들에게는 접근하기 어렵다. 예를 들어, 리코더 교육과정은 학생들이 호흡, 손, 손가락을 사용해야 한다. 뇌성마비 같은 신체장애를 가진 일부 학생은 대체 운지법, 한두 음만 연주하도록 수정된 편곡, Ultimate Instrument Combo Pack과 같은 리코더 아이패드 앱의 사용, 또는 파트너가 손가락으로 음을 짚을 때 악기에 호흡을 대신 불어넣어 연주하는 파트너 활동과 같은 조정이 이루어지지 않는 한 어려움을 겪는다.

음악교육자들은 종종 학생 학습에 대한 **내용 vs 과정**의 중요성과 타당성에 대해 논쟁해 왔다. 자신의 관점과 관계없이, 어떤 지점에서든지 모든 교육자는 그들이 가르치고자 하는 것을 규정할 수 있어야 한다. 이를 위해, 교육과정의 주제는 음악교육의 진행과정에 필수적이다(Abeles, Hoffer, & Klotman, 1994). 그러나 교육과정을 구성하는 것은 해석에 있어 개방적이다. 일부 교육자는 교육과정을 교실에서 발생하는 일련의 학습 활동으로 느슨하게 정의할 수도 있다. 이 정의는 교육과정이 평가될 수 있는 규정된 목표와 능력을 정의해야 한다고 생각하는 관리자나 다른 사람들에게 만족스럽지 않다. 게다가 교육과정은 특정한 교육 철학에 기반을 두어야 한다고 말하는 일부 교육자가 있다(Orff, 1966).

교육과정이 교실에서 제시되는 방법 또한 다양하게 해석될 수 있다. 교실에서 교육과정이 어떻게 구현되는지를 결정짓는 변수들은 교육과정에 대한 교사의 의견, 교사의 능력, 학생 수, 사용 가능한 교재, 그리고 활용 가능한 시간과 공간이다. 교사가 교육과정에 얼마나 익숙한지 또한 중요한 변수이다. 특정 교육과정에 정통한 교사들은 교육과정을 수정하는 데 덜 개방적일 수도 있으며, 반대로 내용에 익숙하기 때문에 교육과정에 보다 더 유연할 수도 있다. 어쨌든, 교사는 교실에서 교육과정이 어떻게 구현되는지에 대한 가장 큰 통제권과 책임을 가지고 있다.

분명히 최종 결과는 능력에 상관없이 모든 학생이 음악을 연주하고, 읽고, 듣고, 설명하고, 창작하고, 음악을 만들고, 음악을 이해하고, 음악을 알고, 음악을 가치 있게 한다는 것이다(Hoffer, 1991).

UDL과 관련하여 기존의 교육과정을 탐구하기 위해, 세 가지 주요 UDL 원리와 교육과정의 핵심 구성 요소인 목표, 방법 및 자료 측면에서 각 과정을 검토하는 것이 현명해 보인다. 다음 부분에서는 UDL 측면에서 달크로즈, 코다이, 오르프 등 일반음악에서 광범위하게 사용되는 세 가지 접근법의 개요를 설명할 것이다. 이러한 접근법은 일반음악에 대한 텍스트에서 가장 빈번하게 인용되는 접근 방식(Campbell & Scott-Kassner, 2002; Mark & Madura, 2013)이며, 각 접근법은 다소 표준화된 교육과정 접근법을 나타내는 인증 과정을 가지고 있기 때문에 선정되었다. 장애를 가진 학생들의 수가 점점 더 증가하면서, 음악교육자들은 이러한 유럽식 접근법의 어떤 측면이 특별한 요구를 가진 학생들을 가르치는 데 유용하다는 것을 발견해 왔다. 학생들은 달크로즈 접근법에 사용된 움직임, 코다이 접근법에서 볼 수 있는 시각 보조 자료 사용, 오르프 접근법에 사용된 큰 악기들의 운동감각 기능으로부터 혜택을 받았다. 많은 음악 치료사가 음악교육적 배경이나 관련 학위를 보유하고 있으며, 많은 교육자가 이러한 유럽식 접근법에 자격증을 가지고 있기 때문에 이러한 접근법이 장애가 있는 학생들에게 사용되는 것은 드문 일이 아니다(Darrow, 2008). 각 접근법은 교육과정 설계에서 UDL 원리를 염두에 두고 검토할 때 도전과 장점을 모두 가지고 있다.

일반음악에서 달크로즈 접근법에 UDL 적용

달크로즈 접근법은 리듬이 음악의 기본 요소이며, 이 요소는 인체의 자연적인 리듬에서 발견될 수 있다는 전제를 기반으로 한다(Frego, Liston, Hama, & Gillmeister, 2008). 달크로즈 접근법은 유리드믹스, 솔페즈, 즉흥연주로 구성된다. 비록 유리드믹스가 종종 달크로즈 접근법의 핵심으로 여겨지지만, 실제로는 마지막에 개발된 부분이며 솔페즈, 즉흥연주와 동등한 중요성을 지닌다(Frego et al., 2008). Jaques-Dalcroze는 학생들이 음악의 리듬적 측면을 해석하는 데 어려움을 겪고, 그 결과로 음악을 느끼고 표현하는 데 어려움을 겪는다는 것을 발견했다. 그는 인간의 몸과 근육이 시간, 공간, 에너지의 정확한 리듬을 발휘하도록 훈련될 수 있다는 개념을 탐구하기 시작했으며, 학생이 리듬감 있는 실행에 문제가 있을 때 진정한 가르침이 시작된다는 것을 발견했다. 그는 학생들에 대한 관찰과 결합된 운동 감각에 대한 연구를 통해 신경계와의 연결 고리를 이해하기 시작했다. 그는 일반적으로 학생들이 무의식적으로 일어나는 마음-몸의 연관성을 인식해야 한다는 것을 깨달았다(7장 참조).

이러한 목표들로 인해, 주의력 결핍이나 사회적 상호작용에 문제가 있는 학생들과 운동장애가 있거나 심각한 청력 손실이 있는 학생들이 목표설정과 그러한 목표 달성 방법에 대해 추가적인 옵션을 필요로 한다는 것은 분명하다. 달크로즈 접근법에 사용된 움직임 어휘는 이 접근법을 사용하는 음악교육자가 규정된 움직임에 대한 대안을 수용하는 한 가능한 옵션을 제공한다(Choksy, abramson, Gillespie, Woods, & Youk, 2001).

제자리에서의 움직임	공간에서의 움직임
박수 치기	걷기
앞뒤로 힘차게 흔들기	달리기
돌기	기어가기
지휘하기	도약하기
굽히기	미끄러지기
좌우로 자연스럽게 흔들기	질주하기
말하기	깡충 뛰기
노래하기	

인지장애를 가진 많은 아이는 특정한 움직임을 수행하기 위해 소비되어야 하는 에너지의 정도를 정신적으로 인식하는 데 어려움을 가지고 있고, 따라서 그들의 특징이 어색하거나 비조합적인 움직임으로 여겨질 수 있다(Adamek & Darrow, 2010). 음악교육자들은 몸의 다른 부분을 움직이거나 스카프나 인형과 같은 물체를 비슷

한 방법으로 조작하는 것과 같은 표현을 위한 옵션을 제공해야 한다. UDL 원리를 사용하는 체육 수업에서 일부 교사는 필요한 신체적 활동의 가능한 방법들로서 대안적인 움직임의 목록을 제공한다(Lieberman, Lytle, & Clarcq, 2008).

주의력 결핍이나 시력과 감각 상실이 있는 학생들은 학습 자료의 제시를 위한 추가적인 옵션이 필요할 것이다. 달크로즈 움직임에 참여하려면 자기 자신과 주변 공간에 대한 관심, 집중, 개인적 인식 등이 필요하다. 학생들은 음악 요소들과 종종 교사의 움직임 모델에 주의를 기울여야 한다. 다양한 도구와 매체를 사용할 수 있는 경우에 학생들에게 교육 자료를 제공하는 방식을 개별화하거나 확대하는 것이 가능하다. 청각장애나 인지장애가 있는 학생들을 위한 음악의 음악 요소(템포, 다이내믹, 형식)를 나타내는 시각자료, 인간 몸의 이미지를 조절하는 손가락 움직임 감지기가 있는 아이패드, 또는 원하는 움직임을 묘사하는 막대 모양의 시각자료는 정보 제시와 학생 반응을 위한 선택적인 수단이다. 다음으로, 이와 같이 추가된 자료들은 학생들의 참여에 필요한 동기들을 제공해 주었다. UDL의 기본 원리 중 하나는 이러한 표현과 반응에 대한 옵션이 추가 기능으로 또는 학생이 원래의 접근 방식에 실패할 경우에만 제공되는 것이 아니라 애초에 제공된다는 것이다. 교육 환경은 학생들의 학습 차이를 다루는 방식에 있어 모든 학생이 선호하며 교육 초반에 참여할 수 있는 것과 같은 모든 학생에게 사용 가능한 옵션을 가지고 있어야 한다.

달크로즈의 또 다른 구성요소인 솔페즈는 비언어적이거나 신체적으로 특정 멜로디를 듣지 못하는 학생들에게 분명한 도전을 줄 수 있다. 자폐증, 인지장애와 같이 말이 서툰 선택적 함묵증인 힉생들은 그럼에도 불구하고 좋은 청력을 가질 수 있고, 따라서 Curwen의 수화, 악보, 또는 그들이 듣거나 노래하고 싶은 것을 음표나 키를 터치하여 보여 주는 아이패드 앱을 사용하여 응답할 수 있다. 다시 말하지만, 어떤 옵션이든 교육과정에 포함시켜야 하고 모든 학생이 사용할 수 있어야한다.

즉흥연주는 달크로즈 접근법의 마지막 구성요소이다. 즉흥연주의 목표는 음악을 만들기 위해 움직임과 음원을 사용하는 방법을 만드는 것이다(Frego et al., 2008). 즉흥연주는 표현과 반응을 위한 많은 자연스런 옵션을 제공한다. 게다가 많은 학생은 자기표현과 창의성을 위한 기회가 본질적으로 동기 부여를 한다는 것을 발견한다. 단지 몸의 움직임뿐만이 아니라 표현과 창의성을 입증하기 위한 여러 가지 옵션이 있다면, 즉흥연주는 UDL 원리를 가장 쉽게 적용할 수 있는 달크로즈 구성 요소가 되어야 한다. 즉흥연주를 자극하고 시연하기 위한 옵션은 모든 학생에게 포함되고, 유연하며, 사용 가능해야 한다. 걷지 못하는 아동을 위한 대안적인 조치가 즉흥적으로 인형을 조작하도록 할 수 있지만, 이 옵션을 장애 학생뿐만 아니라 다른 학생들에게도 제공하는 것이 중요하다.

Jaques-Dalcroze는 특수학교와 수업에서 학생들을 위한 움직임과 음악의 가치를 깨달았다. 알려진 바에 따르면 그는 신체적 장애가 있는 학생들, 특히 시각장애인들과 함께 일한 것으로 알려졌다. 그는 이 학생들이 전문화된 연습에 참여함으로써 보다 숙련된 공간 감각을 발전시키는 법을 배울 수 있다고 믿었다. 그는 시각장애가 있는 학생들을 위한 그러한 훈련을 자신의 책 『유리드믹스, 예술, 교육(Eurhythmics, Art, and Education)』(Mark & Madura, 2013)에 포함시켰다. 그것들은 공간 감각과 근육 감각, 촉각 감각, 근육 의식, 그리고 공간, 근육 감각과 관련된 청각적 능력을 개발하기 위한 운동으로 분류되었다. 달크로즈 접근법의 리듬적 측면은 장애 또는 특수한 필요를 가진 다른 집단에도 적용되었다(Bacon, 1970; Brick, 1973; Frego et al., 2008; Hibben, 1991). 이러한 달크로즈 접근법의 적용은 전통적이었으며 다양한 표현이나 반응 수단을 활용하지 않았다. 따라서 해결책으로 UDL 원리를 적용할 경우 보고된 결과가 어떻게 달라질 것인지를 결정하는 것은 흥미로울 것이다.

오르프 접근법에 UDL 적용

아이들을 위한 음악교육에서 오르프 접근법은 음악, 움직임, 그리고 말이 서로 관련되어 있으며, 이들이 함께 기본적인 음악을 형성한다는 그의 생각에서 발전되었다(Landis & Carder, 1972). 즉흥연주와 창의적인 움직임과 함께, 노래 부르기, 말하기, 춤추기, 놀이하기 등 아동의 자연스러운 행동은 오르프 슐베르크의 기초를 형성한다(2장 참조). 미국에서 채택된 오르프 접근법에는 모방, 탐구, 읽고 쓰기 능력, 즉흥연주 등 4가지 단계가 포함된다. 모방은 노래 부르기, 움직이기, 또는 무율 혹은 유율 타악기를 연주함으로써 행해질 수 있다. 탐구는 아이들에게 핸드 드럼에서 얼마나 많은 다른 음색을 만들 수 있는지 탐구하도록 하는 것과 같이 학습된 정보를 적용하는 새로운 방법을 찾는 것이다. 읽고 쓰기 능력은 아이들의 음악적 경험과 그들이 창조하는 음악을 보존하기 위한 수단으로 그래픽과 전통적인 기보법을 사용한다. 달크로즈 접근법과 마찬가지로, 오르프 과정의 마지막 단계는 음악적 창작을 촉진하기 위한 목적으로 즉흥적인 것이다(Campbell & Scott-Kassner, 2002).

오르프 과정은 5음계 노래, 오스티나토 형식, 저음부 주음 또는 페달 음색, 막대와 기타 타악기의 고정되거나 움직이는 보르둔 반주와 같이 잘 알려진 특징을 포함한다. 이러한 특징들은 어린이들이 말하고, 움직이고, 노래하고, 놀 때 사용된다. 이러한 음악적 행동을 통해, 비록 학생들은 리듬으로 시작하지만, 학생들이 리듬을 만들거나 음악을 만들 때 사용할 수 있는 리듬, 멜로디, 화성 양식의 표현을 만들고(Mark & Madura, 2013), 그 이후에 다른 음악적 요소가 생겨난다. 리듬 찬트와 목소리는 어린이가 처음으로 하는 음악 경험 중 하나이며, 따라서 오르프 과정에서 순차적인 발달 활동의 토대가 된다. 이러한 목소리 찬트는 나중에 손뼉치기, 연주하기, 노래 부르기가 된다. 달크로즈 부분에서의 움직임에 사용된 많은 예시는 오르프 접근법의 움직임 요소에도 적용된다. 달크로즈 접근법과 달리, 악기는 오르프 접근법의 독특한 요소이다. 음정이 있든 없든 사용되는 모든 악기는 어린이가 활용할 수 있는 음악 표현 형식을 확장할 기회를 제공한다. 운동 감각적 활동은 신체에서 악기로 전달되므로 움직임과 음악의 신체적 표현을 위한 다양한 기회를 제공한다. 오르프 악기(자일로폰, 메탈로폰 및 글로켄쉬필)는 이 접근법에서 일반적으로 사용되는 매체이다. 교육학 서적에서 발견되고 워크숍에서 시연되는 많은 수업은 이러한 악기를 활용한다. 다행히도 오르프 접근법에서 사용되는 많은 종류와 크기의 악기들이 UDL 원리를 적용하는 것을 가능하게 한다. 대안적인 악기들은 이미 오르프 과정에 내재되어 있다. 종종 한 파트에 여러 악기가 편성된다. 따라서 학생들이 한 악기를 연주하는 데 어려움을 겪는다면, 그들은 아마도 내장되어 있는 옵션을 통해 다른 적합한 악기를 연주할 수 있을 것이다. 오르프 편곡이 특정 악기를 위해 작성된 경우에도, 편곡 또는 음악 작품의 질에 현저한 차이가 없는 한 악기 대체를 하는 것은 드문 일이 아니다.

오르프 접근법의 몇 가지 측면은 특히 UDL의 원리를 적용하는 데 도움이 된다. 그것은 공간, 소리, 형태의 탐구에 중점을 두기 때문에 다양한 반응 수단이 가능하다. 아이들은 신체가 공간에서 움직일 수 있는 여러 가지 방법, 악기로 만들 수 있는 많은 소리, 음악을 구성할 수 있는 다양한 방법을 탐구하는 것이 장려된다. 탐색은 하나의 특정한 반응이 기대되는 것이 아니라, 아이들이 탐색함으로써 교사의 지시에 반응할 수 있는 선택권을 가지고 있음을 나타낸다.

또한 다중감각적인 접근법은 아이들이 음악에 반응하여 말하고, 노래하며, 움직이고, 놀 수 있게 해 준다. 다양한 음악 매체를 통해 정보를 제공하고 말하기, 노래부르기, 움직이기, 연주하기를 통해 학생들의 반응을 수용하는 교사들은 본질적으로 UDL 원리를 적용하고 있다. 비언어적이고 단어, 그림, 아이콘을 가리키는 통신판이나 다른 음성 생성 통신 장치를 사용하는 아이들도 여전히 참여할 수 있다. 휠체어를 사용하는 아이들 역시 음악을 해석하는 방식으로 움직일 수 있다. 그러나 다른 교육과정과 마찬가지로, 이러한 참여 방법은 장애 학생을 위한 대안으로서가 아니라, 오르프 과정의 일부로 제시되어야 한다.

초기 단계에서, 모방에 중점을 두는 것은 인쇄물을 읽는 데 어려움을 겪는 인지장애 아동들 또는 인쇄물을 읽을 수 없는 시력 상실 아동들이 접근법에 맞는 의미 있고 적절한 방식으로 참여하도록 허용한다. 모방할 자료는 또한 다양한 방식으로 제시할 수 있다. 즉, 노래, 악기 연주, 글쓰기, 인형 또는 오르프 접근법에 자주 사용되는 다른 소품과 함께 보여 준다. 마찬가지로, 아이들은 비슷한 방식으로 반응할 수 있다.

또한 오르프 과정에서 사용되는 많은 타악기들은 나무망치 손잡이에 확대 손잡이, 벨크로 끈, 또는 고무 랩과 같은 공장에서 사용 가능한 개조 기능이 있다. UDL의 목표를 준수하기 위해, 이러한 개조는 사용된 모든 악기에서 활용될 수 있어야 하며, 따라서 그들을 진정으로 '보편적'이 되게 한다.

오르프 과정에서 사용되는 음판 악기는 종종 충동장애가 있는 학생이나 망치를 조작할 수 없는 신체장애가 있는 학생들에게 어려움을 안겨 준다. UDL 원리에 정통한 교사들은 학생들에게 동료 파트너와 놀거나, 음판을 만지거나 가리키거나 제거하거나, 음판에 색을 칠하거나 완전히 다른 도구로서 응답할 수 있는 옵션을 제공할 것이다. 악기는 아동에게 촉각적 · 시각적 · 청각적 또는 근운동학적으로 유용하다. 다행스럽게도, 음악에 반응하는 다양한 수단은 오르프 과정에서 본질적인 것이다.

사회 또는 의사소통 장애 학생의 경우, 오르프 과정은 동료 통합을 장려하는 기술을 연습할 수 있는 기회를 제공한다. 많은 학교에서 인기 있는 오르프 앙상블은 학생들이 반 친구들과 소통하고, 가치 있는 그룹에 참여하고, 동료 앙상블 멤버들과의 관계를 형성하는 데 필요한 사회적 기술을 연습할 수 있는 기회를 제공한다. 즉, 문답 및 응답곡, 즉흥연주, 모방을 통해 모두 주의력과 집중력이 필요하며, 여러 가지 표현 및 응답 수단을 통합할 수 있을 만큼 유연하다. 심지어 그들의 동료들과 말로 의사소통을 할 수 없는 아동들에게도, 이 악기들은 다른 사람들에게 중재자 또는 전달자 역할을 제공한다.

다수의 저자는 다양한 능력을 가진 아이들과 함께 오르프 과정을 구현할 때 몇 가지 전제를 인용했는데, 이 모든 것은 UDL 원리를 촉진시켜 준다. 재료들은 학생의 능력에 적합해야 하며, 유연성은 그 과정에 중요하고, 따라서 재료들은 위험을 감수하고 개방적이도록 해 주어야 하며, 환경은 긍정적이고 위협적이지 않아야 한다(Bitcon, 2000; Colwell, Pehotsky, Gillmeister, & Woolrich, 2008). 접근법의 이러한 특징들은 학생들뿐만 아니라 다양한 능력을 가진 학생들의 요구를 충족시켜야 하는 교사들에게도 동기를 부여한다. 따라서 오르프 접근법이 다양한 치료 환경에서 사용되었다는 것은 놀라운 일이 아니다(Colwell et al., 2008).

코다이 접근법에 UDL 적용

"음악은 모든 사람의 것이다."라는 Zoltán Kodály의 기본 철학은 장애학생들을 포함시키는 데 확실히 적합하다. Kodály는 재능 있는 사람뿐만 아니라 모든 사람이 음악에 대한 권리도 가지고 있다고 주장했다(Campbell & Scott-Kasner, 2014). Kodály는 모든 헝가리인의 음악교육을 적극적으로 장려했다. 그는 아이들의 자연적인 음악(헝가리의 민요)을 사용하고 아이들 놀이(노래와 움직임)의 기본을 사용해야 한다고 믿었다. Orff처럼 그는 음악이 노래와 움직임을 통해 모든 아이의 일부가 될 수 있다고 믿었다. Orff와는 달리 그는 이러한 음악적 행동들이 엄격하게 악기 연주 이전에 이루어져야 하며, 아동의 자연스러운 악기는 목소리라고 믿었다(4장 참조).

코다이 접근법의 주요 구성 요소에는 리듬 음절, 이동도법, 음정 관계 개발에 도움이 되는 일련의 손기호가 포함된다(Mark & Madura, 2013). 그의 자료에는 챈트, 노래 게임, 그리고 간단한 동요가 포함된다. Kodály는 자신의 접근법에서 사용된 노래들, 즉 아동 자신의 언어적 유산의 노래들이 음악적 모국어를 형성한다고 믿었다. 아동 언어의 자연스러운 리듬은 음악 학습과 문화화를 촉진한다. Kodály는 또한 민요가 짧은 형식, 5음 음계 그리고 단순한 언어로 인해 음악교육 초기에 이상적이라고 믿었다. 이 노래들의 멜로디는 솔페즈, 음정관계 그리고 다른 개념들을 가르치기 위해 사용된다(Landis & Carder, 1972).

Kodály는 많은 동요를 포함하여 헝가리 민속음악을 수집하여 출판했다. 이 문헌의 대부분은 그의 접근법에 사용되었다(Brownell, Frego, Kwak, & Rayburn, 2008; Choksy, 1981; Mark & Madura, 2013). Kodály는 또한 민속 노래든 고전적 음악이든 양질의 음악만이 아이들 교육에 사용되어야 한다고 믿었다(Choksy, 1981). 이를 위해 그는 또한 아이들 노래뿐만 아니라 많은 클래식 음악도 작곡했다.

Kodály는 그의 접근법을 체계적이고 미리 정해진 방식으로 전달해야 하는 음악 교육 방법(Mark & Madura, 2013)으로 보았고, 따라서 그것의 UDL 적용은 달크로즈 또는 오르프 접근법보다 다소 어렵다. 그러나 오르프와 코다이에서 모두 사용되는 움직임과 노래 활동은 콘텐츠 제공과 허용 가능한 학생 반응에 어느 정도 유연성을 허용한다. 달크로즈와 오르프 접근법에서와 같이 신체 움직임은 코다이 접근법의 필수적인 부분이다. 앞서 언급했듯이, 가능한 움직임을 위한 옵션이 주어질 때 이러한 음악적 행동조차도 운동장애가 있는 학생과 휠체어를 사용하는 학생들이 접근할 수 있다.

노래, 민속음악, 이동도법을 통합한 코다이 접근법은 모두 언어적 또는 구술적 기술과 읽기에 어려움을 겪는 학생들에게 도전이 된다. 다행히도, 현대 기술은 인쇄물을 소리로 해석하거나 아이패드나 컴퓨터에서 수동으로 음고(音高)를 조작할 수 있는 다양한 자원을 제공한다. 학생들은 또한 일반적으로 노래할 수 있는 것을 만들기 위해 수화로 반응할 수도 있다. 기술에는 또한 읽기 자료를 확대, 다른 언어로 번역, 점자로 변환, 삽화 제공, 또는 핫 링크를 통해 알려지지 않은 용어나 단어를 정의함으로써 그것을 향상시키는 옵션이 있다. 게다가 Simple Solfége와 SolfégeNoteReading과 같은 솔페즈 관련 아이패드 앱은 학생이 개별적으로 학습하는 데 도움이 된다. 학생들이 리듬감 있도록 도움을 줄 수 있는 다른 컴퓨터 프로그램 앱들이 있다. 또한 컴퓨터와 아이패드에는 화면 확대, 텍스트나 기호 강조, 텍스트 음성 변환, 볼륨 조절, 음성 속도나 음악 템포 조절, 촉각적 단축키 등을 제공할 수 있는 다양한 기본적인 접근성 기능이 내장되어 있다. 이러한 모든 기술적인 특징은 교과 과정에 직접적으로 유연성을 부여하므로, 학습자를 위한 구현 가능하고 융통성 있는 지원이 가능하다. 포괄적인 교육과정 제공에 관심이 있는 보편적 설계 엔지니어와 교육자들은 다른 유사한 반응 도구와 자료를 지속적으로 연구하고 개발하고 있다.

다행스럽게도 장애를 가진 학생들과 다른 학습자와 차이를 가진 학생들을 위해, 코다이 접근법은 선천적인 음악성이 모든 아이들에게 존재하며 가능한 한 최대로 개발되어야 한다고 강조한다. 세계의 위대한 음악이 모든 아이들이 이용할 수 있고 접근 가능해야 한다는 Kodály의 믿음은 제2외국어 학습자나 언어가 어려운 아이들에게 포괄적인 교육과정 특성을 제공한다. 마지막으로, Kodály는 또한 음악이 인간 발달에 필수적이라고 믿었으며, 따라서 모든 아이를 위해 음악이 포함되어야 한다는 것을 지지한다. 이러한 Kodály의 신념은 보편성의 개념과 잘 맞닿아 있는데, 이는 UDL의 개발을 위한 주요 기본 원리이자 원동력이다.

결론

어떤 교육과정도 모든 아이들의 학습을 촉진하는 방식으로 제시될 수 있다. 음악교육자들이 UDL 원리를 이해하고, 교실에서 보이는 많은 학습자의 차이를 인식하며, 진정으로 모든 자원을 이용할 수 있게 한다면 UDL 원리는 모든 음악교육과정에 적용될 수 있다. Spooner, Baker, Ahlgrim-Delzell, Browder와 Harris(2007)는 UDL로 훈련을 받은 교사들이 모든 학생을 포함하는 수업 계획을 더 잘 설계할 수 있다는 것을 발견했다. 포괄적인 수업을 설계할 수 있는 능력은 실행에 필요한 필수적인 기술이다. 그러나 교사들은 자료를 준비하고 수업을 실행하기 위해 동기 부여를 받아야 한다. 모든 음악교육자는 "음악은 모든 사람의 것이다."라는 Kodály의 신념을 채택하는 것이 좋다. 모든 학생이 음악에 접근할 수 있도록 하는 것은 음악교육자들의 책무이다.

참고문헌

Abeles, H. F., Hoffer, C. R., & Klotman, R. H. (1994). *Foundations of music education.* New York, NY: Schirmer Books.

Adamek, M. A., & Darrow, A. A. (2010). *Music in special education.* Silver Spring, MD: American Music Therapy Association.

Ayala, E., Brace, H. J., & Stahl, S. (2010). Preparing teachers to implement universal design. In T. E. Hall, A. Meyer, & D. H. Rose (Eds.), *Universal design for learning in the classroom* (pp. 135-152). New York, NY: Guilford Press.

Bacon, D. (1970). Can the Kodály method be successfully adapted here? *Musart, 22*(April-May), 14.

Bitcon, C. (2000). *Alike and different: The clinical and educational uses of Orff Schulwerk* (2nd ed.). Gilsum, NH: Barcelona.

Bowe, F. (2000). *Universal design in education: Teaching nontraditional students.* Westport, CT: Bergin & Garvey.

Brick, R. M. (1973). Eurhythmics: One aspect of audition. *Volta Review, 75*(3), 155-160.

Brownell, M. D., Frego, D., Kwak, E., & Rayburn, A. M. (2008). The Kodály approach to music therapy. In A. A. Darrow (Ed.), *Introduction to approaches in music therapy* (pp. 37-46). Silver Spring, MD: American Music Therapy Association.

Burgstahler, S. (2007a). *Universal designing of instruction (UDI): Definition, principles guidelines, and examples.* Seattle, WA: DO-IT, University of Washington. Retrieved from http://www.washington.edu/doit//Brochures/Academics/instruction.html

Burgstahler, S. (2007b). *Equal access: Universal design of instruction.* Seattle, WA: DO-IT, University of Washington. Retrieved from http://www.washington.edu/doit/Brochures/Academics/equal_access_udi.html

Campbell, P., & Scott-Kassner, C. (2014). *Music in childhood: From preschool through the elementary grades* (4th ed.). Belmont, CA: Wadsworth Group.

Center on Applied Special Technology (CAST). (2011). *Universal design for learning guidelines version 2.0.* Wakefield, MA: Rose. Retrieved from http://www.udlcenter.org/aboutudl ;http://www.udlcenter.org/aboutudl/udlguidelines.

Choksy, L. (1981). *The Kodály context: Creating an environment for musical learning.* Englewood Cliffs, NJ: Prentice Hall.

Choksy, L., Abramson, R. M., Gillespie, A. E., Woods, D., & York, F. (2001). *Teaching music in the twenty-first century* (2nd ed.). Upper Saddle River, NJ: Prentice Hall.

Colwell, C., Pehotsky, C., Gillmeister, G., & Woolrich, J. (2008). The Orff approach to music therapy. In A. A. Darrow (Ed.), *Introduction to approaches in music therapy* (pp. 11-24). Silver Spring, MD: American Music Therapy Association.

Council for Exceptional Children (CEC). (2005). *Universal design for learning: A guide for teachers and education professionals.* Arlington, VA: Author.

Darrow, A. A. (2008). *Introduction to approaches in music therapy.* Silver Spring, MD: American Music Therapy Association.

Frego, D., Liston, R., Hama, M., & Gillmeister, G. (2008). The Dalcroze approach to music therapy. In A. A. Darrow (Ed.), *Introduction to approaches in music therapy* (pp. 25-36). Silver Spring, MD: American Music Therapy Association.

Glass, D., Blair, K., & Ganley, P. (2012). Universal design for learning and the arts option. In T. E. Hall, A. Meyer, & D. H. Rose (Eds.), *Universal design for learning in the classroom* (pp. 106-119). New York, NY: Guilford Press.

Hall, T. E., Meyer, A., & Rose, D. H. (2012). *Universal design for learning in the classroom: Practical applications.* New York, NY: Guilford Press.

Hoffer, C. R. (1991). *Teaching music in the secondary schools.* Belmont, CA: Wadsworth.

Individuals with Disabilities Education Act (IDEA). (1997). Individuals with Disabilities Education Act, 20 U.S.C. § 1400 *et seq.* (1997).

Institute for Human Centered Design. (2013). Retrieved from http://www.humancentereddesign.org

Landis, B., & Carder, P. (1972). *The eclectic curriculum in American music education: Contributions of Dalcroze, Kodaly, and Orff.* Reston, VA: MENC.

Lieberman, L., Lytle, R., & Clarcq, J. (2008). Getting it right from the start: Employing the Universal Design for Learning approach to your curriculum. *Journal of Physical Education, Recreation & Dance, 79*(2), 32-39.

Mark, M., & Madura, P. (2013). *Contemporary music education* (4th ed.). New York, NY: Cengage.

McCord, K. A., & Watts, E. H. (2010). Music educators' involvement in the individuals education program process and their knowledge of assistive technology. *Update: Applications of Research in Music Education, 28*(2), 79-85.

Nielsen, K. (2012). *A disability history of the United States.* Boston, MA: Beacon Press.

Orff, C. (1966). Orff-Schulwerk: Past and future. In MENC (Ed.), *Perspectives in music education* (p. 386). Washington, DC: Music Educators National Conference.

Rose, D., & Meyer, A. (2002). *Teaching every student in the digital age: Universal design for learning.* Alexandria, VA: Association for Supervision and Curriculum Development.

Rose, D. H., & Meyer, A. (2006). *A practical reader in Universal Design for Learning.* Cambridge, MA: Harvard Education Press.

Saxon, W. (1998, July 13). Ronald L. Mace [Obituary]. *The New York Times*, B9.

Spooner, F., Baker, J. N., Ahlgrim-Delzell, L., Browder, D., & Harris, A. (2007). Effects of training in universal design for learning (UDL) on lesson plan development. *Remedial and Special Education, 28*(2), 108-116.

제15장

디지털 시대의 일반음악 교수법

Ann C. Clements 저 / 윤종영 역

만일 우리가 어제의 방식으로 오늘의 아이들을 가르친다면,
우리는 우리 아이들의 내일을 강탈하는 것이다.
Dewey(1944, p. 167)

1838년 보스톤 교육위원회가 음악을 교육과정 안에 포함시킨 해로부터 시작한다면, 미국의 학교 음악교육은 175년 이상 된 셈이다. 이 기간의 교육학적 활동은 학교 음악교육에서 거의 흔들리지 않는 전통이 되어 철학적 · 이론적 토대로 뿌리 깊게 자리 잡았다. 사람들은 이러한 전통이 우리의 가장 큰 강점이자 가장 큰 도전 과제라고 믿는다. 왜냐하면 이런 전통들은 21세기의 일반음악교육에 새로운 기회와 새로운 도전 과제를 안겨 주면서 동시에 우리를 잡아매는 다양한 걸림돌이 되기 때문이다. 한 가지 확실한 점은 미국 음악교육에 대한 재평가가 진행되는 과정에서, 학생들과 학교 및 지역사회의 삶에서 그 역할과 중요성에 중점을 두는 것을 가장 큰 문제로 삼고 있다는 점이다.

미국 음악교육은 20세기와 21세기 초까지 음악 교수 · 학습에 대한 새로운 접근 방식을 모색하는 데에 대부분의 시간을 보냈다. 이러한 변화는 대부분 중요한 사회적 문제들에 기반을 두고 있다. 철학적으로 행동주의에서 구성주의로 기울어짐에 따라 대중적인 탐구 주제에 세계음악과 아동 음악문화, 사회 정의와 학생의 평등, 공연 활동의 확장, 지역 사회와 학교 음악 활동과의 연결, 창의성에 대한 더 많은 탐

색, 대중음악과 문화 등이 포함되었다. 이러한 관심 영역 중 상당수는 실행에 대한 변화를 가져왔다.

그러나 모든 음악수업이 근대화나 변화에 의해 동일한 정도의 영향을 받는 것은 아니다. 가장 영향을 받지 않는 과정은 공연 앙상블, 밴드, 합창단, 오케스트라 등인데 이런 전통들이 음악교육자, 학교 및 지역사회 인사들에 의해 잘 정의되었기 때문은 아닐 것이다. 앙상블이 근대화 과정에서 느리게 발전하는 또 다른 이유는 앙상블의 이런 역사적 본질뿐만 아니라, 개별화된 아동 중심 학습이 '앙상블'의 기본 전제와는 정반대로 보일 수도 있다라는 점이다.

반면, 중등 음악에서는 명확하게 정의된 적은 없지만(1장 참조) 아직 일반 학생 수에 초점을 맞추고 있으며, 앙상블에 대한 연주 기대에서 자유롭기 때문에 결과적으로 독창적이고 흥미로운 접근법을 실험하기에는 좋은 조건이다. 음악교육에서의 가장 큰 변화는 일반음악 분야, 특히 중등 교육 수준에서 자주 나타난다. 여러 면에서 중등 일반음악은 탐구와 실험을 위한 가장 풍부한 공간이 되고 있다.

디지털 시대

새로운 교육은 개인이, 정보를 분류 · 재분류하는 법, 그 정확함을 평가하는 법,
필요할 경우 범주화하는 법, 구체에서 추상으로, 혹은 그 반대로 이동하는 법,
새로운 방향에서 문제를 보는 법, 그리고 스스로 가르치는 법을 지도해야만 한다.

Herbert Geruoy in Toffler(1970, p. 367)

지난 60년 동안 가장 영향력 있는 사회 변화 중 하나는 디지털 기술을 창안하고 사용한 것이다. 역사상 모든 문명은 삶을 보다 쉽고 효율적으로 만드는 문제를 해결하기 위해 도구, 기술 및 시스템을 활용하며 이룩되어 왔지만 디지털 기술은 복잡한 것들을 전달, 공유, 생성, 완화시키는 인간의 역량이 막대한 도약을 하도록 해 주었다. 1970년대 개인용 컴퓨터의 출현과 함께 1991년 월드 와이드 웹(World Wide Web)의 도입이 뒤따르면서 디지털 기술은 점점 더 사회적 영향을 증가시키고 있고, 이제는 세계를 발전시키는 주요 수단이 되었다. 30년이 채 안 되어 세계는 디지

털 시대에 내몰리고 있다. 인터넷만으로도 정보의 흐름을 가속화하는 글로벌 플랫폼이 되었으며, 대부분은 아니더라도 많은 구형 미디어가 퇴화의 길을 걷고 있다. 디지털 시대는 컴퓨터 초소형화 기술을 활용하여 학교생활뿐 아니라 일상생활에서 기술의 급속한 발전을 가져왔다. 디지털 시대는 급속한 글로벌커뮤니케이션과 네트워킹을 통해 현대 사회의 모든 면을 형성하게 되었다.

ATM(Automated Teller Machine)과 같은 일상적인 장치에서부터 인간 게놈(genome)을 성공적으로 매핑(mapping)하는 복잡한 의료 장치에 이르기까지 디지털 기술은 우리의 삶에 매우 큰 영향을 미쳤으며 앞으로 더 큰 영향을 미칠 것이다. 바이오 연료 및 태양광 농사는 정치적으로 원유 생산 및 사용에 대한 의존도를 낮출 수 있는 잠재력을 가지고 있다. IEE 802.16[1]안테나와 같은 광섬유와 장거리 무선 기능은 개발도상국과의 글로벌 커뮤니케이션을 확대하기 직전에 놓여 있다. 비침습적(건강한 조직을 침범하지 않는) 레이저와 로봇 수술은 위험을 낮추고 오류를 줄이며 복구 시간을 단축시킨다. 온라인 쇼핑과 전자 상거래는 중소기업이 대형 기업과 경쟁할 수 있는 길을 열어 세계 경제를 완전히 바꿔 놓았다. 소셜 미디어는 전 세계의 많은 사람이 실제 문제를 민주적으로 신속하게 조직하여 해결하고 이론과 정책 및 제품을 개발할 수 있도록 하였다.

'디지털 태생(born digital)'또는 '디지털 원주민(digital natives)'이라고도 하는 1990년 이후에 태어난 아이들이 디지털 시대에 태어나 그 이전 어떤 세대보다 더 포괄적으로 디지털 기술에 둘러싸여 있다. 그 정보의 양은 놀라울 정도로 엄청나다. 현재 600,000개 이상의 아이폰 앱, 1조 분량의 웹 페이지, 하루에 8년에 해당하는 시간의 유튜브 동영상 업로드, 영어로 제공된 것만으로도 4백만 건 이상의 위키피디아 기사가 있다(Richardson, 2012). 우리는 정보가 비교적 제한되어 있는 세계에서 절대적으로 풍부해진 세계로 이동했다. 20억 명 이상이 온라인을 사용하며, 2020년에는 50억 명에 달하게 될 것이다(p. 86). Pew Internet and American Life proiect[2]에 따르면

1) 역자 주: IEEE 802.16은 IEEE(Institute of Electrical and Electronics Engineers)에서 작성한 일련의 표준 광대역 무선망으로, IEEE는 1999년에 대도시 무선 통신망을 위한 광대역 표준망을 개발하기 위해 실무 그룹을 설립하였다. 직업그룹은 I8EEE802 지역 통신망과 대도시 통신망 표준위원회의 단위이다.

2) 역자 주: Pew 'Internet & American Life Project'는 사명 선언문에 따라 인터넷이 어린이, 가족, 지역 사회, 직장, 학교, 건강 관리 및 시민/정치적 삶에 미치는 영향을 탐구하는 독창적인 학문적 연구를 제공하였다.

미국 청소년의 95%는 인터넷에 접속할 수 있으며, 그중 74%는 모바일을 통해 인터넷에 접속할 수 있다(Madden, Lenhart, Duggan, Cortesi, & Gasser, 2013).

미국인들이 음악에 접근하는 방법은 디지털 기술을 통해 변화했다. 15년 전 디지털 음성 워크스테이션은 5,000달러 이상의 비용이 들었으며, 방 전체 공간을 차지하였다. 그러나 이제는 단지 몇 달러로 앱(Apps)을 구입할 수 있다. Nielsen Company & Billboard의 2012년 음악 산업 보고서(2013)에 따르면, 16억 5천만 건의 디지털 음악의 구매 건수가 있었으며, 이는 전년도 판매된 건수보다 3.1% 증가한 수치이다. 이 수치는 2012년에 약간 감소한 것으로 미국인의 평균 37%가 다른 것보다 특히 판도라(Pandora)와 스포티파이(Spotify)와 같은 스트리밍 음악 서비스를 이용한다고 보고하고 있다.[3] 2012년 6월 현재 판도라는 한 달 내 방문자 수가 대략 2천만 명을 기록했고, 2013년에는 가입자 수가 2억 명을 넘어섰다(Fiegerman, 2013).

중등 일반음악과정에서도 디지털 음악 기술은 증가 추세로 나타나고 있다. 예를 들어, 이러한 기술이 상용화되면 디지털 악기가 전통적 악기와 나란히 제시되는 것이 특이한 일도 아닐 것이다. 개러지 밴드(Garage Band)와 같은 태블릿 및 모바일 기술 음악 플랫폼의 구현은 새로운 수준으로 편곡 또는 작곡된 작품을 만들게 해 주었다. 소프트웨어의 표기법, 악기(쉽게 접근 할 수 있는 악기와 세계 곳곳의 악기들 모두)를 복제하는 응용 프로그램(App), 음성과 악기 인식이 가능한 내부 오디오 및 비디오 기술, 대화형 소셜 미디어 기반 환경들은 중등 일반음악 과정에 있어 디지털 환경을 변화시키는 데에 기여하였다.

우리가 디지털 시대에서 발견한 긍정적이고 건설적인 변화에도 불구하고, 인류는 거의 극복하기 어려운 문제와 해결되어야 하거나 최소한 억제되어야 하는 장애

인터넷이 노인들에게 미치는 영향, 온라인 데이트 서비스를 사용하는 성인 인터넷 사용자의 비율, 하루에 평균 이메일 메시지를 보내거나 일일 인터넷 활동차트를 찾을 수 있다. 새 보고서가 게시되면 사용자가 이메일 알림을 받도록 등록할 수 있으며, 다른 인터넷 통계 및 시장 조사 사이트에 대한 링크와 기술 뉴스 사이트, 인터넷 및 사회 문제에 대한 정부 또는 개인 사이트에 대한 링크도 포함되어 있다. 여기에는 인터넷의 성장과 미국 문화에 미치는 사회적 영향에 대한 정보를 얻는 데 관심이 있는 사람들이 있다(https://www.loc.gov/item/2004617353/).

3) 역자 주: 구글플레이나 유튜브, 멜론 등과 같이 일정 금액을 지불하고 음악을 들을 수 있는 웹 기반 서비스이다.

물에 여전히 그 어느 때보다도 얽혀 있다. 유럽 연합(EUC, 2011)의 최근 조사에 따르면, 가장 우려되는 관심사는 일생 동안 발생하진 않았지만 오래전부터 제기되었고 그 이전 세대부터 우리에게 전해진 문제들이다. 여기에는 ① 대량 무기, ② 무력 충돌, ③ 전염병, ④ 세계 인구 증가, ⑤ 기후, ⑥ 경제, ⑦ 빈곤, 굶주림과 깨끗한 식수들이 이에 포함된다. 이러한 복잡한 문제는 우리가 장기적으로 사려 깊게 전략적인 해결책을 찾을 때까지 계속해서 미래 세대에게 전해질 것이다. 이러한 문제의 해결책을 찾는 유일한 능력은 오랜 기간 미국 교육의 사명이었던 민주 사회에서 살아가는 데 필요할 뿐만 아니라 글로벌 문제를 해결하는 데 필요한 기술을 습득하도록 아이들을 교육하는 것이다. 사람들만이 이러한 종류의 복잡한 문제들을 해결할 수 있지만, 디지털 기술은 이를 도울 수 있는 전례 없는 잠재력을 제공해 줄 수 있다.

이러한 중요한 세계적인 난제를 해결하기 위해, 교육은 그 잠재력과 목적을 재평가하려고 노력해 왔다. 교육은 변화될 수 있지만, 유감스럽게도 교육적 변화는 느리며 항상 의미 있는 방향으로 가는 것도 아니다. 21세기가 시작된 이래로 미국 내 교육 개혁 추세는 표준화된 성취도 평가로 학생의 성취를 우선순위로 두고 있으나, 이는 빠르게 변화하는 세상에서 미래에 직면할 아동의 준비를 평가하는 유일한 방법은 아니다. 2001년에 No Child Left Behind[4] 법안이 제정되어 미국의 표준화 시험에 대한 관심이 높아지면서, 학생들의 시험 점수는 미국 현대 교육에서 가장 중요한 단일 목표가 되었다(Richardson, 2012). 이 테스트의 반대자들은 기준선이 너무 높기 때문에 학교가 테스트를 준비하느라 소중한 교육 시간을 잃게 될 수 있다고 불평하곤 한다. 테스트를 둘러싼 불평등, 테스트 점수와 테스트 자체 안에 깔려 있는 잠재적인 문화적 불평등으로 인해 학생의 학습 능력을 정확히 측정할 수 있는지에 대한 의문의 여지도 남겨져 있다(Evans, 2013).

---

4) 역자 주: 「아동 낙제 금지법」(NCLB)은 「초중등 교육법」을 재승인한 미국 의회법이다. 이는 불우한 학생들에게 적용되는 조항으로 높은 성취 기준을 설정하고 측정 가능한 목표를 설정하면 개인의 교육 성취도를 향상시킬 수 있다는 전제로 표준 성취 기반 교육 개혁을 지원하였다. 이 법은 국가 성취 기준이 아닌 각 주의 자체 표준을 개발하고, 연간 시험, 연간 학업 성취도, 성적표 및 교사 자격과 자금의 상당한 변화에 중점을 두어 의회의 양당 모두의 지지로 통과하였으나, 2015년까지 비판의 목소리가 너무 높아 양당 의회는 모든 학생 성공법안(Every Student Succeed Act)으로 대체하고 나머지는 주(state)에서 해결하도록 하였다(https://en.widipedia.org/wiki/No_Child_Left_Behind_Act).

교육 개혁가들은 수학, 과학, 독서의 더 높은 점수가 실제로 어떤 결과를 낳을 것인가에 대한 의문을 제기하는 데 실패했다. 사람들은 산업 시대에 기반이 되는 기술적 지식을 강조하는 것이 비판적 사고와 창의적 사고와 같은 중요한 기술을 부수적으로 남게 할 거라 믿는다. 버튼만 누르면 정보에 접근할 수 있는 시대에, 우리는 특히 우리를 둘러싼 정보들을 감지하는 데 필요한 고차원의 사고기술을 고려하면서 학교에서 무엇을 가르치고 평가할 것인가를 재고해 보아야 한다. 학교가 '시험'에 집중할 때 학생들이 실제로 미국 학교 교육과정의 중심으로부터 멀어져 반드시 배워야 할 기술들을 배우지 않게 될 위험에 처하게 된다.

지식만으로는 앞으로 나아갈 수 없다. 지식을 활성화시키고 성장시켜 주는 것은 여러 해결책 중 최상의 것을 합리적으로 설명하고 결정하도록 해 주는 능력에 있는 것이다. 우리는 현실 문제에 대한 새로운 해결책을 고안하는 데 필요한 다양한 사고과정의 참여를 장려하고, 개별 기술을 공유하고 결합하기 위해 협력할 수 있는 포괄적인 사회적 만남을 제공하는 교육 환경을 구축할 필요가 있다. 평가를 위한 시간과 장소로 학교가 가장 좋을지는 모르지만, 우리는 '구글(Google) 검색으로 대답할 수 있는' 질문에 대한 평가를 없애고(Richardson, 2012, para, 324), 비판적이고 창의적인 사고, 학문적인 탐구, 협력에 관해 더 깊고, 더 의미 있고, 더 오래 지속되는 기술을 바탕으로 한 평가를 개발해야 한다.

좋은 학교 음악 프로그램은 비판적이고 창의적인 사고와 협동 및 사회적 참여를 활용하여 수업 기반으로 삼는 경우가 많다. 꼭 그렇지는 않지만, 교사와 학생 간 또는 학생들끼리의 협력 수업을 통해 만들어지는 발전 과정들은 특별한 음악수업에서 매우 큰 의미를 갖는다. 중등 일반음악교실들은 관례적으로 규정된 음악 점수와 지정된 내용들로부터 자유롭다. 그 내용들은 전통적인 공연 중심 과정에서 전형적으로 경험되는 상영물처럼 지역 사회의 기대와 전통들을 포함한다. 중등 일반음악수업은 이미 디지털 시대에 학생들에게 제공할 수 있는 가장 중요한 기술을 구현하고 발전하기 위한 길을 바르게 가고 있다.

아날로그와 디지털 신호의 정의

포괄적인 학습(Pervasive learning)은 공식적 또는 비공식적으로
사회적 양식을 통해 필요한 속도로 배우는 것이다.
Pontefract(2013, para. 7)

세계의 모든 선박과 사람들이 항해하는 대양(大洋)에서 ICS(International Code of Signals)가 채택되었다. 이 코드는 선박들이 언어 또는 문화적 프로토콜과 상관없이 정보를 공유할 수 있게 해 준다. ICS는 표준화된 깃발과 합의된 프로토콜의 조합을 활용하여 모든 선박들이 서로 통신하고 정보를 공유하도록 돕는다. 깃발들은 각각의 배가 깃발의 시각적 단서를 받아 자신의 개별 언어와 특정 언어로 번역하는 각 선박들 사이에 표시된다. 신호 시스템의 장점은 개인차에 관계없이 개성을 저해하지 않는 상호 이해를 위한 공통된 방법이 있다는 것이다.

학교는 대부분 신호에 기반을 둔다. 학교 수업에서의 신호는 의사소통 및 프로토콜을 전달하는 방법이며 수단이다. 신호는 '관련 당사자들 사이에서 미리 준비된 정보 또는 지침을 전달하기 위한 제스처, 행동 또는 소리'라고 정의할 수 있다(Signals, 2012). 학교에서 어떻게 정보를 전달하고 가르치고 배울 수 있을 것인가를 결정하는 사람들은 정치인, 정책 결정자, 지역 사회 구성원, 학교 행정가, 그리고 대부분은 교사들이다. 신호(Signal)는 본질적으로 합의된 과정을 통해 통합하려는 경향이 있으며, 신호표기(signaling)들은 여러 실체들(entity)과 사람들 사이에서 정보를 최대한 잘 전달하기 위해 통신을 표준화하고자 하는 것이다. 신호는 그룹 간 의사소통의 열쇠이다. 학교 교육에서 이 그룹들은 한 교실의 학생들이거나 지역 교육구, 주(state) 또는 국가 전체와 같이 인구가 더 많은 지역의 학생들일지도 모른다. 학교는 모든 학생 간의 상호 이해력 개발을 전제로 한다.

일반음악수업에서는 신호가 지식과 정보의 주요 전달 수단이다. 일반음악수업에서는 종종 음악 활동에 초점을 맞추기 때문에 신체적인 제스처와 언어적인 피드백이 주로 일반적인 신호 형태이다. 연주 실제 이외에도 신호(signal)는 내용에 대해 서로 의사소통하고 행동을 제어하며 정확한 학생 학습 평가를 위해 사용된다. 대규

모 학교 구성체로서의 음악 시그널링은 일반음악수업에서 사용되는 신호 유형 중 하나일 뿐이다. 학교 건물, 학교 구역 또는 커뮤니티와 같은 장소에 있는 일련의 신호들은 음악교실 안에 위치하곤 한다. 이러한 외부 신호 시스템들은 음악교실 신호와 함께 존재하며, 그 공간 안에서 일어날 수 있는 학습의 종류와 질에 큰 영향을 미치는 복잡한 층들을 생성하고, 이런 신호체계를 어떤 형태로든 통합시켜야 하는 것은 바로 음악교사이다.

1960년대와 디지털 기술이 출현할 때까지 신호는 순전히 아날로그였다. 아날로그는 '공간적 위치, 전압과 같은 연속적으로 가변적인 물리적 양으로 표시되는 신호 또는 정보를 이용하거나 이와 관계된 것'이라고 정의할 수 있다(Analog, 2012). 이 정의에서 중요한 것은 공간적 위치와 전압이 위치나 양에 따라 가변적이지만 일정하고 한정된 물리적 요소라는 점이다. 그것들은 알려질 수 있고 그들의 특성은 변하지 않는다. 아날로그 기술은 정보를 표현하기 위해 연속적인 값의 범위에 묶여 있으며 디지털 기술에는 없는 일정한 경직성을 나타낸다. 아날로그 기술은 있는 그대로 정보를 기록한다. 아날로그적 교수학습에서 그것은 일정하고, 사실적이고, 정보적이며, 중요한 것은 구체적인 지식이라는 것이다.

이진법(0 또는 1)을 기반으로 하는 디지털 기술은 불연속적이고 분리된 변조를 기반으로 만들어졌다. 이러한 차이로 인해 디지털 기술은 보다 풍부하고 견고한 표식을 제공한다. 아날로그 기술이 일어난 일을 정확하게 표시하거나 기록하려고 하는 반면, 디지털 기술은 융통성을 창출하고 조작과 교체의 여지를 주기 위한 의도로 다시 재현한다. 디지털 표식은 별개로 분리되어 있지만, 표시된 정보는 숫자나 문자처럼 별개이거나 사운드, 이미지 및 연속 시스템의 다른 측정척도들처럼 연속적일 수 있다('Digital', n.d.). 디지털 기술은 대부분의 장비가 작동하는 방식을 혁신적으로 변화시켰다. 데이터는 이진 코드(binary code)로 변환된 다음 수신 지점에서 원래 형식으로 다시 조립된다. 이진 코드는 쉽게 조작할 수 있기 때문에 아날로그보다 더 광범위한 옵션을 제공한다. 개별화된 옵션은 디지털 신호의 핵심이며 따라서 디지털 시대의 핵심이기도 하다. 디지털 교수 · 학습에서는 유연성, 개성 및 지식 조작이 중심이 된다.

왜 학교는 대부분 아날로그를 유지하는가

오늘날 우리는 디지털도 아니고, 물리적인 것도 아닌, 우리의 생각이
그 두 가지로 만들어진 일종의 미네스트로네(스프의 일종)에 살고 있다.
Antonelli(2013, para. 14)

디지털 시대의 삶이 제공해 주는 자원들, 즉 의사소통의 개선과 직업 변화로 인해 엔터테인먼트에 대한 접근성 향상, 다른 사람들과의 용이한 공동작업, 세계와 우리의 위치를 보는 방식의 변화, 다양한 환경에서의 학습 가능성의 확대 등과 같이 매우 변화되었음에도 불구하고 교육은 전혀 변하지 않은 것처럼 보인다. 교육 개혁을 이끄는 힘은 실제 변화를 유도하는 데 거의 도움이 되지 않으며, 이는 단지 산업 시대의 행동주의적 접근 방식을 학습의 새로운 수준으로 끌어올렸을 뿐이다. 그것은 사실 학교와 삶 사이에 더 깊은 분열을 일으키고 세계의 가장 큰 문제를 해결하기 위해 다음 세대에게 교육할 필요가 있는 중대한 변화를 방해하고 있다.

학교의 추진력 부족에는 여러 가지 이유가 있다. 몇 가지는 습관화(habituation)에서 온 것이다. 학교는 필요를 인식하고 문제를 해결하고자 하는 사람들에 의해 특별한 방법을 끌어낸다. 학교가 어디서 언제 어떻게 작동하는지 설계하는 방법은 오래전부터 시작되었으며, 이러한 설계는 현대 학습자와 현재 사회의 요구를 반영하지 않을 수도 있는 프로토콜로 우리를 계속해서 묶어 놓았다(Kelly, McCain, & Jukes, 2008). 예를 들어, William Wirt(1997, Darling-Hammond가 배울 권리에서 묘사한 바와 같이)는 '소대 학교(platoon school)'[5]에 대한 아이디어를 제시하고 있다. 이 모형에서 그는 학생들이 한 교사에서 다른 교사로 순환하며, 다른 교사는 단기간 동안 개별 과목을 가르칠 것을 제안했다. 이것은 낭비되는 물리적 공간을 절약하고 과밀과 관련된 문제를 해결하기 위한 의도였다. 따라서 학교 교육(과밀 및 물리적 공간)에 기반을 둔 아이디어는 1세기 이상 동안 전체 미국 교육 시스템을 형성했는데, 이

5) 역자 주: 각 학년의 학생들이 교실, 상점, 강당, 체육관 및 기타 학교 시설의 물리적 자원을 사용하여 소대로 구성되는 부서별 학교이다(https://www.merriam-webster.com/dictionary/platoon%20school).

는 학생들의 학습 방법이나 학습을 가장 잘 촉진할 수 있는 또 다른 학사일정에 대한 조사가 고려되지 않은 것이다.

습관화는 학교 교육이 변할 수 없다는 생각을 갖게 한다. 예전 방식대로 했던 것들이 강하게 고착되어 있어 제도권 내에서 다른 접근 방식으로 보는 것을 어렵게 만든다. 20세기의 상당 부분에서 산업 시대 기반 학교들은 잘 운영하여 성공적인 평생 경력을 쌓을 수 있도록 학생들을 준비시켰다. 그러나 기술이 발전하고 사회가 변화하기 시작하면서 20세기 후반부터 변화하는 세상에서 학교가 학생들에게 준비시켜야 할 것들이 무엇인지를 재평가하지 못했다. 이러한 문제는 학교가 무엇을 어떻게 가르칠 것인가에 대한 문제와 학생들이 무엇을 배우고 그것을 배우기 위해 어떻게 할 것인가에 대한 엄청난 균열을 만들었다.

학교 교육은 큰 사업이다. 전반적으로 미국 학교 교육의 재정과 규모는 기술의 속도에 맞춰 변화하지 못한다. 2009~2010학년도는 6,380억 달러(국립 교육 통계 센터)이며, 그 수는 앞으로 더 증가 할 것이다. 이 교육 기관의 규모와 크기는 어마어마하다. Jim Gee의 책 『반(反) 교육 시대』(The anti-Education Era, 2013)에서, 교육기관은 '인류의 가장 위대한 발명품인 동시에 최악의 발명품 중 하나'(p. 85)라고 하였다. 그는 절차와 정책을 재평가할 때 교육 기관들이 직면하게 되는 몇 가지 어려움에 대해 몇 가지 주장을 제기하였다. 그는 기관들이 고정된 생각을 갖고 있다고 하였다. 교육기관의 의도는 의사 결정의 어려움을 겪으면서 자주 재검토할 필요가 없는 일련의 정책과 절차로 공식화하는 것이다. 결과적으로 교육 기관은 변화가 없거나 천천히 변화하여 디지털 시대의 기술 변화에 발맞추어 변화하는 사회를 따라 가지 못한다. 또한 Jim Gee는 교육기관이 규범적이어서 그 결과 학교 안에 있는 방법이 아니면 학교 교육이 일어날 수 없다고 말한다. 디지털 시대에 이것은 바깥에서 배워야 할 것들을 배우지 못하고, 디지털 세계 전역과 그 안에서 탐색하는 데 필요한 중요한 기술을 얻지 못한다.

냉동 정책(Frozen policies)과 교육의 규범적 성격 때문에 학생들에게 맞는 학습 능력을 선택하는 것을 의도적으로 제한한다. 특히 중등학교 수준의 학생들은 어느 정도 자신에게 맞는 과정을 선택할 수 있긴 하지만 이러한 선택도 원하지 않는 선택 과목으로 한정되어 있으며, 교사나 학교가 교과 과정으로 미리 만들어 놓은 목록들이다. 이러한 시스템 안에서, 과목이나 과정을 테스트하는 것과 같은 학생들에게 맞는 최적화라는 말은 거의 대부분 '시스템을 속이는' 시도로 보인다. 교육 기관은 교사가 학생들의 개인적인 필요를 충족시키기 위해 할 수 있는 것과 할 수 없는 것을 제한하며 종종 교육자의 주요 의무를 무시하고 사람들에게 권한을 부여한다. 이러한 관행에서 가장 나쁜 것은 실패를 처벌적이고, 영구적인 방식으로 처리하는 것이다. 사실 실패는 진전, 혁신 그리고 모든 학습의 열쇠이다. 일반적으로 실패는 학생들을 질책하거나 영원히 기록으로 남기는 방식과는 거리가 멀다. 규정적이고 동결된 사고와 정책은 학교 음악교육 전반에 널리 퍼져 있다. 미국에서는 각 주마다 음악을 의무적으로 학습해야 하는 학년 수준을 정하고, 각 지역에서는 주정부 권장 사항을 어떻게 이행할 것인지를 결정한다. 일부 지역에서는 중등 수준의 음악은 의무적이며 그 외에는 단지 선택이다. 대부분의 미국 고등학교에서 음악수업은 일종의 예술 능력을 보기 위한 졸업 요건을 제외하고는 선택 사항이다. 음악은 이러한 요구 사항을 충족시키기 위한 여러 목록 중 하나이다. 필수과목이 아닌 경우에 학생들은 음악에 참여할지 여부를 선택한다. 이 선택은 개인적인 욕구와 관심 있는 음악 과정이 있는지에 따라 결정된다. 중등 수준의 학생들, 특히 고등학생들에 대한 음악적 기회는 밴드, 합창단, 오케스트라와 같은 공연 중심 수업들인데, 학교는 학생들의 능력이나 경험과는 관계없이 다양하고 풍부한 일반음악수업, 즉 음악 공연 앙상블에 참여하는 것이 '진정한' 음악교육이라는 역사적 전통에서 벗어나지 못하고 있다.

또 다른 어려움은 한 세기가 넘도록 학교는 폐쇄된 환경에 있다는 것이다. 교육 기관은 관계자와 그렇지 않은 사람들로 구별되어 있다(Gee, 2013). 정보에 접근하거나 들어오지 못하도록 벽을 만들어 놓았다. 예로부터 일반적인 공립학교는 5세에서 18세까지의 어린이와 청소년을 대상으로 재정적 지원을 한다. 이 경우 정규 수업 시작일과 종료일이 있다. 정규 학습 전·후에도 공식적인 학습 프로그램이 있지만, 현행 학교들은 이것을 수월 교육이 필요한 특별한 재능을 가진 사람들이나 '헤드 스타트 프로그램[6]'과 같은 특별한 요구가 필요한 사람들에게나 필요한 것이라 생각한다.

6) 역자 주: 미국 저소득가정의 아동이 취학 준비를 목적으로 하는 아동 중심 프로그램이다. 0~5세의 아동과 그 가족을 대상으로 포괄적인 아동발달프로그램으로 식품권, 의료부조, 학교급식과 같은 대표적인 현물급여이다.

학부 음악교육 프로그램은 목표와 열망을 간결하게 정의하고 있다. 대부분의 대학에서는 음악교육 학위 과정은 유치원생(prekindergarten)부터 12학년 또는 그 일부 학생들을 가르칠 수 있는 교사 자격증을 취득하고자 하는 학생들의 요구를 충족시키고자 한 것이다. 국립 음악교육 협회(National Association of Schools of Music: NASM)나 국립 교사 교육 인증 위원회(National Council for Accreditation of Teacher Education: NCAT)와 같은 인증기관의 요구를 수용하는 주립(state)기관들은 학교 밖의 음악교육에 대한 진지한 관심과 그 밖의 많은 부분에 대해 별 관심을 갖지 않는다. 음악교육 분야가 모든 사람이 모든 곳에서 학습할 수 있도록 열정적인 생각을 갖게 될 때까지 그리고 유아 음악 개발, 학교 밖 음악 참여와 창작, 지역 평생 음악 활동에 관한 풍부한 연구를 기반으로 교사 연수를 시작할 때까지 우리는 융통성 없는 아날로그적 개념에 사로잡혀 있을 것이다.

음악교사교육에 있어 필연적 변화의 또 다른 열쇠는 누구는 허가하고, 누구는 허가하지 않을 것인지를 규정하는 일이 아직은 어려운 일로 남아 있다는 점이다. 인증기관의 시대에 뒤떨어지고 자아보전적인 규칙, 현행 음악 학교의 뿌리가 된 서구 음악 공연 전통의 덫으로 묶여 있기 때문에 재정 지원 모델로서의 특별 공연들처럼 대부분의 대학 음악 프로그램은 사설 음악 레슨실이나 공식적인 뮤지컬 앙상블에 맞지 않는 학생들을 받지 않는다. 연주, 노래, 작곡, 편곡, 또는 다르게 '음악하기(do music)'는 음악가들에 대한 입학 허가를 확대하는 것만이 우리가 진정으로 음악교육을 폭넓게 생각하기 시작했다고 할 수 있다.

폐쇄형 환경의 학교에서 가장 위험한 것은 학교 환경이 종종 불평등 투성이의 범주들로 규정지어지는 것이다. 좋은 학교와 나쁜 학교가 있다. 그리고 학생의 능력에 따라 임의로 주변 학교에 입학하거나 의지나 노력에 따라 학교를 선택하고 특수목적학교(magnet school)[7] 오디션을 통과하여 입학할 수 있는 다양한 기회가 있다. 이 특수목적학교(magnet school)는 가족을 대신해서 해야 할 일들이 요구되며, 심지어는 입학이 거부될 수도 있다. 만일 당신이 도시가 아닌 곳에 살거나 학교의 변화

---

7) 역자 주: 미국의 학생들의 특성에 따라 설립된 특수목적학교로, 장애를 가진 학생들이 다니는 우리나라의 특수학교와 같은 학교를 비롯하여, 각 분야별 영재학교, 다문화 학교 등 지역사회의 필요에 따라 설립된 학교를 말한다.

를 위해 싸울 가족이 없다면, 학교에 입학하여 교육을 받을 수 있다. 입학을 선택할 때 그 결정은 결정을 할 여유가 있는 사람들과 할 수 없는 사람들에게 종종 내려지는 경우가 많다. 마찬가지로 이러한 불평등은 정보 접근에서도 찾을 수 있다. 이 나라는 디지털 정보의 공급과 접근 면에서 엄청난 불평등을 지니고 있다. 열악한 학교들이 많은 지역은 디지털 정보와의 접근성을 높일 필요가 있다. 왜냐하면 학생들은 학교 밖에서 정보를 접근할 가능성이 낮고, 대부분은 가장 적은 기술 예산을 갖고 있는 학교들이기 때문이다.

학교들이 현재 방식대로 작동하는 가장 큰 이유는 산업혁명에서부터 예전 모형들을 기반으로 하고 있기 때문이다. 학교는 원래 산업 효율성을 높이기 위해 창안되었다. 이 모형에서는 "지능이 가장 뛰어난 소수의 학생들은 고등 교육을 계속 받아 관리자와 지도자가 될 것이며, 그보다 조금 많은 그룹은 숙련된 노동자와 상인이 될 것이며, 가장 많은 수의 학생들은 육체 노동자가 될 것이다."(Kelly et al., 2008, p. 11) 또 하나의 요점은 행동주의 이론이 학교에 도입되었다는 것이다. 행동주의적 학습 방법은 '미리 정해진 순서대로 학생들에게 조심스러운 정보를 제공하는 것'이다(Kelly et al., 2008, p. 12). 이러한 접근법은 학생들이 농장과 공장에서 일하는 데 필요한 기술들을 암기하기 위한 학습을 기반으로 한다.

이러한 산업 시대의 수업지도는 교사 강의, 교과서, 암기, 사실 기반 정보 학습 및 콘텐츠 기반 테스트를 기초로 한다. 또한 줄 세우기와 순차적 접근 방식을 학습의 기반으로 하였다. 학교와 학습이 어떻게 보일 것인가에 대한 산업 시대에 깊게 뿌리 박힌 사고방식은 변화에 대한 강한 저항감을 야기시켰다. 학습의 산업적 모형은 사람들이 생각하기에 요즘 학생들에게 적합하지 않은 임의의 요소를 기반으로 하기 때문에 매우 정체되어 있고 유연하지 못하다. 비평가들이 우려하는 것들은 다음과 같다. 그것은 ① 교사와 개별 연습 및 효율적인 지시 전달에 초점을 맞춘 교육 공간, ② 학년의 기간과 여러 과목 간의 분리된 일일 시간표, 그리고 모든 과목의 동등한 블록타임으로 쪼개져 있는 일과 등 모든 것의 제한된 시간들, ③ 실질적으로 지식과 내용 기술에 중점을 둔 과목들이다(Kelly et al., 2008).

아날로그 학교는 왜 작동하지 않는가

미국의 고등학교는 쓸모가 없어졌다. '쓸모없다'는 의미는 단지 학교가 망가지고 흠이 있으며, 부정 자금을 받는 그런 방향으로 가고 있다는 것이 아니다. '쓸모없다'는 의미는 우리나라의 고등학교가 설계된 대로 정확하게 작동된다 하더라도, 우리 아이들에게 오늘날 알아야 할 것들을 가르쳐 주지 않는다는 것이다. 오늘의 고등학교에서 내일의 힘을 기르기 위해 훈련시키는 것은 50년 된 대형 컴퓨터에서 오늘의 컴퓨터를 아이들에게 가르치는 것과 같다. 그것은 시대에 맞지 않는 도구이다. 우리의 고등학교들은 또 다른 세대의 요구를 충족시키기 위해 50년 전에 고안되었다. 우리가 21세기의 요구를 충족시킬 수 있도록 설계할 때까지는 매년 수백만 명의 미국인의 삶을 제한하고 심지어 비탄에 빠지게 할 것이다. 이는 우연이나 시스템상의 결함이 아니라 바로 시스템 그 자체이다.

Gate(2005, para. 11–18)

역사상 처음으로 아날로그 학교의 역기능이 기관의 체면 경쟁 때문이라고 낱낱이 공개되었다. 디지털과 소셜 미디어의 출현으로 교육기관 없이 사람들을 효율적이며 효과적으로 통합하고 교육할 수 있게 되었다. 문자 메시지, 트위터, 모바일 장치와 웹 사이트를 통해 사람들과 신속하고 민주적으로 조직할 수 있게 되었다(Gee, 2013. p. 92). 이 급진적인 변화는 지식과 의사소통, 상거래, 그 이상의 창의적 발상과 공유를 통해 삶의 거의 모든 측면에 깊이 뿌리박힘으로써 사회적 변화를 가져왔다.

사람들은 디지털과 소셜 미디어를 통해 학습이 정규 교육의 전환점이 될 것이며, 이후 교육과 학습이 예전과 달라질 것이라고 생각한다. 몇몇 사람은 학습이 차세대의 과제가 아니라 현재의 큰 과제라고 생각하고, 왜 교육이 여전히 기술의 유용성에 대해 토론하는 사업으로만 생각하는지에 의문을 제기하였다. 작가 Robert McHaney(2011)는 "새로운 변화가 오는 것을 끌어안고만 있는 사람들이 사라져야 한다."라고 하였다(p. 3). 한 가지 확실한 사실은 교육이 갱신 시점에 있으며, 유연하고 민첩한 사람들이 보다 더 잘 되리라는 것이다.

우리는 디지털 시대에 살고 있지만 디지털 세대의 학생들의 성향에 대한 논의가 있어 왔다. 1990년대 이후에 태어난 현 세대의 디지털 청소년은 인터넷과 디지털 기술이 없는 세상을 결코 알지 못한다. 소셜 미디어와 디지털 네트워크는 여러 영역에서 문화와 일상생활 안에 들어와 있다. 디지털 원주민(digital natives)이라는 용어는 여러 가지 논의가 있긴 하지만 일반적으로는 디지털 기술에 둘러싸여 자라 온 사람들을 일컫는다. 모든 어린이와 청소년이 디지털 방식이 편리하다고 생각하는 것이 아니므로 유의해야 한다. 디지털은 결국 문화 자본의 산물이다. 디지털 기술을 잘 사용하고 익숙해지면 점점 더 진보하는 디지털 세상에서 더 좋은 이점을 누릴 수 있다. Rojas, Straubhaar, Roychowdhury와 Okur(2004)는 이러한 현상을 인간의 '테크노 성향'이라 일컫는다. 테크노 성향은 '관행, 인식 및 태도, 기술 교육, 기술, 정보에 대한 욕구, 직업 요구 사항, 지역 사회 구성원과 조직과의 사회적 관계, 그리고 지리적 위치'에 의해 규정된다(p. 115). 단순히 기술에 대한 접근이 아니라 개인의 기술 성향이 디지털 격차를 가져온다고 Rojas 등은 주장한다. 사람들은 디지털 시대의 학교 교육이 학생들의 테크노 성향 차를 좁히고 개인과 커뮤니티 간의 불평등을 없앨 수 있으며, 이는 학교의 주요한 책임이라고 생각한다. 이는 단순히 디지털 기술 지식뿐 아니라 디지털 기술을 통해 그것을 조작할 수 있는 능력을 학생들에게 부여해야 한다는 의미이다.

디지털 시대의 특징은 새로운 형태의 교육과 학습이다. 학교 밖에서 배우는 가장 특별한 접근법은 공개 교육 자료를 이용하거나 '해킹'하는 것이다. 디지털 공간에서 학습이 어떻게 일어나는지를 이해함으로써, 학교교육에 맞도록 고려하여 디지털 사회의 끊임없이 변화하는 요구를 충족시킬 수 있는 더 좋은 방법을 모색할 수 있다.

해킹은 원래 의도하지 않았던 장치에 기능을 추가하려는 수정 사항을 설명하려고 컴퓨터 업계의 개척자들이 채택한 용어이다. 본질적으로 해킹은 스스로 정한 목표를 향해 가는 장난기 있고 영리한 접근법이다. 교육용 해커들, '지식유목인(knowmads)'이라고 불리어 왔던 이들은 학습에 대해 유기적으로 접근하는 방식을 시도한다. 그들은 재사용, 재구성, 용도 변경을 위해 콘텐츠를 찾아 수집하며, 읽고 쓰기가 가능한 Web 2.0 덕분에 사람들이 사용하고 기여할 수 있는 새로운 소스를 만든다. 학습에 대한 이러한 해킹 방식의 핵심은 소셜 협업이다. 그리고 이러한 학습을 위한 기본 자료는 지식인들이 접근할 수 있는 공유된 공개 자료들이다.

많은 지식인은 공개된 교육 자료를 학습에 사용한다. '오픈 소스(open-source)'

라는 용어는 프로그래머가 만든 컴퓨터 프로그래밍에서 온 것인데, 이는 회사 소유의 독점 소프트웨어의 비용과 한계에 부딪쳐 만들어진 프로그래밍이다. 오픈 소스 운동의 목적은 컴퓨터 사용자에게 자유와 통제권을 부여하는 것이다. 이는 사용자(user)가 다음과 같은 네 가지 자유권, 즉 ① 소프트웨어 실행, ② 공유(복사, 배포), ③ 이에 대한 연구, ④ 수정이 자유롭도록 이를 기반으로 소프트웨어를 공동개발과 제공을 통해 행해진 것이다(Free Software, 2014). 열린 학습(open learning)은 학생의 자유와 통제가 허용되는 이와 같은 방식의 구성주의 모형을 따른다. 이것은 www(World Wide Web)와 같이 꼭 교육 목적을 위한 것이 아니라 공개 교육 자료, 공식 교과 내용, 소셜 미디어, 게임 및 자료들의 조합이라 할 수 있다. 이러한 자료들은 모든 사람이 사용하고 공유하며, 학습과 수정이 용이하도록 개방되어 있다.

디지털 학습은 협업 학습이다. 지식을 공유하고, 문제를 토론하고, 해결책(solution)을 만들고 제공할 수 있는 '친화 공간'(Gee, 2005)이라고 불리는 곳에서 비슷한 관심사를 가진 사람들이 모인다. 친화 공간(affinity spaces)은 '실습 공동체'라는 아날로그 교육 모형의 대안이다. 친화 공간에서는 개인적인 유대 관계가 적고 회원자격이 유연하고 엄격하지 않아 가입, 탈퇴, 참여가 용이하다. 이 모형 안에서 사람들은 개인적이고 전문적인 지식으로 만들어진 개인 기술 세트(skill set)를 가져와 솔루션이나 제품을 구축하는 데 기여한다. 이러한 공간의 힘은 개인 전문기술의 부가가치에서 비롯되며 공간 내의 전체 회원의 힘를 기반으로 한다. 개인 전문기술은 누적되고 시너지 효과를 발휘하여 단지 작은 힘이 큰 목표에 도달하는 데 공헌한다.

이러한 친화 공간은 큰 힘을 갖고 있다. 지식인은 스스로 실제 제품, 지식과 디자인을 제작하고 실제 문제를 해결할 수 있는 대규모 지식 공유 공동체를 조직할 수 있다. 지식인들은 합법적이고 사용이 용이한 전문적인 조직들과 경쟁하는 효과적인 아마추어 조직을 만들 수 있다. 개인 모두가 온라인에서 특정 문제, 아이디어나 물질적 항목을 검색해야 하며 그러한 전용 공간을 찾아 친화력으로 묶이게 된다. 예를 들어, 어린아이가 밤에 잠을 잘 자도록 하는 최선의 방법을 찾을 때 의사나 다른 전문적인 제안이 있다면 상당한 수의 조언을 얻을 수 있지만, 한편으로는 수십만 명의 사람이 경험한 평균적인 제안들을 공유할 수 있다. 잠을 자지 못하는 부모는 소수의 전문가의 기술적 조언 외에 경험 많은 대중의 제안을 진지하게 고려해 볼 수 있다. 이 친화 공간 심리는 전통적인 백과사전에 대적하는 위키피디아(Wikipedia)

를 만들었다.

디지털 학습에서는 실패가 징벌이 아니다. 내용 지식(기술)을 평가하는 데에 높은 기준을 가지고 학생들의 지식과 학문적 가치를 평가하는 아날로그 학습과는 달리, 실패가 실제로 무엇인지를 생각하며 단지 피드백을 줄 뿐이다. 실패는, 바로 미래의 성공을 위한 동기 부여라는 희망을 준다. 디지털 학습의 가장 많은 사례 중 하나인 비디오 게임에서, 실패율이 대략 게임 시간의 80% 이상으로 기록된다(McGonical, 2011). 베스트셀러 게임 중 하나인 테트리스와 같은 몇몇 게임은 이길 수 있는 방법이 없다. 다만 다른 옵션이 없이 질 때까지 가능한 오랫동안 실패하지 않도록 노력해야 한다. 비디오 게임 개발자는 실패 가능성이 너무 높으면 플레이어가 위험을 감수하지 않을 것이며 대안도 찾지 않고 매우 단순한 방식으로 생각할 것이라는 것을 알게 되었다(2010년 현재). 헬싱키의 미디어, 인터페이스와 네트워크 디자인 연구소('M. I. N. D.', 2006)의 연구원들은 게이머가 실제로 실패를 즐긴다는 것을 알았다. 잘 설계된 게임에서 실패는 플레이어를 실망시키지 않는다. 그것은 실제로 매우 특별한 방법으로 그들을 고무시킨다. 플레이어는 흥미진진하고 재미있으며 무엇보다 희망적이고 낙관적인 태도를 취한다. 아날로그 학교 교육은 여러 세대를 걸쳐 학생들을 틀 안에서 생각하게 하고, 옳은 답이라 생각되는 것만을 찾게 하며, 목표 재설정을 위해 탐구하지 않도록 가르쳐 왔으므로 이러한 지속적인 결과가 실패로 이어지게 하였다.

> 서로 다른 복잡한 시스템들로 가득 찬 세상에서 우리는 비디오 게임의 사고방시고가 지능 잉론을 절실히 필요로 한다. 당신은 결코 생각하지 못했던 목표에 효율적으로 대처하기 위해 너무 서두르기만 하였기 때문에 지능적이지 못하다. 철저하게 탐구하고 선형적으로만 생각하지 않고 측면적으로 생각하며, 현대 게임에서처럼 협력적으로 수행하고, 독특한 기술 세트를 가지고 해결책을 비교하며 대조하기 때문에 지능적이라는 것이다. 현대 과학에서 커다란 도전에 맞서 과학자들을 다른 기술 세트와 결합시키는 것과 같이 과학자들은 암이나 지구 온난화와 같은 주요 문제를 해결하기 위해 공통 언어로 의사소통하는 법을 배운다(Gee, 2010).

디지털 시대는 유동적이고 역동적이며 협업적인 공유된 정보, 즉 아날로그 교육이 아닌 모든 것을 기반으로 한다. 학교는 정보가 흐르는 방식을 이용하지 못하고 대부분의 경우 학교가 그 흐름을 막으려고 한다. 학교가 망설이는 동안 사회는 디지털 시대를 받아들일 뿐만 아니라 삶의 다른 모든 면에 스며들게 하고 있다. 이것은 디지털 시대의 산업과 비즈니스를 보면 명확해진다. 학교 교육과 마찬가지로 산업 시대에 경쟁 우위를 조성하기 위해 고안된 뿌리 깊은 구조와 시스템은 지금 디지털 시대가 짊어질 문제이다. 산업 시대의 사람들은 한 분야에서 평생을 보낼 수 있었던 반면, 디지털 시대는 고용된 이들이 짧은 기회의 흐름을 헤쳐 나갈 수 있는 능력을 요구한다(McGrath, 2013).

오랜 역사를 통해 학교 교육은 특정 분야에서 평생을 보내도록 준비시켰다. 한때 학생들은 회계 분야에서 경영학 학위 하나로도 졸업할 수 있었으며, 이로써 특정 분야에서 일생 동안 일할 수 있는 자격이 주어졌다. 교육 분야에서도 마찬가지이다. 학생들은 교사를 계속할 수 있는 요구를 충족시키는 한, 계속 가르칠 수 있도록 주 자격증(State certification)을 취득하고 졸업한다. 하지만 오늘날 대부분의 대학 졸업생들에게 이것은 그렇게 간단하지 않다. 경기 침체와 대학 교육을 받은 고용주들이 홍수처럼 쏟아지고, 기업과 직원들에 대해 특별한 대우도 부족하며, 대기업에 대해 끊임없이 바뀌는 요구들 사이에서 선택을 해야 하기 때문에 안정성을 추구하는 회사는 파멸이라는 커다란 위험에 처하게 된다. "변화하지 않는 안정성은 변화무쌍한 경쟁 환경에서 가장 위험한 상태에 놓이게 된다."(McGrath, 2013, para. 306)

2012년 IBM은 전 세계 1,700명의 CEO를 대상으로 신입 사원 채용시 무엇을 물어볼지를 조사하였다(IBM 기업 가치 연구소, 2012). 가장 바라는 네 가지 특징은 커뮤니케이션, 협업, 유연성과 창의력이었다. 이 목록에서 사라진 것은 아날로그 학교가 수학, 과학, 언어, 예술의 개별화된 주제와 같이 어마어마한 양의 시간을 소비하며 가르치는 실제적인 기술들이었다. "특색 있는 기술을 고용하고, 이를 연마하라."라는 비즈니스의 오래된 모토가 있다. 그러나 현대의 역동적인 환경에서는 기술을 꾸준히 바꿀 수 있는 특기를 익히는 것이 더 바람직할 수 있다.

컬럼비아대학교의 Rita McGrath(2013) 교수는 지식 기반 학습에 많은 에너지를 집중시키는 대신 적응력 있고 독창적인 개성을 갖추도록 학생들을 준비시켜야 하며, 그 자신을 훈련시키고 시간이 지남에 따라 재교육하는 데 필요한 기술을 습득하도록 해야 한다고 주장한다. 그녀는 경영의 미래가 산업화 시대의 전통적으로 오랜 시간 일하는 환경인 올림픽 개막식처럼 될 것이라고 믿는다. 이 비유에 따르면 오랜 기간 한 회사에서 일하는 대신에 자신의 경력 전부가 아닌 일시적인 직책을 맡게 될 가능성이 커지며, 자신이 가진 특별한 기술을 특정 프로젝트에 활용하되 팀의 일원으로 일하고 프로젝트가 끝나면 다른 팀의 일원으로 다시 일하게 될 것이다. 이 사이클은 한 프로젝트에서 다음 프로젝트로 이동하면서 반복하여 경력을 쌓게 될 것이다. 이런 종류의 고용은 CEO가 찾아야 할 4가지 특성을 요구하며, 교육이 한 번에 시작되고 완료되는 것이 아니라 시간이 지남에 따라 완전히 개별화되는 과정을 거쳐 전체가 되도록 한다. 또한 모든 학습의 중심에 학생 개개인의 강점과 요구에 초점을 맞추는 구성주의적 접근법이 필요하다(3장 참조). "교육은 우리들에게 어떤 것을 전달하는 것이라는 생각 대신에 우리 자신을 위해 창조하는 것이라고 생각해야 한다."(Stephens Downes, Richarson, 2012, para. 129에서 재인용) 최근 TED(Technology, Education and Design) 회의에서, 콜로라도주립대학의 음악 및 신경과학 교수인 Michael Thaut 박사는 '예술은 추상적인 생각을 하기 위한 인지기반'(Littlefield, 2013)이라고 말하였다. 인류의 가장 위대한 업적은 우리를 괴롭히는 문제에 대해 창의적인 해결책을 개발하는 능력일 것이며, 이러한 해결책은 추상성을 통해 만들어진다.

중등학교의 일반음악은 다른 분야에 비해 창의력과 창의적 사고를 교실이라는 중심 무대에서 쉽게 활용할 수 있다는 점이다. 자아구성(self-composition)과 같은 독립적인 작업 형태의 창의적 실천은 상상력과 추상적인 방식으로 사고하는 능력을 개발한다. 대중음악에서 볼 수 있는 소규모 그룹 음악 편곡과 같은 집단 프로젝트를 통해 창의력은 의사소통, 협업 및 유연성을 포함하여 비즈니스와 디지털 사회에서 필수적인 모든 기술을 필요로 한다. 음악적 창의력은 개인의 잠재력을 열어 주고 세계에서 가장 곤란한 많은 문제를 해결할 수 있는 핵심 능력을 개발하는 데 필수적이다. 중등 일반음악에서 창의적인 과정을 최대한 활용하면 낱장으로 연결된 아날로그 역사에서 전체를 충분히 포용하는 디지털 시대로 우리를 데려다줄 것이다.

우리는 모든 학교가 아날로그로 남아 있는 것은 아니며 모든 디지털 학교가 이 특징을 충족시키는 것도 아닌 과도기에 있다. 오늘날 디지털 기술과 사고방식을 활용하지 않는 학교를 찾기는 어렵다. 그러나 기술을 포함시키는 것과는 분명히 다른 접근법이 있으며, 디지털 시대의 교육 목표 전반에 어떻게 영향을 미치고 있는지 아닌지는 의문의 여지로 남는다.

> '개혁'을 둘러싼 첫 번째 서술은 Bill Gates와 플로리다주 전 플로리다 주지사 인 Jeb Bush와 같은 사업가와 정책 입안자들에 의해 쓰인 것이다. 그들은 기술이 콘텐츠를 더 잘 전달할 수 있는 도구로 앞으로 더 많이 쓰이게 되는 곳을 학교라고 보았으며, 시험에 합격하는 것에 대해 더욱 강조하게 됨에 따라 다른 국가, 학교, 교실, 교사 및 학생들과 경쟁하는 비즈니스적 제안에 묶이게 된다.
>
> 이 견해에서 우리는 학습의 가장 쉬운 부분, 대화식 정보 수집, 기본 기술 및 약간의 비판적 사고에 집중하여 쉽게 식별하고 점수를 매길 수 있었다. 학습은 계량화할 수 있는 것, 즉 쉽게 순위를 매기고 비교할 수 있는 것으로 분류된다(Richardson, 2012, para. 228).

이 패러다임에서 기술은 새로운 도구로 오래된 교육과정을 가르치는 수단이 된다. 이는 디지털 시대에 아날로그 교육을 거의하지 않는 위험한 함정이다. 학교가 가르쳐야 할 것과 학생들이 디지털 시대에 필요한 기술을 개발하도록 도울 수 있는 방법에 대해 깊이 재검토하지 않고 기술에 대한 자본만 쏟아붓는 것은 이미 아날로그 학교 내에서 장시간 실패하였던 결과만을 낳게 될 것이다.

Will Richardson(2012)은 '전달에 관한 것이 아니라 발견에 관한 것'이라고 지적한다(p. 267). 도구뿐만 아니라 삶의 방식으로 기술을 최대한 활용하고자하는 새로운 패러다임에서 학습은 지식의 완성(모든 디지털 수단을 통해 널리 보급됨)에 초점을 맞추지 않고 질문에 대한 해결책을 찾는다기보다는 해결책을 찾기 위한 다른 사람들과 협력하는 데에 초점을 맞춘다(6장 참조). 불행히도, 철학적으로나 문화적으로 개방적이고 자유롭게 이용할 수 있는 엄청난 양의 정보를 다루는 방법에 대한 조건을 찾지 못했다. 아날로그 기술에 기반한 내용 지식이 흐려짐에 따라 참된 디지털 교육의 핵심은 비판적이고 창의적인 사고 기술에 초점을 두는 것이라는 것을 알아냈다. 디지털 교육 모형에서 학생들은 깊이 있고 평생 학습으로 이어지는 습관과 성향을 개발해야 할 것이다. 이 디지털 패러다임에서 강조점은 콘텐츠 숙달에서부터 학습 숙달에 이르도록 하는 것이다(Richardson, 2012). 여기서 우리는 배운 것을 선례로 학습 방법을 배우게 되는데, 왜냐하면 버튼을 클릭하면 콘텐츠를 쉽게 이용할 수 있기 때문이다.

이러한 일이 일어나려면 학교 기반의 학습권에서 학생 기반의 학습권으로 바뀌어야 한다. 학생들은 지식에 접근하고 디지털 영역을 통해 그들 고유의 경로를 창조하는 자유를 부여받아야만 한다. 이것은 학교와 교사가 중요한 역할을 하지 않는다고 말하는 것이 아니다. 반대로 학생들은 겉으로 보기에 끊이지 않는 정보 소스를 탐색하는 방법을 배우고 다양한 디지털 소스의 가치를 결정하는 데 필요한 기술을 배워야 하며, 이를 이용하여 새로운 아이디어를 창출하고 기존 아이디어를 재구성하는 방법을 배워야 한다. 정보에 접근한다고 해서 학생들이 과제에 머물러 있고, 스스로 지시되고 조직적으로 남아 있다거나, 그들이 만나는 모든 것을 이해하고 감지할 수 있는 충분한 지식을 지니고 있다는 것을 말하는 것이 아니다. 학생들은 주변의 디지털 기술을 최대한 활용하고, 적응력과 성장 능력이 생존력과 번성력으로 이어질 수 있는 인력이 되기 위한 준비로서 학교와 교사를 도와야 할 것이다. '사물'을 가르치는 대신에 우리는 기술을 가르쳐야 한다. 학생들이 정보를 기억하게 하는 대신, 정보를 찾는 방법과 정보를 비판적으로 보는 방법을 배우도록 도와야 한다. 우리는 그들에게 자신의 지식을 전수하고, 공유하고, 구성하며, 이를 다른 사람들의 지식과 결합시키는 방법을 가르쳐야 한다.

디지털 시대의 일반음악

당신이 창조적인 방법으로 예술가로서의 삶을 살기를 원한다면,
당신은 지나치게 뒤를 돌아봐서는 안 된다. 당신이 무엇을 해 왔든지,
당신이 누구이든지 그것을 기꺼이 받아들이고 던져 버려야 한다.
Steve Jobs interview reprinted in Elmer-DeWitt(2010)

우리는 중등 일반음악에서 교육의 심각한 변화를 모형화하는 이상적인 환경에 있다. 우리는 대부분의 학교가 새로운 접근법과 아이디어로 재출발하고 재충전하지 않는 그런 전통에서 자유로워야 한다. 예술은 대부분의 다른 과목과 다르게 본래의 창의적 잠재력을 가지고 있다. 중등 일반음악에서 우리는 앙상블 동료들이 진행

해야 하는 많은 공연 의무에서 자유롭다고 하더라도, 그들 중 많은 사람이 적극적으로 변화를 찾고 있다. 음악은 대부분 선택 과목이며, 학생들은 우리 음악과목이 흥미롭거나 가치 있다고 생각해야 우리에게 온다. 음악수업은 창의적인 영역에 기반을 두고 있으며, 비평은 듣기와 활동, 공연에 이르기까지 작품에 대한 거의 모든 측면에서 필수적이다. 학생들의 독립적이고 협조적 · 비판적 · 창의적인 사고가 수업의 중심이 될 때, 그들의 현재와 미래의 삶에서 음악의 중요성과 관련된 것들을 강력하게 향상시키게 할 것이다.

이 변화는 신기술과 견실한 교수법 사이의 선택일 필요는 없다. 우리는 단순히 변화를 예측하고 좋은 교수법적 실제를 유지하면서 자신을 재창조해야 한다. 이는 디지털 학습의 실제를 탐구하고, 스마트한 접근법의 개발, 즉 새롭게 부상하는 세계에 더 적합한 방식으로 학교교육을 새로 세우는 것이 아닌 다시 정립하는 것을 의미한다.

중등 일반음악교실은 디지털 시대에 어떤 모습이어야 할까? 우리가 하는 일의 중심에서 길을 찾아야 한다고 믿는 것이 이번 장에서 토론의 핵심요소들이다.

디지털 시대에 중등 일반음악은 다음과 같이 정착되어야 한다.

- 목표와 지침은 분명하지만 교사가 예측하지 못하는 경우에도 학생들이 자신의 해결책을 찾을 수 있도록 충분한 창의력을 장려하여야 한다.
- 기회와 경험은 개개인의 학생들이 자신의 고유한 기술을 개발하도록 요구하며 최대한의 잠재력을 발휘할 것으로 기대된다.
- 학생들은 자신의 능력에 대해 긍정적인 방향으로 학습되어야 하며, 그런 능력과 관심들은 활동과 커리큘럼의 주요 원천으로 중요하게 받아들여져야 한다.
- 피드백은 끊임없이 개별화되며 실패는 영구적인 것이 아니다. (실패하는 것은 공정한 것이고, 학생들이 성공할 수 있는 모든 기회를 가질 때만 실패가 인정된다는 것을 인정하라.)
- 학생들이 정보와 출처에 비판적일 수 있도록 고무하고, 자신의 사고와 의견을 뒷받침하는 주장을 하도록 가르쳐야 한다.
- 학생들은 다른 사람들과의 멘토링과 팀워크를 통해 자신의 능력을 입증할 수 있는 여러 가지 지속적인 기회를 제공받는다.
- 학생들은 관심 있는 주제와 활동을 중심으로 자신을 구성할 수 있으며 제한 없

이 여러 관심사를 섞거나 혼합할 수 있다.

- 그룹의 성공은 개개인의 성공과 개인이 그룹에 고유한 기술을 제공할 수 있는 동등한 기회를 제공하는 것만큼이나 가치가 있다.
- 학생들이 학습 내용과 학습 방법을 선택할 수 있도록 하여, 행동하고 발견하며 창의력과 학습활동조차 교수 · 학습 과정에서 중요한 역할을 하도록 한다.
- 학생들은 단지 재구성만 하는 것이 아니라 협력하여 새롭게 만든다.

디지털 미래를 향해 나아가며

교육이 학습을 유발하지는 않는다. 다른 상황들처럼 학습이 이루어지는 상황을 만든다.
교수와 학습이 본질적으로 연결되어 있지는 않다. 가르침 없이 많은 학습이 이루어지며,
실제로 많은 가르침에 학습이 일어나지 않기도 한다. 학습은 갑작스럽게 나타나고,
계속적인 과정들로 되어 있어서, 가르침은 많은 구조화된 자원 중 하나로 사용될 뿐이다.
이와 관련하여, 교사와 교육 자료들은 그것이 가진 교수법적 의도보다
훨씬 복잡한 방식으로 학습을 위한 자원으로 활용되는 것이다.

Wenger(1998, pp. 266–267)

결론적으로 아날로그 교육은 매우 위험한 상태이다. 오픈 소스 운동이 자신의 적합성 코드를 축적한 소프트웨어 회사를 붕괴시켰던 것처럼 디지털 방식이 아닌 아날로그적 지식을 계속 제공하는 기관은 반항의 위험, 심지어는 학습자에 의해 무시당하는 위험에 처하게 될 것이다.

학교가 이러한 아날로그에서 디지털로의 전환이 어떠한 영향을 받게 되는지는 교육자와 교육 기관의 대응방식에 달려 있다.

McHaney(2011)는 오늘날의 학교를 잠식하고 있는 변화의 힘이 행동으로 옮겨질 것을 요구하고 있고, 따라서 교육은 새로운 현실을 정면으로 받아들이고 적극적이고, 진취적으로 대응해야 한다고 믿는다. 교실을 가득 메운, 기술에 정통한 밀레니엄 세대들이 우리가 제공하는 것과 그것을 제공받는 방법에서 가치를 발견하지 못한다면, 우리가 믿고 있는 기관이 아무리 신성하다 하더라도, 그들의 욕구에 부합하

는 잠재력을 가진 실체들은 심리적 · 인지적 · 정서적 · 육체적으로 우리와 멀어지게 될 것이다. 융통성과 포괄성을 통해, 그리고 실패에 대한 징벌적 측면을 줄임으로써 학생들에게 동기를 부여하고 이 디지털 세대가 익숙한 최적화, 맞춤화 그리고 협업을 가능하게 하려면 우리는 친화 공간에서 우리의 지식이 개방적이고 협력적으로 학생들에게 기여하는 방식으로 수업에 접근해야 한다. 새로운 접근법을 채택함으로써 학교는 인간이 학습에서 찾은 근본적 쾌락을 회복시킬 수 있을 것이다.

참고문헌

American Music Industry Statistics. (2014). Retrieved from http://www.statista.com/topics/1639/music/?gclid=COb59PjRwrwCFVQV7AodJ2kALA

Analog. (2012). In *Oxford American dictionary*. Retrieved from http://www.oxforddictionaries.com/us/definition/american_english/analog?q=analogue

Analogue versus Digital [web log article]. (n.d.). *Diffen.com*. Retrieved from http://www.diffen.com/difference/Analog_vs_ Digital

Antonelli, P. (2013, May 10). Paola Antonelli: Why I brought Pac-Man to a MoMA [Video file]. Retrieved from http://www.ted.com/talks/paola_antonelli_why_i_brought_pacman_to_moma.html?quote=2182

Darling-Hammond, L. (1997). *The right to learn: A blueprint for creating schools that work* [Kindle version]. Retrieved from http://www.amazon.com

Dewey, J. (1944). *Democracy and education*. New York, NY: Macmillan Company.

Digital. (n.d.). In *Wikipedia*. Retrieved January 6, 2014, from http://en.wikipedia.org/w/index.php?title=Digital&oldid=341265807

Elmer-DeWitt, P. (2010, November 20). Steve Jobs: The Playboy interview. Retrieved from http://tech.fortune.cnn.com/2010/11/20/steve-jobs-the-playboy-interview/

European Union Commission Report. (2011). *Special Eurobarometer 369 EB75.4: Attitudes towards vocational education and training* [Data file]. Retrieved from http://ec.europa.eu/public_opinion/archives/ebs/ebs_369_en.pdf

Evans, J. (2013, November 4). Problems with standardized testing. Retrieved from http://www.education.com/reference/article/Ref_Test_Problems_Seven/

Fiegerman, S. (2013, April 9). Pandora now has 200 million registered users. Retrieved from http://mashable.com/2013/04/09/pandora-200-million-users/

Free Software [web log article]. (2014). Retrieved from https://www.gnu.org/philosophy/free-sw.html

Gates, B. (2005). *Prepared remarks for the national education summit on high schools* [speech]. Retrieved from http://www.gatesfoundation.org/media-center/speeches/2005/02/bill-gates-2005-national-education-summit

Gee, J. (2005). Semiotic social spaces and affinity spaces: From the age of mythology to today's schools. In D. Barton & K. Tusting (Eds.), *Beyond communities of practice: Language, power and social context* (pp. 214-232). Cambridge, United Kingdom: Cambridge University Press.

Gee, J. (2010). What video games can teach our schools [Video file]. In *Finding your science*. Retrieved from http://www.youtube.com/watch?v=IMqA7PqHySk

Gee, J. P. (2013). *The anti-education era*. New York, NY: Palgrave MacMillian.

IBM Institute for Business Value. (2012, May). Leading through connections: Insights from the global Chief Executive Officer study. *IBM: IT Services*. Retrieved from http://www-935.ibm.com/services/us/en/c-suite/ceostudy2012/

Kelly, F., McCain, T., & Jukes, I. (2008). *Teaching the digital generation: No more cookie cutter high schools* [Kindle DX version]. Retrieved from http://www.Amazon.com

Littlefield, A. (2013, October 18). Music creativity, and unlocking our full potential. *Huffington Post*. Retrieved from http://www.huffingtonpost.com/andrew-littlefield/music-creativity-potential_b_4118737.html

Madden, M., Lenhart, A., Duggan, M., Cortesi, S., & Gasser, U. (2013). Teens and technology 2013. Pew Research Internet Project. Retrieved from http://www.pewinternet.org/2013/03/13/teens-and-technology-2013/

McGonical, J. (2011). *Reality is broken: Why games make us better and how they can change the world*. New York, NY: Penguin Press.

McGrath, R. (2013). *The end of competitive advantage: How to keep your strategy moving as fast as your business* [Kindle version]. Retrieved from http://www.Amazon.com

McHaney, R. (2011). *The new digital shoreline: How web 2.0 and millennials are revolutionizing higher education*. Sterling, VA: Stylus Publishing.

M.I.N.D. (2006). Lab study named #1 [web log article]. Retrieved from http://www.mindlab.org/cgi-bin/news.pl?id=66

National Center for Education Statistics. (2013). *The condition of education 2013 (NCES 2013-037), public school expenditures.* U.S. Department of Education. Retrieved from http://nees.ed.gov/fastfacts/display.asp?id=66

The Nielsen Company & Billboard's 2012 Music Industry Report. (2013, January 4). Retrieved from http://www.businesswire.com/news/home/20130104005149/en/Nielsen-Company-Billboard's-2012-Music-Industry-Report#.UvldkRY4VfE

Pontefract, D. (2013). Learning by osmosis [web log article]. In *Danpontefract.com* as a reflection from his text *Flat army: Creating a connected and engaged organization* [Kindle version]. Available from Amazon.com. Retrieved from http://www.danpontefract.com/learning-by-osmosis/

Richardson, W. (2012). *Why school? How education must change when learning and information are everywhere* [Kindle version]. Retrieved from http://www.Amazon.com

Rojas, V., Straubhaar, J., Roychowdhury, D., & Okur, O. (2004). Communities, cultural capital and the digital divide. In E. P. Bucy & J. E. Newhagen (Eds.), *Media access: Social and psychological dimensions of new technology use* (pp. 107-130). London, United Kingdom: Lawrence Erlbaum Associates.

Signals. (2012). In *Oxford American dictionary.* Retrieved from http://www.oxforddictionaries.com/us/definition/american_english/signal.

Toffler, A. (1970). *Future shock.* New York, NY: Random House.

Wenger, E. (1998). *Communities of practice (Learning in doing: Social, cognitive, and computational perspectives).* New York, NY: Cambridge University Press.

제16장

"읽기" 방법

Cathy Benedict 저 / 최은아 역

모든 것을 잘 알고 있어서 더 이상 읽을 필요가 없는 독자들이 있다.
또한 마치 말해질 수 있는 것이 모두 말해진 것처럼 여기고,
마치 읽기가 끝나면 텍스트가 모든 것을 말하는 것처럼
여기면서, 어디에선가 해석이 주어지기만을 기다리며 읽지 않는 독자들도 있다.
Wolfreys(2000, p. 10)

읽기(reading)에 관한 개념과 실제는 꽤 단순하다. 우리는 이해하고, 지식을 얻고, 여가를 누리며, 기억을 되살리고, 모방하기 위해, 심지어는 '세계관을 넓히기 위해' 글을 읽는다(National Governor Association Center for Best Practice, Council of Chief state School Officers, 2010, p. 3). 음악을 읽는다는 것도 이와 같을 것이다. 우리는 읽기 과정과 우리의 관계에 대해 거의 생각하지 않는다. 또한 텍스트가 어떠한 입장을 권유하고, 가정하며, 심지어 받아들이기를 주장하는지에 대해 거의 고려하지 않는다.

1968년 Louis Althusser는 "읽는다는 것이 무엇인가?"라는 물음을 던졌다. 이와 같은 질문이 읽기의 과정적 측면에 대한 묘사를 함축하고 있긴 하지만, Althusser는 전체 언어에 대한 음성학을 넘어서는 무언가에 관심을 갖고 있었음이 분명하다. 그는 Marx의 『자본론』을 읽는 맥락 안에 이 질문을 놓고, 단순히 우리 자신이 그 텍스트를 읽는 것뿐 아니라 '우리에게 그것을 읽어 줬던 사람들의 저술이나 연설을 통해'(Althusser & Balibar, p. 13) 자본론이 우리 삶 속에 계속하여 널리 알려지게 된 방법들을 인용한다. 이어서 그는 우리가 4권의 『자본론』을 독일어와 프랑스어로 '철

저하게' 읽을 것을 요구한다. 그는 해석을 통한 텍스트의 제시보다는 다양한 방법으로 텍스트 다시 읽기를 통해(그의 개념과 아이디어가 아마도 피상적으로는 상식이 되었지만) 독자인 우리가 '읽기의 새로운 경험'(p. 14)을 발견할 수 있다고 제안한다. Althusser에게 이와 같이 새롭게 일어나는 경험은 우리가 두 번째 읽기를 지속하고, 보다 깊게 숙고하고 성찰하도록 이끄는 촉매제이다. 그러나 두 번째 읽기가 그렇게 쉽지는 않다. 언뜻 보기에 기정 사실의 불변하는 아이디어처럼 보이는 것에 의문을 제기하면서 책을 읽는 것은 꽤 어렵다. 진정으로 서두의 인용문에서 Wolfreys(2000)가 언급한 것처럼 대부분의 사람에게는 '어디에선가 해석이 주어지길 기다리는 것'이 훨씬 더 쉬운 것이다.

Althusser는 Marx의 『자본론』을 통해 생각을 이어 가면서, 두 번째 읽기 아이디어를 확장시켰다. 텍스트에 대해 서로 다른 질문을 제기한다면 '읽기'가 어떻게 변화할지에 대해 성찰함으로써 익숙한 것에 대해 새롭게 참여할 수 있는 전략을 제공한 것이다. 예를 들어, 경제학자로서 『자본론』을 읽는 것은 Marx의 경제적 분석의 가치를 위해 읽는 것, 기존의 경제 모델과 분명하게 비교하는 것을 의미할 것이다. 역사학자로서 『자본론』을 읽는 것은 Marx의 역사적 분석과 텍스트 '밖에서 이미 정의된 역사적 대상'과의 관계에 대해 의문을 제기하는 것일 수 있다. Wolfreys(2000)가 쓴 것처럼, 철학자로서 『자본론』을 읽는 것은, '쓰고 버릴 수 있는 상품처럼'(p. 5) 단순히 효용가치를 위해 텍스트를 찾아내는 것에 대해 반대하는 것일 수 있다. Althusser(1968)는 '기능적이고 기계적이며, 심지어는 착취적인'(p. 5) 관계에서 이익을 위해 텍스트를 사용하는 것은 순수한 읽기(innocent reading)[1]가 아님을 강조하였다. 결국, 순수한 읽기란 없기 때문에 Althusser는 우리가 가책을 느끼고 대상과의 관계에 지속적으로 의문을 제기하며, 순수함을 드러내는 문제제기를 하고 스스로에게 '읽는 것이 무엇인가?(p.15)'에 대해 질문함으로써 책임감을 받아들이기를 요구한다.

---

1) 역자 주: '순수한 읽기'란 아무런 사전지식 없이 읽는 백지상태의 읽기라는 정도의 의미인데, 인간의 축적된 경험 등으로 인해 사실 완벽하게 순수한 읽기는 있을 수 없고, 당연히 유죄적 읽기(guilty reading)일 수밖에 없다는 입장이다.

방법들을 읽는다는 것은 무엇인가

이데올로기를 이해한다는 것은 과거와 현재를 보다 깊이 이해하는 것이며,
그와 같은 이해는 우리를 자유롭게 한다.
Eagleton(1976, p. viii)

나는 Orff, Kodály와 복합적인 관계를 가진 사람으로서 이 대화를 시작하려고 한다.[1] 처음에는 이러한 관계가 꽤 광범위해 보일 수 있다. 나는 코다이의 master degree와 오르프 레벨 III의 자격증을 가지고 있으며, 오르프 전 과정을 마스터했다. 또한 거의 15년 동안 오르프 교사와 코다이 교사로서 초등 음악을 가르쳐왔으며, 다양한 컨퍼런스에 참여해 왔다. '첫 번째 읽기'에서 나의 관심과 초점은 분명해 보인다. 이것은 아마도 초등학교 음악교사로서의 성공일 것이다. 그러나 사람들의 첫 번째 읽기는 자신의 '기득권(vested interests)'(Ellsworth, 1996, p. 138)을 통해서만 여과될 수 있으며, 수업(teaching)처럼 다양한 해석을 만들어 낼 수 있다. 사람들은 아이들이 음악을 유창하게 읽고, 3부로 아카펠라를 하고, 오르프 악기로 복잡한 편성을 연주할 때 성공했다고 여길 수 있다. 그러나 나는 결코 내가 하는 것이 방법(method)인지 접근법(approach)인지 관심을 갖지 않았고, 이러한 교수법의 사회적 효과에 대해서도 고려하지 않았다. 나는 아이들이 과정의 중심에 있다고 여기고 있었으며, 내가 하는 것은 효과가 있었다. 그러나 실제로 과정의 중심에 있었던 것은 과정 자체였다.

오르프와 코다이를 고려할 경우,[2] 방법(method)과 접근법(approach)이라는 용어가 지시하는 것은 맥락과 용법에 따라 다르다. 이들은 역사적으로 변해 왔으며, 그리고 계속 변하고 있다. 미국에서 출판된 코다이와 오르프를 설명하는 두 권의 초기 저작물들은 다시 본다면, 그들의 등장을 주도한 것이 '접근법'이라기보다는 '방법'이라고 생각하게 될 것이다. Mary Helen Richards는 Kodály가 그녀에게 개인적으로 보낸 '두 가지 방법에 관한 책들(two methods books)'에 대해 설명하면서, Kodály의 '음악 방법과 자료' 개발에 기초하여 1959년에 자신이 만든 일련의 도표를 언급하였다(Bennett, 1987, p. 27). Denise Bacon은 해외의 오르프와 코다이 연구소에서 연구한 내용을 약술한 1969년의 논문에서 코다이 교수법과 오르프 교수법을 방법(method)

으로 언급하였다.

그러나 그것들이 어떻게 명명되는지를 넘어서, 음악 가르치기를 구성하는 대부분의 중심적인 개념과 아이디어는 일련의 절차에 의해 고안된다. 그리하여 많은 경우에 교사들이 방법보다 접근법으로서 코다이 교수법과 오르프 교수법을 받아들인다 할지라도, 이러한 접근법에 내재된 구조적 절차가 일련의 절차에 기초하는 작은 변화, 개념, 목적 등에 부합하는 반복에서 비롯됨을 이해하는 것이 필수적인 것 같다(2장과 4장 참조). 이때 우리가 알아야 하는 것은 교수(teaching) 구성의 언어와 문법을 정립하기 위해 이러한 접근법들이 어떻게 사용되는가에 대한 것이다. 결론적으로 접근법보다는 학교 음악의 사회적 과정에 의해 정의된 방법이 가르치기의 문법이 되는 것이다.

아마도 우리는 순수한 참여를 희망하면서 맥락, 학생들, 악곡, 음악하기를 '객관적'으로 읽기 위해 방법의 문법에 의존한다. 그러나 Austin(1962)과 Searle(1971) 같은 저자들은 언어 행위(수행적 발화)가 단순히 그들의 말에 변화를 일으키는 행동으로서 기능하고 역할하는 방식을 다루어 왔다. 따라서 이러한 언어의 힘을 고려한다면, 음악 가르치기의 그러한 '문법'이 어떻게 '성공적'이고 즉각적인 행위를 촉발하는 방법들의 방식을 새롭게 살펴보지 못하도록 하는지, 그와 동시에 그 문법 안에 보이지 않게 숨겨진 메시지를 어떻게 보내는지 고려할 필요가 있다. '방법이 권력이 될 때'에서 Bennett(1986)은 '접근법의 실행원리보다 피상적 특징'(p. 38)에 초점을 맞추는 음악교사들을 우려하며 이러한 이슈를 다루었다. 그녀는 교실에서 단순히 활동들을 실행하고자 하는 것은 '접근법을 하나의 방법으로(p. 38)' 바꾸는 것이라고 결론 내렸다. 이 장에서 나는 Bennett의 사고를 확장시키는 한편, 그녀의 경고가 '피상적인 특징' 이상을 생각하도록 이끌지라도, 방법들에 대한 특정한 읽기가 순수한 것으로 남는다는 것(이것은 여전히 교환가치를 추구한다)을 인정한다. 유죄적 읽기(guilty reading)[2)] 또는 철학자로서 읽기를 위해서는 무엇보다 방법이라는 단어를 철학자로서 읽는 것이 필수적이다. 그리하여 이 장에서는 복합적인 기호 체계로서 방법들을 읽기 위해 따옴표를 사용하여 '방법'으로 표기할 것이다. '방법'을 유죄적으

2) 역자 주: 유죄적 읽기란 어떤 '입장', 어떤 '문제의식' 속에서 무언가를 본다는 말이다. 지금 우리가 어떤 것을 볼 수 없다면 그것은 보이지 않기 때문이 아니라 지금 내가 가지고 있는 구조, 체계, 조명으로 보고 있기 때문이다. 즉, 우리는 무엇인가를 볼 수 있기 때문에 바로 그 이유 때문에 다른 것을 볼 수 없다.

로 읽기 위해, 우리는 '시행을 이끄는 원리'가 선택되는 방식과 '방법'이 우리에게 하는 일을 보다 잘 이해해야 한다. '방법'을 교수법과는 다른 무언가를 나타내는 것으로 고려한다는 것은 오르프와 코다이를 기호론적 렌즈(semiotic lens)를 통해 고찰하는 것을 의미한다.

문제를 일으키는 방법들

읽기와 관련하여 어떤 불안이 있는 것 같다. 읽을 수 없는 것과의 마주침과
다가오는 읽기과제가 만들어 내는 두려움은 정체성에 대한 불안과 관련이 있다.
읽기를 멈추게 하는 읽기의 행위들은 명시적 또는 암묵적으로 어떠한 지점까지의 읽기와
관련된다. 정체성이 개인적인 독자를 의미하든 읽기 공동체를 의미하든,
그 지점은 주체 또는 주체의 정체성을 구성한다.
Wolfreys(2004, p. 278)

스스로를 코다이나 오르프에 대해 '교육 받은' 사람 또는 코다이나 오르프 '교사들'로 규정하는 사람들이 (그리고 코다이나 오르프 활동을 단순히 '활용'하는 교사들조차) '다른' 사람들과 같이 이러한 '방법'들과의 관련 속에서 스스로를 형성한다는 것을 생각해 보라. 음악교사들은 수동적인 행위자로서 '방법'에 의해 움직여지는 것은 아니지만, 그렇다고 "어떤 자아들이 문화적 관습 이전에 존재하는 것도 아니다."(Butler, 1988, p. 526) 즉, 음악교사들의 사회적 삶은 '사회적 · 정치적 · 인지적 · 도덕적 · 재료적 결과와 효과'(Fairclough, 2003, p. 14)를 갖는 다양한 실제에 의해 구성된다. 따라서 오르프나 코다이 교사로서 음악 가르치기를 받아들일 때, 우리는 그 대상('방법')에 문제를 제기하지 않는다. 우리는 철학자로서 음악 가르치기를 읽을 때, '방법' 그 자체를 숙고하고 '사회적 · 정치적 · 인지적 · 도덕적 · 재료적 결과와 효과(p.14)'에 의해 자리매김한 방식들을 인식할 것이다. Fairclough는 "우리가 현대 사회에 대해, 특히 '신자본주의'의 전환에 대해 도덕적이고 정치적인 문제들을 제기할 때, 이러한 결과와 효과에 대해 이해하는 것이 필수적"(p. 14)이라고 믿는다.[3] 우리의 활동을 '신자본주의' 논제와 결부시키는 것이 이상해 보일지라도, '방법' 읽기는 효용가치와 개발(exploitation), 집단적 필요보다는 개인적 필요를 촉진하는 순수한 읽기

에 실마리를 던져 줄 수 있다.

기호학 분야와 원리는 기호학적으로 간주되는 것이면 '세계, 텍스트, 교육과정'(Ellsworth, 1996, p. 38)을 포함한 어떤 것이든 하나의 텍스트로 이해한다. Chandler (2002)는 "TV 읽기, 영화, 라디오 프로그램, 광고 포스터 등을 '텍스트들'"(p. 8)로 언급하였다. 음악교육 분야에서 Goble(1999, 2005, 2010)은 기호에 대한 Pierce의 이론을 음악의 사회적 실제를 이해하는 데 적용해 왔다. 따라서 기호학적으로 '방법'에 접근하는 것은 그것들이 어떻게 표상 · 지각되어 왔는지를 탐구하는 것이며, 그것을 사용하는 용도를 문제화하는 것이다. 의미를 위해 그것들을 기호 체계로 읽는 것은 단순히 쓰여진 단어로 읽는 것이 아니라, 제스처, 시각적 상징, 워크숍, 컨퍼런스 등에서 '기호의 중재적인 역할을 잘 지각하게 되는 것이며 또한 사회적 실제들의 구성에서 우리 자신과 다른 사람들의 역할을 잘 지각하게 되는 것'(Chandler, 2002, pp. 10-11)이다. 텍스트로서 '방법'을 읽는 것은 그들을 이데올로기적으로 다양한 시대에 서로 다르게 개입되고 이해되어 온 역사적 담론의 결산물로 읽는 것이다. 이것은 무슨 일을 하는지, 누구를 위한 것인지에 대해 당연한 것으로 여겨 온 가정의 근거가 되는, 발화되지 않은 인식론적 질문을 읽는 것이다. 또한 이것은 교사/학생, 가르침/배움을 억누르는 구조를 깨기 위해, 역사적 개념을 단순한 등장과 확장에 따른 것으로 자리매김하고 이에 도전하기 위해 투쟁하는 것이다. 실제로, 오르프와 코다이 교수법이 북아메리카에 등장한 시기를 기록하는 것은 전개과정의 연대표를 작성하는 데 도움이 될 것이다. 그러나 역사적 설명의 기념비적 · 신화적 표현을 넘어서기 위해서는 교육과정 구성을 위해 경쟁해 온 서로 상반되는 이데올로기적 담론들을 다루는 것이 필요하다.

우리는 어느 하나의 설명을 통해 역사를 알 수는 없다. Currie(1998)는 '역사와 문학이 과거를 반영하기보다는 구성하며, 발견하기보다는 발명하는 담론'(p. 88)이라는 것을 상기시킨다. 사람들은 역사를 서술할 때, 도입, 전개, 결말의 '일반적인' 구조를 적용한다. 따라서 (실행 가능한 접근법인 오르프와 코다이의 수용을 포함하여) 음악교육의 역사는 이미 서술된 사건이다. 결과적으로, 자유롭고 순수하기까지 한 사건의 역사적 제시에 의존하기보다는 이러한 사건들이 가장 상식적인 방법으로 그들 자신에 대해 이야기할 뿐 아니라 이미 기정사실인 것처럼 보이도록 하기 위해 역사가 어떻게 제시되었는지 고려해야 한다. 이러한 '방법'이 무엇에 대한 반응으로 언제 왜 등장했으며, 그 전에 무엇에 의해 구성되었는지 설명하는 것은 순수한 읽기를 넘어서 우리의 책임에 주목하는 지점으로 나아가는, "'관습적인 연구 문제'보다는 사회 문제로 시작하는 것"(Fairclough, 2003, p. 209)을 의미한다.

이 장은 음악 만들기라는 특별한 세계를 읽기 위해, Ellsworth(1997)의 말을 바꾸어 "방법은 우리가 누구라고 생각하는가?"라고 질문하며, 방법이 우리에게 요구하는 입장이 무엇인지를 이해하는 것이 필요하다. 이것은 우리의 실행에 문제를 일으키기 위해, 서로 다른 질문을 갖고 '방법' 읽기에 들어가는 것이다. 그것은 '엄격하게 경직된 슬로건이 되었을 사유방식과 가르치기 방식에 변화를 가져올, 생각할 만한 질문들을 만드는 것'이다(Ellsworth, 1997, p. 12). 우리가 하는 모든 것에 있는 다중적·복합적 의미와 모순을 인식하기 위해서는 텍스트 너머를 읽어야 하는 것이다.

역사

오랫동안 우리는 교육의 목표에 대해 논의해 왔지만, 중요한 결과를 얻지는 못했다.
끝없는 열정이 '문화' '사회적 효율성' '자아실현' '개인의 조화로운 발전'
'정신적 훈련' '인격형성' 등 화려하면서 모호한 것 이상은 아닌,
빛나는 목표들을 유지해 나가는 데 소비 되어왔다.

Bobbit(1921, p. 607)

슬로건은 실제적 요구와 관심이 공개적으로 표명된 것과 다른데도,
어떤 기관이 지지층(유권자, constituency)의 요구를 들어주고 있다는 환상을 갖게 할 수 있다.
슬로건은 실제로는 기존 관행을 보존하면서 개혁을 제안할 수 있는 것이다.

Popkewitz(1980, p. 304)

미국 교육의 역사적 발달을 추적하는 것은 이 장의 범위를 넘어선다. 그것이 가능할지라도, '방법' 읽기는 교육정책에 영향을 주고 이를 형성해 온 특정 이데올로기와 관련된 문제를 밝히는 것에 초점을 둔다. 그렇기 때문에 필자는 미국에서 오르프와 코다이 교수법 등장 전의 정책과 개혁에 영향을 끼친 역사적 풍조와 지배적인 담론들을 검토하였다. 이를 위해, 진보 교육자의 견지에서 '아동 중심' 참여라는 개념

에 대해 문제를 제기하였으며, 오르프를 '빛나는 목표'를 대변하는 활동으로, 코다이를 Taylor와 Bobbitt의 과학적 관리체계의 축도(縮圖)로 간주하였다.

교육과정은 종종 개인과 사회를 화해시키고, 조정하며, 심지어 긴장을 해결할 수 있는 방법으로 여겨져 왔다. 이로 인해 교육과정은 아동이 사회로 나가기 위해 준비할 수 있고 준비해야 하는, 길을 닦는 도구로 여겨져 왔다. 합리성의 기술적 모델로 발생한 교육과정은 과학, 추론, 논리적 구조, 관찰되고 측정될 수 있는 현상을 지지하는 계몽주의에서 비롯된다. 다른 모델들은 인격 발달, 도덕교육, 낭만적 자연주의, 꽃과 같은 아이들의 개화(Rousseau), 유토피아적 모델(때때로 감시를 받으며 전체주의적 방법에 의해 경영되는; Mumford, 1922/1962 참조), 사회적 재건으로서의 교육(Counts, 1932; Rugg, 1929/1936), '변화된 사회 질서에 필요한 준비'가 이루어지는 학교와 사회의 화해(Cremin, 1975, Dewey, p. 1548 참조) 등에 초점을 맞추었다. 우리가 이 모든 이론에서 보는 것은 단지 경쟁적인 합리적 견해들이 아니라, 학교 교육의 기능에 관하여 이데올로기적 인식에 의해 지배되는 합리적 견해의 담론이다.

이와 같이 모순된 견해들이 과정의 중심에 아이들을 위치시키는 것과 그렇지 않은 것으로 단순하게 분류되어서는 안 된다고 생각한다. 필자는 '아동 중심'이라는 개념이 합리성의 기술적 방식과 진보적 방식을 포함하는 모든 교육과정 모형에서 사용되어 왔다고 생각한다. 어떤 방식이든 학생을 교육과정의 중심에 놓는 닫힌 담론이 권력관계와 사회적 통제의 네트워크를 감추는 데 일조해 왔고, 그리하여 상식처럼 보이는 교육과정과 교수법의 모형에 대해 의문이 생기는 것을 막아 왔다고 생각한다. Bobbitt이 Taylor 작업(보다 효과적인 방법의 개념과 top-down 정책입안 방식)과 연결되고 그 시대의 '진보적' 믿음에 대항했음을 인식할 때, 우리는 이번 장의 서두에 제시된 그의 글에서 어떤 오싹함을 느끼게 된다. 비록 그렇다 하더라도, 나는 아동을 교육 과정의 중심에 놓는 Bobbitt의 의도를 읽어야 한다고 생각한다. 이것은 '사회 지배계급의 힘을 정당화시키는'(Eagleton, 1976, p. 5) 근거를 위한 것일 수 있음에도 불구하고 여전히 아동이 그 중심에 있다. 이 장(章)을 통해, **아동 중심**이라는 문구가 '체계적으로 모호해져(Popkewitz, 1980, p. 304)' 왔고 너무나 자주 슬로건으로 기능한다는 사실을 명확하게 만들었기를 바라며, 오르프와 코다이에 대해 두 번째 읽기를 요구한다.

고려하기: 과학적 관리가 여전히 아동 중심이라는 것

1911년, Taylor는 미국의 좋은 의도들이 비효율적이라는 것을 깨달았다. Taylor는 다음과 같은 Roosevelt 대통령의 1908년 연설을 참조하였다.

> 마지막으로, 천연자원의 보전이, 오늘날 가장 심각한 문제임에도 불구하고 우리가 아직 깨닫지 못했지만 때가 되면 깨닫게 될 것이고 살기 위해서는 파악해야만 하는 것으로서 중요한 국가 문제, 즉 국가 경제의 문제, 국가 안전과 지속성을 보장하는 애국적 의무의 한 부분임을 기억합시다(p. 12).

Roosevelt의 말은 국가 자원의 보존과 낭비에 모두 적용된다. 그는 애국심을 요구하며 비효율적인 형태로 일하도록 하였다. 3년 후에 Taylor(1911)는 '이상하고, 비효율적이거나 잘못된 방향으로 움직이고 있는 것'(p. 5)이 더 큰 이슈라고 생각하며 문제를 느꼈다. **과학적 관리의 원리**에 있는 Taylor(1911)의 연구와 교육공동체가 받아들인 방식에 익숙해진 사람들에게, 이러한 원리들이 교육과정 개발 방식에 적용되었다는 것은 화나고 불만스러운 일일 것이다. 1800년대 후반에 느리고 (그가 생각하기에) 게으른 작업을 관찰한 후에, Taylor는 정해진 법과 원리에 기초하여 노동자를 '훈련'시키기 위한 과학적 운영의 개념을 발달시켰다. 그의 모형은 하향식 정책 시행과 노동자들이 더 효율적인 작업을 수행하도록 하기 위해 경영진의 엄격한 감독을 필요로 하는 방식으로, 경영진과 근로자 간의 관계를 체계적으로 정리하고 묘사하였다. Taylorism은 더 이상 중요하지 않지만 효율성, 통제, 훈련, 감독 등의 주제는 많은 영역, 특히 교수·학습 소요시간, 하향식 권력 관계, 교사배제 교육과정을 포함하여 교육 영역 전반에서 어렵지 않게 볼 수 있다. Taylor의 목표 중 하나는 '과학적 관리의 근본 원리가 모든 인간의 활동에 적용할 수 있다는 것'(p. 7)을 보여주는 것이었다. 그러나 많은 사람이 인식하지 못하고 있는 것은 Taylor 작업의 핵심에 그가 노동자를 보살피는 것이라고 믿었던 것 또는 '노동자의 최대 번영'이 놓여 있다는 것이다(p. 9). 여기에 비추어 볼 때, Taylor가 확실히 인간 중심 활동에 초점을 맞추었다고 말할 수 있다. 이것이 애매모호한 단어이며, 분명히 '고용주의 최대 번영'에 중점을 두고 있었다는 것을 인정한다. 그러나 이것은 핵심적인 후원자로부터 '특별한' 포상을 이끌어 내고, 탁월한 성과로 인한 이익 창출을 학습 효율성이라 고 말하는 아동 중심 참여와 크게 다르지 않다.

가르치기의 경제성, 학습하기의 경제성

1917년 시대경제위원회(Committee of the Economy of Time)는 '교육의 경제성'에 초점을 맞춘 학술논문(monograph) 집필의 책임을 맡고 있었다. 이 학술논문은 전국교육학학회의 18회 연감(Eighteenth Yearbook of the National Society for the Study of Education)의 형식을 따랐다. 이 연감의 서문에는 다음과 같은 내용이 포함되어 있다.

> 산수, 독서, 작문, 작곡, 철자법, 드로잉 및 음악과 같은 과목들을 가르치는 것의 경제성에 초점을 맞추어 다양하게 조사 · 활용하는 것이 필요한 시기가 왔다 (Seashore, 1917, p. 9).

음악교육의 경제성을 다룬 장의 저자는 Carl Seashore였다. Taylor가 최적의 효율성을 위한 업무 분류에서 제안한 것처럼, Seashore는 한 걸음 더 나아가 (목표를 고려하지 않고) 적성을 고려하여 어린이를 분류하는 것이 음악을 가르치는 가장 효율적인 방법이 될 것이라고 제안했다.

> 시간의 경제성과 성취의 효율성에서의 진정한 해결책은 다음과 같은 세 가지 구분에 의해 얻어질 수 있다. 그것은 상위 25%, 중간 50%, 하위 25%이다(Seashor, 1917, p. 123).

Bobbitt(1921)은 사람들이 수행하고 준비해야 할 (분명하고 정확한) 활동들을 분석함으로써, '빛나는 목표'에 나타나는 당시의 경향에 대해 반대를 표명했다. 확실히 이러한 입장은 당대의 진보적 철학에 기초하여 교육과정을 작성하고 교수법을 수행하는 사람들이 주장하는, 삶을 위해 필요한 것을 준비하는 것과 다른 관념들에 반대한 것이었다. Bobbitt은 Taylor가 관리체계에서 한 것을 확장하고 적용하였다.

Seashore는 특정 맥락에서 실시된 실험과 연구를 통해 수집된 자료들을 무시하는 음악교육의 관행들에 반대하였다. 아이들을 분류하는 것은 효율성 문제에 대한 해결책이었다.

진보적인 추세/교육과정의 재개념화

아동 중심 교육과정과 교수법은 종종 혁명적 목적의 요구를 제시할 때 사용되어졌다. 외형으로는 선언문이 아닐지라도, 이것은 분명히 다양한 교육 모형에 대한 담론의 하나로 사용되어졌다. '우리'와 '그들'의 엄격한 정의의 사용, 보편적 주제의 형성, 긴급 성명 발표, 개혁 요구를 지지하는 역사적 증거의 사용, 질문이나 이견을 방지하기 위해 고안된 직설적인 수사법을 통해, 하나의 선언은 충성을 요구한다(Lyon, 1999). Bobbitt, Thorndike, Taylor 등을 생각하면 이해하기가 훨씬 쉽다. (반면) 그러한 언어가 혁신적 · 창조적인 행동들에 내재되고 아동의 자연스러운 음악성과 연결될 때는 파악해하기가 훨씬 어렵다. 필자가 인간 중심적관계를 부정하는 것은 아니다. 오히려 그것과는 거리가 멀며, 역사적으로 (계속해서) 정립되며 합법화된 언어가 대안을 통제하는 사회적 계약의 본질이 되었다는 것을 주장하는 것이다. 우리가 방법을 읽을 때 명확해지는 것은 '아동 중심'이라는 것이 창의성, 참여, 사회적 기술, 사회적 정의(공동사회 및 공적인 활동과 관련된 용어)에서 구현되는 방식뿐 아니라 효율성과 경제적 이익을 주장하기 위해 사용된 세계 시장의 책무성과 연결된 모형에 자리 잡게된 방식에 대한 것이다.

미국 교육 체제에서 오르프와 코다이의 등상에 이르기까지 수년간 음악교육과정의 개념과 사용이 이데올로기적 영향 내에서 흔들린 것을 잠시 생각해 보라. 1939년에 Flueckiger는 음악에 아이들을 '노출'시키지만 음악 읽는 법을 가르치지 않는 교육과정을 비난했다. 그는 몇몇 사람은 이것이 학생들의 흥미를 저하시킨다고 느낀다는 것을 부정적으로 지적하면서, 읽는 법을 배움으로써 우리는 이를 배우지 않았을 때보다 한 해에 두 배의 음악을 다룰 수 있으며 기쁨도 배가 된다."(p. 18)라고 하였다. 유효성이 검증된(tried-and-true) 유인상술(bait and switch) 교수 전략에서 그는 '성악과 기악을 위하여 또한 음악감상의 주요 요소로서'(p. 18) 음악 읽기의 '도구'가 사용되도록 학생들을 '자극하는' 것이 음악교사의 일이라고 믿었다. Flueckiger

는 심지어 진보적인 견해(tenet)를 일축하는 동시에 이를 참조하기 위한 언어로 대문자 'P'로 시작하는 단어를 사용한다.

> 진보 교육을 대문자 'P'로 쓰는 사람들은 저자를 희망 없는 반동주의자로 낙인 찍을 준비가 되어 있을 것이다. 그러나 그도 역시 진보 교육의 기본적 원리를 믿는다고 말하고 싶어 할 것이다. 그러나 이러한 원리들은 이론적으로 새로운 것이 아니라 강조점이 새로운 것이다. 아마도 Saint Paul이 데살로니카인들에게 "모든 것을 시험해 보고, 선한 것들 붙들라."라고 권고한 것은 과학적 관점에서 자유롭게 의역될 수 있고, 오늘날 중요한 음악교육 경향의 하나로 간주될 수도 있다(pp. 18-19).

분명히 이들은 한때 가치가 있었던 것이 언어가 달라짐에 따라 의심스러운 것이 되는, 심지어 교육자의 사용과 요구에 따라 선택되고 재포장되는 이데올기적 영향의 전환을 표상한다. 그러나 아동/학생 중심에 대한 요구는 여전히 존재한다. 한편, 제2차 세계 대전 중에 글을 쓴 Smith(1944)는 Flueckiger의 '우리'에 도전하고, 음악교육과정에 내재된 착취(exploitation)에 대해 직접적으로 언급하였다.

> 간단히 말해서, 음악선생님과 감독이 자신의 영광과 젊은이들을 혹사시키며 취할 수 있는 것을 덜 생각하고, 음악이 젊은이들**에게 할 수 있는 것**을 더 생각할 때, 그들은 자신이 들었던 것 중에서 가장 좋은 노래와 연주가 떠오르는 것을 깨달을 것이다(p. 16).

그의 문제제기는 '~에게 할 수 있는' 무언가로서 학생과 교사 사이를 다루는 방식이 종종 보이지 않을 수 있다는 Ellsworth(1997)의 언급을 상기시킨다. 또한 이것은 '첫 번째 읽기에 이어 두 번째 읽기로 나아갈 수 있도록'(Althusser & Balibar, 1968, p. 14) 대상 자체에 대해 질문을 하며 읽어야 한다는 Althusser의 권고를 부각시킨다. 그러나 같은 시기에 Boyle(1943)은 '위대한 음악의 연주를 통한 내적 훈련'(p. 16)과 "아이들이 **자유로운** 인간이 되도록 **가르치라**."라는 국가주의적 틀을 연결시키면서, 제2차 세계대전 후 미국 병사 귀환으로 인해 음악교육자들이 직면한 도전과제를 숙고하였다. 좀더 명백해진 아동 중심 언어는 전쟁을 벗어나 기술적으로

(technologically) 확장된 세계로 나아가는 근거와 '기본적인 실행 철학'을 제공해 준다. Martin은 「Music Educators Journal」의 1947년 논쟁에서 다음과 같이 적었다.

> 첫째, 가르치기에서 강조점은 아동에게 있다. 가장 중요한 것은 음악에 어떤 일이 일어나는가가 아니라 아동에게 어떤 일이 일어나는가이다. 우리는 음악 만들기를 그 자체로 중요한 것이 아니라 아동들이 생각하고, 느끼고, 행동하는 방법의 변화를 위해 필요한 에이전시(agency)로 여겨야 한다(p. 52).

아이들을 사회의 에이전시로 여기는 Martin의 개념은 '현대 교육 개념'(p. 52)에 기초하고 있으며, 이것은 우리를 사회 재건과 연결된 목표에 더 가깝게 다가가게 한다. 한편, Boyle의 근본적으로 다른 관점 또한 현대 교육 개념에 기초하고 있다고 말할 수 있다. 그러나 Martin은 위대한 음악의 연주로 완성된 산물보다, '각 개별 아동의 발달에 기여하는 음악의 조건'(p. 53)에 더 관심이 있다. Martin의 생각과 다를 수 있지만, 에이전시 개념은 전시와 공연이 '구성된 것이라는 사실을 숨기고 있는, …… 그리고 표상 방식과 표상된 행동에 대한 비판적 사고를 본질적으로 방해하는, 매끄러운 전체로서의 극적인 환상'(p. 64)을 제시한다는 Eagleton의 우려가 현실감 있게 다가온다. 그런 극적 환상 또한 '최고의 수업'으로 소개되는 코다이와 오르프의 활동적인 수업을 보았던 사람들에게는 진실로 와 닿을 수 있다(Bacon, 1969, p. 55).

좀 더 최근의 '현대 교육 개념들'로 나아가서, '21세기 역량을 위한 파트너십'과 '21세기 교수 · 학습에 대한 **전체적인** 관점'에 대해 생각해 보자.

> 21세기 역량을 위한 파트너십은 21세기를 위한 모든 학생의 준비를 지원하는 국가적 조직이다. 미국이 혁신을 요구하는 세계 경제 속에서 계속 경쟁함에 따라, P21과 그 멤버들은 3Rs와 4Cs(비판적 사고와 문제 해결, 의사소통, 협업, 창의성과 혁신)의 융합에 의해 유지되는 미국 교육체계를 돕고자, 도구와 자료들을 제공하였다(Partnership for 21st Century, n.d.).

전체적이라는 단어의 사용은 너무 평범하고 바르게 느껴져서 이런 맥락에서 별도의 용도가 없다고 생각하지만 이 단어는 구성주의 학습, 반성적 실행, 정체성, 전체 아이들과 같은 아동 중심 전략과 밀접하게 연결되어 있고, 이 경우에는 세계적 경쟁과 신자유주의 관점을 합법화하는 방법과 연계되어있다. Lyon(1999)은 "선언문의 문구는 권고의 형태로 조심스럽게 제시되기 때문에, 마치 의미하는 것만을 말하고, 말하는 것만을 의미하는 것처럼 보인다."(p. 9)라고 하였다. 아동 중심, 학생 중심, 심지어 학습자 중심 참여는 그 초점을 교사에서 학생들로 옮겨 간 것처럼 보이지만, 교묘한 속임수 안에서 '생산되고, 순환되고, 협상되고, 해석된 의미'(Ellsworth, 1997, p. 10)는 덮여지고 숨겨진 채로 남아 있다. 아동 중심이라는 단어는 너무 자연스럽게 여겨지기 때문에 '비정치적이고 비역사적인 것(a-politiclal and a-historical)'(Palermo, 2000, p. 192)을 나타내면서 신화의 위치와 가깝게 놓여진다. (그러나) 아동 중심이라는 수사법의 전체적인 수사학적 설득력은 중립적인 참여를 지칭하기는 커녕, '공식적'으로 지지받지 못하는 자율적인 음악하기(musicking)를 향한 노력들을 대체하고 저지한다.

역사적 조건

1935년에 Flagg는 다음과 같은 문제를 제기하였다.

> 음악의 사회적 목적과 예술로서의 음악을 발달시키기 위한 요구 사이에서 균형을 잡기 위하여 무엇을 해야 하는가? 예를 들어, 학교 프로그램의 하나로 수행되는 독립적인 음악 프로그램과 사회적 경험을 풍부하게 할 때에야 인정받는 음악 프로그램 사이에서 균형을 잡기 위해서는 무엇을 해야 하는가?(p. 31)

'방법'의 등장과 폭넓은 수용을 가능하게 한 역사적 조건은 시간과 공간에 퍼져 있다. Flagg가 제기한 질문은 학생발달과 교육의 사회적 목적 및 '효과성' 사이의 긴장을 뜻하는 것이다. 게다가 이는 1930년대 중반의 교육과정 이론에 반영된 갈등의 기초가 되는 것과 같은 유형의 질문이다. 이 장에서 특별히 관심을 갖는 것은 학생 중심 참여와 측정 가능한 기능/효과성, 개인적/사회적 다윈주의(Darwinism), 민주주의/교육 사이의 갈등을 나타내는 언어에 있어서의 변화이다. 우리가 살펴볼 것처럼, 오르프와 코다이의 등장은 목적과 목표에서 비슷하게 복합성을 드러내는 많은 것에 대한 반응을 유도하고 이에 대해 언급하도록 하였다. 우리가 교육을 **진보적·전통적**, 심지어 **음악외적·심미적·비형식적/형식적**과 같이 애매한 용어로 숙고한다면, 이러한 변화는 분명한 것처럼 보인다. 그러나 역사적 조건은 결코 분명하지 않으며, 담론을 읽기 위해 선택하는 렌즈는 모든 텍스트 '읽기'와 연관되어 있다.

철학적 영향들

경험주의와 합리주의의 정신을 일깨웠던 Pestalozzi의 교육학 연구는
다른 교수법적 체계처럼 엄격하면서도 다양한 형식적 방법이 개발되도록
대서양 두 분야의 후학들에게 영감을 주었다.
Reese(2001, p. 13)

Rousseu(1712~1778)와 Pestalozzi(1746~1827)는 종종 오르프와 코다이를 지지하는 문헌에서 중요한 영향을 끼친 사람들로 인용된다. Rousseu는 감각적 인상과 직관적 아이디어에 기초한 경험을 장려하고 이를 발판으로 삼을 필요가 있다고 믿었다. Rousseu의 영향을 받은 Pestalozzi(1894)는 교육의 원칙을 명확하게 언급하였다. 그와 같이 명시된 법칙 중에서도, 유사성을 통해 또한 서로 다른 감각에 의해 이를 받아들이는 방식으로 대상들을 유목화시키는 것이 필수적이었다. 오르프와 코다이의 연계성은 꽤 쉽게 이해할 수 있다. 특히 상징 이전의 소리, 명명 이전의 경험, 전체를 조작가능한 부분으로 나누는 것 등은 Rousseu와 Pestalozzi의 저작에 기원을 두고 있다. 이는 단지 교육의 방식에 국한된 것이 아니다. Rousseu와 Pestalozzi에게, 이러한 과정은 아동 중심에 초점을 맞추는 것을 반영한다. 그러나 Rousseu와 Pestalozzi를 '방법'과 연결시킬 때 언급되지 않는 것은 이러한 아동 중심 원칙이 중산 계급, 부르주아 아이들의 삶을 교육하는 데 기초하고 있다는 것이다. 게다가 가난한 아이들은 지배계급의 사회 체제에 의해 형성된 이상보다는 '도덕교육과 사회적 통제'(Reese, 2001, p. 14)에 의해 더 좋은 지원을 받았다. 따라서 이와 같은 철학자들의 학생 중심 학습 개념으로 돌아가는 것은 보다 폭넓은 맥락에서 '방법'의 기원을 찾게 하며, "생산자와 생산조건에 대한 고민 없이…… 이런 아이디어가 독립적인 존재"(Marx & Engels, 1978, p. 173)라고 생각하지 않도록 한다.

Dewey와 동시대 사람들에게는 그다지 민감한 사안이 아니었겠지만, 목표를 '빛난다'(1921, p. 607)고 표현하는, 화려하지만 모호한 '뜬구름 같은' 언어에 Bobbit이 특별히 불만을 가졌던 것에 대해 기억해 보라. 또한 Bobbitt이 목표를 표현하는 '뜬구름 같은' 언어로부터 벗어나 체계적인 교육과정 절차를 묘사하기 위해 Taylor의 아이디어를 사용한 방법들을 돌아보라. Bobbitt은 삶에 있어, 진보, 안정, 지속성을 위해 필요한 경험과 활동을 제공해야 한다고 믿었다. 이러한 활동들은(그의 작업이 기초를 두고 있는 공장라인과 과학적 관리방식과 같이) 복합적인 것에서부터 구체적인 하위기능으로 세분화되었다. 그러한 활동들의 본질을 알고 선택하기 위하여, 사람들은 전문가의 상담을 받고, 그 세계로 들어가 그 분야에서 작업하는 사람들의 기술, 능력, 습관들을 관찰할 필요가 있었다. 또한 이러한 것들을 알아차렸을 때, 이들은 교수 · 학습될 수 있게 세분화시킬 수 있었다. 전문적인 내용과 원리의 결핍으로 어려움을 겪는 사람들을 위해, Bobbitt은 구조, 원리, 과학적 관리를 지원하는 비전을 제시한 것이다.

Rousseu, Pestalozzi, Bobbitt은 서로 다른 시간과 공간에 있었지만, 초등 음악교육에 (대단한) 영향을 끼친 아이디어, 가치, 느낌으로 구성된 담론을 만들었다. 또한 초등 교육 분야에서 활동과 토론을 병행해 나가는 것은 오르프와 코다이의 등장을 환대했던 이데올로기적 맥락을 다루는 것을 의미한다.

미국에서의 움직임

두 교수법의 출현과 수용은 잘츠부르크와 헝가리를 방문한 다양한 음악교육자들에 의해 이루어졌다. Hughes(1993)는 오르프에 대한 폭넓은 관심과 북아메리카에 끼친 오르프의 영향에 관해 되돌아보게 한다. Orff와 Gunild Keetman의 원본 악보인, 『어린이를 위한 음악』이 영어로 번역 · 적용된 방법에 대해 관심을 가졌던 그는 텍스트가 체계적으로 정리되어 받아들여진 방법을 깊이 이해하는 데 도움이 되었다. 그녀는 『어린이를 위한 음악』 5권이 본질적으로 독일에서 Orff와 Keetman이 개발한 지도 단계를 나타낸다고 언급하였다. 여기에 훈련 안내서나 단계적인 과정은 없었다. "(Orff는) 교사가 적합한 방법으로 음악 기능을 언어발달과 통합하면서 발전시켜 가리라 믿었다."(p. 74) 그 이후에 Doreen Hall은 Orff, Keetman과 함께 『어린이를 위한 음악』의 영어 번역 작업을 하였다. Hall은 왕립음악학교를 졸업하여『어린이를 위한 음악』의 음악과 자료를 미국민요에 적용하는 유일한 사람이 되었다(Hughes, 1993, p. 77).『어린이를 위한 음악』에 나온 음악과 유사한 순서를 가진 음악자료들을 찾지 못하자 Hall은 엄마 거위 시에 5음 음계 곡을 만들었다. 4

또한 Hughes(1993)는 슐베르크가 움직임의 기회를 제공하고 즉흥연주를 촉진시킨다는 미국 오르프-슐베르크(AOSA) 창립회원들의 언급을 인용하였다. 그러나 그녀가 다른 글에서 강조하기 위해 선택한 인용구들은 Bobbitt(1921, p. 607)이 이의를 제기한 '빛나는 목표'처럼 들린다. '이것이 자극하는 긍정적 태도에 의한 어린이의 새 삶은'(Grace Nash 인용) '교사가 비(非)설교적인 방법으로 지도할 때 나타나는 잠재력에 따라 그들 자신의 능력을 개발할 기회를 주고'(Herbert Zipper 인용), "자연스런 음악성을 형성하며, 어린이들이 자신의 가장 깊은 정서 및 감정과 연결하도록 해 준다." (Isabel Carley 인용; Hughes, 1993, p. 87) 이러한 인용들은 슐베르크를 '야생화'라고 한 Rousseau와 같은 Orff의 의도를 말한다. "언제나 번성하는 것은 야생화이며, 조심스럽게 계획하고 키운 작물은 종종 실망스런 결과를 낳는다."(Orff, Fuller, 2005, p. 52에서 재인용)라는 것은 오랜 세월의 경험을 통해 나온 것이다.

『Music Educator Journal』에 실린 Marion Flagg의 1966년 기고문은 '잘츠부르크의 오르프 학교 방문, 1958년 세계음악교육자협회 코펜하겐 회의 발표장의 참석, 내용에 관한 연구, 레코드 사용과 오르프 악기 사용으로부터'(p. 30) 발전해 온 것이다. 오르프에 관한 질문은 많은 관점에서 파생되었으나 가장 흥미 있는 것은 여러 담론에 대하여 문제를 제기하도록 하는 비평이다. 그녀가 제시한 논점에는 학생들이 음향적 · 경험적으로 빈 서판(blank slates)이라는 관념에서 비롯된 단계적 절차들이있다.

> 교육이 책임져야 할 아이의 음악적 성장은 역사적 재현에 의해 하나씩 채워져야 하는 빈 서판에서 이루어지는 것이 아니다. 그는 교육의 시작부터 모든 시대의 모든 종류의 음악과 함께 자신의 삶을 사는 것이며, 의식적이 아니더라도 자연스럽게 이에 반응해 왔다(Flagg, 1966, p. 30).

Flagg는 (오르프 방법론에서) 인간발달의 '유기체적' 본질에 맞도록 패턴을 설정해야 하는 방식에 대해 언급하기도 했다. 그녀는 조성과 리듬 역사의 '재현'이 특히 문제가 있다고 보았으며, 이를 실패한 생물학적 '발생 반복학습 이론(recapitulation-of-the-race theory of learning)'(p. 30)에 비유하였다. 그녀는 Dewey와 같이 경험으로 구성된 교수이론에 대해 말하고자 하였다. "진실로 하나의 경험이라할 때, 행동의 변화를 이끌어 내는 음악 경험은 하나의 개체며 독립체다."(p. 30) 본질적으로, 그녀는 오르프가 "성장과 발달 단계에 있는 어린이에게 의미 있고 유용한 것을 '메시지'에서 '분리'할 것"(p.30)을 요구한다고 믿었다. Orff에 대한 Flagg의 짧은 고찰에 지면을 할애하는 이유는 그녀가 처음으로 Orff에 대한 글을 출판했을 뿐만 아니라 그녀의 문제제기(내적 긴장)가 소수에 의해 언급되었을 뿐 대부분에 의해서는 잊혀졌기 때문이다.

Flagg는 Orff에 대해 처음으로 글을 쓴 사람 중 하나이겠지만 1950년대 중후반에 다른 사람들은 세계음악교육자협회(ISME), 미국음악교육자협회(MENC, 지금은 NAfME), 토론토의 컨퍼런스와 세션(왕립음악학교와 연결된), 동서해안의 방과후와 학기 중 워크숍 등에서 진행된 오르프 발표를 보러 다녔다. 코다이 교수법은 1960년대 후반에 등장했고, Choksy(1964)가 말했듯이, 이를 미국에 적용한 Mary Helen Richards의 저서『Threshold to Music』와 함께 "미국음악교육자들을 사로잡았다."(p. 57) Kodály에 대한 Richards의 초기 관심은 구소련의 스푸트니크 발사로 인해 과학과 수학 프로그램을 장려하는 한편 예술 프로그램이 감소된다는 것에서 비롯되었다(Bennett, 1987). 과학과 수학에 초점을 맞추는 것은 미국이 우주 경쟁의 선두가 되기에 충분한 기술을 갖고 있지 않다고 인식한 교육과정 분야에서 나온 것이 분명하고, 예술 교육자들은 이것이 자신의 프로그램에 끼칠 영향에 대해 우려하고 있었다(Bennett, 1987; Tacka & Houlahan, 1990). 한편, "국가가 전문적인 인적 자원을 보완하는 문제"(Johanningmeier, 2010, p. 350)에 집중하는 것은 '기준과 전통학문의 강조'를 요구하지만, 측정가능한 기초과학으로의 복귀를 의미하는 것은 아니다. 오히려 물리학자와 수학자들은 실제 적용보다 기본 개념에 대한 강조를 요구했다. 따라서 과학과 수학이 교육과정의 초점이 되었지만, 체계적 절차와 직관적 아이디어보다는 학문 전반을 제시하고자 하였다.

Bacon과 Choksy는『Music Educators Journal』에서 진행된 초기 담론에 통찰력을 주었다. 그들은 특히 여러가지 방법으로 Flagg의 관심을 반영하면서 경험과 문해력 사이의 긴장을 부각시킨 장(chapter)에 관심을 보였다. Choksy(1969)는 아이들의 차이를 중요하게 여기는 미국 풍조와 이러한 차이를 격려하거나 인정하지 않는, '구조화된 음악접근법을 정당화하는 것'(p. 59)사이의 모순에 대해 문제를 느꼈다. Bacon(1969)은 Orff의 유혹적 특질의 문제를 밝히며 권력이 카리스마로 나타난다는 Bourdieu(1998)의 지적을 상기시켰다.

> [오르프는] 매우 폭넓고 매력적인 개념이며 악기 소리들이 아주 매혹적이어서 원칙이 없거나 훈련받지 않은 교사를 위한 일종의 특수 장치가 될 수 있다. 영리한 교사나 감독관이 어떠한 목적을 위해서든 학교 관계자, 학부모회 등등에게 최상의 발표를 함으로써 오르프를 '팔기'란 너무 쉽다. 청중은 매료될 수도 있으나 십중팔구 진정한 배움이 일어나지는 않을 것이다. 리듬에 어려움을 겪는 아이가 박을 느낄 필요 없이 "색채감을 위해" 아무 때나 그가 치고 싶을 때 트라이앵글을 치도록 하는 것, 또는 노래를 부르지 못하는 아이가 이것을 망치지 않도록 하기 위해 곡의 처음과 끝에 공을 치도록 하는 것은 너무 쉽다(Bacon, 1969, p. 55).

나는 Bacon이 글을 쓴 이후 그 성찰이 어떻게 잊혀진 것처럼 보이는가를 강조하기 위해 그녀의 글을 충분히 인용하였다. **매혹적인(alluring), 장치(gimmickry), 판매(selling), 학생의 혹사(exploitation of student)**와 같은 단어들은 Althusser가 순수한 읽기라고 한 것에 해당된다. 이와 같은 의미에서 순수하다는 것은 2005년 Katinka Dariel과 한 인터뷰에도 나타난다(Fuller, 2005). Dariel은 1960년에 Dag Hammarskjöld의 도움으로 미국 산타바바라에 왔으며, 그녀의 남편은 캘리포니아 대학교의 교수였다. 그녀는 Kodály의 "공작새 변주곡(Peacock Variation)"이 연주되는 콘서트 렉쳐에서 Robert Trotter를 만났다. Trotter와의 첫 만남으로 인해 Dariel은 UCLA에서 코다이 강연을 하게 되었는데, 그녀는 양손으로 손 기호를 나타내며 두 파트의 Bach "코랄" 합창을 이끌어 내는 것으로 강연을 끝냈다.

> 나는 이쪽은 오른손을 따라 부르고 다른 쪽은 왼손을 따라 부르라고 말했다. 우리는 Bach "코랄"을 두 파트의 계명으로 합창을 하였다. 그들은 이런 것을 본 적이 없었다. 나는 기립박수를 받았다(Fuller, 2005, p. 193).

청중들이 뛰어난 음악성을 보면서 놀라고 감동했으리라 상상할 수 있다. 매혹적인 것을 넘어서는 반응이 있었음에 틀림없다. 여기에 '음악성'과 최상의 문해력이 있다. 공산주의인 헝가리 어린이들이 이런 일을 할 수 있다면, 자유 시민인 미국 어린이들도 당연히 같은 것을 배워야 한다!

Bacon(1969)은 이와 같은 논조로 잘츠부르크의 오르프 연구소가 움직임, '상상력과 창의성'(p. 54)에 초점을 맞추어 왔으며, 코다이가 '단계적으로 철저히' 연구되어야 한다고 지적하였다. Bacon은 이데올로기적 입장에 구현된 갈등의 핵심적인 문제제기로 이런 논의들을 압축하였다. "오르프는 실제로 음악적 문해력을 촉발시키는가? 음악 문해력이 정말로 모든 어린이들을 위해 바람직한 목표인가?"(p. 55)

오르프에 대한 그녀의 비평 논점이 음악 문해력(독보와 기보)인 것처럼 보일지라도, 차라리 코다이에 대한 가장 비중 있는 비평 논점이, 그녀가 '질서정연'하다고 본 조작가능한 단계들의 위계구조가 아니라 '문해력을 갖춘 것의 문제'이다(p. 55). 따라서 Bacon(1969)은 오르프와 코다이 모두 다음과 같은 이유로 교육과정에 필요할 것이라고 결론지었다.

> Kodály는 …… 음악 문해력이 나라 전체에서 성공했음을 증명해 왔다. Orff는 각 어린이가 더 자유로운 개인이 되고, 자신을 보다 잘 표현하며, 각자 살아야 하는 세계와 관련되기를 지속적으로 희망했다. 코다이는 질서정연하고, 단계적이며, 음악적이고, 오르프는 자유롭고, 틀에 박히지 않으며, 창의적이다. 나는 아이들에게 질서와 창의성이 모두 필요하다고 생각한다(p. 56).

유죄적 읽기(guilty read)에서 벗어나, Bacon은 저항이 가장 적은 방법을 택하며 양자를 모두 끌어안았다. 그녀는 '모든 것을 알고 있어서 더 이상 읽을 필요가 없는' 음악교사의 세계를 상징화 · 전형화하면서, 초등음악교사를 '말해질 수 있는 것이 모두 말해진 것처럼 여기고, 읽기가 끝나면 텍스트가 모든 것을 말하는 것처럼 여겨서 어디에선가 해석이 주어지기만을 기다리는'(Wolfreys, 2000, p. 10) 독자에 비유하였다.

천천히 생각하기(느린 생각들)

어린이들에게 엄격한 병행진행을 강조하여 가르치는 것이 우리의 민요 유산을 바꾸는 데
영향을 주었는가? 가정에서와 달리 학교에서는 노래를 지나치게
단순한 노래로 제한하지는 않았는가? (Charles Elliott이 질문한 것처럼) 노래 부르기를
즐거움을 위한 것에서 교육목적을 위한 것으로 바꾸어 오지는 않았는가?
P. Bennett(개인적 통화, 2013, 5월 29일)

Althusser가 순수한 읽기란 없음을 상기시킨 것을 돌아보라. 진정으로 텍스트의 효용 가치를 캐내는 읽기는 단순히 착취에 대한 부채감뿐이 아니다. 순수하게 보이는 이런 유형의 읽기는 비난이나 의문을 넘어선 것처럼 보이는 언어에 가려진 '일반적인' 활동을 재생산한다. Bobbitt, Taylor, Thorndike와 그들이 영향을 끼쳐온 수많은 책임체계를 비난하는 것은 얼마나 쉬운 일인가. 그러나 우리가 '방법'에 의해 어떤 입장을 갖게 되었는지 깨닫는 것은 쉽지 않다. 선택의 사회적 효과는 교수법적 · 교육과정적 목표를 안내한다는 것이다. 우리의 선택과 행동이 사업 모형과 과학 체계를 반영하고, '자본주의 산업 경제와 개인적 상향이동을 보호하며'(Palermo, 2000, p. 199), 수동적 소비자(생산보다는 소비하는 자)를 생산하고, 교육의 분류 모형을 영속시킨다면, 우리가 두려움을 갖고 있다고 생각할 수 있다. 우리가 다양한 내러티브의 포스트모던 사회에서 살고 있음을 인정한다 할지라도, 아동을 중심에 놓는 교수법과 교육과정의 성과에서와 같이 우리가 두 가지 입장을 추구한다는 것과 미사여구를 사용한다는 것을 인지하지 못한다면, 이것은 드러나지 않게 사회적 효과에 영향을 끼치는 더 큰 구조적 · 특권적 담론을 계속해서 재생산 할 것이다.

'교회 예배에서 노래 잘 부르기'(Birge, 1928, p. 88)가 목표였던 19세기 가창학교에서 악보 읽기 체계가 생겨났고 진화되어왔다. 이를 위해, 초등 교육과정의 효용 가치는 지배 계급의 종교에 기초한 지배적인 담론을 영속화하는 것이었다. 1930년대로 오면 어린이들의 최대 흥미를 염두에 둔 경쟁적인 내러티브의 출현을 볼 수 있다. Reese(2001)는 Rousseau, 특히 Pestalozzi같은 철학자의 글은 아동 중심 교육자들과 반대편의 활동가들이 자신의 정통성을 위해 그들의 사상을 주장하게 한다" (p. 13)라고 설명하였다. '대중을 위한 직업교육…… 육체 노동'(p. 13)과 평생 교육

에서부터 자연스러운 성장, 문해력, 차이의 허용, 학생들이 '알고 있고, 할 수 있어야 하는' 것에 대한 교육, 이데올로기 알아내기 등은 '계속해서 앞으로 나아가게 하는'(Althusser, 1968, p. 14) 두 번째 읽기로 이동할 것을 요구한다.

우리 분야에서는 두 번째 읽기에 대해 논의가 계속 이루어져왔다. 1935년 Flagg는 세계가 '복잡하고, 혼란스럽고, 매우 극적이기'(p. 30) 때문에, 우리의 활동이 단순한 참여로는 해결될 수 없음을 인식해야 한다고 경고하였다. 1987년 Bennett은 "기법들 자체가 방법을 만들어 낸다."(p. 39)라고 주장하며 권위 있는 방법에 의문을 제기했다. Regelski(2005)는 '방법의 우상화(methodolatry)'라는 개념을 상기시키면서 '방법을 교육과정 모형으로 받아들이는 음악교육자들의 경향'(p. 13)과 '종교적 우상으로 경배하는 것 같은'(p. 13) 활동을 비난하였다. 그래서 필자는 '어떻게 이런 방법이 음악 자체보다 더 실질적이 되는지와 어떻게 음악 만들기가 추상화되어 결과적으로 상품으로 교환되는지'(Benedict, 2009, p. 213)에 대해 생각해 보았다. '방법'을 높이 평가하며 우리는 무엇을 잃어 왔는가? 또한 Hoffer(1951)의 글을 바꾸어 표현하자면, '방법'에 대한 신뢰가 '잃어버린 우리 자신에 대한 신뢰'의 대안인가(p. 14)? '방법'에 대한 지나친 신뢰가 학교 음악하기 과정의 '사회적 · 정치적 · 인지적 · 윤리적 · 물질적 결과와 효과'(Fairclough, 2003, p. 14)를 어떤 방식으로 약화시키는가? 도전과제는 '프로그램이나 방법을 가져오지'(Wolfreys, 2004, p. 276) 않는 읽기에 개방되는 것이다. 우리의 도전과제는 인간의 가능성을 일깨우는 새로운 산출 방식의 읽기에 개방되는 것이며 기꺼이 문제를 느끼는 마음으로 읽어야 하는 것이다.

미주

1 본 연구자는 다른 글에서 이 관계를 다루어 왔다(예를 들어, Benedict, 2009 참조).

2 이 장에서 본 연구자는 Orff와 Kodály에만 초점을 맞추었다. 공립초등학교 음악교육과정에서 이들이 지배적이기 때문이다. 그러나 이 장에서 제기된 이슈와 '올바른 훈련 방법'(p. 1)과 연결된 Suzuki(1983)의 인성함양 개념 사이에 있는 비슷한 연관성을 이끌어 낼 수 있다. 한편 Dalcroze(1921)는 '지나치게 흥분할 수 있는 화롱들을 가라앉히기 위해 음악을 사용하면서'(p. 8) 전반적으로 다른 이슈들을 제시했다. 그는 유럽 출신의 사람들이 '야만적인 종족'(p. 320) 출신의 사람들보다 강인한 능력을 갖고 있다고 믿었을지라도,

3 이러한 맥락에서 신자본주의는 신자유주의 아젠다의 영향 아래, 자본주의와 자본주의적 참여가 교육적 관행에 영향을 미쳐 왔고 또한 영향을 미칠 수 있다. 교육적 관행에서 우리가 사용하는 언어와 교수법적 행위는 사회 전체를 뒷받침하는 민주적 실행 시스템에서 멀어지는 한편, 경쟁의 관점에서 자유를 정의하는 과잉적인 자아-개인주의를 재생산하고 있다.

4 Peggy Bennett은 레퍼토리로 5음 음계 음악을 만드는 문제와 Hall의 영향에 대해 언급한다. "음정 가르치기를 40년 정도 하고 나면, 어린이들과 교사들은 민요라는 민족적 유산을 더 이상 알지 못하게 될 것이다. 1970년대 이전에는 솔-미 또는 솔-미-라 음정으로 구성된 소수의 노래만이 미국 노래 모음집에 있었다. 솔미, 솔-미-라, 솔-미-도의 음정을 가르치려는 의도를 갖고, 교육자들은 이러한 음정들을 익숙한/창조된 시와 말에 배치하기 시작하였다. 비록 이들이 보다 정화하게는 선택된 음정으로 불린 '속담'이라 할지라도 시간이 지남에 따라, 이와 같이 만들어진 노래들은 민요로 출판되었다."(Peggy Bennett, 개인 대화, May 30, 2013, 2013 Mountain Lake Conference)

참고문헌

Althusser, L., & Balibar, E. (1968/2009). *Reading capital* (B. Brewster, Trans.). New York, NY: Verso.

Austin, J. L. (1962). *How to do things with words* (2nd ed.). Cambridge, MA: Harvard University Press.

Bacon, D. (1969). Kodály and Orff report from Europe. *Music Educators Journal, 55*(8), 53-56.

Benedict, C. (2009). Processes of alienation: Marx, Orff and Kodaly. *British Journal of Music Education, 26*(2), 213-224.

Bennett, P. (1986). When method becomes authority. *Music Educators Journal, 72*(9), 38-40.

Bennett, P. (1987). From Hungary to America: The evolution of education through music. *Music Educators Journal, 74*(1), 36-45, 60.

Birge, E. B. (1928). *History of public school music in the United States.* Reston, VA: Music Educators National Conference.

Bobbitt, F. (1921). A significant tendency in curriculum-making. *Elementary School Journal, 21*(8), 607-615.

Bourdieu, P. (1998). *Practical reason: On the theory of action.* Stanford, CA: Stanford University Press.

Boyle, G. (1943), Coming back from WWII: What's ahead for music educators? *Music Educators Journal, 30*(1), 14-16.

Butler, J. (1988). Performative acts and gender constitution: An essay in phenomenology and feminist theory. *Theatre Journal, 40*(4), 519-531.

Chandler, D. (2002). *Semiotics: The basics.* New York, NY: Routledge.

Choksy, L. (1969). Kodály in and out of context. *Music Educators Journal, 55*(8), 57-59.

Counts, G. S. (1932). *Dare the school build a new social order.* New York, NY: John Day.

Cremin, L. (1975). Public education and the education of the public. *Teachers College Record, 77*(1), 1-12.

Currie, M. (1998). *Postmodern narrative theory.* New York, NY: Palgrave.

Dalcroze, E. J. (1921). *Rhythm, music and education.* New York, NY: G. P. Putnam's Sons.

Eagleton, T. (1976). *Marxism and literary criticism.* Los Angeles, CA: University of California Press.

Ellsworth, E. (1996). Situated pedagogies: Classroom practices in postmodern times. *Theory Into Practice, 35*(2), 138-143.

Ellsworth, E. (1997). *Teaching positions: Difference, pedagogy, and the power of address.* New York, NY: Teachers College Press.

Fairclough, N. (2003). *Analysing discourse: Textual analysis for social research.* London, United Kingdom: Routledge.

Flagg, M. (1935). Where next? And how shall we find the way? *Music Educators Journal, 22*(3), 30-32.

Flagg, M. (1966). The Orff system in today's world. *Music Educators Journal, 53*(4), 30.

Flueckiger, S. (1939). Some trends in music education. *Music Educators Journal, 2*(5), 18-19, 81-83.

Fuller, L. M. N. (2005). *History of the inclusion of Orff and Kodály methodologies in Oregon music educator preparation* (Doctoral dissertation). Retrieved from Texas Tech University, http://repositories.tdl.org/ttu-ir/handle/2346/1153

Goble, J. S. (1999). *Ideologies of music education: A pragmatic, historical analysis of the concept "music" in music education in the United States* (Doctoral dissertation). University of Michigan.

Goble, J. S. (2005). On musical and educational habit-taking: Pragmatism, sociology, and music education. *Action, Criticism, and Theory for Music Education, 4*(4), 1-17.

Goble, J. S. (2010). Not just a matter of style: Addressing culturally different musics as social praxes in secondary school music classes. *Action, Criticism, and Theory for Music Education, 9*(3), 8-34.

Hoffer, E. (1951). *The true believer.* New York, NY: Harper and Row.

Hughes, P. W. (1993). The evolution of Orff-Schulwerk in North America (1955-1969). *Bulletin of Historical Research in Music Education*, 73-91.

Johanningmeier, E. (2010). A nation at risk and Sputnik: Compared and reconsidered. *American Educational History Journal, 37*(2), 347-365.

Lyon, J. (1999). *Manifestoes: Provocations of the modern.* Ithaca, NY: Cornell University Press.

Martin, H. (1947). The enriched elementary music program. *Music Educators Journal, 33*(4), 52, 54.

Marx, K., & Engels, F. (1978). The German ideology. In R. C. Tuckers (Ed.), *The Marx-Engels reader.* New York, NY: W. W. Norton.

Mumford, L. (1922/1962). *The story of utopias.* New York, NY: Viking Press.

National Governors Association Center for Best Practices, Council of Chief State School Officers. (2010). *Common core state standards.* Washington, DC: Author.

Palermo, J. (2000). Reading Mann and Cubberly on the myth of equal educational opportunity: A Barthesian critique. In Lynda Stone (Ed.), *Philosophy of Education 2000* (pp. 192-200). Urbana, IL.: Philosophy of Education Society.

Partnership for 21st Century Skills. (n.d.). Partnership for 21st century skills. Retrieved from http://www.p2L.org.

Pestalozzi, J. H. (1894). *How Gertrude teaches her children* (L. E. Holland & F. C. Turner, Trans.). New York, NY: Godron Press. (Original work published 1801)

Popkewitz, T. (1980). Global education as a slogan system. *Curriculum Inquiry, 10*(3), 303-316.

Reese, W. (2001). The origins of progressive education. *History of Education Quarterly, 41*(1), 1-24.

Regelski, T. (2005). Critical theory as a foundation for critical thinking in music education. *Visions of Research in Music Education, 6,* 1-25.

Richards, M. H. (1964). *Threshold to music.* Palo Alto, CA: Fearon Publishers.

Roosevelt, T. (1908). Conservation as a national duty. *Proceedings of a Conference of Governors in the White House, May 13-15,* 1908. Retrieved from http://voicesofdemocracy.umd.edu/theodore-roosevelt-conservation-as-a-national-duty speech-text/

Rugg, H. (1929/1936). *Man and his changing society* (6 vols.). Boston, MA: Ginn and Company.

Searle, J. R. (Ed.). (1971). *What is a speech act? The philosophy of language.* New York, NY: Oxford University Press.

Seashore, C. (1917). The role of the consulting supervisor in music. In *The eighteenth yearbook of the National Society for the Study of Education, Part II: Fourth report of the committee on economy of time in education.* Bloomington, IL: Public School Publishing Company.

Smith, F. (1944). Essentials in elementary school music. *Music Educators Journal, 30*(3), 16-17.

Suzuki, S, (1983). *Nurtured by love: The classic approach to talent education.* Miami, FL: Warner Bros. Publications.

Tacka, P., & Houlahan, M. (1990). A historical perspective for the introduction of the concept in the United States. *Studia Musicologica Academiae Scientiarum Hungaricae, 32*(1/4), 263-280.

Taylor, F. W. (1911). *The principles of scientific management.* New York, NY: Harper Bors.

Wolfreys, J. (2000). *Readings: Acts of close reading in literary theory.* Edinburgh, Scotland: Edinburgh University Press.

Wolfreys, J. (2004). *Occasional deconstructions.* Albany, NY: State University of New York Press.

맺는 글
되돌아보기, 앞으로 나아가기

Brent M. Gault 저 / 임미경 역

새로운 접근법을 받아들임으로써 학교는 인간이 배움에서 발견하는
근원적인 기쁨을 되찾을 수 있다.
Clements(제15장)

되돌아보기

이 책의 장(章)들은 일반음악교육과정의 목표, 의도된 결과, 교수 접근법, 자료들과 관련하여 서로 다른 관점들을 제공하였다. 각 저자는 음악교육분야의 목적과 앞으로의 방향과 관련된 질문을 탐색하고, 각자의 관점을 통해 이들을 제시하였다. 각 장은 일반음악에 대한 구체적인 접근 방법이나 다양한 비판적 시각을 통해 관련 문제를 탐구했지만, 일반음악에서의 관점과 학생들의 삶에서 일반음악의 역할에는 공통된 요소들이 있다.

공통성

각 장에 걸쳐 강조되는 주요 주제의 하나는 모든 어린이를 위해서 기초가 잘 만들어진 음악교육이 중요하다는 것이다. 이 책에서 설명된 각각의 접근방식이 학생들

의 삶에서 이것을 실현하기 위해 선택한 방법은 다를지라도, 각각은 음악교육이 모든 학생에게 핵심적이고 필수적인 권리라는 믿음을 증진시킨다.

각 장에서 강조하는 또 다른 공통 주제는 음악교육이 학생들과 관련되어야 한다는 것이다. 관련성에 대한 아이디어는 여러 진입점을 통해 음악교육과정에 나타날 수 있다. 정통적인 레퍼토리를 선택하든지, 오늘날 학생과 관련된 음악 경험을 활용하든지, 학생들이 자신의 삶과 음악을 연관시킬 수 있도록 익숙하지 않은 음악의 맥락적 배경을 제공하든지, 음악 기술과 능력이 실제 음악 과제에 어떻게 적용되는지를 보여 주든지, 음악 경험을 통해 습득한 기능을 음악적이지 않은 상황에 전이시킬 방법을 부각시키든지, 학생들은 그들을 둘러싼 세상에서 일어나고 있는 음악 경험과 기회에 적절하게 적용할 수 있는 음악수업을 만나야 한다. Wright가 말한 대중음악 및 비공식 학습 전략을 학생들이 경험하거나 Tobias 및 Clements가 말한 소셜 미디어와 디지털 옵션을 활용하게 함으로써 교사는 '아동 기관과 참여의 확대를 고려한 학습'을 만들 수 있다(15장).

관련성과 함께한다는 것은 음악교육자가 학교 환경에 적합한 교육 프로그램을 개발해야 한다는 것이다. 교사는 학생, 학교 자원 및 지역사회 속성에 관한 지식을 활용하여 고유의 음악교육 환경을 만들 수 있다. 교사 교육 프로그램, 교육학 교재, 교사 현직 연수 기회는 다양한 접근 방식과 아이디어를 실제로 경험할 수 있는 소중한 방법이지만 개별 환경의 렌즈와 교사 자신의 목표 및 교육 철학을 통해 적용되고 교정되어야 한다. Regelski(2002)는 '방법의 우상화(methodolatry)'에 대한 토론에서 성찰 없이 외부 자료에서 얻은 교육적 아이디어를 적용할 때 일어날 수 있는 몇 가지 잠재적 위험을 밝혔다.

> 그러한 기술자 방식의 한 측면은 '교사가 입증한 것'과 한 학교의 상황 및 교사에서 다른 학교의 상황 및 교사로 전이될 수 있다는 것인 양 전형적으로 제시된다. 이러한 기술자의 가정은 잘못된 것이며 음악 교사의 무능력, 비전문화, '탈숙련화'에 책임이 있는 것처럼 보인다(p. 105).

이 인용문은 음악 교사들이 "음악 활동을 안내하고, 교육과정을 설계하며, 아동들이 음악을 사랑하도록 이끌면서 음악성을 형성한다."라는 Bennett의 말(call)을 반영한다(13장).

이전 장에서 논의된 접근법들의 공통점의 최종 영역은 적극적인 학습 채널을 통해 음악을 경험하는 것에 대한 믿음이다. 이 책에서 설명된 모든 접근 방법은 일반음악이 어떻게 시행되며 학생들이 음악과 상호 작용할 때 계속 참여하게 해 주는지에 대한 다양한 예를 제공한다. 연주 행동(예: 노래, 악기 연주)은 전통적으로 활동적인 것으로 간주되어 왔지만 학생들이 적극적으로 참여하는 다른 방법들도 있다. 많은 장에서 인지적이고 사회적인 교실 참여를 강조한다. 교사는 학생들이 음악 자료를 경험하고 의미를 부여하며 상호 작용하는 방식이 광범위하다는 점을 고려해야 한다. 그것이 디지털 수단을 통해 음악 자료를 조작하는 것이든(6, 12, 15장 참조) 대중 음악가와 비슷한 방식으로 음악을 듣고, 모방하고, 창조하든(10장 참조), 또는 음악을 다른 예술 형식과 연결하여 학생이 만드는 영화의 반주를 전자 악보로 만들든(8장 참조), 학생들이 음악 학습에 적극적으로 참여할 수 있는 무수한 방법이 있다. 길은 다를 수 있지만, 모두 적극적이고 의미있는 참여를 제공한다.

이와 같이 활동적인 음악 경험의 표현된 가치는 일반음악 환경이 '비연주' 과정(1장 참조)으로 특징 지어져 왔다는 사실에 비추어 볼 때 특히 흥미롭다. 일반음악에는 적어도 이 책의 많은 저자에 의해 그려진 것처럼 음악적이 되고 음악을 이해하는 많은 방법 중 하나로서 학생이 연주하는 기회들로 가득 차 있다. 이러한 기회들이 다양하고 반드시 세련되게 다듬어질 필요는 없지만, 그래도 이들은 학생들에 의해 창작된 음악작품이다. 일반음악은 다른 음악교육 환경처럼 음악 학습 과정과 그 과정을 통해 만들어진 작품 모두에 초점을 맞춘다. 일반음악에서의 강조점이 활동적인 과정에 초점이 맞추어진다 해도, 학생들이 예술적이며, 음악적으로 만족스럽고, 사회적으로 가치 있는 음악 작품을 만들기 위해 작업할 기회는 많이 있다.

아이디어의 연속체

> 음악교육의 목적에서 가장 중요하다고 할 수 있는 것은 시간 교사가 ……
> 적용하고 싶어 하며 …… 학생들이 학습에 최고로
> 관심 갖게 가장 적절한 교육 모드를 채택한다는 것이다.
> Wright(제10장)

이 책의 장들은 음악교육자들이 일반음악 프로그램의 내용, 경험, 목표와 관련시켜 온 방대한 양의 방안들(options)을 상기시켜 준다. 제시된 방안들을 검토하면서, 교사들은 학생들이 음악 학습에 참여할 수 있는 많은 방법에 압도당할 수 있다. 그러나 보다 면밀한 연구를 해 보면 많은 접근법과 과정들은 크게 두 가지 범주로 나누어진다. 구체적 선택이 제어판의 슬라이더([그림 10-2] 참조)와 유사하다는 Wright의 은유를 음악교실에 영향을 주는 결정과 관련하여 다음과 같은 범주에 적용할 수 있다.

교수 유형

선택의 첫 번째 유형은 활용하고 있는 교수 유형과 관련된다. 이것은 교사 주도, 학생 중심 교수법에 할애되는 시간에 따라 발생된 형식적 교육과 비형식적 교육 사이의 균형을 포함한다. 이와 같은 선택들의 균형은 음악교사가 활용하기 위해 선택하는 접근법에 따라 다양할 뿐 아니라 학생들이 주어진 프로그램의 일부였던 햇수와 시간에 따라 변화될 것이다. 예를 들어, 주어진 상황이 익숙하지 않은 학생들은 더 높은 수준의 프로젝트에 필요한 기술과 역량을 개발하려고 많은 양의 교사 주도의 정식 수업에 참여하게 될 것이다. 이러한 능력을 얻게 되면, 교사 주도 수업의 양이 줄어들 수 있어서 학생들이 정규 학습에 자신의 프로젝트와 음악적 아이디어를 적용할 수 있다.

교수 초점

Green(2006)은 음악 교사가 집중하기로 선택할 수 있는 두 가지 유형, 즉 내재적과 명료한 의미를 설명한다. 그녀는 내재적 의미를 다음과 같이 설명한다.

> 음악(소리와 침묵)에 내재된 자료의 방식들이 서로 연관되고 패턴화되어 있다. 이것은 음악 구문이나 '음악-내적' 및 '음악-끼리'의 의미로 생각할 수 있다. 그것은 음악 '외부'의 세계와 관련된 개념이나 내용이 없지만 순수하게 논리적이거나 이론적인 영역 또는 음악 자료 안에 '구체화된' 영역이다(p. 102).

한편, 명료한 의미는 다음과 같다.

> 음악이 전달하는 음악외적 개념이나 주석, 즉 사회적 · 문화적 · 종교적 · 정치적 또는 그 외 그와 같은 연관성을 참조한다. 이것들은, 예를 들어 국가의 의미와 같이 관례적으로 합의될 수 있다. 그런 것들 역시 특정한 노래가 기억에 남는 순간과 연관되는 것과 같이 개인에게 독특한 것일 수도 있다(p. 102).

음악교육자는 학생들에게 음악의 고유한 특질과 이것이 창작된 시대와 문화와 관련하여 음악적 의미를 부여하는 맥락적 정보를 경험하고 이해할 수 있는 기회를 제공한다. 한 영역이 다른 영역보다 강조되는 정도는 활용되는 접근 유형과 그 접근법이 학생들의 상황에 어떻게 적용되는지와 직접적으로 연결된다.

음악 및 자료

수업 중 활용되는 레퍼토리와 자료들에 대한 결정을 고려할 때, 음악교육자는 익숙한 것과 낯선 것 사이에서 적절한 균형을 잡고자 한다. 한편, 이 책의 많은 저자는 교실에 있는 학생들이 인식하고 반응하는 것을 강조해 왔다. 익숙한 음악자료와 익숙한 음악경험 모드의 사용은 이러한 것이 발생하는 하나의 길을 제공한다. 낯선 음악 자료에 대한 학생들의 저항에 관하여 토론된 우려들을 감안할 때(제11장에서 강조된 것과 제10장의 비형식적 음악 교수법에 대한 논의), 대중음악양식과 음악적 상호작용의 대중 매체가 음악교육과정의 한 부분이 된다는 것은 이치에 맞다. 앞서 언급된 우려들을 경감시키는 것에 더하여, 이것은 학생들이 교실에서 일어나는 일과 실제 세계에서 일어나는 일들과 연계시킬 수 있는 중요한 기회를 제공한다.

또 다른 측면에서 교육의 목표가 새로운 기술과 가치 있는 콘텐츠에 대한 경험을 제공하는 것이라면, 음악교육 프로그램은 어디에서도 가질 수 없는 문학과 그 경험을 갖게 하는 약간의 교육 시간을 내주어야 한다고 주장할 수 있다. 학생들은 다른 곳에서는 가지지 못할 수도 있다. 결과적으로 교사는 대중문화의 영역 밖에 있는 음악 양식과 다른 곳에서 쉽게 접할 수 없는 음악 기술을 위한 시간을 확보해야 한다. 익숙한 것과 낯선 것 사이에서 균형을 찾아야 할 뿐 아니라, 학생들이 보다 익숙한 길을 통해 새로운 음악 내용과 새로운 음악 경험에 접근해 갈 수 있도록 교육자는 알려진 것과 알려지지 않은 것 사이의 거리를 연결할 방법을 찾아야 한다.

표현의 모드

수업 유형, 수업 초점 및 수업 중 활용되는 자료에 내재된 무게 안에서 교사는 음악 표현의 창작물과 그것이 어떻게 나타내고 있는지와 연관된 독특한 균형을 유지해야 한다. 새로운 국가핵심 예술기준(National Core Arts Standards)은 창작하기, 공연하기, 반응하기 및 연계하기라는 네 가지 채널을 통해 음악 표현을 장려한다. 이것들은 학생들이 노래하기, 연주하기, 감상하기, 작곡하기, 즉흥연주, 배열하기, 맥락적 · 문화적 관련성 찾기, 분석하기, 음악적 아이디어와 의미 기술하기 등을 포함하여 다양한 음악 행위에 참여하도록 하는 폭넓은 영역들이다. 이 책에 기술된 각각의 접근법들은 서로 다른 길에 있는 통로들을 활용하면서, 시행과 관련하여 학생들에게 다양한 선택권을 부여한다. 구성주의자가 제공하는 교육과정과 같이 오르프 접근법은 학습자가 창작할 수 있는 다양한 방법을 제공한다. 마찬가지로 6장에서 논의된 복합적인 접근 방식은 음악적 역할의 자연스러운 혼합과 함께 창의성을 위한 출구를 제공한다. Kodály, Gordon, Dalcroze의 접근법들은 노래 부르기나 율동을 통해서 능동적으로 음악을 연주하고 반응하도록 한다. 또한 세계음악 및 학제 간 접근법은 음악과 다른 맥락과의 의미 있는 연결을 장려하며 더 깊은 수준의 이해에 필수적인 요소들이다.

앞으로 나아가기

단 하나의 올바른 길이 없는 것과 같이, 누구도 올바른 길을 '소유하지' 않는다.
각기 다른 접근법은 서로 다른 강점과 약점을 가지며, 서로 다른 목표를 지향하고,
서로 다른 맥락에서 사용된다.

Taggart(제9장)

그렇다면 일반음악교육자들은 어떻게 가능성의 문을 여는가? 일반음악에 대한 다양한 접근법, 그러한 접근법에 대한 수많은 지지자 및 매년 더 다양해지는 교수 환경이 있다. 또한 사회가 점점 더 세계화되고 다양한 음악문화에서 비롯된 더 많은 작품들에 대한 접근이 용이해지고 있는 때에, 교사는 모든 것이 포함되는 음악교육

을 의미 있고 접근 가능하게 하는 교수적 환경을 어떻게 찾아가는가?

Taggart의 인용문이 제안하는 것처럼, 모든 음악교육 상황을 위해 포괄적인 대답을 제공하는 '마법의 총알'은 없다. 교육자는 음악교육을 모든 학생들의 삶의 중요한 측면으로 보도록 구체적인 이유를 밝혀 주는 철학을 개발하는 것부터 시작할 수 있다. 이것이 일단 개발되면, 이는 프로그램과 학생들에게 구체적인 지도 목표를 설정하도록 안내해 줄 것이다. 이것들은 의미 있는 교육과정 개발의 기초를 형성할 수 있으며, 이 기초 작업이 교육 도구가 의미를 가질 수 있게 한다.

> 좋은 목수를 만드는 것이 도구가 아니라 얼마나 성공적으로 그리고 어떤 목적을 위하여 그것을 사용했는지에 달린 것과 같이, 음악교육에서도 올바른 결과를 위하여 타당한 교육과정의 결과물과 전문적인 책임감에 의해 안내될 때, 신중하게 사용할 수 있는 풍부한 도구가 존재한다(Regelski, 2002, p. 110).

이 책에서 설명된 접근법들은 주어진 교사 철학의 기초를 형성하는 데 도움을 줄 수 있으며, 따라서 교육과정 개발과 시행을 위한 근원적인 요소를 제공한다. 활용을 위한 접근법의 선택은 가능한 실행모델을 강조하는 심층적 교사교육을 통해 통합적인 철학과 목표를 찾은 결과로 종종 나타난다. 그러나 교사교육이 교육자가 문자 그대로 따라할 수 있는 레시피를 제공하기보다는, 어떻게 접근법을 활용할 수 있는지에 대한 모델을 제공하는 것에 주목해야 한다. 따라서 교수 방법의 개발은 철학, 학생의 특징, 교사의 장점, 교수적 목적, 시행 과정을 만들기 위해 결합된 접근법에 따라 구체적인 지점이 되는 것이다.

이러한 전개를 설명하기 위해 절충주의라는 용어를 사용하는 것이 쉬울 수 있지만, 나는 이 용어가 일반음악교육과정을 설명하기 위해 과거에 사용된 방식에 비추어 적절하지 않을 수 있다고 주장할 것이다. 절충주의는 종종 다양한 출처에서 수집된 일련의 교육 기술에 의존하는 교육자와 관련된다. 많은 경우에 기술 자체는 교과과정으로 간주되며, 사용 정보를 알려 주는 특별한 철학적 토대 없이 시행된다. 결과적으로 이러한 접근법을 사용하는 교사는 '자신의 방식대로 만족하고 있는' 자신을 발견하게 된다(Regelski, 2002, p. 111). 일반음악의 광범위한 특성이 필수적으로 다양한 음악 경험을 아우른다 할지라도, 이러한 경험은 진행 과정을 구상하는 교육의 깊이에 따라 안내되어야 한다.

교사의 전문성을 뛰어넘는 경험을 학생들이 하는 것이 중요한 상황으로 발생할 때, 교사는 도움을 위해 일반음악교실 외부의 자료를 살펴볼 수 있다. Reimer(2012)는 연주하는 앙상블 교사 및 지역사회 구성원과 같은 자원들을 활용하여 구체적인 상황 속에서 음악이 의미 있는 방식으로 깊이 있는 만남을 제공하도록 권장한다. 그렇게 하는 것은 교사들이 경험을 넓히고 더 많은 학생들에게 다가갈 수 있는 가능성을 열어 준다.

각 학생들이 독특한 것과 같이, 각 음악 교사들은 독특한 일련의 기술, 기질, 교수 환경에 대한 가치를 갖고 있다. 일반음악이 개념화되어 온 방법에 대한 철저한 조사를 제공해 주는 이 책의 정보를 활용하면 교사들 특유의 기술과 기질로 가득한 접근법을 찾는 데 도움이 될 것이다. 비슷한 방식으로, 이 책의 정보는 교사 교육자가 학생들에게 이러한 접근법의 잘 정리된 개요를 제공해 줄 수 있으므로 학생들이 보다 깊이 있는 경험을 추구하고 교사들과 같이 자신의 목소리를 찾을 수 있도록 도울 수 있다.

이러한 연구는 이 책에서 발견된 것과 같은 비판적 담론들을 포함해야 한다. 교육환경에서 일반음악이 실현되는 방식에 대한 비판적 견해는 성찰, 대화 및 주의 깊은 실행을 장려한다. 음악교육자가 일반음악을 가르치는 접근법의 강점과 한계를 모두 볼 수 있는 기회가 11, 12, 13 및 16장의 저자들이 제안한 학생 중심의, 음악적으로 소리 내고, 맥락적으로 정통한 학습 상황을 조성하도록 도와 줄 것이다.

일반음악의 광범위한 목표는 도전이 될 수 있지만, 아마도 그들은 또한 이러한 교실 음악 설정의 가장 큰 장점이기도 하다. 이 책의 저자들을 통해 예시된 것처럼, 교육자들은 참여적이고 의미 있는 방식으로 이와 같은 목표들을 다룬다. 다른 접근법들에 있는 전문지식을 살펴보면서 한 가지 안내로 구체적인 접근법을 사용하는 것만이 학생들의 삶에서 보다 생생한 음악적 경험을 제시할 수 있는 보다 폭 넓은 캔버스를 제공한다.

> 우리가 매우 잘 제공해 온 음악적 참여에 우리가 지금 헌신하는 것처럼, 자신만의 특별한 참여에 헌신하는 학생들과 그 가족의 지지가 더해질 때 우리는 더욱 강해진다. 성공적으로 충족되는 모든 추가적 음악 관심이 그 지속을 주장할 새로운 집단의 사람들과 같다. 이것이야 말로 진정한 음악교육에의 옹호이다(Reimer, 2012, p. 26).

참고문헌

Green, L. (2006). Popular music education in and for itself, and for "other" music: Current research in the classroom. *International Journal of Music Education, 24*(2), 101-118.

Overarching Anchor Standards. (nd.). Retrieved from http://nccas.wikispaces.com/Overarching+Anchor+Standards

Regelski, T. (2002). On "methodolatry" and music teaching as critical and reflective praxis. *Philosophy of Music Education Review, 10*(2), 102-113.

Reimer, B. (2012). Another perspective: Struggling toward wholeness in music education. *Music Educators Journal, 99*(2), 25-29.

찾아보기

인명

내용

편저자 소개

Carlos R. Abril 여는 글, 1장, 11장

미국 마이애미대학교의 프로스트 음악대학 교수이자 학부 음악교육 책임자이다. 연구 주제는 사회문화 음악교육, 음악교육 정책, 음악 인지이다. Musical Experiences in Our Lives의 공동 편집자이고 북아메리카, 남아메리카, 유럽의 여러 학술지의 편집 이사이다. 최근에 그는 마이애미대학교에서 프로보스트 연구 업적상을 수상하였다.

Brent M. Gault 여는 글, 4장, 맺는 글

미국 인디애나대학교의 제이콥스 음악대학 부교수이다. 관심 분야는 음악교육 정책, 아동 가창 발달, 아동 음악감상이다. Journal of Research in Music Education, Bulletin for the Council of Research in Music Education에 논문을 게재하였으며, 영국 옥스퍼드대학교 출판부가 발행한 『Listen Up! Fostering Musicianship Through Active Listening』의 저자이다.

집필자 소개

Alice-Ann Darrow 14장

미국 플로리다 주립대학교 음악대학의 Irvin Cooper 석좌교수로, 음악과 청각장애에 대한 연구, 교실에서의 통합 교육과 비언어적 소통에 대한 연구를 활발히 진행해 왔다. 『Music in Special Education』『Music Therapy and Geriatric Populations』의 공동저자이며, 『Introduction to Approaches in Music Therapy』의 편집자이기도 하다.

Amy Beegle 2장

미국 신시내티대학교 음악대학의 음악교육과 부교수이며 어린이들의 음악적 창의성, 세계의 전통음악 교수법, 전시(戰時) 중 미국의 음악교육, 도시의 음악교육, 오르프 슐베르크 철학과 역사에 대한 연구 등이 관심 분야이다. 『Journal of Research in Music Education』『Journal of Historical Research』『Music Educators Journal』『Orff Echo』『Kodály Envoy』『Triad』 등에 논문을 게재하였다. 현재는 『General Music Today』의 세계음악 칼럼니스트로 활동하고 있다.

Ann C. Clements 15장

미국 펜실베이니아 주립대학교 음악학교의 음악교육과 부교수이다. 연구 분야는 음악 참여, 교육에 적용되는 게임 이론, 가상 및 증강 현실과의 혼합형 학습, 민족음악학 등이며 뉴질랜드의 마오리 음악 연구로 인정받은 학자이기도 하다. 150회 이상의 발표와 초청 강연 외에 수많은 책과 상호 검토 기사를 작성하고 편집하였다. 현재 National Association for Music Education, Society for Ethnomusicology 등 국내와 국제 단체에서 지도자로 활동하고 있다.

Cathy Benedict 16장

캐나다 웨스턴온타리오대학교의 부교수이자 연구책임자이며 주된 학문적 관심은 학생들이 정의로운 시민으로 자랄 수 있는 음악교육 환경을 촉진하는 것이다. 『Philosophy of Music Education Review』『Music Education Research』『Research Studies in Music Education』『ABEM』 등의 학술지에 논문을 게재하였으며, 『Theory Into Practice와 2012 National Society for the Study of Education Yearbook』을 공동편집하고 있다.

Chee-Hoo Lum 12장

싱가포르 국립교육원과 난양기술대학교의 음악교육과 부교수이자, UNESCO-NIE Centre for Arts Research in Education(CARE)의 회장이다. 연구 주제는 음악과 음악교육에서의 문화적 다양성과 다문화주의, 어린이들의 음악적 문화, 창작과 즉흥연주, 초등음악 교수법 등이다. 현재 『International Journal of Music Education』의 공동편집자이며, 『Research Studies in Music Education』『International Journal of Community Music』의 편집위원이다.

Cynthia Crump Taggart 9장

미국 미시간 주립대학교의 음악교수로, 연구 분야는 유아와 어린이들을 위한 일반음악교육, 평가, 음악 심리학이다. 『Music Play』와 『Jump Right In』의 공동저자이며, 『Reading in Music Learning Theory』와 『Practical Application of Music Learning Theory』의 공동편집자이다. College Music Society 학회의 대표를 역임하였다.

Evan S. Tobias 15장

미국 애리조나 주립대학교의 음악교육과 조교수로, 연구 관심 분야는 디지털 미디어와 기술의 창의적 통합, 교육과정 연구, 사회 정의와 평등, 음악교실에서 음악과 대중문화의 통합 등이다. Consortium for Innovation and Transformation in Music Education의 협회장이며, 『Music Educators Journal』의 자문위원 및 『College Music Symposium: Instructional Technologies and Methodologies』의 편집위원으로 활동하고 있다. 또한 http://evantobias.net에서 전문 블로그를 유지 · 관리하고 있다.

Jackie Wiggins 3장

미시간에 있는 오클랜드대학교 음악교육과 교수이며, 음악, 연극, 무용 학부의 학과장이다. 구성주의 음악교육에 대한 연구를 통해 국제적으로 널리 알려져 있으며, 이와 관련된 책인 『Teaching for Musical Understanding』은 2015년 영국 옥스퍼드대학교 출판부에 의해 3판이 출판되었다. 50여 편의 글과 200회 이상의 초청 발표, 국내외의 자문활동, 4개 대륙에서의 초청 기조강연 등 활발하게 활동하고 있다.

Jacqueline Kelly-McHale 11장

미국 시카고에 있는 드폴대학교 음악교육과 부교수이며 코디네이터이다. 연구 주제는 유치원부터 12학년까지의 음악수업에서 문화적으로 반응하는 교수법, 사회적 정의, 교실 창작 등이다. 『Journal of Research in Music Education』과 『Mountain Lake Reader』에 논문을 게재해 왔으며, 지역, 국가, 국제 콘퍼런스 등에서 활발히 발표하며 활동하고 있다.

Janet R. Barrett 8장

미국 일리노이대학교 음악교육과 Marilyn Pflederer Zimmerman 기금 연구자이다. 연구 관심사는 음악교육과정의 재개념화, 중등일반음악, 음악의 간학문적 접근, 음악교사교육 등이다. 최근 저서로 『Rethinking Education and the Musical Experience』가 있다. 현재 『Bulletin for the Council of Research in Music Education』의 편집자이다.

Judith Bond 2장

미국 위스콘신 스티븐스포인트대학교의 음악교육과 교수이자 코디네이터이다. 미국 오르프 슐베르크협회의 전임회장이자 명예회원이며,『Share the Music and Spotlight on Music』의 저자이기도 하다. 세계 곳곳에서 오르프 슐베르크 과정을 가르치고 워크숍을 진행하였으며, 현재는 Alliance for Active Music Making의 공동의장이다.

Marja-Leena Juntunen 7장

핀란드 헬싱키 예술대학 시벨리우스 아카데미의 음악교육과 교수이며, 미국 카네기멜런대학교에서 달크로즈 라이센스를 취득하였다. 연구 관심사는 내러티브 탐구, 음악(교사)교육, 체화 학습(embodied learning), 달크로즈 교수법 등이다.『International Journal of Music Education: Practice』『Finnish Journal of Music Education』에서 리뷰 리더로 활동하고 있다.

Patricia Shehan Campbell 5장

미국 워싱턴대학교의 Donald E. Peterson 음악 석좌교수로, 교육학과 민족음악학을 접목한 강의들을 통해 학생들을 가르치고 있으며 전 세계를 돌아다니면서 세계음악과 어린이 음악문화에 대한 교육학을 강의해 왔다.『Songs in Their Heads』『Teaching Music Globally』『Oxford Handbook on Children's Musical Cultures』등의 저자이다. 2002년 MENC 음악 분야 선임연구원으로 임명되었고, 현재 Smithsonian Folkways의 자문위원회 의장이다.

Peggy D. Bennett 13장

미국 오벌린대학 음악 콘서바토리의 음악교육과 명예교수로, 대학의 MusicPlay 프로그램 강사이자 책임자로 활동하였다. 그가 저술한 6권의 책, 50여 편의 연구와 교육학 논문에서는 교사 준비과정과 어린이를 위한 음악교육을 주로 다루고 있다. 교육 분야에서 탁월함을 인정받아 챈슬러 상을 수상하기도 하였다.

Ruth Wright 10장

캐나다 웨스턴온타리오대학교 음악대학의 부교수이자 부학장이다. 주로 음악교육에서 사회학, 사회 통합, 교육에서 대중음악, 비공식적 · 비형식적 지도법을 연구하며,『British Journal of Music Education』『Journal of Popular Music Education』등의 편집위원이다.

역자 소개

임미경(Rim Mikyung)

서울대학교 음악대학 작곡과 졸업

미국 루즈벨트대학교 음악교육 석사

미국 애리조나 주립대학교 음악교육 박사

현 전주교육대학교 음악교육과 교수

〈저서〉

초등음악지도법(공저, 수문당, 2013)

음악교수법(공저, 학지사, 2010)

음악교육의 이론과 실제(예종, 2002)

박은실(Park Eunsil)

전주교육대학교 음악교육과 졸업

한국교원대학교 음악교육 석사

서울대학교 교육심리 석사, 음악교육 박사

현 대전 홍도초등학교 교사, 전주교육대학교 강사

〈저서〉

음악교육연구의 동향과 과제(공저, 학지사, 2018)

최은아(Choi Euna)

서울교육대학교 음악교육과 졸업

한국교원대학교 음악교육 석사 및 박사

현 서울 신미림초등학교 수석교사, 국민대학교 겸임교수

〈저서〉

음악교육연구의 동향과 과제(공저, 학지사, 2018)

5~6학년 음악교과서(비상교육, 2018)

중 · 고등 음악교과서(다락원, 2018)

한슬리크 음악미학의 철학적 배경(예솔, 2011)

김성지(Kim Sungji)
제주교육대학교 음악교육과 졸업
한국교원대학교 음악교육 석사 및 박사
현 제주 도남초등학교 교사

조은숙(Cho Eunsook)
전주교육대학교 음악교육과 졸업
전주교육대학교 음악교육 석사
서울대학교 음악학 석사 및 박사(한국음악학 전공)
현 서울 은정초등학교 교사

윤종영(Yoon Jongyoung)
연세대학교 음악대학 기악과 졸업(피아노 전공)
연세대학교 음악교육 석사
건국대학교 교육학 박사
현 서울 광남고등학교 교사
〈저서〉
음악교육연구의 동향과 과제(공저, 학지사, 2018)

미래를 향한 새로운 음악교육
-교수법, 이슈 및 관점-

Teaching General Music
-Approaches, Issues, and Viewpoints-

2020년 2월 24일 1판 1쇄 인쇄
2020년 2월 29일 1판 1쇄 발행

엮은이 • Carlos R. Abril · Brent M. Gault
옮긴이 • 임미경 · 박은실 · 최은아 · 김성지 · 조은숙 · 윤종영
펴낸이 • 김진환
펴낸곳 • ㈜학지사
04031 서울특별시 마포구 양화로 15길 20 마인드월드빌딩
대표전화 • 02-330-5114 팩스 • 02-324-2345
등록번호 • 제313-2006-000265호

홈페이지 • http://www.hakjisa.co.kr
페이스북 • https://www.facebook.com/hakjisabook

ISBN 978-89-997-2070-3 93370

정가 26,000원

역자와의 협약으로 인지는 생략합니다.
파본은 구입처에서 교환해 드립니다.

이 도서의 국립중앙도서관 출판시도서목록(CIP)은 서지정보유통지원시스템 홈페이지(http://seoji.nl.go.kr)와 국가자료공동목록시스템(http://www.nl.go.kr/kolisnet)에서 이용하실 수 있습니다.
(CIP 제어번호: CIP2020007385)